原 道生 監修
漆﨑まり 著

江戸歌舞伎 長唄成立史

八木書店

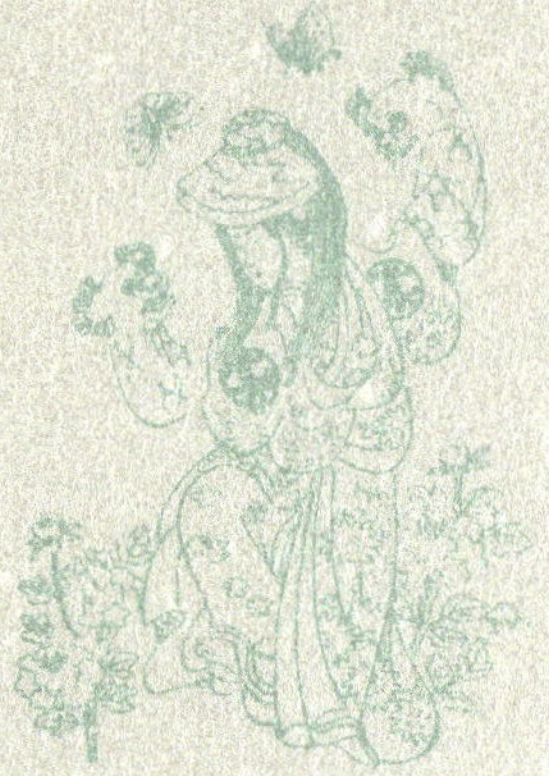

監修にあたって

本書は、二〇一七年六月五日、膵臓癌のために早逝を余儀なくされた故漆﨑まり氏が、その三年前の二〇一四年六月に、当時在籍中の国際日本文化研究センターに提出、同年九月に、総合研究大学院大学学術博士の学位を取得した博士論文「江戸長唄の基礎的研究」を「本論」とし、その後、同論文の要所を整理・発展させつつ執筆しながらも未発表に終わってしまった単発論文「江戸歌舞伎における長唄の形成—芸態の変化を捉えて—」と、自身の初期の研究テーマに関する既発表の論考「河東節正本の版行に関する一考察—江戸歌舞伎における初期の音曲正本と位置付けて—」（『北海道東海大学紀要（人文社会科学系）』第一九号二〇〇六年）の二篇を「付論」として収録することにより、不幸にして天寿に恵まれることの薄かった故人の研究生活における成果を、同じ長唄研究の専門家たちに対してのみならず、広く近世の音楽・演劇・出版等々に関心を持つ多くの読者にも伝えるということを意図して編まれたものである。

　以下、この「監修にあたって」の章を借りて、今回、本書の刊行が実現するに至った経緯と、生前、故人が試みていた研究の方法及びその内容の特色に関して、右の「本論」を中心としつつ、若干の説明を加えておくことにしたい。

○

　まず、初めに、本書刊行までの経緯について略記しておこう。

　前記二〇一四年六月に提出された学位請求論文に対しては、同年八月二四日に行なわれた公開発表会の席上、五名の査読者〈主査〉荒木浩国際日本文化研究センター教授、〈副査〉笠谷和比古同センター教授・マルクス・リュッターマン同センター准教授・蒲生郷昭東京文化財研究所名誉研究員・原道生明治大学名誉教授）のそれぞれから寄せられた、内容・表現等に関する幾つかのアドヴァイスを参照し、必要に応じた手直しを施した上で公刊されることが望ましいとの付帯意見が出されていたが、その後、故人旧知の鳥越文蔵早稲田大学名誉教授の紹介によって、八木書店よりの出版計画が決定されることとなったのである。

　しかるに、その後、直ちに当人自身の手によって、決定稿作成のための準備が進められていたところ、二〇一六年春頃より、周囲に体調の不良を訴えるようになるうちに、膵臓の腫瘍が発見され、一年余にわたる抗癌剤治療により得られた一旦の小康も空しく、原稿の修正作業の完了を見ぬままに、他界されてしまったのだった。

しかしながら、そのような予想外の不幸な事態のために、本書の刊行が中断されてしまうことを惜しんだ元指導教官の笠谷名誉教授（二〇一五年三月に右センター退任後、名誉教授となった）は、故人の御遺族の御了解を得た上で、八木書店に対し、折角進行中の本書刊行の計画が中止されることのないよう取り計らってほしい旨の申し入れを行ない、さいわい八木書店側もその要望に好意的な対応を示してくれたために、こうして本書の刊行は実現されることになったのである。なお、その際、同書作成上の基本的な事柄の確認の件に関しては、故人との生前の交友期間も長く、また、専門の領域も比較的近接しているとの理由によって、原道生が「監修」を担当することが決められたのだった。

○

次に、本書を通じて著者（以下、研究に関わる事柄についての言及に際しては、著者と記すことにする）が一貫して依拠している研究方法上の特色と、そのことによって得られた独自の成果に関して紹介しておくことにしよう。もっとも、それらは、仔細に検証してゆけば、当然多岐にわたってしまうことが予想されるものなので、ここでは、取りあえず左記の三点を主要な事柄として取り上げることにとどめたい。
一、本論中でも触れられている通り、旧来の長唄成立史に関わる研究は、もっぱら江戸版の顔見世番付を基本資料として進められ、それ相応の成果が着実に積み重ねられていた。一方、それに対して、本書の著者は、上演時に近い時点での具体的な諸事象の実態を、より忠実に反映させている可能性の高い文献資料という点で、作品個々の薄物正本、特にその絵表紙本の表紙に見られる演奏者・版元などの記載を重視するという態度をとっている。
ただし、この方法を採用した場合、それに伴ない派生してくる困難な問題として、これら薄物においては、非常に多数の異版が存在し、しかもその各々の刊行時についての記載が、通例ほとんどなされていないということのために、それら伝本のすべてに対して綿密な異版調査を行ない、それぞれの刊行の先後関係を推測するということが、最初の基礎作業として不可欠なものとされてくることになるのである。

けれども、そのような難問に対して、本書の著者は、長年の歳月をかけて粘り強く取り組み、国内外に所蔵される八〇〇〇点前後という伝本に対し、原本そのもの、あるいは取り寄せた写真版を通して細密な点検を行ない、それに詳しく分類・整理を施した幾つもの表を作成した上で、各作品の初演時に刊行された初版本を可能な限り特定して、成立史研究の基盤を確立することに、ほぼ成功を見るに至ったのだった。本書を優れた労作と評し得る所以は、まさにこの点にあるといってよいだろう。

もっとも、この正本の記載を基本資料とするという方法に関しては、既に竹内道敬氏を中心に、赤間亮氏・吉野雪子氏・根岸正海氏らによる長年の調査の成果が、『正本による近世邦楽年表（稿）―享保から慶応まで―』として、国立音楽大学音楽研究所より一九九五年に公刊されている。従って、この着想そのものは、必ずしも本書を嚆矢とするものではないと思われるが、厖大な異版の調査及びそれを活かしての初演時初版本の選定という試みにおいては、これまでの研究の水準を、一歩進めたものということができるだろう。今後の長唄史研究は、これら両者を踏まえた上に発展させられてゆくことが望まれる。

二、右のような諸本調査の結果、本書の著者は、享保一五年の顔見世興行から江戸中村座に初下りをしていた瀬川菊之丞が、翌一六年の初春狂言『傾情福引名護屋』で傾城葛城を勤め、二月から加えられた所作事「傾城無間の鐘」と「無間の鐘新道成寺」で大当たりをとったという事態を重視する。そして、その際の地の音曲の演奏者が、上方から同行してきた「小歌方」の坂田兵四郎であったのが、江戸版の正本表紙の記載では、「長うた」の唄方とされている事例もあるということに注目し、彼によって齎された上方の小歌、ないしは小歌色の強い歌が、江戸の歌舞伎界に移植され、新たに江戸長唄を地とする所作事を成立させる起点の役割を果たしたものとの推論を試みているのである。さらにまた、そこでの著者は、享保後半以降、とりわけ若女方の実力者たちが多数上方より江戸下りをする中にあって、それらの所作事の地の演奏を「長唄　坂田兵四郎」が勤めていることが多いという事実を明らかにした上で、それら音曲の移入とも併せて、江戸における長唄正本の版行の創始にも、兵四郎の存在は大きく関わっているのではないかとの見解も示しているのだった。江戸長唄の成立と坂田兵四郎との関連については、既に通説化しているようにも思われるが、著者の研究は、さらに、その点に関しても、別の角度からの新たな問題提起を意欲的に行なっているものといえるだろう。

ちなみに、この坂田兵四郎は、元禄期の名優坂田藤十郎の甥であり、義子でもあったとされている。そのことは、いいかえれば、兵四郎によって移入された江戸長唄の源流は、その系譜からいって、元禄上方歌舞伎の和事芸にまで溯るということができるといってよいだろう。だとすれば、初代坂田藤十郎という存在に関しては、単に上方和事芸の祖というばかりではなく、享保期以降、江戸長唄を基本的な伴奏音楽として栄えた、「歌舞伎」という近世演劇のジャンルそのものの成立に対しても、多大な影響を及ぼした重要な存在としても捉え直す必要もあるのではないかと思われる。

三、本書の著者は、このように厖大な数に及ぶ伝本間の異版調査を通して、さらに長唄薄物の版権が確立されてくる過程を具体的に捉えるということを意図した出版研究をも試みている。なお、そうした着想の基本には佐藤悟氏の「地本論—江戸読本はなぜ書物なのか—」（『読本研究新集』第一集、翰林書房、一九九八年）よりの刺激が働いている由を聞かされたように記憶しているが、それはともあれ、そこでの著者は長唄の薄物を江戸の草紙（地本）の一品目と見なし、それが、享保年間より明治期に至るまでの長い年月をかけて継続出版されていたという点に、他のジャンルには見ることのできない資料的な強みがあると評価した上で、中村座を事例にその具体的な考察を行なっているのだった。そして、その結果、江戸の中村座にあっては、寛政期に株板《かぶはん》、すなわち、原版所有者の権利の保証が公認されるようになったとの見解へと論を進めているのである。

それにまた、そこでは、そうした動向についての検証とも関連させながら、江戸の演劇文化の中で、当初は観劇用パンフレットとしての役割を果たしていた長唄正本が、その愛好者の増大に応じて、音曲技倆習得のための稽古本へと成長し、再販性の高い出版読物として、さらに版行を重ねる存在になっていったということや、次第に記譜法の発達が見られるようになっているところへ、明治期の西洋音楽の導入による洋楽の楽譜からの影響が加わり、今日通行の長唄の譜本へと連なるものとなったということなど、現代の問題へとも発展させられる視野の広さと射程距離の長さとを備えた幾つもの意欲的な指摘もなされていたのだった。

しかしながら、まことに残念なことに、これらの諸点をめぐっては、自身の手による深化を実現することなく、著者は、その短か過ぎる生涯を終えてしまったのである。その心残りのほどは、察するに余りがあるというべきだろう。

願わくは、本書の読者の方々によって、著者が生前に試みた、右記のような問題提起のさまざまを、より発展的に受け止めていただけることを、心から期待して止まないものである。

○

ここで少々私事に触れることをお許しいただきたい。

私が故人と知り合うようになったのは、一九八〇年代の半ば、明治大学文学部に着任して間もない頃、同校の前任者であった水野稔教授の指導生で、桜田治助を中心とする江戸の芝居・音曲の研究を志していた鹿倉秀典氏が、平素出席している長唄正本研究会の仲間ということで、当時まだ東京芸術大学楽理科の院生だった故人を、私の研究室に伴ってきてくれたことが発端だったように覚えている。そして、以後三〇年余にわたる交友が続けられてきたという次第だが、私のおぼろ気な記憶では、まだその頃の故人は、後に本書のテーマとなる、長唄薄物の異版調査の作業には着手していなかったのではなかろうか。ただし、既に専門的な研究の面でも、また演奏の実技という点でも、長唄に関する造詣には、かなり深いものがあり、その方面については全く暗かった私には、さまざまな会話の中で初めて教えられたという知識も少なくなく、断片的な耳学問ながら、貴重な勉強をさせてもらったものである。

ちなみに、右の三〇余年間のうち、故人は一時、明大大学院の私の授業に聴講生として顔を出していてくれたこともありはしたが、実際には、主として私の校務の多忙さに災いされて、落ち着いて話をするという時間もなかなか取れなかったため、止むなく、諸種の学会や研究会で同席した折や、時たま訪れてくれた私の研究室での短い会話を通してとか、あらかじめ送ってもらった論文の草稿に対しての感想・注意などを、札幌あるいは京都からの電話口で伝えたりするという程度のやりとりが、専門研究に関しての主たる意見交換のごく限られた機会ということになってしまっていたのだった。従って、故人は本書の中において、私の「指導」を受けたと書いてくれてはいるが、実質的には、右記のような時間不足や私自身の力不足のためもあって、その時々の相手の関心に応じた、本来の「指導」の名に値するような適切な助力は何一つできないままに終わってしまったということを、今改めて申しわけなく思うばかりである。今回、私が、自らの適格性の欠如を十分に承知した上でなお、こうして「監修」の役目を引き受ける覚悟を決めたのは、右の期間を通じて、しばしば故人から受けた質問や相談に対し、ほとんど有効な返答をできないままに過ごしてしまったという事態に対するせめてもの埋め合わせをしたいとの気持が働いての上の成り行きというに他ならない。

ところで、長らく学位論文の件で迷いを持っていた故人が、その提出を前提に、専心取り組むようになったのは、私が直接聞いた限りでは、二〇一〇年度より総合研究大学院大学文化科学研究科国際日本研究専攻の博士課程に入学を許可されて、指導教官の笠谷教授を始めとする諸先生方の指導・鞭撻を受け、加えて、同専攻の院生たちとの間に好ましい交友関係が結ばれるようになったという環境の変化が大きな契機となったのではないかと思われる。そのことは、従来、私が故人から受ける電話等においては、本題である研究に関わる諸問題よりも、ともすれば、馴れない人間関係に対する不安や愚痴などにかなりの時間が費やされるのが常であったのが、この頃を境に、後者の分量が以前よりは減じてきたという事態の上にもうかがわれるように私には感じられ、安堵の念を抱いたものである。

しかしながら、折角こうして恵まれた状況下にあって完成へと至った博士論文により、指導教官の任期最後の年度内に学位の取得を果たし、また、次年度からは、国際日本文化研究センターの研究員としての雇用も決定するという、すべてが望ましい方向へと進み始めたその中にあって、突然見舞われた不幸な急逝という事態に対しては、まさに惜しみても余りあるという以外、私には述べるべき言葉がない。

やや余談に類する事柄ではあるが、右に関連して、別件を一つ付言することを許されたい。実は、時間的順序が逆になってしまったが、先に故人を私に紹介してくれた鹿倉秀典氏も、残念なことに、右に先立つ二〇一四年の一一月、同じく癌疾のために、やはり早逝してしまったのである。こうして私は、親しくしてもらっていた若い長唄研究者の二人までを、三年間の内に相次いで失うという高齢の身にとっては何よりも辛い悲しみを、深く味あわなければならないことになったのだった。

今はそのお二人が安らかにお眠りになられることを、心からお祈り申し上げるばかりである。

本書の監修に際して、私が行なったこととして、著者の原稿に対し、幾つかの加筆修正を施した点について少々付け足しておくことにしよう。中には、「監修」という領域を多少踏み越えてしまうのではないかと躊躇せられたものもないではないが、その本意としては、原著をできるだけ読み易くすること、とりわけ、本書最大の特色の一つである厖大な諸本調査の結果を細かく整理した多数の表に示された記述と、その一々を踏まえた本論の論述との関係を、より捉え易く理解し易くするということを意図したものなので、故人も許してくれるものと考えている。具体的には、拙稿の末尾に、凡例風に箇条書きで記しておくことにするので、ご参照願いたい。

○

本書の監修に際しては、生前、故人と親交のあった近世音楽研究家の配川美加氏にお願いして、さまざまな相談に乗っていただき、特に用語（音楽用語）、固有名詞の読み等に関しては細かな御教示に与った。また、同じく吉野雪子氏にも、同様の御縁で、直接・間接の御助力をいただいた。

なお、本書の作成全般に関しては、八木書店会長の八木壮一氏により前記の如きありがたい御高配を賜った。また、その際の具体的な作業の一々について示された編集部の滝口富夫氏を始めとする皆様方の細やかなご配慮も忘れることができない。

末筆ながら、併せて心からの謝意を表したい。

二〇一九年五月

原　道　生

○　○　○

監修に際して施した加筆修正の凡例

一、本編中の書名・曲名に関しては、ふり仮名を付した。

二、第一部には、三つの座毎に表が備わっているが、第一の中村・都座の表番号の表記は算用数字を、第二の市村・桐座のそれはローマ数字を、第三の森田・河原崎座のそれは漢数字を用いて、区別し易いようにした。

三、本文で、取り上げた曲名に相当すると思われる巻末所収の表中の曲名は太字で記し、本文と対照しやすくなるよう心がけた。

四、掲載した図版には、編集上の整理のために部・章・掲載順を元にした図版整理番号を付した。

『江戸歌舞伎　長唄成立史』目次

第二部　長唄成立史

《表》

序章

一　研究の前提

筆者の研究の目的は、江戸歌舞伎における長唄所作事《しょさごと》の歴史を音曲の面から捉えることにある。この研究を進めるために長唄正本《しょうほん》を中心資料に選び、伝本の調査を行ってきた。そして、もう一つの目的は、長唄正本を歌舞伎の音曲正本全体の歴史的展開の中に位置付けることである。この二つは不可分の関係にあると筆者は考える。本研究はこれらの基礎となる、最初の段階のものである。

江戸歌舞伎では所作事に新作が出ると、その音曲の詞章を載せた薄《うす》物《もの》と呼ばれる小冊子が芝居茶屋や絵草紙屋から頒布されていた。長唄の薄物は座の専属版元から版行され、浄瑠璃の薄物の場合は基本的に太夫や家元と専属関係を結ぶ版元から版行された。

新作の上演時に座や太夫・家元の専属版元から出ている薄物を、歌舞伎の音曲正本と筆者は狭義に捉えている。というのは、実際に伝本の調査を行って見ると、特に長唄の薄物には座の専属版元以外の版が多数存在しており、それらは右に言う狭義の正本とは版行の経緯が異なると見られ、原作の意図の反映という点でも資料価値が一様ではないと考えられるからだ。

歌舞伎作者であった三升屋二三治《みますやにそうじ》が著した『賀久屋寿々免《がくやすずめ》』（弘化二年〈一八四五〉成立）・『作者年中行事《さくしゃねんじゅうぎょうじ》』（嘉永元年〈一八四八〉成立）・『芝居秘伝集《しばいひでんしゅう》』（嘉永七年〈一八五四〉以降成立）には、正本が狂言作者の台帳の清書稿であると記されている。ここから所作事の部分を書抜いて版行したものが、音曲正本と基本的には位置付けられよう。原作の詞章を忠実に表すのは、座や太夫・家元から直接稿本を得る専属版元である。

しかし、専属版元に限定せず、薄物の全体を「正本」と捉える見解もある。その場合は初演時の初版だけではなく、座の専属ではない版元の再版本や稽古本目的の版、また、絵表紙《えびょうし》・字表紙《じびょうし》など体裁の異なる本も入り、薄物の形態をとる歌舞伎の音曲本のすべてが含まれる。本研究ではこれを薄物と称し、正本の語は先に述べた狭義の意味で用いることとする。したがって、正本と薄物を対立させて用いるときに、薄物に正本を除いた意味合いを持たせている場合があることを断っておく。

二　先行研究

「江戸歌舞伎長唄成立史」と題する本研究は、次の三つのテーマから構成されている。

第一部　書誌的研究
第二部　長唄成立史
第三部　中村座における株板化《かぶはんか》の動向

筆者は江戸歌舞伎で上演されたせりふや音曲を載せた薄物の伝本調査を二十年に亘り行ってきている。本研究では長唄を対象とし、第一部では伝本調査から得た書誌データをまずまとめようとする。

豊後系《ぶんごけい》浄瑠璃では初版は共紙表紙《ともがみびょうし》の薄物の形態を取るが、初版が済むとその後は青《あお》表紙と呼ばれる体裁で版行される。これに対し、長唄の場合は再版以後も共紙表紙の体裁をとり続け、表紙の大名題《おおなだい》や役者名・演奏者名・役者絵といった記載内容もそのまま初版のものが受け継がれる。したがって、初演時正本と版面のよく似た異版が多く存在するのである。諸本の整理に当たっては初演時正本を選ぶ根拠を明らかにする必要があるので、享保後期（一七二六～三五）から寛政・享和期（一七八九～一八〇三）に上演された長唄作品の薄物について伝本の比較作業を行いながら、その版行上の特徴を三座に共通する点・三座に独自な点に分け、それぞれの表としてまとめることから始めている。

第二部では、第一部の書誌研究から得られた初版本のデータを基にして、これを長唄所作事の歴史的研究へ進めようとする。長唄所作事の形成を取り上げ、これを舞踊ではなく音曲の面から捉えようと試みる。

第三部においては、第一部でまとめた長唄の薄物の書誌データをさらに出版研究へと展開させ、長唄正本における版権の確立過程について考察する。

以下は、各章ごとに先行研究について簡単に触れる。

第一部の先行研究

江戸歌舞伎では、名題役者《なだいやくしゃ》の「長せりふ」や「つらね」が人気を博し、その一方では、音曲を伴った花形役者の所作事もまた観客を引きつける一つの見せ場となっていた。そのため、新作が出る度にせりふや音曲の詞章は役者名や演奏者名などの上演情報を添えた小冊子となり、宣伝用、あるいは観劇用に芝居茶屋や芝居町の絵草紙屋から配られていた。せりふ正本・つらね正本・役者に対する誉《ほ》め言葉を載せた正本、浄瑠璃正本・長唄正本などである。これらは、通常三～五丁程度の本文に絵入りの共紙表紙が付いた同じ体裁をとることから薄物とも呼ばれていた。

「せりふ」や「つらね」、長唄は、座に属する役者や唄方《うたかた》・三味線方《しゃみせんかた》が演じるものであるから、それらの新作（すなわち初版本）は座の専属版元から版行された。河東節《かとうぶし》や豊後系浄瑠璃では、初版は座の専属版元から出されるが、特に豊後系浄瑠璃の場合は初版が済むと青表紙と呼ばれる稽古本の体裁に変わり、家元と提携した版元から版行される。ただし、初版から太夫や家元の専属版元が出す場合も見られ、こうした流動的な状態には座と家元の力関係が反映されていると考えられる。本研究は長唄を対象としているため、以下の記述は長唄について進めていく。

　長唄正本や歌舞伎番付を実見調査し、その成果を年表のかたちで最初に著したのが、大正三年に刊行された東京音楽学校編『近世邦楽年表　江戸長唄附大薩摩浄瑠璃の部』（六合館）である。また、長唄正本の複製書としては、大正六年の『長唄正本集』巻之一（川上邦基編、演劇図書同好会）があり、昭和六年には『古板長唄八種』（稀書複製会編、米山堂）、その後は木村捨三・山本桂一郎・和田畊之の編纂による『長唄原本集成』（長唄原本集成刊行会編・発行、第一〜七巻と第十二巻・第十四巻）が昭和十一年から十二年にかけて刊行されている。『長唄原本集成』は享保十六年（一七三一）上演の「無間《むけん》の鐘《かね》」から安永三年（一七七四）の「（めりやす）思寝《おもいね》」までの約百三十作品の図版を原寸に近いかたちで収め、発行部数三百と稀少ながら、大正・昭和の代表的な囃子方である六代目六合新三郎の収集した長唄正本のコレクション（早稲田大学坪内博士記念演劇博物館安田文庫旧蔵本）や、加賀文庫（東京都立中央図書館蔵）、松和文庫（明治大学図書館蔵）、古梓堂文庫蔵本（現在不明）を底本に用いて解題を加えている。また、守随憲治・秋葉芳美編『歌舞伎図説』（万葉閣、一九三一年）は、歌舞伎資料全体の中に音曲正本を位置付け、写真版を載せて解題を付している。近年では、赤間亮『図説　江戸の演劇書　歌舞伎篇』（早稲田大学坪内博士記念演劇博物館編、八木書店、二〇〇三年）が「せりふ・音曲正本の発生と展開」の項目を持ち、早稲田大学坪内博士記念演劇博物館の所蔵する貴重書を載せて解題を付す。また、黒木文庫特別展実行委員会著・ロバート・キャンベル編『江戸の声―黒木文庫でみる音楽と演劇の世界―』（東京大学大学院総合文化研究科教養学部美術博物館、二〇〇六年）は東京大学大学院教養学部黒木文庫と国立音楽大学附属図書館竹内文庫の貴重な音曲関係資料を図版掲載し、解題を付している。

　これらの書は、長唄の主要作品の薄物を年代順に複製したり、歌舞伎資料、あるいは人形浄瑠璃をも含めた近世の劇場音楽の資料の中に長唄正本を位置付けているのだが、正本よりはるかに多く存在する再版本の存在については殆ど触れていない。これらの書は初演時資料の掲載を目的とするため、再版本は正本（初版本）が伝存しない場合の代替物として扱っている。しかし、長唄の薄物の全体を把握する調査が徹底して行われてきていないのであるから、初版本の裏付けも不十分なままであると言えよう。

　わずかに、岸辺成雄「京鹿子娘道成寺正本考」（『東洋音楽研究』第三十九・四十合併号、一九七六年）が、異版の存在に着目した論考であり、また、前掲の赤間亮『図説　江戸の演劇書　歌舞伎篇』の解説に上演時以後の稽古本の存在が指摘されているのみである。昭和五十六年に始まった長唄正本研究会による「長唄正本研究」（月刊誌『邦楽と舞踊』、その後『邦楽の友』に連載）では、個人が所蔵する薄物から新資料の発掘を行い、必要に応じて再版本も視野に入れて、作品研究を進めてきている。吉野雪子「長唄正本とその板元の動向についての一考察」（『音楽研究所年報』第八集、国立音楽大学音楽研究所、一九八九年）、同「長唄正本とその版元」（『演劇研究センター紀要』Ⅴ、早稲田大学21世紀C

OEプログラム、二〇〇五年）は、国立音楽大学附属図書館竹内文庫の薄物を中心に他の所蔵機関からも伝本の調査を補い、異版を視野に入れて長唄の薄物の版行システムを捉えた最初の論考となる。

第二部の先行研究

江戸長唄の成立に関する通説は、前出の『近世邦楽年表　江戸長唄附大薩摩浄瑠璃の部』に掲載された江戸版顔見世番付の実見記録が基となって作られている。その通説のあらましを以下に述べて見る。番付における「江戸長うた」の初見は、宝永元年（一七〇四）山村座の顔見世番付とされている。その頃の江戸の顔見世番付に記載される唄方の肩書きには「京長うた」・「大坂長うた」が混在しており、上方下りの唄方が多数出演していた。しかし、享保十二年（一七二七）以降は、江戸の顔見世番付における「長うた」の唄方の肩書きの地名が「江戸」で占められるようになる。つまり、長唄の唄方が江戸の出身者で占められるこの年をもって江戸長唄の確立と見なすと言うのである。これは、吉川英史『日本音楽の歴史』（創元社、一九六五年）、町田佳声・植田隆之助編『現代邦楽名鑑・長唄編』（邦楽と舞踊社、一九六六年）、竹内道敬「劇場音楽・長唄」（『講座日本の演劇4　近世の演劇』勉誠社、一九九五年）において指摘されている。

顔見世番付では、役者の場合は立役・若女方（形）・道外方などのように役柄が名前の上に付けて記される。一方、座に抱えられる演奏者は、長うた・小うた・三味線・大鼓・小鼓・笛などが名前の上に付くのだが、これを例えば長唄を演奏する役と捉えて良いであろうか。

このように江戸版の顔見世番付の肩書きの記載に基づいて作られている従来の長唄の成立論を、筆者は長唄正本の側から捉え直して見ようと試みる。

江戸歌舞伎において、所作事に用いられる長唄がどのように形成されてきたのかという問題を考察するには、筆者は長唄正本を中心資料にするべきと考える。長唄正本は初演情報とその所作事の内容を伝える資料であるからだ。ゆえに、初期の長唄の薄物を博捜し、これに資料的吟味を加えて長唄正本を選定し、番付類や役者評判記・絵入狂言本・歌謡集などの周辺資料と突き合わせる手順をとる。

また、長唄の一つの源流として上方の小歌にも着目する。この考察を進めるに当たっては先行研究として次の論考を参考にする。

松崎仁「歌舞伎における歌謡―㈠万治・寛文～元禄期」「歌舞伎における歌謡―㈡宝永・正徳・享保期」（『舞台の光と影―近世演劇新攷』森話社、二〇〇四年）。

武井協三「野郎歌舞伎の小歌芸」（『若衆歌舞伎・野郎歌舞伎の研究』八木書店、二〇〇〇年）。

赤間亮『図説　江戸の演劇書　歌舞伎篇』（早稲田大学坪内博士記念演劇博物館編、八木書店、二〇〇三年）。

和田修「江戸板絵入狂言本における浄るり詞章」（『演劇学』第二十八号、一九八七年）。

第三部の先行研究

第一部で三座別にまとめた書誌データにより、長唄の薄物は三座でほぼ同様の版行の体制を取っていることがわかってきた。薄物の版元研究については、前述した吉野雪子による二つの論考を掲出している。

これらの先行研究を踏まえつつも、筆者の場合は長唄の薄物を江戸の草紙（地本《じほん》）の一品目と捉える立場を取っている点に違いがある。各所蔵機関において自身で伝本の調査を進め、長唄正本が継続的に版行されている中に起きている変化を観察し、これを出版令との関係で捉え、地本における版権の確立過程の一例として検討しようとする。

これについては、佐藤悟「地本論」（『読本研究新集』第一集、翰林書房、一九九八年）から多くの示唆を受けている。

三　論述方法

冒頭に掲げた筆者のテーマに対するアプローチの方法は、先行研究のところですでに触れてきているので、重複する部分もあるが、以下に各章のテーマにしたがって簡単に述べる。

第一部の論述方法

筆者は以下の所蔵機関において、長唄の薄物の伝本調査を行っている。享保期の後半から明治期に亘り版行されてきた長唄の薄物は、数度の火災や震災を経てもなお夥しい数が伝存している。

上田市立上田図書館花月文庫
上野学園大学日本音楽史研究所
大阪大学附属図書館忍頂寺文庫
国立音楽大学附属図書館竹内道敬文庫
国文学研究資料館
大東急記念文庫
天理大学附属天理図書館
東京芸術大学附属図書館
東京国立博物館
東京大学教養学部黒木文庫
東京大学総合図書館霞亭文庫
東京大学文学部国文学研究室
東京都立中央図書館加賀文庫・蜂谷文庫
東洋文庫
松浦史料博物館
明治大学図書館抱谷文庫・松和文庫
早稲田大学坪内博士記念演劇博物館

また、次の海外の機関からは複写を入手している。

ケンブリッジ大学図書館
フランス国立図書館
ベルリン国立東洋美術館

このほかに、日吉小三八氏・稀音家義丸氏など個人の所蔵する本も含まれる。原本の調査にあたっては、稀音家義丸先生、佐藤悟先生、竹内道敬先生、鳥越文蔵先生、配川美加氏、原道生先生、日吉小三八先生他の方々より御高配を賜り、また、閲覧の際には各所蔵機関の係の方々に多くの労を執っていただき、諸伝本間の煩雑な比較作業を行うことができた。心より感謝を申上げる次第である。

資料については、江戸版の長唄の薄物を中心に、詞章集や、せりふ正本・浄瑠璃正本（青表紙本を除く）も長唄正本と同じ判型を取る劇場出版物であることから含めて調査を行ってきている。

冒頭の部分で、音曲正本は脚本の清書稿から所作事部分を書抜いて版行したものと基本的に筆者は位置付けたが、これについて少し付け加えたい。

浄瑠璃所作事は舞踊劇とも呼ばれ、その詞章は狂言作者の担当であった。これに対し、長唄所作事の詞章は拍子舞《ひょうしまい》や筋と絡む場合は狂言作者が担当したが、それ以外は立三味線《たてじゃみせん》が作詞・作曲を行う伝統にあったという。そのため、狂言作者が作成する手書きの台帳には長唄の本文は載らないことが多く、その場合には長唄正本がその所作事の内容を知る唯一の手がかりとなるのである。ゆえに、長唄所作事の原作のかたちを知る上でも、また、狂言の全体像を捉える上においても長唄正本は欠くことのできない重要な資料となるのである。ここに何よりも長唄の薄物の徹底的な伝本調査を行う意義があると言える。

薄物の伝本の整理に当たっては、作品ごとに伝本を突き合わせて同版・異版を識別し、版種に分けて整理した。その中から、初版本（座と専属関係にある版元から出された初演時正本）またはこれに替わる善本の選定を行う。

具体的な作業としては、伝本の間の同版・異版の関係、覆刻とその元版の関係、その中でも正本の流用関係を重点的に調べ、その結果を基礎台帳に記載する方法を取る。また、本文の異同や、共紙表紙に記載されている上演内容についても異同をとり、これも基礎台帳に記載する。そして、この基礎台帳から三座の版行体制を捉えるために必要なデータを抜き出して表を作成する。さらにこの表には所蔵一覧を添えて、目録の役目も持たせる。また、書誌データを基に、中村座・市村座・森田座別に薄物の版行上の特徴を具体的に図版を掲げて説明する。

第二部の論述方法

第二部では江戸歌舞伎において所作事の地《じ》（伴奏）としての長唄がどのように形成されたのか、これをテーマとする。

先に述べたように、従来の研究において、長唄の成立論は顔見世番付の唄方の肩書きに基づいて作られてきた。筆者は大筋ではこれを受けつつ、長唄正本によってこの従来の見解を捉え直して見ようとする。長唄正本の表紙には所作場を演じる役者や役柄、演奏者、舞台面の絵が記入されており、本文の詞章からはその内容を知ることができるため、より内容に即した捉え方ができると考えるからである。用いる長唄正本は、自身で薄物の伝本調査を行い、その中から吟味して専属版元による初版本として選んだものとなる。これを中心に役者評判記、絵入狂言本、顔見世番付、歌謡集も用いる。

これらの資料において、視点を以下のように設ける。

初期の長唄正本には坂田《さかた》兵四郎《ひょうしろう》が唄方を勤める作品が多いことから、坂田兵四郎に注目しその出自や活動をたどる。そして、長唄正本の版行理由や兵四郎がその後の長唄所作事において果たした役割について考えて見る。

坂田兵四郎は上方では小歌方《こうたかた》であったと見られることから、江戸長唄の源流の一つを上方の小歌に求めて見る。絵入狂言本に掲載される小歌詞章を辿ると共に、小歌正本の存在についても伝本調査を行って見る。

小歌と長唄の関係に留意しながら、両者の違いについて考察する。

小歌は顔見世番付においては唄方の肩書きとして記載される。しかし、絵入狂言本、役者評判記、歌謡集などには小歌は役者の芸として登場してくる場合が圧倒的に多い。長唄が小歌から受け継いでいる面と、受け継がなかった面について考える。

第三部の論述方法

第三部では、第一部でまとめた三座の長唄の薄物の書誌データを、出版研究に展開させる。第一部において版面の比較作業を行って、正本と異版の関係を表にあらわしているが、この表を用いて正本の版権の確立する過程を捉えようとする。

長唄の薄物は地本（江戸の草紙）の一品目に数えられ、享保期後半から明治期に亘って継続して版行されている。そのため、版行上の変化を観察することが可能であり、これは版行期間の限られる赤本や青本など他の地本にはない有利な点である。

版権の確立過程は初版だけではなく異版の存在に目を向けることによって捉えることができる。異版はその後の上演時に正本を流用して作成されたと見られる偽版《ぎはん》と、上演後に稽古本目的で作られた版に大別される。前者を地本に対する出版取締令と関連づけて考察することで、版権の確立過程を捉えようとし、その一方で、後者を今日の長唄譜本に繋がる存在と見なし、譜本史の観点からも版権の確立の意味を考えて見る。

この第三部では、先に述べた狭義の正本ではなく、広く薄物全般の異版の方に視点を置いた論を展開した。

凡　例

原則として表記には通行の字体を用い、引用箇所では一般に通用されていない正字はこれを避けたところもある。

〔　〕で括った部分は、筆者による補注である。

評判記の引用は、歌舞伎評判記研究会編『歌舞伎評判記集成　第1期』（岩波書店、一九七二～七七年）、役者評判記研究会編『歌舞伎評判記集成　第2期』（岩波書店、一九八七～九五年）によった。評判記の位付文字の白抜きについては区別しなかった。

所蔵機関の名称については、国立音楽大学附属図書館竹内道敬文庫は国立音楽大学附属図書館竹内文庫と、早稲田大学坪内博士記念演劇博物館は早稲田大学演劇博物館と表記する場合がある。

なお、本論文〔編注、付編は除く〕で使用した図版の所蔵機関と架蔵番号又は請求番号を巻末の「掲載図版一覧」に記した。

第一部　長唄正本の版行形態

第一章　中村座（享保期から寛政三年）

はじめに

正徳四年（一七一四）以降、江戸では官許の常設芝居が三座となり、享保期（一七一六～三五）を迎えると、上演情報を伝える出版物も番付類・せりふ正本、さらには所作事の場面の音曲本としての長唄正本が加わり多様となってくる。これらの劇場出版物は、座側から上演情報を受けて、版元が興行ごとにそれを版行するのであるから、座と版元の間には本来専属的な関係が形成されやすいと言える。事実、江戸の演劇書や狂言作者の著作にはそうした関係を示す記述が残されており、以下にその箇所を書き出してみると、次のようになる。

『明和伎鑑《めいわぎかん》』（明和六年〈一七六九〉十月刊）には、

　三芝居番付板元
中村勘三郎芝居　役者附番付やくら下上るり長哥せりふ等
　高砂町横通り　村山源兵衛[1]

三升屋二三治による著作では、

『紙屑籠《かみくずかご》』（天保十五年〈一八四四〉十月序文）

○三座番附の板元
中村勘三郎
せともの町　さかい丁
村山源兵衛　役者附／番附一式　中島伊右《ママ》(左)衛門　相板元
さかい丁
沢村屋利兵衛　中村勘三郎休座のとき、都座の内、
　絵草紙株沢村へ頼む、今に板元
（中略）
古来より番附株は、其櫓によつて爰にしるす、外に無之、たゞし、都座、桐座も元櫓にしたがふ[2]

『賀久屋寿々免《がくやすずめ》』三（弘化二年〈一八四五〉秋成立）

　三芝居板元
中村座　役者附／番附　せともの町村山源兵衛
同　絵本おふむ石／長うた薄もの本　さかい町　沢村利兵衛[3]

ここには中村座についてのみ抜き出したが、「三芝居板元」「三座板

元」という表記自体に、三座と版元の専属的関係が表れている。そして、『明和伎鑑』では番付類・浄瑠璃正本・長唄正本・せりふ正本が「番付」のもとに括られている。

さらに、詳しく見ると、『明和伎鑑』では、村山源兵衛の扱う品が、中村座の役者附（顔見世番付）・辻番付、上るり〔浄瑠璃〕・長唄・せりふを載せた劇場出版物であるのだが、時代は下り、三升屋二三治の記述になると、これらの劇場出版物の扱いは二つに分かれる。役者附・番付は村山源兵衛が、絵本おうむ石《せき》・長唄薄物は沢村利兵衛が新たに版元として挙がっている。[4] また、そこに浄瑠璃本が入っていないのは、豊後系浄瑠璃の常磐津・富本・清元節各派では、家元と版元の提携関係の方が強くなったからであろうか。

これらの劇場出版物において、江戸の三座に専属する版元は、いつ頃から、どのような形で形成されてきたのだろうか。また、番付類と、せりふ（後に鸚鵡石《おうむせき》）・長唄を扱う版元が分かれるようになったことには理由があるのだろうか。これらの問題を扱うには、その前にそれぞれの劇場出版物について、膨大な数の伝存の確認とその整理に取りかかる必要がある。よって、筆者は長唄を中心に、薄物形態の音曲本・せりふ本の書誌調査を行ってきた。ここでは先ず江戸三座の筆頭格である中村座を取り上げ、控《ひか》え櫓《やぐら》の都座《みやこざ》に興行権が移る寛政五年（一七九三）以前に上演された長唄作品について、伝本を整理しその書誌データをまとめてみたい。その際には、冒頭に掲げた、演劇書類から引いた劇場出版物に関する記述を手がかりとして進めていく。

長唄正本は、古くは『長唄正本集』巻之一（川上邦基編、演劇図書同好会、一九一七年）、『古板長唄八種』（稀書複製会編、米山堂、一九一七年）、『歌舞伎図説』（守随憲治・秋葉芳美編、万葉閣、一九三一年）、『長唄原本集成』巻一〜七・十二・十四（長唄原本集成刊行会編、一九三六〜一九三八年）に、また、近年では『図説 江戸の演劇書　歌舞伎篇』（赤間亮著、早稲田大学演劇博物館編、八木書店、二〇〇三年）、『江戸の声―黒木文庫でみる音楽と演劇の世界―』（黒木文庫特別実行委員会著、ロバート・キャンベル編、東京大学大学院総合文化研究科教養学部美術博物館、二〇〇六年）において、複製あるいは写真掲載されている。

しかし、筆者が実際に伝本の調査を行うと、薄物の形態をとる長唄本には同じような版面をもつ異版が非常に多く存在することがわかった。しかし、長唄正本を扱う従来のこれらの書において、異版の存在が取り上げられることはなく、異版の全体像は明らかにされていない。

筆者は長唄の薄物の版面の複雑な様相について、すでに別稿にまとめている。[5] 冒頭に引用した演劇書の記述内容と伝本の状態を照合すれば、中村座の版元として名が挙がっている村山源兵衛、沢村屋利兵衛・沢村利兵衛を版元とする薄物は確かに存在しており、それらの版を上演時の正本と見なすことは確かに可能である。だが、それ以外にも多くの版元が長唄の薄物を版行しており、それらの版面は互いに非常に似通っている状況がある。しかも、表紙にはいずれも初演時の大名題が記入されてあるため、単純に版の先後関係を決めることはできないのである。

よって、長唄の薄物の全体像を捉えた上で、劇場出版物としての特徴やその版行の仕組みを明らかにしていく必要があるだろう。先行研究を踏まえつつも、正本だけではなく異版にも重きを置いて捉えて見たいのである。異版の状況は複雑である。実際にそれらの版の中には、とりわけ正本に酷似する版が存在し、それらは正本を版下《はんした》に流用しているると推測され、興味を引く。このような伝本の状況を具体的に説明して見よう。

一　異版

長唄正本には異版が非常に多く存在し、人気曲などは、複数の版元によって異版が十数種出ている。しかも、その異版の有り様も複雑である。明和二年（一七六五）十一月中村座初演の「姿《すがた》の鏡関寺小町《かがみせきでらこまち》」を例にとり、具体的に説明してみる。13〜17頁の①〜⑩に「姿の鏡関寺小町」諸本の表紙と本文の最初の半丁を掲げた。(6)

長唄の薄物の表紙には曲名・狂言名題・座名の他にも、役者名や演奏者名、舞台面の絵など多くの上演情報が載せられている。本文は、長唄の唄方と三味線方が担当する音曲の詞章で、長唄が中心となるが大薩摩節や唄浄瑠璃なども含まれる。表紙は半丁、本文は三〜五丁程度で、版元名は奥書《おくがき》に入ることもあるが、通常は表紙右側の演奏者連名の下に記載されている。ただし、13頁①でみると、この場合は、表紙の左側上部に曲名があり、その下隅に版元名が記されるという形式になっている。そして、一方、右側の囲い枠内に演奏者連名が記載され、さらにその枠の左側上部に狂言全体の大名題がある。中央上部には役者紋が入り、下に舞台面の役者絵が描かれる。以上、版元名の位置に異同は見られるが、長唄の薄物の表紙は大体このように定型化していると言って良い。

13〜17頁に掲げた諸本を見比べると、①〜⑩の中で、①②③の版は他の版に比べて表紙・本文ともにかなり似通っていることに気が付くであろう。表紙については、①〜④の版について、演奏者連名の入る枠が子持罫であることや役者絵に共通するものを感じるが、特に①と②の表紙は、版元名部分以外は酷似する。③の表紙には①の『神楽諷《かぐらうた》雨乞小町《あまごひこまち》』「第壱ばんめ」が省略され、鏡の中の顔も描かれない。本文については、①〜③は八行で胡麻点・文字譜が詞章の右に付されているが、④以下は六行で、特に⑥以下は大字になっている。やはり②の本文が①と酷似する。また、③の本文は①と用字が所々異なっているが、行送りはほぼ同じであるため、①を参考にして作られた可能性がある。④の本文は中字となり書体も異なるが、表紙の方はおそらく①の村山版を参考にして作っているのであろう。（なお、この版元清水《きよみず》治兵衛は他に伝本も少なく、正本を流用した版作りを継続的に行っている版元ではないことから、202頁の表1の明和二年十一月「姿の鏡関寺小町」には清水治兵衛の欄を設けていない。）

「姿の鏡関寺小町」は明和二年十一月中村座上演であるから、冒頭に引用した『明和伎鑑』中の「三芝居版元」の記述が対応しており、中村座の版元は村山源兵衛となっているので①の村山源兵衛版が初演時の正本となる。この村山版を版下に使って、②の本屋儀兵衛版と③の無刊記版（版元名が記載されていない版）が作られていると推測される。このように伝本の版面を細かく調査すると、②や③のような①と酷似する版は本屋儀兵衛版・無刊記版に限られていることがわかってきた。しかも、これらの版は正本に並行して継続して出ているのである。

そこで問題となるのは、②の本屋儀兵衛版・③の無刊記版は村山源

「姿の鏡関寺小町」の諸本①〜⑩　表紙（右）と初丁表（左）

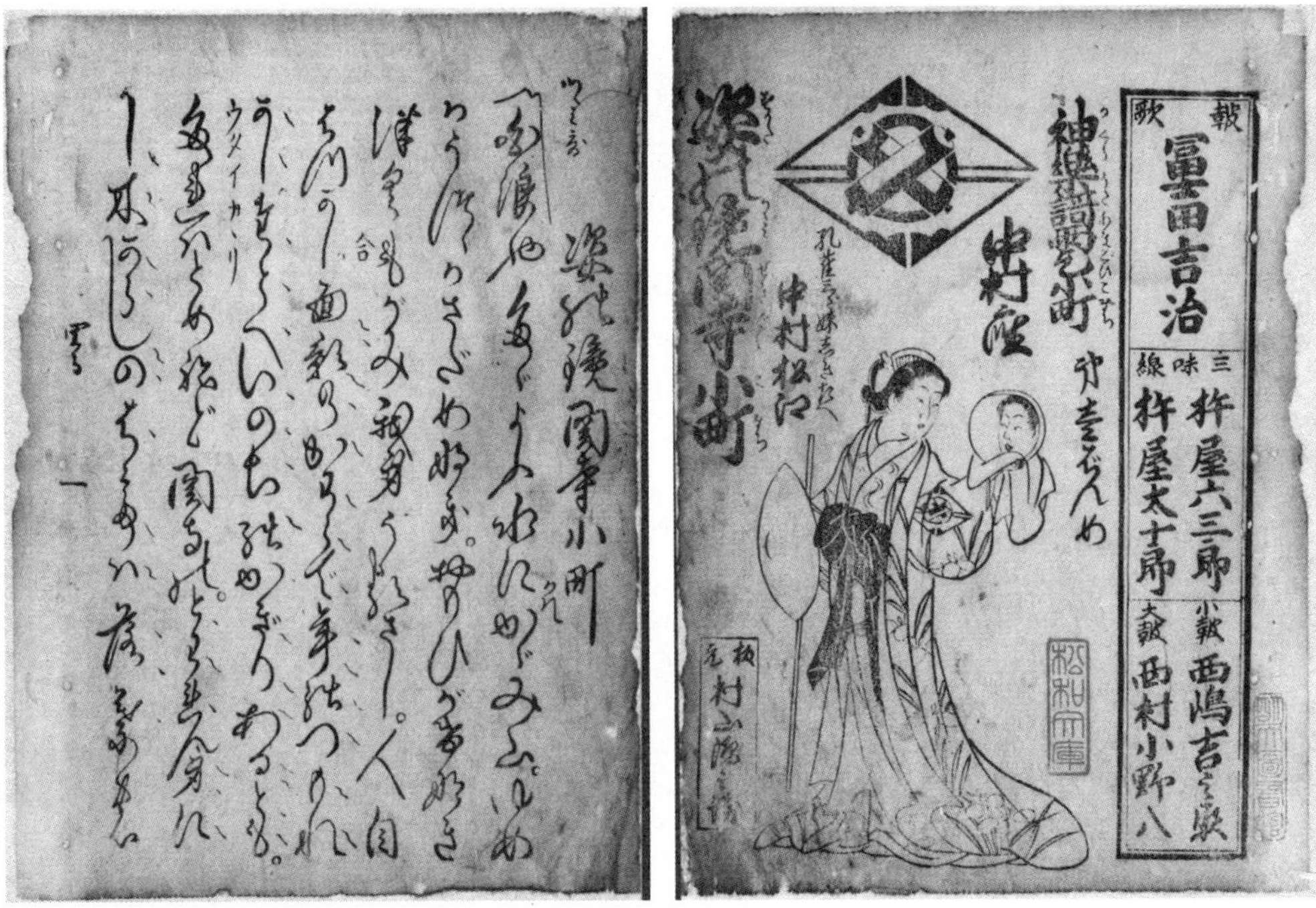

①村山源兵衛版
明治大学図書館所蔵〔1—1—1〕

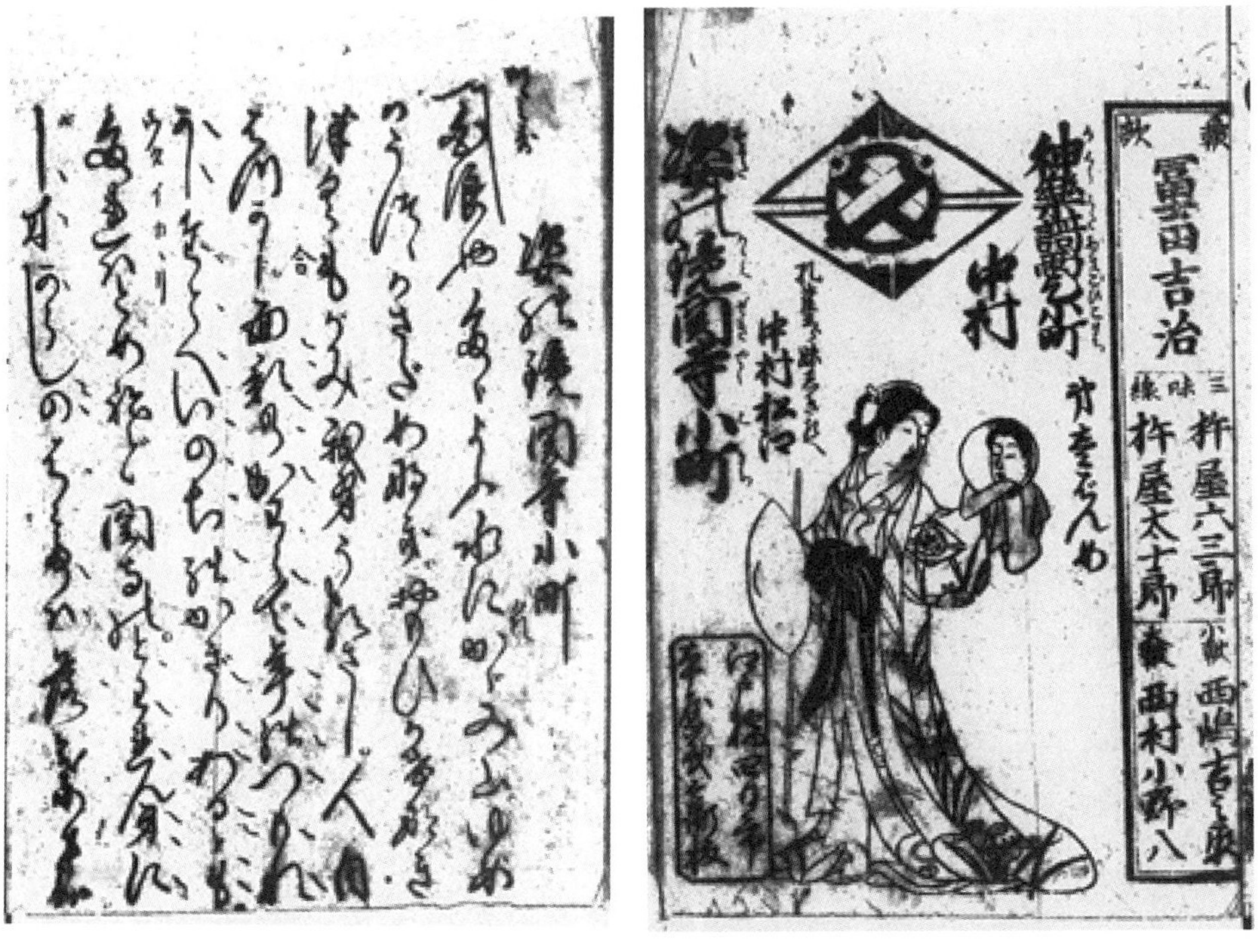

②本屋儀兵衛版
東京芸術大学附属図書館所蔵〔1—1—2〕

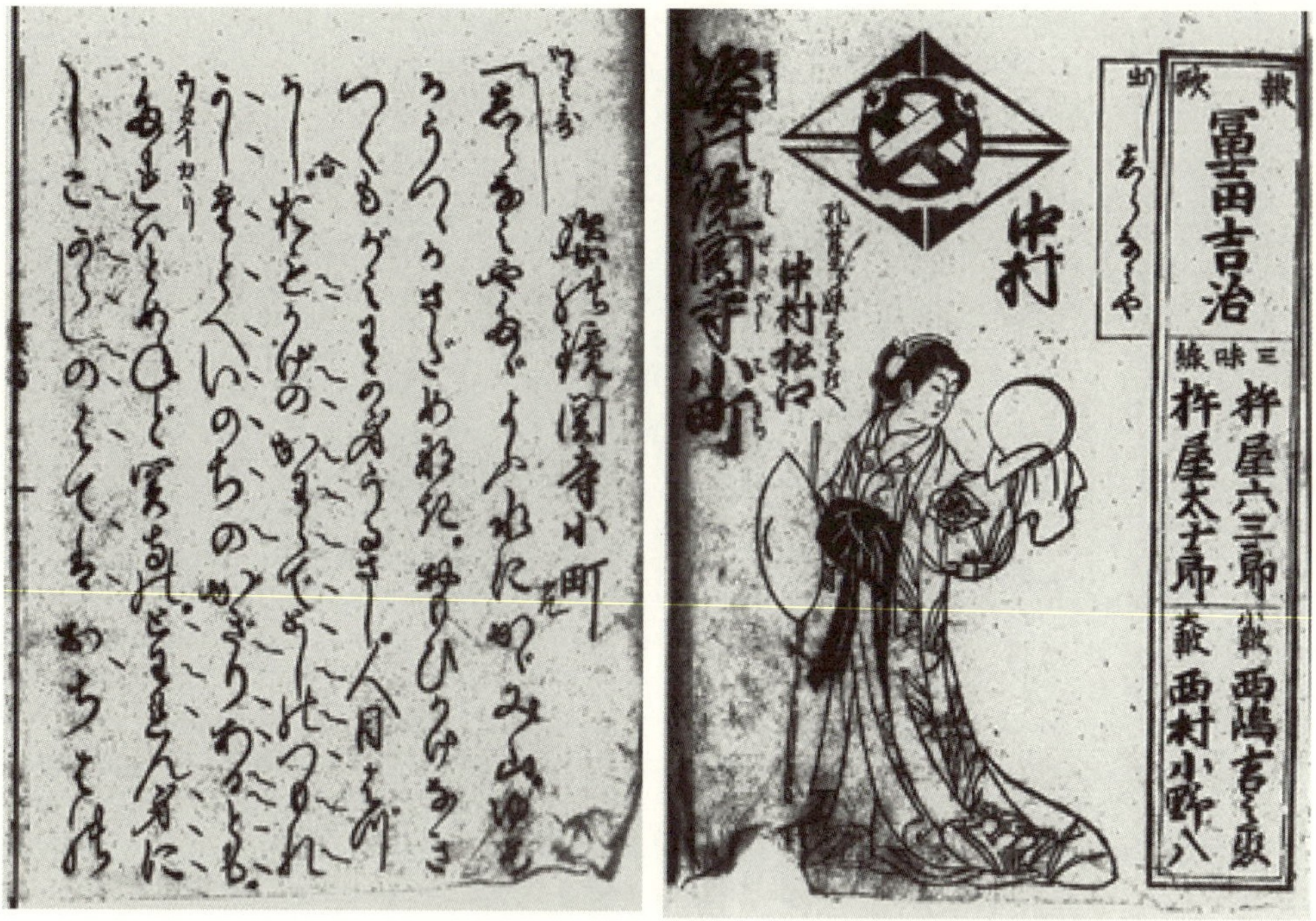

③無刊記版
東京芸術大学附属図書館所蔵〔1—1—3〕

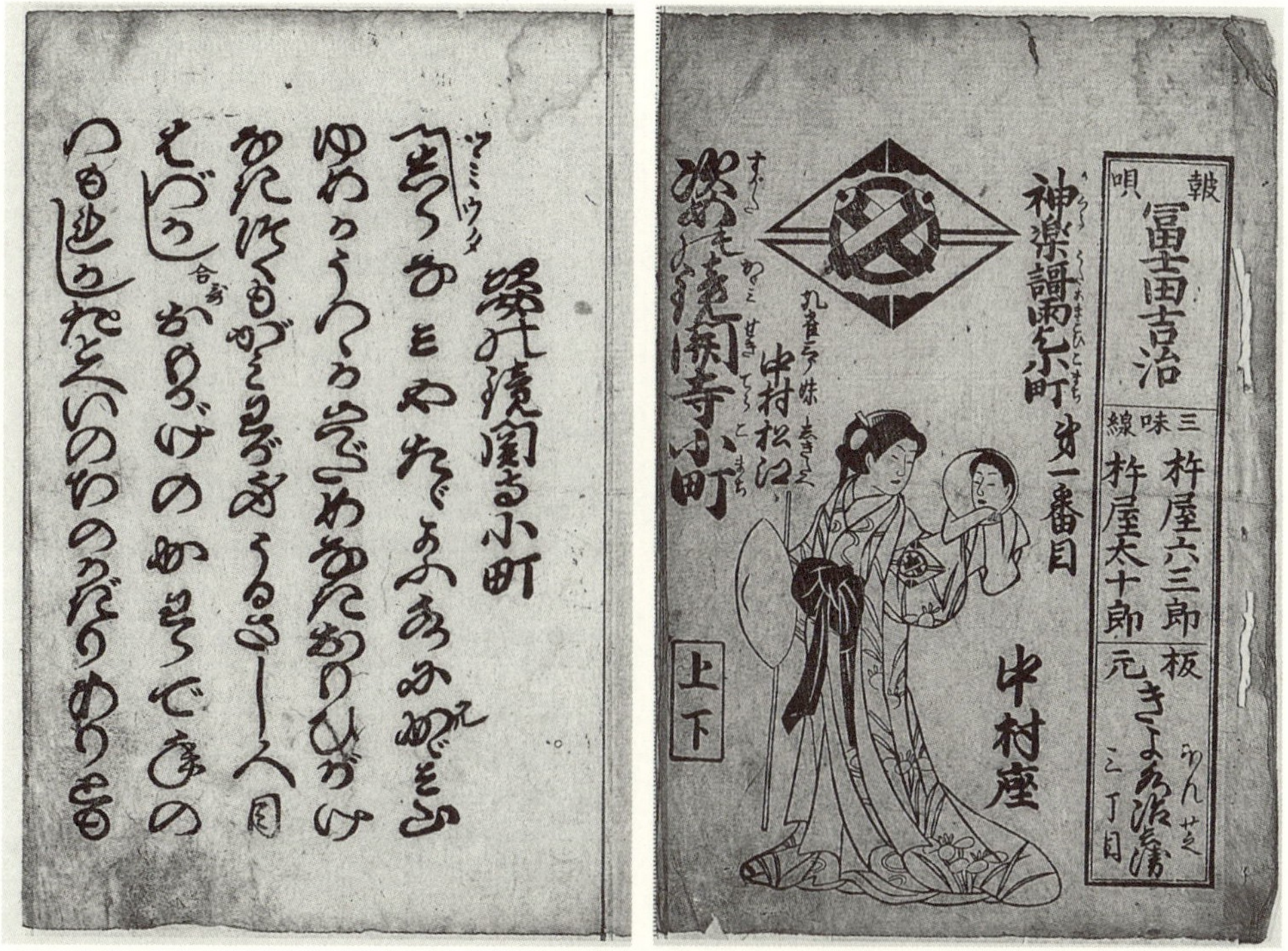

④清水冶兵衛版
国立音楽大学附属図書館所蔵〔1—1—4〕

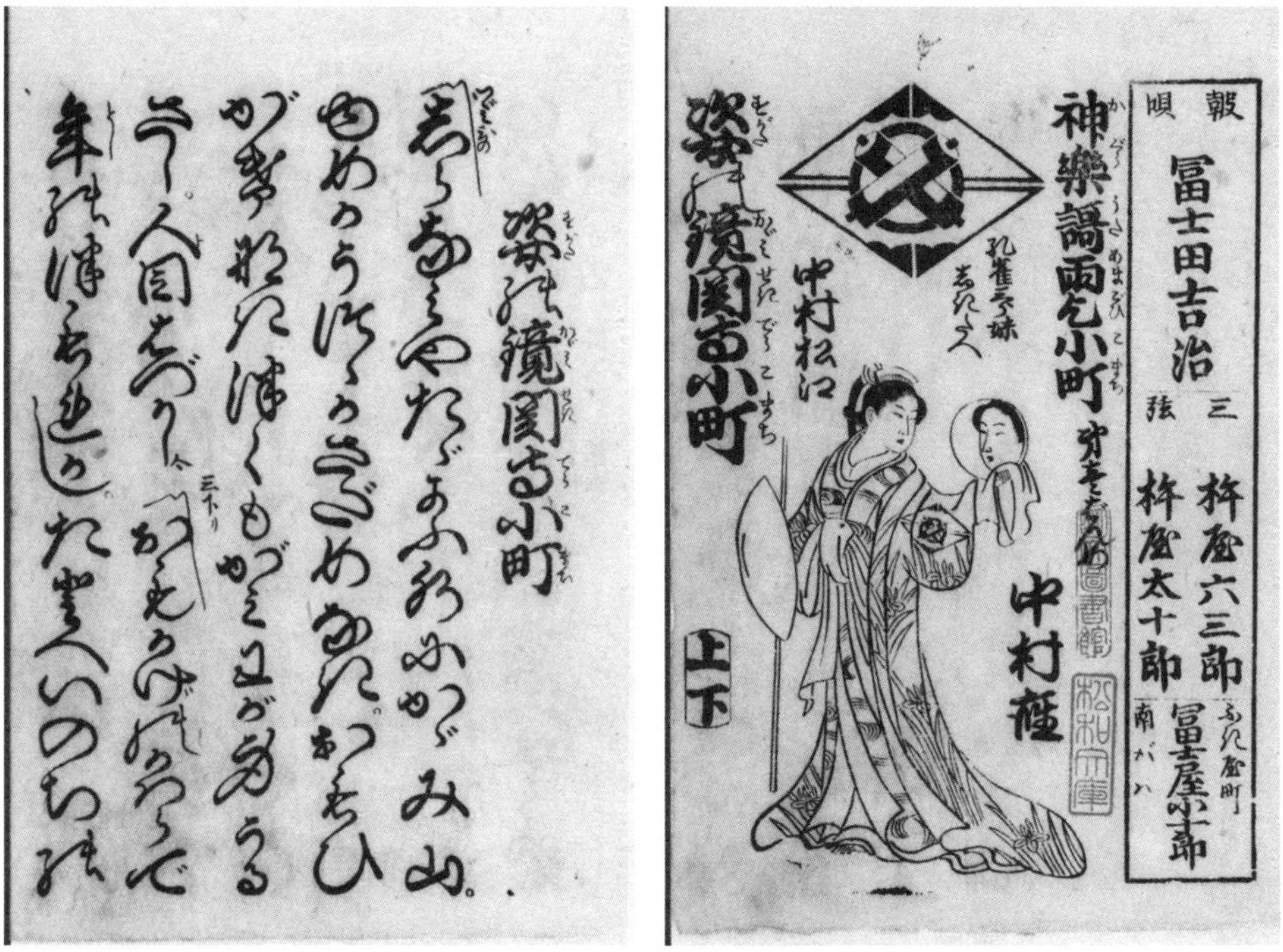

⑤冨士屋小十郎版
明治大学図書館所蔵〔1—1—5〕

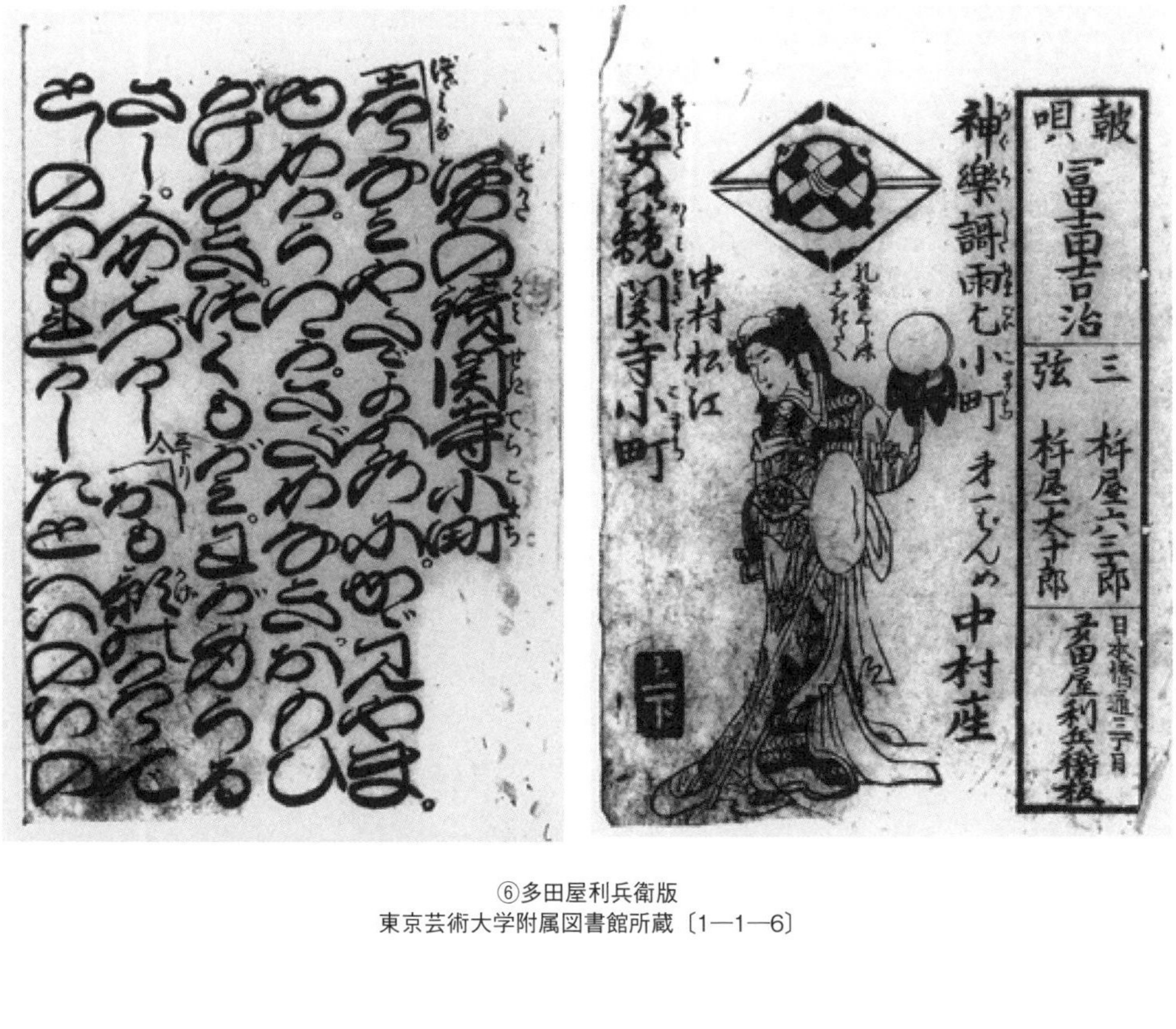

⑥多田屋利兵衛版
東京芸術大学附属図書館所蔵〔1—1—6〕

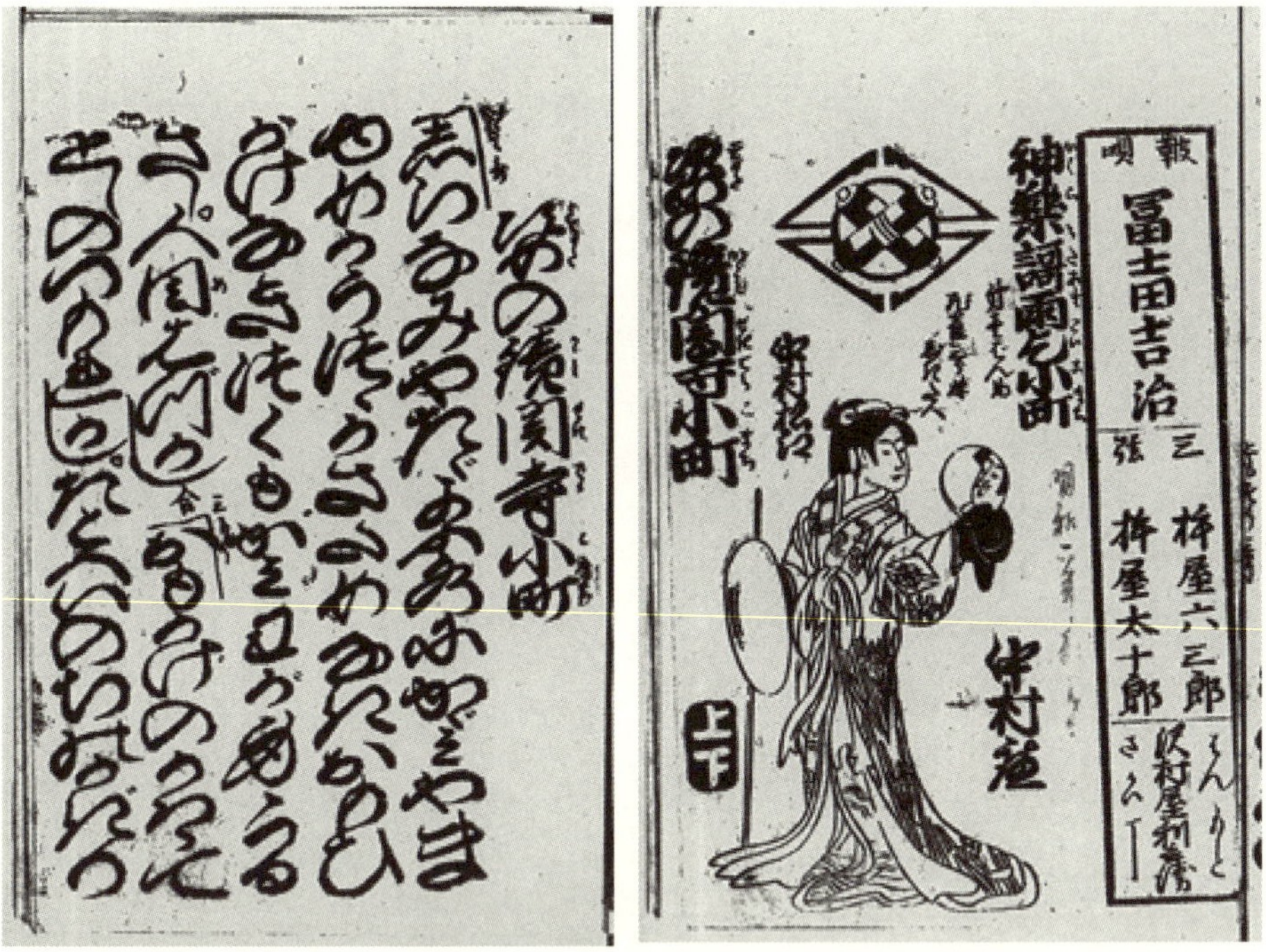

⑦沢村屋利兵衛版
東京芸術大学附属図書館所蔵〔1―1―7〕

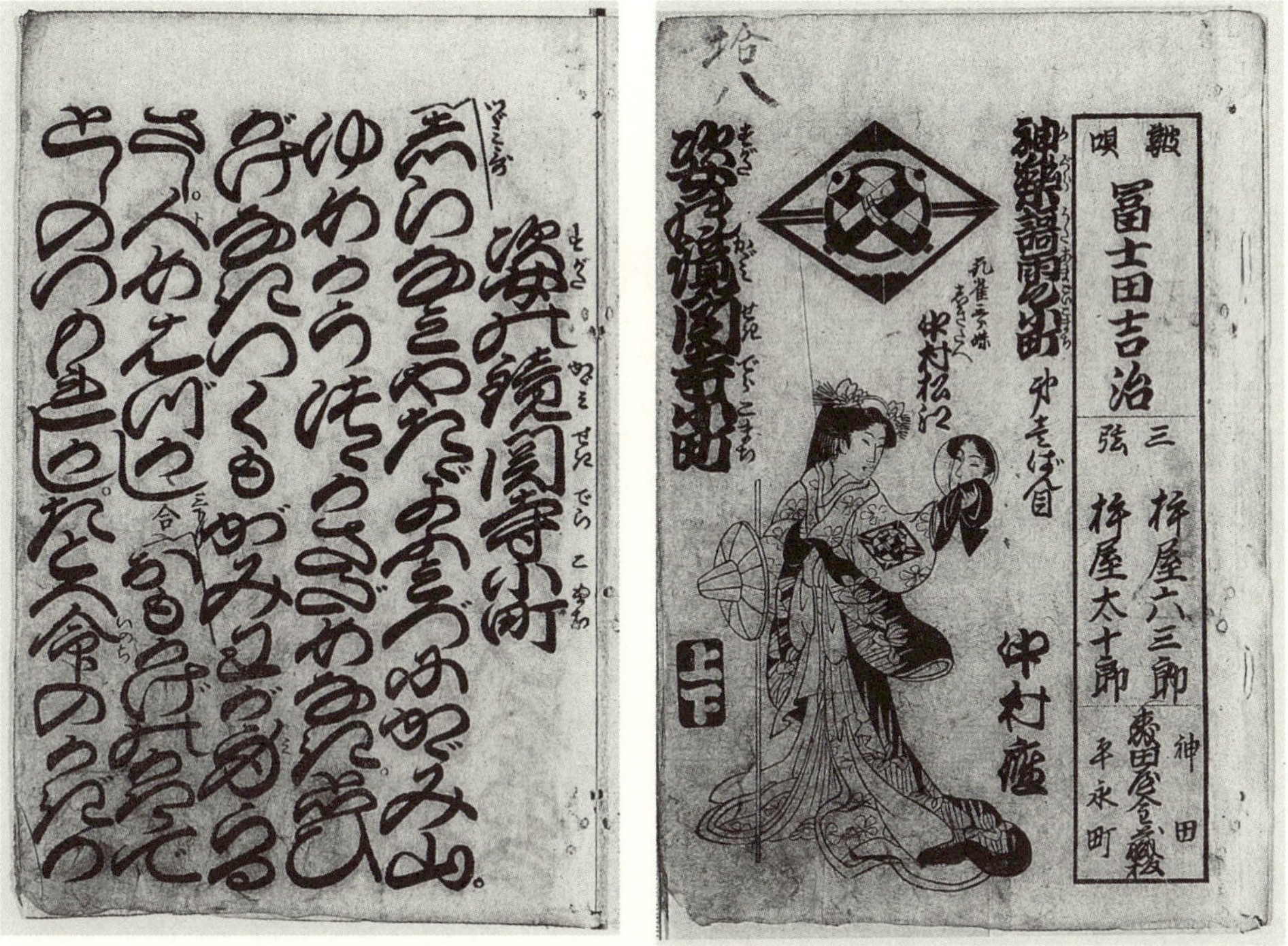

⑧森田屋金蔵版
国立音楽大学附属図書館所蔵〔1―1―8〕

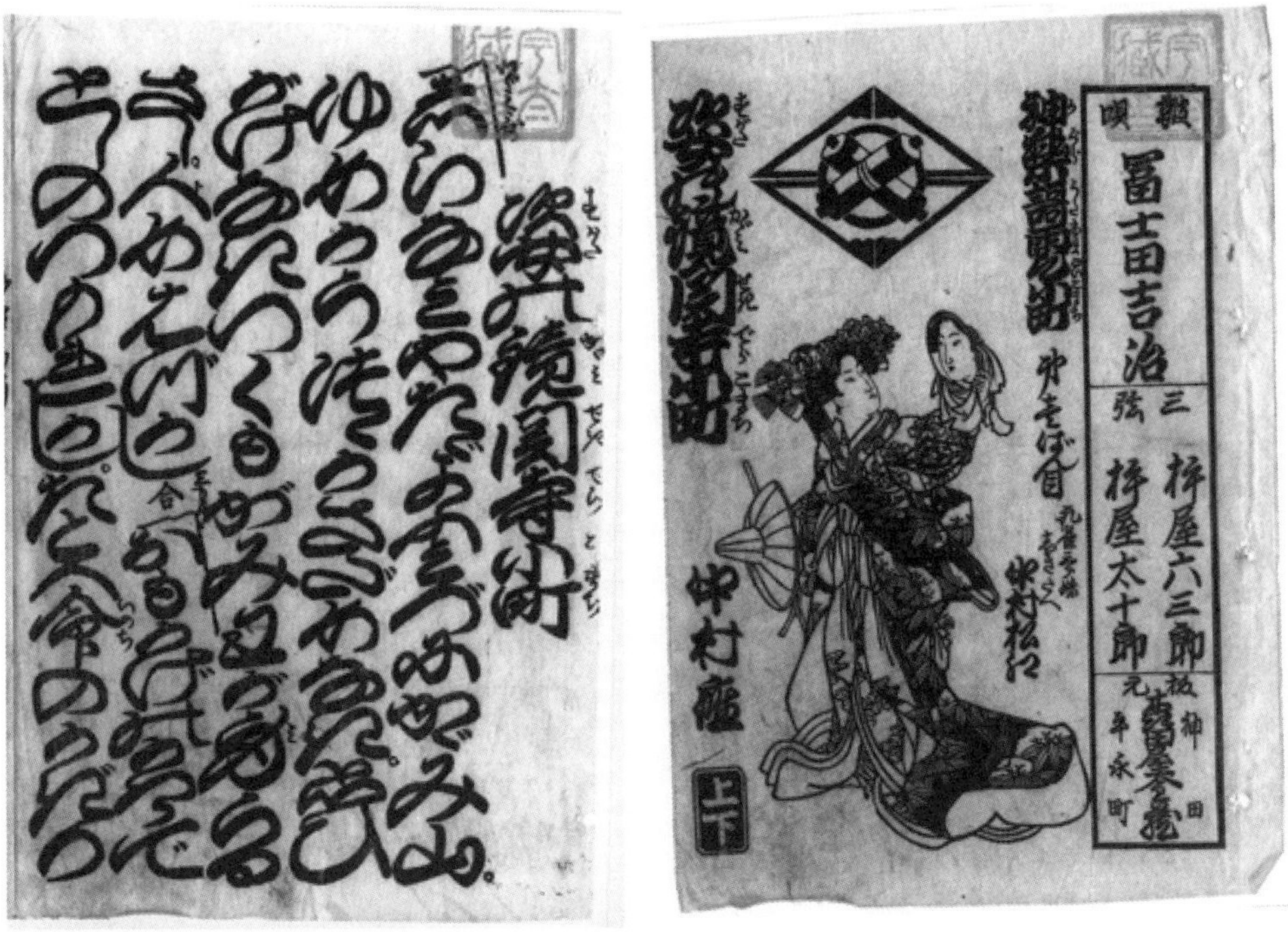

⑨森田屋金蔵版
稀音家義丸氏所蔵〔1―1―9〕

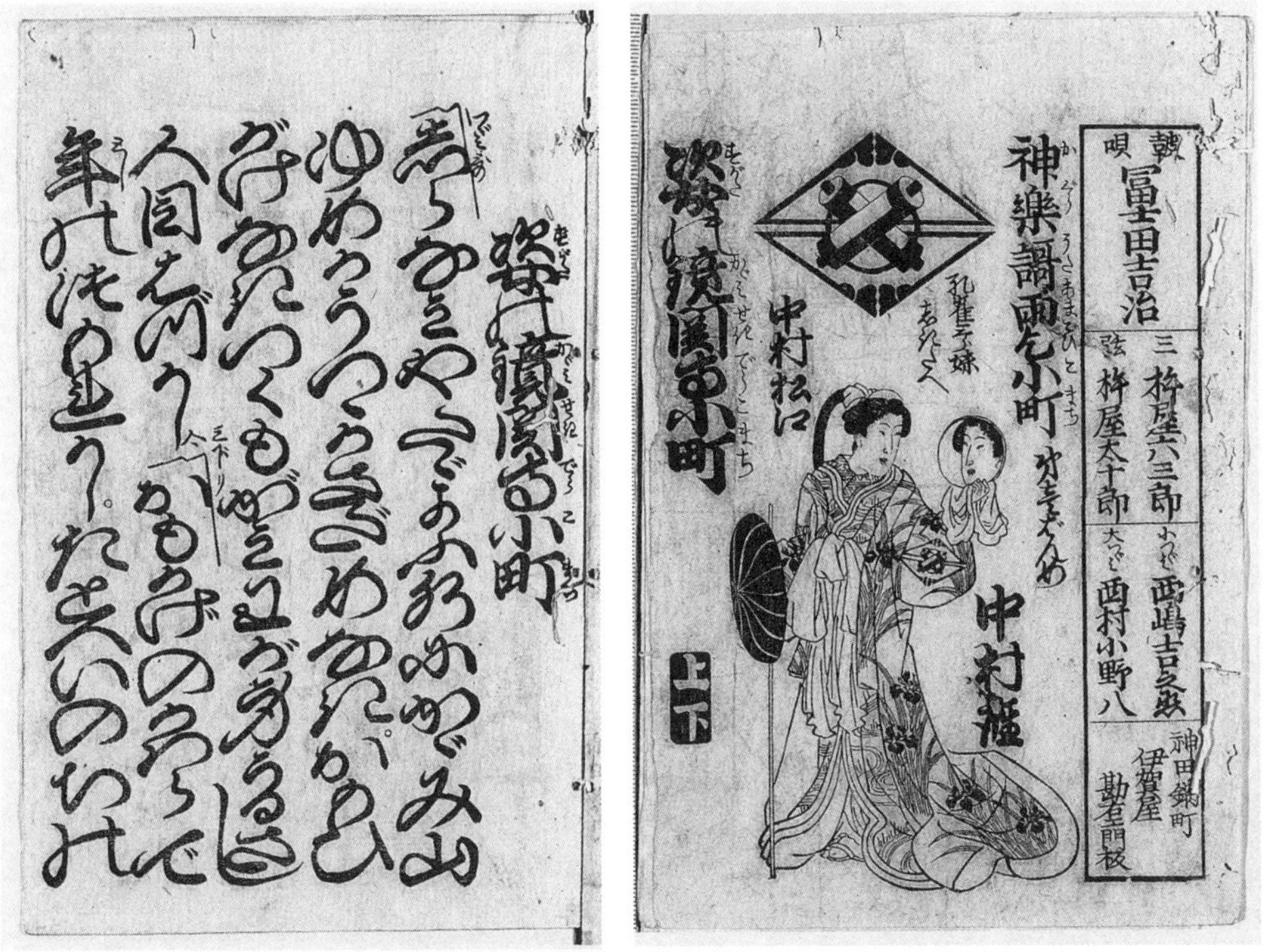

⑩伊賀屋勘右衛門版
国立音楽大学付属図書館所蔵〔1―1―10〕

兵衛の了解のもとに出ているのか、あるいは無断版行であるのかという点である。通常、浄瑠璃正本の奥付には、「太夫直之章句」を写した正本であることを証する極《きわ》め書きが載せられるが、これと共に「重《じゅう》板《はん》」や「類板《るいはん》」の存在を非難する文言が記されることもある。だが、これまでの調査の範囲では、「重板」や「類板」の存在を示す文言は、村山源兵衛版は元より、他座の長唄正本からも見つかってはいない。

そこで、長唄正本と同時期に版行されている江戸歌舞伎の浄瑠璃正本に重版・類版に関する記載を探したところ、江戸浄瑠璃の太夫、江戸太夫河東《かとう》(十寸見《ますみ》河東)の正本に「類板」に関する記載が見つかった。河東節の専属版元は小松屋で、中村座上演の正本が、享保二年(一七一七)の「松《まつ》の内《うち》」から伝存する。

長唄正本に先立って版行されている、享保七年（一七二二）正月、中村座上演の河東節正本「式三献神楽獅子《しきさんごんかぐらじし》」を、参考として19頁に載せた。上段の小松屋版が正本である。下段に、伊賀屋版の表紙と本文を対応させて載せている。小松屋版の表紙の演奏者連名枠内の下半分に類版に関する文言が載っている。だが、かなり摩滅しているので、国立音楽大学附属図書館竹内道敬文庫の覆刻本《ふっこくぼん》により補って読むと、以下のようになる。

河東直伝之正本ハ小松や／よりほかに無之候所ニ此ころ／るいはん／相ミへ申候／河東／正め／いの本にハ／如此の判形ヲ致令板行者也／〔能〻〕御吟味被成御求被下候

河東節正本は小松屋が正本版元であるが、近頃類版が出回っているので、小松屋版には太夫河東の判を入れ正本の証しとしていると述べている。恐らく、同頁下段の伊賀屋版は、上段の小松屋版を版下に流用して作られており、ここに述べられている類版である可能性がある。整版《せいはん》の場合は、他の本を版下に取り、木版刷りの技法により簡単に複製を作ることができる。この河東節における伊賀屋版の場合と同様の手法で、長唄の薄物の本屋儀兵衛版や無刊記版も作られており、本屋儀兵衛版や無刊記版は村山と相版《あいはん》を組んでいないことから見ても無断版行物である可能性が高い。享保期の江戸における歌舞伎の音曲本は、丁数が少ないこともあり、版元の間で互いに版を流用することが公然と行われていた様子が窺われる。

一方、④~⑩の版は①の村山版に対してどのように位置付けられるであろうか。長唄の薄物の多くには刊年の記載がないため、大名題の上演年月を手掛かりとするのである。初版を①として、②と③が①に追随して上演時内に出されたものであることは推測できるが、④~⑩については刊年を特定することは難しい。⑨や⑩の役者絵は一見して時代様式が下るように感じられ、表紙に記載される大名題の上演年を単純に刊行の時期と見なすことはできない。再演時の版行であるとすれば、なぜ初演時の大名題を表紙に記入しているのだろうか。

このように異版は非常に版種が多く、また版元も多岐に亘るため、諸本の整理を行うにあたっては、まず初演時正本と本屋儀兵衛版・無刊記版の関係を糸口にして進めていく方針を取った。正本と本屋儀兵衛版・無刊記版を比較する際には、本文と表紙に分けて版面を詳しく調べていった。通常、同版・異版は、本文によって区別するのであるが、共紙表紙の体裁を取る薄物では、表紙にも正本の部分的・全体的

参考図版『神楽獅子』（河東節正本）の諸本　表紙（右）と初丁表（左）

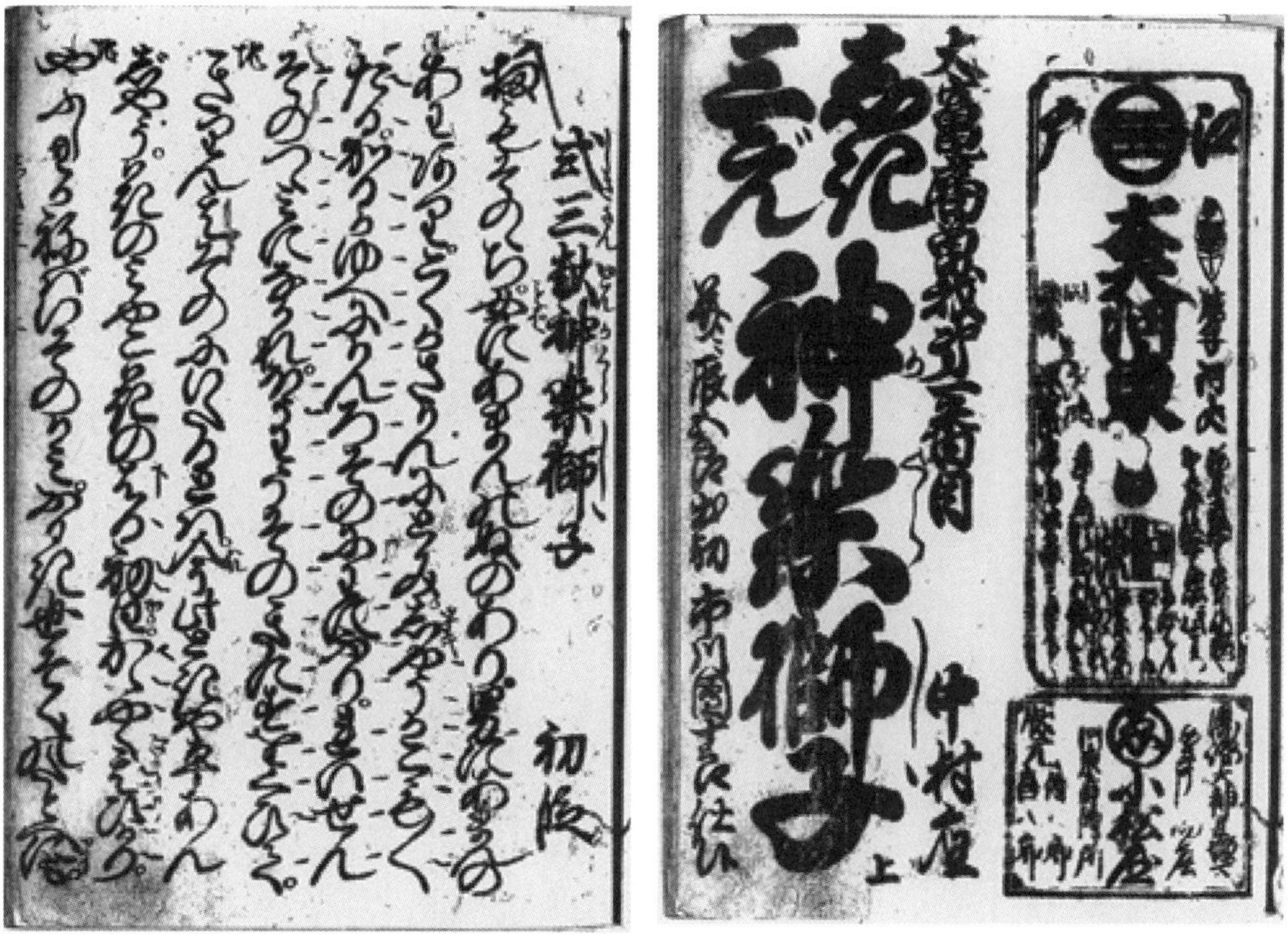

小松屋版
東京芸術大学付属図書館所蔵〔1—1—11〕

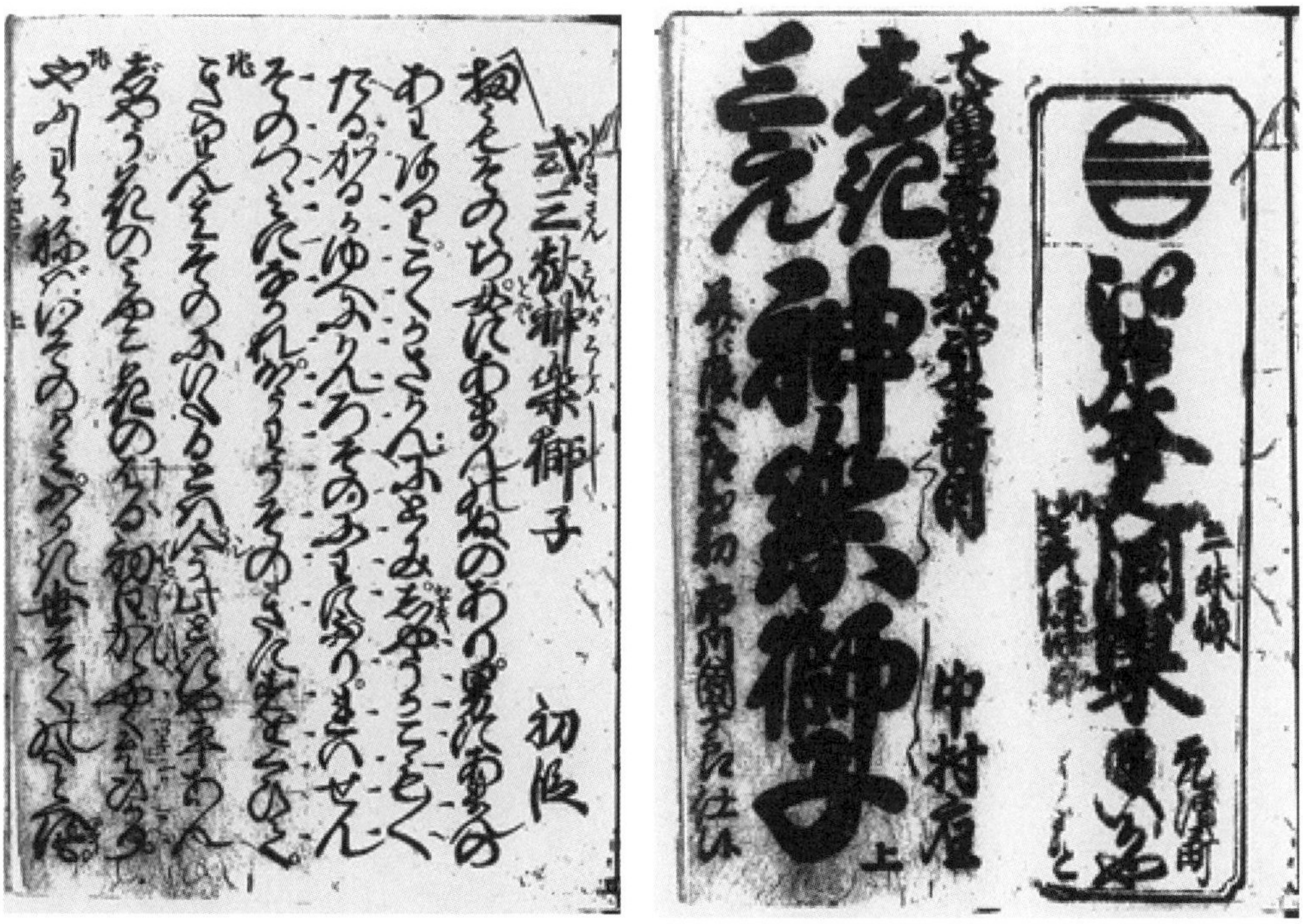

伊賀屋版
東京芸術大学付属図書館所蔵〔1—1—12〕

流用が見られる。表紙には座側から提供される上演情報が記入されてあり、絵師により役者絵も描かれているので、流用の際にそれらがどのように扱われているのか調べて見たい。

二　比較方法

その薄物を長唄と筆者が判断するのは、表紙の唄方の肩書きが「長唄」と記載されてあることに拠った。25頁の下段に掲載した二点の「衣《きぬ》かつき思《おもいのやれぐるま》破車」を見ると、ともに表紙の右側の枠内の上段「冨士田吉次」の肩書きが「長歌」とある。しかし、「長唄」の肩書きがない薄物も存在する。「鼓歌」・「唄浄瑠璃」などの場合である。13～17頁に掲げた「姿の鏡関寺小町」①～⑩では冨士田吉治（冨士田吉次のこと）の肩書きは「鞁歌《つづみうた》（唄）」であるが、これは鼓を用いた独吟を指し、この唄方は他の薄物で「長唄」の肩書きを付されている囃子方の人物であるから長唄の薄物になる。なお、大薩摩浄瑠璃太夫が唄方である場合、三味線を囃子方の者が勤めているときは長唄の薄物に入れた。

以下、ここでは正本と本屋儀兵衛版・無刊記版の本文の関係を取り上げる。そこでは、各作品毎に版の流用関係や記載内容の異同を調べ、これを上演順に並べたものを、〈初版と異版の関係表（中村座・都座）〉1中村座〈享保16年2月～安永6年3月〉として、202頁～207頁に収載した。なお、この表1よりも後の時期を対象とする調査結果を、さらに表2中村座〈安永6年11月～天明2年7月〉～表6中村座〈寛政9年11月～文化15年1月〉にまとめて、208頁～217頁に収めたが、これら五つの表も、最初の表1と同様の方法を用いて作成したものである。

ところで、これらの表の構成を、表1を例にして説明して行けば、まず縦の行を一興行曲名とし、一番上の列には、正本に記載されている大名題から取った上演年月を載せ、二列目には曲名（外題または所作名題でもある）を載せている。三列目は中村座の提携あるいは専属版元から出ている版（正本）について記載する欄で、版元名と住所は表紙から引いている。また、奥書がある場合はこれも載せている。本文の内題下《ないだいした》に述者名《じゅつしゃ》、巻末に筆耕《ひっこう》がある場合はこれも記載し、胡麻《ごま》点《てん》・文字譜《もじふ》があるときは「胡譜有」と記している。初演時の正本が二種伝存する場合には、四列目に版元2として載せている。これは専属版元が形成される前の、まだ座と提携する版元が複数ある状態を指す。版元1と版元2は、本屋儀兵衛版や無刊記版の元版となる場合がある。五列目は江戸橋四日市本屋儀兵衛版。六列目以下は無刊記版の欄で、無刊記版が数種ある場合はⅠ種Ⅱ種と分類している。本屋儀兵衛版と無刊記版の欄にそれぞれ正本の流用状態を記載する。正本を版下に用いて被《かぶ》せ彫《ぼ》りしている場合には、本文の奥書・述者・筆耕・胡麻点・文字譜を残しているか、あるいは削除しているのか調べて記載している。なお、いわゆる「版本写し《はんぽんうつ》」と呼ばれる写本について状態の良いものは表1に入れ、その場合は「透写《とうしゃ》」と記載している。

正本と本屋儀兵衛版・無刊記版の本文の版面を比較するに当たっては、以前、拙稿「河東節正本の版行に関する一考察―江戸歌舞伎における初期の音曲正本と位置付けて―」[7]で用いた方法をほぼ踏襲した。ちなみに、そこで区別のために用いられている記号は次の通りである。

A1　元版をそのまま版下に用いて被せ彫りしている。

A2　全体として元版を版下にして被せ彫りしているが、漢字や仮名を意図的に入れ替えている個所がある。

A3　元版を参考にして版下を作り直している。元版を透き写しして版下を作成しているものから、意匠上の関連性が認められる程度に元版を利用しているものまで、元版を版下に利用する度合いには幅がある。

B　別版。元版の用字や行送りと関係なく、中字や大字で版下を作製している。

なお、202～217頁掲載の表1～表6に収載・分類した正本・本屋儀兵衛版・無刊記版については、伝本の所在と架蔵番号を巻末の「〔所蔵一覧〕中村座・都座の長唄の薄物」に載せている。ただし、伝本の数が多い場合は欠本《けつぽん》や破本《はほん》、後印《こういん》の粗悪な本は記載しなかった。

（二）長唄正本の初期の版元

202頁表1の上から三列・四列目の版元1・版元2の欄には、上演時に中村座と提携あるいは専属関係にある版元の名を正本の表紙から取り、奥書のあるときはそれも書き出している。享保十六年（一七三一）から宝暦六年（一七五六）までは元浜丁伊賀屋版が多い。だが、伊賀屋は中村座版元と正本に記載していないので、専属関係が成立しているわけではないようである。伊賀屋は市村座の長唄正本も同じ時期に版行している。次に名曲を挙げるのは、市村座上演の古い伊賀屋版長唄正本である。

享保18年（一七三三）正月　『栄分身曽我《かなふさふんじんそが》』第二番目
「色里踊《いろざとおどり》口説《くどき》あれみさしゃさんせ節」

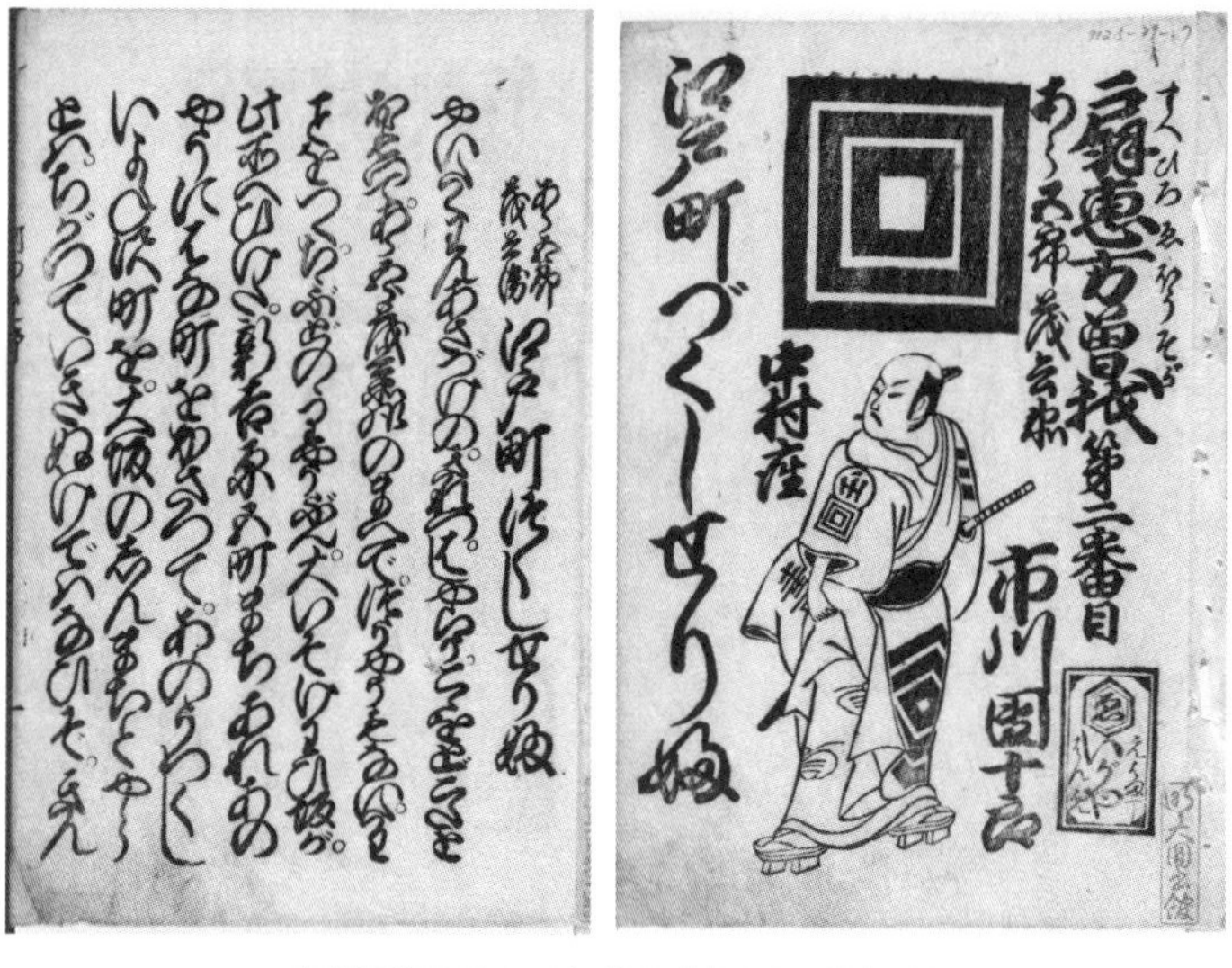

伊賀屋版せりふ正本『江戸町づくしせりふ』
明治大学図書館所蔵〔1—1—13〕

享保18年7月　『相栄山鳴神不動《あうさかやまなるかみふどう》』第二番目
「大踊《おおおど》りこんこころき節」

元文4年（一七三九）11月　『瑞樹太平記《ときわぎたいへいき》』第二番目大詰
「小山田太郎物狂《おやまだたろうものぐるい》せりふ」

この時期には「小山田太郎物狂せりふ」のように、音曲詞章とせりふが混じる正本も存在する。せりふ正本の方が長唄正本より先に版行されている。参考として、伊賀屋版のせりふ正本「江戸町づくしせりふ」の表紙と本文の最初の半丁を次に掲げる。享保十四年（一七二九）

正月に中村座で『扇恵方曽我《すえひろえほうそが》』の第二番目に演じられた市川團十郎のせりふである。

共紙表紙に記載される外題や大名題・座名・役者名・役者絵の入る位置が長唄正本と同じであり、薄物の体裁がせりふ正本においてすでに定まっていることがわかる。なお、このほかにも伊賀屋が版行する中村座のせりふ正本には次のものがある。[8]

享保19年（一七三四）春　『七種磐曽我《ななくさいわおそが》』「竹尽《たけづくし》ほめことば」

同右　『同　右』「江戸五人男《えどごにんおとこ》せりふ」

一方、表1の享保十六年と十七年に長唄正本を出している中嶋屋は、『紙屑籠』では番付の相版元と記されているが、伝存からは中村座の番付版元である。この中嶋屋も、中村座だけではなく市村座・森田座のせりふ正本・長唄正本を版行していることが伝本で確認できる。

表1中では、次の長唄正本が和泉屋権四郎版である。

元文6年（一七四一）2月　『菜花曙曽我《なのはなあけぼのそが》』「高野道行歌祭文《こうやみちゆきうたざいもん》」

宝暦8年（一七五八）11月　『木毎花相生鉢樹《きごとのはなあいおいはちのき》』第一番目「寿相生羽衣《ことぶきあいおいはごろも》」

宝暦11年（一七六一）3月　『間山女敵討《あいのやまおんなかたきうち》』第二番目「髪梳《かみすき》名《な》とり草《ぐさ》」

この和泉屋権四郎は、市村座で享保十九年（一七三四）三月に上演された長唄正本「江戸桜五人男掛合文七節《えどざくらごにんおとこかけあいぶんしちぶし》」の奥書に「市村座新きやうげんはんもと　よこ山丁壱丁目しんミち　いづみやごん四郎」と記載しているので、すでに市村座の専属版元となっている。いずれも伊賀屋版や中村座の専属版元になる村山源兵衛版が出ていないため、何らかの事情により和泉屋が長唄正本の版行を引き受けたものと推測される。

村山源兵衛は『明和伎鑑』に中村座の顔見世番付・辻番付・浄瑠璃・長唄・せりふの版元と記されているが、伝本における中村座のせりふ正本の初出は、享保二十年（一七三五）正月上演の大名題『名山累曽我《めいざんかさねそが》』中の「厄払《やくはら》い豆《まめ》まきのせりふ」である。

そして、次に表1で宝暦九年（一七五九）一月の「舞扇子姥桜《まいおうぎうばざくら》」からは、村山源兵衛が上演時正本の版元となる。この村山が中村座の専属版元であることを正本に表すのは宝暦十二年（一七六二）三月上演の長唄正本「芳野草《よしのぐさ》」からである。その奥書には「中村座はんもとむら山源兵衛」と記載しているが、明和八年（一七七一）頃の正本にはこの奥書を頻繁にいれるようになっていることがわかる。

表1によれば、中村座に正本を独占的に版行する版元が形成される時期は市村座に比べ三十年近く後になる。それまでの間は長唄正本を出す版元は鱗形屋、伊賀屋、中嶋屋など複数存在しており、それらの版元は他の座とも提携していた様子が見て取れる。

（二）　上演時正本の本文と異版

江戸橋四日市の本屋儀兵衛については、「画入読本外題作者画工書肆名目集」[9]に「貸本屋世利本渡世の者ニ而手広にいたし候者名前」として、石渡利助、上総屋儀兵衛の次に「南鍋町　宇多閣　本屋儀兵衛」と名が挙がっているので、文化年間（一八〇四〜一八一七）には貸本屋を大きく営んでいたらしい。また、文化五年（一八〇八）には読本『近江縣物語《おうみあがたものがたり》』を耕書堂蔦屋重三郎・瑞玉堂大和田安兵衛・蛍雪堂三河屋宗兵衛と相版で刊行している。同書の第五巻の後表紙見返しには、この四人の版元名があり、その上部に「東都書林」と記載されているが、『割印帳《わりいんちょう》』によると文化四卯年（一八〇七）十一月十二日に「板元売出　大和田安兵衛」と記載され、書物問屋で出願している。

　だが、本屋儀兵衛は、先の「画入読本外題作者画工書肆名目集」において「右十八人の者共より書物問屋共え上方直荷物（幷ニ）江戸板共改を受す売捌申間敷旨之取極一札取置申候」と書かれているその十八人のうちに入っていることから、江戸書物問屋には加入していないと見られる。長唄正本を出している宝暦期（一七五一～六三）から天明二年（一七八二）にかけて、江戸橋四日市でどのような業態の版元であったのか不明であるが、芝居町の入り口に立地し芝居関係の出版物を扱っていたらしい。江戸橋広小路には床見世《とこみせ》の古本屋が軒を連ねていたと言う。おそらく、本屋儀兵衛は芝居の売れ筋商品に敏感に反応した商いをしていたと推測される。

　無刊記版は、本書では版元名の記載がない版を指す。無刊記版は複数の版種が出ており、伝本中では、最多で六種が確認できた。

　202～207頁の表1で、伊賀屋版や村山源兵衛版に対する、本屋儀兵衛版・無刊記版の本文の版面の関係を見ていくことにしよう。先に掲げた版面の識別方法により、版元1（あるいは版元2）を元版とした場合の、本屋儀兵衛版・無刊記版の本文の版面の関係をA1・A2・A3・別版の関係で表してある。また、本屋儀兵衛版と無刊記版の間の本文の版面関係についても必要に応じて記載している。なお、宝暦四年（一七五四）二月上演の「英執着獅子《はなぶさしゅうじゃくのしし》」上下二冊本については、上冊・下冊が別々に各所蔵機関に多く存在しており、上冊と下冊の組み合わせが原装と確認できない場合もあったので、分けて表示した。

　表1の明和五年（一七六八）九月上演「畳算《たたみざん》」を例にとり、本文初丁表の内題と詞章の始めの三行部分をそれぞれ掲げて、A1とA2について説明しよう。

　次に掲げる村山源兵衛版（東京芸術大学附属図書館本）は、初演時正本である。「楓江《ふうこう》述」と内題下にあり、楓江は冨士田吉治の俳名である。胡麻点と文字譜も添えられている。

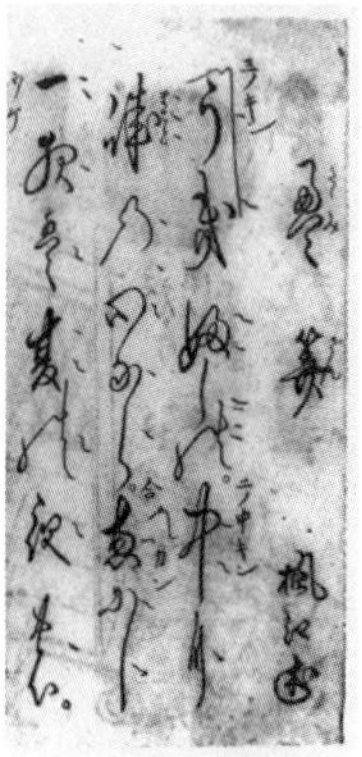

村山源兵衛版〈初演時正本〉

東京芸術大学図書館所蔵〔1―1―14〕

　なお、本屋儀兵衛版はこの曲には伝本が見つかっていない。

　次に掲げた無刊記版Ⅰ種（松浦史料博物館本）は、一見、前の村山版と同版にも見えるが、最初の文字譜が明らかに「二ノキン」となっており、筆の入り方・抜く部分に彫りの違いが見つかるので、村山版を版下とし、おそらく別の彫り手によって被せ彫りされたと見られる。意図的な版下の改変はないので、A1とした。

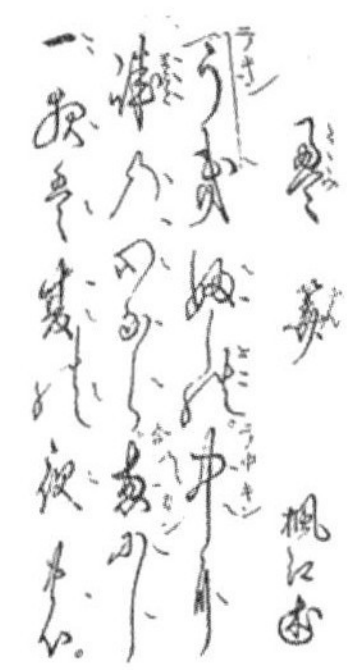

無刊記版Ⅰ種〈A1〉

松浦史料館所蔵〔1―1―15〕

　次の無刊記版Ⅱ種（明治大学附属図書館蔵松和文庫本）では、最初の文字譜は村山版と同じ「三ノキン」になっている。だが、村山版・無刊記版Ⅰ種のどちらとも彫りが異なると見られる。そして、本文の三行目の四字目と五字目「なつの」の部分が漢字から仮名表記に変わっており、さらに一文字おいた「の」も、変体仮名「農」を「能」に変えており、村山版を版下にしながら部分的に意図的な改変を加えていることが読み取れる。ゆえにA2とした。

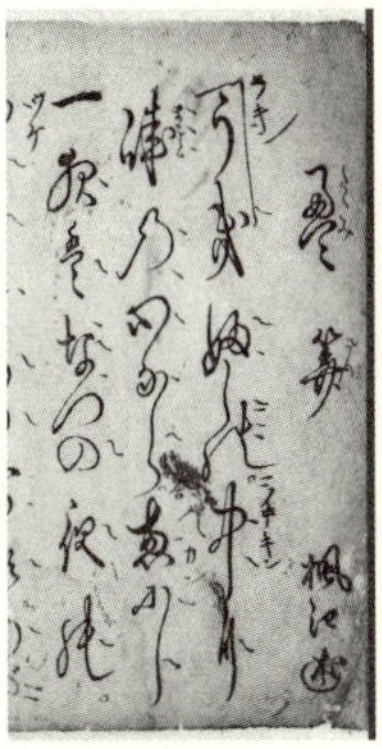

無刊記版Ⅱ種
〈A2〉

明治大学図書館所蔵
〔1―1―16〕

A3については「姿の鏡関寺小町」の図版③で述べたのでそちらを見て欲しい。

次に掲げる無刊記版Ⅲ種（早稲田大学演劇博物館蔵安田文庫本）は、これまでの版が五行であったのに対し六行となっており、一行に入る文字数も増えている。書体や用字に村山版の影響を指摘できなくもないが、全体的に見て別版とした。

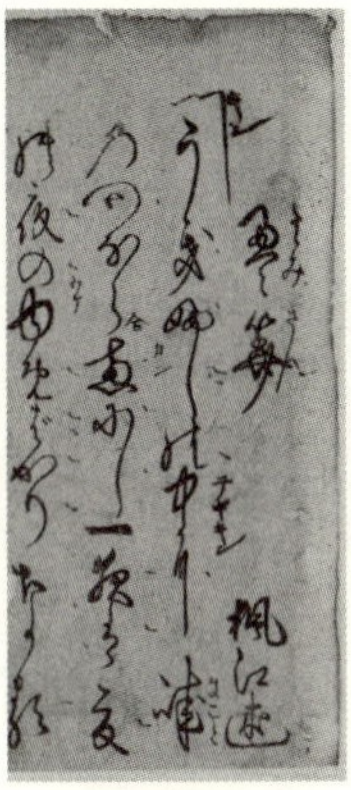

無刊記版Ⅲ種
〈別板〉

早稲田大学
演劇博物館所蔵
〔1―1―17〕

無刊記版Ⅳ・Ⅴ・Ⅵ種については、特に掲出しないが別版の本文であり、無刊記版Ⅰ～Ⅵの間では同版・被せ彫りの関係はなかった。A1は重版、A2とA3も版下の一部または全体を作り変えているが、実質的に重版であろう。

村山源兵衛が中村座の専属版元であることを奥書に記した版には、明和四年（一七六七）正月の「春調娘七種《はるのしらべむすめななくさ》」同八年十一月の「紅白勢《こうはくい》丹前《きおいたんぜん》」同九年正月の「梅笑粧《うめのえみよそおい》くさずり」同年同月の「（狂乱《きょうらん》初霞）雲井《くもい》の里言葉《さとことば》」がある。これらには無刊記版Ⅰ種が伝存し、いずれも本文の版面がA1の関係にあるが、村山版にある「中村座板元　村山源兵衛」等の奥書は除かれている。例として右の中から「梅笑粧くさずり」の本文末の二行を掲げる。元版となるのが、次に掲げる村山源兵衛版（東京国立博物館本）である。

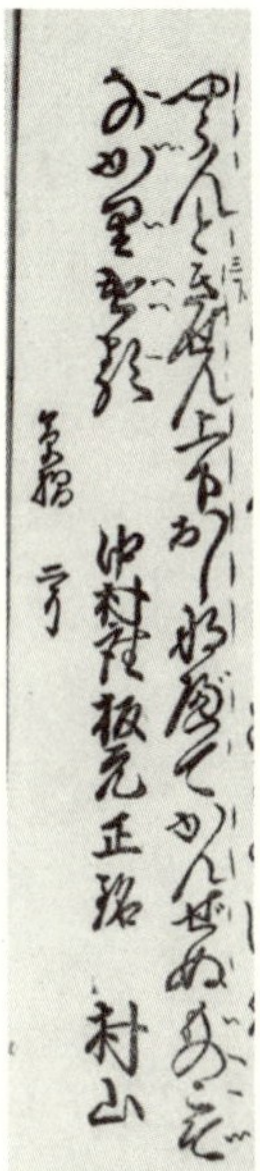

村山源兵衛元版

東京国立博物館所蔵
〔1―1―18〕
Image：TNM
Image Archives

それに対して、次の無刊記版Ⅰ種（東京芸術大学附属図書館本）はA1の関係になる。

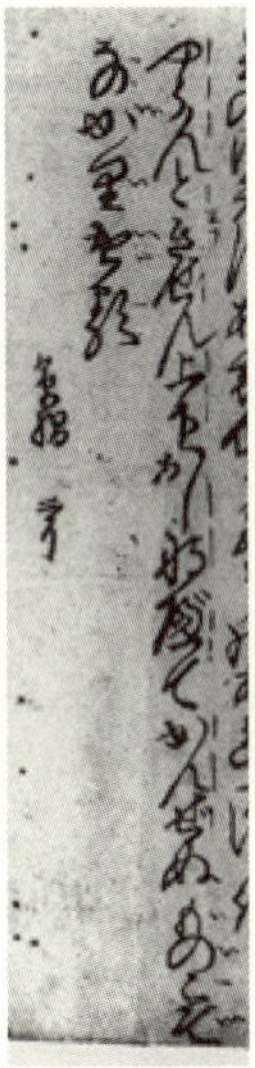

無刊記版Ⅰ種
〈A1〉

東京芸術大学
附属図書館所蔵
〔1―1―19〕

本屋儀兵衛版においても無刊記版と同様にA1・A2の手法が多くとられているのだが、「京鹿子娘道成寺《きょうがのこむすめどうじょうじ》」の表紙に「正銘板元江戸橋／本屋儀兵衛／四日市」と記入されてあることが気になる。不正出版の位置づけに相反する表記となるからである。本屋儀兵衛が単独で「正銘板元」と表記するものは、管見によればこの一冊だけである。「京鹿子娘道成寺」は宝暦三年（一七五三）三月の上演作品で、これは村山源兵衛が中村座の専属版元になる前の時代であるから、本屋儀兵衛は薄物にそのように記載できたのかも知れない。破損しているが表紙を次に掲げる。国立音楽大学付属図書館竹内道敬文庫本である。

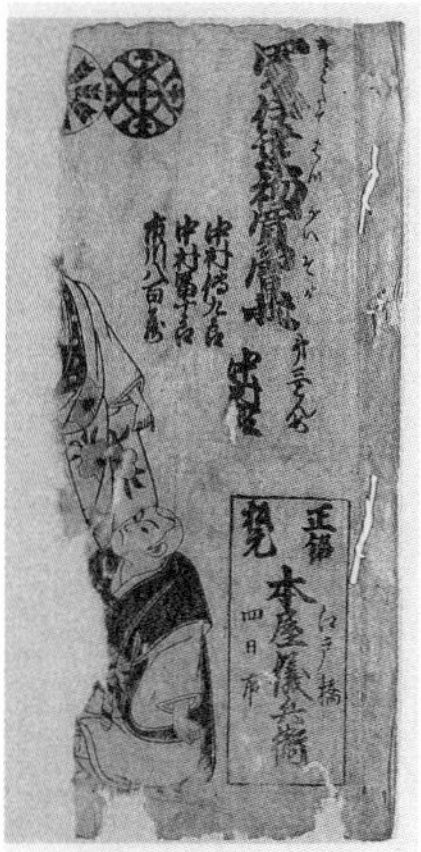

本屋儀兵衛版
「京鹿子娘道成寺」
表紙
国立音楽大学
附属図書館所蔵
〔1—1—20〕

また、正本と無刊記版が同版と見られる例も存在する。明和四年（一七六七）八月上演の正本「衣《きぬ》かつぎ思破車《おもひのやれぐるま》」に対し、無刊記版Ⅰ種は表紙・本文ともに同版の後印本《こういんぼん》と見られるが、無刊記版Ⅰ種では、表紙の版元名が版木から削除されており、囃子方連名枠の下部にその削り残しの跡が残っている。なぜ版元名を版木から削ったのか不明で、特殊な存在である。表紙を下段に掲げるが、どちらの版も早稲田大学演劇博物館安田文庫旧蔵本である。

また、明和六年（一七六九）五月上演の村山版「弾絢准系図《しらびょうしなぞらえけいず》」上冊は、本文に異同の見つかる例である。26頁上下段に各版の表紙と本文の異同箇所を図版ア・イとして掲げ説明する。

まずアの村山源兵衛版では本文初丁裏の終りから二行目の中ほどに「二人〳〵おせやれおのこ」とあって、次に同丁末から第二丁表へと続けて「哥〳〵二丁だち三挺立　おしてかつ手ハ台見附ケ箱崎くづれ橋　だんな　すつぺりおひさしや　そこて花どれ〳〵勘五兵衛（以上、初丁表）頭巾ハいらぬぞ編笠もてこい〳〵おせ〳〵〳〵」と歌があり、続いて

「衣かつき思破車」表紙（正本と無刊記版）

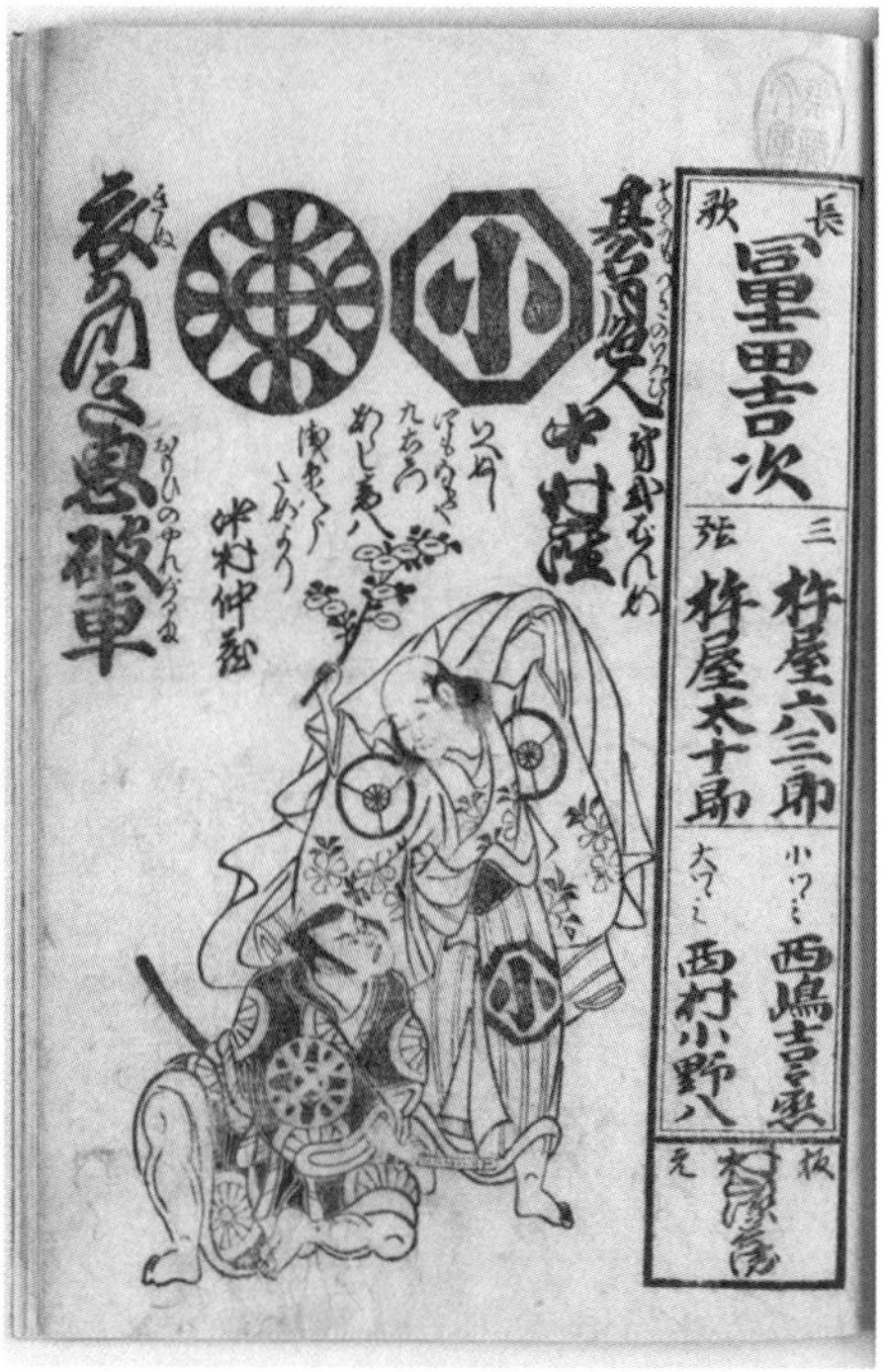

村山源兵衛版
早稲田大学演劇博物館所蔵〔1—1—21〕

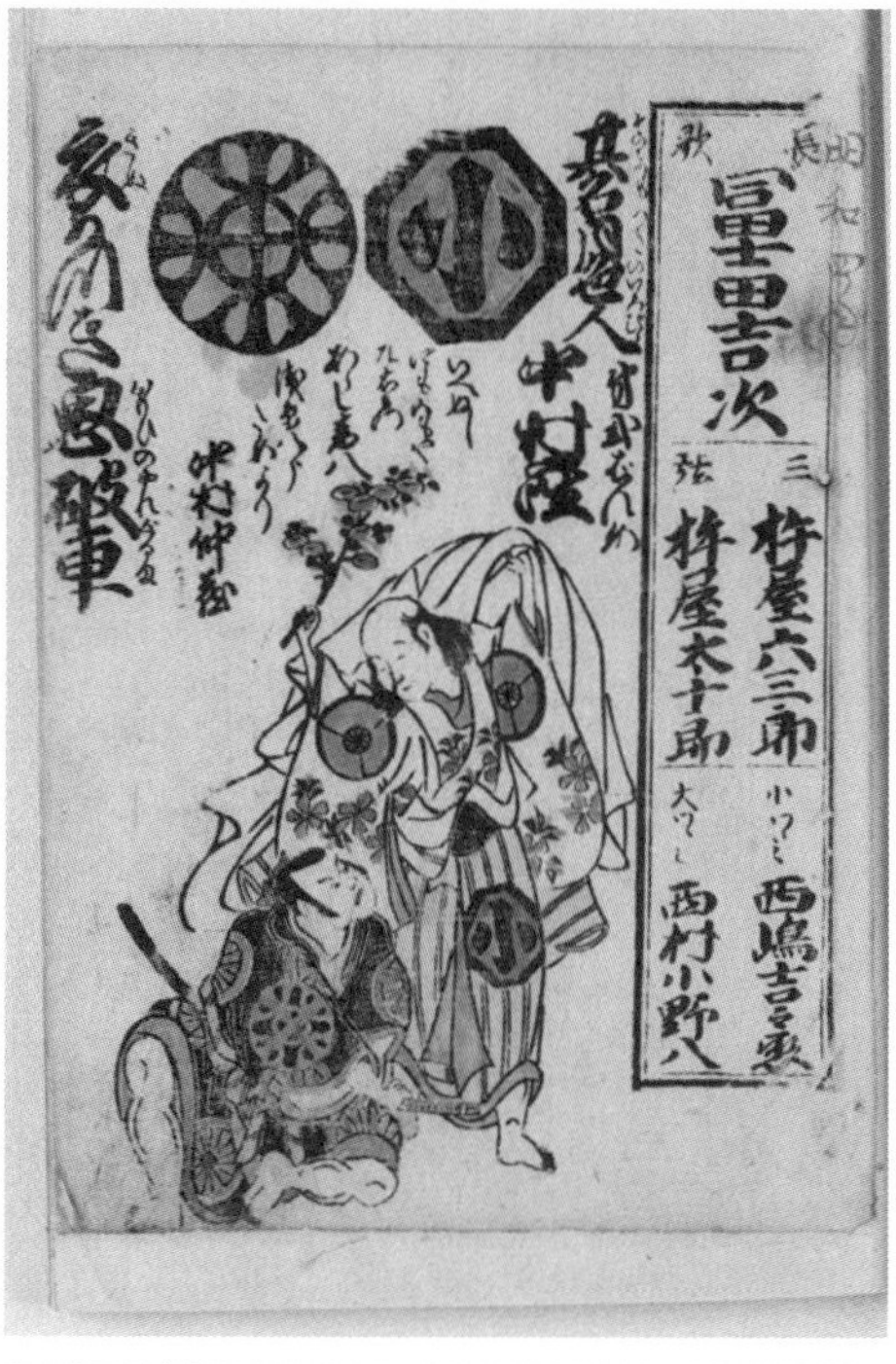

無刊記版（囃子方連名枠の下部に削り残しの跡が残る）
早稲田大学演劇博物館所蔵〔1—1—22〕

「弾昫准系図」

表紙（右）本文初丁裏七〜十行目（中央）第二丁表の最初の四行部分（左）　ア図の網掛け部分がイ図の本文には見られない

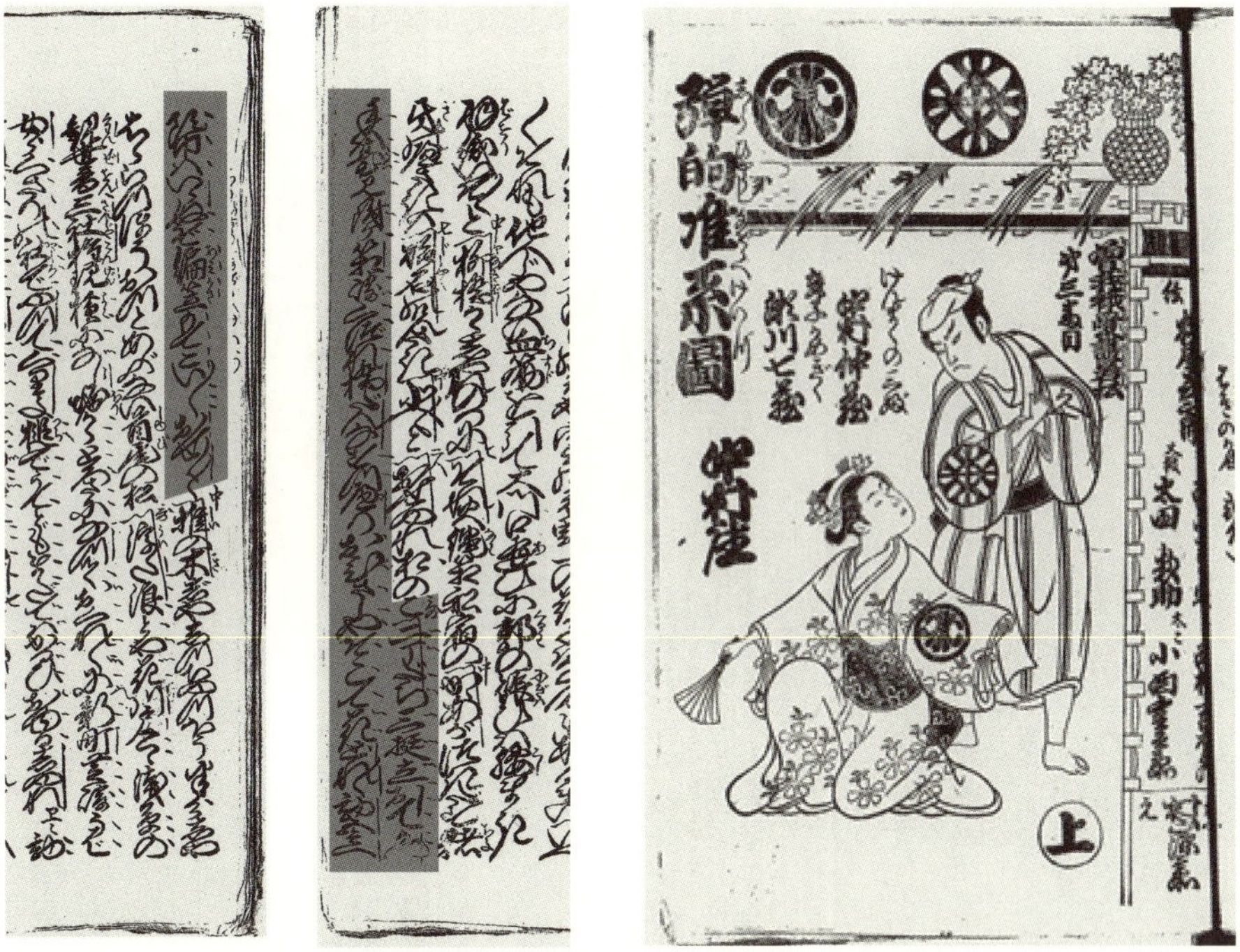

ア　上田市立上田図書館所蔵
〔1—1—23〕

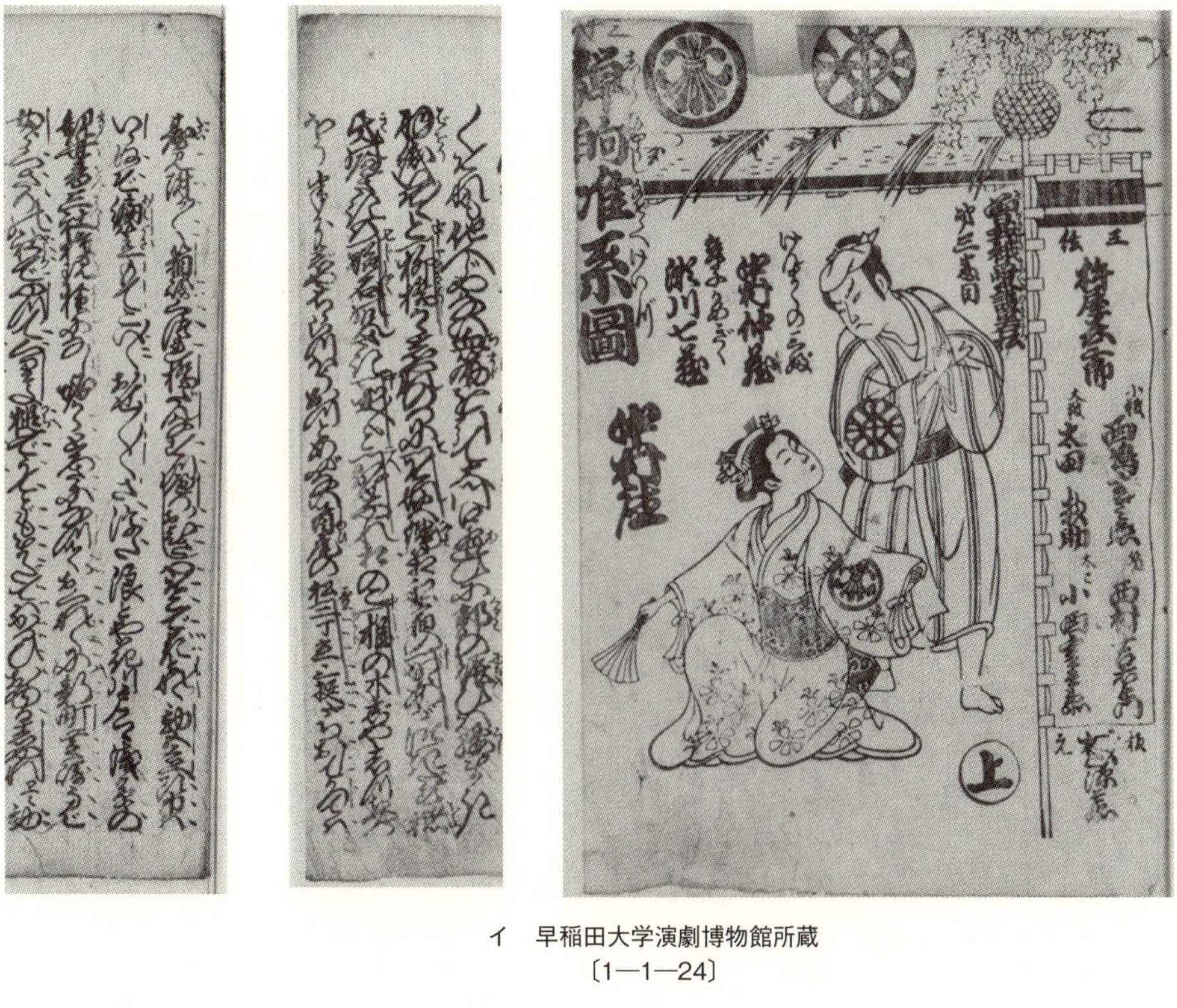

イ　早稲田大学演劇博物館所蔵
〔1—1—24〕

第二丁表一行目中ほどの仲蔵のせりふ「中〽椎の木じやしつちやつほう半分じやはゝらつほうおつとあぶない首尾の松」になるが、イの村山版ではこの哥の部分の約二行分が無い。

一方、イの「二人〽おせやれおのこ」の「のこ」の箇所以下、第二丁表の最初の二行までを改刻しているように窺えるが、微妙なところである。したがって、版の先後関係についてはここでは判断せず紹介のみにとどめたい。なお、イの村山版には、表紙の版元名部分を削除した同版本も存在する。早稲田大学演劇博物館本である。

表1に戻り、村山源兵衛が中村座の専属版元となり、上演時正本を版行するかたちになっても、伊賀屋を版下に流用したのと同様に、村山版を版下に利用した版が現れている。上演時正本を出す専属版元の権利が侵害されていることが読み取れる。江戸では寛政二年（一七九〇）十月に地本問屋仲間の行事改めが導入されるが、その前にあって、事実上の重版が横行する状況を表1に見て取ることができる。ただし、村山源兵衛の専属版元としての権利は、上演時の初版に限るものであったと推測される。例外について先に掲げたが、基本的には村山源兵衛による再版の伝本が存在せず、初版を原版として保有し再版する形跡がないと見なせる。これは、長唄正本の版行の権利が、番付と同様の一過性の出版物と見なされていたからであろう。

（三）胡麻点と文字譜

「ウタヒ」「哥」「上るり」「ヲトリ」の指定を「カン」・「ハル」・「ウク」などと同レベルの文字譜と見なせるのか、という問題についてはここでは扱わず、一応文字譜として扱い、表1に「譜有」（文字譜有の略）と記載している。ただし、冒頭の「三下り」・「二上り」、中間部の「合」のみの場合は、「譜無」（文字譜無し）とした。正本の本文をA1・A2の関係で流用する際に、本屋儀兵衛版・無刊記版で胡麻点や文字譜を削除する例は、表1においてほとんど見られない。胡麻点を除いている例として、明和七年（一七七〇）八月上演の「（めりやす）星明《ほしあかり》」無刊記版Ⅰ種がある。村山版（胡・譜有）の本文をA2で流用しているが、胡麻点を除いている。

胡麻点や文字譜は音曲正本の重要な要素であるが、流用の際に削除されていないのは、薄物の版行に作曲者である唄方や三味線方の権限があまり反映されていないことを示している。だが、長唄にとって胡麻点・文字譜が重要ではなかったわけではないようである。差し障りがおきて胡麻点と文字譜を版木から削除したと推測できる例があるからだ。明和三年（一七六六）刊行の長唄の詞章集『常盤友《ときわのとも》』（刊一冊）について、東京女子大学図書館本と国立音楽大学附属図書館竹内道敬文庫本を採り上げる。両書はいずれも奥付が次のようになっている。

書写　竹酔堂鼎峨
彫工　小川氏勘助
明和三歳丙戌夏／五月十有五日
書肆　日本橋南三町目／吉文字屋治郎兵衛
弘所
書肆　本白銀町通三丁目／和泉屋庄次郎

竹内道敬文庫本は所収曲を増補しているので、東京女子大学本が初版となる。両書には、次の曲について胡麻点と文字譜に異同がある。

順	所収曲名	胡麻点と文字譜		初演時の演者		座
		女子大	竹内文庫	立唄	立三味線	
20	ますかがみ	あり	なし	冨士田吉治	錦屋惣治	市
26	秋七種	あり	なし	冨士田吉治	錦屋惣治	市
27	ねこのつま	あり	なし	中村兵衛	杵屋作十郎	中
28	親子草	あり	なし	松尾五郎治	杵屋作十郎	中
29	おもひ川	あり	なし	冨士田吉治	錦屋惣治	市
30	雪咲心の花	あり	なし	冨士田吉治	錦屋惣治	市
31	ふたつ文字	あり	なし	冨士田吉治	杵屋六三郎	中
32	あさがほ	あり	なし	冨士田吉治	錦屋惣治	市
50	綱手車	あり	なし	冨士田吉治	錦屋惣治	市
51	百夜車	あり	なし	冨士田吉治	錦屋惣治	市
56	旅の初ざくら	あり	なし	松島庄五郎	杵屋作十郎	中

竹内道敬文庫本ではこれらの曲の胡麻点が削除されており、「合」「合方」以外の文字譜も削除されている。『常盤友』において胡麻点のある曲は、この十一曲のみである。文字譜については、この十一曲以外にも「和哥山カ、リ」「三重カ、リ」「ツ、ミ哥」と入る曲があり、それらは削除されてはいない。これらの曲についてなぜ胡麻点や文字譜が削除されているのか不明である。冨士田吉治の曲が多いことは言える。また、胡麻点を付すことに対して差し障りが起きたのかも知れない。右の表のうち、29の「おもひ川」の冒頭部分を下段に掲出する。

『常盤友』は『割印帳』に、

明和三年五月十五日　常盤の友　売出し板元　吉文字屋治郎兵衛
墨付百十一丁　めりやす本

と記載されており、書物問屋から版行されている。『義太夫本公訴一件』には江戸の芝居書が地本問屋の支配であることが記されており、長唄正本は地本問屋の扱いであった。吉文字屋が詞章本を版行した際

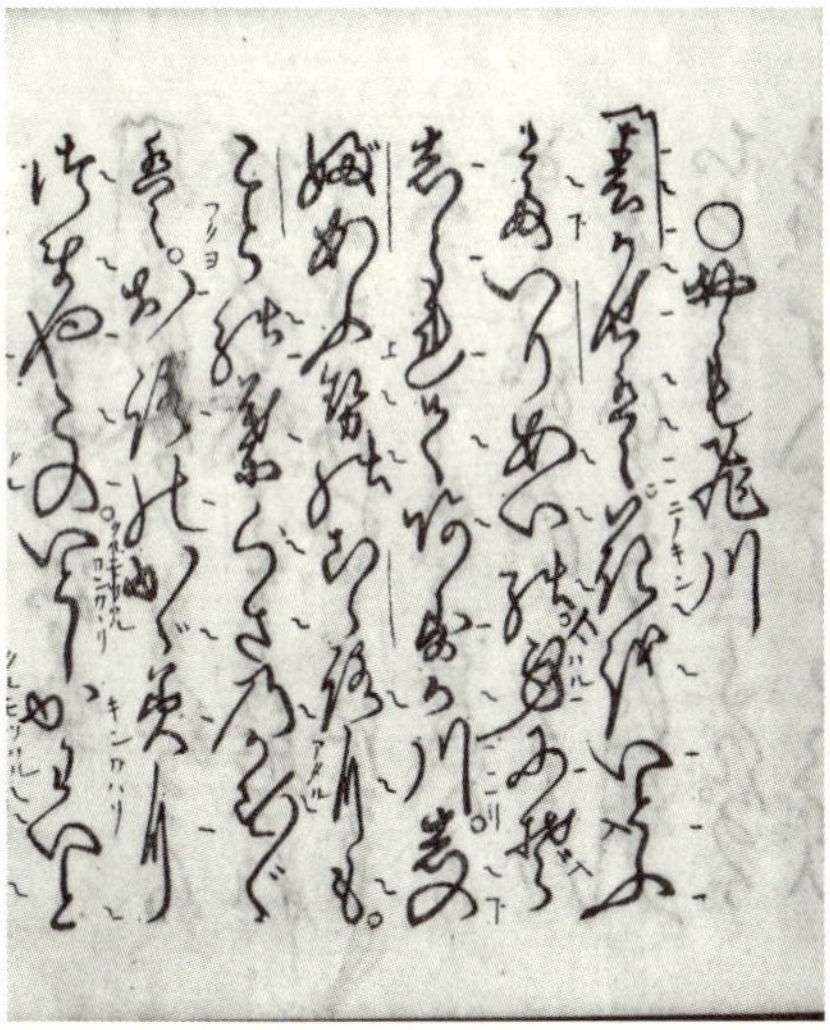

『常盤友』(明和３年(1766)５月刊　初版本)「おもひ川」
東京女子大学図書館所蔵〔1―1―25〕

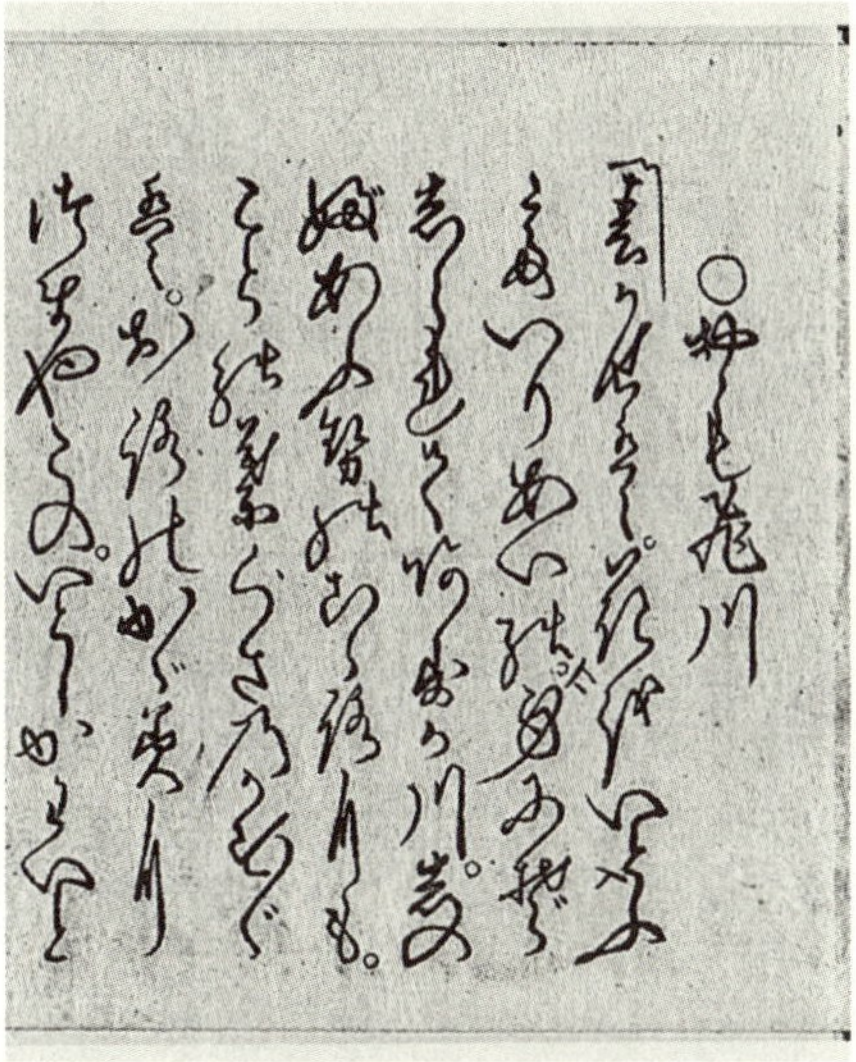

『常盤友』(後版本)「おもひ川」
国立音楽大学附属図書館所蔵〔1―1―26〕

に、本文ではなく胡麻点の部分に地本問屋側から差し障りが出たため削除した可能性が考えられる。

（四）内題下の述者署名

長唄の作詞や作曲は誰が担当していたのか、これに関する記述を江戸の演劇書から拾ってみる。享和三年（一八〇三）正月刊の『三座例遺誌』には、次のように書かれている。

浄留理の文句独吟のめり安ハ狂言作者より作りて渡す。長うた所作の文句ハ囃子町の立三味線これを作る也
然れとも狂言にかゝりたる所作又拍子舞等ハ作者是をつくる(10)

狂言作者である中村重助も『芝居乗合話』二（寛政十二年〈一八〇〇〉成立か）で同様の事を述べている。

立三味線のものハ、新唄のこしらへもの、めりやすの節付する。(11)

また、三升屋二三治は『賀久屋寿々免』四（弘化二年〈一八四五〉秋成立）に

所作事の時は、たて三味線、文句より節を付て、たて歌、その外連中集めて、けいこに及ぶ。各歌の文句、本に書取て、舞台に用ゆる(12)

と記し、また『作者年中行事　弐之巻』（嘉永元年〈一八四八〉成立）には、

一、長歌三立目の所作、大ざつま上るりは急ぐゆへ、はやしの頭へ渡す。文句作者より渡すを、近来三味線の者、文句書人有て節を付る。昔のしよさとはかはりたる事。その上、本にはやしの名を顕したるは、その昔の楓江ならでなし。楓江は長歌の銘人（後略）
○はやしの式法は爰にしるさず。文句の事は作者にかゝりたる事ゆへ、あらましを述る(13)

大薩摩節浄瑠璃の作詞も、近来は立三味線が作っていると記されている。しかし、長唄正本の作詞は基本的に筋と絡む場面は狂言作者が作り、それ以外は立三味線が担当していたようである。冨士田吉治（楓江）は唄方でありながら多くの長唄の作詞や節付けを行い、正本の内題下に署名を残しているが、これは破格のことであった様子が窺える。

作詞・作曲者の署名が、本屋儀兵衛版・無刊記版においてはどのように扱われているか、表1で見てみよう。安永六年（一七七七）三月までの上演作品について、正本の内題下の述者を挙げると、狂言作者では鈍通与三兵衛《どんつうよさべえ》・初代増山金八《ますやまきんぱち》、囃子方からは唄方の冨士田吉治（楓江）・三味線方の二代目杵屋六三郎・八代目杵屋喜三郎（喜立《きりゆう》・機流《きりゆう》）の署名が見られる。

表1で見ると、本屋儀兵衛版や無刊記版では、正本の本文をA1・A2のやり方で流用した場合、内題下の述者名は大体削除しているようである。A1で述者をそのまま残した版は、明和五年（一七六八）正月「ちごさくら」の無刊記Ⅰ種、同年九月の「畳算」の無刊記版Ⅰ種、同七年十一月の「（狂乱）須磨友千鳥《すまのともちどり》」の無刊記版Ⅰ種であった。また、A2で述者を除いていないのは「畳算」無刊記版Ⅱ種のみである。これらはすべて署名が「楓江述」である。「畳算」は23・24頁に図版を掲げているので、そちらで確認して欲しい。

「鈍通与三兵衛」の署名については、同四年正月の「琴《こと》の段《だん》　朧月《おぼろづき》」同年十一月の「早咲賤女乱拍子《はやざきしずめのらんびょうし》」の無刊記版Ⅰ種で述者名は削除されている。

（五）筆耕

整版は木版摺の技法をとるので、版下筆者（筆耕）は出版物の商品価値に関わる存在であろう。享保十九年（一七三四）一月上演の伊賀屋版『相生獅子《あいおいじし》』の本文末には、左掲の通りに「沾翁《せんおう》書」との筆耕名がある。(14)

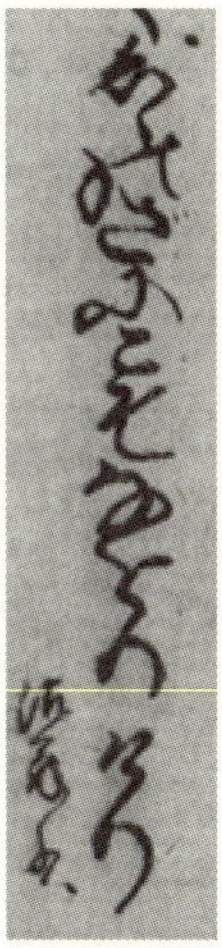

伊賀屋版『相生獅子』早稲田大学演劇博物館所蔵〔1—1—27〕

この署名は、寛延三年（一七五〇）十一月市村座上演の『佐々木《ささき》三《さぶ》郎《ろう》藤戸《ふじと》日記《にっき》』第一番目上演のせりふ正本「あら行《ぎょう》かけあいせりふ」和泉屋権四郎版（芸大蔵）の本文末にもある。

「鼎峨印《ていが》」については、前掲の長唄詞章集『常盤友』の奥書にも「書写　竹酔堂《ちくすいどう》鼎峨」とあるが、これは草双紙作者の米山《よねやま》鼎峨である。本屋儀兵衛版・無刊記版で、正本をA1・A2のやり方で版下にとる場合、筆耕名は除かれている。例として、明和七年（一七七〇）十一月上演の「(狂乱)須磨友千鳥」の村山版と無刊記Ⅰ種の本文末部分を掲げる。

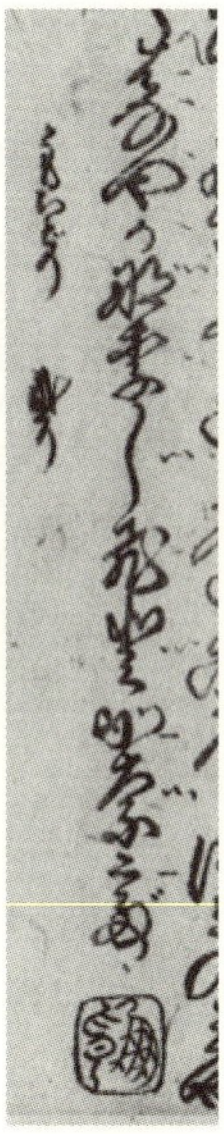

村山版〈鼎峨印〉「(狂乱)須磨友千鳥」早稲田大学演劇博物館所蔵〔1—1—28〕

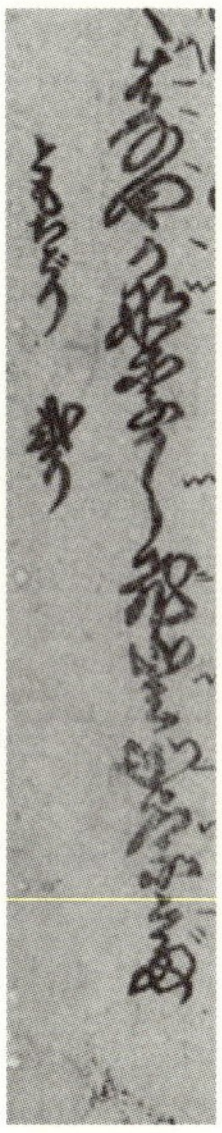

無刊記版Ⅰ種〈印無〉「(狂乱)須磨友千鳥」早稲田大学演劇博物館所蔵〔1—1—29〕

三　表紙の比較

（一）表紙の流用関係

長唄正本は共紙表紙の体裁をとり、表紙には書名と版元名・住所のほか、所作場に関するさまざまな情報が摺り込まれている。外題は所作場の音曲名であるが、所作事の名題でもある。その所作事が組み込まれる狂言の名題（大名題）と場立《ばだ》て、座名、所作を演じる役者の名と紋、役名および舞台面における姿絵、演奏者名が表紙の定位置に入り、絵師名・振付者名・述者名・狂言作者名も記されたりする。書物の表紙というより、むしろ番付に近い存在と言えよう。

このような内容が記載される表紙も、整版のため本文の場合と同様に、正本の表紙を流用して、本屋儀兵衛版と無刊記版で版下に取る手法が見られる。版面の識別方法として、本文に準じて次のように分け、表7〈版元1と本屋儀兵衛・無刊記版の表紙の関係及び大名題・座名の記載の比較（中村座・都座）〉中村座〈享保16年2月～天明5年3月〉として218頁～223頁に収載した。

A1　正本の表紙全体を版下に取っている。ただし、元版の版元名と住所は除かれてある。

A2　正本の表紙を版下としているが、配置を変えるなど、部分的に手を加えている。例えば役者絵の着物の柄を簡略にしたり、版元名や座名の配置を変えている場合などがある。

A3　版下を書き直しているのだが、正本を模倣して作られたと見なせるもの。

B　別版。正本との意匠的な関連が認められない。

表紙の場合は、全体を版下に取る場合や、外題や絵などを部分的に流用している場合があり、複雑である。絵の部分は役者名・役名と共に版下に流用されることが多いため、特にこれを区別してこの表7では絵のA1～A3とした。13・14頁「姿《すがた》の鏡関寺小町《かがみせきでらこまち》」の図版①～④で確認すると、①村山版の表紙が元版となり、②の本屋儀兵衛版はそのまま版下に取っているのでA1、③の無刊記版は版下に取る際に大名題の部分を書き替えているのでA2、④の清水版は表紙が似ているが、書体が異なるので村山版の表紙を参考にして版下を書き直したA3となる。

このような識別の方法により、正本と本屋儀兵衛版・無刊記版の表紙の版面関係を表したのが、表7である。表7の上から五列目以下で「表紙（絵）A1～B」と記載したのが元版との関係を示す。ただ、表7では正本と、本屋儀兵衛版・無刊記版のいずれかが伝存する場合にのみ関係の記載が行える。したがって、元版が存在せず、本屋儀兵衛版や無刊記版のみが伝存する場合は、正本との版面の関係は「不明」となる。

こうして前記の表1とこの表7を照合すると、表紙の版面がA1の関係であっても、本文もA1の関係であるとは限らず、また、絵部分を版下に利用する場合は、衣装の模様を簡略化されることが多い。また絵師名が記入されている場合は、これを削除している。

（二）大名題と座名の記載の仕方

「早咲賤女乱拍子」の表紙

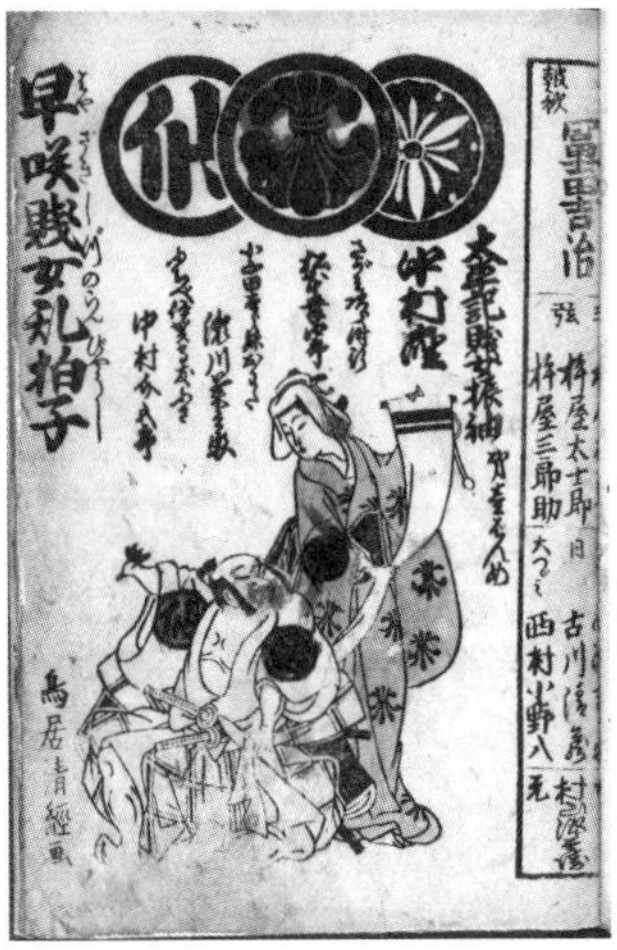

①村山源兵衛版
「早咲賤女乱拍子」表紙
明治大学図書館所蔵〔1―1―30〕

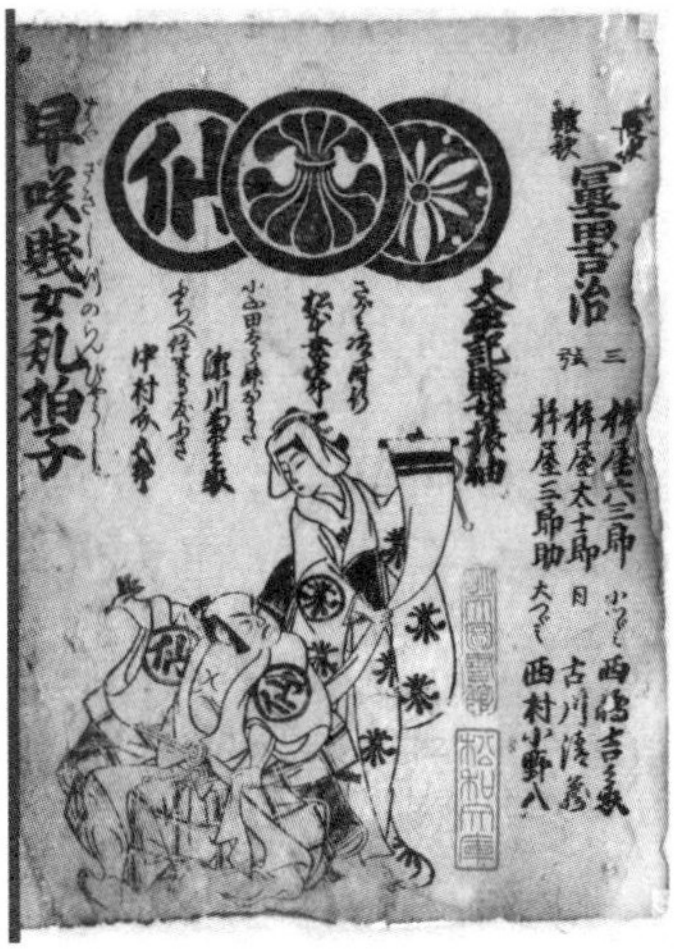

②無刊記Ⅰ種
「早咲賤女乱拍子」表紙
明治大学図書館所蔵〔1―1―31〕

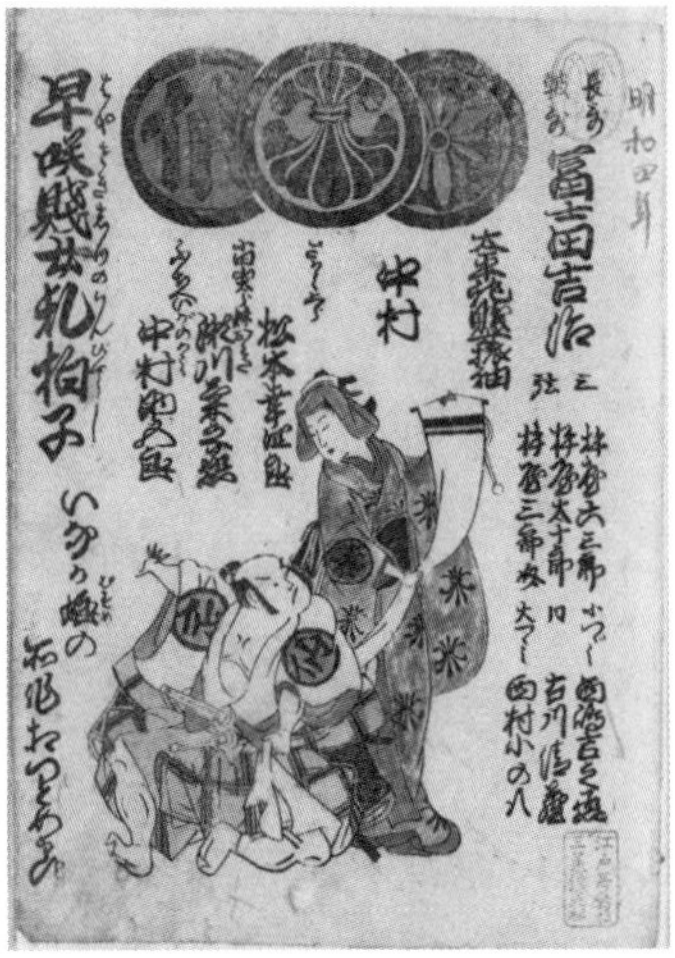

③無刊記Ⅱ種
「早咲賤女乱拍子」表紙
早稲田大学演劇博物館所蔵〔1―1―32〕

正本の表紙をA１・A２の手法で流用する本屋儀兵衛版や無刊記版では、元版の版元名・住所は必ず削除される。だが、それ以外にもよく削除が加えられる箇所がある。大名題・場立てと座名の部分である。13・14頁の「姿の鏡関寺小町」の①②③の表紙を再度見ていただきたい。②では版元名部分が「江戸橋四日市／本屋儀兵衛板」となっているほか、座名が「中村」とあって、「座」の文字が除かれている。③には版元名が無い上に、座名が「中村」となっており、大名題と場立ても削除され、その代わりに「出だし」の文句が入る。

前頁の下段に掲げた明和四年（一七六七）十一月の「早咲賤女乱拍《はやざきしずめのらんびょ》子《うし》」では、①村山版の表紙に対し、②無刊記版Ⅰ種では場立てと座名及び演奏者連名を囲んでいた枠を削除している。③無刊記版Ⅱ種は絵だけを流用し文字部分の大半は書き直している。また、座名は「中村」とされ、「第壱番目」も入れていない。このように、場立て・座名は、本屋儀兵衛版と無刊記版では省略されることが多いのである。

218頁の表7では、上から三列目の二行目から左に「大名題・場立て」、「座名」の表記を抜き出してある。正本には通常大名題・場立てと座名が揃う(15)。正本のみが伝存する場合は、表記の比較ができないので表7に載せていない。

表7で見ると、本屋儀兵衛版・無刊記版には、大名題の「場立て」を除く表記が多く見られ、座名に関しては「中村」「中むら」のごとく「座」の文字を載せない傾向にあることがわかる。こうした表記の違いは何を意味するのだろう。座名は江戸では官許の興行権を有する者を示す。大名題は狂言全体の名題である。

これに関して、次の記述を引いてみたい。『享保撰要類集《きょうほせんようるいじゅう》』（『徳川幕府引継書　第一集』、国立国会図書館蔵）の中に享保六丑年（一七二一）閏七月に町奉行中山出雲守と大岡越前守より有馬兵庫頭へ差上げた文書の控に、次のような方針が出されている。

一　狂言本并浄瑠璃本
右芝居ニて狂言ニいたし候事浄瑠璃座ニ而あやつりにいたし候事を其儘致板行候儀は不苦候事
一　慰本
右狂言ニも不致義を狂言之様ニ作り成シ無筋事を草紙ニ綴り二三冊あるひハ四五冊物ニいたし近来京都より差下シ江戸にても綴申候此等之類向後無用ニいたし若京都より差出シ候歟新規ニ致板行候ハヽ奉行所江可訴出事(16)
右之通書物屋并絵双紙屋江可申聞哉　以上

この後半の慰み本に関する記述は長唄正本の範囲外となるので、ここでは扱わない。前半部分の、芝居上演されたものは、何故そのまま版行して良いのかという点について、蒔田稲城『京阪書籍商史』（出版タイムス社、一九二八年）から大坂の浄瑠璃本に関する次の記載を参考とする。

浄瑠璃本は一般の書籍類と異り、奉行所の開板免許を要しなかった。これは操芝居に於ての浄瑠璃が上演するときには、其の前に予め官許を得たのであるから、其の浄瑠璃本を出板するに当り、其の免許を反覆する必要がなかったからである。

また、祐田善雄『浄瑠璃史論考』（中央公論社、一九七五年）においても浄瑠璃本の開板順序として、これと同様の指摘がなされている。

新作浄瑠璃が書き上がると、座本より町奉行へ書き本を届け出て字句の検閲を受ける。上演許可が下りると座本から本屋仲間へ原稿が渡される。彫板をして摺本が作られると奉行所へ献本するが、これを上げ本と言う。これらの手続きを済ませると、仲間行事株帳面に記入されて板株の権利が発生する。上げ本料や白板歩銀（出版賦課金）を納めると、行事から添章（発売許可章）が下附されて、一般に販売することが認められる。（中略）
　以上の順序で出版したから、上演許可を得た浄瑠璃本は、出版の審査を省略して上げ本を納めるだけで出版が許可されたが、一見板元に有利と思われる簡便主義の扱いは、板元が興行者と特別に密接な利害関係を持つ場合には好都合であったが、そうでない者には誠に厄介で、局外者が割り込むことのできない組織になっていた。

すなわち、上演時にすでに上演許可を得ている内容を版行する際には、検閲の必要がなかったと言うことである。江戸の歌舞伎の音曲本に対しては、地本問屋仲間の行事による新本改めは行われていなかったようであるから、改版手続きもなかったと見られる[17]。

　歌舞伎の興行に際し、事前に狂言台帳（正本）などの検閲を行っていたことを伝える記事は、時代が下るが存在する。『東都劇場沿革誌料』中村座の部十二代の部分には、遠山左衛門尉から阿部遠江守に江戸北町奉行が御役替となった折、猿若町の狂言座・操座芝居興行の見分について問われ、天保十四年（一八四三）三月に名主から差上げた文書が載り、その中に次のように出てくる。

　一　猿若町壱丁目狂言座勘三郎、同町弐丁目同羽左衛門、同町操座吉右衛門、同孫三郎、右四座芝居興行相はじめ候以前、前広ニ正本并看板名題、番付、絵双紙等迄、下絵を以相伺、伺済の上狂言稽古致し、右狂言相始メ前日衣装私共見分致品書を以奉伺、尤私共見極がたき品有之候節は、右衣装之内品数不定持参御見分を受、相済候得ば翌日より興行相始候手続にて、是迄御掛北後番所え申上来候[18]

　ここには、座元が脚本の清書稿や、看板・番付・絵本番付に下絵を付け、前もって伺いを立てていたことが記されている。こうした上演前の検閲がいつから行われていたのかは、明かではないが、おそらく、寛政六年（一七九四）の『三芝居狂言座取締方議定証文』の提出以降、厳格になったと推測する。ここに出てくる絵双紙は絵本番付を指すが、音曲正本も入っていた可能性がある。また、前出の『三座例遺誌』には、顔見世番付を町奉行や町役人に提出していたことが記されている。以下に、その部分を抜き出す。

　一、十月十五日、十六日ごろより役者附を出ス。先ツ最初に役者中江座元より是を配り、扨、茶屋〳〵より客人江配りて、夫より町中江売出す也。（中略）但、此役者附町御奉行所并諸かゝり御役人方、町年寄組合名主肝煎方江者、座元より差上る也、依て千枚程は板元にて役摺とて太夫元江運上に出スよし、

　これに続く記述では、顔見世番付を奉行所に提出していたことが書かれている。

　一、（十月）廿日ころより狂言番付を出す。但、入替やくしや付の出る時にかはる事なし。尤、狂言番付ハ常にも両町御奉行所へさし上る也。

また、『作者年中行事　弐之巻』の次の記述によれば、中村座では

狂言の台帳を一年五度の節句には提出していたことが記されている。

〔九月晦日カ〕

同日役割番附出来して、町内町中を売歩行事。手廻しの早年也

一、此日は御町掛りの御役人様方御出役ゆへ、顔見勢の名題役割帳を自身番へ出す。

但、寄初の書物を御覧ニ入る事。

一、又、壱丁目ばかりは外に一通り認させて出す事。

一、役者衣装、何枚〳〵と書て名主様へ出す。二丁目三丁目にはなしといふ。

一、正本。五節句とも伺に出す。壱丁目の例としるべし。年中同じ。

中村座を〔猿若町〕壱丁目と表していることから、この記事は芝居町が天保十二年（一八四二）から十三年にかけて移転した後の内容となる。衣装が華美にならないよう、また、上演内容についても芝居町内部で自主的に吟味を行った上で、役者名や狂言の内容を事前に町役人に届け出ていることがわかる。

上演許可を得ている狂言の名題や、上演権者を表す座名は、今よりも重みのあるものであったと推測される。したがって、座の許し無く、出版物に狂言名題や座名を載せることには、憚りがあったのではないだろうか。長唄正本では、上演時正本を出すという座の専属版元の権利は無断版行物の存在によって侵害されていると言える。しかし、上演権者の存在によって、大名題と座名の表記に正本との差別化が図られている点に、この時期の劇場出版物の特殊な商慣習を捉えることができる。

中村座の専属版元が形成されると、村山源兵衛は初版を独占的に版行する権利を得る。すると、その専属版元の権益に不正参入しようとする版元が現れ、村山版を版下に用いた事実上の重版が出回るがそれを止めさせる手立てのない状態が宝暦三年（一七五三）から安永六年（一七七七）に亘って続いている。このような状況を、表1と表7の本屋儀兵衛版・無刊記版に読み取ることができる。

四　本屋儀兵衛との相版化

208頁の表2に戻って、続きの安永六年から天明期（一七八一～八八）に亘る版元の動向を見ていく。安永六年十一月上演の「（めりやす）時雨月《しぐれづき》」から同七年二月の「（めりやす）男文字《おとこもじ》」にかけては、正本の表紙の版元欄に「板元村山源兵衛」と並んで「本屋儀兵衛」が「売所」として記されるようになる。次にその図版を掲げる。

そして同年七月「其紅葉懺悔物語《そのもみじさんげものがたり》」からは、村山源兵衛と本屋儀兵衛が相板元として連記され、さらに同年十一月の「（めりやす）花夕部《はなのゆうべ》」・同八年九月の『相《あい》の山《やま》』では両者の版元名の下中央に「正」と加わり、本屋儀兵衛は正本版元に加わる。また同年正月の「初夢姿富士《はつゆめすがたのふじ》」の奥書には「中村座正本板元」、同年八月の「華筵《はなむしろ》千種《ちぐさ》の丹前《たんぜん》」の表紙では版元欄に「正本板元」と両版元名の上部中央に記入されるのである。次頁にその図版を掲げる。

注意すべき点として、本屋儀兵衛が村山源兵衛と相版を組むと、本屋儀兵衛版だけではなく無刊記版もまた版行されなくなっていることがある。ゆえに、無刊記版は本屋儀兵衛が版行しているとも推測でき

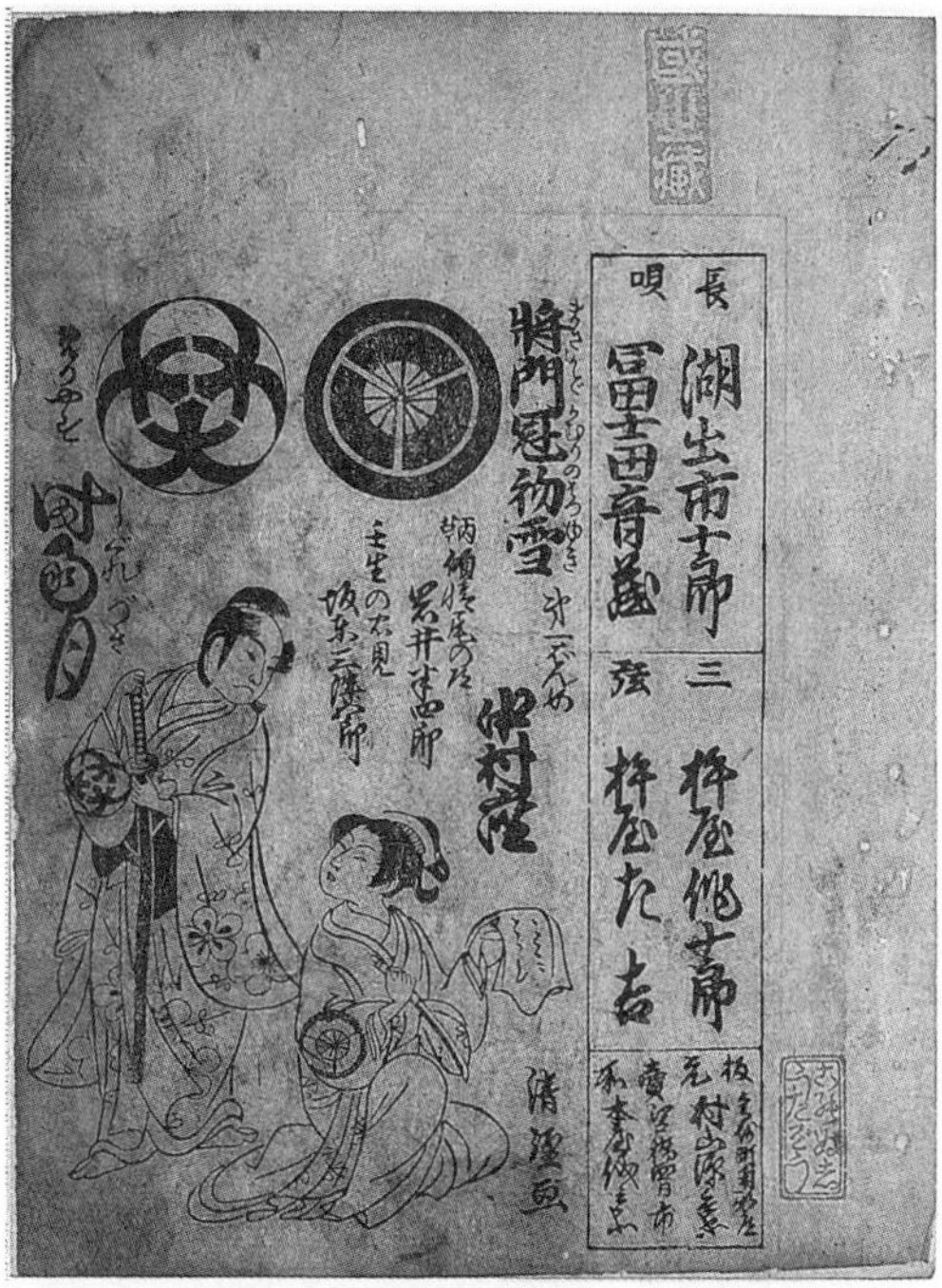

「(めりやす)時雨月」表紙
国立音楽大学附属図書館所蔵〔1―1―33〕

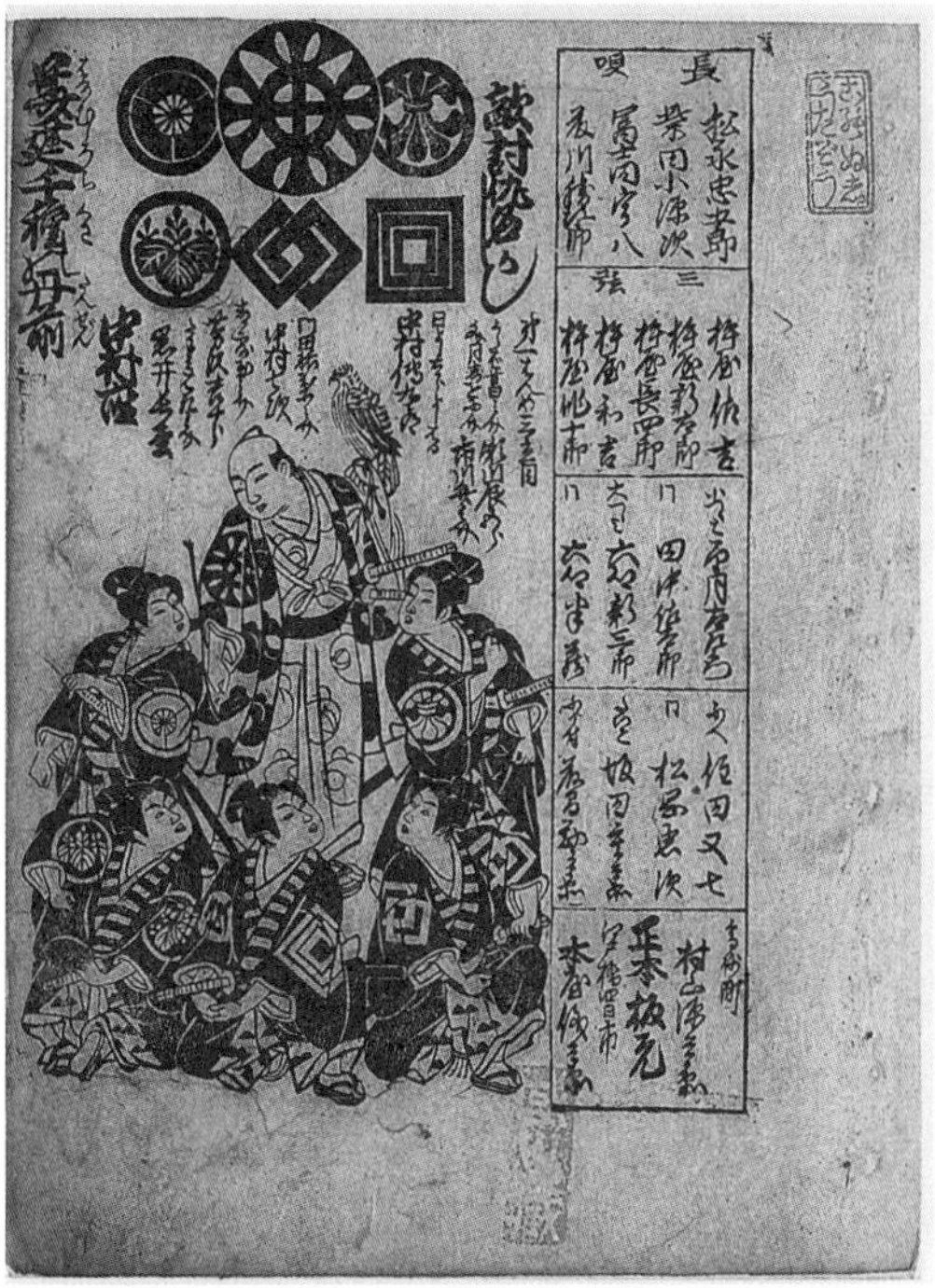

「華筵千種の丹前」表紙
国立音楽大学付属図書館所蔵〔1―1―34〕

る。これまで、実質的に重版を出して村山の初版を出す権利を侵害してきた本屋儀兵衛に対し、村山源兵衛は相版を組むことによって弁済措置が取れるようになったと見られる。村山と本屋儀兵衛の相版になってから、長唄正本の書体や絵が変わったように感じられるので、おそらく本屋儀兵衛が出資するだけではなく、版を製作しているのではないかと推測する。

しかし、210頁の表3に見て取れるように、村山源兵衛は、天明二年(一七八二)十一月から松本屋万吉と相版を組むようになる。すると、長唄正本の書体や絵の雰囲気もまた変わるため、これも松本屋側で版を製作しているのではないかと思われる。その実例として、次に同年十一月上演の「琴柱《ことじ》のかり」の表紙の部分を挙げておく。

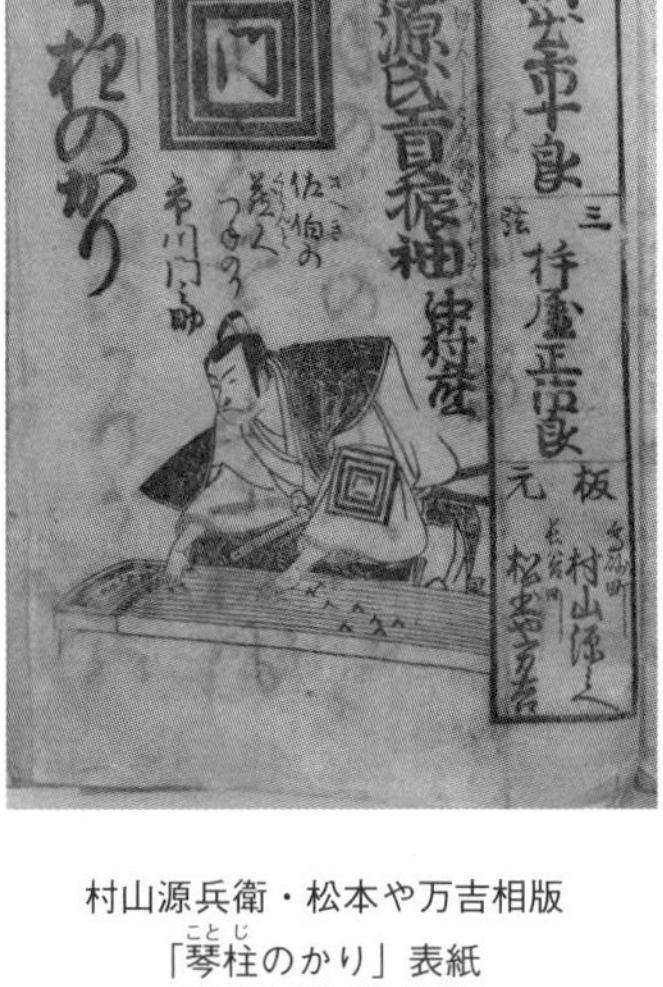

村山源兵衛・松本や万吉相版
「琴柱《ことじ》のかり」表紙
松浦史料博物館蔵
〔1―1―35〕

一方、村山源兵衛との相版から外れた本屋儀兵衛は、やはり同年十一月上演の「(かみすき)雪花月《むつのはなつき》」を再び単独で版行しているが、この版は村山源兵衛・松本屋万吉相版とは別版である。そして、この本屋儀兵衛版では、表紙の座名が「中村」となっており、やはり「座」の文字は載せられていない。次頁に掲げる実例は、早稲田大学演劇博

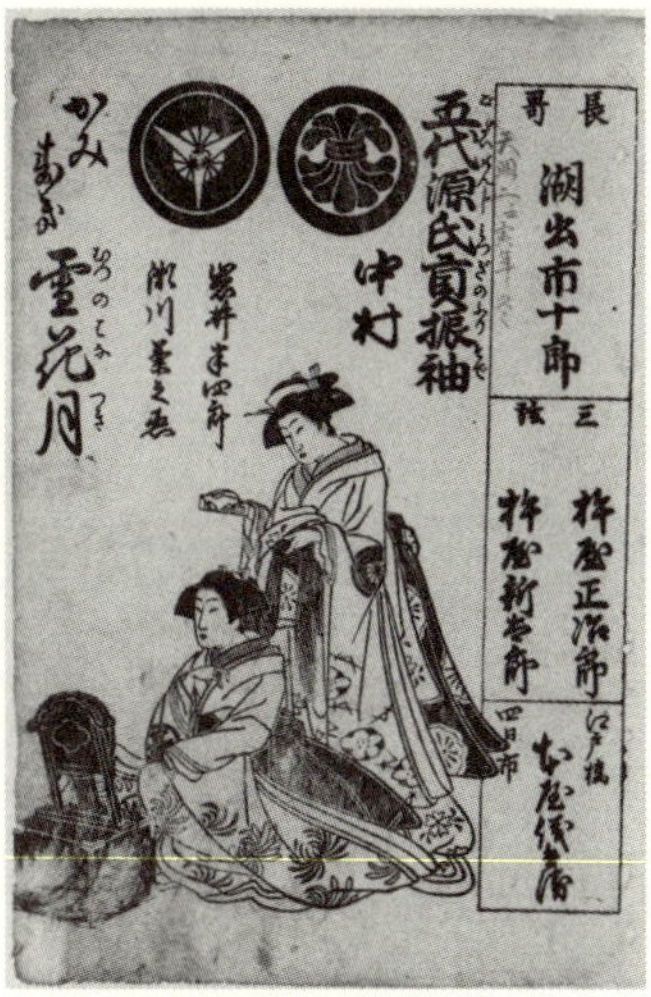

本屋儀兵衛版
「（かみすき）雪花月」表紙
早稲田大学演劇博物館所蔵
〔1—1—36〕

物館安田文庫本の表紙部分である。

なお、松本屋万吉は天明期～寛政期（一七八一～一八〇〇）に市村座・桐座・森田座の番付類をも出しているが、本屋儀兵衛はその後、長唄正本や番付の版行には携わっていない。

このように、村山源兵衛が本屋儀兵衛を相版元に組み入れたことは、寛政二年（一七九〇）に地本草紙問屋仲間の行事改め導入の触れが出る前の段階に、同業者間で何らかの申合せができたことを窺わせる。また、本屋儀兵衛が貸本業者であったとすれば、本屋儀兵衛が長唄正本の版行から手を引くのは、出版取締りの対象が地本草紙問屋・貸本屋に向けられていくことに連動した動きと受け取れようか。

五　沢村屋と版行形態の変化

211頁の表4で続きを見ていくと、天明六年（一七八六）十一月上演の「狂乱岸姫松《きょうらんきしのひめまつ》」で村山源兵衛は沢村庄五郎と相版を組むようになる。翌天明七年二月上演の「重荷《おもに》の塩柴《しおしば》」では、両版元の中央上部に「正銘」と記されるようになる。次に「狂乱岸姫松」の表紙を掲げる。東京芸術大学附属図書館蔵の透写本である。もとより、これには「正銘」の記載はされていない。

寛政三年（一七九一）正月上演の「（めりやす）うわ帯《おび》」では、「沢村庄五郎」から「沢村屋利兵衛」に版元名が変わる。その実例として、次頁上段に早稲田大学演劇博物館安田文庫本の表紙を掲げておこう。また同年の正月上演の「対面花春駒《たいめんはなのはるこま》」では、「村山源兵衛」の文字が「沢村屋利兵衛」より小さく扱われ、さらに同年五月上演の「五月菊《さつきぎく》名大津絵《なにしおおつえ》」においては、これまで中村座の専属版元であった村山源兵衛の名が版元欄から消え、沢村屋利兵衛が単独で正本上に版元として記されるようになる。

ただし、村山源兵衛は、引き続き中村座の番付は版行しているようであるから、長唄正本の版行の権利（株）を沢村屋に譲渡したと推測される。(19)

なお、この表4では本屋儀兵衛版は出ていないが、それよりも特筆すべき点として、寛政元年（一七八九）七月上演の「八朔梅月《はっさくばいつき》の霜《しも》月《つき》」や前出の「対面花春駒」のような人気曲は、沢村屋利兵衛が再版を出すようになっていることが挙げられる。しかも、奥書には初版の刊行年月を入れ「沢村蔵板」と記して、沢村屋が原版の所有者であることを明記している。先にも述べたが、伊賀屋や村山源兵衛が長唄正本の再版本を出している形跡が基本的に見られないため、村山源兵衛の中村座の専属版元として長唄正本を版行する権利は初版に対するものであったと考えられるが、ここに至って長唄正本の版行形態に変化が起きているのである。次頁以下にその実例を「八朔梅月の霜月」で

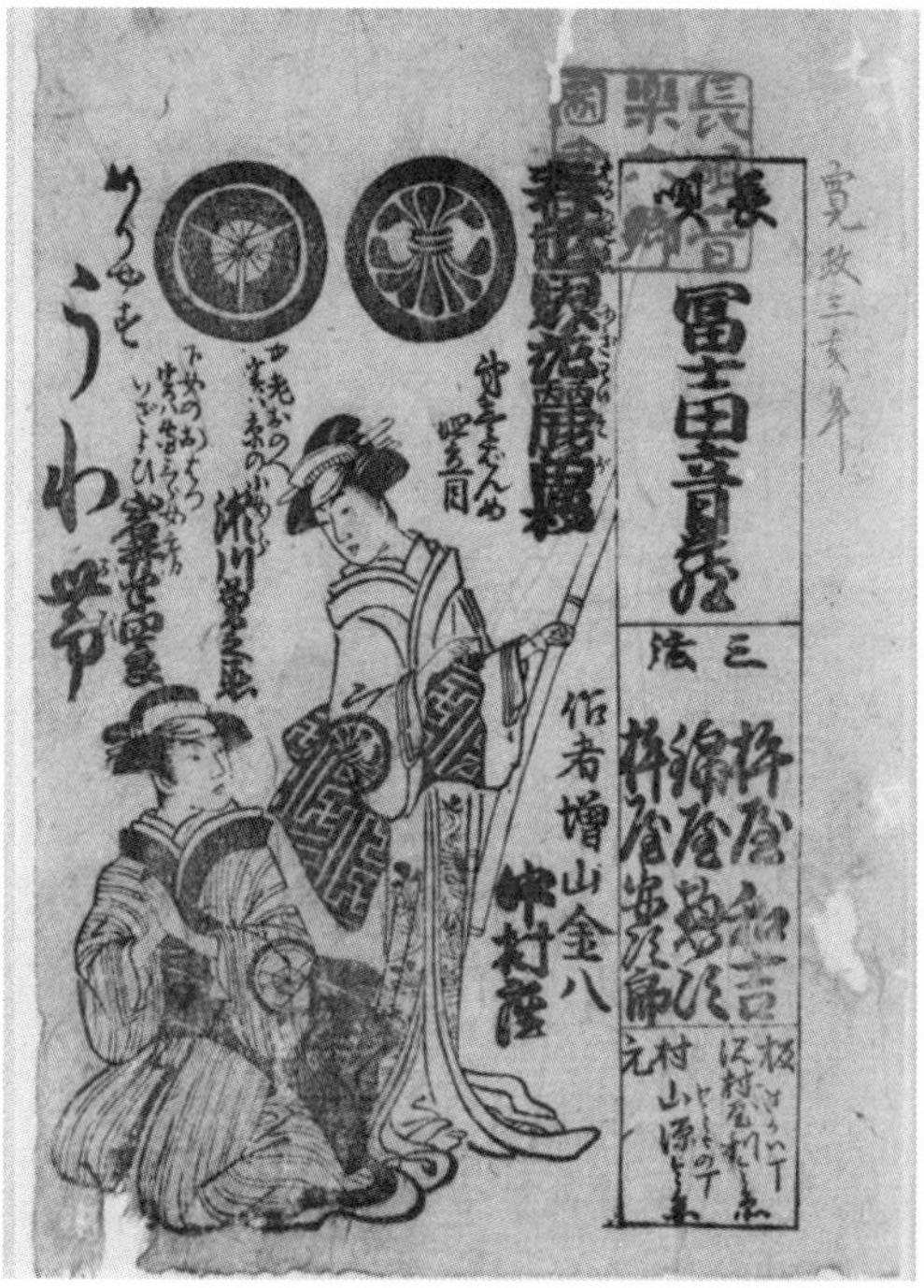

「（めりやす）うわ帯」表紙
早稲田大学演劇博物館所蔵〔1—1—38〕

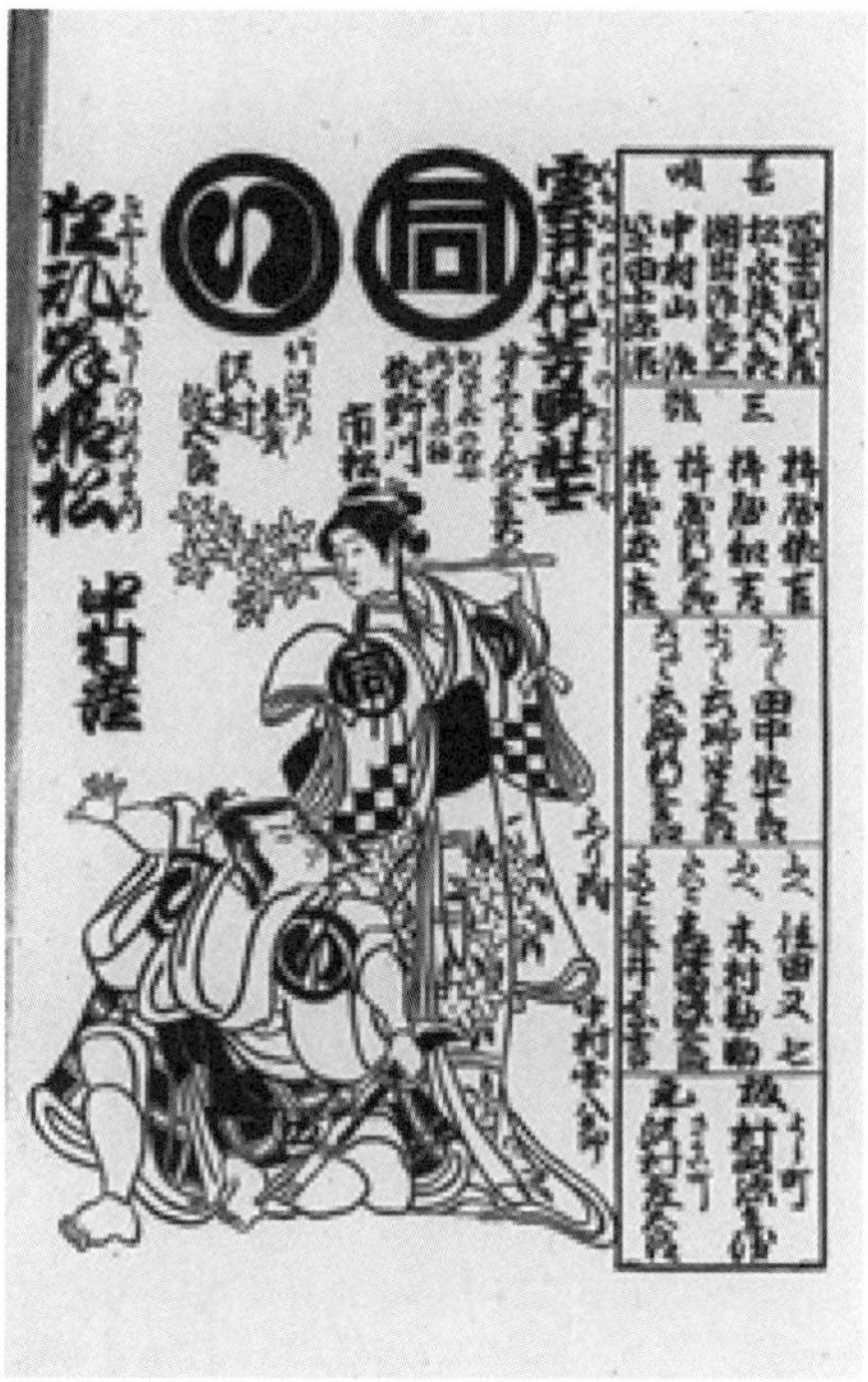

「狂乱岸姫松」表紙
東京芸術大学附属図書館所蔵〔1—1—37〕

図示しよう。初版は村山と沢村庄五郎の相版と見られる。

　次の図版は、早稲田大学演劇博物館安田文庫本の表紙と本文終丁裏である。奥書のないところから見て、沢村庄五郎は、まだ蔵版していないと推測される。

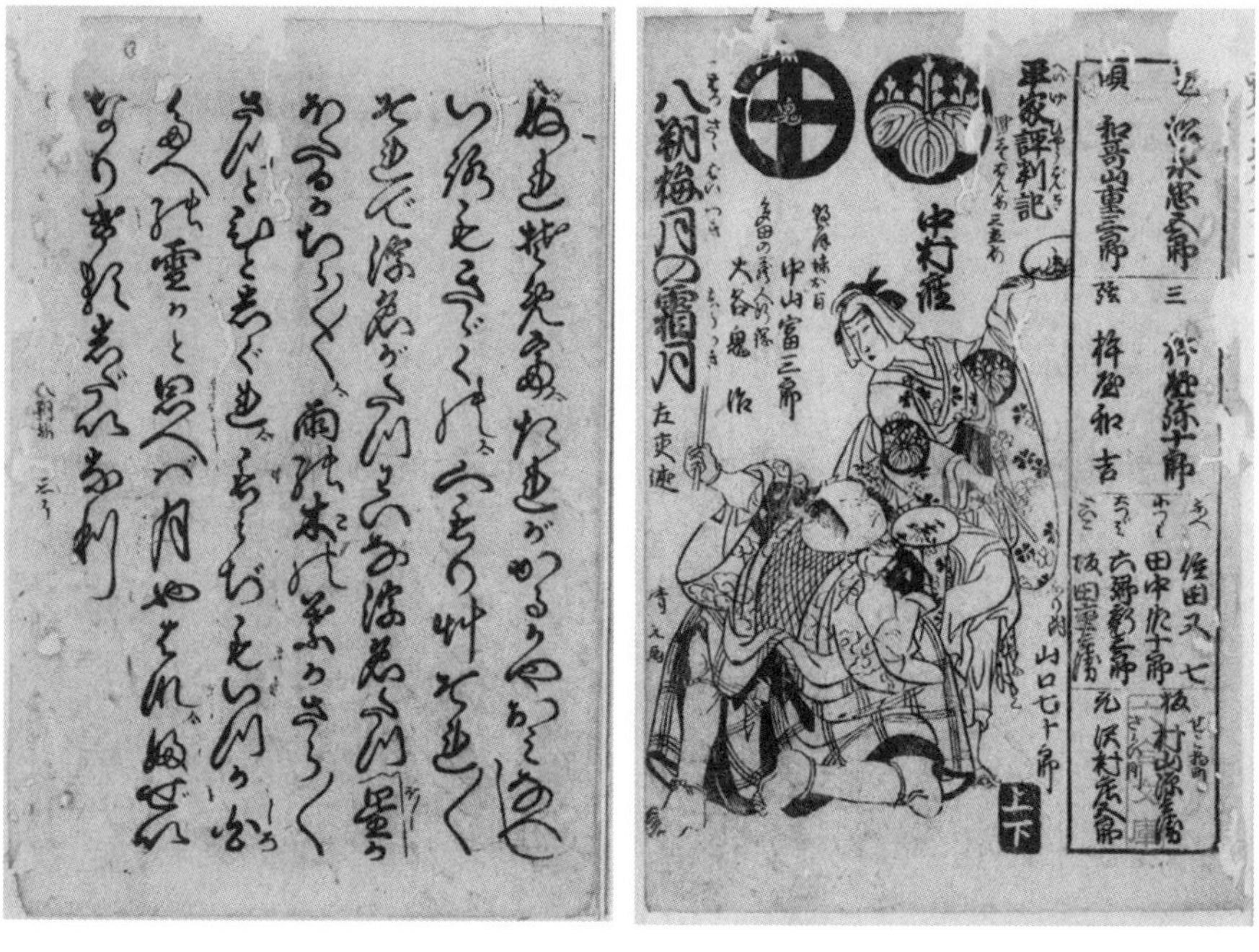

村山源兵衛と沢村庄五郎の相版「八朔梅月の霜月」表紙（右）本文終丁裏（左）
早稲田大学演劇博物館所蔵〔1—1—39〕

次の図版は、村山・沢村相板の同版後印本であるが、表紙の版元名部分が削除されている。版元間に蔵版をめぐって問題が起きたのであろうか。国立音楽大学附属図書館竹内道敬文庫本である。

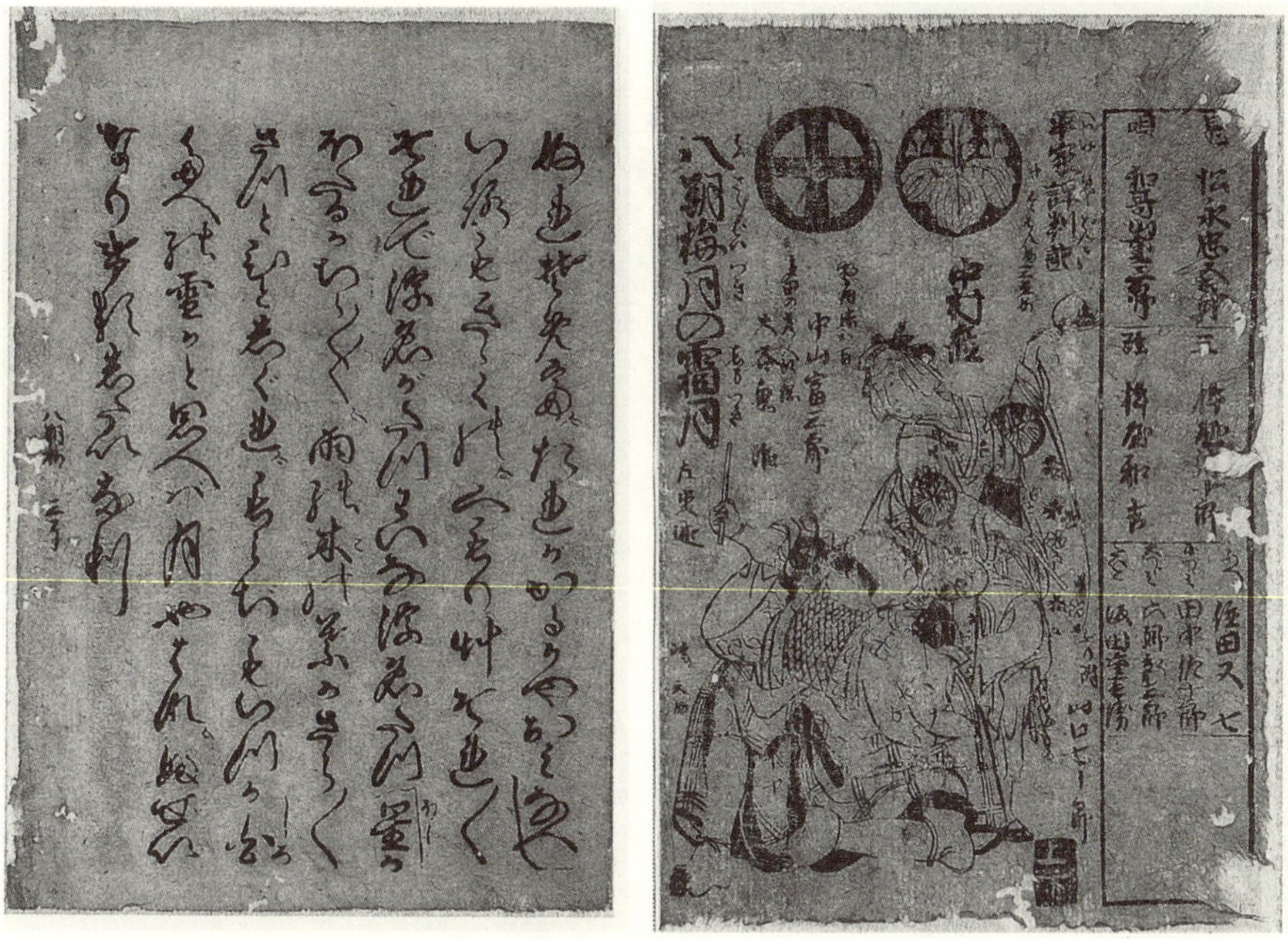

村山・沢村相板の同版後印本「八朔梅月の霜月」表紙（右）本文終丁裏（左）
国立音楽大学附属図書館所蔵〔1—1—40〕

次に掲げるのは、二種の沢村屋利兵衛版である。どちらも再版本であるが、初演時に蔵版者が設定されていることを、巻末に記している。

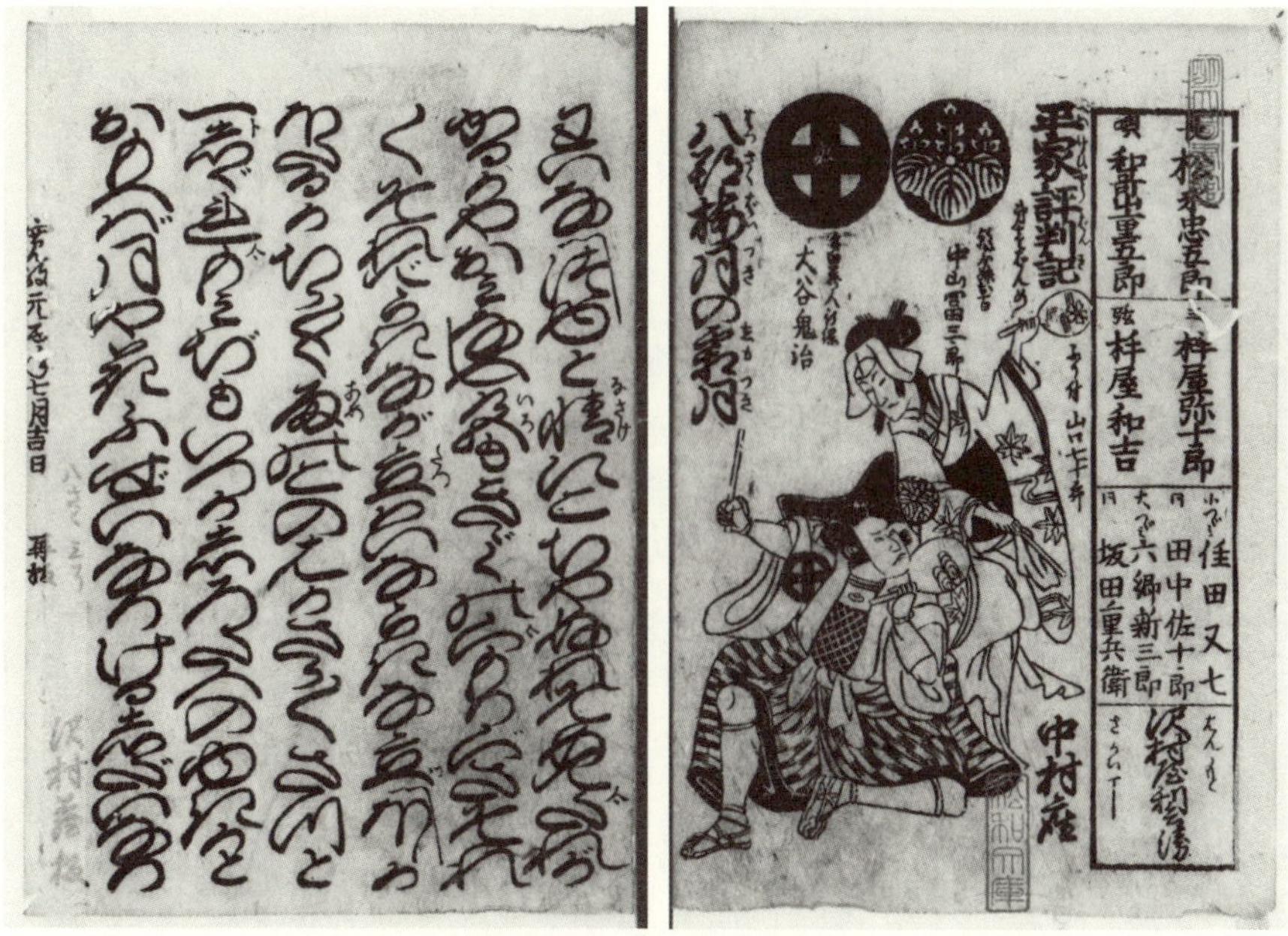

沢村屋利兵衛版Ⅰ種「八朔梅月の霜月」表紙（右）本文終丁裏（左）
明治大学図書館所蔵〔1—1—41〕

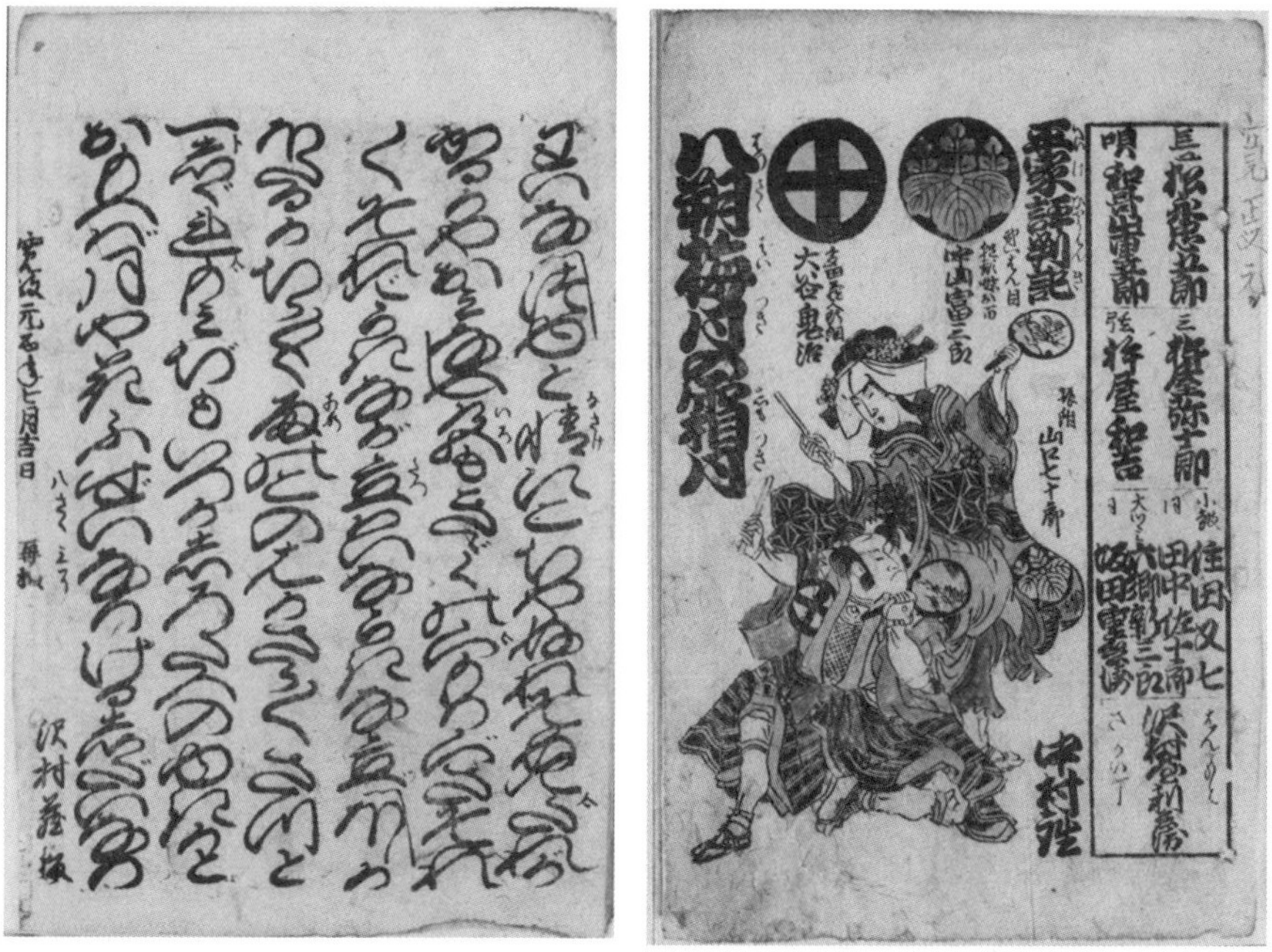

沢村屋利兵衛版Ⅱ種「八朔梅月の霜月」表紙（右）本文終丁裏（左）
早稲田大学演劇博物館所蔵〔1—1—42〕

最後の例として右に掲げるのは、国立音楽大学附属図書館竹内道敬文庫本の絵表紙で沢村屋利兵衛と森田屋金蔵の相版である。沢村屋以外の版元が「八朔梅月の霜月」を版行する際には、蔵版者である沢村屋と相版を組むかたちが取られている。

沢村庄五郎については123頁第三部「四　版元の交代」でも取り上げているが、沢村屋利兵衛と同一人物である可能性が高い。『東都劇場沿革誌料』上巻「役者名目商店のこと」には、沢村屋利兵衛が堺町の家主であり、天明頃に沢村屋宗十郎の油店を継いで、絵双紙株を取得したことが書かれている。これは伝本の状況と一致する。

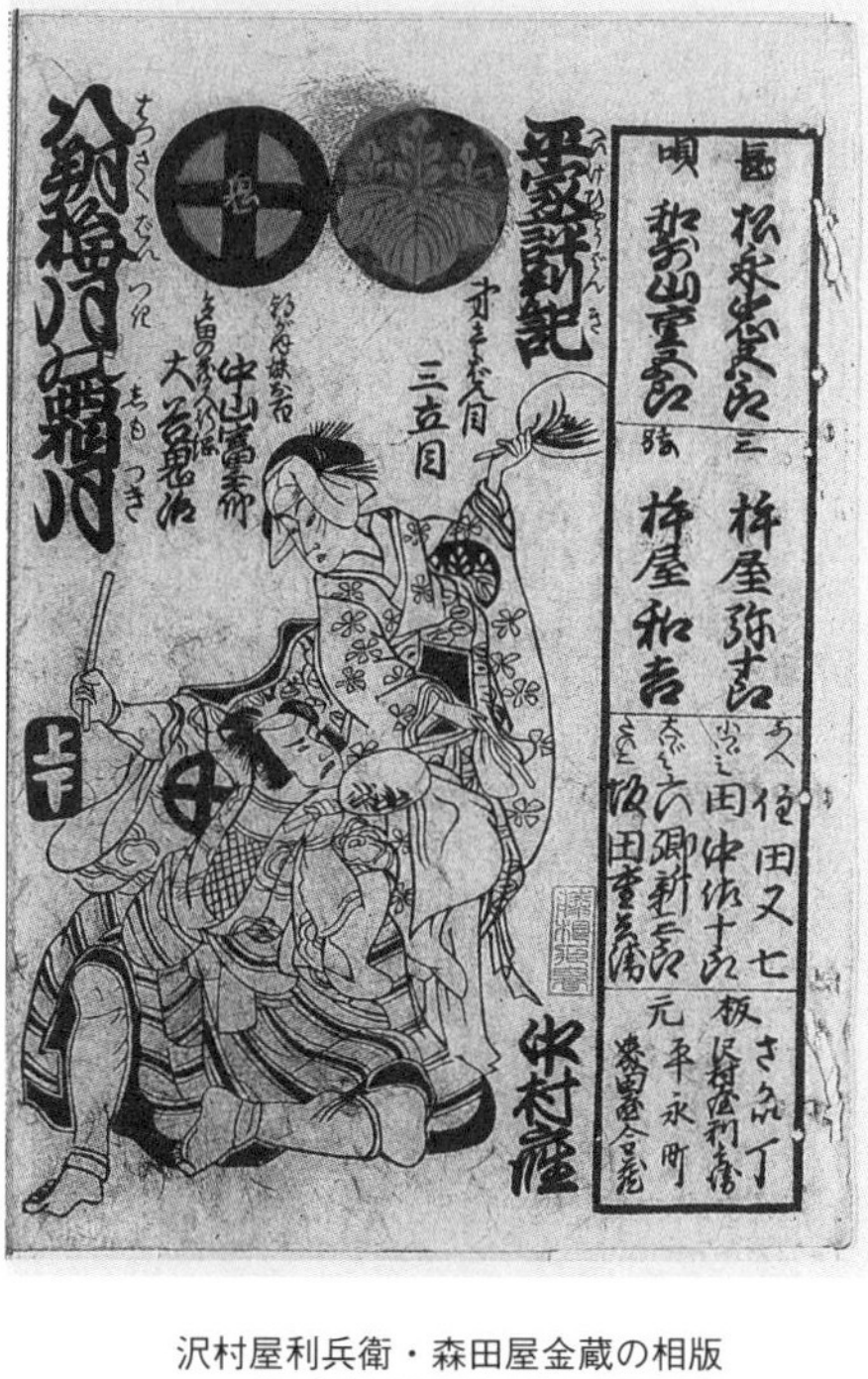

沢村屋利兵衛・森田屋金蔵の相版
「八朔梅月の霜月」表紙
国立音楽大学附属図書館所蔵〔1—1—43〕

まとめ

以上、中村座の長唄正本について上演順に、その版行上の特徴を図版を用いて具体的に説明してきた。異版については、正本の流用関係が認められる本屋儀兵衛版と無刊記版を重点的に取り上げた。だが14～17頁の「姿の鏡関寺小町」④～⑩で示したように、それら以外にも異版は多く存在している。本屋儀兵衛版と無刊記版は正本が出た直後にこれを模倣して版行されたと考えられる。一方、④～⑩のような版は、表紙に初演時の大名題と役者名・座名・演奏者連名などが記入されているが、書体や絵には明らかに時代様式の違いが読み取れ、版元にも座との専属関係は認められない。これらの薄物は版行の時期や目的が異なると考えられるため、他座と合わせて別に取り上げることにしたい。

【注】

（1）『日本庶民文化史料集成』第六巻　歌舞伎（三一書房、一九七九年）。
（2）『続燕石十種』第三巻（中央公論社、一九八〇年）。なお同書では沢村屋利兵衛と和泉屋権四郎・福地茂兵衛・富士屋小十郎の記載位置に誤りがあると見られる。
（3）前掲注（1）。
（4）『明和伎鑑』の「三芝居番附板元」によると、市村座では役者附と浄瑠璃・長唄・せりふを扱う版元がすでに分かれているようである。森田座では中村座と同様に金井半兵衛が一括して扱っている。
（5）拙稿「長唄正本における諸本整理上の問題点（その一）」（『北海道東海大学紀要　人文社会科学系』十五号、二〇〇三年）。
（6）このほかに⑩の同版である森田屋金蔵・山本平吉相版本、森田屋金蔵・岩戸屋万吉相版本が東京芸術大学附属図書館にある（768.52/N22とN15）。字表紙本も国立音楽大学附属図書館竹内道敬文庫にある。
（7）拙稿「河東節正本の版行に関する一考察―江戸歌舞伎における初期の音曲正本と位置付けて―」（『北海道東海大学紀要　人文社会科学系』第十九号、二〇〇六年）において伝本の版面の比較を行っている。
〔編注〕同稿は、本書172頁以下に「付編2」として再録した。そのうち、この記号に関しての主たる論文は、172・173頁にある。
（8）廣瀬千紗子「江戸歌舞伎せりふ正本目録稿」（『演劇研究会会報』第三十八号、演劇研究会編・発行、二〇一二年）を参考とし、自身で伝本調査を行った。
（9）松本隆信「画入読本外題作者画工書肆名目集」（『国文学論叢第一輯　西鶴と資料』至文堂、一九五七年）。
（10）前掲注（1）。
（11）前掲注（1）。
（12）前掲注（1）。
（13）前掲注（1）。
（14）長唄正本における筆耕については、木村捨三「長唄正本の筆耕に就いて」（日本書誌学大系三十一『木村仙秀集』五巻、青裳堂書店、一九八四年）の論考がある。
（15）村山源兵衛版で、表紙に座名や大名題の一部を欠く正本には次のものがあった。
座名を欠く正本
「（琴歌）雪《ゆき》の夜《よ》」松浦史料博物館本

大名題に付く場立ての部分がない正本
「渡初鵲丹前《わたりぞめかささぎたんぜん》」早稲田大学演劇博物館本　特イ-11-1212-12F
「紅白姿色競《こうはくすがたのいろくらべ》」松浦史料博物館本
「再咲花娘道成寺《またさくはなむすめどうじょうじ》」早稲田大学演劇博物館本 特イ-11-1212-22M
「色増袖《いろますそで》」松本屋万吉との相版　松浦史料博物館本

(16)　この慰本の条については、長唄正本の奥書にも対応すると見られる記述があり、市村座の長唄正本であるがここに記す。享保十九年（一七三四）春上演の「やつし西行《さいぎょう》富士《ふじ》見《み》五郎《ごろう》」和泉屋権四郎版（早稲田大学演劇博物館蔵）である。
▲此ころせけんより。きやうけんニもいたし不申候。まきらわしきせりふ／あまた相見へ申候間。此うへ何ニよらず。まへ〳〵より。御ぞんじのはん元／よく〳〵御あらためなされ御もとめくだされへく候

(17)　「義太夫本公訴一件」（『日本庶民文化史料集成』第七巻　人形浄瑠璃、三一書房、一九八三年）。

(18)　関根只誠纂録・関根正直校訂・国立劇場芸能調査室編『東都劇場沿革誌料』下〔歌舞伎資料選書6〕（国立劇場芸能調査室、一九八四年）。

(19)　中村座上演のせりふ正本においても、長唄正本と同様に村山源兵衛と本屋儀兵衛の相版化、沢村屋利兵衛への版元の移行が起きている。

第二章　市村座（享保期から寛政期）

中村座に続き、ここでは市村座の長唄の薄物について、書誌的データをまとめ、版行上の特徴を述べていく。中村座の場合、享保期には座と提携して長唄正本を出す版元が複数存在していたが、宝暦十二年（一七六二）以降になると村山源兵衛が座の専属版元になり初演時正本の版行を独占するかたちになる。

すると、村山版に酷似する版も現れる。そのような版は、中村座の場合には本屋儀兵衛版と無刊記版に限られていた。よって、第一章では中村座の上演作品について村山源兵衛版と本屋儀兵衛版・無刊記版を集めそれらの版面を比較した。すると、本屋儀兵衛版・無刊記版には村山版をそのまま、あるいは部分的に版下に用いている版が見つかり、それらが長期間に亘って出続けている状況が明らかになった。本屋儀兵衛は村山と相版を組んでおらず、無刊記版も版元名を載せずに版行しているのであるから、これらは専属版元の独占的権利に不正参入しようとする無断版行物と推測される。

本屋儀兵衛版と無刊記版は、村山にとって版行にかかる経費の回収を著しく妨げる存在であるにも関わらず、それらの版行を差し止めることができない状態が続いている。

ところが、安永六年（一七七七）十一月から、村山は本屋儀兵衛と相版を組み、損失を回避する方策が立つようになっている。さらに寛政元年（一七八九）頃には、中村座の専属版元が沢村屋利兵衛に入れ代わり、正本上に「蔵版」と明記し、原版を所有して上演時だけではなく再版をも行うかたちに版行形態が変化する。

こうした、中村座の長唄正本に認められた版行上の特徴は、市村座の場合にも起きていることなのであろうか。以下に、中村座の場合と同様に、市村座上演の長唄の薄物を集め、書誌データを取りながら検討して見たい。

一　書誌のまとめ

（一）上演長唄の薄物の特徴

市村座で上演された長唄の薄物は、中村座に比べ曲数が多く、また、当たった作品も多かったと見えて版種も非常に多い。市村座は長唄所作事に力を入れ、多用する傾向にあったと言えよう。薄物を出す版元も数が多く、明和五年（一七六八）十一月上演の「教草吉原雀《おしえぐさよしわらすずめ》」などは特に流行った曲と見えて、版元の異なる絵表紙正本が各所蔵機関に存在する。それらの版を整理して掲げると、以下のようになる。

①和泉屋権四郎版・上下二冊本

②無刊記版（Ⅰ〜Ⅶ七種存在）上下二冊本と上下一冊本
③葺屋町かし通り 冨士屋小十郎版（三種）各上下一冊本
④葺屋町南側　冨士屋小十郎版　上下一冊本
⑤冨士屋小十郎／大伝馬町二丁目　伊賀屋勘右衛門相版　上下一冊本
⑥新和泉町北側　伊賀屋勘右衛門版　上下一冊本
⑦冨士屋小十郎／伊賀屋勘右衛門／墨丁の相版　上下一冊本「芳蜜画」
⑧神田平永町　森田屋金蔵版（四種）各上下一冊本
⑨堀江町四丁目　多田屋利兵衛版　上下一冊本
⑩小伝馬町三丁目　蔦屋重三郎版　上下一冊本
⑪通油町北側　浜松屋幸助版　上下一冊本
⑫よし町角　山本平吉／芝神明前　和泉屋市兵衛相版　上下一冊本
⑬堺町　沢村屋利兵衛／岩戸屋久兵衛相版　上下一冊本
⑭堺町　沢村屋利兵衛版（二種）上下一冊本　うち、1種に「巳の二月再板　二代目豊久画」とあり。
⑮原板　沢村屋利兵衛／求板　丸屋鉄次郎版　上下一冊本「文久四年再刻」、「明治十七年再々刻」

図版は掲げないが、十二（無刊記版を加えると十三）の版元が「教草吉原雀」の薄物の版行に携わり、①〜⑮の異版が存在するのである。

これらの表紙には初演時の大名題・座名・役名・役者名・演奏者連名が等しく記入されている。だが、⑦⑩⑫⑬などは、役者絵に江戸時代後期の様式が認められ、大名題の示す上演年月（明和五年十一月）がそのまま刊年になるとは認めがたい。また、このなかで、②の特にⅠ〜Ⅳの版種は①と表紙・本文が酷似しており版面の流用関係が認められる。さらに、②無刊記版のⅠ〜Ⅳの版においては、大名題や座名の表記が不完全か、あるいは無かったりする。以上のことは市村座に限らず、中村座の薄物についても共通する事柄である。

「教草吉原雀」の①〜⑮の版は、すべてが初演時に宣伝・観劇を目的として版行されているのではないと考えられる。伝本の状態から推測できる各版元の版行の目的をいくつかの事例に分けて挙げて見る。

○市村座において新規に上演される（初演される）長唄を、座と専属関係を結んで正本として版行する事例
○右の正本が出ると直ちにこれを無断で版下に流用、あるいは模倣し、上演時の需要に不正参入する事例
○上演後に稽古本として版行する事例（座に板木趣意金のようなものを支払っている可能性もある）

それではそれらの版元にはどのような者達が考えられるであろうか。

○地本《じほん》問屋（芝居専門の小規模な出版工房）
○大手の地本問屋（流通上の売所であるが、売れ筋商品を熟知することから版行も行った）
○貸本屋・版木屋
○芝居町付近にあって、茶屋・雑貨屋等を営み、芝居関係の出版物も販売する。株を取得して版行をも行うようになる。

「教草吉原雀」を版行している、伊賀屋勘右衛門、蔦屋重三郎は『義太夫本公訴一件』(1)に、地本問屋仲間の月行事《がちぎょうじ》として登場してくる。岩戸屋久兵衛は岩戸屋源八の分家であろうか。また、多田屋利兵衛は

「貸本渡世」、浜松屋幸助は「板木職之者」として「仲間規定不相弁」と書かれているが、安永期（一七七二〜一七八〇）に義太夫抜本《ぬきほん》を江戸で版行する者として名が挙がっている。同書には義太夫抜本は稽古本目的の版行物であると書かれている。とすれば、江戸で義太夫抜本を版行しているこれらの版元が手掛ける長唄の薄物もまた、稽古本目的で版行されていた可能性があるだろう。

三升屋二三治の『紙屑籠』に次のような記述がある。

作者、豊後太夫、はやし方歌三味線は、給金はとれど、頼み人にて、芝居の内の物にてはあらず、作者は文人、はやし太夫は芸人ゆえ、市中に住居して、けゐこの師匠をする(2)

常磐津・富本・清元などの豊後系浄瑠璃の太夫や長唄の唄方・三味線方の者達は町方に住み、素人相手に教授を行っていた様子が述べられている。したがって、上演後に稽古本の需要があったと推測される。ゆえに、多くの版元が薄物の版行を行っているのであろう。宝暦八年（一七五八）九月の「乱菊枕慈童《らんぎくまくらじどう》」、同十二年（一七六二）四月の「鷺娘《さぎむすめ》」、同十三年二月の「初咲法楽舞《はつざきほうらくのまい》」、明和五年（一七六八）十一月の「冬《ふゆ》牡丹五色丹前《ぼたんごしきたんぜん》」、同六年十一月「隈取安宅松《くまどりあたかのまつ》」や、安永三年（一七七四）四月の「其面影二人椀久《そのおもかげににんわんきゅう》」も版種が非常に多い市村座の長唄曲である。

(二)　市村座の専属版元

夥しい数の伝本を整理して行くにあたり、初版本（初演時正本）の手掛かりを演劇書の記述に求めて見ると、劇場出版物の版元に関して、市村座との専属関係を示す内容が次のように出てくる。

『明和伎鑑』（明和六年〈一七六九〉十月刊）
　三芝居番付板元
市村羽左衛門芝居　役者附番付　さかい町　中嶋や伊左衛門
同　やくら下上るり　たちはな町
　長哥せりふ　いつミや権四郎(3)

三升屋二三治が書き残しているものでは、次の記述がある。

『紙屑籠』（天保十五年〈一八四四〉十月序文）
○三座番附の板元
市村羽左衛門
　和泉屋権四郎　古昔の板元
さかい丁板元付　ふきや丁
福地茂兵衛　冨士屋小十郎相板元
ふきや丁がし
　山本重五郎
（中略）
古来より番附株は、其櫓によって爰にしるす、外に無レ之、
たゞし、都座、桐座も元櫓にしたがふ(4)

『賀久屋寿々免』三（弘化二年〈一八四五〉秋成立）
　三芝居板元
市村座　番附絵付おふむ石／長うた薄もの　山本重五郎
同　役者附　福地茂兵衛
（中略）

福地茂兵衛、山本重五郎ハ、名前株持主ゆゑ、住所外名前故相糺さす。爰にしるすのみ。両家とも猿若町二丁目、茶屋也。近年三座とも板下、今の清水正七認る。中頃迄、山本重五郎・高麗屋金三郎、番附を書し事。(5)

『明和伎鑑』の記述によれば、市村座の劇場出版物は中村座と異なり、番付を扱う版元と、浄瑠璃・長唄・せりふ正本を扱う版元が早くから分かれていたようである。

『明和伎鑑』と三升屋二三治の記述を合わせると、市村座専属の長唄薄物の版元は、和泉屋権四郎が古く、後に福地茂兵衛・山本重五郎・冨士屋小十郎に代わっている。『紙屑籠』における「さかい丁板元付／福地茂兵衛」部分は誤記と判断される。福地茂兵衛は市村座の座元の親族であるから、葺屋町版元付になるはずである。また、『賀久屋寿々免』では福地茂兵衛と山本重五郎の住所が猿若町になっているので、芝居町が猿若町へ移転した天保十二年、十三年（一八四一、二）以降のことを表していることになる。

これらの版元が、市村座の長唄正本（初演時正本）を版行していたと考えられる。これを手がかりに、各所蔵機関に伝わる市村座の長唄の薄物を集め、その中から和泉屋権四郎・福地茂兵衛・冨士屋小十郎・山本重五郎が版行するものを上演順に並べて作成したのが、226頁〜245頁の〈版元表記と本文の関係及び作者・筆耕署名（市村座・桐座）表Ⅰ市村座（享保18年正月〜寛政12年）〉である。上演年月は表紙に記載されている大名題から取って、表Ⅰの一番上の列に載せている。二列目は正本の外題（曲名）である。三段目には正本の版元名・住所や奥書などを載せている。

表Ⅰの最初の二作品、享保十八年（一七三三）正月上演の「色里踊口説あれみさしやんせ節」と次の「大踊こんこりき節」の伊賀屋版は、坂田兵四郎の名が載っているため長唄正本と見なしたが、正本に「長唄」の記載はなく、切場《きりば》の総踊りに用いられた音頭唄《おんどうた》の正本である。伝本において、享保十九年から長唄正本の版元は和泉屋権四郎になっており、『明和伎鑑』や『紙屑籠』の「和泉屋権四郎　古昔の板元」部分の記載が裏付けられる。

長唄正本と同じ薄物の判型をとり、版元も共通する劇場出版物に、役者のせりふやつらねを載せた正本がある。東洋文庫蔵のせりふ正本『魚屋布袋市右衛門／大谷広治／掛合せりふ地口魚尽』第五巻の奥書には「宝暦六歳子ノ三月十一日ヨリ」と上演予告が入り、続いて次のような文言が記入されている。

浄るり／せりふ／長うた／市村座はんもと／右之外狂言なだいづけ・やくら下・一まいすりのゑ外ゟ一切出シ不申候

すなわち、〔歌舞伎の〕浄瑠璃正本、せりふ正本、長唄正本、役割番付・辻番付・一枚絵などの市村座の劇場出版物は、和泉屋が独占版行していると書かれている。「外より一切出し申さず」の部分は、言外に無断版行物の存在を示しているように感じられる。

中村座の長唄正本では見られなかった点として、和泉屋自身による再版が六例見られ、これについては表Ⅰの4列目の版元2の欄に記載している。そのうち、次の二例では誤刻の訂正を行っている。

宝暦六年（一七五六）三月上演の「両州隅田川名所尽《りょうごくすみだがわめいしょづくし》」の場合、版元1の和泉屋版では、演奏者連名の上部の「長哥」とあるべきところが、「哥哥」となっており、これを版元2で「長哥」に直している。

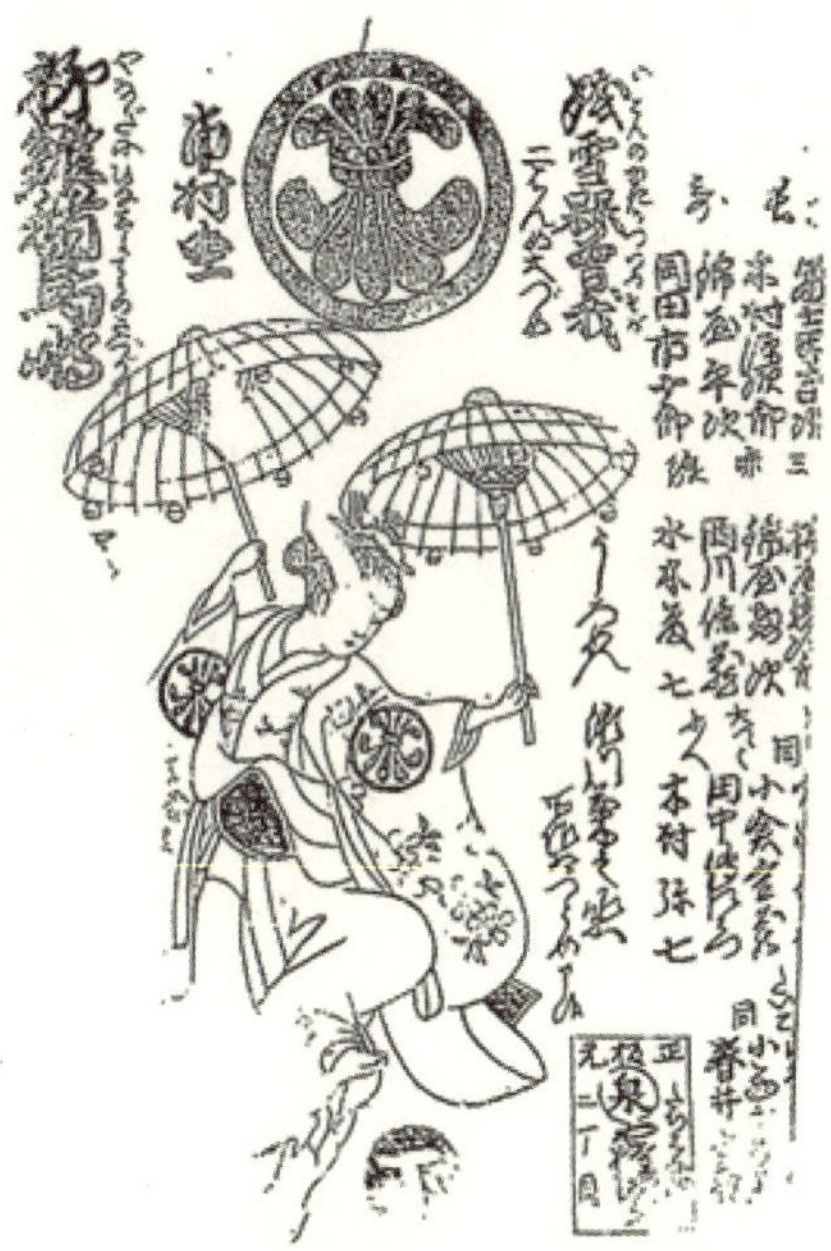

和泉屋権四郎版「柳雛諸鳥囀」表紙
フランス国立図書館所蔵（破損有り）〔1―2―1〕

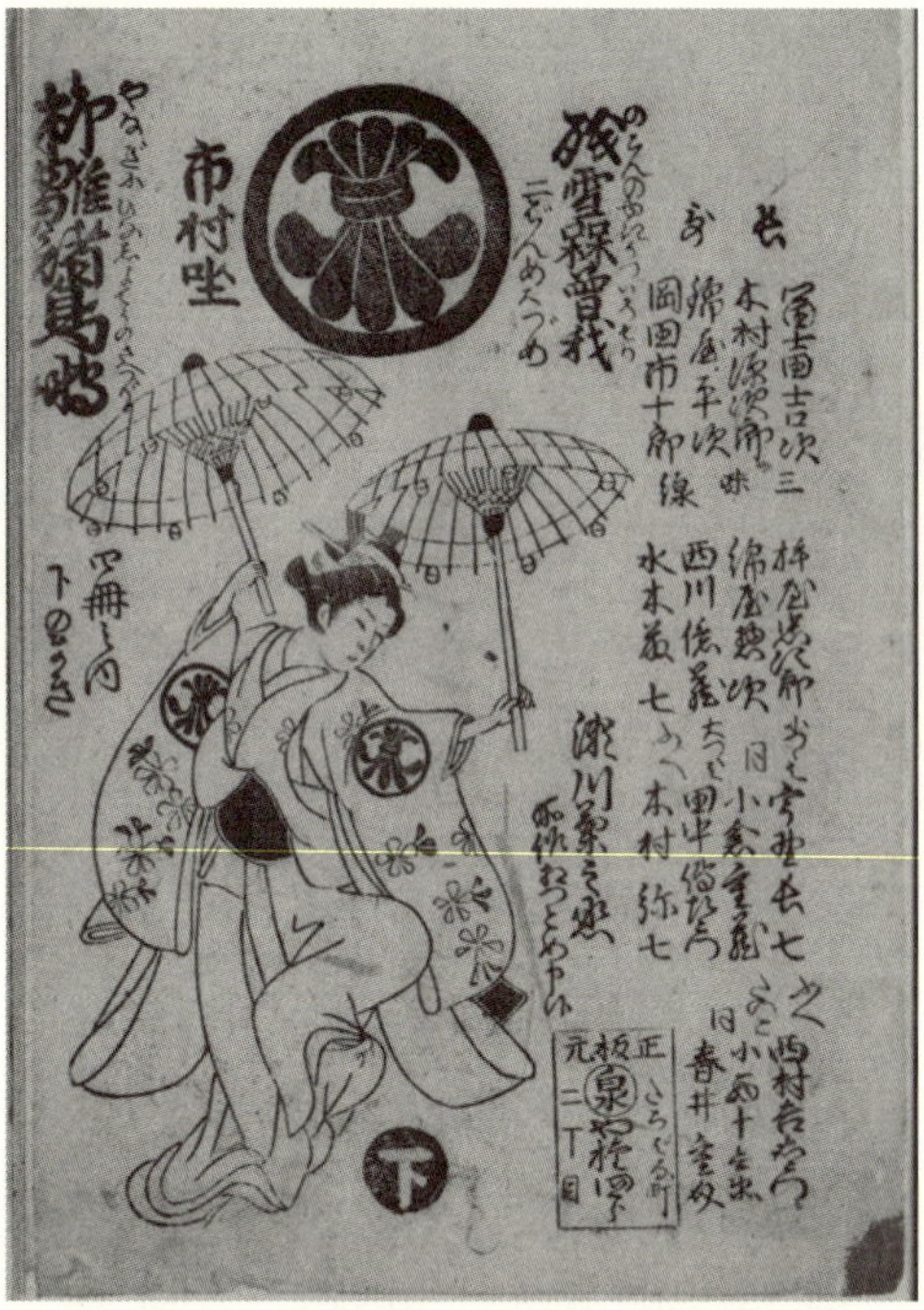

和泉屋権四郎覆刻版「柳雛諸鳥囀」表紙
早稲田大学演劇博物館所蔵〔1―2―2〕

宝暦十二年（一七六二）四月上演の「柳雛諸鳥囀《やなぎにひなしょちょうのさえずり》」の瀬川菊之丞の「鷺娘」の正本では、版元1の和泉屋版の表紙の右側の傘の下に「うしろめん瀬川菊之丞／所作相つとめ候」とあるが、版元2の和泉屋版では誤りの部分「うしろめん」を削除して訂正し、覆刻している。この例について、上段に図版を掲出する。

和泉屋が再版を行う例はこのように存在するが、その数は少なく、目的も誤刻の訂正や、上演時における当たった作品の増刷りと見なされ、原版を所有して再版を行う態度は読み取れない。やはり中村座の場合と同様、和泉屋権四郎の版行の独占的権利は初演時（初版）に対するものであったと考えられる。ゆえに、演劇書において和泉屋は「番付板元」と称されているのではないだろうか。

（三）和泉屋権四郎

初期の長唄正本には、「せりふ入ながうた」と表紙に記載されるものがあり、せりふ正本と長唄正本が分離していない傾向も見られる。よって、長唄正本を中心としながらせりふ正本をも視野に入れて、市村座の専属版元である和泉屋の動向を226頁表Ⅰでたどってみよう。

市村座の専属版元として和泉屋権四郎が現れるのは、長唄正本よりせりふ正本の方が先になる。管見によれば、抱谷文庫蔵の「せりふ集」に所収される次の版が古いものになろうか。

「藤戸《ふじと》物語《ものがたり》掛合《かけあい》せりふ／衣川《ころもがわ》紅の潮」一冊　版元卸／和泉屋権四郎（享保十六年〈一七三一〉の盆狂言『大角力藤戸源氏《おおずもうふじとげんじ》』第二番目に上演）

「市川團十郎《いちかわだんじゅうろう》同名尽のせりふ」一冊　横山丁一丁目新道／和泉屋

権四郎／版元卸（享保十八年〈一七三三〉正月上演『栄《はなぶさ》分身《ふんじん》曽《そ》我《が》』第一番目に上演）

和泉屋権四郎は、菊岡沾涼の『本朝《ほんちょう》世事《せじ》談綺《だんき》』巻之五に次のように書かれている。

紅絵、浅草御門同朋町和泉屋権四郎と云者、版行のうき世絵役者絵を、紅彩色にして、享保のはじめごろよりこれを売。幼童の翫びとして、京師、大坂諸国にわたる。これ又江戸一ツの産と成て江戸絵と云[6]

武藤純子が作成した「絵師別役者絵一覧」[7]によれば、和泉屋権四郎は享保三年（一七一八）頃から鳥居清忠・奥村利信・奥村源六・勝川輝重等の役者絵を細判紅絵・漆絵で版行している。同じ頃に鱗形屋・伊賀屋、中嶋屋・小松屋・江見屋・井筒屋の版元の名も見えており、これらの版元は河東節や長唄などの江戸歌舞伎の音曲本を扱う版元と大体一致するようである。和泉屋権四郎は市村座の劇場出版物や役者絵を専門に扱う出版工房であったと見られる。

表Ⅰで享保十九年（一七三四）三月の『やつし西行富士見五郎』と『江戸桜五人男掛合文七節』、寛保二年（一七四二）正月の『思ひの緋桜』などの初期の長唄正本の奥書には浄瑠璃正本の奥書に倣った極め書き「松嶋庄五郎／坂田兵四郎直伝之正本也」が入っているが、延享五年（一七四八）四月の「菜の花小蝶の袂」からは「市村座板元」として和泉屋の版元名と住所だけが記入されるようになる。

市村座のせりふ正本においても、享保～元文期（一七一六～四〇）には中嶋屋・伊賀屋・和泉屋の名が見られるが、寛保期（一七四一～四三）になると和泉屋権四郎の独占版行になっている。中村座では、村山源兵衛が「中村座板元」と正本に記すのは宝暦十二年（一七六二）以降であるから、市村座においては和泉屋の専属関係はより早く形成されている。和泉屋権四郎は数度移転しており、それを年代的に追うとおおよそ次のようになる。

江戸浅草見付御門前同朋町
　享保十三年（一七二八）二月刊『役者評判一の冨』
横山町一丁目新道
　享保十八年（一七三三）二月刊『役者ぢぐち車』
橘町四丁目
　元文四年（一七三九）二月上演せりふ正本『市川海老蔵』
橘町二丁目　延享四年（一七四七）四月上演長唄正本（表Ⅰ）
本所松坂町一丁目
　安永二年（一七七三）三月上演長唄正本（表Ⅰ）

（四）市村座長唄正本と異版

ここまで、市村座の専属版元と長唄正本を中心に述べてきた。だが、42頁で「教草吉原雀」の伝本を例にとって示したように、長唄の薄物は和泉屋よりも、それ以外の版元が手掛けた版の方がはるかに多い。当たった曲は、多くの版元が版を重ねて出しているのである。それらは、上演時正本とその異版群として捉えることができる。異版の表紙には初演時の上演情報（大名題・座名・役名と役者名・演奏者連名・役者絵）が等しく記入されており、正本と似た体裁を備えている点に特徴がある。これは中村座の場合と同じである。そして、その異版群の中には、特に正本と版面が酷似する版がやはり存在する。

明和元年（一七六四）十一月上演の「花錦嫩丹前《はなにしきふたばたんぜん》」は正本の流用について説明するのに適している。この例により正本版元である和泉屋権四郎版と、本屋儀兵衛版・無刊記版Ⅰ～Ⅳの関係を見てみよう。

①橘町二丁目　和泉屋権四郎版　上下二冊本
②江戸橋四日市　本屋儀兵衛版　上下二冊本
③無刊記版Ⅰ種　〔上下〕一冊本
④無刊記版Ⅱ種　上下一冊本
⑤無刊記版Ⅲ種　〔上下〕一冊本
⑥無刊記版Ⅳ種　上下一冊本(8)

これらの版種において、①の和泉屋権四郎版が初演時に版行された初版となる。この①と、②の本屋儀兵衛版・③④⑤⑥の無刊記版は、版面が酷似しており、正本版元の和泉屋版を版下に流用して作成されていると考えられる。このような手法を取る版は、市村座の場合においても本屋儀兵衛版と無刊記版にのみ見られることがわかった。

そこで、中村座の場合と同様に、市村座の長唄正本と本屋儀兵衛版・無刊記版について版の流用関係を捉えるために、伝本を、本文と表紙の場合に分けてそれらの版面を比較して見た。その結果を本文について表したのが先に言及した226頁以下の表Ⅰ、表紙について表したのは246頁以下の表Ⅱである。

表1で最上段の上演年月は長唄正本の表紙に記載されている大名題（狂言名題）から取り、二列目には外題を和泉屋版・本屋儀兵衛版・無刊記版に共通する表記で載せている。先にも触れた通り表Ⅰでは、上から三列目の版元1が初版（正本）の版元であり、版元名・住所と奥書を載せている。初版（和泉屋版）が二種ある場合は版元2として四列目に載せた。版元1・2は、本屋儀兵衛版・無刊記版で版下に使われる場合は、それらの元版となる。

また、表Ⅰに掲げた版種の伝本の所在と所蔵番号は、巻末の〔所蔵一覧　市村座・桐座長唄の薄物〕に載せてある。ただし、摩滅や破損して状態の良くない版は載せない場合がある。また、版本と透写本両方が伝存する場合は、版本を優先して載せた。

表には、薄物の表紙に「長唄」の記載がなくとも長唄を演奏する唄方や三味線方の名が記入されている場合は加えている。したがって、音曲のジャンルとしては大薩摩節、歌説経、踊り口説、浄瑠璃を含んでいる。ただし、役者が歌っている音曲正本は含めなかった。

（五）和泉屋版と異版の本文比較

本屋儀兵衛版については表1の五列目に、無刊記版についてはその下の六列目に、和泉屋版との版面の関係を表している。本文について版面の流用関係を表す際は、前章の中村座の場合と同じ方法を用いている。念のため、以下に再度それを掲げる。

A1　元版をそのまま版下に用いて被せ彫りしている。
A2　全体として元版を版下にして被せ彫りしているが、漢字や仮名を意図的に入れ替えている箇所がある。
A3　元版を参考にして版下を作り直している。
B（別版）　元版の意匠と関係なく版下を作成している。

ただし、A3とB（別版）は明確に区別できない場合も出てくる。A1・A2・A3及び別版の具体例については、第一節の中村座のところで図版を用いて示したものと変わらないため、ここで再度説明は行わず、特殊な例のみを次に挙げることにしたい。

次頁上段の図版は、安永二年（一七七三）三月、『江戸春名所曽我《えどのはるめいしょそが》』四番続の第一番目四立目に上演された長唄所作事「初昔《はつむかし》文《ふみ》の仲立《なかだち》」の正本である。一方、下段に掲げた無刊記版Ⅰ種の本文は、上段の和泉屋権四郎版の本文を版下に用いて被せ彫りしたと推測される。その際に漢字を仮名に変えたり、変体仮名を変えたりしていないので「A1」と判断できるのだが、終丁裏の末行において、和泉屋版にある角形の「鼎峨印」を削除し、その跡の不自然な空白をなくすために最後の六文字「里のあけぼの」を書き直して彫っている。したがって和泉屋版に対するこの無刊記版Ⅰ種の本文は、「A2」となり、表Ⅰ237頁に記載してある。なお、無刊記版Ⅰ種では巻末の「いつミや権四郎板」も除かれている。

その他の特筆事項としては、宝暦五年（一七五五）正月上演の『髪梳妹背鏡』（東京大学教養学部黒木文庫蔵本）には「江戸橋四日市　大坂屋義兵衛」と版元が記載されてあるが、これは書体や絵の様式から見て本屋儀兵衛のことではないかと推測する。

次に、和泉屋権四郎版の本文を版下に用いる（つまりA1とA2の手法をとる）本屋儀兵衛版・無刊記版において、元版の奥書、胡麻点・文字譜、内題下署名（作者・述者名）、本文末にある筆耕印がどのように扱われているのか調べて見よう。

（i）胡麻点・文字譜について

和泉屋権四郎版を版下に流用する本屋儀兵衛・無刊記版において、和泉屋版の本文に付されている胡麻点・文字譜が削除される例は少ないと言える。彫りの粗悪な無刊記版で胡麻点の省略されている例が見つかるが、これは彫り手の技術的問題から起きているのであろう。

（ii）内題下の作者、述者署名について

和泉屋権四郎版を版下として流用した本屋儀兵衛版や無刊記版において、内題下から述者や作者署名が除かれる例としては、

明和五年（一七六八）十一月上演「教草吉原雀」の無刊記版Ⅱ・Ⅲ種では「作者桜田治助／富士田楓江述」を内題下に欠く。

明和七年（一七七〇）一月上演「其容形七枚起請《そのすがたしちまいぎしょう》」の「こもそう／文七清川《ぶんしちきよかわ》」本屋儀兵衛版では「作者与風亭／富士田楓江述」を内題下に欠く。

安永七年（一七七八）二月上演「（道行）力竹箱根鶯《ちからだけはこねうぐいす》」無刊記版Ⅰ種では「中重述」を内題下に欠く。

安永九年（一七八〇）九月上演「山姥四季英《やまんばしきのはなぶさ》」無刊記版Ⅰ種では「杵屋林鶯述」を内題下に欠く。

内題下署名をそのまま残す例としては、次のものがある。

明和三年（一七六五）正月上演『夜鶴綱手車《よるのつるつなでぐるま》』無刊記版Ⅰ種「金《かな》井三笑述《いさんしょうじゅつ》」

明和六年（一七六九）十一月「隈取安宅松《くまどりあたかのまつ》」無刊記版Ⅰ種の「富士田楓江直伝」

明和七年（一七七〇）正月上演「廓盃《さとさかづき》」無刊記版Ⅰ・Ⅱ種の「楓江述」

同年正月上演「かほよ鳥」本屋儀兵衛版・無刊記版の「作者与風亭／富士田楓江章指」

「初昔文の仲立」の諸本　表紙（右）と本文終丁裏（左）

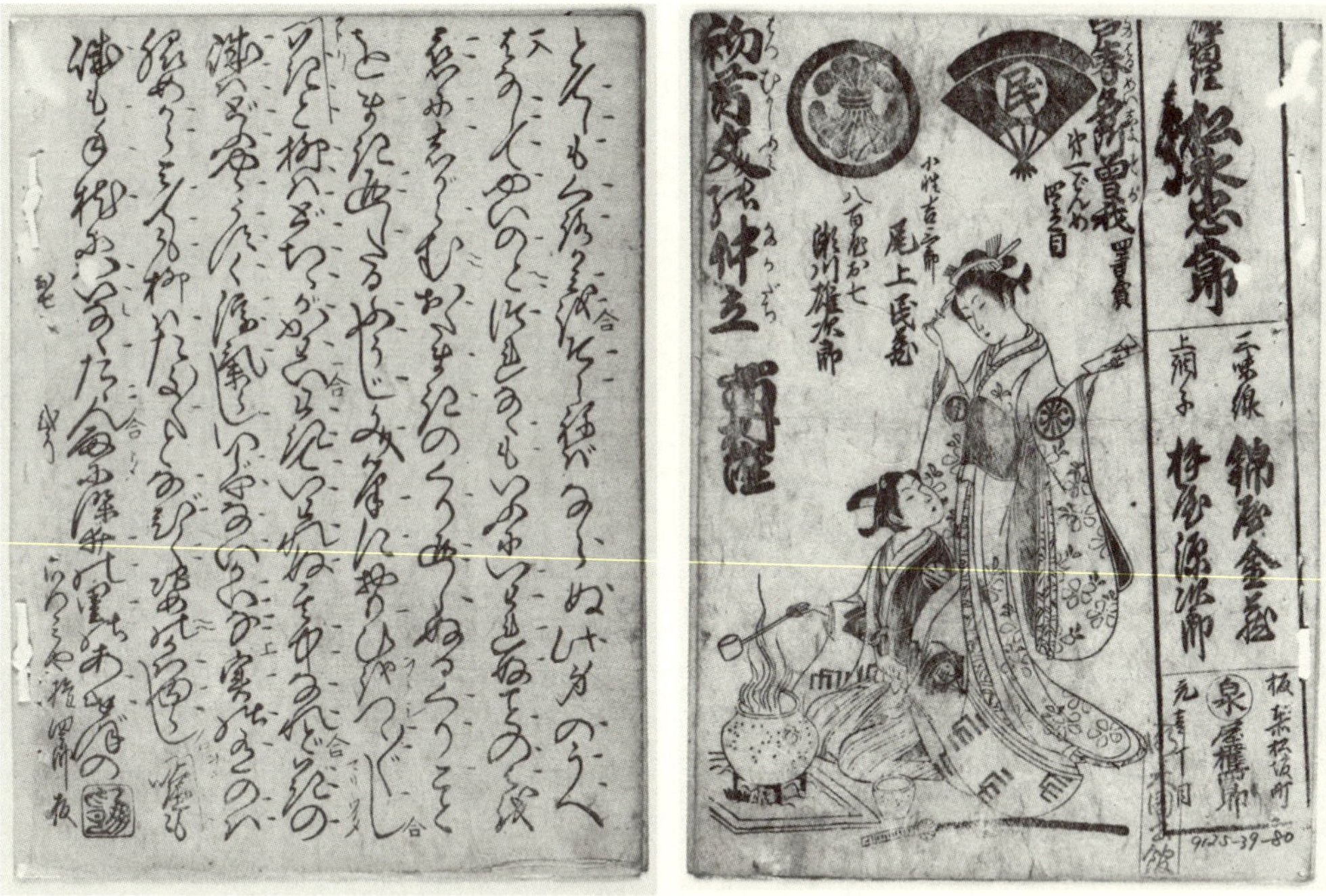

和泉屋権四郎版
明治大学図書館蔵〔1—2—3〕

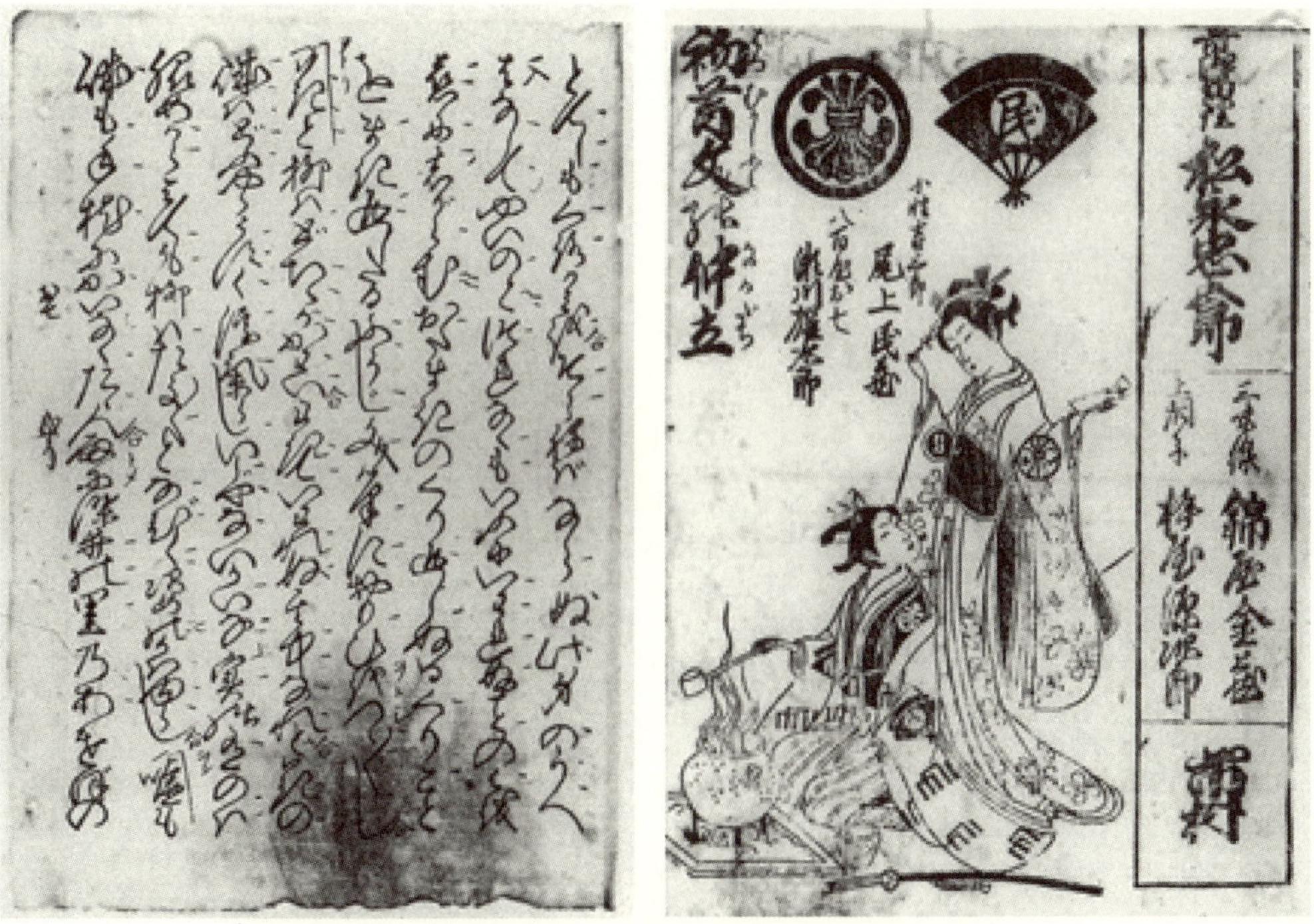

無刊記版Ⅰ種
東京芸術大学附属図書館所蔵〔1—2—4〕

同七年八月「関東小六後雛形《かんとうころくのちのひながた》」本屋儀兵衛版の「与風亭述」

（ⅲ）本文末の筆耕印について

筆耕の署名または筆耕印の刻入は本文末にあり、次のものが見られる。

「沽翁」　寛延四年（一七五一）三月上演「鳴神上人北山桜《なるかみしょうにんきたやまざくら》」和泉屋版のみ

「丈阿」　宝暦十年（一七六〇）六月上演「（めりやす）仮枕《かりまくら》」

鼎峨印　明和七年（一七七〇）十一月上演「翁草霜舞女《おきなぐさしものまいひめ》」

和泉屋権四郎版を版下に流用する本屋儀兵衛版・無刊記版においては、これらの筆耕名・筆耕印は、次の一例を除いてすべて削除されていた。

その他、安永三年（一七七四）三月上演の「花信風折帽子《はながたみかざおりえぼし》」無刊記版Ⅰ種の本文は、和泉屋版に対してA1の関係にあるが、本文末の「鼎峨印」を残している。

（六）正本と異版の表紙

長唄正本の絵表紙についても、本屋儀兵衛版と無刊記版において和泉屋権四郎版を版下に利用している例が多く見つかる。中村座の長唄正本の場合と同様の識別方法により、元版との関係を246頁の表Ⅱに記載している。

表紙A1　和泉屋版を元版とし、表紙をそのまま版下にしている場合。元版の版元名・住所は除かれている。

表紙A2　和泉屋版の表紙を元版とするが、部分的に手を加えたり、省略をしている場合。

表紙A3　版下を書き直しているのであるが、元版を模倣して作り直したと認められる場合。

B（別版）元版の表紙と意匠的関係性が直接認められないと判断される場合。

以上は表紙の全体を版下にとる場合であるが、正本の外題・囃子方連名・絵などの部分を切り取り、書き直した版下に貼って表紙を作るやり方も認められる。特に絵、あるいは絵の輪郭を元版からとっている場合を、表紙の全体を版下にとる場合と区別して、絵A1（絵全体を版下にとる）、絵A2（絵の輪郭または一部をとる）、絵A3と記して、表Ⅱに載せてある。

市村座の正本と本屋儀兵衛版・無刊記版における表紙の流用関係については、中村座の場合と同様であるため、ここに具体例を掲げることは行わない。ただ、先にも触れたものではあるが、和泉屋版の表紙の一部を切り取り、配置を換えて版下に用いていると見られる一例を念のため、次に掲げておくことにしよう。

50頁上段と下段に掲げた安永二年（一七七二）三月の「初音文の仲立」の表紙を見て欲しい。下段に掲載した無刊記版Ⅰ種の表紙は、上段の和泉屋権四郎版を版下に用いていると見られるが、その際に演奏者連名枠の下段にある「和泉屋」の版元名と住所を削除し、その空欄となった部分に、和泉屋版の座名「市村座」の「市村」部分を新しく彫り込んで入れている。また、大名題『江戸春名所曽我』と「四番続第一ばんめ四立目」部分が無刊記版Ⅰ種では削除されている。ゆえに、252頁表Ⅱの安永二年三月の無刊記版Ⅰ種のところには「表紙A2」と記載してある。

このように正本を版下に流用する際、元版にわざわざ手を加えていることは、本屋儀兵衛版や無刊記版が無断版行物であることを示しており、重版行為の指摘に対する工作と受け取れる。

（ⅰ）大名題と座名の表記

246頁以下の表Ⅱを見ると、和泉屋版とＡ１・Ａ２の関係にある本屋儀兵衛や無刊記版の表紙においては、大名題や座名が不完全に表記されてあり、これは中村座の場合と同じである。また、座名も、「市村」「市むら」のように「座」を除いた表記が多く見られる。

（ⅱ）絵師名

市村座の長唄正本に記載される絵師の署名には、次のものがある。

和泉屋権四郎版

○「鳥居清経画」明和四～五年（一七六七～六八）上演の正本に記載がある。

「塩衣《しおごろも》須磨俤《すまのおもかげ》」「六出花吾妻丹前《むつのはなあずまたんぜん》」「初恋心竹馬《はつこいこころのたけうま》」「振袖京《ふりそでみやこの》早咲《はやざき》」「魁都童《さきがけみやこのわらべ》」「揚屋入曲輪誰袖《あげやいりくるわのたがそで》」

○「清経画」安永三～七年（一七七四～七八）上演の正本に記載がある。

「風流錦誰袖《ふうりゅうにしきのたがそで》」「初霜楓姿絵《はつしももみじのすがたえ》」「（めりやす）夕時雨《ゆうしぐれ》」「温泉《おんせん》山路鶯《やまじのうぐいす》」「（めりやす）鳥《とり》もがな」「家桜朧双陰《いえざくらおぼろのふたつかげ》」「濡衣《ぬれごろも》波玉橋《なみのたまはし》」「（めりやす）帰《かえ》る雁《かり》」「（めりやす）皃《かお》と顔《かお》」「（めりやす）きせ綿《わた》」「蝶花若草摺《ちょうがはなわかくさずり》」「（めりやす）言《こと》の葉《は》」「霞立雲《かすみたつくも》舞振《いのまい》」「道行恋弦掛《みちゆきこいのつるかけ》」「（琴唄）閨《つまど》の笛《ふえ》」「（めりやす）雪《ゆき》の梅《うめ》」「（道行）力竹箱根鶯《ちからだけはこねうぐいす》」「双面濡春雨《ふたおもてぬるるはるさめ》」「さし茂艸《もぐさ》」

○「鳥居清英画」安永三～五年（一七七四～七六）上演の正本に記載がある。

「（めりやす）夜半《よわ》の鐘《かね》」「梅丹前模様《このはなたんぜんもよう》」「月額秋花鎗」「誰袖《たがそで》賤花売《しずのはなうり》」「俤須磨狩衣《おもかげすまのかりぎぬ》」「（めりやす）袖梅廓灸《そでのうめくるわのきう》すゑ」「（琴唄）琴《こと》とはば」「鉢扣紅葉袖《はちたたきもみじのそで》」

○「豊章画」安永七年（一七七八）の上演正本。

「大津絵姿花《おおつえすがたのはな》」「女竹男竹《めだけおだけ》分身五郎《ふんじんごろう》」

○「豊好画」安永七年の上演正本。

「家橘花男道成寺《かきつばたおとこどうじょうじ》」「花橘栄丹前《はなたちばなさかえたんぜん》」「都娘菊《みやこむすめきく》の寿《ことぶき》」

葺屋町かし通り冨士屋小十郎版

○「清元画」天明八年（一七八八）の上演正本。

「（追善）藤《ふじ》しのだ吾妻紫《あずまむらさき》」「（琴唄）紅葉《もみじ》のゑん」

市村茂兵衛他の相版

○「春旭画」天明九年（一七八九）正月上演正本。

「（めりやす）袖《そで》の海《うみ》」

以上の中から、安永七年二月上演の「大津絵姿花」（松浦史料博物館蔵本）の表紙を次に掲げる。「豊章画」は北川豊章で、喜多川歌麿の最初の号である。

正本の絵部分が流用された場合の絵師名の扱いを調べるため、表Ⅱには絵師名も書き出している。表Ⅱを見ると、絵師の署名がある和泉屋版をＡ１・Ａ２（絵Ａ１・絵Ａ２）の関係で流用している本屋儀兵衛版・無刊記版で絵師名は、安永六年（一七七七）十一月上演の「（め

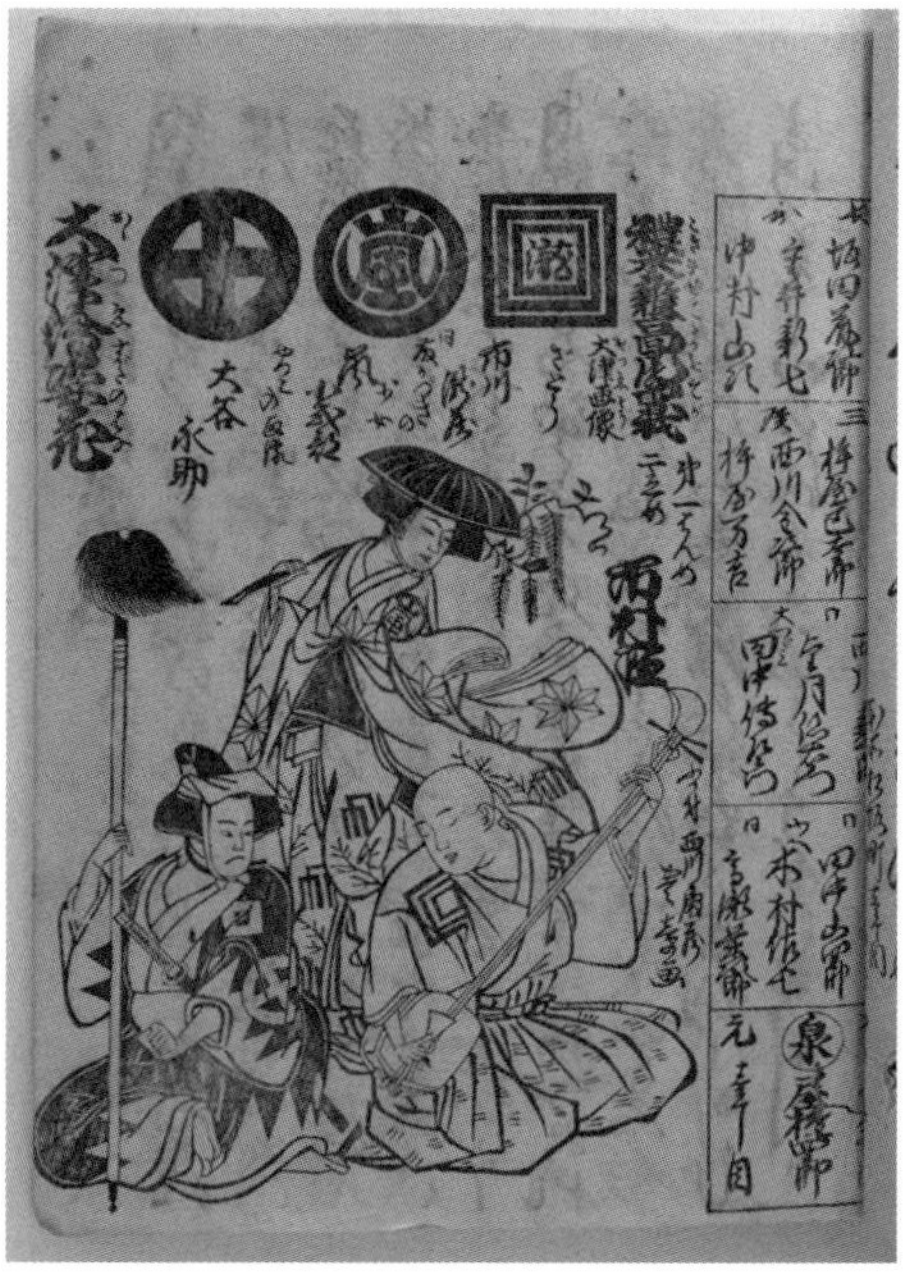
『大津絵姿花』表紙
北川豊章（喜多川歌麿）画
松浦史料博物館所蔵〔1―2―5〕

りやす）雪の梅」無刊記版Ⅰ種が「清経画」を残している以外、すべて削除されている。

（七）本屋儀兵衛との相版

中村座の長唄正本では安永六年（一七七七）十一月から天明二年（一七八二）十月にかけて、村山源兵衛が本屋儀兵衛と相版を組むようになる。しかし、市村座の専属版元和泉屋権四郎が本屋儀兵衛と相版を組む例は表Ⅰで次の二点のみである。

235頁の明和六年（一七六九）七月上演の「鞠小弓稚遊《まりこゆみおさなあそび》」上下一冊本。

これは再版と見られ、和泉屋権四郎単独の初版が別に存在する。

240頁の安永九年（一七八〇）十一月上演の「菊紅葉色中同士《きくもみじいろのなかどし》」透写本一冊。

これも再版の可能性があり。和泉屋権四郎単独版がある。

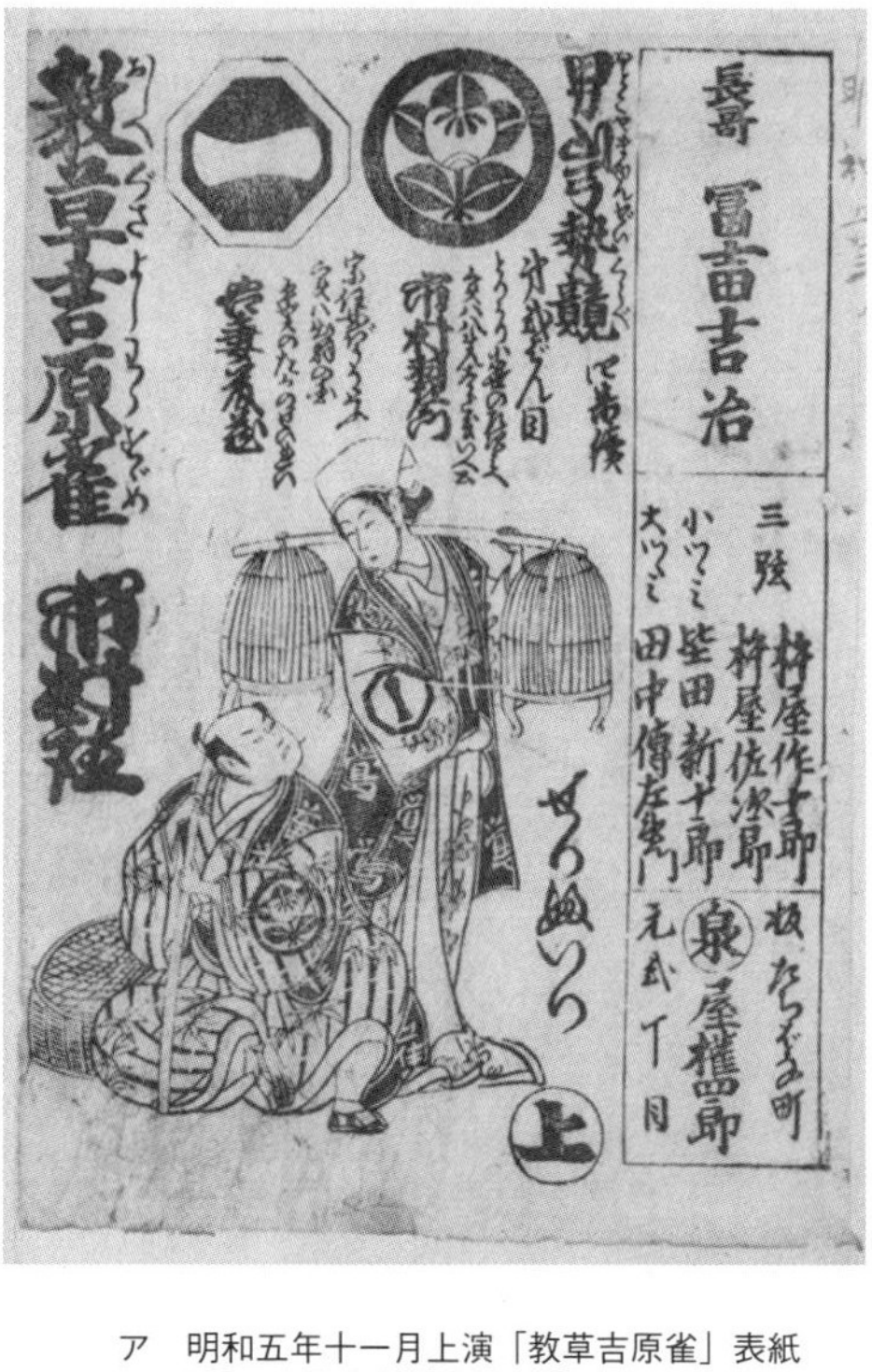
ア　明和五年十一月上演「教草吉原雀」表紙
早稲田大学演劇博物館所蔵〔1―2―6〕

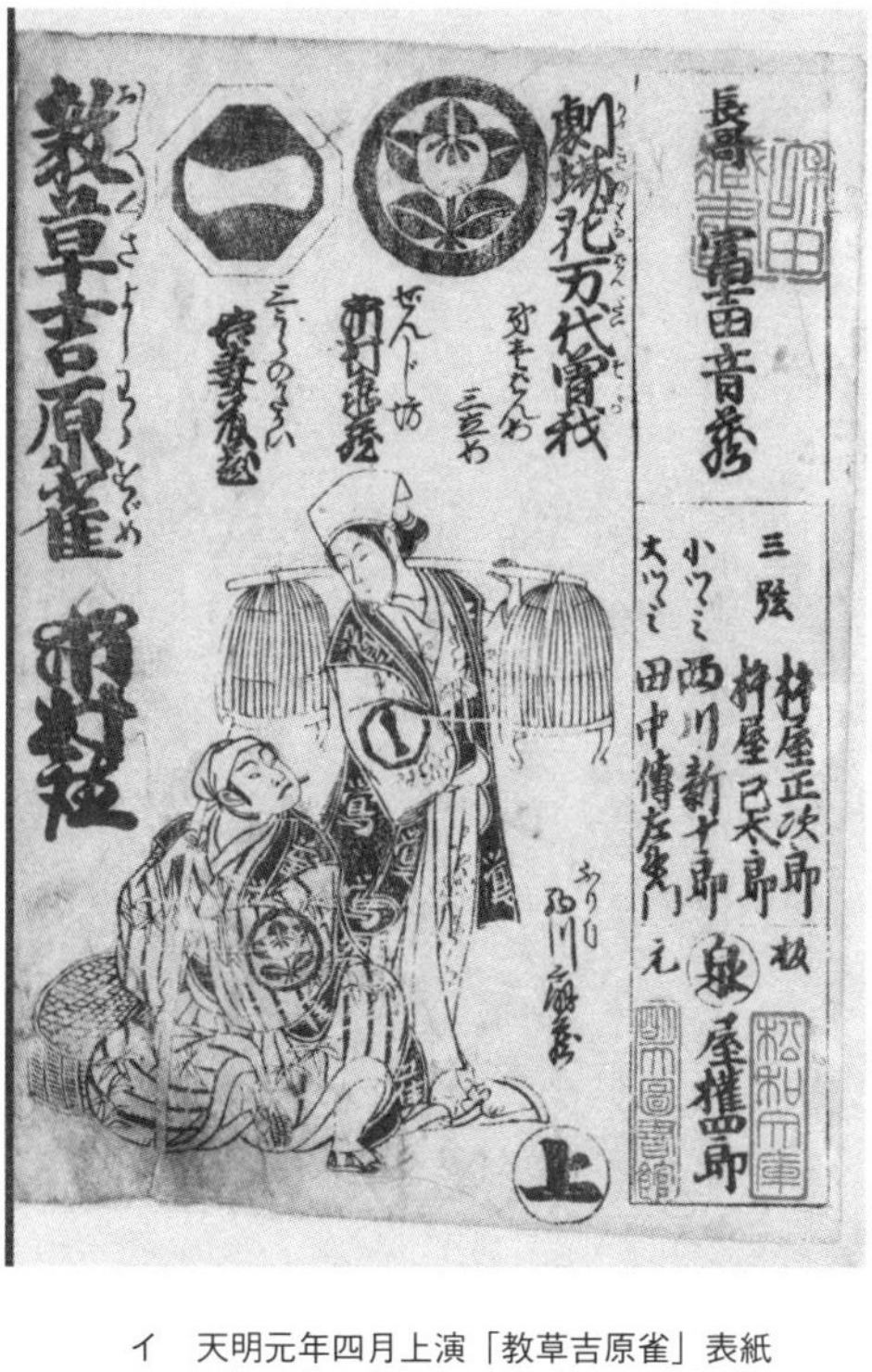
イ　天明元年四月上演「教草吉原雀」表紙
明治大学図書館松所蔵〔1―2―7〕

和泉屋権四郎の場合は本屋儀兵衛との相版が少なく、相版に「正銘版元」と載る例も見ないので、本屋儀兵衛と相版を組む形態に移行していない。ただ、無刊記版が安永六年（一七七七）まで継続して出ているが、その後は極めて少なくなっている。よって、安永六年十一月の顔見世興行頃に、あるいは版元間で重版に対する申し合わせができた可能性がある。しかし別の見方をすれば、安永期後半から天明期前半の市村座の長唄正本には、重版を作るほどの需要がなかったとも考え得るのだ。安永八年（一七七九）四月の「相生獅子《あいおいじし》」、天明元年（一七八一）四月の「教草吉原雀」は大名題の違う再演時の薄物であり、何か新作を出せない事情があったとも推測されるのである。

前頁下段の図版アが明和五年（一七六八）十一月の『男山弓勢競《おとこやまゆんぜいくらべ》』第二番目に上演された長唄正本であり、イはその後天明元年（一七八一）四月の『劇場花万代《かぶきのはなばんだい》曽我《そが》』の第一番目三立目に再演された初演時の薄物である。大名題の異なる同曲の正本は珍しいので掲載した。

中村座の専属版元村山源兵衛は天明二年（一七八二）十一月から相版元を松本屋万吉に替える。一方、市村座ではその頃に借財が膨らみ資金繰りが悪化したため、帳元・役者間に不和や騒動が度々起きて興行が安定しなくなる。そして、さらにその翌年三年十月の類焼も重なって、ついに同四年（一七八四）には櫓交代となるが、その間の事情については後で考察することにして、ここでは長唄正本のその後の版行について見ていくことにする。

二　長唄正本における株板化

（一）版元の交代

ここでは、天明四年（一七八四）十一月に桐座に興行権が移り、天明八年（一七八八）十一月に再び市村座に興行権が戻るまでの期間を見ていく。

表Ⅰ241頁では、天明四年十一月桐座上演の「狂乱雲井袖《きょうらんくもいのそで》」から長唄正本の版元は冨士屋小十郎になり、市村座の専属版元が入れ替わる。その正本の表紙を図版として左に掲げる。右側の演奏者連名枠の下段に版元名が「ふきや町／冨士屋小十郎／かし通り」と入っている。

冨士屋小十郎については、『増補戯場一覧《ぞうほしばいいちらん》』（八文字屋自笑、寛政十二年（一八〇〇）八月刊）の「冬の巻」に「江戸ふきや町」図が掲載されてあり、桐座の向い側に、通りに面して「△ふじや」と書き込まれている。[9]

図の説明書きに「水茶屋△印」とあるから、この「ふじや」は水茶

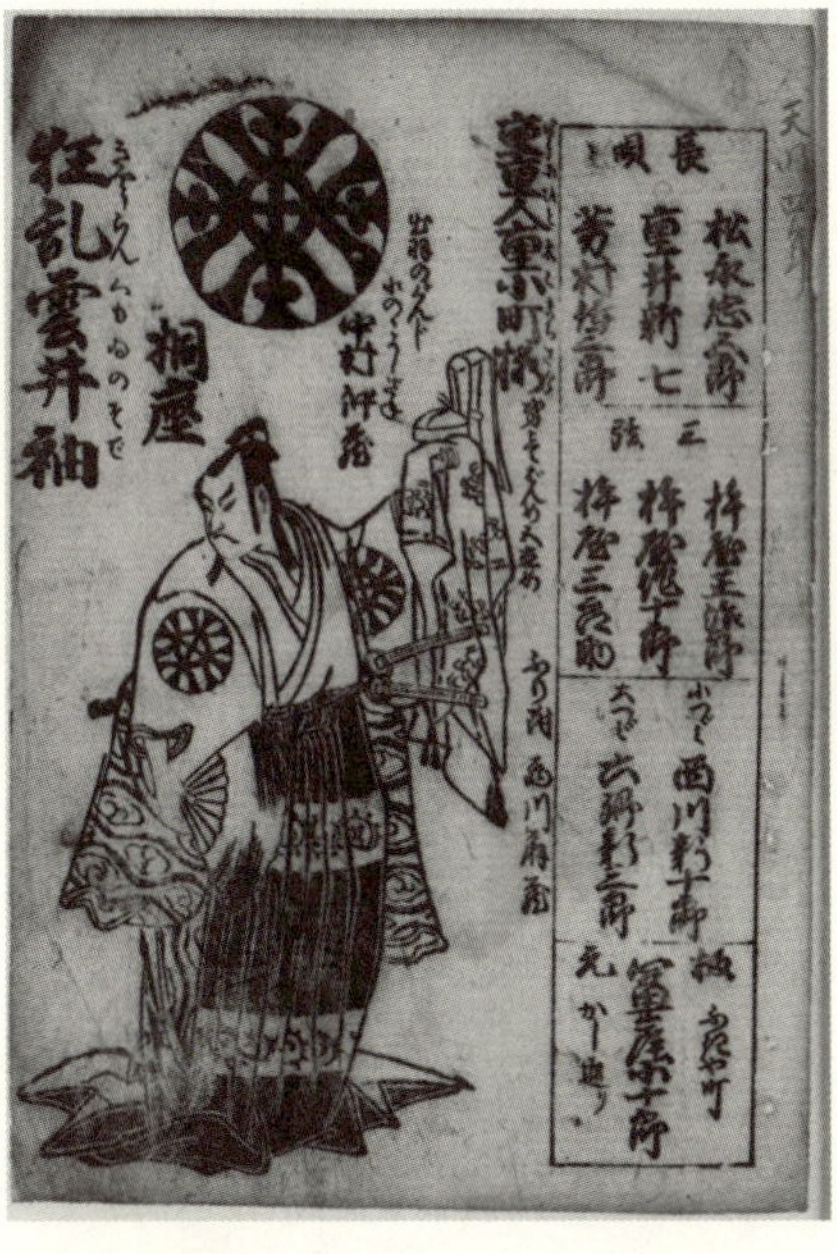

冨士屋小十郎版『狂乱雲井袖』表紙
早稲田大学演劇博物館所蔵
〔1—2—8〕

屋のようである。これが、河岸通りから南側へ移転した時期の冨士屋小十郎の可能性がある。

冨士屋は、文化五年（一八〇八）に長唄寄せ本『東風流《あずまぶり》』を版行している。その奥付には「長唄／（めりやす）本問屋　江戸葺屋町　冨士屋小十郎蔵」とある。この本問屋が地本問屋を指すのか不明である。伝本の状態から、冨士屋は長唄本だけを扱う版元であったと見られ、稽古本の目的で三座の上演作品の薄物を多数版行してきている。おそらく、冨士屋は葺屋町で水茶屋を営みながら、需要に応じて売れ筋曲の版を外注に出すなどして製作し、長唄本の版行実績を積んできたと推測される。座と専属関係を結んで、上演正本の版行に参入する機会を窺っていたのであろう。櫓が控えの桐座に替わる折に冨士屋小十郎は専属版元に入ったと考えられる。

だが、長唄正本は、単に版元が和泉屋権四郎から冨士屋小十郎に入れ代わっただけではない。表Iの241頁を見ると、初演時正本は葺屋町河岸通りの冨士屋小十郎から版行されているが、再版も葺屋町南側住所の冨士屋から出ていることに注意したい。さらに、伊賀屋や森田屋も再版を出しているのだが、その際には冨士屋との相版のかたちがとられていることがわかる。本屋儀兵衛版・無刊記版が版行されなくなっていることも指摘できるであろう。

以下56・57頁に「（拍子舞）写絵雲井弓《うつしえくもいのゆみ》」について四種の図版を掲げ、具体的に説明しよう。この作品は天明六年（一七八六）十一月、桐座において『雪伊豆幡揚《むつのはないずのはたあげ》』第一番目四立目に上演された長唄曲である。表I（242頁）で、版元1の欄が初演時正本である葺屋町かし通りの冨士屋版、再版I種と再版II種は葺屋町南側の冨士屋版、そして再版III種は冨士屋と伊賀屋の相版である。つまり伝本は初演時正本と再版三種類に整理できる。

以下56・57頁に各本の表紙と本文終丁裏をア〜エとして載せる。再版の表紙はいずれも初版を踏襲しているが、版下を書き直している。また、エの表紙はウの覆刻である。本文はア〜エすべて異なっているが、アの初演時正本が四種の中では小字である。イとウの版は、冨士屋が葺屋町南側に移転してからの再版本である。エの冨士屋と神田鍋町伊賀屋の相版は、本文末に「天保九戊戌正月　再板」と刊記があるが、表紙には初演時の大名題が記入されている。本文は四種の中では最も大字である。

冨士屋版には、中村座の場合のような蔵版の表記が正本上にあるわけではない。だが、冨士屋は、原版を所有して再版を行っていると捉えられ、事実上株板化が起きていると判断できる。

中村座の長唄正本においては、株板化の現象の要因を、寛政二年（一七九〇）の出版令と関連づけて捉えることが可能である。しかし、市村座ではより早い段階の天明四年（一七八四）に株板化が起きているので、寛政二年の地本問屋仲間行事による新本改め制度の導入と関連させて捉えるには、理由付けられない面がある。市村座の版行形態の変化は、桐座への興行権の移譲に伴って起きていると考えられよう。

（二）市村茂兵衛の出現

桐座の仮興行は五カ年の約定で済み、市村座は天明八年（一七八八）十一月から櫓再興となる。表I242頁において市村座の長唄正本の版元は、さらに市村茂兵衛・葺屋町　山本重五郎・冨士屋小十郎の相版と

「（拍子舞）写絵雲井弓」の諸本　表紙（右）と本文終丁裏（左）

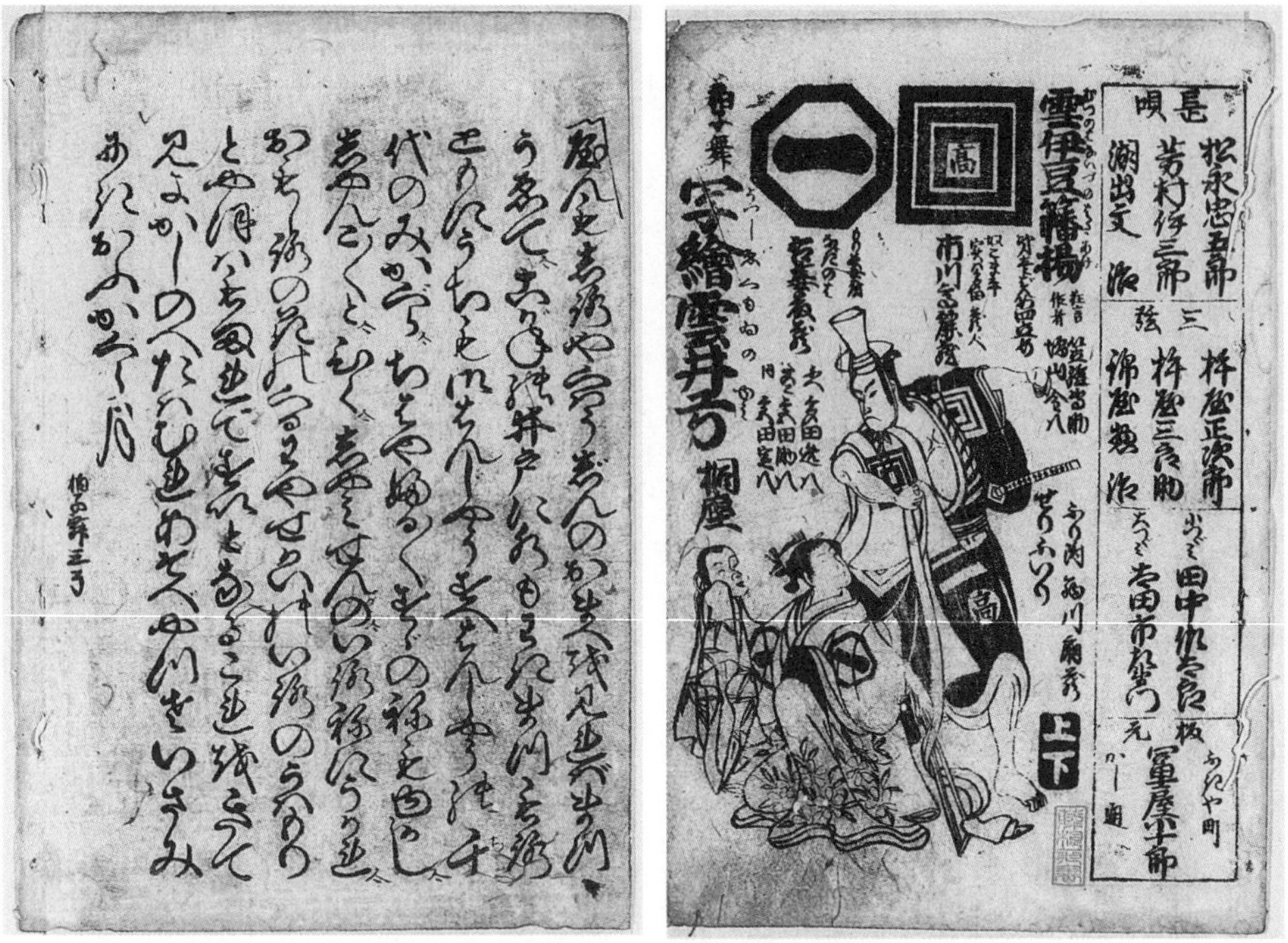

ア　初演時正本・冨士屋小十郎版
国立音楽大学附属図書館所蔵〔1―2―9〕

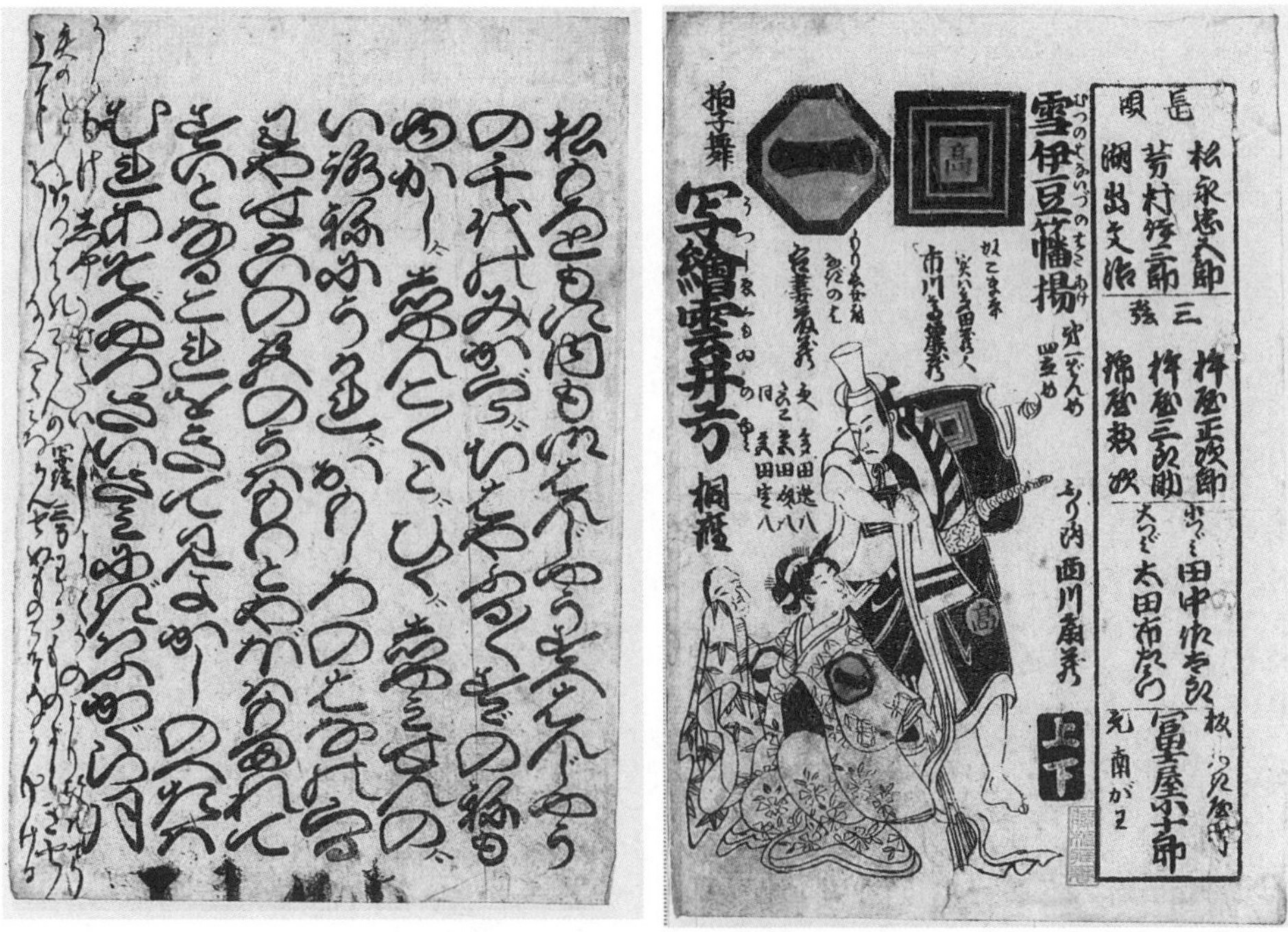

イ　冨士屋小十郎再版
国立音楽大学附属図書館所蔵〔1―2―10〕

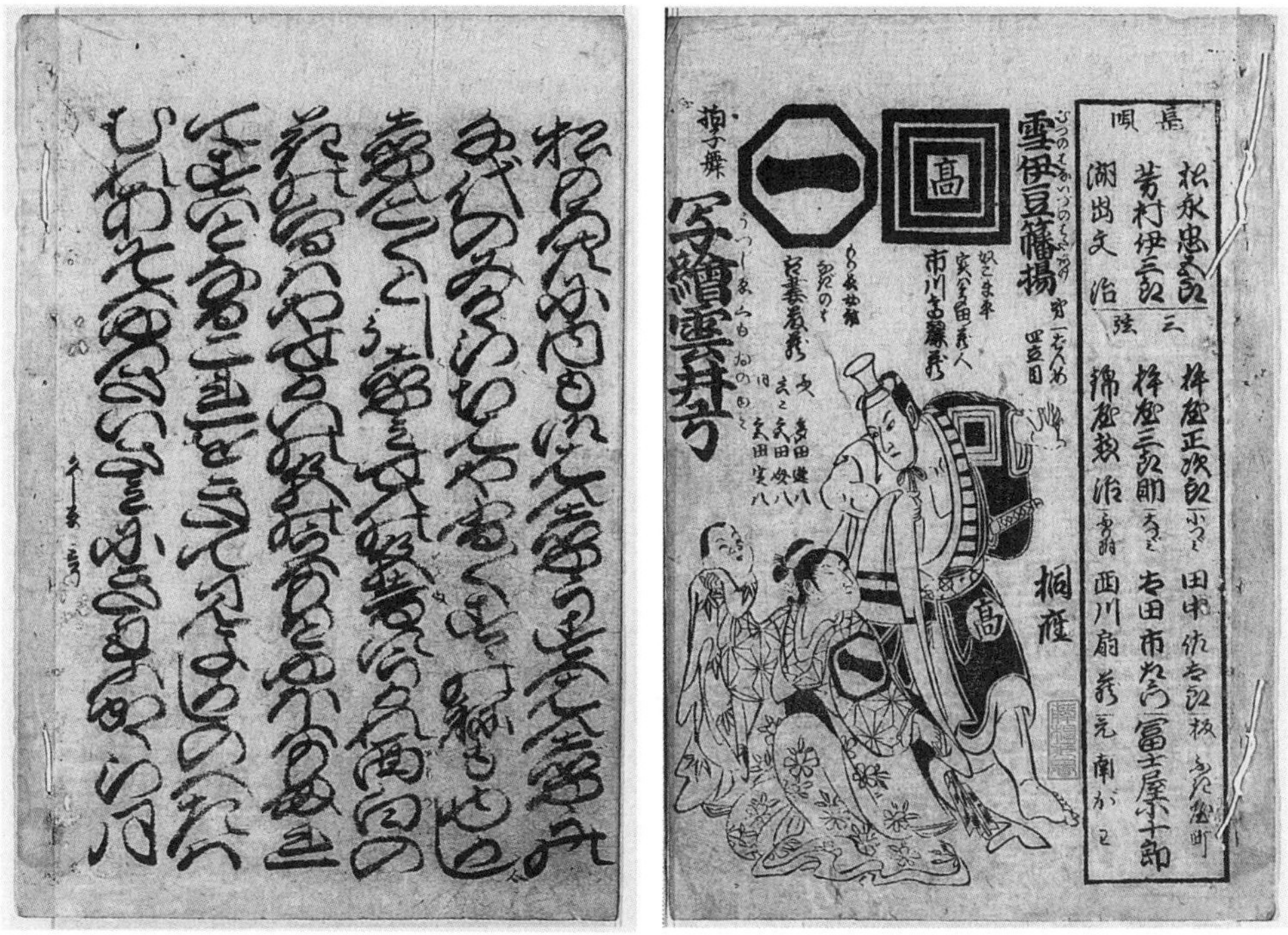

ウ　冨士屋小十郎再版
国立音楽大学附属図書館所蔵〔1―2―11〕

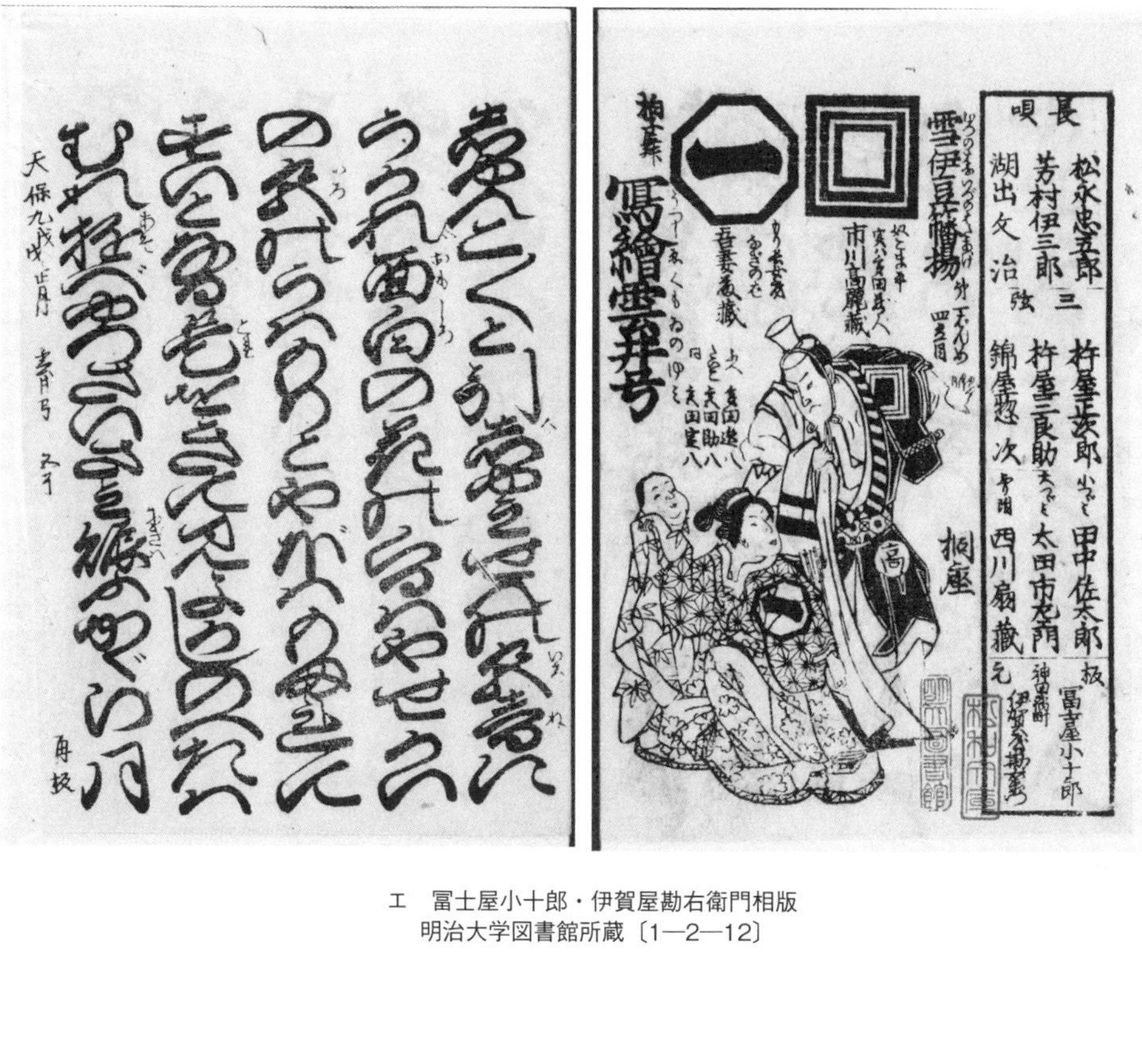

エ　冨士屋小十郎・伊賀屋勘右衛門相版
明治大学図書館所蔵〔1―2―12〕

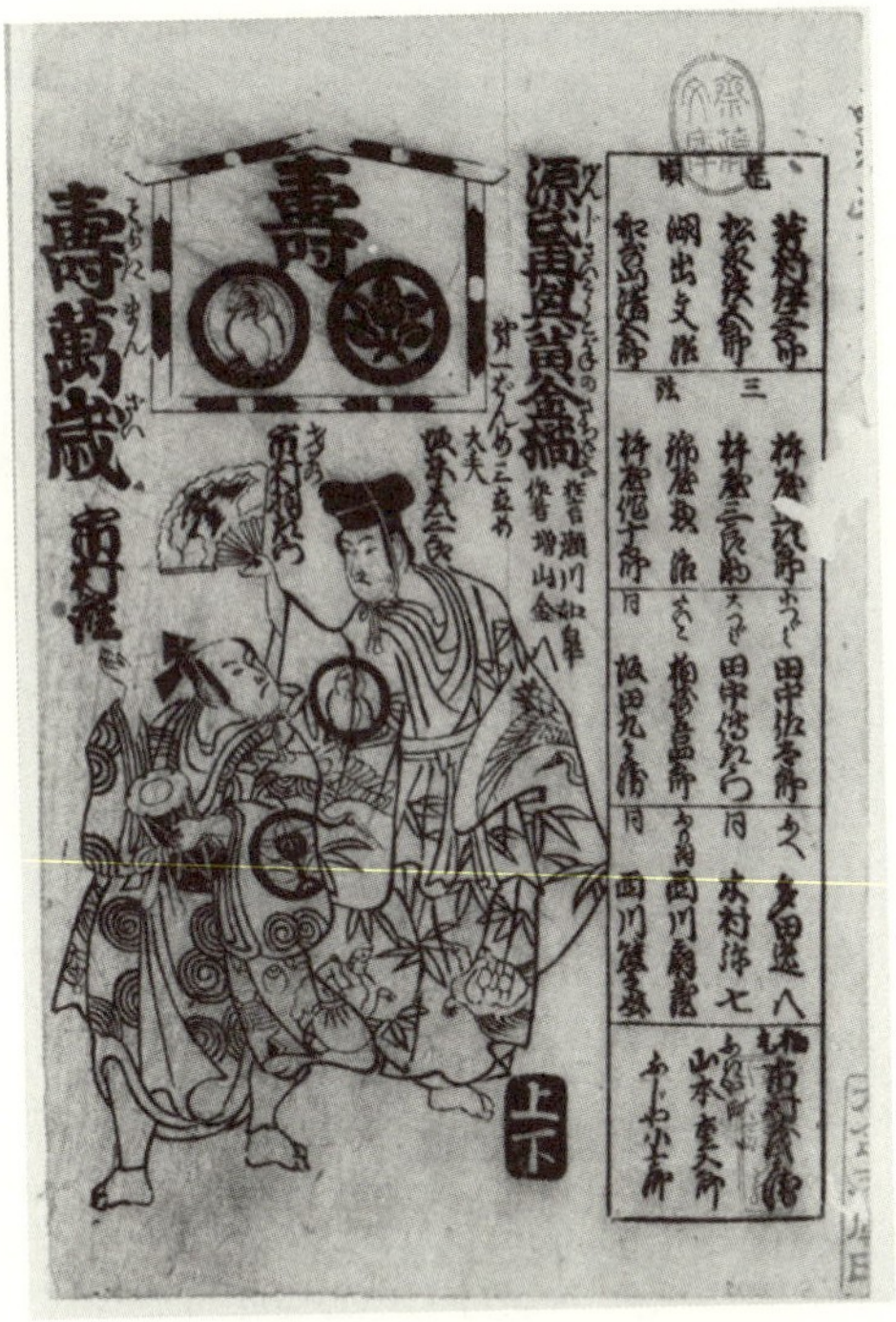

市村茂兵衛他相版『寿万歳』
早稲田大学演劇博物館所蔵〔1—2—13〕

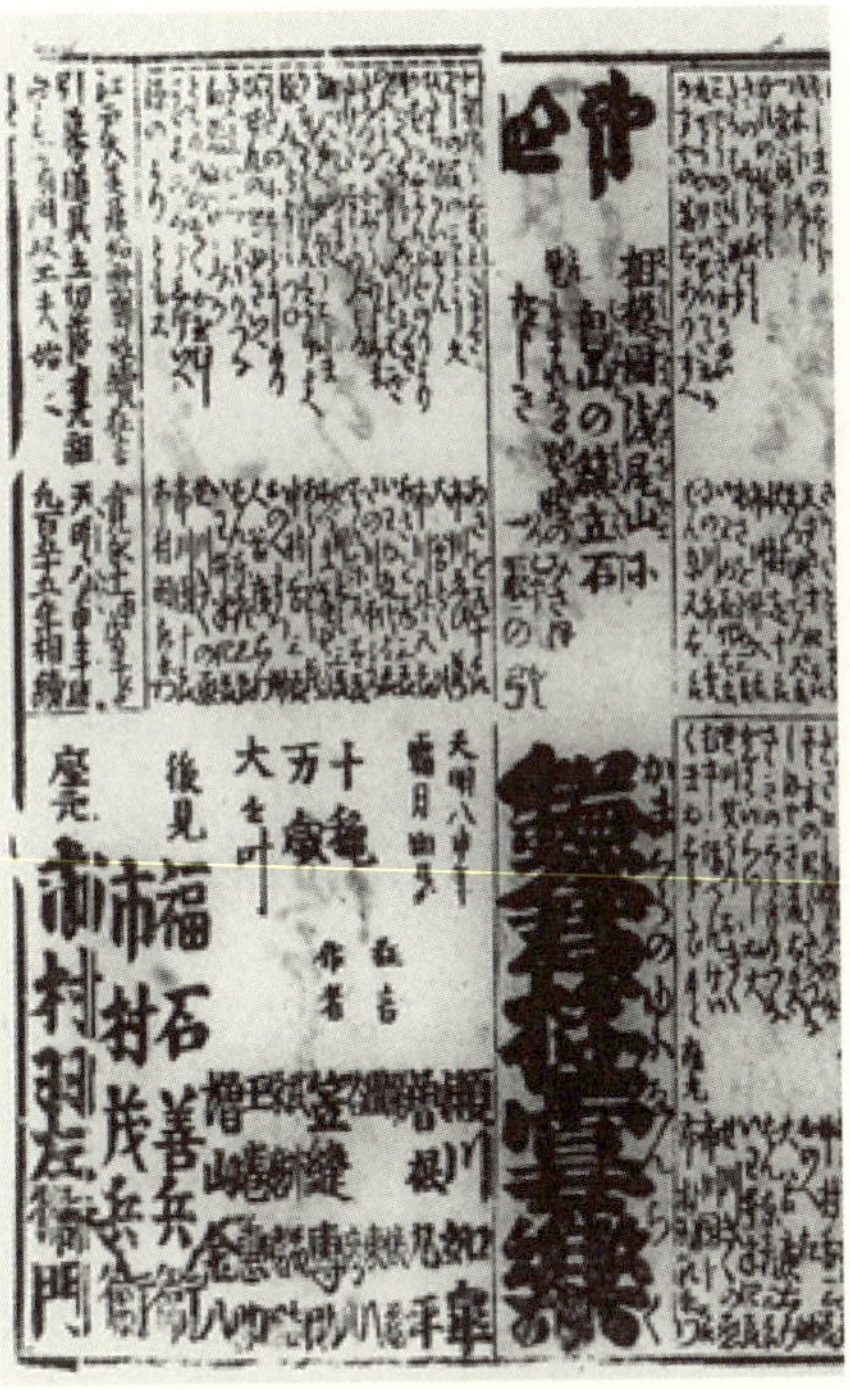

「紋番付け」（『戯曲年浪草』所収）
東京芸術大学附属図書館所蔵〔1—2—14〕

なる。その実例として本頁上段右に天明八年十一月、市村座の櫓再興時に上演された長唄正本「寿万歳《ことぶきまんざい》」の表紙を掲げるが、同図にも見られる通り、同書の版元欄は、市村茂兵衛を筆頭に、山本重五郎と冨士屋小十郎の文字をやや小さく併記するかたちになっている。なお、冨士屋小十郎は天明四年（一七八四）十一月の桐座仮興行の時から引き続き版元に名前を連ねている。

表紙の右側の演奏者連名枠の下段に、市村茂兵衛の名が他の二名より少し大きく記載されている。三升屋二三治の『賀久屋寿々免』三における芝居版元の記述を再度引くと、以下のようになる。

三芝居板元
市村座　番附絵付おふむ石／長うた薄もの　山本重五郎
同　　役者附　福地茂兵衛
（中略）
福地茂兵衛、山本重五郎ハ、名前株持主ゆゑ、住所外名前故相糺さす。爰にしるすのみ。両家とも猿若街二丁目、茶屋也。近年三座とも版下、今の清水正七認る。中頃迄、山本重五郎・高麗屋金三郎、番附を書し事。(10)

ここに書かれる福地茂兵衛は、表Ⅰ242・243頁所収の市村座上演の長唄正本と照合すれば、市村茂兵衛である可能性が高いであろう。(11)

市村茂兵衛は、天明八年（一七八八）十一月の紋番附の終丁裏に座の後見として書かれている。上段左にその紋番付けの終丁部分を載せる。

この市村茂兵衛は、『天明撰用類集《てんめいせんようるいしゅう》　二十八上』の「天明八申年四月廿日」の条に次のように出てくる。

葺屋町狂言座
羽左衛門芝居再興之儀ニ付奉伺候書付／書面伺之通可申渡
旨被仰渡／奉畏候
山科信濃守
柳生主膳正
申五月四日
葺屋町権六店
狂言座
羽左衛門
同町壮右衛門店
羽左衛門伯父
善兵衛
深川元町喜右衛門店
同人従弟
茂兵衛(12)

最後に記載される茂兵衛は、羽左衛門の従兄弟であるようだ。

『東都劇場沿革誌料』下「市村座の部」(13)によれば、座元十代目市村羽左衛門は九代目羽左衛門の子で、初名七十郎、後に二代亀蔵と改め、休座中の天明五年（一七八五）巳年九月には相続して羽左衛門を襲名、天明八年市村座再興時に名弘めをしている。だが、寛政五年（一七九三）八月に市村座は大借財のため休座し十代目羽左衛門は退き十月には隠居して、十一代目には親類の福地茂兵衛の子を養子とし、寛政十二年（一八〇〇）閏四月に相続させている。したがって、福地（市村）茂兵衛は座元に近い有力な親族であることがわかる。

山本重五郎については、年代が下るが『歌舞伎年表』第六巻の嘉永五年（一八五二）の項に掲載されている「嘉永五年子十月、中村、市村、河原崎三座より役者共へ貸金高調書」に「羽左衛門座附／茶屋惣代重五郎」と書かれている。また、『猿若街細鑑《さるわかまちさいかん》』（嘉永六年丑年正月刻）に市村座の隣の三軒目に「山本重五郎はん元」と記されてあり、天保二・三年（一八三一・二）に芝居町が猿若町へ移転した際にも同行している。

市村（福地）善兵衛・茂兵衛親子も茶屋を営んでいたことについては、『東都劇場沿革誌料』下「市村座の部　十一代目市村羽左衛門　寛政十二年より―文政三年迄二十一年間記事」に次のように記載がある。

何文名物の第一なり、何文を福地善兵衛と云ふ、亀蔵、羽左衛門が兄弟にして原庭に住居す、市村家第一の親類にして七代目団十郎妻の親なり、彦三郎家付の親類、帳元引受人して度々興行せり、大の念仏家にて遊行寺抔の世話役にて菊屋善兵衛といふ、弐丁目に料理茶屋弁当の株有て、今も善兵衛にて跡々家業相続して繁昌せり、

三茂兵衛　喜の字屋茂兵衛、市村茂兵衛、帳元今一人は失念せり、何れも名高き人物也(14)

因みに、市村家の七代目から十六代目までの屋号は菊屋である。

福地茂兵衛と山本重五郎は『賀久屋寿々免』に「名前株持主ゆゑ」と書かれてあることから、版行の実務には携わらず、版行の権利（絵草紙株または番附株）のみ有していたと考えられる。

版元が原版を所持し再版を行う版行形態は、天明四年（一七八四）十一月の桐座興行時にすでに起きているが、天明八年の市村座再興時

からは、市村座の長唄正本に、座元に近い親族が版元に名を出すようになっている。ただ、中村座の場合と違って蔵版者を正本に記載することはほとんどなく、市村座の長唄正本に一例見つかるのみである。(15)

(三)　寛政六年十一月桐座

寛政四年（一七九二）十一月の市村座顔見世興行『菊伊達大門《こがねさくだてのおおきど》』は大評判であったが、実際に市ヶ谷で起きた盗賊事件を新狂言に仕組んだ廉《かど》で吟味を受けて停止命令が出たという。そのため、同座は家作代が滞り訴訟を起こされるが、翌寛政五年（一七九三）二月に示談が整った。けれども、その後の七月に『妹背山婦女庭訓《いもせやまおんなていきん》』が出るが、借財のため八月五日に急に舞納め、休座となる。地代金ほか借金が滞ったためで、再び訴訟を起こされ、十一月には地面明け渡しを命じられ、五年間の桐座仮興行が認められる。この間の長唄正本は伝存しない。

表Ⅰ243頁の桐座を見ると、長唄正本は冨士屋小十郎と山本重五郎の相版で出ており、市村茂兵衛の名が抜けるが、桐座の関係者の名は版元に挙がっていない。参考として、『紙屑籠』の「三座元御礼」に次のような記述がある。

> 昔より、三座元、御町奉行所、御町年寄、御三家樽奈良屋北村、年始五節句には、麻上下にて、太夫御礼に出る式礼なり、御奉行様御役替りには、御目見へ仰付られる、町名主同前なり、但、仮櫓座元は無之事、勘三郎、羽左衛門、勘弥、此三人に限る事(16)

これによると、桐座の座元が表立つことはしなかった様子が窺われ、正本にも葺屋町を運営する茶屋の力が反映されている。

なお、寛政九年（一七九七）正月上演の「（めりやす）五大力《ごだいりき》」には、三種の再版が出ている。

(四)　寛政十年十一月の市村座の再々興

表Ⅰ244頁で寛政十年（一七九八）十一月に市村座が再々興された箇所を見ると、正本版元は市村茂兵衛・冨士屋小十郎・山本重五郎の相版となっており、天明八年（一七八八）時と変わりがない。寛政十一年（一七九九）十一月上演の「（狂乱）雪吹《ふぶき》の雛形《ひながた》」では、伊賀屋との相版による再版も出ている。

まとめ

以上、市村座の長唄正本について書誌データをまとめ、考察を加えてきた。ここで中村座の長唄正本の版行形態と共通する点、または、異なる点について整理してみる。

和泉屋権四郎は、役者絵、せりふ・つらね正本・音曲正本、役者評判記など、絵入りの芝居関係の出版物を専門とする地本問屋であったと考えられる。和泉屋権四郎が市村座の専属版元になるのは寛延期（一七四八～五〇）で、中村座よりも早い。和泉屋は市村座で新規の長唄が上演される際に、正本の版行を独占的に行っていることが伝本でも確認できる。

市村座に専属版元が形成されると、その特権的利益に不正参加しようとする出版物も現れる。本屋儀兵衛版と無刊記版である。こうした出版物は興行時の需要に乗じて迅速に作られるものであるから、和泉屋版を版下に用いて版を彫る手っ取り早い手法がとられ、安永末

（一七八〇）頃まで継続して出ている。事実上の重版である本屋儀兵衛版や無刊記版には、座名から「座」の文字を除いたり大名題を省く表記が多く見られる。座名や大名題を正式に載せないのは、それらが無断版行物で公許の興行権を持つ座元を憚ったからではないかと推測される。表Ⅰ230頁あたりから長唄正本に「市村座版元」のほかに「正板元」「正板所」「正銘板元」と記される例が見られるのは、公然と出回る不正出版物に対する和泉屋のせめてもの対抗策であったと考えられよう。こうした本屋儀兵衛版・無刊記版による正本の流用は、中村座の場合にも等しく起きている。

和泉屋権四郎が本屋儀兵衛と相版を組む例は、伝本で二冊のみであった。よって、和泉屋権四郎は重版対策として本屋儀兵衛との相版はとらず、この点には中村座との違いがある。

しかし、天明期（一七八一～八八）になると市村座では借財がかさみ、地代の滞りから訴訟を起こされ、土地の明け渡しを命じられる事態となる。天明四年（一七八四）十一月には桐座へ興行権が移り、これに伴い、長唄正本の版元も和泉屋権四郎から冨士屋小十郎へと交代する。

冨士屋小十郎は水茶屋でもあったらしいが、伝本によると、上演後の長唄の薄物を版行してきている版元である。市村座が和泉屋という地本問屋筋の版元から、芝居町内部者と見られる冨士屋へ版元を切り替えたのは、芝居町内部に長唄正本の版行利益を取り込む目的があったためではないだろうか。表Ⅰでは、冨士屋が桐座の専属版元になると、本屋儀兵衛版・無刊記版が出なくなっている。そして、人気曲は冨士屋が再版を出し、伊賀屋や森田屋が版行する場合は冨士屋と相版を組むかたちが取られている。したがって、桐座の長唄正本自体に冨士屋小十郎を蔵版者とする記載は見つからなくとも、実質的に株板化していると考えられる。

天明八年（一七八八）十一月に市村座が再興されると、上演時の長唄正本は、座元の後見で有力な親族でもある市村茂兵衛と、座付きの芝居茶屋山本重五郎、及び版行の実務を担当したと推測される冨士屋小十郎の相版で出るようになる。市村茂兵衛が主たる蔵版者と推測でき、茶屋惣代として配布の取り次ぎ・販売を統括する山本重五郎は出資者あるいは債権者代表の意味合いで版元に名を連ねていた可能性がある。これにより市村座の長唄正本は蔵版者を版元として記載するかたちになったと言える。

【注】

（1）江戸の義太夫抜本が、大坂方の所有する丸本株に差支えるとして、天保三～四年（一八三二～三）にかけて争われた訴訟記録。その江戸抜本版元側の手控えである。
（2）『続燕石十種』第三巻（中央公論社、一九八〇年）。
（3）『日本庶民文化史料集成』第六巻　歌舞伎（三一書房、一九七九年）。
（4）前掲注（2）。「沢村屋利兵衛」と「和泉屋権四郎／福地茂兵衛冨士屋小十郎」の記載位置に誤りがあると認められる。
（5）前掲注（3）。
（6）『日本随筆大成』第二期十二巻（吉川弘文館、一九七四年）。
（7）武藤純子『初期浮世絵と歌舞伎』（笠間書院、二〇〇五年）所収。
（8）ここに掲出した①から⑥の各本の所蔵は、表Ⅰと対応させて「所蔵一覧」「市村座・桐座の長唄薄物」の「花錦嫩丹前」のところに記載してある。
（9）前掲注（3）
（10）前掲注（3）

(11) 天明八年（一七八八）・寛政元年（一七八九）・寛政三年の新役者附は「板元　市村茂兵衛」とあり、座元の前に「後見　市村茂兵衛」としても名が載る。寛政十年（一七九八）の新役者附は「板元　福地茂兵衛」となっている。いずれも売出所が「ふきや町　山本重五郎」である。すべて早稲田大学演劇博物館蔵の顔見世番付（新役者附）による。

(12) 吉田節子編『続江戸歌舞伎法令集成』（おうふう、一九九七年）。

(13) 『東都劇場沿革誌料』下　歌舞伎選書6（国立劇場芸能調査室編・発行、一九八四年）。福地家は市村家には重縁ある家柄とも書かれている。

(14) 前掲注(12)。

(15) 管見によれば、桐座の長唄正本に蔵版の文字が刻まれている例は見ない。また、市村座の長唄正本で「蔵板」と記されているものは、次の一冊のみである。
天保九年（一八三八）十一月上演の『浪爰須磨濡衣《なみここもすまのぬれぎぬ》』一冊
本文再終丁末に「ふきや町　山本重五郎蔵板」とある。
その部分の図版を次に掲げる。

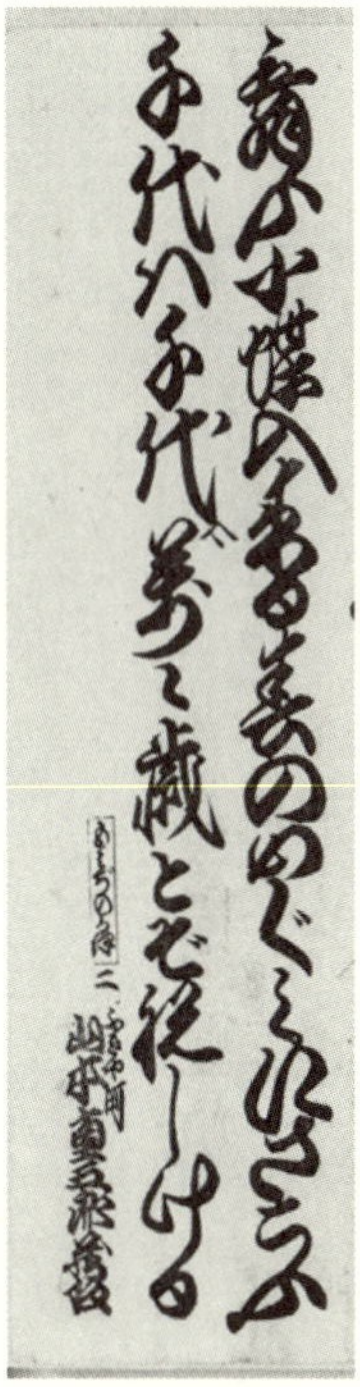

【出典】早稲田大学演劇博物館蔵〔1—2—15〕

(16) 前掲注(2)。

第三章　森田座・河原崎座（享保から享和期）

中村座、市村座に続き、この第三章では森田座とその控え櫓である河原崎座で上演された長唄の薄物について伝本の調査を行い、それらの書誌データをまとめ、これを基に版行形態について考察する。

中村座・市村座（各控櫓を含む）の場合において、長唄正本と本屋儀兵衛版と無刊記版の関係を糸口にして捉えられた正本の株板化の現象が、森田座・河原崎座の薄物においても同様に起きているのか、要するに、長唄正本は江戸の三座で共通した版行の仕組みをとっているのかを検討する。また、森田座・河原崎座の場合に特殊な点があるとすれば、それは何に起因するのか考えてみたい。

すでに得られた版行上の特徴として、次のことが指摘できる。

（1）新作の長唄正本は、当初は役者絵や番付を扱う複数の版元から出されていたが、中村座では宝暦期（一七五一〜六三）、市村座ではより早く享保期（一七一六〜三五）の終わり頃から座と専属関係を結ぶ版元が形成され、初演時の版行を独占するようになる。この専属版元は、正本では奥書に「中村座板元」「市村座板元」として表記される。

（2）長唄正本の異版の中には、特に正本の版面に酷似する版が存在する。それらは、正本を版下に流用して作られていると見られ、本屋儀兵衛版と無刊記版に限られる。これらの版は正本の版元（中村座・市村座の専属版元）と相版のかたちを取っていないため、無断版行物（重版）である可能性が高く、安永中期（一七七六）頃まで継続して版行されている。

（3）長唄正本は、整版（木版）の技法で作られており、丁数も少ないため、複製版は容易に作成できる。本屋儀兵衛版・無刊記版が正本を版下に流用する場合、元版の版元名は必ず削除される。正本には詞章以外に次の内容が記載されている。

・上演情報

　座名、狂言名題（大名題とも言う）

　役名・役者名、演奏者連名など

・作詞者・作曲者（内題下に署名される）

・胡麻点（墨譜）や節付名（文字譜とも言う）

・役者絵と絵師名

・筆耕者（本文末の印・署名による）

・版元名、住所、刊記、奥書など

これらが、正本が流用される際にどのように扱われているか調べてみた。すると、音曲正本にとって重要な要素である胡麻点や文字譜が本屋儀兵衛版・無刊記版で削除されることは殆どなく、一方、絵師名や筆耕者の印は除かれる傾向にある。作者名は特別削除の対象にはなっていない。だが、座名や大名題、本文表記について、次のような特徴的な違いが見つかった。

本屋儀兵衛版や無刊記版の本文では、正本の文字遣いを意図的に変えている場合がある。部分的に漢字を仮名に変え、また、変体仮名を変える細工をするのは、正本の流用が重版行為であることを認識しているからであろう。正本の版元は重版を差し止める手段が無いのである。

本屋儀兵衛版や無刊記版には、座名を削除したり、あるいは「座」の文字を除いて「中村」「市村」とする例が多く見つかり、また、大名題を削除するか不完全に表記する傾向がある。特に公許の櫓主である座元の名を無断で載せることには憚りがあったと考えられる。すでに正本を流用されたことによって、版元の出版の権利は侵害されているのだが、流用する側にも興行権者に対する障りがあって正本との間に一応差別化が図られていたと思われる。

(4)　中村座の長唄正本では、安永期（一七七二～八〇）から座の専属版元が本屋儀兵衛と相版を組むようになり、ようやく重版に対する弁済措置をとれるようになっている。

(5)　天明期（一七八一～八八）には、中村座・市村座の専属版元が入れ代わっており、版行形態も再版・再々版を出すかたちに変化する。それ以前は、長唄正本の版行の権利は、新作の上演時に限られていたと推測される。というのは、専属版元による再版本が伝存しないからである。長唄正本もそれまでは番付と同様の一過報道的な劇場出版物と見なされていたと考えられる。

しかし、天明期に入ると、中村座の正本に「蔵版」と記され明らかに株板化している。音曲正本は観劇用パンフレットとして出されても、上演後に稽古本としての需要が有り、再版性の高い出版商品へと成長していく。それに伴い、座側も経営の悪化から薄物の出版益を取り込むかたちに切り替えたため、版元の交代が起きていると見られる。ゆえに、版元もそれまでの地本問屋系統の者から、中村座では堺町の家主の一人が絵草紙株を取得して専属版元になり、市村座では座の後見を務める親族や芝居茶屋が専属版元になる。

以上の点が、森田座・河原崎座の長唄正本についてもあてはまるのか、検討していく。

なお、木挽町五丁目に位置する森田座・河原崎座は、中村座・市村座に比べて集客には本来不利な立地条件にあった。そのため経営が安定せず、森田座と河原崎座の関係も控櫓《ひかえやぐら》というより、もっと緊密な関係にあったようである。両座のとる紆余曲折の関係を『歌舞伎法令集成』(1)や『撰写録』(2)をもとに辿ってみよう。

森田座は万治三年（一六六〇）御免許芝居取り立て、河原崎座は明暦二年（一六五六）能座として櫓御免新芝居取り立てとそれぞれ書かれているが、寛文八年（一六六八）五月には町奉行嶋田出雲守に出願して、森田勘弥座と便宜上合併して一座となる。元禄二年（一六八九）には両座分離の義を甲斐庄《かいのしょう》飛騨守へ出願、双方示談してこれまで通り一座にて興行すべしと命ぜられるが、このときより片方の座が休座するともう片方へ名代料や、休座の者への渡世金が支払われる取決めとなる[3]。しかし、当初から経営が安定せず、芝居地代の滞りによる訴訟が度々おきている。

中村座の長唄正本の伝本上の最古が享保十六年（一七三一）、市村座のものが享保十八年（一七三三）であるが、その頃の森田座では享保十九年（一七三四）に地代訴訟が起きて土地明け渡しとなり、翌二十年正月からは河原崎座に興行権が移る。このように、中村座・市村座に比べると、かなり早い時期に逼迫した経営上の問題を抱えていることがわかる。十年後の延享元年（一七四四）には河原崎座で地代の未払いと借金がかさみ、芝居が続き難くなって六月に訴訟を起こされて芝居は中止となり、地代の代わりに芝居家作《かさく》は地主へ明け渡すよう命じられている。しかし、元櫓《もとやぐら》の森田勘弥の借金については示談がまとまり、再興願《さいこうねがい》が通って、顔見世興行から森田座再興となる。その後、天明八年（一七八八）九月まで四十五年間、森田座の興行は続く。だが、天明四年（一七八四）には類焼を受け、翌年の芝居普請が遅れたため役者も無人となり、その上、上方から呼んだ役者が遅延してついに興行中止となり、金主から再び訴訟を起こされている（天明期〈一七八一～八八〉には市村座においても桐座への興行権の移譲が起きている）。

森田座・河原崎座の長唄正本は伝本が少なく、特に享保～宝暦中期（一七一六～五六）のものがほとんど見つからないことは、こうした事情によるものと考えられる。森田座・河原崎座の場合は薄物の伝本自体が少ないため、十分な書誌データは得られず、したがって中村座・市村座から得られた版行上の内容を照らし合わせる程度の考察に止まらざるを得ない。しかしその一方で、不安定な経営を抱える故に、座の内部者が早くから長唄正本の版行に関与しており、その点では中村座・市村座を先取りしている面もある。この点についても取り上げて見たい。

また、この第三章で扱う長唄の上演年の下限を寛政期（一七八九～一八〇〇）ではなく享和期（一八〇一～〇三）としたのは、版元小川半助が享和二～三年（一八〇二～〇三）頃に長谷川町から田所町へ移転しているためで、これにより、小川半助版の再版・再々版の先後関係を明かにできる。

一　演劇書における専属版元の記述

ここにおいても、江戸の演劇書の中に座の専属版元に関する記述を求め、以下にその箇所を書き出して見る。

『明和伎鑑』（明和六年〈一七六九〉十月刊）には

三芝居番付板元

森田勘弥芝居　役者附番付やくら下

上るり長哥せりふ等　木挽町五丁目　金井半兵衛

三升屋二三治による著述では、

『紙屑籠』（天保十五年〈一八四四〉十月序文）

○三座番附の板元

森田勘弥

田所丁　小川半助

河原崎権之助
同　　　　　芝神明前丸屋甚八　役者附ばかり
古来より番附株は、其櫓によつて爰にしるす、外に無之、たゞ
し、都座、桐座も元櫓にしたがふ、

『賀久屋寿々免』三（弘化二年〈一八四五〉秋成立）
　三芝居板元
森田座　番付絵本役者附　　田所町
　うすものおふむ石　　　小川半助
　河原崎座とも
河原崎座　役者附　　　芝神明前
　　　　　　　　　　　丸屋甚八

三升屋二三治の記述では、森田座は河原崎座の元櫓と書かれてはおらず、両座は並んで記載されてある。中村座と市村座の控え櫓は『紙屑籠』の「三座番附の板元」に「たゞし、都座、桐座も元櫓にしたがふ」と触れられるのみで、中村座や市村座と列記されてはいない。ここに森田座と河原崎座の関係を読み取ることができる。

『明和伎鑑』の頃には森田座の顔見世番付や辻番付、浄瑠璃正本・長唄正本・せりふ正本などの薄物は金井半兵衛が版元であったと書かれている。後に三升屋二三治の頃になると、森田座・河原崎座の絵本番付や顔見世番付、薄物や鸚鵡石は版元が小川半助に代わり、河原崎座の顔見世番付に限っては丸屋甚八が版元であると記されている。

二　長唄の薄物

書誌調査の結果から、森田座・河原崎座上演の長唄の薄物の版行上の特徴を、中村座・市村座の場合と比較しながら考察する。先にも述べたとおり、森田座・河原崎座の長唄正本は伝本が非常に少ない。作品数（曲数）が少ないだけではなく、流行った曲があまりなかったと見えて異版も少ないのである。享保後期～寛政期（一七二五～一八〇〇）に上演された作品の中で異版が比較的多く存在するのは、次の二曲である。いずれも初版は見つかっていない。

宝暦十三年（一七六三）十一月上演「寒梅箙乱咲《かんばいえびらのみだれ》」
（初版は未見である）
無刊記版が二種
森田屋金蔵版
森田屋金蔵・岩戸屋二軒との相版
山本平吉・和泉屋市兵衛相版

明和九年（一七七二）七月上演の「舞扇名取月《まいおうぎなとりのつき》」
（初版は未見である）
本屋儀兵衛版
無刊記版が二種
清水治兵衛版
冨士屋小十郎版
森田屋金蔵版

森田座・河原崎座の薄物の伝本も、中村座・市村座の場合に準じて、

次のように分けて捉えることができる。

・正本（座の専属版元から版行される初演時正本）

・本屋儀兵衛版・無刊記版（正本が出ると、直ちにこれを模倣して版行したもの。座の専属版元である金井半兵衛の版を流用して作られている場合が多い。）

・上演後年月を経て版行されたもの。主に稽古本目的の版と見られる。金井半兵衛以外の版元が出している。

この第三章においても森田座・河原崎座上演の長唄の薄物の伝本を博捜し、その中に演劇書に書かれる専属版元の版を集め、これを上演順に並べて表にあらわした。また、異版群の中で特に本屋儀兵衛版と無刊記版を抜き出し、表で正本の下にこれらの版の欄を設け整理していった。それが258～263頁に載せた表〈正本に対する本屋儀兵衛と無刊記版の本文関係（森田座・河原崎座）〉表一　河原崎座〈元文4年正月～享和3年11月〉である。表の構成内容は、中村座・市村座の場合と同じである。

最初に専属版元の動向を捉えておこう。まず表一の版元1の欄を見ていくと版元の動きが追える。河原崎座・森田座の長唄正本においても初期の版元に「元浜町いがや」が出てくることは、中村座・市村座の場合と同じである。元浜町の伊賀屋は特定の座に属していないことがわかる。

宝暦十一年（一七六一）と十二年上演の正本は和泉屋権四郎が出している。和泉屋権四郎は享保十九年（一七三四）から市村座の専属版元になっているのだが、森田座の宝暦十二年の三作品の正本の奥書に森田座版元と記し、森田座の専属版元に入っている。しかし、その期間は二、三年と短い。

森田座の次の版元には、宝暦十四年（一七六四）上演の「鐘桜黄昏《かねにさくらたそがれ》姿《すがた》」から金井半兵衛が登場してくる。金井半兵衛は、やや年代が下るが享和三年（一八〇三）刊『芝居年中行事』において、役割看板に関するところに次のように書かれている。

看板の画組ハ狂言方より下絵を出す。（中略）看板の書詰て過ぬよふに書をよしとす。一流也。当時中村座のハ仕切場勘六、俳名を勘亭といふ。世に勘亭流と称す。また中戸屋新八。市村座のハ金井半九郎、則金井三笑の子也。河原崎座のハ金井半兵衛とて何れも当時の能書也。[4]

この記述は寛政二年（一七九〇）十一月に森田座から櫓が河原崎座に移った後の時期に相当する。最後の部分の金井半兵衛は河原崎座の狂言方か、あるいは仕切場の人物かこの文脈でははっきりしないが、能書家と書かれているので長唄正本の草稿（書き抜き）や版下も書いていたのかも知れない。

初代中村仲蔵の『秀鶴日記《しゅうかくにっき》』には、安永年間の三座内の出来事が記されており、そこから座頭・作者・帳元・櫓主（座元）・金主の間の駆け引きや軋轢といった芝居内部の事情を窺うことができる。この書に次のような記載がある。

壬七月三日、相談の上にて、今の半兵衛を帳元に取立申し、森田座は一人も役者なし[5]

この半兵衛を金井半兵衛とみて良いであろうか。『歌舞伎年表』ではこの記事を安永七年（一七七八）のこととしている。この半兵衛は、かなりやり手の人物として描かれている。

表一258頁で明和七年（一七七〇）の「馴初思《なれそめおもい》の矢《や》の根《ね》」と「面影《おもかげ》葵《あおい》上《のうえ》」は版元が金井新兵衛となっているがこの人物についても『秀鶴日記』安永九年（一七八〇）のところに、次のように出てくる人物であろうか。

一、爰に人形座中の芝居表方手代頭、新兵衛と申者あり。去る〳〵年団十郎参り申候顔見世より、森田座へ勤め表かたおく役、はらいかた手代に済み申候一年勤め候、きりやうあるものなり。[6]

半兵衛が六十両を着服したことが知れて、金主側から新兵衛に帳元を替える話が出たため、それに対する新兵衛の言い分が次のよう語られる。

今まで帳元度々かはり申候て、わたくしなく勤め候得ば、はじめもちいていれさせ候てよきほどにいとま遣し申候、前々ゟ長七、六郎兵衛、弥兵衛帳元いたし申候所に、又々半兵衛いれ申候なり。[7]

以前から帳元の入れ替えが度々あったらしく、経営が少し上向いたところで、なぜか半兵衛がまた帳元に返り咲く様子が窺える。それでも、その後新兵衛は森田座の帳元となったもようで、『歌舞伎年表』ではそれを安永九年（一七八〇）のこととしている。

表一では明和九年（一七七二）から再び半兵衛が長唄正本の版元になっており、天明二年（一七八二）三月上演の「京偶昔絵容《きょうにんぎょうむかしえすがた》」正本まで続く。金井半兵衛や新兵衛というのは、金井三笑の門下と見てよいのであろうか、ともかく安永期（一七七二～八〇）には帳元を勤める者が、明和期（一七六四～七一）に長唄正本の版元として名を出している可能性がある。

長唄の作詞は立三味線の職掌とされるが、狂言の筋に関わる場合には狂言作者が担当していたと『三座例遺誌』に記されている。[8]したがって、狂言作者の配下にあって仕切り場に詰め、かつ能書家である者が新作の長唄の清書稿を作成したり、彫師や摺師を雇う版元との対応に当たったと考えられる。したがって、そこに長唄正本の株を入手する才覚が働いても不思議はない。けれども、宝暦期（一七五一～六五）と言えば、松島庄五郎、松尾五郎次、坂田仙四郎、冨士田吉次といった唄方が輩出して長唄の盛期を迎えていた頃である。おそらく長唄正本の版行部数も飛躍的に伸びていたと思われるが、中村座・市村座ではこの時期に帳元が長唄正本の版元に名を出すことは起きていない。それまで数度にわたる地代訴訟と借金の示談交渉を経てきている森田座では、金策に携わる帳元が長唄正本の出版益をとりこむ方策をすでにとっていたのであろう。

市村座の専属版元でもある和泉屋権四郎を、森田座でも一旦は専属版元に入れるのだが、二、三年で帳元、あるいはそれに準じる座の内部者が版元を兼ねるかたちに切り替えたと見られる。そうした権益に目敏いところは、『秀鶴日記』における半兵衛像と合致する。だが、金井半兵衛は版元に名を出しても、版行の実務はおそらく相版元あるいは売所として版元欄に記載される伊勢屋吉十郎・大坂屋喜右衛門・上村吉右衛門等地本問屋が担当したと推測される。

浅草の伊勢屋吉十郎は長唄詞章集『女里弥寿《めりやす》豊年蔵《ほうねんぐら》』を宝暦七年（一七五七）正月に版行しており、河東節正本・詞章集、細見を出している版元である。

表一で、明和七年（一七七〇）正月上演の「馴初思の矢の根」から版元は、「木挽町三丁目　金井新兵衛」単独になっている。しかし、

明和九年（一七七二）正月から版元は再び金井半兵衛になり、芝神明前の上村吉右衛門を売所とする。

上村吉右衛門は屋号を江見屋と言い、享保初期から紅絵・丹絵・漆絵などの役者絵細判を出している版元で(9)、河東節などの江戸浄瑠璃正本や赤本も版行している。

江見屋は、表一259頁の安永二年（一七七三）十一月上演「乱菊稚釣《らんぎくおさなつり》狐《ぎつね》」の奥書に「森田座正銘売所　芝神明前　江見屋正」と記し、同月の「色見艸相生丹前《いろみぐさあいおいたんぜん》」では表紙では売所としながらも奥書には「森田座正本所　江見屋正」と入れている。安永三年（一七七四）八月上演の「（めりやす）露配《つゆくばり》」では表紙に「正」と載せ、さらに、安永四年（一七七五）正月上演の「（めりやす）わか艸《くさ》」では、表紙の表記を売所から相版元に変えていることから、上村の立場が次第に強くなっていることが窺われる。おそらく金井半兵衛は森田座の上演情報を提供し、上村が版行業務を引き受けていたのであろう。安永五年（一七七六）正月上演の「名大磯細見風流《なはおおいそさいけんふうりゅう》」正本では表紙は相版で「正」を載せた表記であるが、奥書には「森田座長唄正銘板元金井半兵衛」として金井半兵衛の立場を上位に示している。だが、七月上演の「色見草月盞《いろみぐさつきのさかずき》」の奥書では江見屋が「森田座正本板元売所」となっており、多少の揺れは見られながらも、表記の上では江見屋が金井半兵衛と対等の相版元であることを主張していく状態が読み取れる。江見屋は座に情報提供料を出し、版行の経費も負担していたのではないだろうか。

江見屋は錦絵の多色摺りと見当の創案をした版元である。宝暦十一～十二年（一七六一～六二）の版元和泉屋権四郎も紅絵の創案を行ってきている。これらの版元は役者絵や芝居絵を中心に、それを上演情報と共に番付類やせりふ正本・音曲正本に取り込む地本の製作工房兼版元といった存在であろう。森田座においても寛政期前にはこうした版元の手によって長唄正本が版行されていたのである。

三　正本の流用

次に表二の本屋儀兵衛版と無刊記版の欄を258頁から見ていくことにする。宝暦～安永期（一七五一～八〇）に森田座で上演された長唄については、正本と並行して本屋儀兵衛版と無刊記版がやはり出ている。中村座や市村座の場合ほど連続して版行されているわけではないが、それに近い状況は見てとれるであろう。森田座の場合においても正本に酷似する版は、本屋儀兵衛と無刊記版にしか見つからない。したがって、ここでも正本の版面を版下に流用する際に、本屋儀兵衛版・無刊記版では正本上のさまざまな記載内容がどのように扱われているのか、本文と表紙に分けて調べて見る。

（一）正本と異版の本文

初版（初演時正本）と本屋儀兵衛版・無刊記版の本文の版面を比較し、258頁の表一に記載する。森田座の場合においても、初演時正本を版下に流用する手法は本屋儀兵衛と無刊記版にのみ見られる。

表一の本屋儀兵衛版と無刊記版の欄に版面の関係を、中村座・市村座の場合と同じ方法によって表すことにする。

A1　元版をそのまま版下に用いて被せ彫りしている。

A2　全体として元版を版下にして被せ彫りしているのだが、漢字や仮名を意図的に入れ替えている箇所がある。

A３　元版を参考にして版下を作り直している。元版との関係が意匠的に認められる場合である。

別版　元版にとらわれることなく版下を作っている。

森田座・河原崎座の場合には、版面の関係を比較できるケースが十例ほどになるが、それでもA１が五例存在する。そのうち、、明和八年（一七七一）九月上演の「菊八重七人化粧《きくはやえしちにんげしょう》」本屋儀兵衛版は、磯田屋版を被せ彫りしたものであるが、磯田屋の薄物はこの一冊しか残らず、正本版元ではないようである。

次の71頁に掲げる図版は、安永元年（一七七二）十一月上演の「雪《ゆきの》花縁狩衣《はなゆかりのかりぎぬ》」の表紙と本文初丁表・終丁裏である。上段の金井半兵衛・上村吉右衛門相版と、下段の江戸橋四日市本屋儀兵衛版を比較すると、本屋儀兵衛版の本文は金井半兵衛相版を元版としたA１の関係にある。また、下段では本文末の筆耕印（米山鼎峨の印）が除かれている。

また、72頁には安永六年（一七七七）正月上演の「（琴歌）廻逢世《めぐりあうよ》」金井半兵衛相版と無刊記版Ⅱ種について表紙と本文初丁表・終丁裏を掲げた。

下段の無刊記版Ⅱ種の本文は金井半兵衛相版を版下に用いているが、次の文字について違いが見つかる。

初丁表の最初の行の最後の二文字「禮耳」→「礼尓」

最終行の三字目「幾」→「起」

終丁裏三行目の九字目「瀬」→「勢」

金井半兵衛相版を版下に使う際に、意図的に文字を261頁に記載してある。中村座・市村座の場合と同様の手法を取っており、音曲本の重要な要素である胡麻点と文字譜がそのまま流用されている。

筆耕者は本文末に「鼎峨」と入る。表一でA１の本屋儀兵衛版・無刊記版において筆耕者名は除かれている。なお、安永五年（一七七六）七月上演の「色見草月盞」金井半兵衛・上村吉右衛門相版の本文末には、「正本清書（印）」と鼎峨印が入っている。

（二）正本と異版の表紙

絵表紙についても、金井半兵衛相版と本屋儀兵衛版・無刊記版がどのような関係にあるのか調べ、264・265頁に表二〈正本に対する本屋儀兵衛版・無刊記版の表紙の関係、及び大名題・座名の記載の比較（森田座・河原崎座）〉〈宝暦13年11月〜安永6年正月〉として示している。表紙の版面の識別方法は、中村座・市村座の場合と同じである。

表紙A１　金井半兵衛相版を元版とし、表紙をそのまま版下に用いている。ただし、元版の版元名・住所は除かれる。

表紙A２　金井半兵衛相版を元版とするが、部分的に改変したり省略を加えている。

表紙A３　版下を作り直しているのだが、元版である金井半兵衛相版との意匠的関係が明かなもの。

表紙別版　金井半兵衛相版の意匠にとらわれることなく版下を作り直している。

このように表紙全体を元版から流用する場合のほかに、絵あるいは絵の輪郭だけをとる場合もあり、その場合は絵A１〜A３と表記している。表紙から特に大名題と座名、絵師名を抜き出して、正本と本屋儀兵衛版・無刊記版の表記を比較している。なお、この表二は、本屋

「雪花縁狩衣」表紙（右）と本文初丁表（中央）と終丁裏（左）

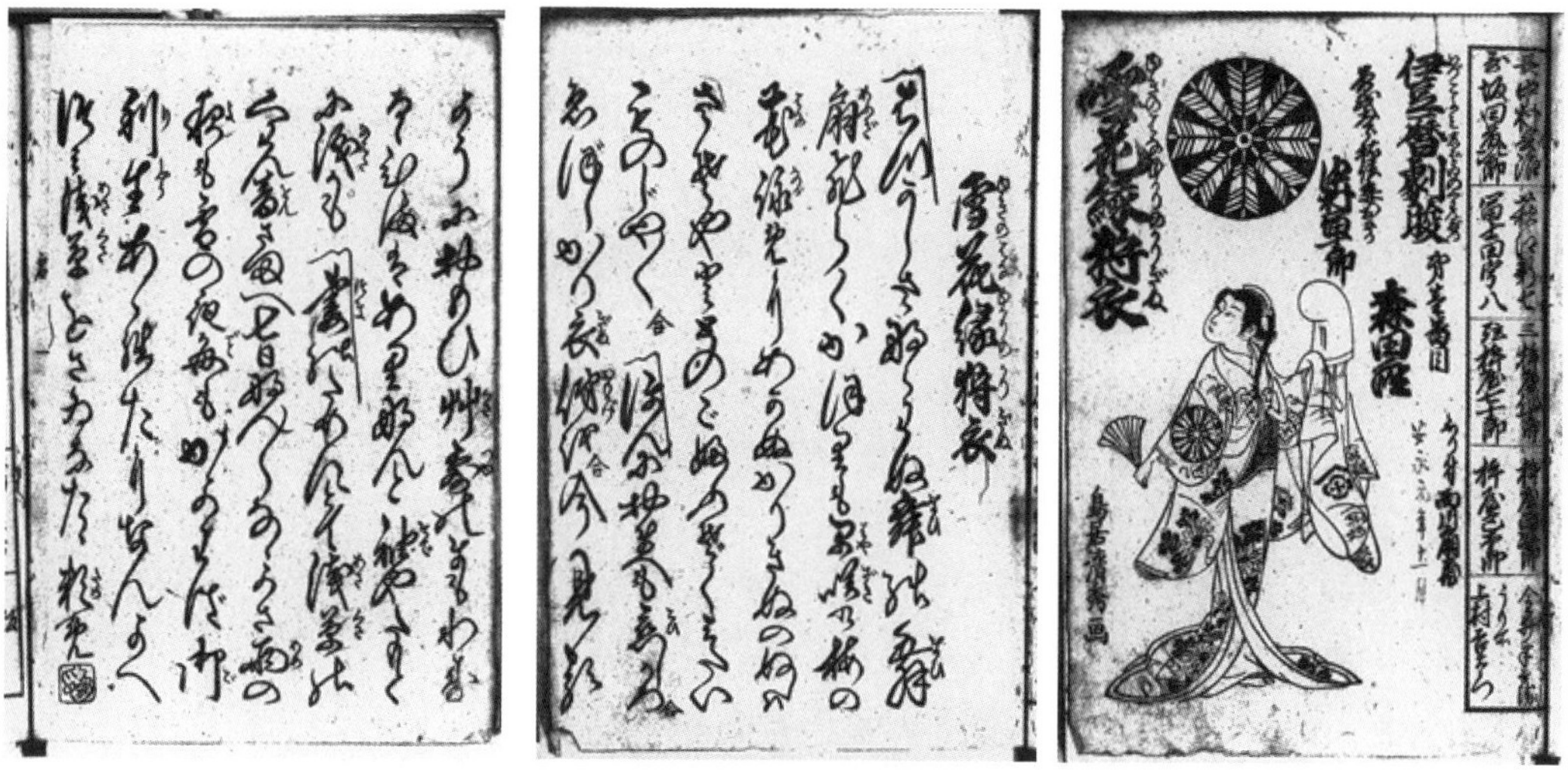

金井半兵衛・上村吉右衛門相版
東京芸術大学附属図書館所蔵〔1―3―1〕

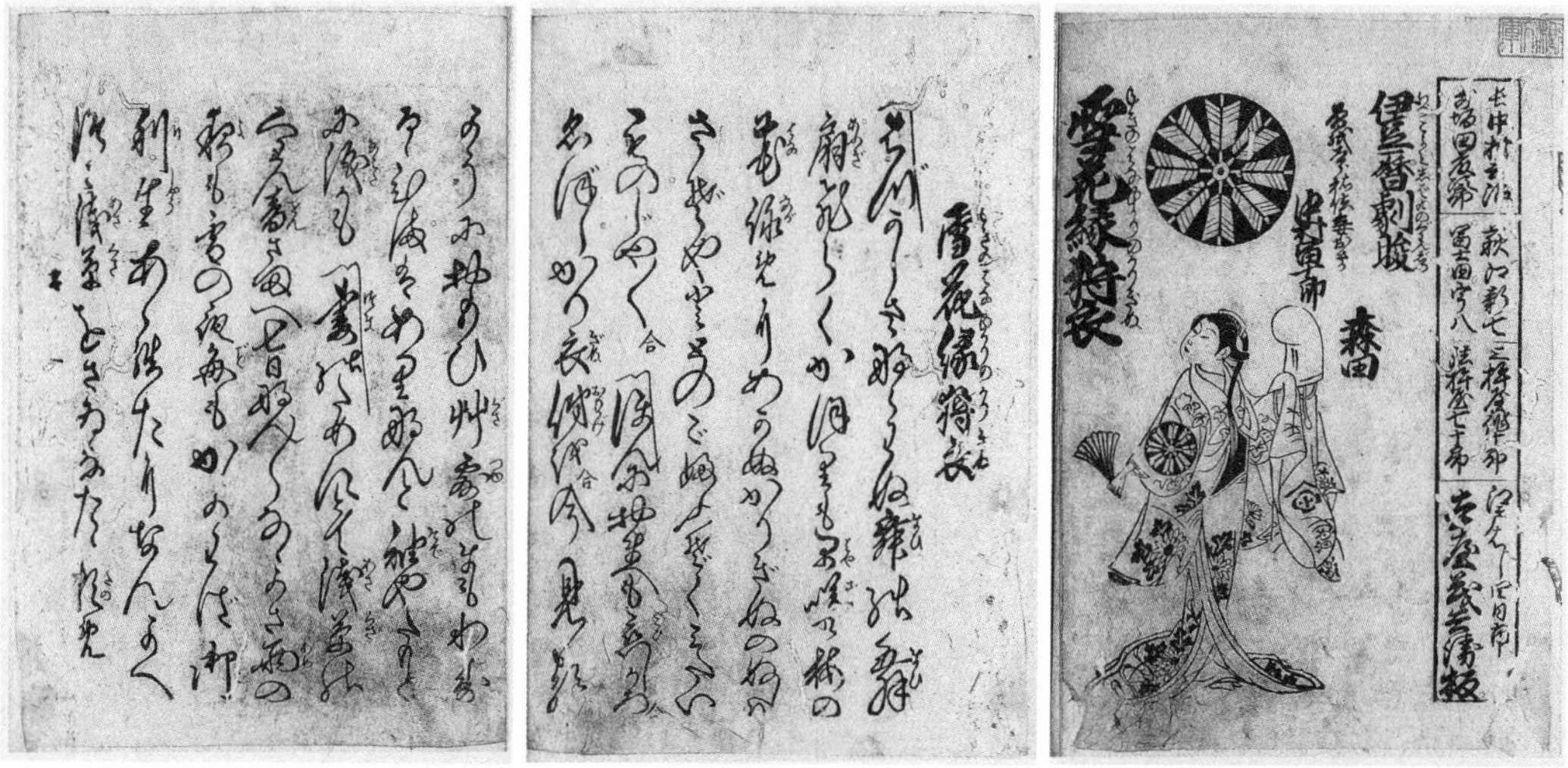

本屋儀兵衛版
国立音楽大学附属図書館所蔵〔1―3―2〕

「(琴歌)廻逢世」　表紙（右）と本文初丁表（中央と）終丁裏（左）

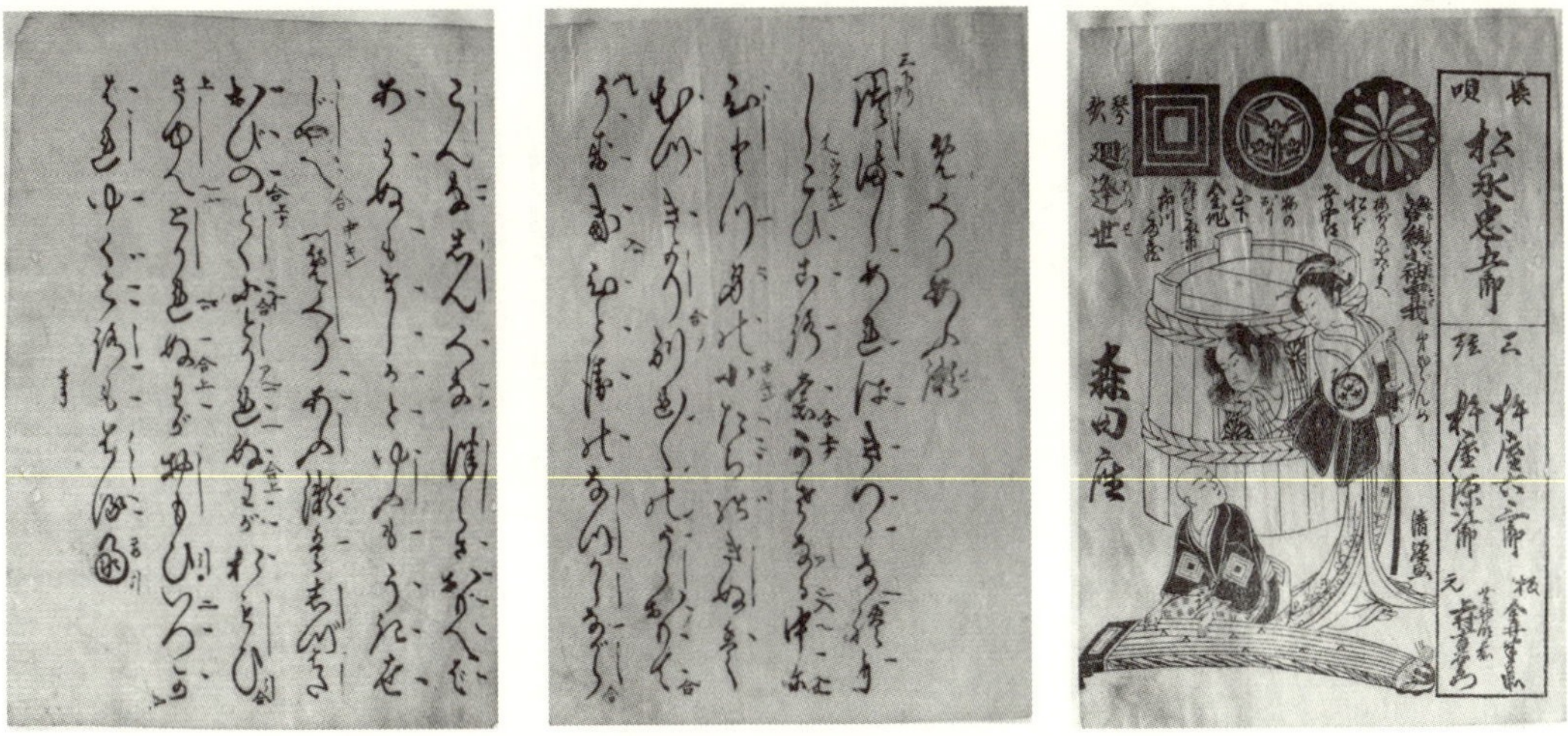

金井半兵衛相版
日吉小三八氏所蔵〔1—3—3〕

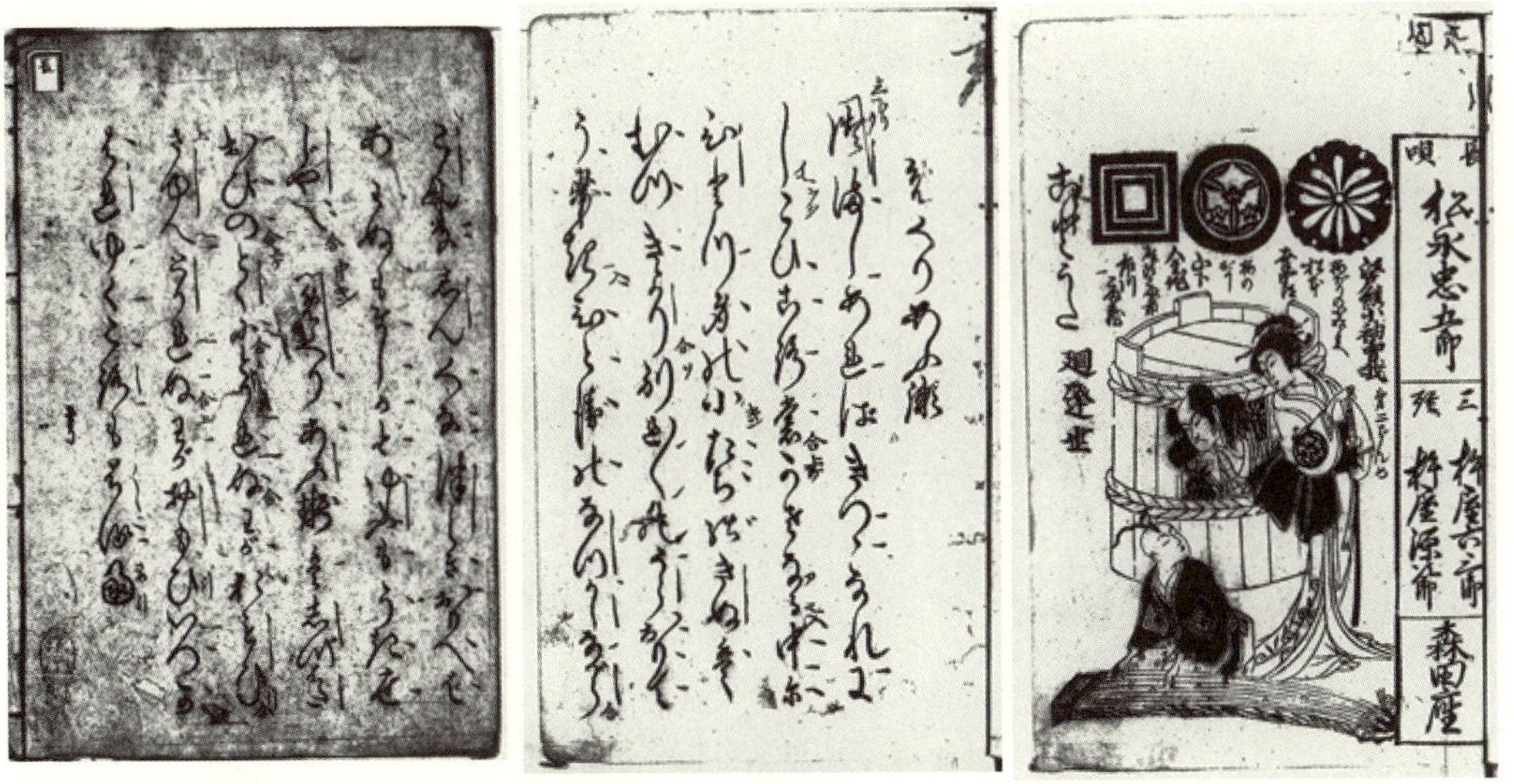

無刊記版
東京芸術大学附属図書館所蔵〔1—3—4〕

儀兵衛版、あるいは無刊記版の伝存する場合を掲出している。本屋儀兵衛版と無刊記版の欄の一行目には初版の版面との関係を載せ、二行目には大名題、三行目には座名を載せている。この表二を見ると、表紙には金井半兵衛相版をそのまま版下に用いるより、表紙A2の手法が多い。大名題は削除するか、場立て部分を省略しており、座名では「座」を除き「森田」とする例が多いのは、中村座・市村座の場合と同じである。71頁に掲載した安永元年（一七七二）十一月の「雪花《ゆきのはな》縁狩衣《ゆかりのかりぎぬ》」の表紙においても、本屋儀兵衛版では、「第壱番目」と「座」の文字を削除し、振り付け師と絵師の名、及び上から四列目の演奏者連名も除かれている。

四　本屋儀兵衛との相版

表一で見ると、安永七年（一七七八）から金井半兵衛は本屋儀兵衛と相版を組むようになることがわかる。中村座の長唄正本においては安永六年十一月のめりやす正本から、村山源兵衛が本屋儀兵衛と相版を組んでおり、ほぼ時期が一致する。しかし、森田座の場合は、金井半兵衛版に並行して本屋儀兵衛版や無刊記版がそれほど出ているわけではない。おそらく偽版を出すほどの需要が無かったのであろう。上村が正本の版行から手を引いたため、本屋儀兵衛を相版元にした可能性がある。と言うのは、この相版元の交代が、『歌舞伎年表』第四巻に「〔森田座は安永六年十一月の〕顔見世興行不入につき、〔翌年の〕春狂言出来かね、正月休み。二月十五日初日」と書かれている時期と重なるからである。

その後、中村仲蔵を座頭に迎えて一旦繁昌するが、やがて仲蔵と帳元半兵衛、金主の間で内紛がおき、経営が思わしくなくなる。さらに森田座は天明四年（一七八四）十二月二十六日に類焼をうけ、翌年二月に再築にかかり六月二十六日に櫓を上げるが、普請が遅れ役者も無人となり、ついに普請中止となり、金主から訴訟を起こされる。それが天明六年（一七八六）五月にまで及んでいる。寛政元年（一七八九）三月には地代の滞りにより、木挽町五丁目の家主等から再び地立《じたて》の出入りを起こされ、十一月には山村信濃守から土地明け渡しを命じられている。こうした事情が、相版元を替える原因になっていると思われる。

なお、安永七年七月上演の「待夜枝折傘《まつよのしおりがさ》」の相版元千本藤七は、役者評判記を出している版元である。

五　小川半助による再版

寛政元年に森田座が休座となり、五カ年の約定により河原崎座の仮興行と決まったところに、寛政二年（一七九〇）に森田勘弥が葺屋町河岸通にての芝居引き移し興行を願い出たために揉め事となり、ようやく示談が行き届き、遅れて十一月から河原崎座の顔見世興行となる。長唄正本の伝存状態にもこうした事情が反映されて、表一で天明二年（一七八二）三月森田座上演の長唄正本「京偶昔絵容《きょうにんぎょうむかしえすがた》」から伝本が途切れ、次は寛政三年（一七九一）十一月河原崎座上演「初舞台花《はつぶたいはな》の丹前《たんぜん》」となる。河原崎座興行となってから、専属版元も長谷川町小川半助に替わることは、65頁の三升屋二三治の記述と一致する。

小川半助の最古の記録は、管見によれば元文四年（一七三九）の河原崎座顔見世番付で、「新和泉丁　はんもと　小川伴助」とある。(10)　次が寛保二年（一七四二）九月河原崎座上演の『忠信《ちゅうしん》いろは文字《もんじ》』の役割番付である。次にその役割番付の終丁裏の後半部分を掲出する。

枠外の左側下に「板元いつみ丁　小川伴助」とあり、寛政三年の長唄正本より約五十年前に河原崎座の番付を出していることがわかる。

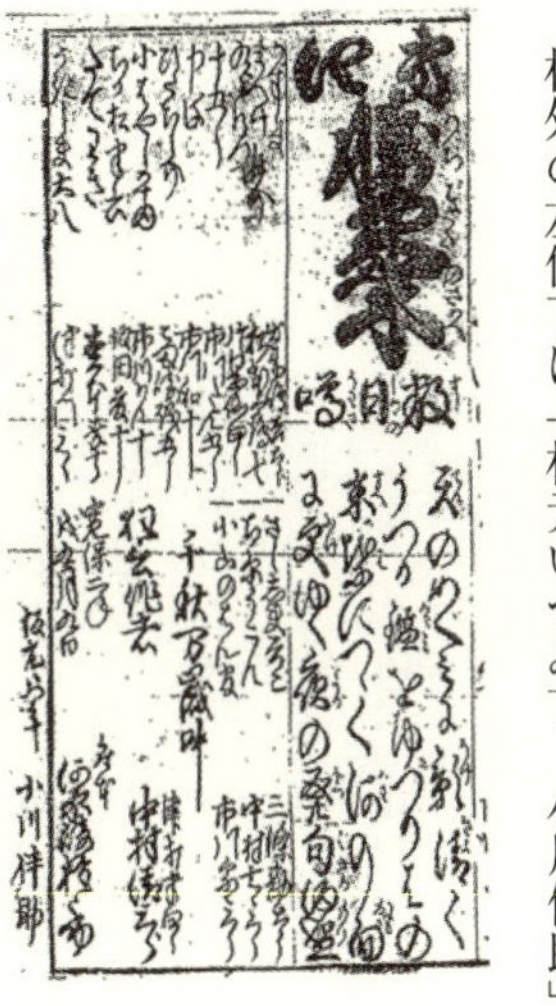

『忠信いろは文字』
役割番付
（『享保天明江戸
三芝居紋番附』所収）
国立国会図書館所蔵
〔1—3—5〕

金井半兵衛から小川半助に版元が替わる寛政初期には、中村座においても堺町の家主のひとりである沢村屋利兵衛に、市村座においては座元の後見をつとめる親族市村茂兵衛に、長唄正本の版元が交代する。小川半助がどのような版元であるのか、また、河原崎座との関係ついては不明である。

表一冒頭から寛政期（一七八九〜一八〇〇）以降を見ていくと、本屋儀兵衛版や無刊記版が消え、寛政四年（一七九二）十一月上演の「花車岩井扇《はなぐるまいわいおうぎ》」や寛政五年八月上演の「月顔最中名取種《つきのかおもなかのなとりぐさ》」のようなヒット曲では、座の専属版元小川半助が初版以外に再版をも出していることがわかる。「花車岩井扇」では小川半助による再版が七種確認できる。一方、金井半兵衛には再版の伝本が存在せず、寛政期の河原崎座の長唄正本には、版行の形態に変化が起きている。

「月顔最中名取種」を例にとり具体的に示そう。「月顔最中名取種」は、『姫小松《ひめこまつ》子日《ねのひ》の遊《あそび》』の第一番目三立目に上演された長唄曲であり、伝本は表一262頁に記載したように四種に分類できる。次の75〜76頁にア〜エとして各本の表紙と本文終丁裏部分を載せる。アが初版で、寛政五年八月の初演時正本となる。版元は「はせ川丁　小川半助」である。イとウとエは、小川半助が田所町に移転してから出された再版である。特にエの本文末には、「弘化三年ノ八月　再板」と刊記が入るが、表紙には初演時の大名題や役者名・演奏者名が載っている。

森田座では他座よりも早く、明和期（一七六四〜七一）から座の内部者金井半兵衛が版元となっている。だが、再版を出している形跡がないことから、版行の権利は初版のみ、あるいは初演時に関するものであったと考えられる。しかし、寛政期に現れる小川半助は再版を行っている。なお、小川半助が正本に蔵版者として表記される例は、管見によれば安政三年（一八五六）十一月森田座上演の正本「（めりやす）時雨《しぐれ》の紅葉《もみじ》」と「（唄上るり）縁糸《えにしのいと》調《しらべ》笛竹《のふえたけ》」のみである。(11)　だが、事実上原版を所有して再版を行うかたちを取っている。

以後、寛政十年（一七九八）に再び森田座へ興行権が戻るが、寛政十二年（一八〇〇）にはまた河原崎座に移る。ただ、版元は小川半助に定まっているようである。なお、小川半助は享和二・三年（一八〇二・三）頃に田所町に移転している。また、明治三年六月守田座上演の「好音魁紫紀花轜《よいこえかけやれしきのはなだし》」に取材した役者絵『左団次の頼光』(12)　には「小川半助　猿若町三丁目」と刻入されてある。

「月顔最中名取種」の諸本　表紙（右）と本文終丁裏（左）

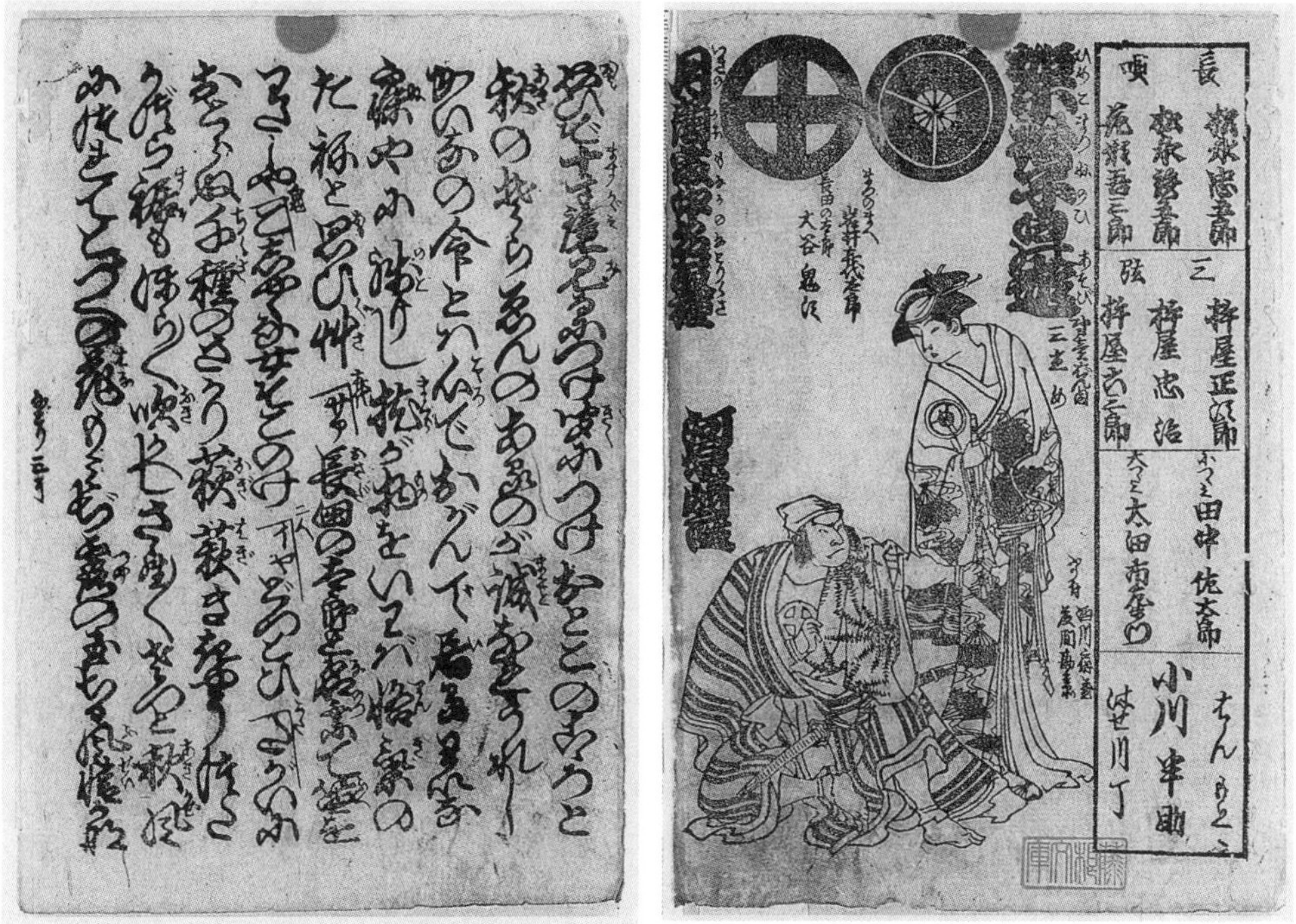

ア　初演時正本・小川半助版
国立音楽大学附属図書館所蔵〔1—3—6〕

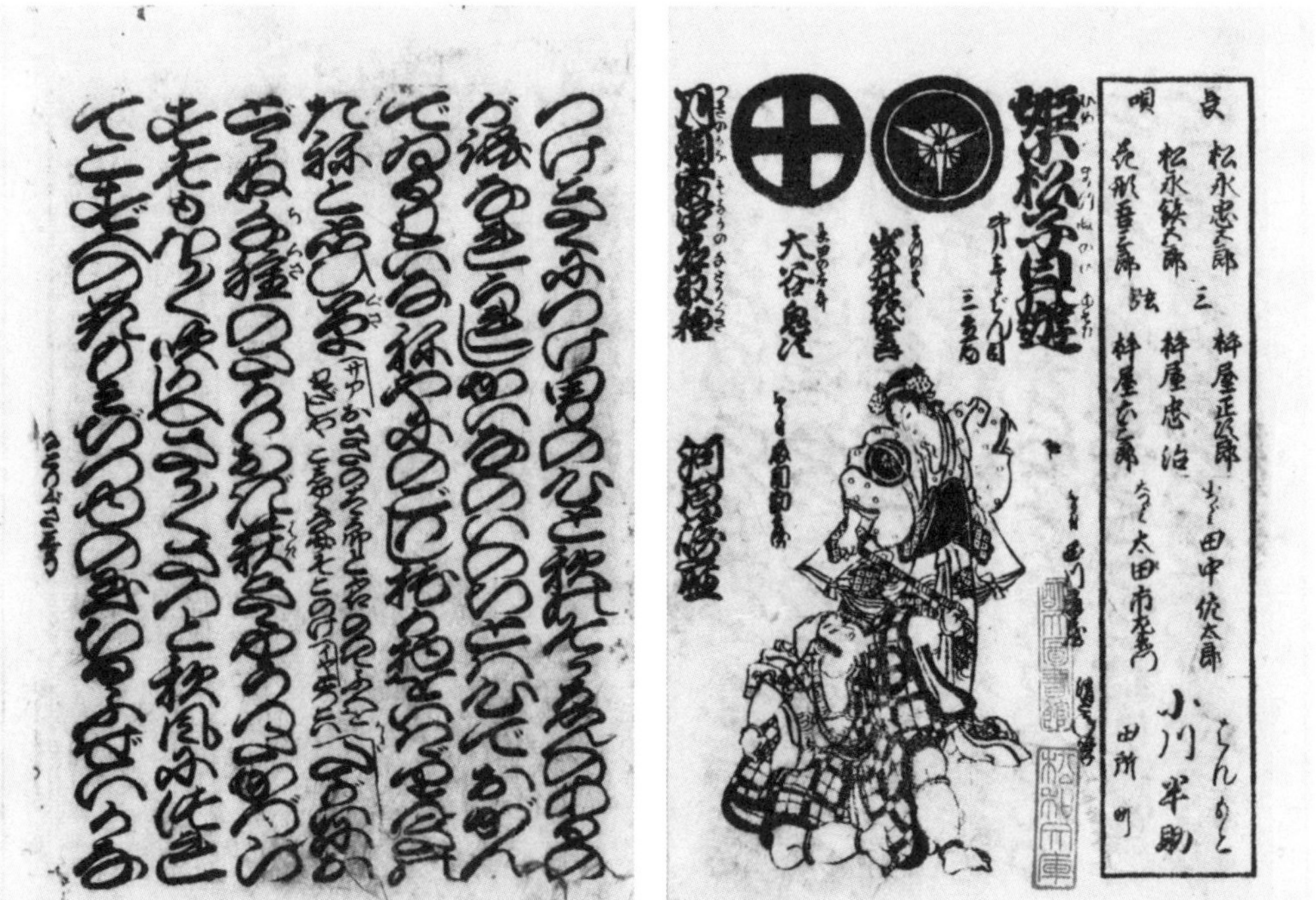

イ　小川半助再版
明治大学図書館本〔1—3—7〕

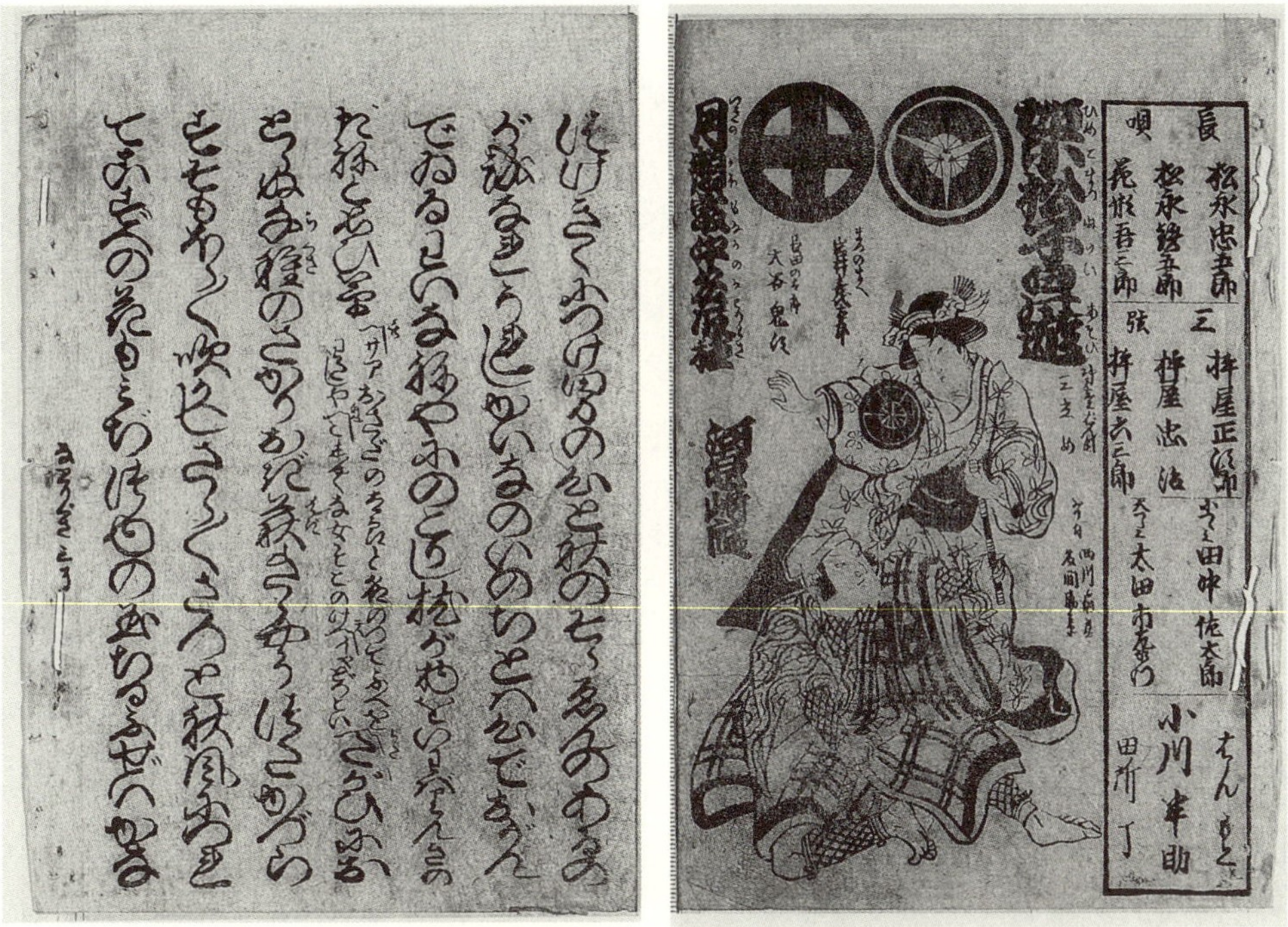

ウ　小川半助再版
国立音楽大学附属図書館所蔵〔1―3―8〕

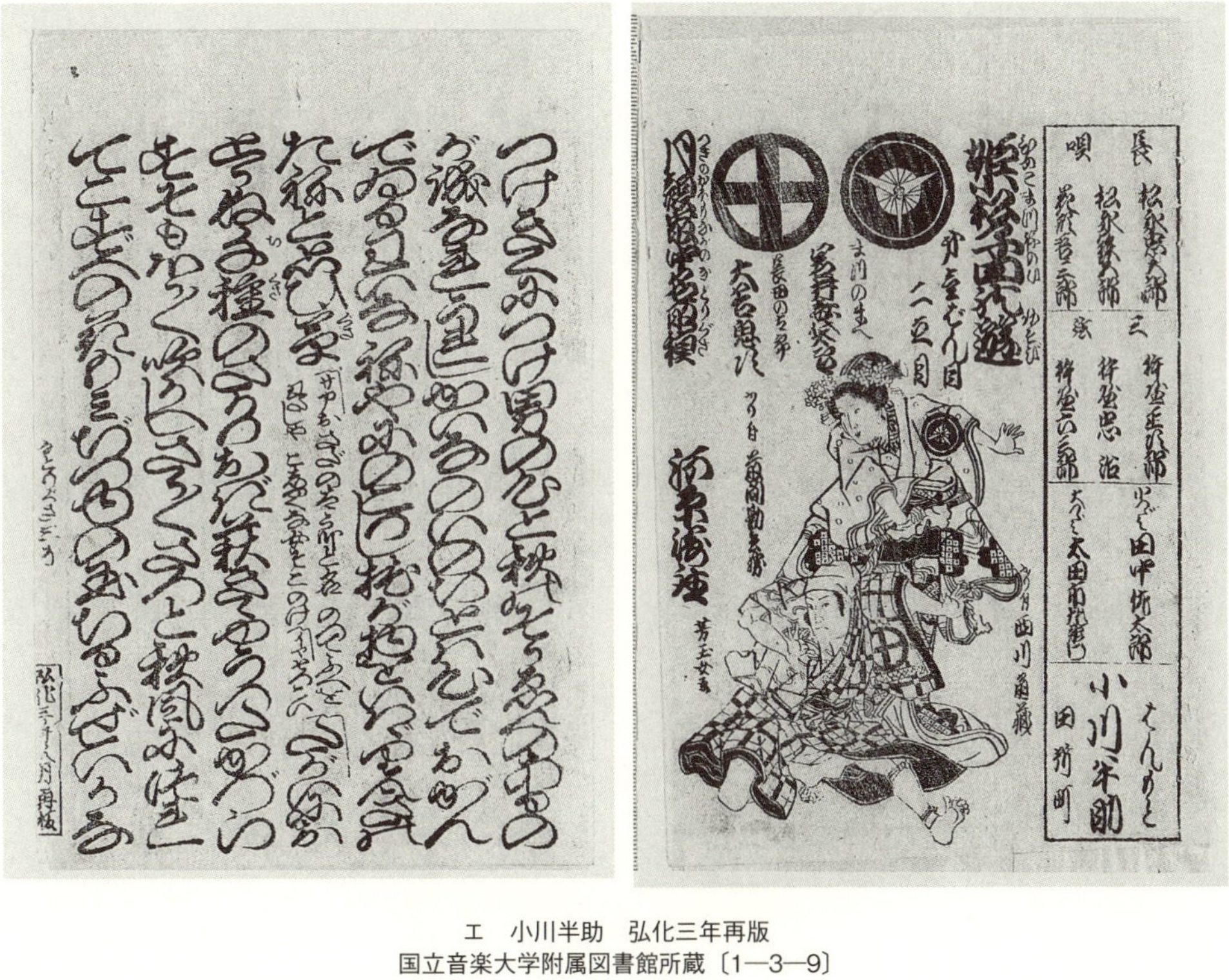

エ　小川半助　弘化三年再版
国立音楽大学附属図書館所蔵〔1―3―9〕

まとめ

ここで、森田座・河原崎座上演の長唄正本とその異版について検討してきた結果を、63・64頁に挙げた（1）〜（5）に照らし振り返ってみよう。

森田座においても、当初は伊賀屋が上演時の薄物を版行しているが、宝暦十二年（一七六二）には和泉屋権四郎が「森田座はんもと」と正本の奥書に記して、座の専属版元が形成される。他座と同様の過程である。しかし、宝暦十四年から金井半兵衛が版元になり、伊勢屋・大坂屋・江見屋などの地本問屋と相版を組み、天明二年（一七八二）上演作品までの正本を残している。金井半兵衛は安永五年（一七七六）一月上演の「名大磯細見風流《なはおおいそさいけんふうりゅう》」正本の奥書に「森田座長唄正銘板元金井半兵衛」と載せる以外には、座の専属版元と表記をしていない。これは、金井半兵衛が森田座の内部者であるためと推測される。一方、相版元の江見屋（上村吉右衛門）が森田座正銘売所、森田座正本所などと載せるのは、座の外部にあって、正本の版行を請け負う和泉屋同様の地本問屋であるからであろう。

このように座の専属版元が形成されると、伝本は少ないが本屋儀兵衛版と無刊記版も版行されており、それらの中には金井版を版下に流用した例がやはり見られる。

天明四年（一七八四）に森田座が休座し、寛政二年（一七九〇）に河原崎座に興行権が移ると、正本の版元も小川半助に替わる。小川半助は初版だけではなく再版・再々版を出していることが伝本で確認できるので、原版を所有して版行を行うかたち、すなわち株板化が起きていると判断できる。ただ、小川半助が蔵版者として表記される正本は安政期（一八五四〜五九）の森田座上演作品二冊だけであった。

このように見てくると、三座の長唄正本は、専属版元の形成から株板化と、おおむね同様の過程を取って版行されてきていることがわかる。そのような中で、金井半兵衛が明和〜天明期（一七六四〜八八）に長唄正本の版元に入っていることには先駆的な意味がある。『芝居年中行事』によれば金井半兵衛は森田座の仕切場の役にあったらしく、能書家と記されている。こうした座の裏方が上演情報を把握し、番付株を取得して正本の版行に関わるかたちは合理的であろう。森田座では出版の権益を取り込むことに敏であったと言える。しかし、金井半兵衛は再版本を出していないため、座との専属関係は成立しているが、その版行の権利は初版に関するものであったと見られる。番付と同じ一過報道的な劇場出版物であったわけだ。原版を所有して再版を行うようになるのは、寛政期（一七八九〜一八〇〇）以降、小川半助版になってからである。

【注】

（1）　吉田節子編『歌舞伎法令集成』（おうふう、一九九七年）。

（2）　吉田節子『日本大学法学部図書館蔵　撰写録翻刻』（私家版、二〇〇七年）。

（3）　河原崎座は始めから森田座の控櫓であったわけではないらしい。享保二十年（一七三五）の河原崎座への興行権移譲は、桐大《きりおお》内蔵《くら》・都伝内《みやこでんない》三者との鬮《くじ》取りによって決まったことが記されている。これについては、加藤征治「江戸における芝居町支配と仮櫓」

『比較都市史研究』二十八号、二〇〇九年）の論考がある。

（4）国立劇場芸能調査室編『芝居年中行事』歌舞伎の文献7（国立劇場芸能調査室、一九七六年）。

（5）吉田暎二『歌舞伎絵の研究』（緑園書房、一九六三年）。

（6）前掲注（5）。

（7）前掲注（5

（8）曲盧庵主人著『三座例遺誌』（享和三年刊）に「長うた所作の文句は囃子町の立三味線これを作る事也。然れとも狂言にかゝハりたる所作又拍子舞等ハ作者是をつくる」とある。（芸能史研究会編『日本庶民文化史料集成』第六巻　歌舞伎、三一書房、一九七九年）。

（9）武藤純子『初期浮世絵と歌舞伎』（笠間書院、二〇〇五年）巻末の「絵師別役者絵一覧」による。

（10）前掲注（5）所載の図版による。

（11）「（めりやす）時雨の紅葉」一冊。早稲田大学演劇博物館蔵本

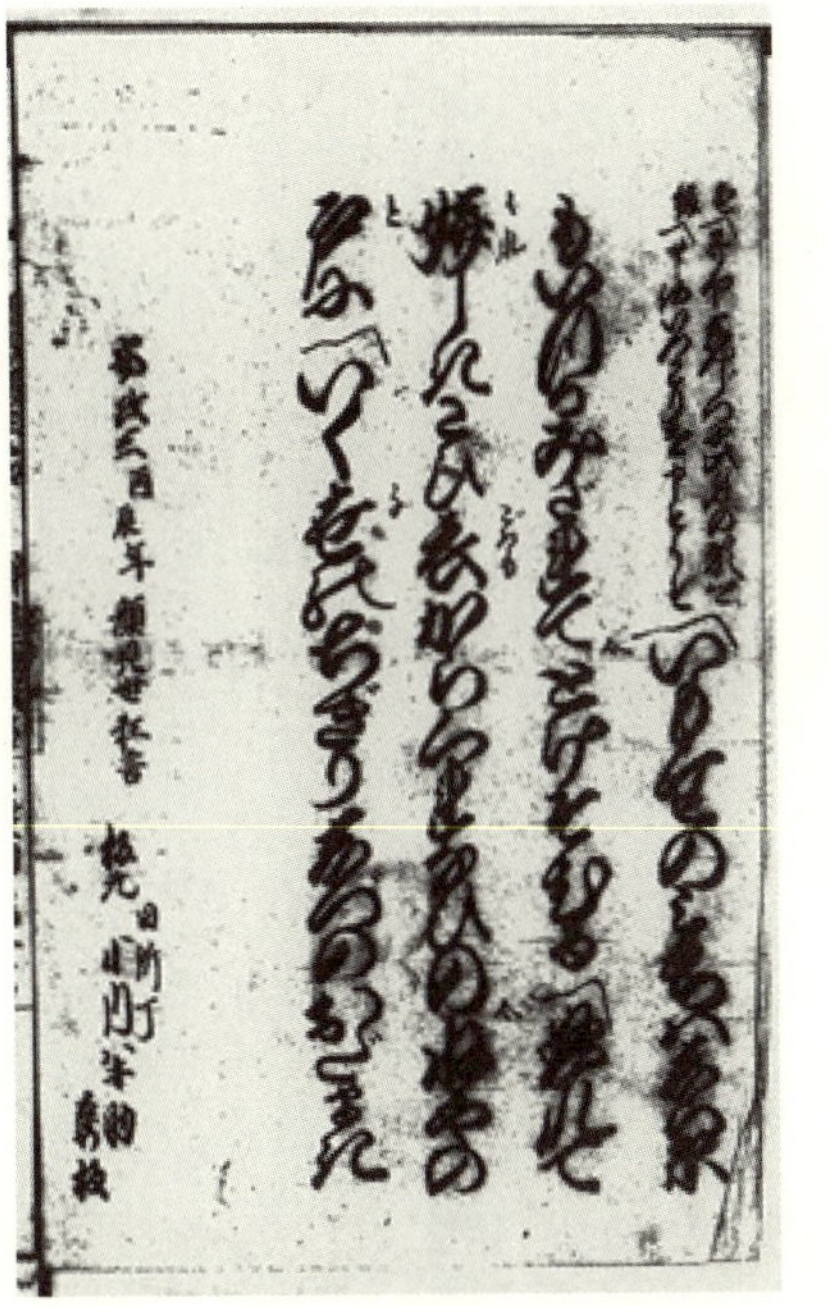

「（唄上るり）縁糸調笛竹」本文終丁裏
東京芸術大学附属図書館所蔵〔1—3—10〕

架蔵番号　特イ11-121　2-65C

刊記「安政三丙辰年／顔見世狂言／はんもと　小川半助蔵板」

「（唄上るり）縁糸調笛竹」一冊。東京芸術大学附属図書館本　架蔵番号　768.52/N/10所収

刊記「安政三丙辰年顔見世狂言板元　田所丁小川半助／蔵板」

（12）静岡県立中央図書館蔵「上村翁旧蔵浮世絵集（25）」。

第二部　長唄成立史

第一章　正本の刊行と長唄の形成

今日にまで伝えられ、上演される機会も多い長唄を地《じ》（伴奏）とする歌舞伎舞踊曲には、「京鹿子娘道成寺《きょうがのこむすめどうじょうじ》」「鷺娘《さぎむすめ》」「藤娘《ふじむすめ》」「鏡獅子《かがみじし》」など、数々の名作品がある。それらの作品の成立事情や、その伝承過程での変遷については比較的多くの研究が為されてきている。

しかし、より遡って、そもそも江戸歌舞伎において、長唄がどのように形成されてきたのか、という問題については、おおよその道筋は付けられているものの、やはり十分な裏付けをもって解き明かされているとは言えないであろう。音曲の確かな記録媒体を持たなかった時代にあって、残された文字資料や絵画資料も限られる中から長唄の形成史を描く事になるため、断片的な分析とならざるを得ないのである。

長唄所作事が登場してくる享保期（一七一六～三五）は、歌舞伎の歴史において、上方では元禄歌舞伎が終焉を迎え、代わって浄瑠璃興行が隆盛となり、「歌舞伎は無きがごとし」と言われる時期であった。だが、その一方で、江戸の歌舞伎は、新たな展開を孕んだ、過渡的な様相を示す時代に入っていたようである。『郡司正勝刪定集』の第一巻『かぶき門』「豊後系浄瑠璃と所作事の展開」には、次のような指摘がある。

> 歌舞伎劇壇は、元禄の創造時代から、正徳・享保期に入って、一種の停滞を生ずる。（中略）しかし、そのなかで、ある新鮮な動向をみせはじめたものがある。それは劇場音楽と所作事の新生、再創造である。[1]

また、土田衞「Ⅵ享保期の歌舞伎」（『岩波講座　歌舞伎・文楽』第二巻『歌舞伎の歴史Ⅰ』）においても、享保期は江戸の歌舞伎の新たな展開と仕込みの時期であったと位置付け、

> 上方歌舞伎のよい所を移入し、劇場音楽を豊かなものにして、舞踊劇への道をつけ、その他いろいろな新しい試みをすることになった。[2]

と述べている。確かに、享保期と前後して、江戸の歌舞伎界では音曲面にいくつかの大きな動きがある。

初世都太夫一中《みやこだゆういっちゅう》が正徳五年（一七一五）十一月に江戸に下り、市村座の顔見世興行『万歳女鉢木《ばんぜいおんなはちのき》』で道行「笠物狂《かさものぐる》い」を出語《でがた》りし、大当たりをとっている。その折の芸評が、評判記『役者我身宝《やくしゃわがみだから》』（正徳六年〈一七一六〉刊）江戸の巻に以下のように載っている。

> 大坂に上るり太夫あまたあれど御当地へ下られし事なく．殊にあらごとを第一といたす．当地で坂田藤十郎がけいせいかひのごとき．やはらかなる上るりにて大あてなさるゝは．名人にあらずや．

それゆへ評判にのせました。

荒事を好む江戸の観客にも、一中の和事風の語り物が大好評であったことを、異例の扱いで評しているのである。

また、その一方で、生粋の江戸の浄瑠璃である河東節《かとうぶし》の祖江戸太夫《えどだゆう》河東（十寸見《ますみ》河東）も、享保二年（一七一七）二月に市村座の狂言『傾《けい》城《せい》富士高根《ふじのたかね》』に出演し「松《まつ》の内《うち》」を語っている。その正本が伝存し、管見によれば河東節正本の初出となる。十寸見河東とその一門、二代目江戸半太夫《はんだゆう》の作品には、享保期の大名題と座名の入る正本が比較的多く残っており、歌舞伎出勤の様子を知ることができる。(3)

そして、一中の分流であり、江戸豊後系浄瑠璃（常磐津節・富本節・清元節）の祖となった宮古路豊後掾が、名古屋で新作心中浄瑠璃「睦《むつ》月連理𢢫《じきれんりのたまつばき》」を語って成功を収め、享保十九年（一七三四）秋には中村座へ下ってこれを語り圧倒的人気を博している。(4)

このように江戸歌舞伎では、荒事を好む本来の風土の中に和事趣味を受け入れる土壌が育ちかけ、浄瑠璃の心中物を好むまでに変わりつつある様子を窺うことができる。そのような中で、長唄は江戸歌舞伎の所作事の地（伴奏）として、どのように登場してきたのであろうか。本章では、顔見世番付を主体にして作られてきた従来の江戸長唄の成立論に、長唄正本の書誌研究から得た筆者の視点を加え、「江戸長唄の形成」と捉える立場をとって考察したいと思う。

なお、「うた」の文字について、原資料ではうた・哥・歌・唄が混用されているが、原資料から引用する場合を除き、本章では番付や役者評判記・絵入狂言本等に出てくる「長うた」は長唄と表記し、「小うた」は小歌と表記する。また、座に抱えられる小歌・長唄・唄浄瑠璃の歌い手は「唄方」と総称し、唄方・三味線方・お囃子を総称する場合は「地方《じかた》」と呼ぶ。また便宜上、長唄・小歌の唄方を長唄方・小歌方と表記することがある。小歌方は役者評判記に見出せるが、長唄方は筆者の造語であることを断っておく。

一　形成上の問題点

江戸長唄の成立を扱った先行研究には、次のものがある。

高野辰之『新訂増補 日本歌謡史』（春秋社、一九二八年）

吉川英史『日本音楽の歴史』（創元社、一九六五年）

町田佳声・植田隆之助編『現代邦楽名鑑・長唄編』（邦楽と舞踊社、一九六六年）

竹内道敬「劇場音楽　長唄」（『講座 日本の演劇4　近世の演劇』勉誠社、一九九五年）

また、江戸長唄の成立に関する研究史をまとめた論考として、

鹿倉秀典「「江戸長唄」研究序説—楓江と左交」（大野順一先生古稀記念論文集刊行会編『日本文芸思潮史論叢』ぺりかん社、二〇〇六年）

がある。

これまでのところ、長唄の成立に関する通説は、『近世邦楽年表』長唄編(5)における顔見世番付の実見記録が基となって作られていると思われる。初期の江戸の顔見世番付には「京長うた」「大坂長うた」あるいは「京三味線」(6)の肩書きが記載されており、上方の唄方が江戸に下り出演していた。番付上の「江戸長うた」の初見は、宝永元年（一

七〇四）江戸山村座の顔見世番付とされる。それが次第に江戸出身者で占められるようになり、享保十二年（一七二七）以降は江戸育ちの唄方だけになった。よって、この年をもって、江戸長唄の確立と見なすと言うのである。

顔見世番付では、役者の場合は「立役」「若女方」「道外」などの役柄が名前の上に付けて記される。座に抱えられる演奏者は、「小うた」「長うた」「うた浄瑠璃」のほか、「三味線」、「大鼓」「小鼓」「笛」「太鼓」などが名前の上に肩書きとして記される。これらを例えば「長うたを歌う役」「三味線を弾く役」「笛を吹く役」として、座における一つの役目を表していると捉えて良いであろうか。

山村座の顔見世番付に「江戸長うた」が現れる宝永元年と言えば、元禄歌舞伎の後期である。宝永末年（一七一〇）頃には元禄歌舞伎が終わりを迎え、江戸版の絵入狂言本も正徳期（一七一一〜一五）に入ると出版されなくなる。また、『近世邦楽年表』所載の宝永七年（一七一〇）と八年の森田座顔見世番付には、「京長うた」「大坂長うた」もまだ見つかる。

「長うた」という肩書きは、いつから存在するのだろうか。他の資料にも長唄の肩書きを求め、以下に少し書き出してみよう。

『長歌古今集《ながうたこきんしゅう》』（天和二年〈一六八二〉正月、わしや新版）は、江戸の吉原で流行した歌い物の詞章を収めた歌謡集である。『長歌古今集』所載の「貴船道行《きぶねみちゆき》」「今川花見車《いまがわはなみぐるま》（今川忍《しの》び車《ぐるま》）」は、『古今役者物語《ここんやくしゃものがたり》』（延宝六年〈一六七八〉、江戸本問屋板）にも舞台図入りで収められており、江戸歌舞伎の芝居歌を多く含むと言われる書でもある。その中に「はうた　ながうた次左衛門」と題する曲がある。これは、長うたの唄方の次左衛門が歌った端歌《はうた》曲ということであろうか。

『摂陽奇観《せつようきかん》』巻之十八の『（ねのとしかほみせ）大和屋甚兵衛役者付』は貞享元年（一六八四）度の大坂の顔見世番付とされるが、その下段の右端に「長うた」の肩書きと「ゑと権左衛門」の名が見つかる。権左衛門は江戸から上った者であろうか。

やや年代は下るが、『松平大和守日記』元禄四年（一六九一）十一月二十二日の条に、松平直矩《なおのり》の五十歳の祝賀に江戸の藩邸で操《あやつり》の座敷興行を催したことが記されている。その出演者の中に、長うたの肩書きを取る者が含まれており、以下のようにある。

狂言太夫次郎三郎、上るり太夫式部、長うた次右衛門、同七郎兵衛（以下略）

このように、「長うた」の肩書きは、野郎歌舞伎の時代からすでに存在していたらしいが、その記載例は少ない。これらの長うたの唄方が歌っていた内容について、長唄正本の最古の伝本が享保十六年（一七三一）となるため、『長歌古今集』所収曲などにまず求めようとすると、非常につかみ所の無いものになってしまう。その所収曲の多くは芝居歌であると言われているが、歌い物と言っても浄瑠璃の道行や景事を内容に含んでおり、また、一曲が小歌に比して長いとも言い切れないので、特徴がつかめないのである。長唄の唄方は座付きの音曲担当者であるため、浄瑠璃太夫のように個人芸に代表させて様式を単純に捉えることができない面もある。

長唄の祖系を地歌の長歌物に関連づける見解が存在する。地歌の長歌は、小歌の組歌とは異なり、一貫したストーリー性を有することが特徴であると言われている。江戸に進出した検校《けんぎょう》の長歌物が、江戸長唄の成立に関与していると見る説もある。これらの説は示唆を与えるものではあるが、筆者は判断し得る十分な材料を持ち合わせていない。享保十二年（一七二七）以前の顔見世番付においては「長唄」の肩書きは少数派であり、これに対し、圧倒的に多く見られる肩書きは「小歌」なのである。

江戸歌舞伎において長唄の形成を考えるとき、資料上にあまり現れることのない時代の長唄の唄方（以下で長唄方と表記することがある）が、すでに小歌の唄方（同じく以下小歌方と表記）と明確に異なる様式を有していたとは、『長歌古今集』を読む限りでも考え難い。

推測するに、小歌方と長唄方の歌は、内容的には重なっていたと思われる。ただ、「小歌」は役者評判記に「一ふしの小うた」とよく出てくるように、短い挿入歌として本来用いられたのではないだろうか。適当な例ではないかも知れないが、『宝永延宝はやりこうた』（国立国会図書館蔵、写本）に所収される「高安通《たかやすがよ》ひ」には、シテと地（地謡）の歌う箇所が交互に指定されている。長文であっても、役者と唄方が短いフレーズを交互に歌ったり、あるいは、せりふと歌が交わされるかたちであったと思われる[7]。これに対し、「長うた」はまとまった量の詞章を通しで歌ったのではないだろうか。

『近世邦楽年表』所載の享保十二年頃の顔見世番付を見ると、唄方は「江戸長うた」の肩書きで占められるようになっており、その一方で「小うた」の肩書きは少なくなっていく。これを、小歌が衰退することによって、それまで少数の長唄方で歌われていた長唄が表面に浮上してきたと考えるよりも、歌舞伎の唄方として頻出する小歌方の歌う内容が次第に広がりを持ち、長うたと変わらないものとなって、そのうちのいくつかの要素がさらに享保後期に長唄へ展開していった、と考える方が実態に即しているように思われるのである。大方の研究書においても、小歌は長唄に吸収されたとの見解をとっているようである。

歌舞伎の小歌は風流踊《ふりゅうおどり》系の小歌の組歌を元としていたが、若衆・野郎歌舞伎の時代に狂言系の小謡が流入し、また、役者は唄方・三味線方・囃子方を伴って遊里や座敷芝居にも出入りしていたため、地歌や流行歌との交渉も果たされるようになっていた。そして、一方、それに加えて、当期の歌舞伎の戯曲的発達に伴い、歌舞伎の小歌には、能や説経・祭文・古浄瑠璃などから取り入れた戯曲的な要素も多彩に吸収されるようになってきていたものと思われる。ともあれ、そのような経緯をとることによって、歌舞伎における小歌は、非常に柔軟に様々な要素を摂取してきた結果、享保期には多面的に開かれた豊かな土壌を有するに至り、そこから新たな展開をも生み出せるようになっていたと推測されるのである。

二　視点

先に掲げた通説においては、江戸の顔見世番付で、長唄方の肩書きが江戸の出身者で占められる享保十二年の段階を、江戸長唄の確立と見做していた。しかし、番付上の肩書きについて、「江戸長うた」の地名部分を、高野辰之は出身地とは必ずしもとらず、前出の『日本歌謡史』の中では少しニュアンスを変えて次のように述べている。

此の頃の芝居番附を見ると、京長唄・京小唄・大阪小唄・江戸長唄・江戸小唄の目があって、これに謡ひ手一二名づつを挙げてあるが、此の京唄・大阪唄なるものは恐らく上方劇に用ひた歌で上述の松の葉以下の歌を以て、東西の歌舞伎歌を代表せしめても、大した差誤を生ずることはないのである。

つまり、京や大坂での当たり作品をその唄はともども、江戸の歌舞伎で用いていたということを指しているのではないかと思われる。興味深い指摘である。とすれば、江戸の歌舞伎には京や大坂の芝居歌が持ち込まれていたのだが、享保十二年以降は上方に頼らずとも江戸独自の歌で芝居ができるようになった、ということを江戸の顔見世番付の表記は示しているのであろうか。

筆者は高野説を踏まえつつ、顔見世番付の肩書き部分の解釈を主体に作られている従来の長唄の成立に関する通説を、長唄正本によってさらに内容面からも補い捉え直して見ようとする。長唄正本の表紙にはその長唄作品の初演時の大名題と番目・役者名・演奏者連名・役者の舞台絵といった上演情報が載せられており、本文の詞章はその内容を伝えてくれる。したがって、このアプローチは長唄正本からのみ行えるのである。

先にいくつか例を引いた通り、長唄の唄方は古くから存在してはいたのである。それが、享保十二年の江戸版顔見世番付から「江戸」と冠する長唄の唄方で占められていくのはなぜだろうか。この点を長唄正本と照らし合わせ、少し詳しく検討して見たい。

ただ、現存する最古の江戸版長唄正本は、享保十二年より少し遅れて、享保十六年（一七三一）の中村座上演作品からとなる。だがその前に、長唄正本がなぜ刊行されるようになったのか、この問題について考えておく必要がある。長唄正本の刊行開始という新たな企画を立てた興行においては、所作事の音曲面に何かそれまでと違う意図が組み込まれた可能性があるからだ。ことによると、顔見世番付上の肩書きの記載が江戸に変わったことも、この問題と繋がっているのかも知れない。中村座が新しく長唄正本の刊行を企画した理由とは何であったのだろうか。

三　坂田兵四郎の出自

269頁の表1〈長唄正本の初期伝本（寛延期以前）〉は、伝存する初期の長唄正本をあらわしたものである。「中村座」と「市村座」及び「森田座・河原崎座」に分け、享保十六年の最古の伝本から寛延期（一七四八～五〇）以前のものまでを上演順に並べている。[8] 表の縦軸の上から四列目の唄方のところに、正本に記載されている演奏者連名の中から唄方部分を抜き出している。唄方の動向を調べるため、三味線方や囃子方についてはあえて記載していない。

さらにこの唄方の部分を左に見ていくと、三座を通じて立唄《たてうた》（唄方の筆頭者）は坂田兵四郎、松嶋庄五郎、次いで吉住小三郎が勤めていることがわかる。初期の長唄正本は坂田兵四郎か松嶋庄五郎、あるいはこの二人の競演を眼目として、版行されていると言ってもよいのではないだろうか。さらに言うと、長唄正本は坂田兵四郎の存在によって、版行されるようになったとも推測し得る。もちろん、長唄正本がいつ刊行され始めたのか、この答えは、必ずしも伝本に反映されているとは限らない。今日に残る正本の伝存状態には偏りが生じている可能性もあるからである。このことを踏まえつつ、伝本から得たデータを一つの目安にして、坂田兵四郎を長唄正本創始のキーマンに当たる存在として提示して見たい。

だが、長唄正本を手に取る人の関心は、歌い手にあるばかりではなく、むしろ踊り手の花形役者にある。しかし、初期の長唄正本には唄本としての意識がより強く反映しているようである。ちなみに、同表の縦軸の上から六列目「正本の奥書」の欄を見ると、いくつかの版に「右ハ坂田兵四郎（松嶋庄五郎）直伝を以令板行候」、またはこれに類似した文言が入る。こうした奥書は浄瑠璃正本の様式に倣ったもので、太夫自身の本文や節付けであることを保証する極《きわ》め書きと呼ばれている。太夫の詞章や節付けを正当に伝えていることは、音曲本の重要な要素であった。浄瑠璃本の極め書きに近い奥書を備えていることは、長唄正本が音曲を主目的に作られたことを示している。しかし宝暦期（一七五一～一七六三）になると、このような奥書の記載は長唄正本では見られなくなっていく。

初期の長唄正本の表紙を飾った歌い手とは、どのような人達であったのだろうか。坂田兵四郎と松嶋庄五郎の出自については、町田佳声・植田隆之助編『現代邦楽名鑑・長唄編』において、『新撰古今役者大全』（寛延三年〈一七五〇〉刊、京都、八文字屋八左衛門版）と北村盛方の随筆『飛鳥川《あすかがわ》』（文化七年〈一八一〇〉自序）から関係する部分がすでに引かれてあるが、ここに再度書き出して見る。

まず、坂田兵四郎については、『新撰古今役者大全』巻之三の「坂田藤十郎」の項に、次のように記されている。

故藤十郎いもと《妹》むこ《婿》ひいらぎや兵四郎といふあり。その子ハ藤十郎甥ゆへ苗字をゆづり置れたるを以、その子成人して坂田兵四郎とて小歌の名人なりしが、去年巳ノ六月身まかり、清信宗樹信士と号す。[9]

さらに、同書の巻之六においても、「坂田ノ系《つり》」（坂田藤十郎の系図）のところに以下のように書かれている。

○坂田藤十郎――――坂田兵四郎
実ハ柊木や兵四郎子
藤十郎甥にて子分
小歌、江戸にて死ス[10]

興味を引くのは坂田兵四郎が、元禄歌舞伎の上方の名優、坂田藤十郎の甥と記されていることである。しかも、坂田藤十郎の「子分」と記載されているので、藤十郎の義子となり、内弟子生活を送っていたと推測される。

同書の第一巻「拍子方〔囃子方〕」の部分においても、兵四郎について次のように記している。

小歌は、はやしかたの部に入ル。拍子方〔囃子方〕にハ今とても京の忠二郎・江戸の兵四郎をはじめ上手あれバ、[11]

すなわち、坂田兵四郎は京から江戸に下ったと見られるが、江戸で名人の誉れを取ったもようである。坂田兵四郎が江戸に下るまでの足跡を辿りたいが、伝存する上方の番付では、享保十四年（一七二九）の役割番付以外にその名を見つけることができず、また、役者評判記に唄方の記述はほとんど載って来ないのである。

因みに補足すると、坂田藤十郎は息子の坂田兵七郎[12]をも弟子としていたようで、二人は藤十郎の和事芸を継ぐため修行していたと推測される。宝永四年（一七〇七）二の替狂言『江州《ごうしゅう》石山寺《いしやまでら》誓《ちかい》の湖《みずうみ》』で、病後の藤十郎は自身の得意芸「やつし事」の象徴である紙子《かみこ》を大和山甚左衛門へ譲り、宝永六年（一七〇九）に没する。折しも上方では元禄歌舞伎が下火となって浄瑠璃興行の全盛時代へと替わる。藤十郎亡き後の上方の歌舞伎界に、兵四郎は閉塞感を感じていたのかもしれない。藤十郎の死後二十年余を経て、兵四郎は停滞する上方歌舞伎界から江戸の中村座に呼ばれる。そして、藤十郎の芸脈を継ぐ兵四郎は、その後江戸で和事の活路を見出すことになるのである。

一方、松嶋庄五郎については、先の『飛鳥川』に次のように書かれている。

長歌といふはやる、松嶋庄五郎坂田兵四郎と云上手有り、庄五郎は四谷せんざい〔前栽〕場の呼込役とぞ（イテ）声すぐれてよき故、人の勧めにて唄うたひになる、[13]

『飛鳥川』は後代の資料であるため、この記述をそのままに受け取ることはできないが、松嶋庄五郎は江戸青物市場の呼び込みから、唄方に入ったと書かれている。よほど美声で唄がうまかったのであろう。江戸の者であろうか、芝居内部の育ちではなかったように窺える。『近世邦楽年表』によれば、松嶋庄五郎は享保十一年〈一七二六〉市村座の顔見世番付が初出となる。ただし、同年の市村座、翌十二年と翌々十三年の中村座の顔見世番付のいずれにも、「長唄」の肩書きで「松嶋庄五郎」の名があるが、小歌方としての経歴は見つからない。

こうして見ると二人の出自は対照的で、それだけに個性の異なるスター歌手の競演は面白く、観客を引きつけたであろうと想像される。

また、吉住小三郎についても、『三味線《さみせん》始祖《しそ》杵屋《きねや》家系図《けけいず》』[14]に「生国泉州堺住吉社家ナリ　故ニ住吉ヲ返シテ吉住ト号ス」と書かれており、やはり江戸に下った唄方であるようだ。

269頁表1の唄方部分を見ると、享保十六年（一七三一）以降も主要な唄方はまだ上方出身者に依存していたことがわかるであろう。

坂田兵四郎が京・八文字屋の『新撰古今役者大全』では小歌の名人、小歌方と記載されているのに対し、この表1に掲げた江戸版の長唄正本においては長唄方の肩書きとなり、『飛鳥川』の著者で幕府の右筆を勤めた柴村盛方も兵四郎を長唄の上手と評していることに注意したい。

四　坂田兵四郎と長唄正本

資料上での坂田兵四郎の初出は、享保十四年（一七二九）七月京、佐野川万菊座の盆興行『けいせい一双首《いっそうのくび》』の役割番付となる。次頁上段にその番付を掲載する。その番付の三列目の最終行に、「大切ニミやこ大おとり仕候」とあり、隣の四列目の冒頭部分は次のように記載されている。

しぐみおどりもくろく
中村京十郎
吉田小八
坂田兵四郎
音頭　杉本三千三〔若衆形上〕
萩野松代〔万菊座色子〕

〔　〕内は、役者評判記『役者《やくしゃ》二《に》和桜《わざくら》』（享保十四年三月刊）から筆者が補った。下の三人が唄方であろう。

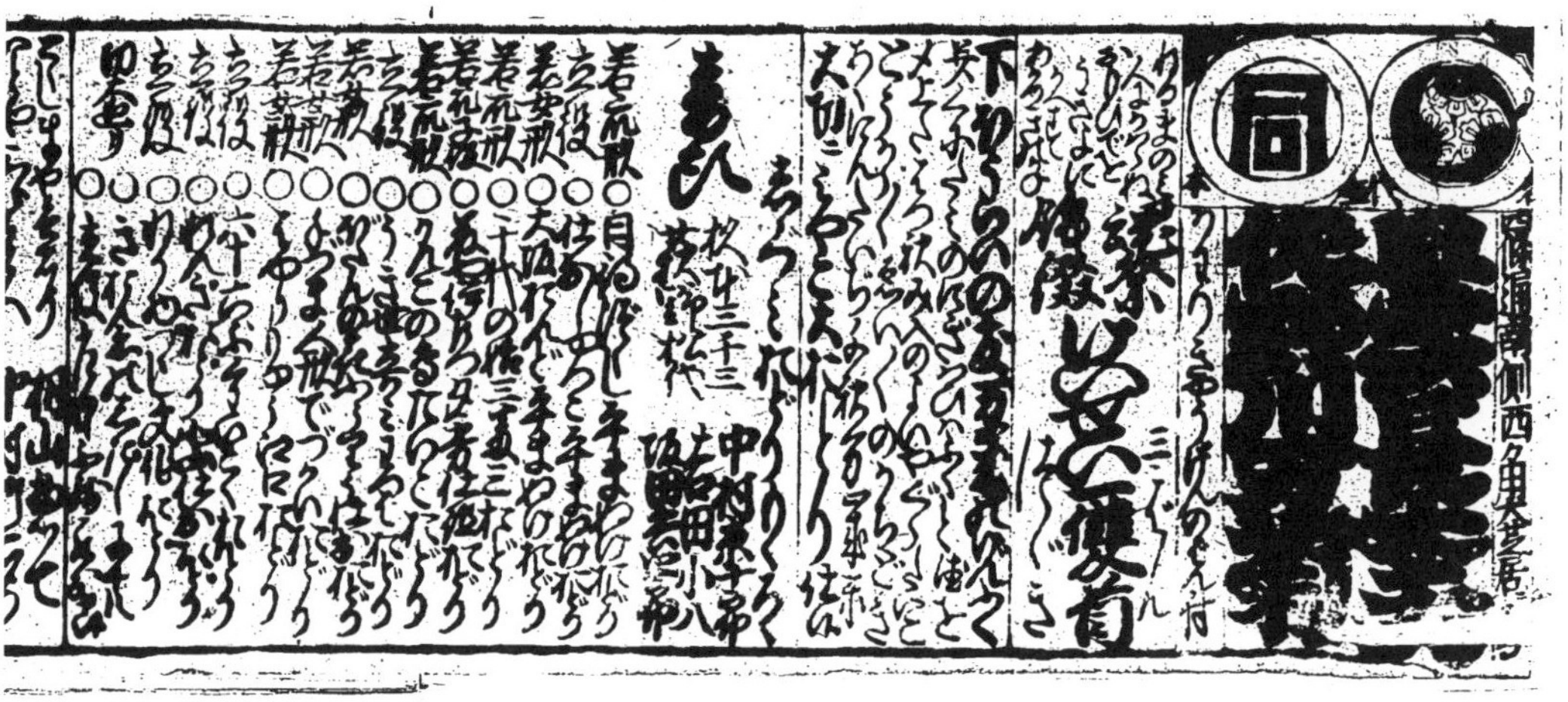

享保 14 年 7 月 15 日京早雲座番付（『〔古歌舞伎番付〕』所収）
東京大学付属図書館所蔵〔2—1—1〕

このように、『けいせい一双首』三番続きの大切の「都大踊り」に兵四郎は出演している。この番付は、土田衞『考証元禄歌舞伎』(15)中の「「都風流大踊」考」にも掲載され、同書に拠れば、「都風流大踊」は享保から明和（一七一六〜一七七一）を全盛期とし、盆興行に限って一日の大切《おおぎり》に演じられた踊りであり、上方歌舞伎界の重要な年中行事であったと言う。江戸に下る前年、京で兵四郎は番付に名を出し、活動していたことがわかる。

そして、享保十五年（一七三〇）の顔見世興行から、瀬川菊之丞(16)が江戸中村座に初下りし、これに坂田兵四郎も同行したと推測される。翌十六年の初春狂言『傾情福引名護屋《けいせいふくびきなごや》』で瀬川菊之丞は傾城葛城を勤め、二月から加わった所作事「無間《むけん》の鐘《かね》」「無間の鐘新道成寺《しんどうじょうじ》」で大当たりをとる。歌舞伎評判記『二《に》の替芸品定《かわりげいしなさだめ》』（享保十六年三月刊）では菊之丞は若女形「上上吉」となっており、

当二月朔日より同じ狂言の次に、手水鉢を無間の鐘になぞらへてのしこなし大々当り。江戸中の大評判。

と書かれている。『役者春子満《やくしゃはるごま》』（享保十七年〈一七三二〉正月刊）には「五月晦日迄、大当り」とあるため、この興行は五月まで続いたようだ。

この大ヒットした所作事の音曲正本の表紙が写真版として今日に残り、そこに坂田兵四郎が長唄の唄方として記載されているのである。右の表1では、【中村座】の最初の二冊『傾城無間鐘（哥の出端《では》）』と『無間鐘新道成寺（所作）』がその正本に当たる。この「傾城無間鐘」の長唄正本を、次頁に掲げる。

これは『江戸時代音楽通解』(17)に掲載された表紙であるが、版元は三《みつ》

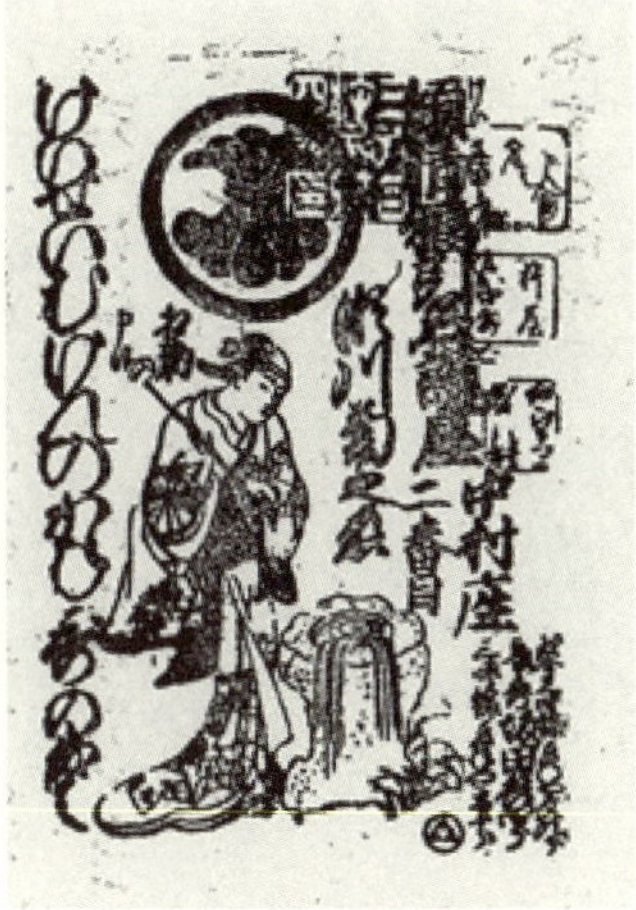

鱗形屋版
「傾城無間の鐘（哥の出端）」表紙
（古典保存会編
『江戸時代音楽通解』所収）
〔2—1—2〕

鱗《うろこ》の商標により鱗形屋《うろこがたや》と知れる。表紙の外題「けいせいむけんのかね」の下に「哥の出は」とあることから、菊之丞の登場に用いられた長唄と見られる。表紙の右下部分に演奏者連名が次のようにある。

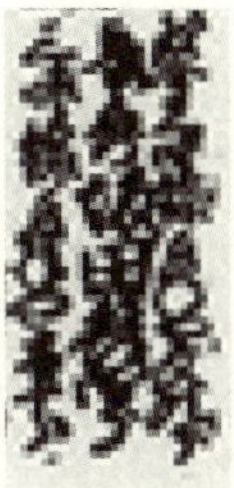

琴三味線　きねや文次郎
長哥　坂田兵四郎
三味線　きねや太十郎

この長唄正本の同版本を透写したと見られる本が、早稲田大学演劇博物館安田文庫旧蔵本の中にあるので、本文を知ることができる。その本文には、「菊之丞〳〵」の指定が記載されていないことから、菊之丞が歌いながら登場したのか不明である。役者評判記にも、菊之丞の歌を評する記述はない。詞章はいとしい男がある身での傾城勤めのつらい心情を述べた内容で、傾城葛城の出を印象付けるための唄で、手水鉢を打ち金がばらばらと落ちて来る無間の鐘の所作部分に対応しているのではないと思われる。

この作品に続き、菊之丞は『傾情福引名護屋』の第三番目において、江戸における道成寺所作の嚆矢とされる「無間の鐘新道成寺」を演じている。これには長唄正本が中嶋屋版と伊賀屋版の二種伝存する。各本の表紙と本文の初丁の半丁分を次頁に図3の①②として掲げる。ところで、この図3—①の中嶋屋版と図3—②の伊賀屋版には、坂田兵四郎の肩書き部分に異同がある。すなわち、前者では演奏者が「小うた　坂田兵四郎」とあるのに対し、後者では「長うた　坂田兵四郎」となっているのである。この二冊は本文の版面がよく似ている。だが、伊賀屋版の表紙の外題には最後に「しよさ」がなく、本文にも十一行目下から二文字目「我」を「われ」にするなど意図的に用字を変えている箇所が見つかることから、伊賀屋版は、表紙は中嶋屋版を参考にして作成し、本文は中嶋屋版を版下に流用し被せ彫りしていると推測される。つまり、中嶋屋版が最初に出て、これを元に伊賀屋版が作成されていると考えられるのである。

鱗形屋は江戸大手の地本問屋であり、伊賀屋は役者絵細版や河東節など薄物の音曲本を広く扱う版元である。一方、中嶋屋というのは江戸歌舞伎の絵入狂言本や番付を古くから専門に出版してきており、座との提携が認められる版元であるため、中嶋屋が「小うた」と正本に記したのも単なる誤記とは受け取れない。中嶋屋は、江戸に下った坂田兵四郎を小歌方と捉えていた可能性がある。

そして、瀬川菊之丞の「無間の鐘」の所作はこの時が初演ではなかった。『役者全書三』に「無間の鐘」について次のように記した記事がある。

一、今専とする無間の根元ハ享保十三年春、京市山助五郎座にて古瀬川菊之丞、庄屋六右衛門おすまといふ役にて勤しハ、手水鉢を鐘になぞらへて打しが始也。同十五戌年江戸中村座へ初下

「むけんの鐘新だうせうじしよさ」表紙（右）と本文初丁裏（左）

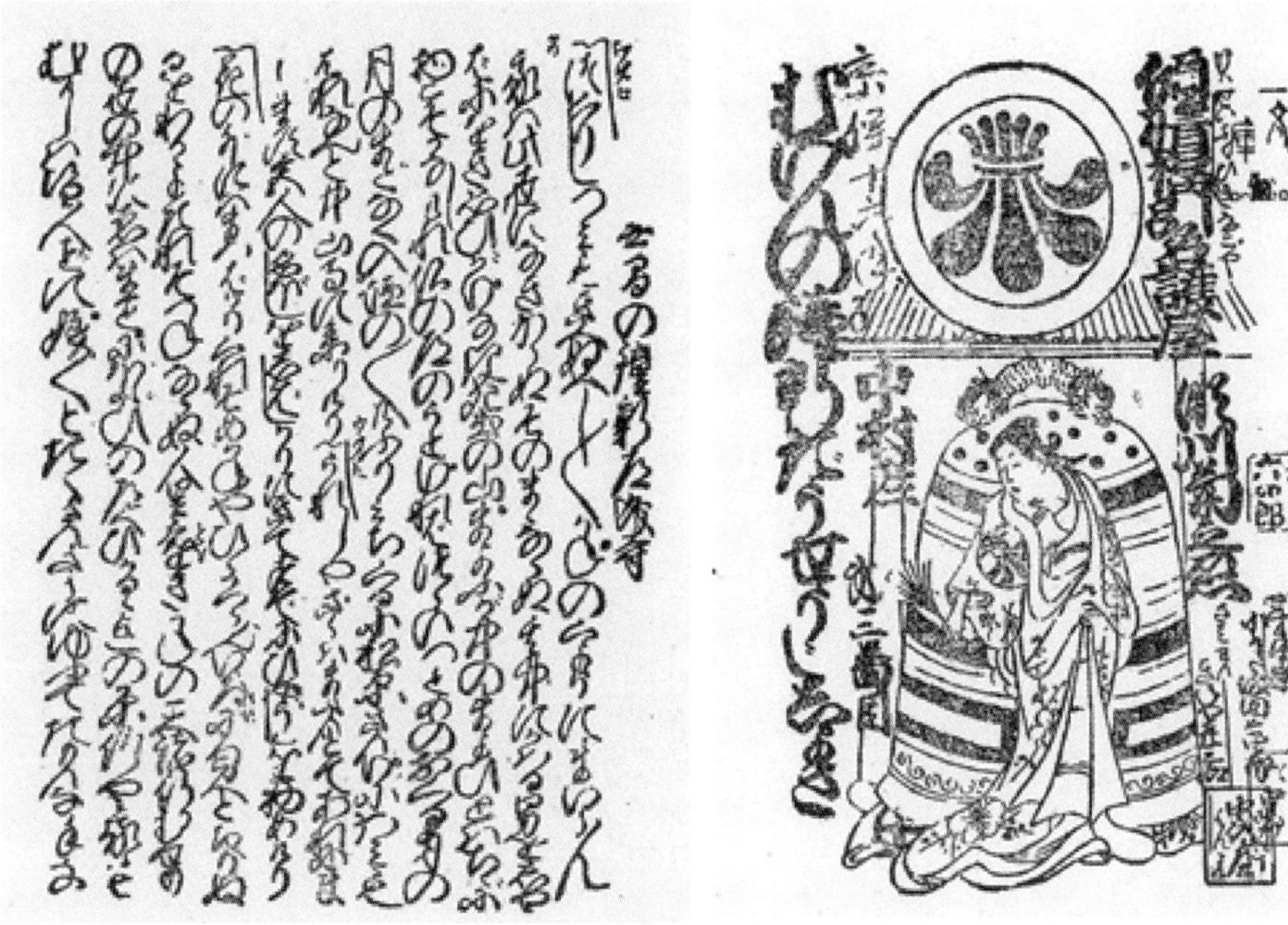

図３―①　中嶋屋版　小うた　坂田兵四郎／さミせん　きねや喜三郎
古典保存会編『江戸時代音楽通解』所収〔2―1―3〕

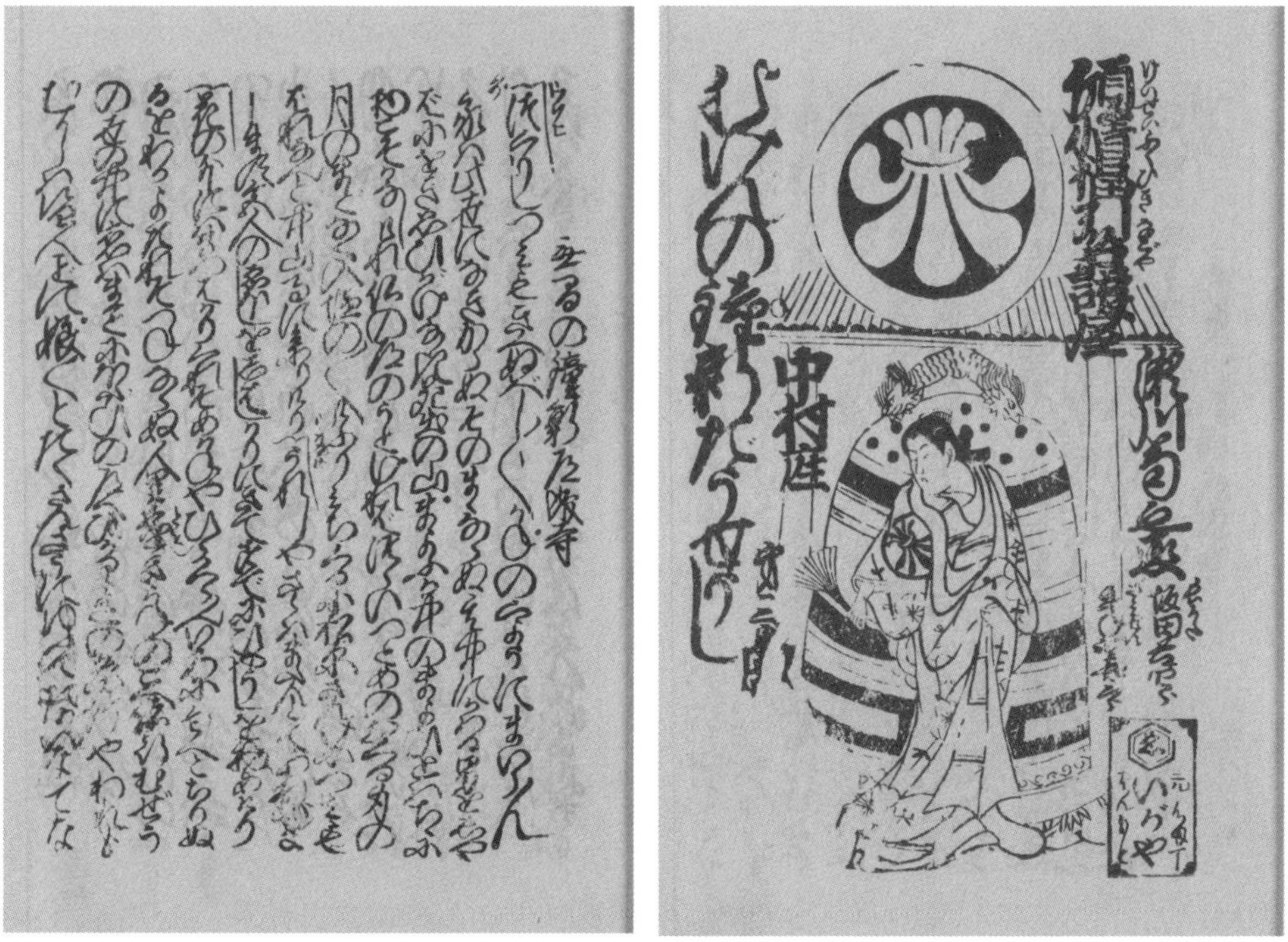

図３―②　伊賀屋版　長うた　坂田兵四郎／さミせん　きねや喜三郎
早稲田大学演劇博物館所蔵〔2―1―4〕

りにて、翌年春○『傾城《ママ》福引名古屋』といふ狂言に、けいせい
かづらきにてつとめ、古今たぐいなき大当り(18)。

このように、菊之丞は、享保十三年に京、市山助五郎座二の替狂言『けいせい満蔵鑑《まくらかがみ》』で「無間の鐘」の所作を演じている。絵入狂言本『けいせい満蔵鑑』に載る挿絵には「金山　むけんのかねを願念して　てうず鉢ヲ打つ　菊之丞大あたり／上より小判ばら〳〵とおつる」と添え書きされてある。歌舞伎評判記『役者色紙子《やくしゃいろがみこ》』（享保十三年〈一七二八〉三月刊）京之巻に、その芸評が次のように載る。

わけて此度のあたりは、むけんのかねのだん、ひとり狂言の所あ
つぱれ、お上手が見へました。

このように、瀬川菊之丞の無間の鐘の所作は、京の初演ですでに当たりを取っていたのであるから、これを江戸で再演する際には、所作にすでに付いていた音曲も共に移入したと考えられる。ゆえに、坂田兵四郎も下ってきたのであろう。

「無間の鐘」に続いて、瀬川菊之丞が『傾情福引名護屋』の第三番目に演じた「無間の鐘新道成寺」は、別名を「傾城道成寺」とも言い、江戸における道成寺所作事の嚆矢と言われる演目である。道成寺舞踊としては、延宝年中（一六七三〜一六八〇）に二世玉川千之丞が演じ、元禄期（一六八八〜一七〇三）には榊山小四郎、初世水木辰之助の鐘入りの所作が名高く、古い上方の女方舞踊の系譜を引く作品である。長唄正本を見ると、傾城事を表す上方風の小歌が付いているように思われる。

瀬川菊之丞と坂田兵四郎以外に、上方出身と見なし得る役者の江戸下りを269頁以下の表1から抜き出し、以下に列挙した。役者の移動の年代については『歌舞伎評判記集成』の「役者移動索引」から取り、江戸下り前後の役者評判記における役柄と位付けを記載している。以下に掲げる役者は、表1に従って、中村座、市村座、河原崎座の上演順に書き出している。なお、表1においては以下の役者を太字で示し、それぞれの役者が江戸下りに際して演じた当たり芸について、表1の「役者評判記の記載」欄に書き出してある。

表1の【中村座】

〈評判記の書名・刊年〉〈評判記上の記載〉

染川多三太
『役者美男尽』・享保15年1月刊　大坂嵐座色子
→『役者春子満』・享保17年1月刊　江戸中村座色子
（表1では、享保16年3月に中村座へ出ているため、享保15か16年の顔見世興行から、江戸下りしたと見られる。）

佐渡島長五郎
『三ヶノ津浅間嶽二の替芸品定』・享保16年3月刊　大坂座元、立役上上
→『役者春子満』・享保17年1月刊　江戸中村座、立役上上吉
（享保16年の顔見世興行から江戸下り）

辰岡久菊
『役者紋楊弼』・元文3年3月刊　京中村若太夫座、若女形上上吉
→『役者大極舞』・元文4年1月刊　江戸中村座、若女形上上吉
（元文3年の顔見世興行から江戸下り）

山本京蔵
『役者多名卸』・元文2年1月刊　京水木竹之助座、若女形上上
→『役者年徳棚』・元文3年1月刊　江戸中村座、若女形上上

（元文2年の顔見世興行から江戸下り）

佐野川市松
『役者一会桜』・元文5年3月刊　京座元、若女形若衆形巻軸
→『役者二追玉』・元文6年3月刊　江戸中村座へ出る
若衆形巻軸上上吉
（元文6年2月に江戸下り）
『役者枕言葉』・寛延4年1月刊　江戸中村座、若衆方上上吉

嵐玉柏
『役者披顔桜』・寛保2年3月刊　京中村粂太郎座、若女形上
→『役者和歌水』・寛保3年1月刊　江戸市村座、若女形上上
（寛保2年の顔見世興行から江戸下り）

中村粂太郎
『〔延享五年三都評判記〕』・寛延1年1月刊
京座元、若女形上上吉
→『役者大雛形』・寛延2年1月刊　江戸中村座、若女形上上吉
（寛延1年の顔見世興行から江戸下り）

表1の【市村座】

瀬川菊次郎
『三ケノ津浅間獄二の替芸品定』・享保16年3月刊　京榊山座、若女形上上
→『役者春子満』・享保17年1月刊　江戸市村座、若女形上上士
（享保16年の顔見世興行から江戸下り）

市山伝五郎
『役者恵宝参』・元文5年1月刊　大坂佐野川花妻座、実悪上上吉
→『役者懐中暦』・元文6年1月刊　江戸市村座、立役上上吉
（元文5年の顔見世興行から江戸下り）

尾上菊五郎
『役者披顔桜』・寛保2年3月刊　大坂佐渡島長五郎座、
若女形上上吉
→『役者和歌水』・寛保3年1月　江戸市村座、若女形上上吉
（寛保2年の顔見世興行から江戸下り）

表1の【河原崎座】

坂東豊三郎
『役者紋楊弼』・元文3年3月刊　京中村若太夫座、若女形上上吉
→『役者大極舞』・元文4年1月刊　江戸河原崎座、若女形上上吉
（元文3年の顔見世興行から江戸下り）

こうして見ると、若女形の実力者が多数江戸下りしていることがわかる。このほか、沢村宗十郎が享保三年（一七一八）、坂東彦三郎が享保十二年（一七二七）の顔見世興行から江戸に下り、また、萩野伊三郎も延享元年（一七四四）の顔見世興行に再度江戸へ下っている。

演目については、享保十八年（一七三三）七月市村座上演の「大踊りこんこりき節」は坂田兵四郎が勤めており、先に指摘した、享保十四年京、佐野川万菊座の番付における都大踊りの音頭が想起される。『歌舞妓事始』巻之三「七月芝居風流踊」に、

元来七月芝居のおどりハ、京よりはじめたり。今に相続す。江戸の芝居にハおどりなし。大坂ハ京にならびておどりあり。よつて大坂にも、都大踊りといひ伝へたり。(19)

とあり、土田論考の指摘によっても、京から入ったことは明かである。

享保十七年中村座で佐渡島長五郎が演じた「後面《うしろめん》」の所作事は、享

保六年（一七二一）正月刊の『役者若咲酒《やくしゃわかえびす》』大坂の巻に「立役上上佐渡島長五郎〔大坂〕桐野谷座／狐の所作見ごと」と出ているのが古い記録であろうか。『歌舞妓事始』巻之四「古人役者所作」には、その創作の過程が次のように記されている。

▲佐渡嶋長五郎

（前略）狐の所作事ハ、ある時つれ〳〵の折節雨降けるに、大豆の入たる盆へ軒づたひの雨のしたゞり堕る音、拍子を感じ雨だれ拍子を工夫して、狐の風俗にうつし、早替りを思ひつき、前に黒き物を身に覆て、後に狐の面をかけ、後へ手を廻し、秘術を尽す。くるりと廻前の黒きものを上ると、伯蔵主とかはる。見る人心をまどハし皆人感にたへ、いつともなく誰が名付るとも知れずうしろ面と呼びける。[20]

江戸では三味線方の杵屋喜三郎が改作したと伝えられる。松嶋庄五郎が長唄を勤めているが、これは上方の女方ではなく、立役の佐渡島長五郎の滑稽味を帯びた所作との組み合わせにより可能になったと考えられる。

表1（269頁以下）で、中村座の延享五年（一七四八）一月の「小妻重山吹海道」、寛延元年（一七四八）十一月の「室咲《むろざ》き京人形《きょうにんぎょう》」の正本には、表紙絵に女方による鑓踊《やりおどり》が描かれており、「小妻重山吹海道」の詞章には水木辰之助の鑓踊の一部が使われている。

中村座、寛延二年（一七四九）正月の市川海老蔵による「無間の鐘」は瀬川菊之丞のパロディー作品となる。市村座では、座元や若太夫が積極的に江戸下りの役者と共演し、長唄についても坂田兵四郎と松嶋庄五郎の競演を組む方針をとっている。

このように、上方で当たった役者の所作事は江戸で再演され、その上演に際して長唄正本の版行がなされて、その多くを坂田兵四郎・吉住小三郎が勤めていることが表1から読み取れる。

坂田兵四郎は番付の記載で確認できなくとも、京では小歌方であった可能性が高い。そのことは、『歌舞妓事始』の巻之五「古人小歌作者」の部に見られる「花の香　坂田兵四郎作」との記載によって、彼が小歌を作っていたという事実が知られ、また、前掲『新撰古今役者大全』でも彼を小歌の名人、小歌方と記載していることがこれを裏付けているものと思われるからである。

そして、坂田兵四郎は享保十五年に江戸に下ってから、中村座や市村座の正本には長唄の肩書きで表記されるのだが、実態的には上方の小歌か、あるいは、きわめて上方の小歌色の強い歌をうたっていたと推測される。

しかし、このような長唄正本から読み取れる上方芸の移植の状態は、顔見世番付から作られている従来の通説の「江戸版顔見世番付で享保十二年（一七二七）以降、長唄方は「江戸」の肩書きで占められ、江戸出身者で賄えるようになり、この年をもって江戸長唄の確立と見なす」という内容と、実態的にはかなり食い違っていることが指摘できよう。

中村座は坂田兵四郎を江戸に呼び、上方下りの役者の所作にすでに付いていた上方の小歌、あるいは小歌色の強い歌を、江戸の歌舞伎界で「長唄」として売り出した。これに伴い、新企画として長唄の肩書きを掲げた音曲正本を版行し、その後長唄所作事は隆盛となっていったのである。[21]このように長唄正本の版行の機縁を捉えるならば、享保十二年の時点で顔見世番付の肩書き表記を「江戸長唄」に変えていることも、座側が唄による所作事に目を付け始め、これを江戸の歌舞伎の新たな演目に据えようとし出した現れと考えられないだろうか。

五　顔見世番付の肩書きについての補足事項

坂田兵四郎は、享保十六年（一七三一）年の顔見世興行から、一旦京に戻ったと見られる。都万太夫座の子年顔見世番付(22)の下段に「江戸／小哥　坂田兵四郎」と記載されている。本頁下段に図4としてその番付を掲げた。

この時坂田兵四郎は、おそらく佐野川万菊・中村冨十郎・中村新五郎等とともに京に上ったと見られる。兵四郎は元々、京から江戸に下ってきたのであるが、享保十六年に京に戻った折の都万太夫座の番付に兵四郎が「江戸」と肩書きされているのはなぜであろう。同番付の役人付の冒頭部分には、

江戸／太夫　佐野川万菊
江戸／立役　中村新五郎
江戸／太夫　中村冨十郎

とあり、上方出身でこの時江戸下りした役者も同様に「江戸」の肩書きで記載しているようである。このうちの中村新五郎について、『役者春子満』）京之巻に、

是迄御江戸へ御下りの立役衆の中には、稀なる大当りしての御帰京、比類なき御手柄、珍重〳〵

佐野川万菊については、

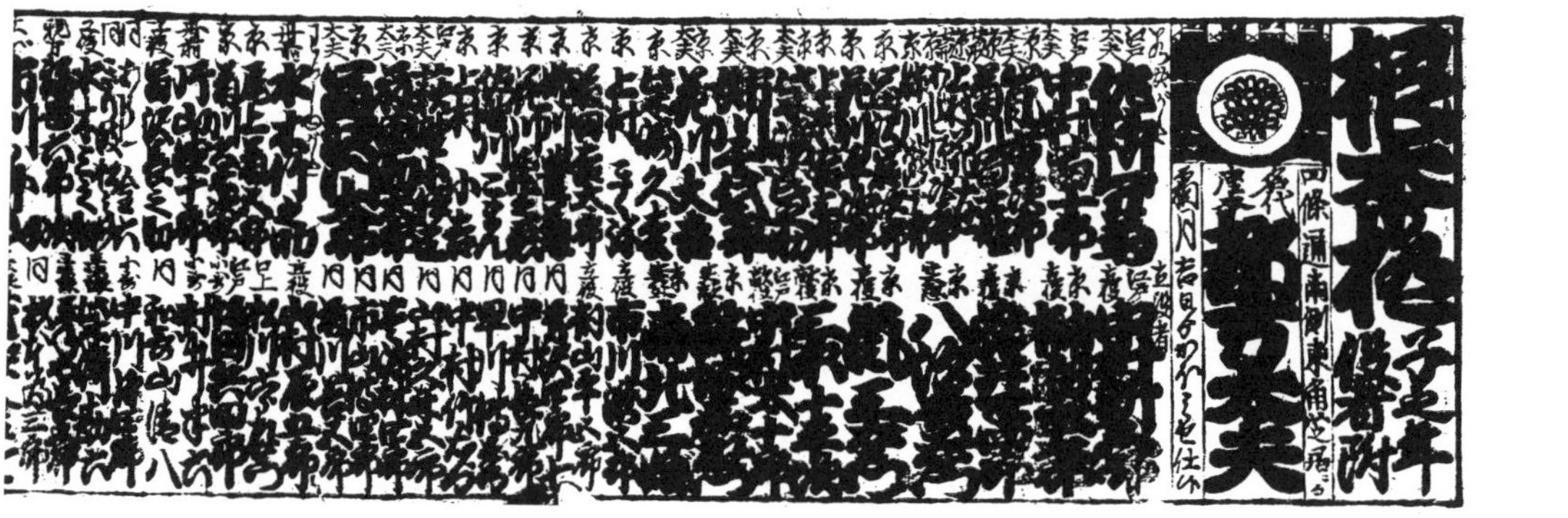

図4　『〔古歌舞伎番付〕』所収、都万太夫座子之年顔見世番付
東京大学総合図書館所蔵〔2―1―5〕

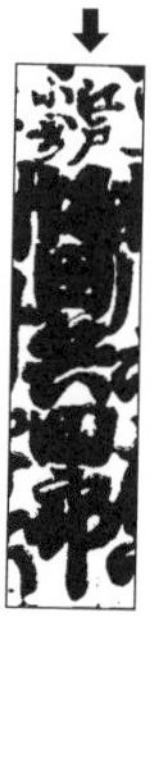

江戸／小哥　坂田兵四郎

盆から十月迄当づめにて、御江戸に名を残しての．上首尾のおのぼり．

と書かれてあるから、これらの上方出身の役者や兵四郎の肩書に「江戸」を名乗らせているのは、江戸歌舞伎での成功を受けた、凱旋公演の意味合いを持たせているのであろう。番付は宣伝を目的として作成されているので、肩書きの地名は必ずしも出身地を固定的に表わしているわけではないことがわかる[23]。

また、坂田兵四郎を長唄方ではなく、小歌方と記載しているのは、当時の京の番付では唄方が小歌で占められていたから、その例に倣ったものと推測される。兵四郎の江戸における長唄は、都万太夫座や版元の和泉屋又兵衛側にとっては、おそらく、江戸で当たりを取った小歌と見なし得るものであったのだろう。

まとめ

元禄歌舞伎において江戸の観客は、外記節や薩摩浄瑠璃を地に用いた荒事の所作を好んできた。しかし、次第にその傾向も薄れ、享保期に入ると上方の和事を受け入れる土壌が江戸にも生まれ、荒事と融合させる時代に入っていくのである。上方の和事芸は、主に女方の江戸下りによってもたらされ、その所作事に付いた音曲もまた、江戸歌舞伎に入ってきたと考えられる。

中村座が所作事の達人である菊之丞と、上方の小歌方を呼び、正本と共に売り出す企画を組めたのは、坂田兵四郎であったからだと考えられる。坂田兵四郎は、江戸の歌舞伎界と観客に上方の小歌を受け入れさせ、根付かせるだけの十分な力量と、背景をも持ち合わせていた。なぜならば、上方の元禄歌舞伎の名優、坂田藤十郎の甥という威光を備えた人物であったからである。

瀬川菊之丞が演じた傾城葛城の所作と、坂田兵四郎の歌う「傾城無間鐘（哥の出端）」「無間鐘新道成寺（所作）」は、おそらく上方の傾城事の趣をよく表現していたのであろう。兵四郎は和事の真髄を体得していた。それゆえに大ヒットした。坂田兵四郎だからこそ、長唄正本の出版は果たされ、その後の継続的版行に至ったと思われる。それは、長唄が江戸歌舞伎の所作事として、揺るぎない地位を得た証でもある。

坂田兵四郎は、上方の所作事の移入に際して歌の面から和事を正当に伝えたからこそ、江戸で名人の誉れを取り、新たな長唄所作事の時代を江戸に築く起点ともなり得たのではないだろうか。

それでは、中村座は長唄の正本を版行するというアイディアをどうやって得たのであろうか。これもまた、上方の小歌経由で入ってきたとは考えられないだろうか。したがって、次の第二節では小歌詞章の版行事情について検討して見ることとする。

【注】

（1）『郡司正勝刪定集　かぶき門』第一巻（白水社、一九九三年）。

（2）『岩波講座歌舞伎・文楽』第二巻　歌舞伎の歴史Ｉ（岩波書店、一九九八年）。

（3）拙稿「河東節正本の版行に関する一考察―江戸歌舞伎における初期の音曲正本と位置付けて―」（『北海道東海大学紀要　人文社

会学系』第十九号、二〇〇六年）。〔編注〕同稿は本書172頁以下に「付編2」として再録した。

（4）安田文吉「『睦月連理𣜿』小考」（福田晃監修・古稀記念論集刊行委員会編『伝承文化の展望』三弥井書店、二〇〇三年）。同稿は「睦月連理𣜿」の中村座上演を、享保十九年秋と推定している。

（5）『近世邦楽年表　江戸長唄附大薩摩浄瑠璃之部』（東京音楽学校編、六合館書店、一九一四年）。

（6）顔見世番付で、座に属する唄方に付される小歌や歌浄瑠璃等の名称を、他の論考に倣って本論文でも「肩書き」と呼ぶ。

（7）今日に残る、「せりふ入り長唄」と記載のある長唄正本がその面影を伝えているのではないかと考えている。

（8）『新撰古今役者大全』に坂田兵四郎は「去年巳ノ六月身まかり」と出てくることから、寛延二年に没したと推測される。ゆえに、表1の範囲を同四年以前とした。

（9）『日本庶民文化史料集成』第六巻　歌舞伎（三一書房、一九七九年）。

（10）前掲注（9）。

（11）前掲注（9）。

（12）藤十郎の次男。『役者三世相』（宝永二年〈一七〇五〉四月刊）では「巻軸　若衆　坂田兵七郎」とあり、京布袋屋の名代で座元を務めている。

（13）『新燕石十種』第一（広谷国書刊行会、一九二七年）。

（14）東京芸術大学附属図書館蔵本による。

（15）土田衞『考証　元禄歌舞伎―様式と展開』（八木書店、一九九六年）

（16）役者評判記『役者若見取』（享保十六年〈一七三一〉正月刊）江戸之巻に、「瀬川菊之丞　是まで上手の女形の、下り衆多き中に、此君の顔見世のはづみやう。あやめ殿下り以来おぼへぬ」とある。なお、瀬川菊之丞の事跡については、佐藤知乃『近世中期歌舞伎の諸相』（和泉書院、二〇一三年）に詳しい。

（17）町田博三・渥美清太郎他編『江戸時代音楽通解』（古曲保存会、一九二〇年）。

（18）前掲注（9）。

（19）前掲注（9）。

（20）前掲注（9）。

（21）江戸で長唄正本が版行され出すと、「小歌」の記載は消えたのであろうか。筆者が江戸版の中村座の顔見世番付を見る限りにおいては、次のものに「江戸小歌」の肩書きをまだ見出すことができる。

・享保二十年番付〈山村耕花・町田博三編『芝居錦絵集成』（精華社、一九一九年）所収〉

・元文三年番付〈柏谷宏紀・歌舞伎年表研究会編『日本大学総合学術情報センター所蔵　歌舞伎番付集成』（八木書店、二〇〇四年）

・延享四年番付〈早稲田大学演劇博物館蔵〉

・寛延元年番付〈国立国会図書館蔵〉

「江戸小歌」の肩書きは、「江戸長唄」に比して少なくなる傾向にあるが、このように享保期を過ぎてもなお存在してはいる。

（22）東京大学総合図書館霞亭文庫蔵「〔古歌舞伎番付〕」所収。子年とは、享保十六年十一月から、享保十七年十月の期間の座組を指していると思われる。

（23）顔見世番付に記載される肩書きの地名は、あくまでも興行上の宣伝効果を図った記載であることを念頭に置いて扱うべきであると考える。

第二章　小歌から長唄への展開

坂田兵四郎の江戸下りには、長唄正本の版行という出版事業が組まれたと推測する。それは、これまで上方から下って来た小歌方（多くは女方の江戸下りに同行してきたであろう）とは、一線を画す江戸の座側の扱いであったと言えるであろう。

長唄の詞章を版行するアイディアは、どこから得たのだろうか。そもそも長唄以前に、新作の小歌は上演時に版行されていたのであろうか。

本節では、長唄正本の系譜を小歌正本に求めて考察してみたい。小歌正本と長唄正本を比較することができれば、江戸長唄の本質をより明確に捉えられると考えるからである。

一　小歌方と小歌

『歌舞妓事始』巻之五[1]には、「古人小歌作者」の部を設け、小哥四十四作品の曲名とその作者を記している。また、「古今小歌諷」の部は、「小歌うたひ」「三味線方」「鳴物囃子方」に分かれ、「小歌うたひ」として寛文の頃より名の知られる三十三名を載せている。ここに掲載される作品のいくつかは、『落葉集《おちばしゅう》』（元禄十七年〈一七〇四〉刊）などの歌謡集にも所収されており、絵入狂言本にも見出すことができるのだが、それらの正本を筆者は目にしていない。

『歌舞妓事始』の「小歌うたひ」の中に「五郎兵衛」と二名あるうちの一人は、おそらく若山五郎兵衛であろう。この唄方は『舞曲扇《ぶきょくせん》林《りん》』（初代河原崎権之助著、元禄二・三年〈一六八九・九〇〉頃成立）や『（新板）役者絵づくし』（元禄初年刊）二の巻の出囃子《でばやし》図《ず》に描かれている。より古くは、延宝二年（一六七四）八月刊の野郎評判記『新野郎花垣《しんやろうはながき》』にも「こうた五郎兵へ」と添え書きして描かれる。また、元禄七年（一六九四）刊の役者評判記『やくしや雷《いかずち》』は、「惣役者目録」に小歌方・三味線方を載せる珍しい例であるが、この「小哥方の分」においてもその名が記載されている。

『声曲類纂』（斎藤月岑編、弘化四年〈一八四七〉刊）では、この若山五郎兵衛について次のように記している。

> 貞享・元禄の頃一派を語り出して若山節と号し、世に賞せらる。又小唄を能して、上手の聞えあり。
> 譚海に云、芝居にて狂言のあひしらいに一口つゝうたふは、若山節と云もの也。説経節・上るり節、さま〲なる節を交えてうたふなりと云々。

これによると、五郎兵衛は小歌を得意とし、その他にも説経・浄瑠璃など様々の節を芝居の場面に合わせて短く歌っていたようである。『松《まつ》の葉《は》』（元禄十六年刊）第四巻の「吾妻浄瑠璃」に所収される「草《くさ》摺引《ずりびき》」も「若山五郎兵衛ぶし」と記されている。つまり、若山五郎兵衛のような小歌方の才人は、それぞれのジャンルの代表曲のさわりの部分を習得しており、さらにそれを若山節と言われるだけの、自分の節回しによって歌うことができたのであろうと想像する。五郎兵衛より少し後、元禄十年代に活躍した上方の古今新左衛門についても、同様のことが言えるのではないだろうか。

赤間亮『図説　江戸の演劇書—歌舞伎篇』（八木書店、二〇〇三年）では、現存する顔見世番付には、特に正徳期（一七一一～一五）までの版に複製品の多いことが指摘されている。同書が挙げる、興行時に版行された最古の部類の顔見世番付から、唄方の肩書きを見てみよう。

上方版　天和元年（一六八一）大坂太左衛門座[2]

「小哥」「地うたひ」と、唄方の肩書きが記載されている。

江戸版　元禄九年（一六九六）森田座　正本屋小兵衛版[3]

「小うた」「せつきやう」とある。

江戸版　正徳二年（一七一二）市村座、中嶋屋版（演博蔵）

「江戸哥上るり」「江戸うた」「江戸小うた」とある。

すでに唄方は小歌方の他に、能の系統の地謡、古浄瑠璃系の説経・歌浄瑠璃に分かれていることがわかる。本職の説経・浄瑠璃太夫を座に抱えられない場合は、座付きの音曲担当者である唄方がその代わりを勤めていたことも十分想像できる。

筆者が自身で顔見世番付の調査を行った限りでは[4]、座に抱えられる唄方の肩書きは古くは基本的に小歌方であったと考えられる。特に上方版の顔見世番付はほぼ小歌一色である[5]。これに対し、江戸の顔見世番付では浄瑠璃太夫が左右に箱書きされ、唄には「小歌」の他に「歌浄瑠璃」の肩書きが見られる。江戸歌舞伎では古浄瑠璃を多く用いて、唄方もこれを摂取する傾向にあったことが読み取れる[6]。

役者評判記や絵入狂言本・歌謡集には、歌説経・歌祭文・歌浄瑠璃・浄瑠璃小歌という言葉がよく見出される。おそらく、歌舞伎の唄方や役者の歌う説経・祭文・古浄瑠璃は、本職の浄瑠璃太夫や説経太夫の語りと区別されていたのではないだろうか。ゆえに歌説経・歌祭文・歌浄瑠璃、または浄瑠璃小歌と称され、それらも含めて広く小歌と見なされることもあったと窺える。さらに、小歌方・三味線方は、子供（若い役者）の抱え主でもあったというから[7]、仕込まれる役者の歌う小歌もまた、同様に見なされていたと考えて良いであろう。

歌舞伎の小歌は、本来は風流踊系の小歌を主流とするが、若衆歌舞伎時代に狂言系の小謡が加わり、元禄歌舞伎に至っては法師系の三味線組歌や俗謡・流行歌のみならず、能、説経・祭文・古浄瑠璃から叙事的内容を獲得して、かなりの広がりを見せていたと推測される。『松の葉』『松の落葉』などの歌謡集に収録される芝居歌は長編化し、ストーリー性を有するものもあり、本文だけではどのジャンルの曲か見分けが付かない。

歌謡集は上演後の編纂物であるため、歌舞伎における小歌の実態を把握するには、座の上演時出版物である小歌正本から検討したいところである。しかし、小歌と記載され、長唄正本と同様の薄物の体裁を取る正本を、「無間の鐘新道成寺」以外に筆者はこれまで目にしてはいない。

そこで、まず絵入狂言本をもとに、小歌について調べていくことにする。絵入狂言本の江戸版は、元禄十年（一六九七）から宝永八年（一七一一）までの伝本が残っている。上方版については、元禄元年（一六八八）を最古の伝本とし、江戸版より長く享保年中（一七一六～三五）まで刊行が続いている。絵入狂言本は歌舞伎の筋書本であり、上演台帳とは見なせないのであるが、絵入狂言本の並本《なみほん》は、芝居の観劇時に劇場で売られていたとも考えられており（8）、元禄歌舞伎の内容を知る上で最も重要な手がかりとなる。

二　絵入狂言本と音曲正本

長唄正本は、半紙判二つ折りの判型をとり、二～三丁程度の本文と共紙表紙からなる簡素な小冊子である。この体裁は、せりふ正本と共通する。せりふ正本の方が古くから版行されているが、絵表紙の体裁を取るのは享保期に入ってからのことである（9）。

一方、江戸歌舞伎の音曲正本としては、河東節正本が享保初年の上演作品から伝存し、長唄正本に先行するかたちになる（10）。だが、河東節は江戸太夫河東を祖とし、江戸半太夫から独立して一派を立てた江戸浄瑠璃であるため、座付きの音曲担当者とは異なる。

座付きの唄方としての長唄に先行する存在は、小歌方なのである。上演に際し、新作の小歌の詞章は版行されていたのであろうか。

和田修は「江戸板絵入狂言本における浄るり詞章（11）」において、音曲詞章を載せる江戸版の狂言本を、次のように列記している。

踊歌の正本を含む狂言本
『椀久浮世十界《わんきゅううきよじっかい》』　貞享三年（一六八六）正月、中村座
　もづや十兵衛版

浄瑠璃詞章を載せる絵入狂言本
『五頭《いつつがしら》大伴魔取《おおともものまとり》』　元禄十二年（一六九九）九月、山村座
『傾城浅間嶽《けいせいあさまがだけ》』　元禄十三年（一七〇〇）一月、山村座
『艶《つや》冠《かんむり》女《おんな》将門《まさかど》』　元禄十三年（一七〇〇）七月、山村座
『傾城《けいせい》三鱗形《みつうろこがた》』　元禄十四年（一七〇一）三月、山村座
『愛護《あいご》十二段《じゅうにだん》』　元禄十四年（一七〇一）三月、山村座
『大職冠《たいしょくかん》二度珠取《にどのたまとり》』　元禄十四年（一七〇一）五月、山村座
『紅梅《こうばい》隅田川《すみだがわ》』　元禄十五年（一七〇二）三月、山村座
『信田《しだ》三種神祇《さんしゅのじんぎ》』　宝永二年（一七〇六）七月以降ヵ、山村座
（『信田三種神祇』が写本で伝わる以外は、いずれもゑさうしや三左衛門版である。）

この中の『五頭大伴魔取』『艶冠女将門』『信田三種神祇』が、薄物の音曲正本のみを取り合わせて版行した狂言本となる。これは、狂言本より先に、浄瑠璃や小歌の薄物正本が出版されていて、狂言本の作成時にそれらを寄せ本にして版行した可能性を示していると言う。

また、『椀久浮世十界』も同様に、上演時におそらく別々に版行されていたと推測されるせりふ正本と踊歌の正本を、後に取り合わせ、寄せ本に仕立てた狂言本であると指摘している。『椀久浮世十界』は小型本であるため他の狂言本とは判型を異にするが、本文初丁裏の役者付けの下段に、小歌方の連名が次のように記載されてある。

小うた　鈴虫権左衛門

同　滝井平三郎
同　柏崎権兵衛
同　本木一郎右衛門

したがって、この踊歌は小歌方が勤めたことが明らかとなり、小歌の薄物正本が江戸で版行されていたひとつの証となるであろう。

しかし、『椀久浮世十界』以外の『五頭大伴魔取』から『紅梅隅田川』までの七作品のすべてが、虎屋喜元《とらやきげん》・源太夫、豊嶋小源太による浄瑠璃太夫の詞章である。

小歌正本や浄瑠璃正本の寄せ本の形をとるこれらの本は、絵入狂言本の伝本の中では例外的な存在といって良い。通常の筋書き本の形態をとる絵入狂言本において、小歌の詞章が挿入されている例は一体に少なく、小歌の指定（「此所小うたあり」と本文に書かれているが詞章を伴わないケース）さえも、江戸版には少ないことが指摘できる。

ここに各作品の本文における音曲指定の箇所を一々掲出することはしないが、古浄瑠璃に関する指定のうち「此間豊島浄瑠璃」「小源太浄瑠璃にて愁嘆あり」とある場合などは、浄瑠璃太夫の出語りを示していると見られる。だが、単に「此内浄瑠璃」「此内髪梳《かみす》き浄瑠璃」「此内草摺曳《くさずりびき》浄瑠璃」「出端あり　土佐浄瑠璃あり　団十郎仕候」「此内清若嘆きの説経あり」「此間薩摩外記上るりにて」とある場合などは、唄浄瑠璃方や小歌方、あるいは役者が歌っている可能性もある。『頼《より》政万年暦《まさまんねんごよみ》』（元禄十三年〈一七〇〇〉十一月、山村座）の第三番目の終わりに「此所ミな哥上るりにて」と出てくるが、歌浄瑠璃の指定の場合には唄方が担当したと推測される。

これらの浄瑠璃指定に対し、歌の場合は「ぬめり歌あり」「投節《なげぶし》うたひけり」「哥にて病人のおもひ入有」「此内小勝半三胡弓と三味線合せつれ節」と見つかる程度で、その指定の数は格段に少ないと言える。『参会名護屋《さんかいなごや》』（元禄十年正月、中村座）の奥書には次のようにある。

右此本ハ座中惣子共立役拍子方不残上るりせつきやうせりふことはしよさ直之書正本を写一字一句一点無相違令板行者也

座中の若衆方・若女方・立役・囃子方の浄瑠璃や説経、せりふ言葉・所作を残らず載せて版行したと書かれてあるが、この中に「小歌」の語は含まれていない。

その一方で、役者評判記の江戸の巻には、役者の小歌芸を評する記述が多数見つかるのである。これについては、松崎仁「歌舞伎における歌謡（一）万治・寛文〜元禄期、（二）宝永・正徳・享保期」（『舞台の光と影』森話社、二〇〇四年）の論考に詳しい。享保五年（一七二〇）二月刊の役者評判記『役者三名物《やくしゃさんめいぶつ》』江戸の巻に、道行に用いられた小歌について、次のような記事が出てくる。

上上道外　西国兵五郎

当曽我に〔一富士礼拝曽我〕団三郎のお役．夢中の富士見西行．道行小哥大出来．切ニ祐経猪にのりし．其尻ニのつて．五郎団十郎殿ニさし上らるゝ所。大当り〳〵[12]

道化方の滑稽な所作を伴う道行であったと推測できるが、小歌を用いて当たりをとることもあったようである。

江戸版の狂言本においては、小歌よりも、浄瑠璃や説経を重用する傾向があるのは、荒事の劇的展開に古浄瑠璃が欠かせないものであったからだと考えられる[13]。古浄瑠璃正本の版行は古く、江戸版金平浄瑠璃正本は承応・明暦・万治期に遡れるというから、江戸歌舞伎に用いられる浄瑠璃詞章の版行も古浄瑠璃正本の系列に列なるものと見なせよう。

一方、小歌の詞章は江戸版絵入狂言本では扱われる例も少なかったが、上方版の絵入狂言本においてはどのように扱われているのであろう。次に、上方版の狂言本における小歌の詞章について検討して見る。

三　上方版絵入狂言本の小歌詞章

京・大坂版の絵入狂言本には、江戸版に伝わるような、すでに別々に版行されていた音曲正本を取り合わせて、寄せ本にした造りの本は伝存しない。だが、上方版の絵入狂言本には、「並本《なみほん》」と呼ばれる上中下一冊本のほかに、江戸版にはない「上本《じょうほん》」と呼ばれる上下二冊本の体裁を取る本が存在する。(14) 上本は並本の刊行後に版元の特殊事情によって版行されたと考えられており、せりふや小歌の詞章を省かずに載せている点に並本との大きな違いがある。伝本調査の結果から上本の版行は元禄十年（一六九七）から宝永三年（一七〇六）までの時期と見られている。限られた期間ではあるが、この上本から狂言における音曲の使用箇所や使われ方、そして詞章を知ることができるのである。

また、並本であっても、本文中の音曲が使われる箇所に、「この所浄瑠璃有り」と指定が書き加えられている場合もある。だが、この指定には詞章を伴う場合と伴わない場合がある。

前節で論究した和田論文では、江戸版の狂言本について音曲の指定を分類しているが、上方版の狂言本についても同様の分類が可能である。ここでは、和田論文の分類を参考にしながら、少し詳しく次の①～④ように分けてみた。（以下傍点筆者）

①ある場面に音曲が用いられることを、ことばで指定する場合

『大隈川源左衛門《おおくまがわげんざえもん》』　八ゐぎくしやうだいなく、「そのやうなこい事を　いふて下だされまするな」と、つかなき小うたをはりあげてうたひ。

『大織冠《たいしょかん》』　あやめさもんうた有／しばらくしかた有

『金岡筆《かなおかがふで》』　安兵衛は　上るりをかたり〳〵もどる.

『仏母摩耶山開帳《ぶつもまやさんかいちょう》』　かもんは「よしないやつがうせてやかましい」と。さみせん取出し。うたをうたひゐる所へ

『好色伝授《こうしょくでんじゅ》』　みさき「久しう聞かん程に弾いてやらうぞや。」（中略）というてさみせんこしらへてひく。かづまうたをうたふ。たがいの心をこうたにてしらせ　めつかいにて、しうたん有。うたい引しまいて

②音曲を具体的に指定しないが音曲を伴ったと推測される場合

『大織冠』　あまは上村たつや梅田もんや　まひ有

『金岡筆』　所へ廿あまりのだて男（中略）下人にたるを持せ宮ゐに参り。酒をのみ　まひをまふてなぐさみける

『鹿嶋の要石《かしまのかなめいし》』　かずへのかみはふうりうのだて男。小姓さもん・さだうよも市供につれ。かしまぢかく一ふりふつて出すがた。世にもまれ成ふうぞく也

『福寿丸《ふくじゅまる》』　挿絵部分に「かもん、きくの花持まふ」「手だての花いくさ／ひやうしまひ」、竹島幸左衛門の舞姿図

以上は、舞や出端の所作に音曲が伴われていたと推測される場面で

ある。なお、『福寿丸』の「花軍《はないくさ》」は『落葉集』第二巻「中興当流所作」に詞章が記載されている。

③音曲詞章が本文中に挿入されているが、抄記されていると見られる場合

『金岡筆』　安兵衛「さあそこの所がいきませぬ．さる〳〵まんなこゑ」と。小うたにまぎらかす。

『娘親《むすめおや》の敵討《かたきうち》』（『水木辰之介餞振舞《みずきたつのすけたちぶるまい》』に版木使用）　思ひしらずや世の中の情けは人のためならず（中略）かずまハしれう（おふぢ）もろ共立上りうたふつまふつ(15)

『丹波与作手綱帯《たんばよさくたづなおび》』「与作丹波の馬方すれど、今ハ世に出て刀指しじや。しやんと差せ与作。」と我が身の事をうたひつゝ、機嫌よろしくお国入り。

④音曲詞章を載せている場合（表2〈上方版・絵入狂言本における小唄・浄瑠璃の詞章〉として274〜281頁に掲載した）

・音曲詞章を省かずに載せる絵入狂言本の上本。その題簽には「せりふ残らず小歌入り」と記載がある。

・役人替名の上段に音曲詞章を載せる絵入狂言本の並本。

絵入狂言本とは、芝居の筋書きを読み物風に書き表して版行したものである。ゆえに狂言の作者と絵入狂言本の執筆者が一致するとは限らない。③では、音曲の詞章の冒頭の部分だけを抜き出し、残りの詞章はおそらく絵入狂言本の執筆者によって大幅に省略されたり、短く改変されている。とは言え、金子吉左衛門の日記が発見され、絵入狂言本の作成に狂言作者が関与していることが明らかとなった(16)。したがって、絵入狂言本の音曲詞章は後の編纂物である歌謡集とは異なり、信頼度を有する上演時資料である点では、音曲正本に近い存在と言える。

①②③は並本に見られる。

④については、前記のように274頁〜281頁の表2にまとめた。上方の絵入狂言本では元禄十二年（一六九九）正月刊の『傾城仏《けいせいほとけ》の原《はら》』から、表紙見返しにある役人替名《やくしゃかえな》の上段あるいは下段に切場《きりば》の総踊りや音頭の詞章を載せるかたちが定型化し、享保六年（一七二一）の『傾城来《けいせいくる》満舎《まやどり》』まで受け継がれていく(17)。④の詞章は、上本や並本に載せるために座元や作者、座と提携する版元が意図的に選んだ曲と見なせる。ここに、音曲正本との共通性をある程度見て取ることができようか。

また、③の場合であっても長文の場合は、表2に掲出している。なお、表2の外題の欄で、括弧内に狂言の作者名を入れてあるが、これは絵入狂言本の執筆者ではないことを断っておく。表2では小歌に限定せず、長文で載せられているすべての音曲詞章を取り上げている。

表2の、上からの七列目「演技者」の欄には、音曲の使われる場面を演じる役者名とその役名を載せている。同じ欄の「歌い手」については明らかとなる場合、あるいは推測できる場合にのみ記入した。その根拠として役者評判記から音曲場面に対応する記事を抜き出し、表2の最下段の欄に載せている。

表2の目的は、正徳期（一七一一〜一六年）までの上方版絵入狂言本から、曲名あるいは音曲の指定と、その詞章を抜き出して分析することにある。曲名の欄を左方に見ていくと、江戸版の絵入狂言本に比べて、上方版では小歌（あるいは歌）の詞章を載せることが主流であったことがわかる。ただし、その中で唄方が歌っていることが明かで

あるのは、元禄十六年（一七〇三）の『唐崎八景屏風《からさきはっけいのびょうぶ》』のみで蔦山四《つたやまし》郎兵衛《ろべえ》が小歌を歌っている。

岩井左源太・山下亀之丞などは役者評判記で小歌芸を誉められており、萩野長太夫も役者評判記に半太夫節の弾き語りの記述が見つかることから、小歌も歌えたのではないかと推測する。また、若女方の怨霊事のように曲芸的な要素が所作に加わる場合は唄方が歌ったのではないかと想像するが、役者と唄方が交互に歌った可能性もある。

表2 275頁で元禄十二年の「傾城花筏《けいせいはないかだ》」は歌浄瑠璃とあって異色な存在であるが、これは江戸から上った役者、葉山岡右衛門が得意の江戸浄瑠璃を京で披露したのである。『歌舞妓事始』巻之五「古人小歌作者」の中に、

傾城花いかだ　　葉山岡右衛門／蔦山四郎兵衛両人作

と先の蔦山との合作と書かれてあり、(18)小歌と見なされている。しかし、絵入狂言本では「葉山岡右衛門哥上るり」と題して、その詞章が掲載されているのである。

葉山岡右衛門は、元禄十一年十一月刊の『三国役者舞台鏡《さんごくやくしゃぶたいかがみ》』に「江戸立役中ノ上」と記され、この年の顔見世から京へ上っている。小柄であったが、中村七三郎似で器量が良かったという。『役者ともぐい評判』（元禄十年刊）に、

江戸土佐半太が一ふしを、ひきがたりにさせてきゝたや

とあり、土佐節・半太夫節の江戸浄瑠璃を得意とする役者である。『役者万年暦《やくしゃまんねんごよみ》』（元禄十四年三月刊）の江戸の巻には次のように評が載る。

去顔みせより此かた、年明ての初狂言。つゞいて二のかはりまでも（中略）とりわけ、江戸小哥のつよい所に、此かわひらしい声して、うたわるゝてい、まなぶ人おおし。（傍点筆者）

傍点部分の「江戸小哥」は土佐・半太夫浄瑠璃を指していると見られる。第一章でも指摘したように、唄方や役者が歌う浄瑠璃は小歌と見なされ、本職の浄瑠璃太夫の語りとは区別する意識のあったことが裏付けられよう。

なお、「傾城花筏」の歌浄瑠璃は半太夫節で語った模様である。『役者口三味線』京ノ巻（元禄十二年三月刊）と『口三味線返答役者舌鼓《したつづみ》』京ノ巻（同年六月刊）に、

第一此人かほみせ男也。しやみせんひかせ、土佐ぶしをかたらせては、はんなりとして、見物の気をとらるゝ事、京大坂とてもおなじ事

と書かれ、前年の顔見世興行では土佐節を語って好評を得ている。しかし、『新大成糸の調』で「傾城花筏」は「半太夫の部」に所収されている。(19)

葉山岡右衛門のように江戸から上った役者の場合を除いて表2を見ると、小歌の詞章を版行する伝統は、やはり上方にあったと捉えて良いであろう。

四　上方版小歌正本としての一枚摺

上方では歌舞伎の上演に際し、新作の小歌の詞章を単独に版行することは行われていなかったのであろうか。『落葉集』（元禄十七年〈一七〇四〉刊）の第二巻「中興当流所作之部」や第三巻「中興当流丹前

出端之部」には、「花軍　竹島幸左衛門」のように曲名に役者名が添えられており、第五巻「古今踊音頭之部」には蔦山四郎兵衛や古今新左衛門の作が含まれていることから、これらの詞章は絵入狂言本経由ではなく、上演時の劇場出版物である音曲正本を直接出典としているのではないかと考えられるのである。

　小歌正本の存在を窺わせる資料の一つに、絵入狂言本『けいせい七《しち》堂伽藍《どうがらん》』（八文字屋八左衛門版）がある。これについては、すでに同書を影印・翻刻により紹介した『歌舞伎浄瑠璃稀本集成』(20)の解題（正木ゆみ執筆）において言及されている。そのあらましを筆者の調査を加えてまとめると、以下のようになる。（なお、この作品は表2 274頁の二番目に掲げている。）

『けいせい七堂伽藍』は元禄十年（一六九七）に、京都都万太夫座の二の替に上演された三番続きの狂言である。その絵入狂言本は上中下三巻一冊の体裁を取り、正木ゆみは最古の上本『面向不背玉《めんこうふはいのたま》』に先駆ける存在として位置付ける。と言うのは、『けいせい七堂伽藍』は通常の歌舞伎の筋書き本の様式を取っているが、その本文の中に独立した歌謡詞章一丁分を二箇所で取り合わせて作られている。それらの歌謡丁は、上巻の第十丁表裏の「村上竹之丞　木やりいろさとなよせ」と、下巻の最終丁の裏半丁の「けいせいおどり」である。筋書き部分は一行約四十五字で半丁に十二行が収められている。だが、歌謡の丁は字体が少し大きく、一行が二十六・七字程度、半丁に十二行で収められている。また、歌謡の丁には版外に丁付けが無く、この点でも歌謡丁は筋書きの本文から独立しており、すでに版行されていた歌謡丁が狂言本作成時に取り合わされた可能性を示している。ちなみに『けいせい七堂伽藍』以外の絵入狂言本の上本では、歌謡の詞章は筋書き本文の中に収められており、独立した丁ではない。

　つまり、『けいせい七堂伽藍』の場合においては、絵入狂言本上本の版行以前に、二曲の音曲詞章が一枚摺りのかたちで先に版行されていた可能性を指摘できるのである。

　さらに、同書下巻の「けいせいおどり」は、国立国会図書館蔵「新板ぎおんおどりくどき」（八文字屋八左衛門版）に覆刻（詞章の冒頭の二行に改刻あり）して再収録されている。この「新板ぎおんおどりくどき」は、京都の祇園などで流行していた当時の都踊りの歌謡を寄せた本である。したがって、この例から「けいせいおどり」の一丁は、新作の上演時に一枚摺としてまず版行され、次に絵入狂言本に取り合わせられ、その後、おそらく上演時より時を隔てて編まれた都踊りの歌謡集に覆刻して載せられたと推測できるのである。

　このように、上方では、一丁に収められた音曲詞章が、番付などの一枚摺と合綴して寄せ本となって今日に伝わる例がいくつか存在する。『元禄歌舞伎小唄番付尽』にも次の音曲の一枚摺が含まれている。

「（おさハ半三郎）身なげ心中たゝき」
「娘髪結ちん〳〵ぶし」
「おハらぶし　はやり哥けいせひ大はし／音羽しばゐ」
（以上の三葉は、いずれも正本屋伝七版である。）
「古今ふしかけあい　古今新左衛門／藤井八十郎」（無刊記版）
「三のかハり　上の太子道行」（和泉屋又兵衛版）

大阪大学文学部忍頂寺文庫所蔵の『（新板小歌揃）音曲浮名笠《おんぎょくうきなのかさ》』（無刊記版）も同様に十九曲の小歌を所収する寄せ本であるが、その中の、

「二ツ井筒　あらし小六二のかわり哥」
「里の梅　榊山四郎太郎二のかわり哥」
「花の雪　瀬川座とけつ哥」
「きぬ〴〵うた　榊山座」
「十三鐘　榊山座」

には役者名や座名が記載されているので、歌舞伎との関係が指摘できる。だが、大名題が記入されておらず、これらが歌舞伎の上演時に版行されたものであるとは断定できない。遊里の歌曲集として後に作られた本である可能性もあるからである。また、寄せ本の外題には小唄尽・小歌揃と表記されているが、一枚摺自体には小歌の文字は入っておらず、小歌方の名が記載されることも見ない。これらの小歌の一枚摺は、大名題や座名、役名・役者名といった上演記録を満足に載せておらず、版元により座との専属関係も指摘できないため、上演時正本としては疑いを残す。

これらに対し、より明確に上演時に版行されたと見られる小歌詞章を、天理大学附属天理図書館の所蔵する番付集の中に見つけることができた。一枚摺「二の替り小歌　恋ばなし」である。下段にその図版（図5）を掲げ、翻字を載せる。

この曲は、中村新五郎と瀬川菊之丞が佐野川万菊座に同座していることから、享保十四年（一七二九）正月上演の『けいせい誘見山《いさみやま》』の第四番目に演じられた所作事の歌であることがわかる。横長の役割番付と同じ体裁をとっていて、見立て番付と捉えられる向きもあるが、座名があることや、番付類と共に伝来していることから、筆者は上演に際し版行された一枚摺の小歌正本である可能性が高いと考えてい

図5「二の替り小哥恋ばなし」一枚摺　天理大学附属天理図書館所蔵〔2―2―1〕

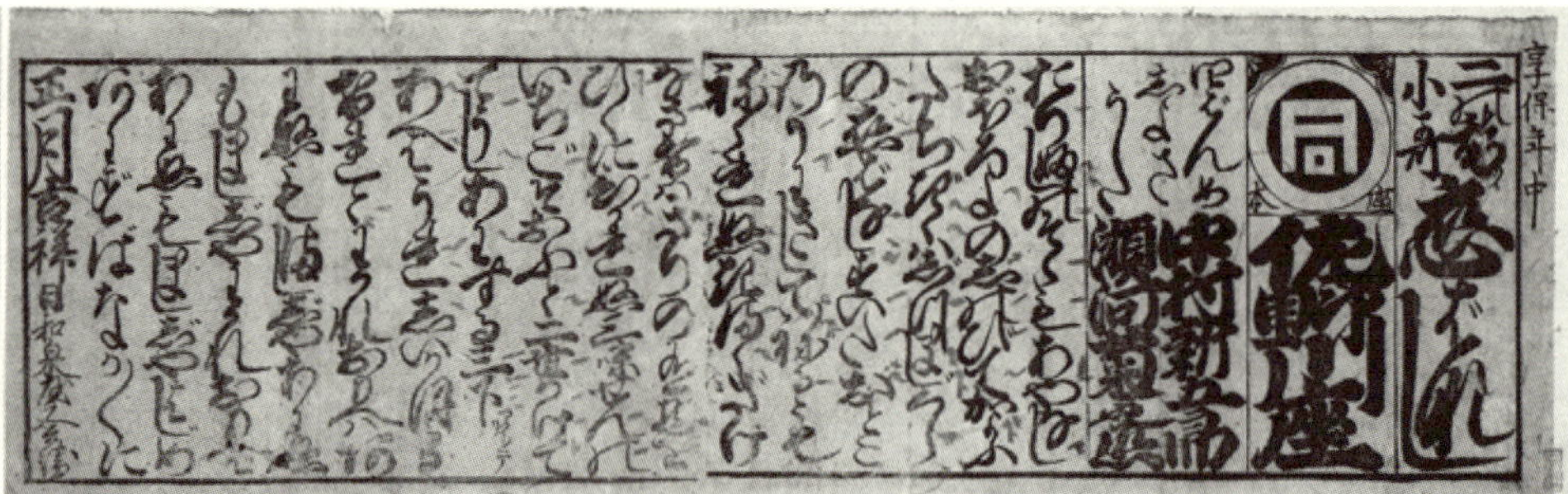

［翻刻］（読み易くするため、適宜一字明きを設けた）

二の替り小哥　恋ばなし
（紋）本座佐野川座
四ばんめしょさうた　中村新五郎
瀬河菊之丞
おりふしの　そらもあやなし
おぼろよの　しのびてかよふ
たちぎゝハ　じつまじくら
の　恋ばなし　すいたおとこ
のうわさして　ねるも
ねられぬ　きまゝざけ
なさけハぎりの有恋を
ひくにひかれぬ三味せんの
いちごそおふと　二世かけて
てうしあわする三下り　アイノテ
あへはうれしいかほする
けれと　わかれおもへハ　あ
わぬもましじや　あわぬ
もましじや　わかれおもへば
あわぬもましじや　はじめ
あわずば　なか〳〵に
正月吉祥日　和泉屋又兵衛

る。因みに『元禄歌舞伎小唄番附尽』に所収される「三のかハり　上の太子道行」（和泉屋又兵衛版）も横長の役割番付の体裁を備えた歌謡詞章である。この形態の一枚摺はまだ確認できる例が少ないが、上方歌舞伎において上演時に小歌が版行されていたことを示すものとして、資料的価値は高いと思われる。

274頁以下の表2を見ると、上方版の絵入狂言本においては小歌の詞章が数多く掲載されていることがわかる。また、事例はまだ少ないが、小歌詞章の一枚摺の存在も明らかとなった。これが上方版小歌正本であると今後認められるならば、小歌の詞章を版行する伝統は上方の方にあり、上方の小歌と共に、その詞章を版行するアイディアも江戸に入ってきた可能性はより高くなるであろう。

そして、江戸では享保期（一七一六～一七三五）にすでに定型化していたせりふ正本の判式にこれを入れ換えて版行したものが、初期の長唄正本と考えられる。江戸歌舞伎に用いられていた古浄瑠璃系の詞章も、狂言作者の本文に作り変えられて行くことでせりふ正本と同じ判式を取り、それらは同一規格の劇場出版物として上演時に頒布されることになったのであろう。

しかし、絵入狂言本や一枚摺りに記されている小歌の詞章には、見過ごすことのできない重要な面がある。それは、小歌を歌っていたのは小歌方だけではなかったと言うことである。顔見世番付においては小歌方が唄方の肩書きの大勢を占めているのに、絵入狂言本や一枚摺、役者評判記、歌謡集においては、小歌は役者の芸として出てくることが圧倒的に多いのである。小歌が主流の時代にあっては、座に属する唄方と役者の役割がまだ未分化であるか、あるいはその隔てがゆるやかであったと考えられる。歌や楽器演奏は役者の芸の一つとして観客の前に披露されており、浄瑠璃太夫の出語りに匹敵する小歌方の存在は、特に江戸ではまだ薄かったように思われる。

それでは坂田兵四郎という歌い手が江戸に登場し、松嶋庄五郎、吉住小三郎という唄方のスターも現れて長唄正本が版行されていくと、小歌の持っていた役者が歌うという側面はどのようになっているのであろうか。次に検討してみよう。

五　役者の歌う正本

小歌は番付を見る限りでは唄方の肩書きであるのだが、役者評判記には役者の小歌芸を批評する記事が多数見つかるので、小歌は役者も舞台で歌っていたのである。絵入狂言本・一枚摺・歌謡集では小歌の題に花形役者の名が添えられていることがある。役者評判記に歌の評が一度でも載っている者であれば、その曲も歌っている可能性がある。

これに対し、小歌方がそれらに記されることは「若山五郎兵衛」など数例に限られ、役者に比べて極めて少ない。これは上方・江戸を問わずに言えることなのである。なぜであろうか。

小歌方の立場を考える上で興味深い資料がある。『許多脚色帖《きょたきゃくしょくじょう》』一（早稲田大学演劇博物館蔵）に貼り込まれている「役者給金附」の一葉で、「子ノ年（貞享元年（一六八四））あらき与次兵衛座／役者きうぶんづけ　太夫本ふところ／日記」である。これには、若女方を筆頭に道外・子役、小歌から囃子、端役から楽屋番に至るまでそれぞれの給金が記されている。その上段の若女方の七番目に、次のような記載がある。

吉川多門／九拾両歌ニ／廿両〆百十両[21]

若女方の役柄のほかに、歌に対して二十両の加算が付いているのである。多門は『古今《ここん》四《し》場《ば》居《い》色競《いろくらべ》百人一首《ひゃくにんいっしゅ》』（元禄六年〈一六九三〉正月刊）に「小哥口せき諸げいのをもしろさゐもいわれず」とあるから、小歌に優れていたようである。その一方で、小歌方の給金は、

小唄　永谷長右衛門（三十両）　同四人（五十両）

とあるので、多門の加算額には小歌方の永谷長右衛門に次ぐ値が付いているのである。もっとも、この資料は給金を記しているわけではない。見立番付[22]であるから座の実際の給金附といっても見立番付であろう。それでも、役柄を勤めることと歌うことが、一応給金の上で分けて評価されていることを示している。また、給金の上で唄方の地位が座の中であまり高くないことも窺われ、歌のうまい子は唄方よりもむしろ役者になっていく傾向があったと推測される。ゆえに、小歌方で役者に比肩するスターは生まれ難い構造があったのではないだろうか。

そのような伝統の中で、歌舞伎の唄方から浄瑠璃太夫にも匹敵するようなスターを登場させる、という新たな企画のもとに、坂田兵四郎を擁して中村座が興行に臨み大成功を収めたことは、大きな転換点となったに違いない。そして、そのような唄方の出現が、その後の所作事を活気付ける大きな要素になったことは間違いないであろう。花形役者の名ぜりふ、浄瑠璃太夫の出語り、それらと同格の唄方が確保されることにより、同一規格のもとに歌舞伎の薄物正本という商品が出揃ったのである。

江戸版の顔見世番付では宝暦期（一七五一～一七六一）を境に、小歌の肩書きは見られなくなり、代わって長唄が大勢を占めるようになる。では、享保後期に唄方のスターによる長唄正本が江戸で創始されると、小歌が持っていた「役者が歌う」側面はどうなったのであろうか。役者の歌う江戸版の正本もまた版行されている。278頁の表3〈役者の歌・演奏による音曲正本〉には管見に及んだ、役者が、あるいは、役者と唄方が歌う（語る）詞章を載せた正本を掲げている。役者が歌う（語る）場合には、弾き語りを演じるなど、楽器演奏を伴う場合がある。

その表3の中の中村座で最初に掲げた伝本は珍しい正本で、長唄正本の創始期より古く、おそらく宝永五年（一七〇八）の版行と推定できる「八百屋《やおや》お七歌祭文《しちうたざいもん》」と題する古今節《こきんぶし》で、次頁上段掲出の図6からも知られる通り、歌うのは若女方の霧浪音之助であり、所作の中心はこの時若女方上上吉の嵐喜代三郎である。『役者友吟味《やくしゃともぎんみ》』（宝永四年〈一七〇七〉三月刊）大坂の巻によれば、嵐座は宝永三年の顔見世興行に『女大臣職人鏡《おんなだいじんしょくにんかがみ》』を打ち、その切狂言の「お七歌祭文」で喜代三郎が八百屋お七を演じて当たりを取っている。喜代三郎は、翌年、宝永四年の顔見世興行から江戸中村座に下り、宝永五年の正月狂言『傾《けい》城《せい》嵐《あらし》曽我《そが》』において、江戸における八百屋お七の初演を勤める。

一方、霧浪音之助は宝永四年の『役者友吟味』京の巻では若衆方中で、都万太夫座の抱えである。そして、『役者稽古三味線《やくしゃけいこじゃみせん》』（宝永五年閏正月刊）江戸の巻によると、宝永五年閏正月に江戸中村座に若女方中の位で下り、喜代三郎のワキ役を勤めて歌ったのがこの正本であろう。音之助の歌う古今節とは、「三国一流小歌の名人」と呼ばれる小歌を得意とした上方の道化方の古今新左衛門の歌は『はやり哥古今集』に編まれ、元

補足すると、古今新左衛門の歌は『はやり哥古今集』に編まれ、元

禄十二年（一六九九）に大坂正本や九左衛門から版行されている。『口《くち》三味線《じゃみせん》返答《へんとう》役者舌鼓《やくしゃしたつづみ》』（元禄十二年六月刊）ではこの書について次のように言及している。

新左殿の小哥の始終ハふし付万事みさい（微細）に書しるし、はやり哥古今集と名付、先月より一冊の上本に致、うりひろげますげな。是をお買いなさる丶と古今ぶしの様子がしれます。（傍点筆者）

『はやり哥古今集』には、歌説経・江戸小歌浄瑠璃・歌念仏や永閑《えいかん》節《ぶし》・浄瑠璃・口説などの曲が所収されている。だが、右の評判記の記載にある通り、それらは小歌と見なされていたようである。したがって、左頃の図6「八百屋お七歌祭文」正本も、古今節による歌祭文と表紙に記載されるが、役者の歌う上方の小歌が江戸で上演されて、薄物が版行されたと見られる。ただ、土佐屋が番付や絵入狂言本を扱う

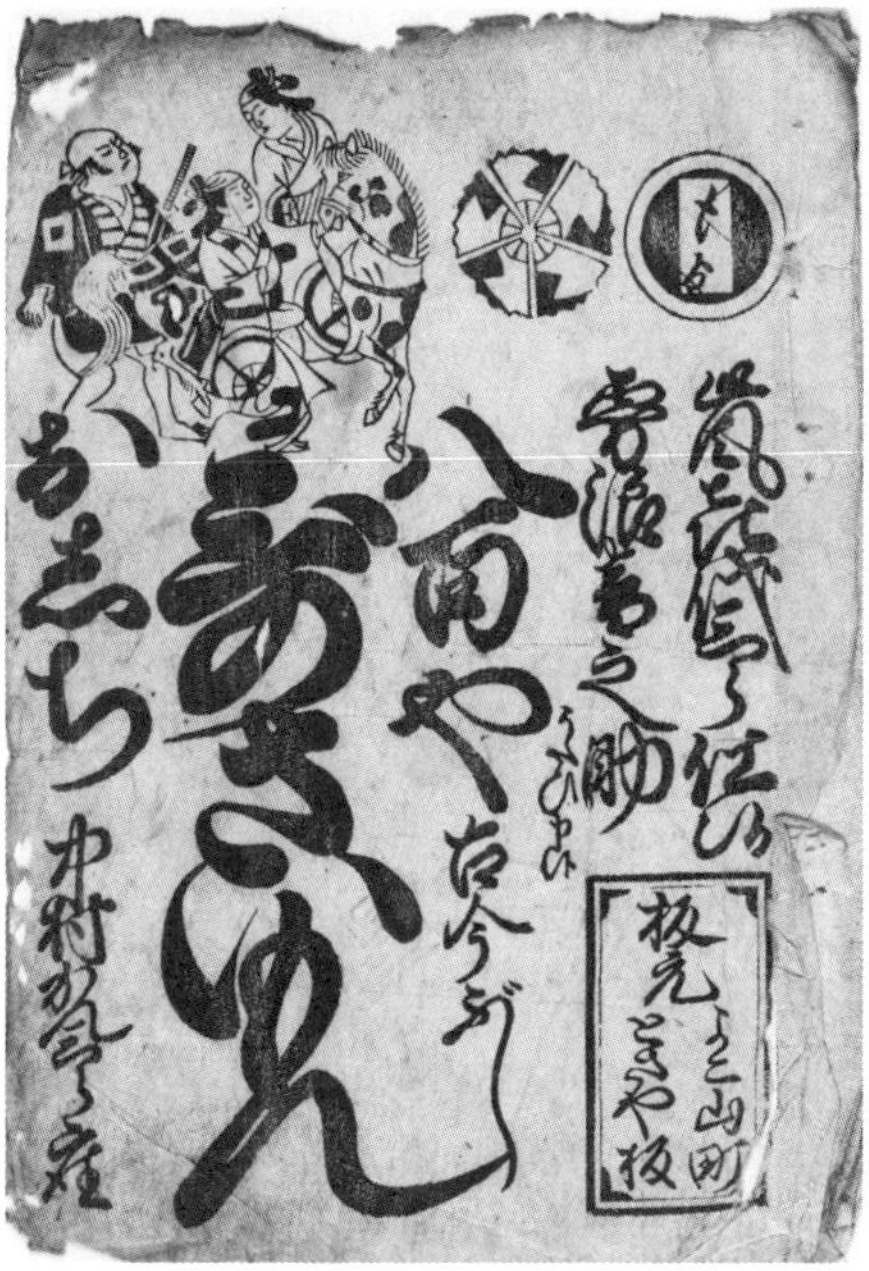
図6　土佐屋版「八百屋お七哥祭文」表紙
明治大学図書館所蔵〔2―2―2〕

版元としてその名を聞かないので、上演時正本ではない可能性もある。なお、作中で同曲が歌われる『傾城嵐曽我』は絵入狂言本の並本が京都大学文学部国語学・国文学研究室に伝わるが、本文に小歌の指定はなかった。

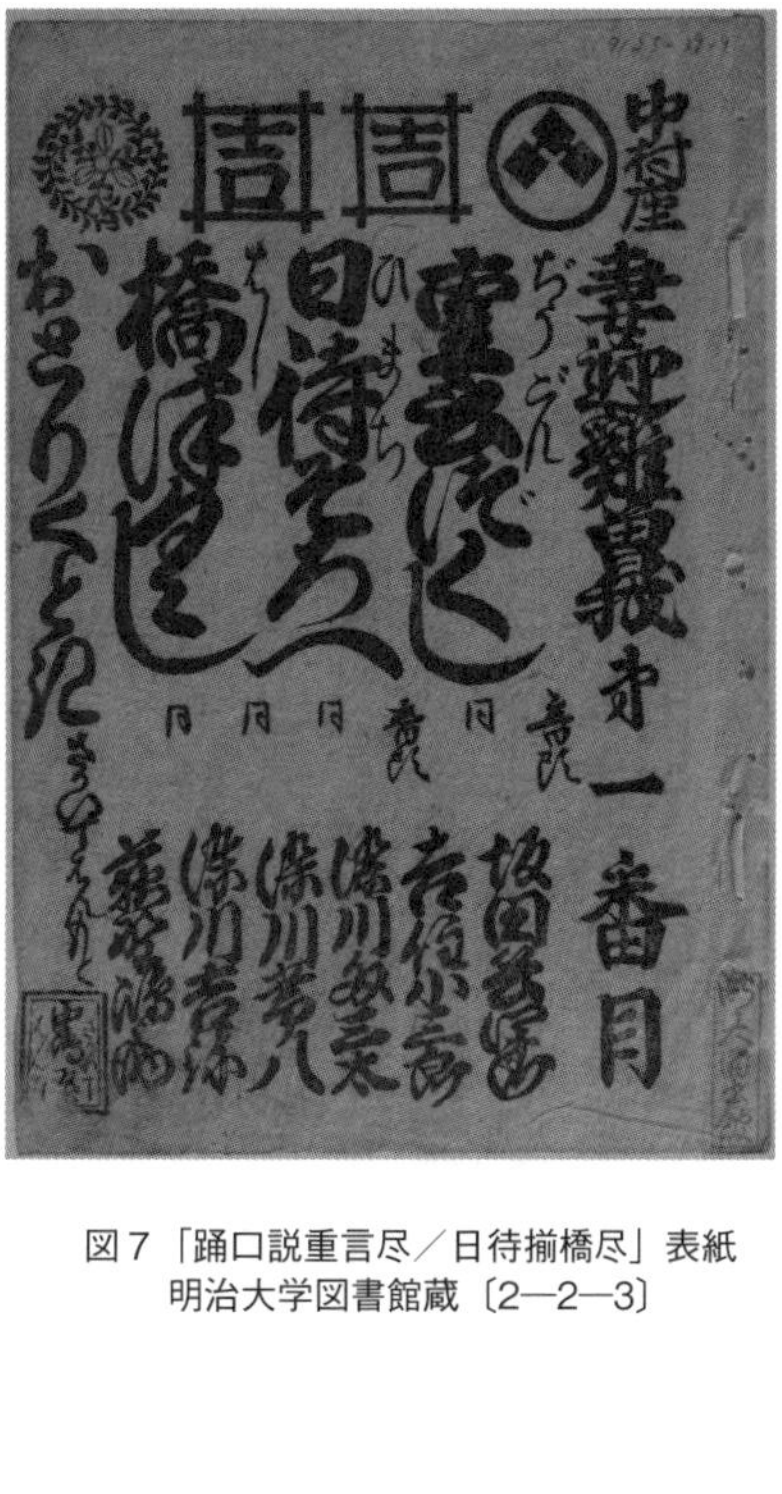
図7「踊口説重言尽／日待揃橋尽」表紙
明治大学図書館蔵〔2―2―3〕

269頁の表1に戻り、享保十六年（一七三一）三月上演の「踊口説重言尽／日待揃橋尽」以降に列挙した役者の歌う正本は、長唄正本と同時期に版行されているものである。参考までに同書の表紙を図7として掲載しておこう。なお表の縦軸の最下段「役者評判記」の欄には、歌い手の役者に関する情報を役者評判記から引いて記載している。

嵐音八、松嶋茂平次といった道化方、尾上菊五郎、沢村小伝次、嵐玉柏、坂田市太郎などの若女方や色子がいる中で、佐野川千蔵の存在が目を引く。

しかし、それよりもここで特記すべきことは、これらの役者の歌う正本の表記において、役者は長唄を歌っていないことである。坂田兵

四郎を起点として、長唄は唄方の独占芸になった可能性があるだろう。もっとも、小歌が主流であった時代から、長唄は唄方が歌うものであった可能性もなくはない。役者評判記や絵入狂言本に長唄を歌う役者の記載例を見かけないからである。しかし、享保中期の江戸版顔見世番付における江戸長唄の肩書きの占有、そして長唄正本の版行という営為には、長唄を所作事の新機軸に据えて江戸で展開させようとする積極的な座の方針を読み取ることができる。

佐野川千蔵は、上方より下った佐野川万菊の弟子筋とも記録されている。享保二十年（一七三五）市村座の色子に始まり、元文四年（一七三九）正月刊の『役者大極舞《やくしゃだいこくまい》』では若衆方の上、寛保二年（一七四二）正月刊の『役者柱伊達《やくしゃはしらだて》』では若女方に転じて上上、そして寛延四年（一七五一）正月刊の『役者枕言葉《やくしゃまくらことば》』の上上吉を最高位とする。『役者《やくしゃ》懐《ふところ》相性《あいしょう》』（宝暦四年〈一七五四〉正月刊）江戸の巻に、

此子の祖は都太夫和中とて．一中ぶしのめいじん也

とあるので、都和中が親方で一中節と三味線を仕込まれていたと見られる。佐野川千蔵は浄瑠璃の弾き語りを得意としていたが、後に長唄の唄方に転向して冨士田吉治と名乗り、宝暦から明和期（一七五一〜一七七二）にかけて、長唄所作事の全盛期を担う人物となるのである。[23] これに対し、表3では役者の歌う正本は伝本も少なく、宝暦期（一七五一〜六二）中頃には版行されなくなっている様子が見て取れる。

ゆえに、佐野川千蔵が唄方に転向するという象徴的な出来事をもって、役者の歌の芸は歌舞伎において主たる役割を終え、役者と唄方の役割は完全に分化したと捉えられよう。

まとめ

本節では、上方版の小歌正本として天理図書館の一枚摺を提示し、また、役者の歌う正本を新出の資料として用いている。

ここで再び269頁の表1に戻り、顔見世番付の肩書きについて少し補足したい。表1の縦軸の四列目には長唄正本における唄方の表記を載せ、五列目「顔見世番付」の欄にはこれに対応する顔見世番付上の唄方の表記を載せて、長唄正本と顔見世番付の唄方の肩書きを比較して見た。顔見世番付は、基本的に顔見世興行の座組を表すと言われている。ゆえに、顔見世番付と、顔見世興行のある十一月に版行された正本を照合したいのだが、残念なことに、両者の揃う例はきわめて少ない。そのような中からも、次の点を指摘しておきたい。

長唄正本では唄方の連名者すべてに同じ肩書きが付されている。これに対し、顔見世番付では同じ人物でも肩書きがそれぞれ異なっていることが指摘できよう。特に270頁の中村座で寛保四年（一七四四）二月と延享五年（一七四八）一月と寛延元年（一七四八）十一月のところを見ると、長唄正本では立唄の位置に書かれる吉住小三郎が顔見世番付では「江戸哥上るり」の肩書きである。また、正本では二枚目の早川新二郎は顔見世番付では「江戸長歌」、中山小十郎は顔見世番付では「江戸小うた」と記載されている。272頁以下では、坂田兵四郎と松嶋庄五郎について、長唄正本で「長哥」とあるのに顔見世番付では「長うた／鼓哥」の肩書きが付されている。顔見世番付では、鼓唄→唄浄瑠璃→長唄→小歌の順に、肩書きが位付けの意味合いを帯びてお

り、それは箱書きの大きさでも表されている。つまり、長唄が唄方の独占芸となるに及んで、唄方にも格付けがより明確に導入されていることが窺える。

江戸歌舞伎の所作事の地に、長唄という唄方の独占芸が形成されると、長唄と所作の分化が促され、双方に技術的な深まりをもたらしたと推測される。その結果、作品もいろいろな趣向を凝らし複雑になっていった。花形役者の踊り手と共に、唄方のスターが次々に登場し、変化物《へんげもの》のような役柄の踊りわけのおもしろさに、長唄・常磐津・富本・清元という音曲ジャンルの対比の妙を加えた作品も生まれたのである。さらには、掛合物の如く、音曲を前面に出した作品も企画されるようになる。

このように考えると、坂田兵四郎の江戸下りは、後の江戸歌舞伎における所作事の繁栄を方向付ける重要な起点になったと言えよう。

【注】

（1）『日本庶民文化史料集成』第六巻　歌舞伎（三一書房、一九七三）所収。

（2）「許多脚色帖」（『日本庶民文化史料集成』第十四巻　芸能記録三、三一書房、一九七五年）。

（3）『演劇研究』第十六号（早稲田大学演劇博物館、一九九二年）。

（4）「江戸顔見世番付諸版一覧」（『近世文芸　研究と評論』第三十四号、一九八八年）をもとに、国立国会図書館、東京大学総合図書館霞亭文庫・国語研究室、天理大学図書館・日本大学図書館、ボストン美術館・早稲田大学演劇博物館蔵の顔見世番付を当たった。

（5）前島美保「上方歌舞伎囃子方の諸相―近世前中期の顔見世番付に基づいて―」（『東洋音楽研究』第七五号、東洋音楽学会、二〇一〇年）においても同様の指摘がある。

（6）江戸歌舞伎における小歌方の浄瑠璃摂取については、和田修「野郎かぶきの歌謡と浄瑠璃」（『芸能史研究』第一〇四号、一九八九年）の論考がある。

（7）武井協三「野郎歌舞伎の小歌芸」（『若衆歌舞伎・野郎歌舞伎の研究』八木書店、二〇〇〇年）に指摘されている。野郎評判記『野郎虫』（万治三年〈一六六〇〉刊）に「小嶋品之介　小哥四郎兵衛内」、『赤鳥帽子』（寛文三年〈一六六三〉刊）に「下村左源太　はやし五郎兵衛内」「坂井掃部　はやし九郎兵衛内」等の表記が見られることによる。

（8）鳥越文蔵「絵入狂言本研究」（『元禄歌舞伎攷』八木書店、一九九一年）による。

（9）広瀬千紗子「享保以降せりふ本目録稿」（『演劇研究会会報』第十号、一九八四年）。「同・補遺」（『同』第十一号、一九八五年）。筆者も長唄正本と合わせて、調査を行ってきている。

（10）拙稿「河東節正本の版行に関する一考察―江戸歌舞伎における初期の音曲正本と位置付けて―」（『北海道東海大学紀要　人文社会科学系』第十九号、二〇〇六年）参照。

〔編注〕同稿は本書172頁以下に「付編2」として再録した。

（11）和田修「江戸板絵入狂言本における浄るり詞章」（『演劇学』第二十八号、一九八七年）。

（12）『歌舞伎評判記集成』第一期　第七巻（岩波書店、一九七五年）。

（13）安田文吉「常磐津節成立以前」（『常磐津節の基礎的研究』和泉書院、一九九二年）においても、同様の指摘がある。

（14）絵入狂言本の性格・書誌的形態そのほかについては、鳥越文蔵『元禄歌舞伎攷』（八木書店、一九九一年）から多くの教示を得ている。

（15）『松の葉』第三巻「三下り」所収の「かづま」に詞章の記載有り。

（16）和田修「資料翻刻　金子吉左衛門関係元禄歌舞伎資料二点」（鳥越文蔵編『歌舞伎の狂言』八木書店、一九九二年）に指摘がある。金子吉左衛門と絵入狂言本の版元八文字屋八左衛門は交渉があり、「鑓ヲトリノ哥」などの上本に載せる詞章を八文字屋方へ遣わしている。

（17）林久美子「絵入浄瑠璃本と絵入狂言本」（『近世前期浄瑠璃の基礎的研究―正本の出版と演劇界の動向―』和泉書院、一九九五年）において、『仏の原』頃から絵入狂言本に見返しに歌を載せる形式が定型化するとの指摘がある。

（18）『歌系図』（天明二年〈一七八二〉刊）では、「葉山岡右衛門と蔦山四郎兵衛両調、津打次兵衛作」とある。

（19）『翻刻絵入狂言本集』（般庵野間光辰先生華甲記念会、一九七三年）上冊の解題では、半太夫節としている。

（20）『歌舞伎浄瑠璃稀本集成』下巻（八木書店、二〇〇二年）に影印、翻刻を収載。解題は正木ゆみ。

（21）『日本庶民文化史料集成』第十四巻（三一書房、一九八八年）所載の「許多脚色帖」一の四十五図。

（22）荻田清『上方板歌舞伎関係一枚摺考』（清文堂出版、一九九九年）によれば、この『太夫本ふところ日記』は広義の見立番付、狭義には見立物類の分類に入るとしている。

（23）竹内道敬「富士田吉治研究」（『近世邦楽考』南窓社、一九九八年）に詳しい。

第三部

中村座における株《かぶ》板《はん》化《か》の動向

江戸歌舞伎においては、舞踊の場面に多彩な音曲が展開した。河東節・長唄・常磐津節・富本節・清元節など、それぞれに趣の異なる音曲は名題役者が演じる所作に色をそえ、華やかな見せ場となって観客を魅了してきたのである。

舞踊の演目に新作が出ると、役者・作者・演奏者などの上演情報とともにその音曲の詞章は三〜五丁程度の半紙判の小冊子に載せられ、上演時に芝居茶屋や絵草紙屋から頒布された。

筆者は、右の音曲のうちの特に長唄の薄物について、伝本の調査を行ってきている。そして、その版行上の特徴を第一部において江戸の三座別にまとめてきた。その結果、江戸版の長唄正本は三座ともに、版式や版行形態の上で概ね足並みを揃えたかたちで版行されていることがわかってきたのである。伝本は、享保十六年（一七三一）中村座の上演作品を最古として、明治期にわたりほぼ継続して残っている。

この長唄正本が、長唄を用いた所作場の元のかたちを知る上での基本資料になることは言うまでもない。けれども、この第三部では少し視点を変えて、長唄の薄物全体を江戸の地本問屋《じほんどんや》が扱う草紙《そうし》（地本）の一品目と捉える立場で考察を進めたい。

長唄の薄物の特徴の一つは、異版が多いことである。この異版の存在によって当時の偽版の実態や版権の確立する過程を知ることができ、全体として江戸の地本における版権のあり方を具体的に捉えうる好資料群となっているのである。特に中村座の伝本には刊年と「蔵板《ぞうはん》」「再板」「改板」などの記載が備わっており、その動向を他の二座よりも顕著に捉えることができる。[1]したがって、本章では中村座を取り上げて、その版行形態の変化から読みとれる版権のあり様を検討していく。

一　地本としての長唄の薄物

近世における版権をあらわす言葉に「板株《いたかぶ》（株板）」がある。この「板株（株板）」とは、版木に付随する、その板木を用いて独占的に出版・販売を行う権利と捉えてよい。そして板株の独占的権利を保証するために、仲間《なかま》の結成とその公認が必要であったと考える。「物《もの》の本（書物）」[2]の場合、江戸では板株の権利は、書物問屋仲間行事の吟味を経た上で、奉行所の改板許可が下付され、「株帳」に登録されて初めて発生する。[3]登録されると、版木自体は摩滅・焼失などによって失われても、その書物を出版・販売する独占的権利は残るのである。

一方、地本の場合、[4]板株の設定は寛政二年（一七九〇）十月に地本問屋仲間行事による新本改めの制度が導入されてからとなるようで、登録手続きも物の本に比べて簡便な措置がとられていたらしい。長唄の薄物に対する扱いについては『義太夫本公訴一件』[5]の「あつまのふみや」（江戸地本問屋（抜本版行者）側の記録）に断片的に触れた箇所がある。以下は西宮新六が、三河屋喜兵衛方の抜本の元株主であったことから、奉行所より江戸における義太夫本の始末について問われ、天保三年（一八三二）十一月十九日付けでこれに返答した書面の一部分である。西宮新六は江戸では古参の義太夫本版元で、伝本は少ないが長唄の薄物も版行している。

尤義太夫本ニ不限、長唄本其外常盤《ママ》津・富本・清元・新内節等ニ至るまで仲間行事之改は仕来り不申候。此義は芝居ニ而狂言ニ興行致し、且は太夫共門弟其外江稽古本ニ相用ひ候事故、前ゝより新規ニ出来之分ニ而も其時〻改は無之候。尤何節ニ不寄稽古本抔は文章左而已正敷品ニ而も無之事故、少〻宛は尾籠之文句抔も有之趣ニ而、改之義は前〻より地本問屋行事ニ而も致不申候而取扱来候。此義は、地本問屋行事被　召出御尋被遊候得は、相訳申候。

これによると、江戸では寛政二年（一七九〇）十月に地本問屋仲間の行事改めが導入されてからも、長唄や豊後系浄瑠璃の音曲本は新本改めの対象にはなっていなかったことが窺える。その理由として、芝居に使われた音曲は上演に際し検閲を経て公開されたものであり、その詞章を載せた本は用途や使う人も限られ、内容も芝居唄の文句であることが挙げられている。さらにその先を読み進めると、以下の通りである。

近来追〻被　仰渡有之、両仲間取締宜敷成行、譬仲間之者ニ而も猥ニ板行彫刻は不為致候。前〻は同渡世も少く猥ニ板行致来、譬は百人一首・実語教・庭訓往来之類抔、三ヶ津は不及申、其外ニ而も多分類板有之、且江戸表は書物・地本両仲間之内ニも沢山ニ類板持来、夫〻摺立渡世致来候。尤只今は仲間内ニ而も、年代記・塵劫記之類ニ而も原板所持無之者、猥ニ彫立候義は不為致候得共、（以下略）[6]

すなわち、以前は類版をたやすく版行できたが、次第に書物問屋仲間・地本問屋仲間の取り締まりが厳しくなり、長年版次を重ねた普及度の高い実用書なども、近来は原板を所持していないとみだりに版行できなくなっていることが記されている。

長唄正本も地本に入る以上は、改めは行われなくともこうした動向を受け、原版を所有して重版・類版を排除する意識は高まっていたと考えられよう。

歌舞伎の音曲正本・せりふ正本は同じ体裁をとり、共紙表紙と三〜五丁程度の本文からなり、「薄物」とも呼ばれていた。これらは、案内として芝居茶屋から配られ、また、観劇用パンフレットとして芝居町を中心に絵草紙屋からも販売されていた。三升屋二三治の『作者年中行事』（嘉永元年〈一八四八〉成立）の参之巻、豊後節の薄物に関する部分では、次のような記述も見られる。

一、薄もの板行して楽やへ配りて後、家元よりけいこに出る。此本出来ざる内は、けいこに出し事なし。（以下略）

一、流儀〳〵に寄るとはいへど、作法は旧家ゆへ、ひもの町を元とする。[7]

このように、正本を芝居内部での稽古に用いていたことが窺われる。豊後節とは宮古路豊後から分流した常磐津節・富本節・清元節浄瑠璃であり、檜物町《ひものちょう》とは代々常磐津節の家元文字太夫の住居があったことから文字太夫を指す言葉である。歌舞伎の音曲正本には稽古本としての機能が備わっていたのであるから、外部者の稽古本へと展開していったと考えられる。

二　正本と偽版

ここでは、初版本の選定根拠を示し、初版と多数伝存する異版の関係を、第一部で使用した〈初版と異版の関係表（中村座・都座）〉表1〜表6（202〜217頁）と、115〜118頁に掲げる明和六年（一七六九）二月上演の「相生獅子《あいおいじし》」の図版㋐〜㋗によって説明していく。なお、先の

第一部第一章でも言及した通り、表1～表6は伝本を上演順に並べていったものであり、表の縦軸は、最上段が上演年（表紙の大名題による）、二段目が外題（長唄曲名）、三段目以下は版元別に伝本を整理したものである。また、これらの六つの表はひと続きのものであるが、版行形態によって表1から表4に分け、表5は都座へ、表6は中村座へ興行権が移動したので分けている。その他、この第三部で取り上げている版については、その部分を太枠で囲み見分けやすいようにし、さらに各版の所在については、巻末に掲げた「所蔵一覧」に所蔵先と架蔵番号を載せてある。

　それではまず、115～118頁に掲げた「相生獅子」の図版の正本㋐と、その異版㋑～㋗を見ていただきたい。図版の右側が表紙、左側は本文の最初の半丁である。

　「相生獅子」は明和六年（一七六九）二月に中村座で『曽我⿰衤我愛護若松《そがもようあいごのわかまつ》』の第二番目に上演された長唄曲である。すべての版種を載せることは紙幅の都合上できなかったが、流行曲であったため、異版が非常に多く出ている。表紙の左側上に外題すなわち曲名が「相生獅子」とあり、右上の演奏者連名の横に大名題が『曽我愛護若松』と各版に共通して記入されているのだが、絵や文字の書体には時代様式の違いが感じられる。刊年の記載がないため、どれが初版なのか、ということがまず問題となろう。

　そこで、演劇書から長唄正本の版元に関する記述を拾ってみると、『新成明和伎鑑』（明和六年〈一七六九〉十月刊）に、

　三芝居番付板元

中村勘三郎芝居　役者附番付やくら下上るり長哥せりふ等／高砂町横通り 村山源兵衛

市村羽左衛門芝居　役者附番付やくら下上るり長哥せりふ　さかい町 中嶋や伊左衛門

同　役者附番付やくら下上るり長哥せりふ等　たちはな町 いつミや権四郎

森田勘弥芝居　木挽町五丁め 金井半兵衛(8)

とあり、興行時に出る出版物について座と版元の間に専属関係のあったことが示されている。番付類やせりふ正本・音曲正本といった劇場出版物は、座側から上演ごとに継続して情報の提供を受ける必要があり、座と版元との間に本来専属的関係が形成されやすいといえる。中村座の顔見世番付、辻番付、浄瑠璃正本、長唄正本、せりふ正本といった劇場出版物は、村山源兵衛が版元であると記されている。そこで、各所蔵機関に伝存する膨大な長唄の薄物のなかから村山版を集め、大名題によって上演順に整理し、『長唄原本集成』(9)の成果をも取り込み、その調査結果を202頁の表1の三段目〔板元1（元版）内題下述者／筆耕／胡・譜〕欄に記載した。

　このようにして見ると、中村座の長唄正本は享保十六年（一七三一）二月の上演作品「傾城無間鐘」から伝本があり、江戸の地本問屋大手の鱗形屋、次いで中村座の番付版元中嶋屋、そして江戸浄瑠璃正本や役者絵細版を手がける伊賀屋が初期の版元であったらしいことがわかってくる。なお、表1で版元1・版元2の欄を設けてあるのは、上演時のものとみられる版が二種存在する場合があるからである。つまり、座に出入りする版元は限定されてはいたが複数あった模様なのである。宝暦八年（一七五八）と同十一年には市村座の専属版元和泉屋権四郎の名も見えるが、宝暦十二年（一七六二）には村山源兵衛が「中村座はんもと」と奥書に記し始め、中村座と独占的な関係を築くことが見てとれる。さらに、明和八年（一七七一）頃から村山源兵衛版の奥書

「相生獅子」の諸本　表紙（右）と本文の最初の半丁（左）

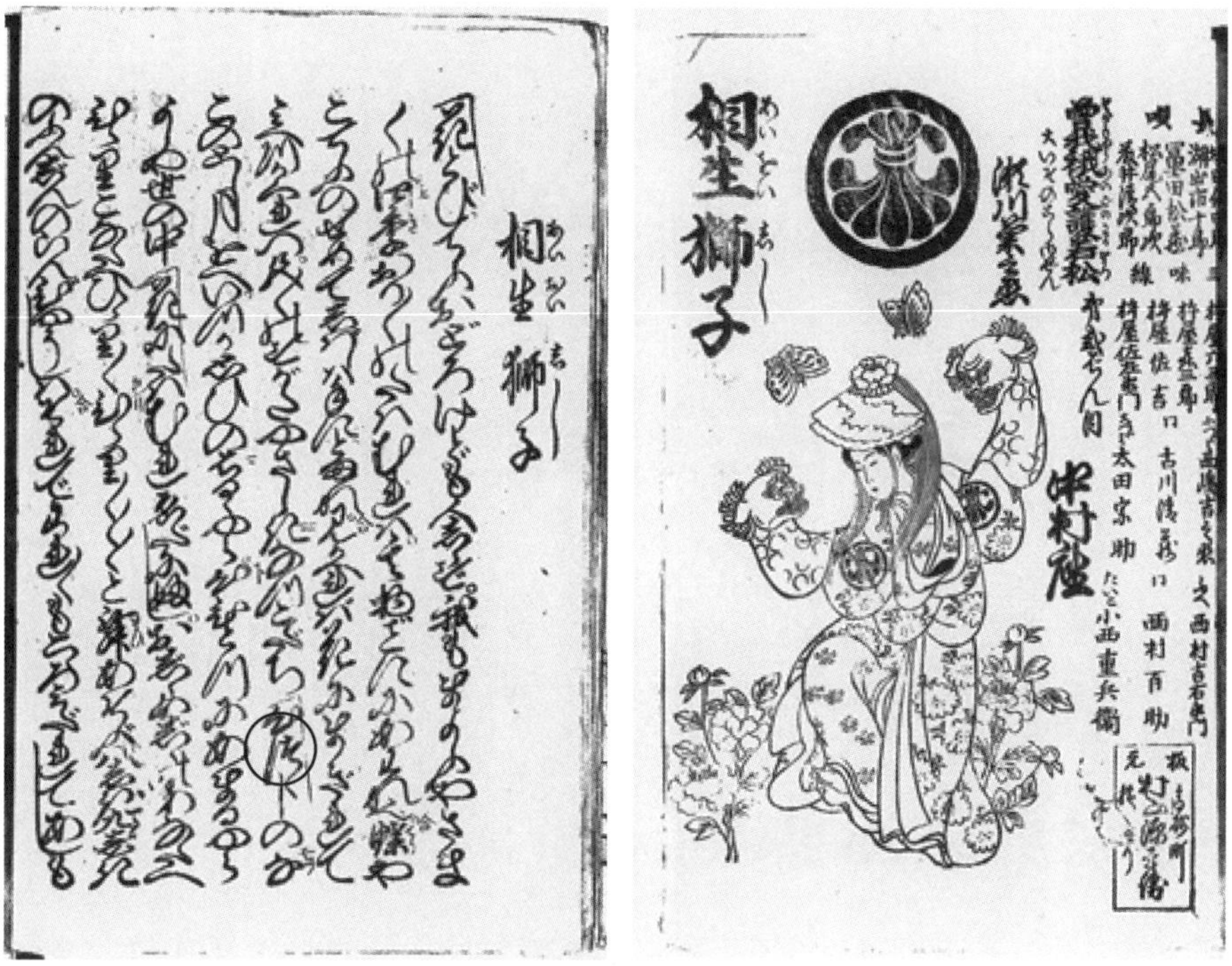

㋐　村山源兵衛版
上田図書館所蔵〔3—1—1〕

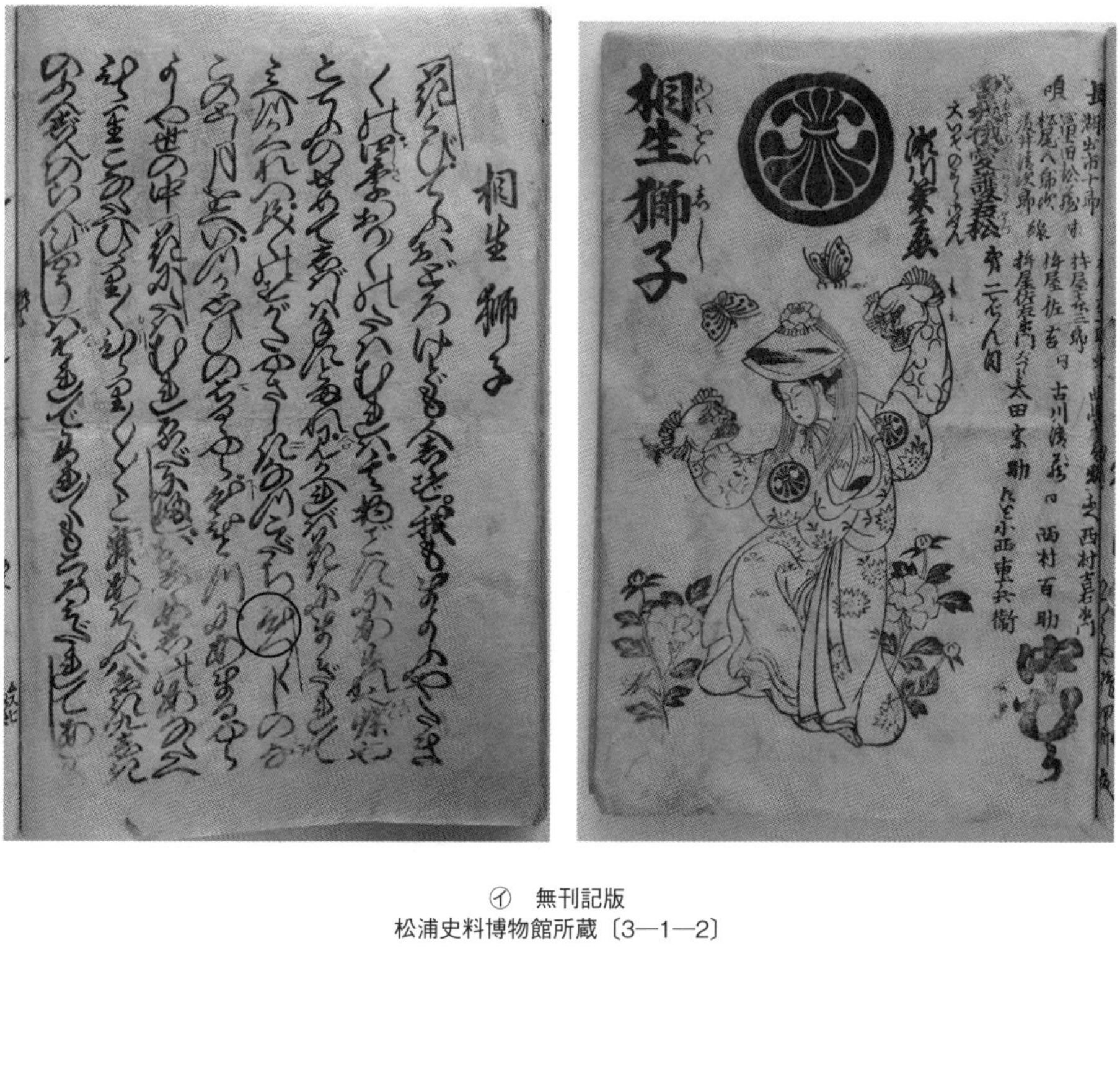

㋑　無刊記版
松浦史料博物館所蔵〔3—1—2〕

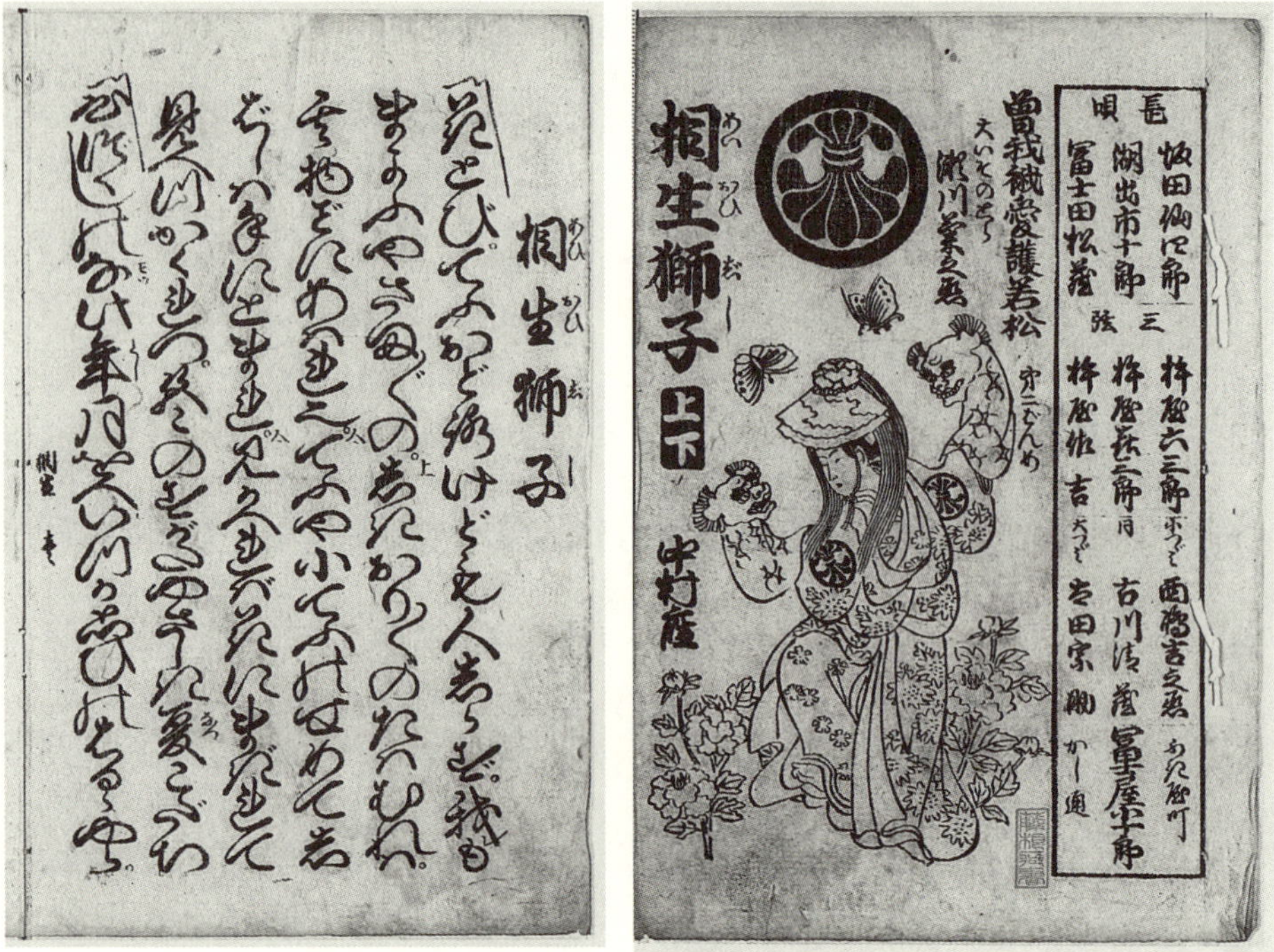

㋒　冨士屋小十郎版
国立音楽大学附属図書館所蔵〔3―1―3〕

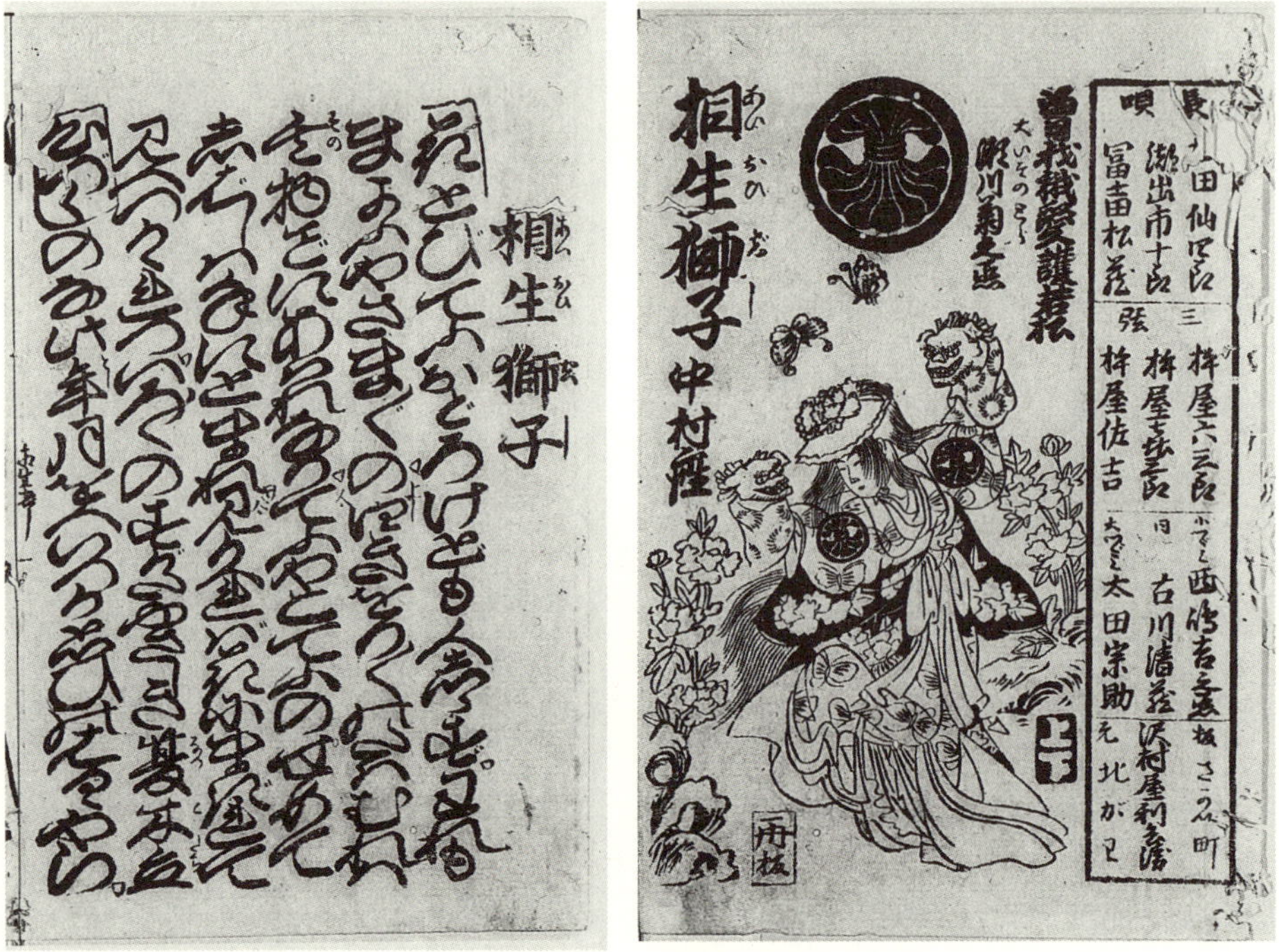

㋓　沢村屋利兵衛版
国立音楽大学附属図書館所蔵〔3―1―4〕

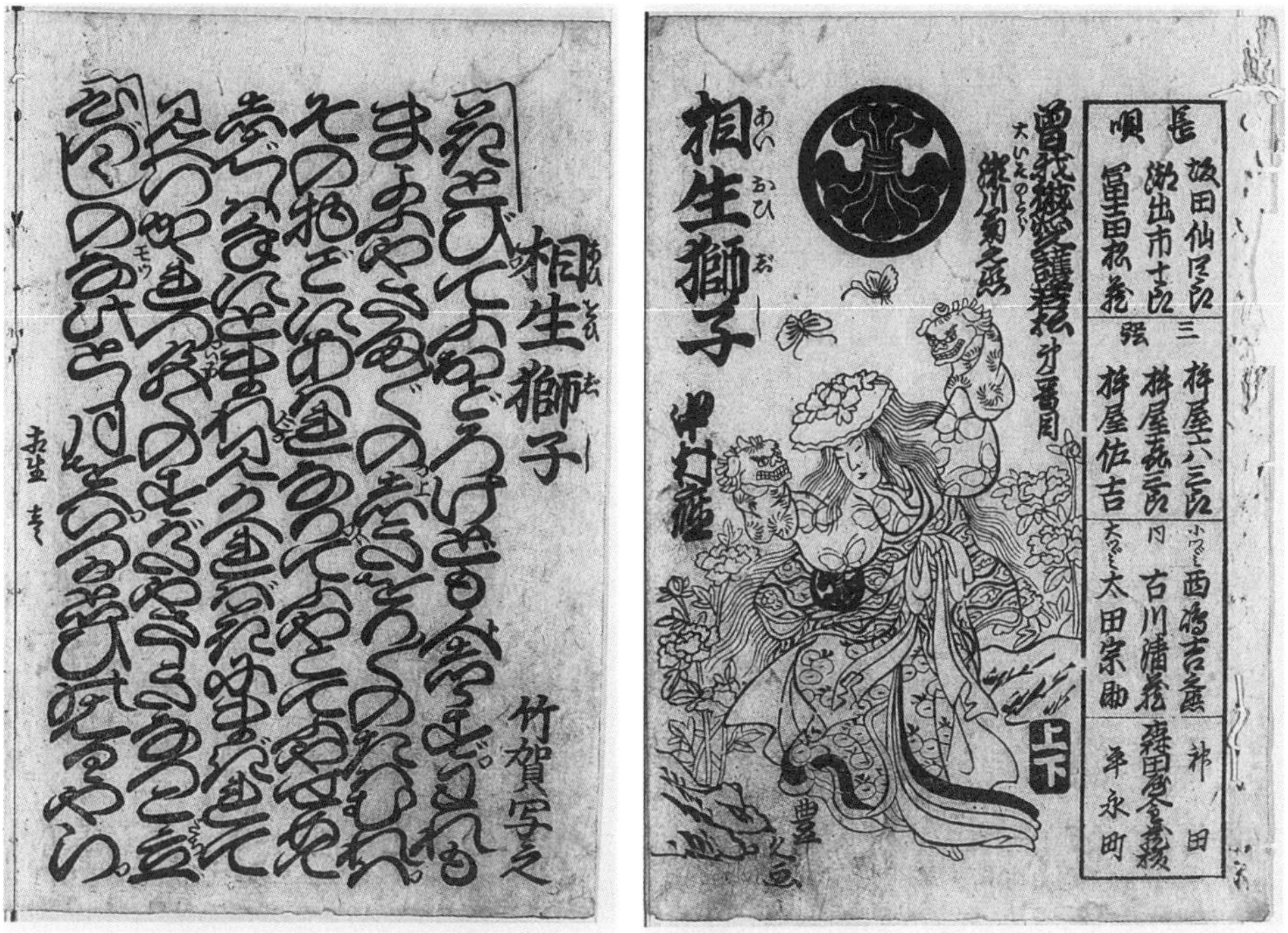

㋔　森田屋金蔵版
国立音楽大学附属図書館所蔵〔3—1—5〕

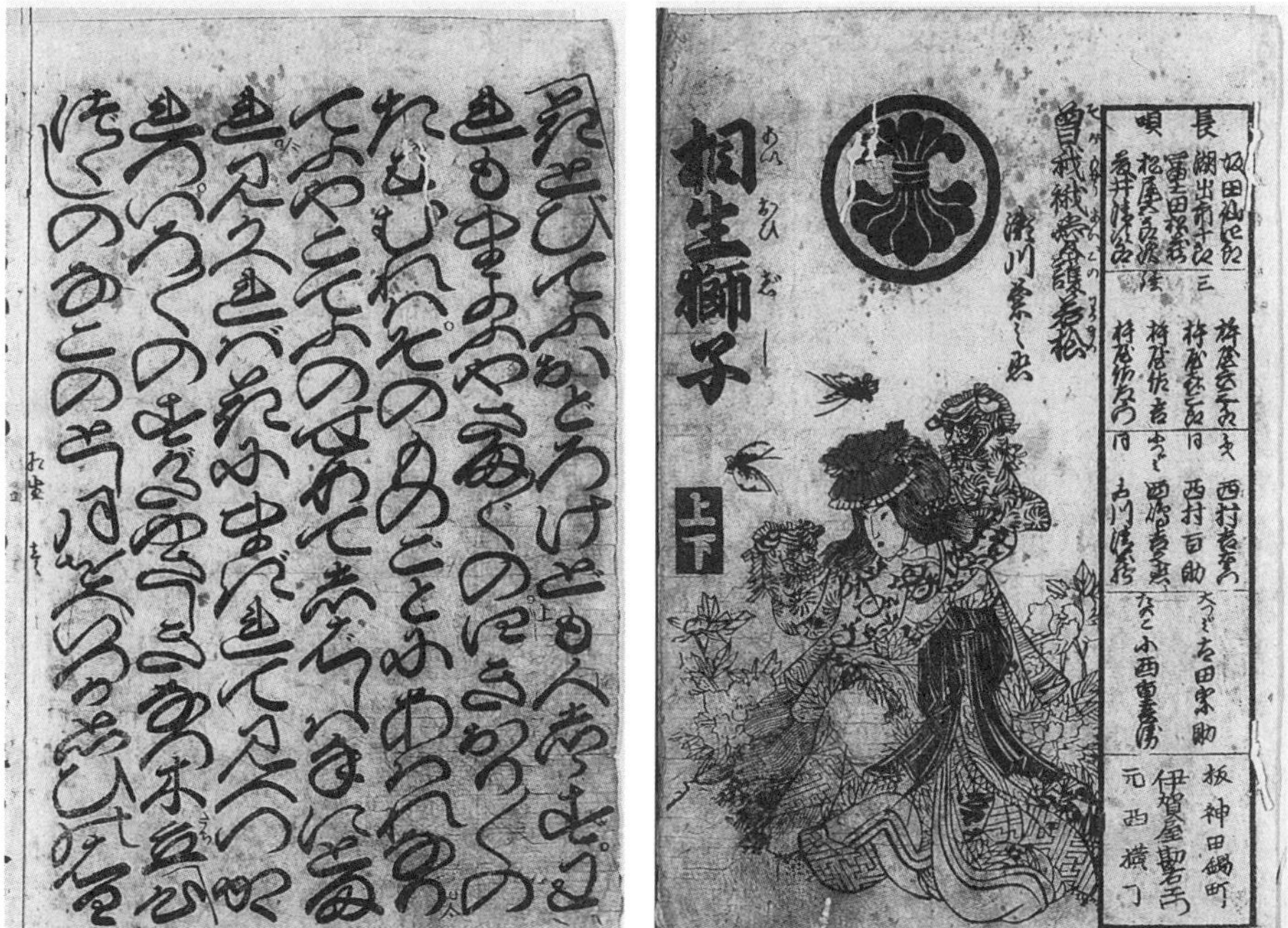

㋕　伊賀屋勘右衛門版
国立音楽大学附属図書館所蔵〔3—1—6〕

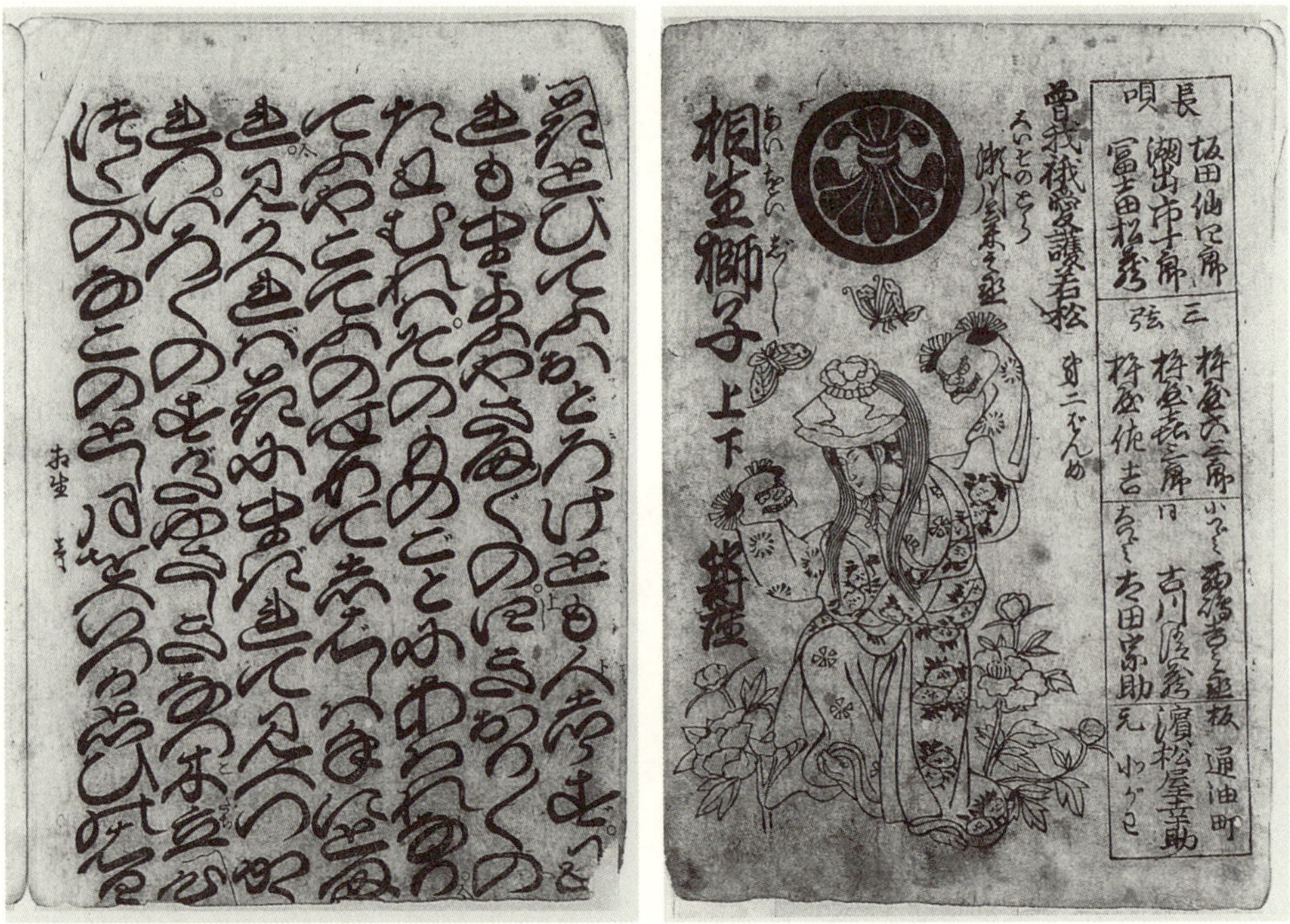

㋖　濱松屋幸助版
国立音楽大学附属図書館所蔵〔3―1―7〕

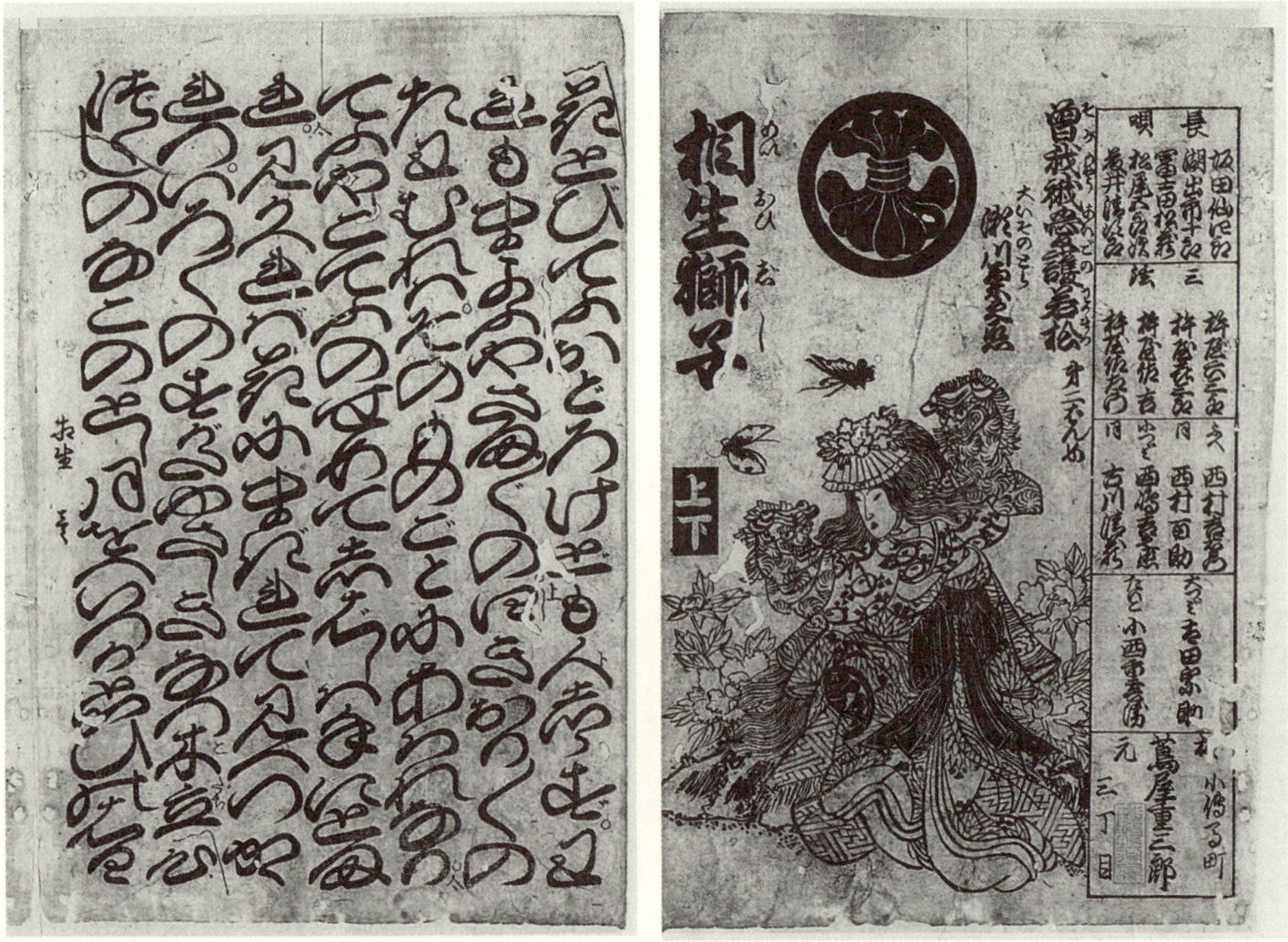

㋗　蔦屋重三郎版
国立音楽大学附属図書館所蔵〔3―1―8〕

には「中村座板元」「正銘板元」の表記が多く見られ、村山が正本版元として定着していることが確認できる。先に掲げた「相生獅子」(10)の図版では㋐が村山源兵衛版で、上演時に出された正本となる。長唄正本は、新作の長唄曲が芝居で上演されるときに出たものであるから、表紙に大名題（狂言名題）があれば刊年は必要なかったと見られる。

　ちなみに、本頁下段の図版㋘「江戸桜《えどざくら》五人男《ごにんおとこ》かけあい文七《ぶんしち》ぶし」は享保十九年（一七三四）三月上演の市村座の長唄正本である。奥書に「市村座新きやうげんはんもと」とあり、市村座では中村座より三十年近く前に座の専属版元が形成されていたことがわかる。

　再び前掲の「相生獅子」の図版にもどると、村山版㋐と非常によく似た版面が、同頁下段の㋑にある。これは無刊記版である。版元名を記さないこと自体が、享保七年（一七二二）の出版条令に照らして疑わしい存在と見なされよう。(11)この無刊記版は、文字の入り方や跳ね方などの細部に違いが見つかり、彫りも全体的に堅い印象であることから、村山版を版下に用いて被せ彫りしたものと推測される。村山版の表紙の版元名部分を削除して、「中むら」と入れ、「座」の文字は除いていることに特徴がある。絵の部分については頭部の扇や牡丹の葉に手を加え、着物の柄は省略している。本文については、○で囲んだ箇所について仮名の字体を変えるなど、意図的に版下に手を加えていることが窺える。

　「相生獅子」には本屋儀兵衛版が伝わっていないが、他の曲においては、本屋儀兵衛版にも村山版を版下に用いて被せ彫りしたと見られる版が多く見つかる。そこで、正本とその異版について版面の比較を詳細に行ったところ、伊賀屋版や村山版を版下に流用しているのは本

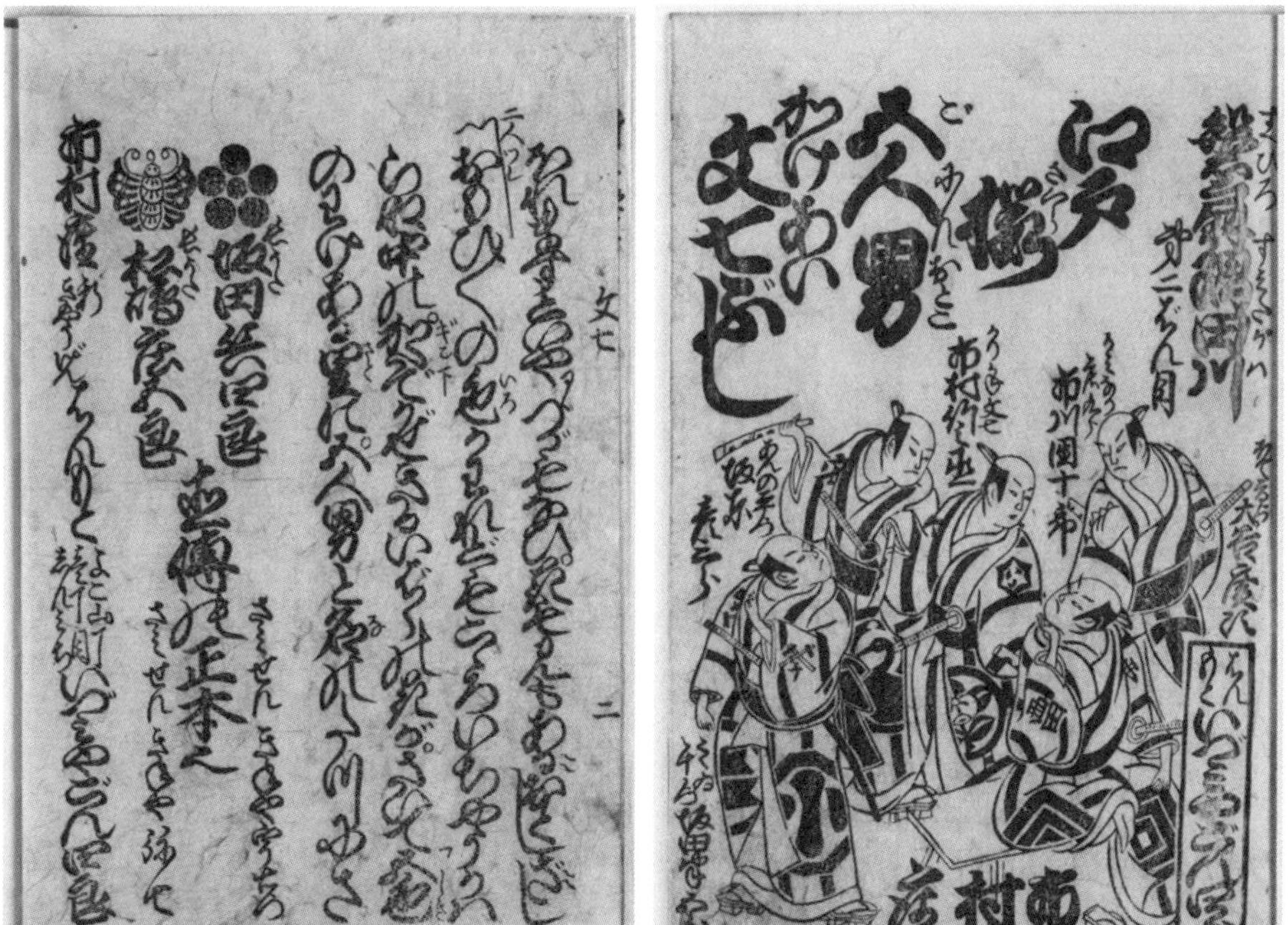

㋘　和泉屋権四郎版「江戸桜五人男掛合文七節」表紙（右）・奥付（左）
早稲田大学演劇博物館所蔵〔3—1—9〕

屋儀兵衛版と無刊記版に限られることが明らかとなった。しかも、本屋儀兵衛版や無刊記版は市村座や森田座の正本に対しても、同じ手法をとっているのである。

よって、202頁表1の正本の欄（すなわち版元1と2）の下に、本屋儀兵衛版・無刊記版の欄を設け、正本に対する本文の流用関係を表してみた。表では、伊賀屋版・村山版を元版にして、版元名以外をそのまま版下に用いているものはA1、村山版を版下としながら部分的に手を加えているものはA2、村山版の意匠を参考に版下を作り直していると認められるものはA3と識別して、表記している。

この識別方法を具体的に説明すると、前掲の「相生獅子」の図版においては、㋑の無刊記版の本文がこのA2にあたる。本文の第四行の六文字目、同行の下から五文字目、最終行の九文字目について、村山版と用字が異なっている。（表紙についても版面の流用関係が認められるが、これについては第一部の第一章を参照されたい）。また、本屋儀兵衛版の例として、「衣《きぬ》かづき思破車《おもひのやれぐるま》」（表紙と本文初丁表）の図版を次頁上下段に㋙として掲げた。㋙―a村山版に対して、㋙―b本屋儀兵衛版の本文はやはりA2の関係にあるのだが、音曲本にとって重要な要素である墨譜や文字譜も後者は前者をそのまま流用している。

このように元版とのあいだに版面の覆刻関係が認められながら、伊賀屋や村山源兵衛と相版を組んでいない場合には、偽版（無断出版物）の可能性が考えられる。「中村座板元」と村山版の奥書に入る例が多くなるのも、偽版に対する対抗策と受け取れる[12]。

重版・類版の概念規定については、大坂本屋仲間記録「上組済帳標目」に残された、享保十二年（一七二七）正月に江戸十軒店月行事が役所へ差し上げた文書がよく引用される。だが、これは本屋仲間（江戸では書物問屋仲間）を対象としたものである。ここでは前述の『義太夫本公訴一件』から、二代目蔦屋重三郎の倅祐助が天保四年（一八三三）正月二十六日付けで寺社奉行に出した返答書の一部を、地本（江戸の草紙類）における重版の参考資料として引用する。大坂の丸本株所持者である紙屋与右衛門と糸屋七五郎が、三河屋喜兵衛・蔦屋重三郎のほか江戸の抜本版行者三人を相手取り寺社奉行に出訴したため、江戸の抜本版行者や地本問屋行事が吟味を受け、抜本版行の来歴や慣行について文書を提出しているのである。

一体重板与申儀は、外持主之摺本を以板下ニ仕、彫刻致候を重板与唱申候。重三郎方ニ而売候稽古本之儀は、板下別ニ相認彫刻仕候得は、全重板与申義は更ニ無之[13]、

これをそのまま解釈するならば、外持ち主の摺本（すなわち他人が板株と版木を所有して摺った版）を版下にとって彫刻すると重版になる。しかし、蔦屋重三郎の版行する稽古本は、版下を別に認め彫刻しているので重版ではないということになる。ただし、「板下別に相認め」の部分は、蔦屋重三郎が抜本株と版木を地本問屋仲間の浜松屋幸助から文政九年（一八二六）中に譲り受けている、また、版下は江戸で操り座に出勤する太夫から直に受け取る下書から作成していると引用部分の前後で述べているので、丸本を流用していることを認めている訳ではないようである。（しかし、大坂の丸本株所持者から抜本株は無株と認識されている。）筆者はあいにく江戸版義太夫抜本の伝本調査を十分に行っておらず、丸本と抜本の脈絡からこの引用部分を読み解く材料を持ち合わせていない。ただ「外持ち主の摺本を以て板下に仕り、彫

「衣かづき思破車」　表紙（右）と本文初丁表（左）

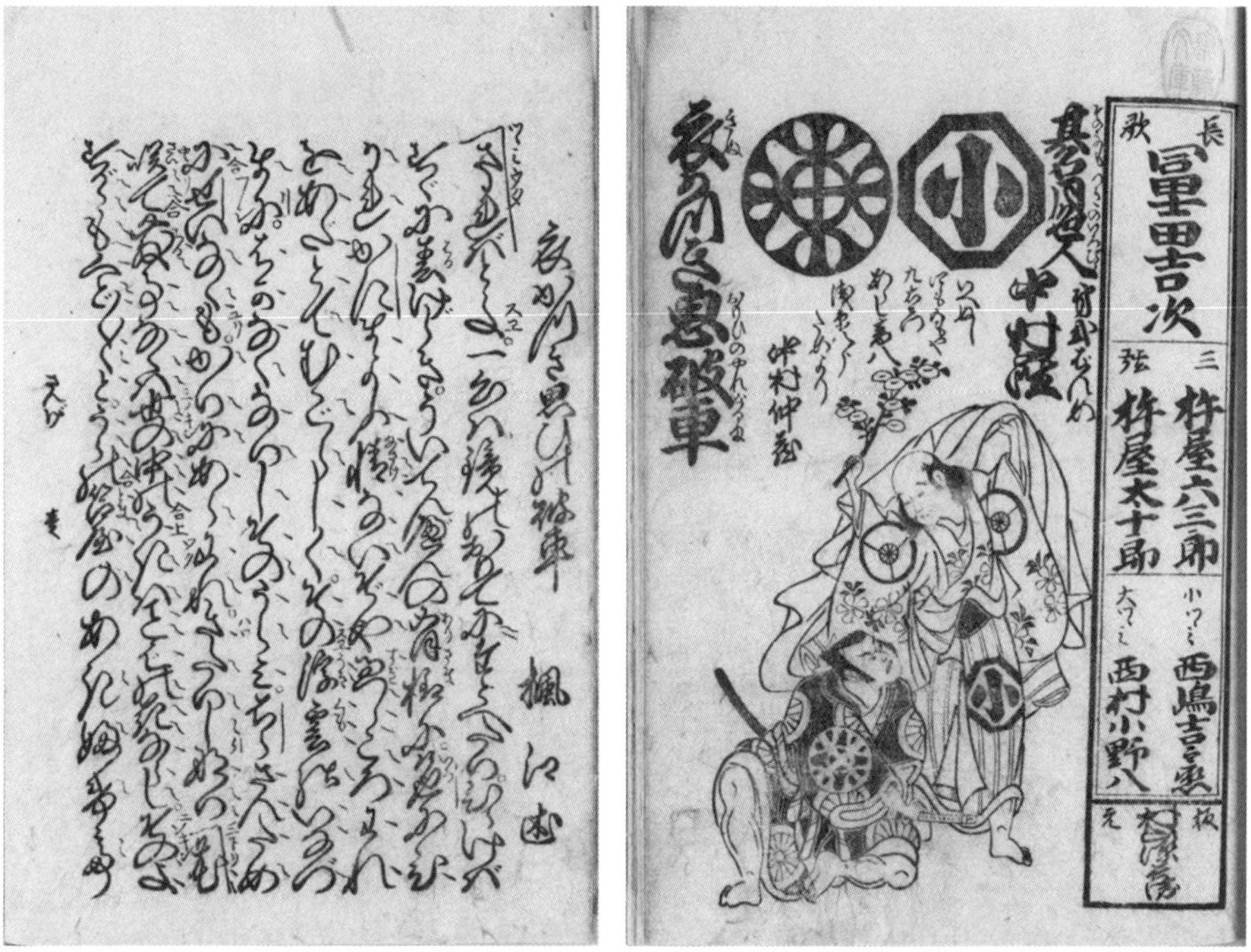

㋵—a　村山源兵衛版
早稲田大学演劇博物館所蔵〔3—1—10〕

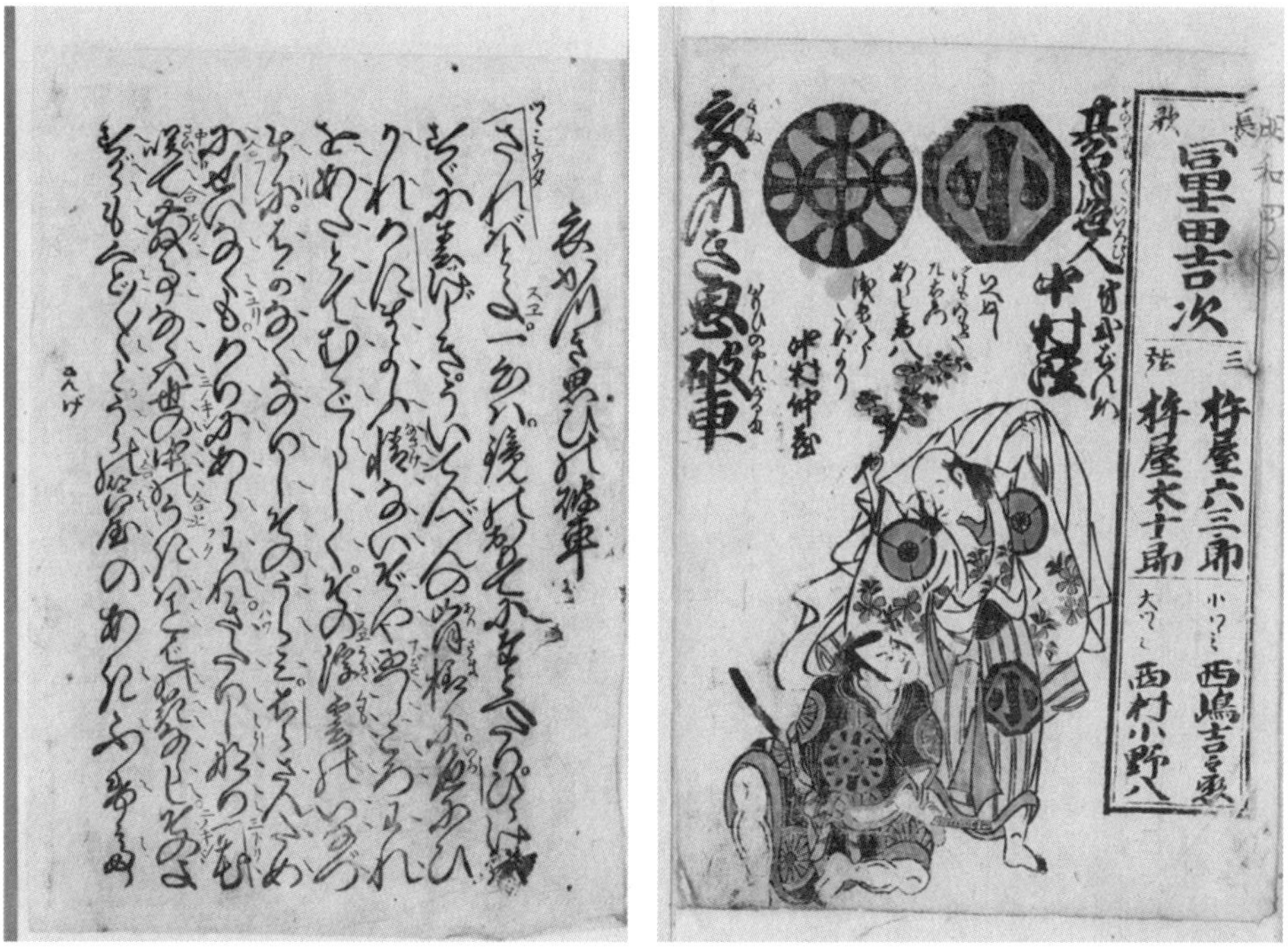

㋵—b　本屋儀兵衛版
早稲田大学演劇博物館所蔵〔3—1—11〕

刻致し」という記述は、断片的ではあるが、丸本と抜本の関係を斟酌せずとも、重版の内容を具体的な手法によって示す証言になっていると思われるのである。そして、蔦屋は地本問屋行事を勤め、富本正本の版元でもあったことから、この重版に対する認識は、音曲正本の版行に携わる地本問屋の間である程度共有されていたと推測される。

この引用部分を、本屋儀兵衛版・無刊記版から読み取れる版面の状況に照らし合わせるならば、A1は重版。A2・A3も他持ち主の版の流用であるから重版となろうが、あるいは重版に対する抜け道として江戸で通用していた手法であった可能性も窺える。だが、いずれも伊賀屋や村山の上演時に正本を出す権利に不正参入しようとする行為であることは明らかである。

第一部の表1（202～207頁）でみると宝暦期～安永六年（一七五一～一七七七）三月の間、村山源兵衛版に酷似する版が正本と並行して出ており、村山は事実上の重版によって、初版を出す権利を侵害されたままの状態であることがわかる。ただ、本屋儀兵衛版や無刊記版においては、座名から「座」を除く表記がよくとられている。これは公許の興行権者である座元に対し憚りがあったためと推測され、正本との差別化は一応はかられていたと見られる。音曲の詞章や上演情報は座から提供されるものであるから、このように偽版が横行する背景には座側の容認態度があったと考えられる。おそらく宣伝の益をとって黙認していたのであろう。

三　相版化

表1に続いて、第一部の表2（208頁）の安永六年（一七七七）十一月から、村山源兵衛は本屋儀兵衛と相版を組むようになる。重版・類版は、正本の版元にとって出版経費の回収を妨げる存在であるから、それらの版元を相版元にすることはよくとられる方法であった。表1の状態から脱し、一応弁済措置がとられるように状況が変化したものと推測される。また、村山源兵衛が本屋儀兵衛を相版元にすると、無刊記版も出なくなっているので、無刊記版は本屋儀兵衛が出していた可能性もある。

だが、第一部の表3（210頁）の天明二年（一七八二）十一月から村山源兵衛は松本屋万吉を相版元とする。本屋儀兵衛は相版元からはずれ、同年同月上演の「（めりやす）雪花月」を単独で版行しているが、この表紙では座名が「中村」となっており、やはり「座」の文字は入らない。

『（画入読本）外題作者画工書肆名目集』に「一、貸本屋世利本渡世の者にて手広にいたし候者名前」とあるが、そこに「南鍋町一丁目宇多閣　本屋儀兵衛」と出てくるため[14]、本屋儀兵衛は文化期頃（一八〇四～一七）には芝居町の入り口である江戸橋四日市から移転して、長唄本の版行から手を引いていたようだ。

正本版元の村山源兵衛は、中村座の顔見世番付を明治期にわたって版行している。また、市村座の専属版元である和泉屋権四郎は紅絵の一枚摺りを始めた版元であり、森田座の専属版元江見屋も錦絵の見当の考案者として知られる版元である。ゆえに第一部の表1～表3の時期における三座の専属版元は、芝居絵や劇場出版物を専門に扱う中小規模の出版工房であったと見られる。

この時期までの版行上の特徴としては、座と専属関係にある版元が形成され、長唄正本の版行を独占するようになったことであるが、その版行の権利は、新作の上演時（すなわち初版）に限られていたと考えられる。というのも、座の専属版元（中村座にあっては村山源兵衛）による再版本が伝存しないからである。[15] 先に引用した『明和伎鑑』で劇場出版物が「三芝居番付版元」として括られているのは、それらが基本的には一興行で版木を使い切る一過性の出版物であったことを示している。

そして、座の専属版元が形成されると、その利権に不正参入しようとする偽版が現れるようになる。第一部の表1～表3は偽版の版行状況を示すために、長唄の薄物の中から正本の版元である伊賀屋版や村山版と、本屋儀兵衛版・無刊記版だけを取り出して、それぞれの本文の関係をあらわしたものである。しかし、先の「相生獅子」の図版に掲げた㋒～㋗に見られるように、非常に流行った曲は本屋儀兵衛版や無刊記版のほかに、多くの版元が版行を手がけている。それらの異版については、表の本屋儀兵衛版と無刊記版の下に欄を設けることができなかったので、〔後版表（224頁）〕としての表7の末尾にまとめて付記し、本稿の「五　「後版」グループ」で触れることとする。

四　版元の交代

続く第一部の表4（211頁）では、天明六年（一七八六）に沢村庄五郎の名が版元にあがってくる。沢村庄五郎は、翌天明七年三月に『名に響／日出扇』を刊行している。[16] 江戸から上った中村仲蔵が大坂中村座で「義経千本桜」に出た折りの芸評を載せた評判記である。この役者評判記に関する記述が、『秀鶴随筆《しゅうかくずいひつ》』坤の巻の冒頭に次のように出てくる。

江戸堺町沢村油鄽（店）より、大坂評判記参申候、日出扇、大慶仕申候[17]

『東都劇場沿革誌料』上巻の「役者名目商店のこと」には

鬢付油　　堺町　家主　沢村屋利兵衛
絵草紙商仕、目印丸にいの字紋所付申候、延享二年開店二代目宗十郎持也、
天明の頃今の利兵衛引受けたり、[18]

とあることから、沢村庄五郎と沢村屋利兵衛は同じ人物である可能性が高い。沢村利兵衛は二代目宗十郎の芝居町にある鬢付け油の店を引き継いで、絵草紙屋を兼ねた店を経営しており、堺町の家主でもあったようである。

先に引用した『明和伎鑑』は明和六年（一七六九）の刊行であったが、三升屋二三治の『賀久屋寿々免』（弘化二年〈一八四五〉秋脱稿）第三巻にも、劇場出版物と専属版元の関係を示す記述があるので、その部分を掲出しよう。

三芝居板元

中村座	役者附 番附	せともの町	村山源兵衛
同	絵本おふむ石 長うた薄もの本	さかい町	沢村利兵衛
市村座	番附絵付おふむ石 長うた薄もの		山本重五郎
同	役者附		福地茂兵衛
森田座	番附絵本役者附 うすものおふむ石 河原崎座とも	田所町	小川　半助

河原崎座　役者附　　　芝神明前丸屋　甚八
福地茂兵衛、山本重五郎ハ、名前株持ち主ゆゑ、住所外名前故相糺さす。爰にしるすのみ。両家とも猿若町二丁目、茶屋也。近年三座とも版下、今の清水正七認る。中頃迄、山本重五郎・高麗屋金三郎、番附を書し事。(19)

『明和伎鑑』の記述と比較すると、中村座の番付版元が村山源兵衛であるほかは版元が入れ代わっている。村山源兵衛の所在が瀬戸物町になっており、これは表4 211頁の寛政元年（一七八九）以降と対応する。だが、森田座の小川半助の住所が田所町とあるので、この記載は享和三年（一八〇三）以降のものとなる。中村座の長唄薄物本の版元はさかい町沢村利兵衛となっており、伝本の状況と一致する。表4を見ると、当初は村山源兵衛と相版のかたちをとっているが、次第に沢村屋が単独で中村座の正本版元となる様子がわかる。そして、これに伴い、版行形態にも大きな変化が起きているのである。

寛政三年（一七九一）正月の上演の「対面花春駒《たいめんはなのはるこま》」を例にとり説明しよう。次の125～127頁に「対面花春駒」の図版㋚～㋞を掲げる。各々の図版の右側が表紙、左側は本文の終丁裏である。

初版は、沢村屋利兵衛が村山と相版で出している㋚の版である。次いで、同時期にその下段の㋛で、先の㋚の版元名から村山と入った部分を削り取った同版本が出たと考えるのが順当であろう。一方、㋜の沢村屋利兵衛版は、奥書に初演時の刊年が入っているが、役者絵や本文の文字の大きさ・書体から見て㋛よりも後の版である可能性が高い。参考として、「対面花春駒」の二ヵ月後に上演された長唄曲「五月菊《さつきぎく》名大津絵《なにしおおつえ》」の正本㋟を127頁下段に掲げる。これは書体や行数に初版本の体裁が備わり、上演時の刊年と蔵版表記も入っている。おそらく、前掲の㋛においても、この㋟と同様に、巻末に刊年および「沢村蔵板」と入る版が存在したのではないかと推測するが、あるいは村山との関係から蔵版の表記を入れるのが遅れた可能性も考えられる。

次に㋝の版を見ると、版面が擦れてやや読み取りにくいが奥書きに、

原板　寛政三亥年正月吉日
再板　文政九戌年九月吉〔日〕　沢村蔵板

とある。さらに次の㋞では表紙の版元の欄に丸屋鉄次郎が求版者として記されており、沢村には板賃（版木使用料）収入があったと推測できる。ここで注目すべき点は、㋜㋝のように正本版元の沢村屋利兵衛が蔵版者と明記され、上演時の初版だけではなく、再版をも出すようになっていることである。

再び表に戻って、寛政六年（一七九四）二月、都座に興行権が移る212頁表5をみると、沢村屋は初版においては相版元あるいは売所として名を出しているが、再版は単独で板行している。次に、寛政九年（一七九七）十一月中村座に興行権が戻る213頁表6になると、沢村屋は版元に戻り、再版に際しても沢村屋と他の版元との相版のかたちがとられていて、沢村の原版に対する所有権が守られていることがわかる。管見によれば、寛政期以降に中村座で上演された長唄曲で、沢村屋以外の版元が沢村と相版を組まずに版行しているのは一例だけである。それは寛政十一年（一七九九）十一月上演の「牛飼室梅花《うしかいむろのこのはな》」山本平吉・和泉屋市兵衛の相版本で、表6では便宜上「沢村Ⅱ種」の欄に入れてある。

「対面花春駒」の諸本　表紙（右）と本文終丁裏（左）

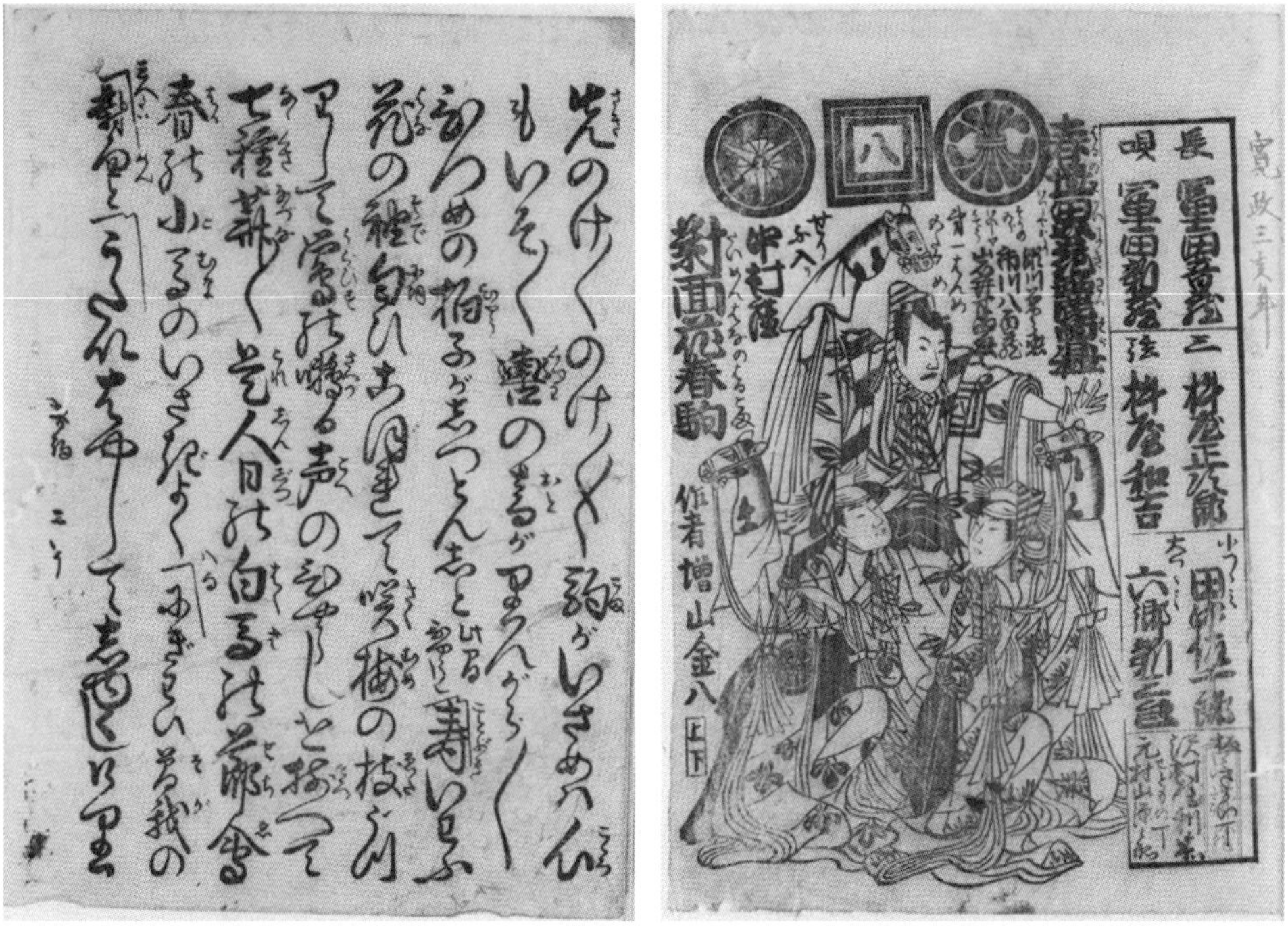

㋚　村山源兵衛・沢村屋利兵衛相版
早稲田大学演劇博物館所蔵〔3—1—12〕

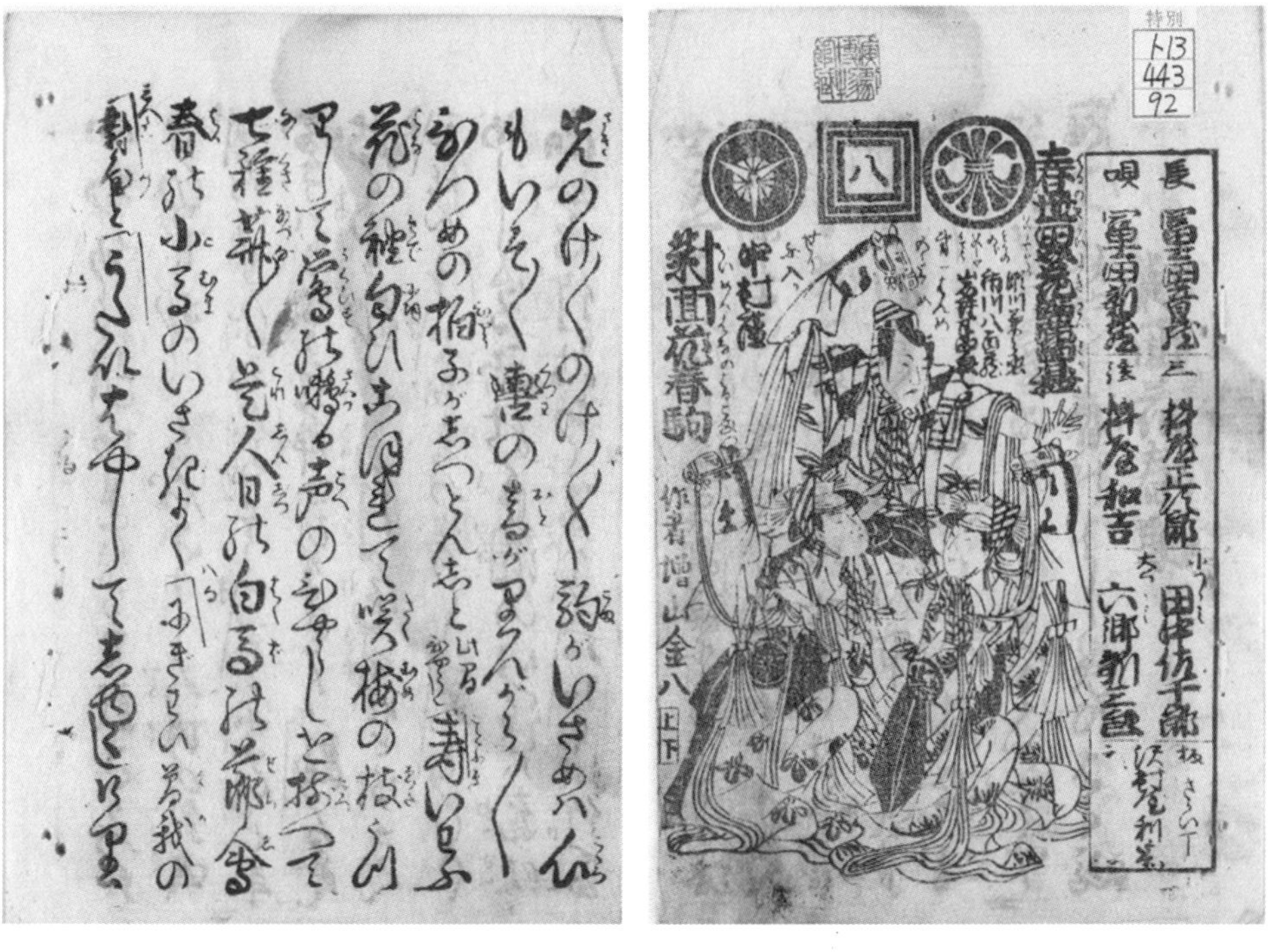

㋛　沢村屋利兵衛版
早稲田大学演劇博物館所蔵〔3—1—13〕

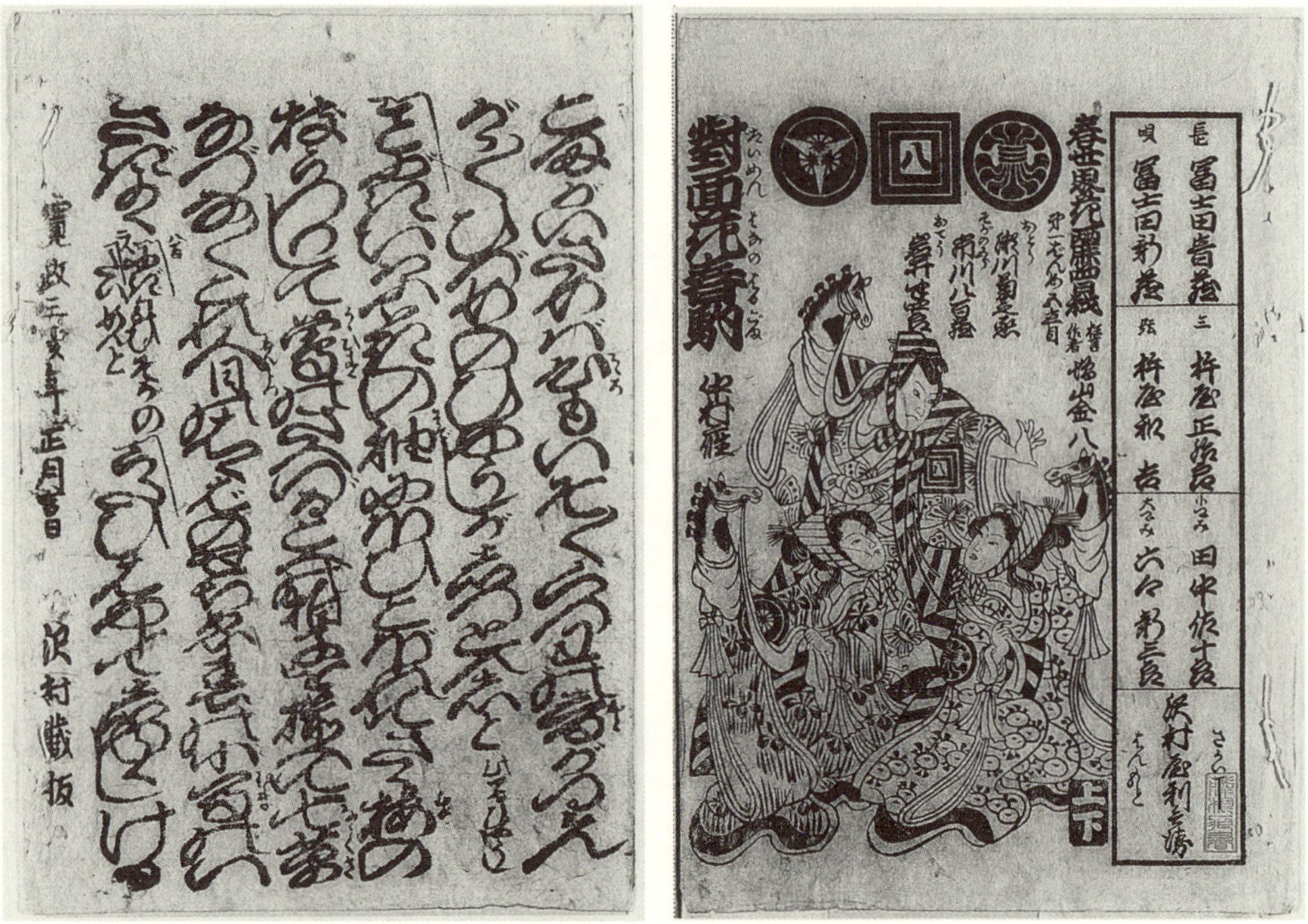

ⓢ　沢村屋利兵衛（寛政三年刊記）版
国立音楽大学付属図書館所蔵〔3—1—14〕

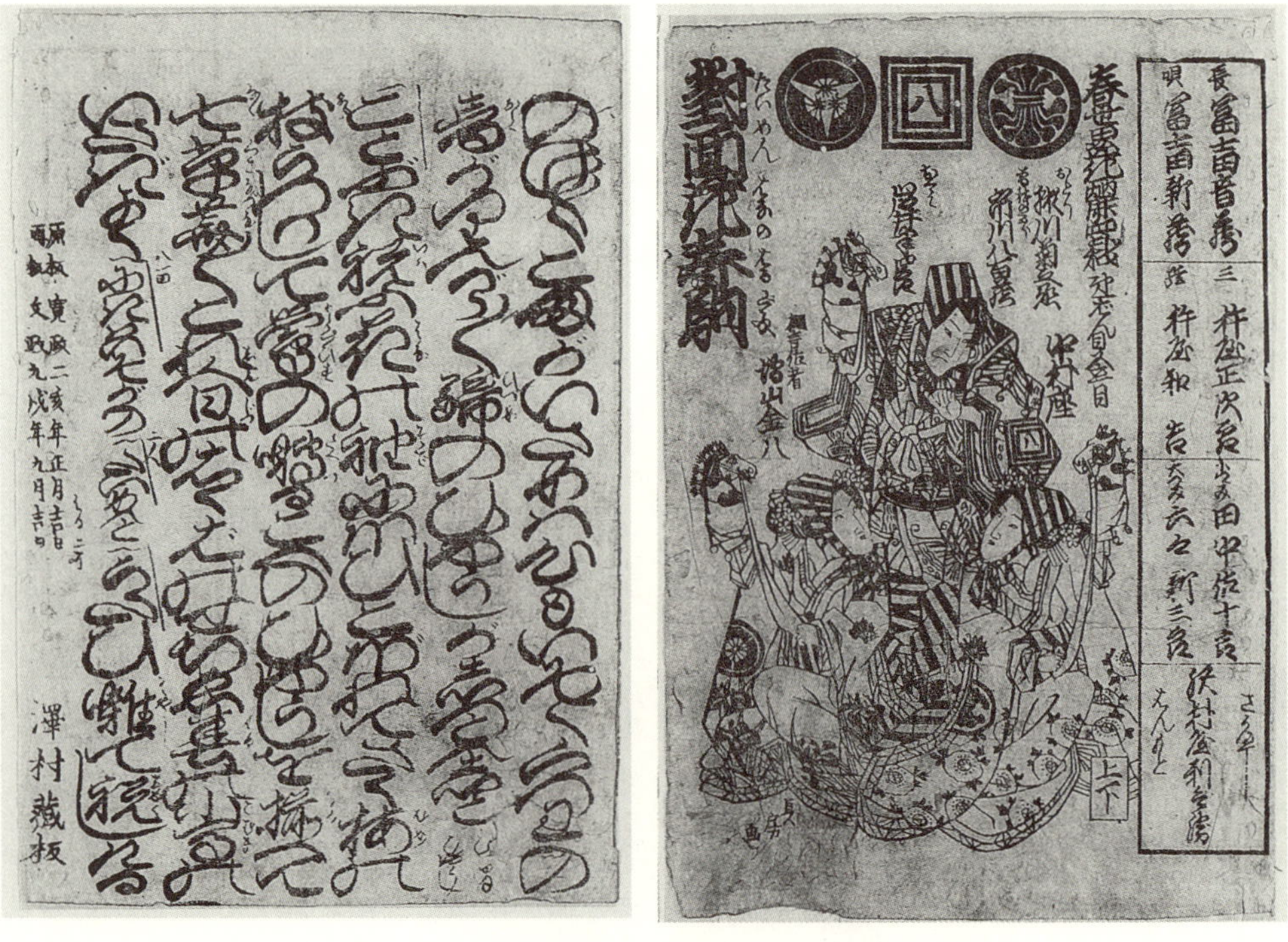

ⓣ　沢村屋利兵衛（文政九年刊記）再版
国立音楽大学付属図書館〔3—1—15〕

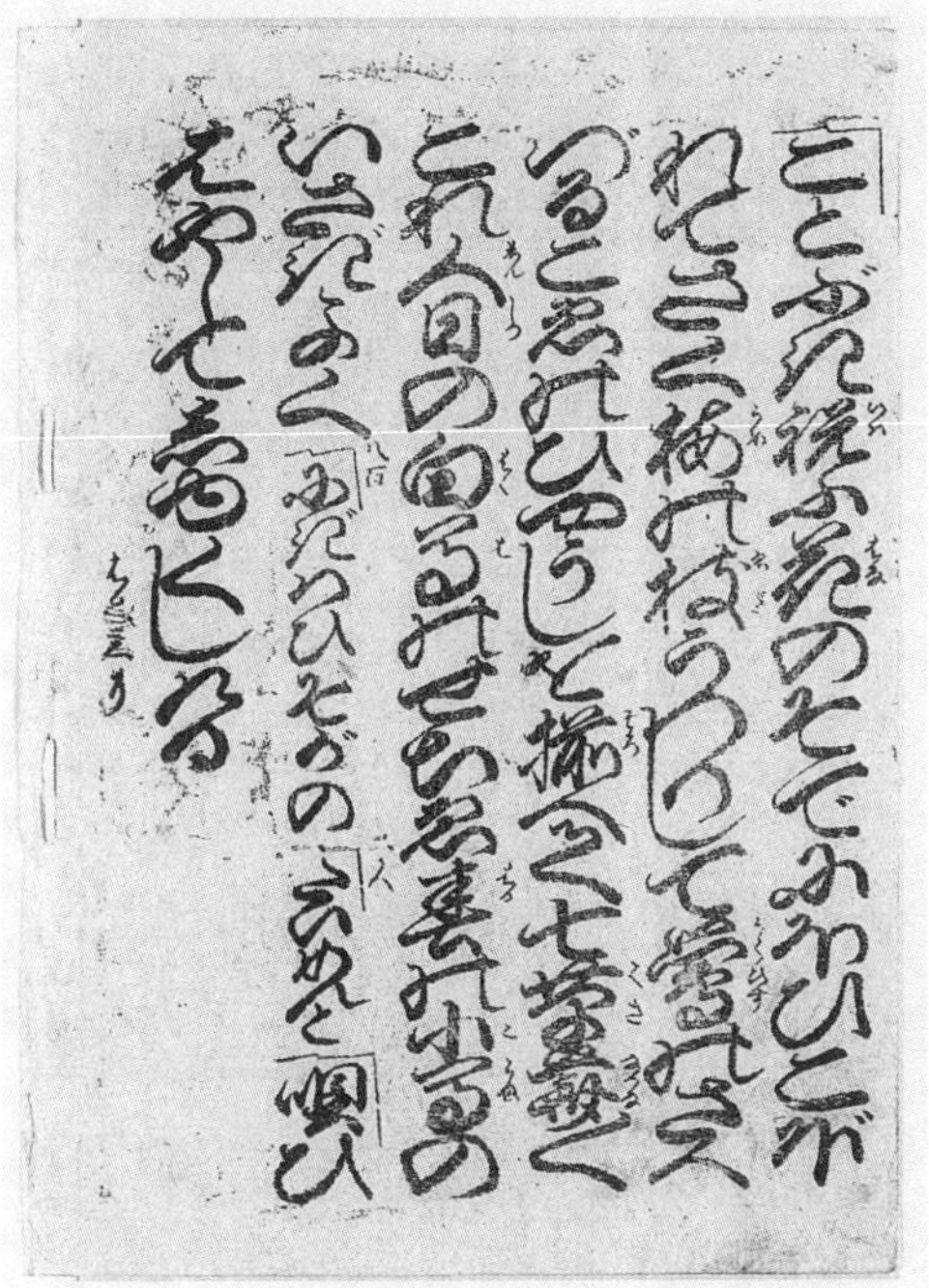

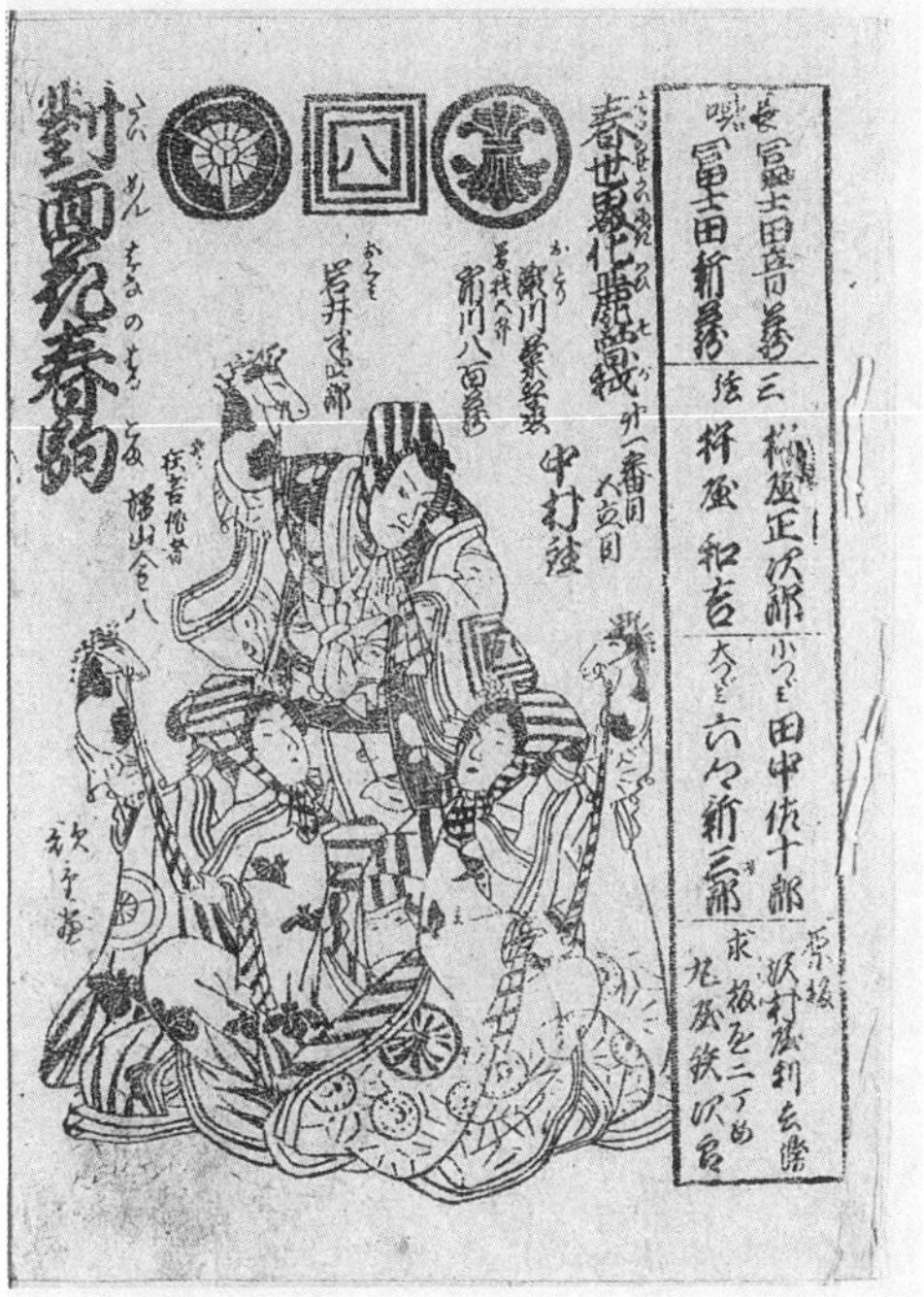

ⓢ　沢村屋利兵衛・丸屋鉄次郎相版
国立音楽大学付属図書館所蔵〔3―1―16〕

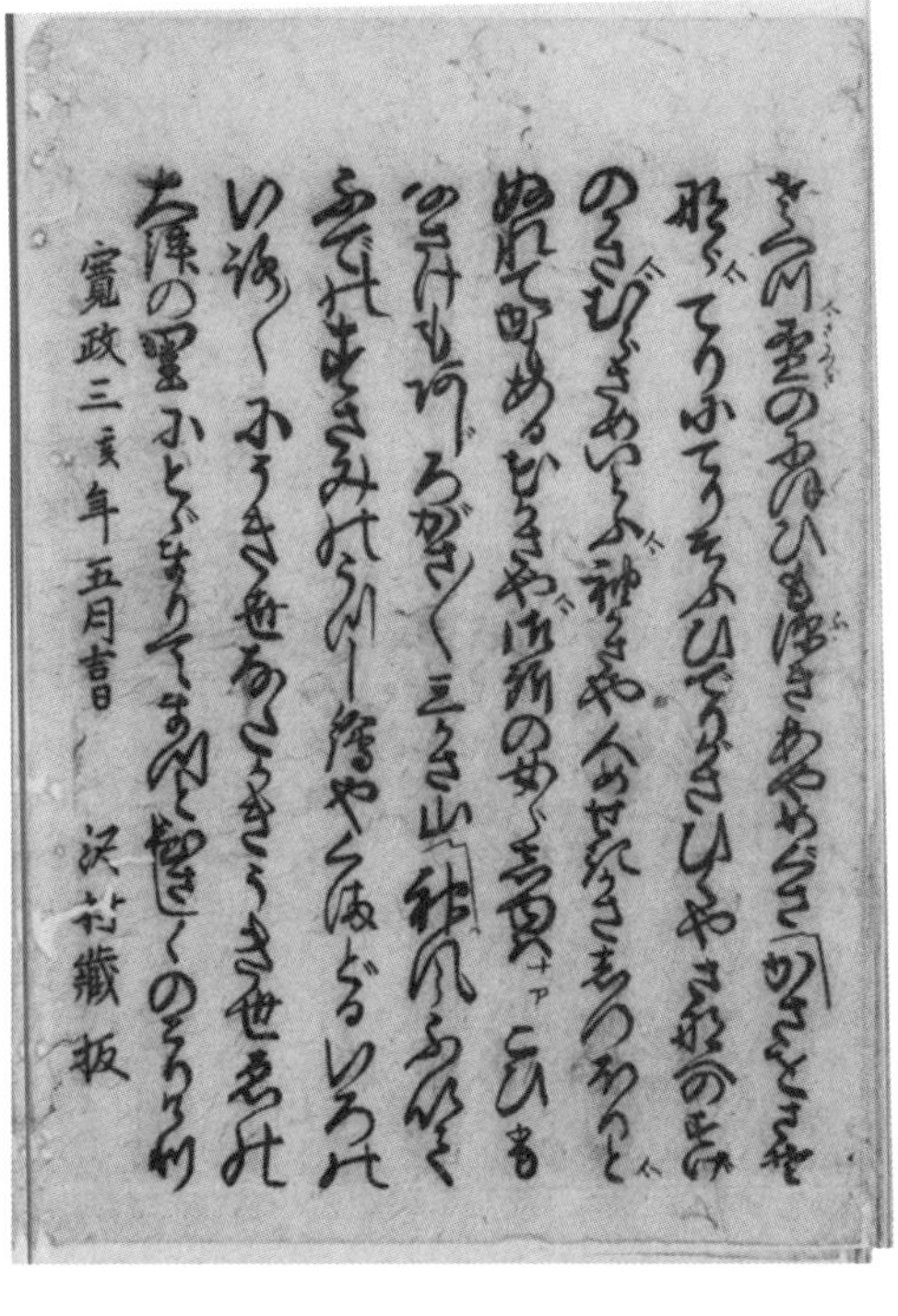

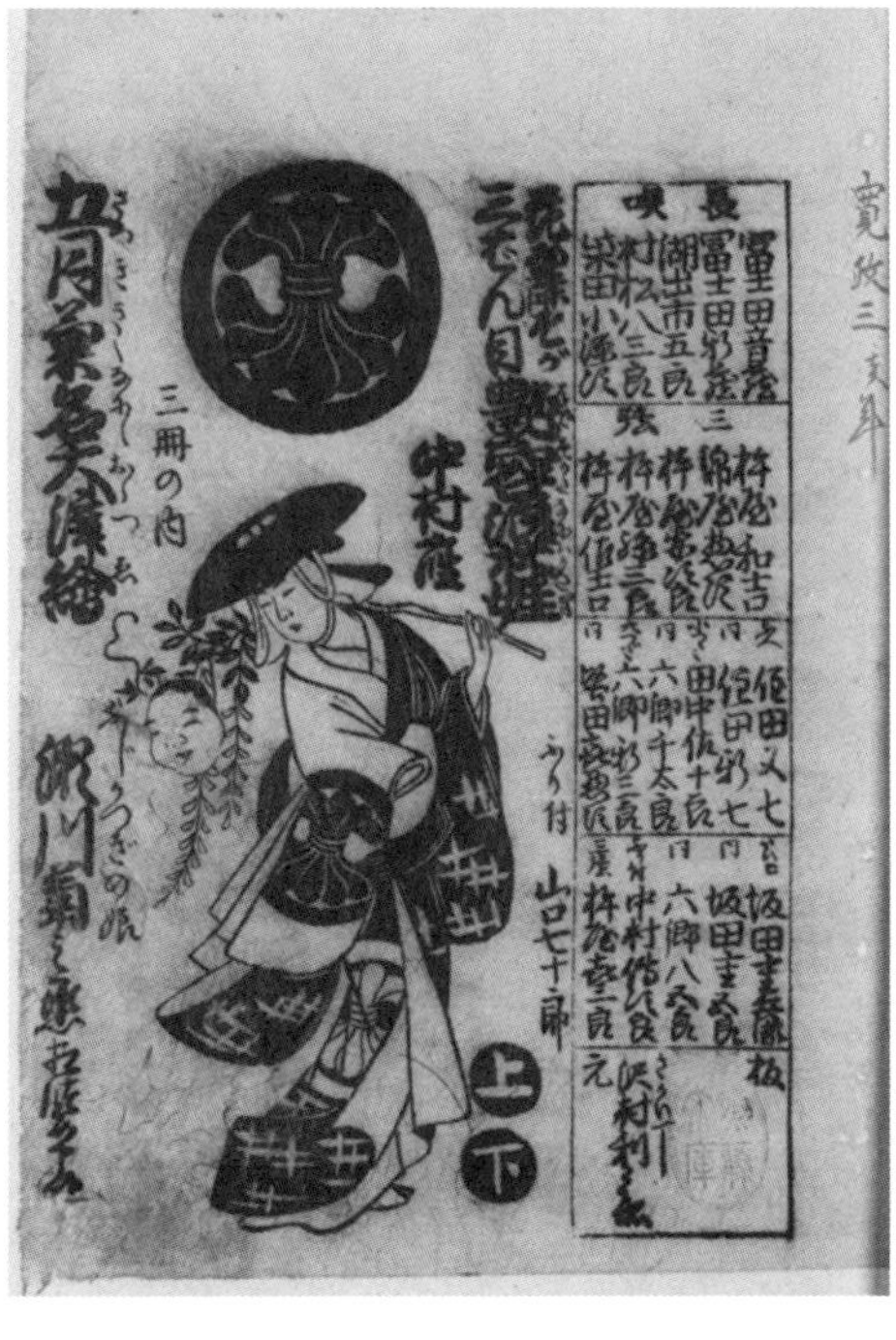

『参考』「五月菊名大津絵」表紙（右）と本文終丁裏（左）

ⓣ　沢村屋利兵衛版「五月菊名大津絵」
早稲田大学演劇博物館所蔵〔3―1―17〕

なお、「蔵板」の表記は中村座の沢村利兵衛版にのみ見られ、市村座の正本では一例・森田座の正本には二例確認できたのみである。[20]

市村座、河原崎座においても、多少の時期的なずれは生じていても、ほぼ時期を同じくして座の専属版元が交代し、これに伴い初版だけではなく再版をも出すかたちに長唄正本の版行形態が変化する。市村座では天明四年（一七八四）に控櫓の桐座へ興行権が移り、長唄正本の版元も和泉屋権四郎から冨士屋小十郎に代わる。そして天明八年十一月に桐座から市村座へ興行権が戻るのだが、その際には版元も市村茂兵衛・山本重五郎・冨士屋小十郎の相版へと代わっている。また、寛政三年（一七九一）十一月には森田座においても興行権が河原崎座に移行し、長唄正本の版元が小川半助に代わる。このように、長唄正本は三座ともに版行形態の変化を見せているのである。

五　「後版《あとはん》」グループ

それでは、これまで検討してきたことを踏まえて、再度115〜118頁の「相生獅子」の図版を見てみたい。これらの「相生獅子」の版の種類は、次の三つに分けて捉えることができるであろう。

①　初演時正本としての村山版㋐。

②　村山版が出た直後に村山版を流用して作られ、観劇時の需要に便乗したと見られる偽版㋑。

③　㋒から㋗の版は、上演後時を隔てて、流行った曲を需要に応じていろいろな版元が版行したものと考えられる。それを「後版」グループと位置づけて呼ぶことにする。このなかに㋓の沢村版が入るのはもちろんのことである。

この③は224頁の［後版表］に掲げている。[21]表中の◎印は版の種類が複数存在することを示す。［後版表］を見ると、冨士屋小十郎以下、多田屋利兵衛まで十二軒の版元が版行を手がけている。人気曲で需要があったため、多くの版元が版次を重ねて後々まで版行したのであろう。「後版」の表紙には「稽古本」と記載されている例も少なくない。

重要な点は、「後版」の長唄曲はいずれも初演が表1〜表3（享保十六年〈一七三一〉二月〜天明四年〈一七八四〉三月）の時期であることだ。よって、これらの「後版」は沢村屋利兵衛が中村座の版元になる前の時期の、座との間に独占的な版行の権利は成立していても、蔵版という意識がまだなかったために、複数の版元が後版を出せる状態を示していると考えられるのである。ただし、これにも例外が一つ存在する。「一奏現在道成寺《ひとかなでげんざいどうじょうじ》」は寛延二年（一七四九）三月上演の長唄曲で、初版の正本は伊賀屋から出ている。再版本が国立音楽大学附属図書館の竹内文庫にあり、大字六行本で「後版」の体裁をとる。これには版元が「元はま町伊賀屋勘右衛門原板／ふきや町冨士屋小十郎再板」と記されている。伊賀屋勘右衛門は「義太夫本公訴一件」のなかに地本問屋仲間行事としてその名が挙がっているので、冨士屋に対しあるいは原版の権利を主張できたのかもしれない。

そして、表4（211頁）の寛政三年（一七九一）以降と表6（213頁）の寛政十一年（一七九八）、すなわち沢村屋利兵衛が中村座の長唄正本の版元になってからは、沢村の原版所有者としての権利は再版時においてもほぼ守られていると言ってよいであろう。したがって、中村座の専属以外の版元が沢村屋と相版を組まずに版行することは起きていない。先に述べた寛政十一年十一月上演の「牛飼室梅花」山本平吉・和泉屋市兵衛相版本が例外的に見つかるのみである。

「後版」グループの版元は、出版の権利がまだ上演時に限られていた時代の作品について、再版本を出していると考えられるが、その場合には座と版元との間に特定の関係は存在せず、三座で当たって流行った作品を版行しているようである。

以上のことから、中村座の長唄正本において株板化は、寛政期（一七八九〜一八〇〇）に起きたと判断してよいであろう。

それでは「後版」において、沢村屋利兵衛は中村座の専属版元として、村山版の版権を引き継いでいる面はあるのだろうか。正本の版行において、沢村屋は当初村山と相版を組んでいるので、その可能性も十分に考えられる。確認してみよう。

224頁［後版表］の上から八列目にある沢村屋利兵衛の欄を左に見ていくと、宝暦三年（一七五三）二月上演の「京鹿子娘道成寺《きょうがのこむすめどうじょうじ》」の複数ある版種のうちの一種に「沢村屋利兵衛正」という事例が見つかる。だがそれ以外は、村山源兵衛との相版は見当たらず、十二の版元の中で沢村屋が正本版元であることを示す徴証は出てこない。

ただ、沢村屋版に「再板」と入っているのが目に付く。これはおそらく、村山版の再版というよりは、沢村自身の作った原版に対する再版を意味しているのではないかと思われる。なぜならば、市村座上演作品の「後版」においても、沢村が出している版には「再板」と入る例が多く見つかるからである。元来、沢村屋利兵衛版には他の版元にはみられない蔵版者や版次（刷次の場合もあり）についての情報が記されている。

「後版」は正本に比べて、国内外の所蔵機関に非常に多く伝わっているのだが、現調査段階では、後版において特定の座と版元の専属関係は認められない。［後版表］で、天明元年（一七八一）十一月上演の「我背子恋《わがせこがこい》の合槌《あいづち》（別称蜘蛛拍子舞《くものひょうしまい》）」の上から四列目を見てほしい。◎印の下に記載した福地茂兵衛・山本重五郎・冨士屋小十郎は、天明八年（一七八八）十一月から市村座の専属となる版元であるのだが、伊賀屋と相版を組んで、中村座上演作品を版行している。この福地茂兵衛相版本は、天明八年十一月以降に版行されたと考えてよい。原本は国立音楽大学図書館竹内道敬文庫・明治大学図書館に伝わり、その表紙には『四天王宿直着綿《してんのうとのいのきせわた》』「第一番目三立目」と中村座の初演時の大名題が入り、「中村座」と座名も入れてある。福地茂兵衛は市村羽左衛門の後見を勤め、座元に近い親族のひとりである。そうした版元が中村座上演作品の「後版」を出しているのである。

一方、沢村屋利兵衛もまた、他の二座すなわち市村座（桐座）・森田座（河原崎座）で当たった曲の後版を版行しており、特に市村座上演の作品については多くの曲を版次を重ねて出している。

後版を出すのは、［後版表］に掲げた版元にほぼ定まっている。また、「後版」には本屋儀兵衛版や無刊記版に見られるような、座名から「座」の文字が除かれる例は見られない。

六　株板化の要因

「後版」の存在によっても、寛政期に株板化の起きていることが裏付けられたと思う。それでは、こうした変化がなぜ起きているのであろうか。

211頁の表4で再度確認すると、中村座で沢村庄五郎の名が版元に上がってくるのは天明六年（一七八六）からである。しかし、沢村屋利兵衛による再版は、寛政元年（一七八九）七月上演の「八朔梅月《はっさくばいつき》の霜《しも》月《つき》」からとなる。その沢村屋利兵衛版Ⅰ種の再版本の奥書には「寛政元酉年七月吉日　再板　沢村蔵板」とあるのだが、沢村の蔵版は一応初演時と見てよいであろうか。伝本上は、この作品から沢村屋利兵衛が再版・再々版をも出す版行形態に変わっている。補足すると、森田座においても、河原崎座に興行権が移る寛政三年（一七九一）十一月に長唄正本の版元が小川半助に代わり、翌寛政四年十一月上演の「花《はな》車《くるま》岩井《いわい》扇《おうぎ》」から再版本（7種あり）が伝存する。

したがって、蔵版あるいは版行形態の変わる作品の年代に、その変化の理由を求めるならば、出版取締令との関係が想起されるであろう。江戸では寛政二年（一七九〇）に地本問屋仲間が再結成され、十月には行事をたて新本に対し自主検閲を行うことを盛り込んだ申渡しがなされる。長唄正本については、改めが行われていなかったことは冒頭で述べたとおりである。だが、こうした株板化は、地本にも版権を明らかにして幕府の禁令に抵触する内容かどうか吟味しつつ、重版・類版に対する取締を強化する体制が整えられたことに連動した動きであることは間違いないであろう。

ところが市村座では、もっと早い年代、すなわち天明四年（一七八四）十一月に、版元の交代と、初版の版元が再版をも行うという版行形態の変化が同時に起きているのである。その契機は、市村座から桐座への興行権の移譲である。その前の、天明三年（一七八三）六月までは市村座の専属版元は和泉屋権四郎であることが伝本で確認できる。しかし、天明四年十一月には桐座に興行権が移り、この時上演の長唄正本「狂乱雲井袖《きょうらんくもいのそで》」から、桐座の正本版元は冨士屋小十郎に代わる。そして冨士屋は初版だけではなく、再版・再々版を単独あるいは伊賀屋・森田屋と相版を組むかたちで出すようになる。

次いで、五年間の約定による桐座の仮興行が済み、天明八年（一七八八）十一月に市村座に興行権が戻ると、長唄正本の版元も市村茂兵衛・山本重五郎・冨士屋小十郎の相版となり、再版等に際してはこの正本版元と伊賀屋・森田屋金蔵との相版のかたちがとられている。(22) つまり、市村座では出版取締令より五年以上前に、桐座への興行権移譲を機に版元の交代と事実上の株板化が起きているのである。ここには座側の意志を感じ取ることができよう。

前述したとおり、中村座の正本版元となる沢村屋利兵衛は堺町の家主であり、沢村宗十郎(23)の油店を継いで絵草紙株を取得している。一方、市村座でも天明八年（一七八八）十一月から、正本版元が福地茂兵衛・山本重五郎・冨士屋小十郎の相版となる。そのうちの福地（市村）茂兵衛は、市村座の後見をつとめる座元の有力な親族と見られ、山本重五郎も葺屋町の芝居茶屋総代となり、この二人は『賀久屋寿々免』の「三芝居板元」に「名前株持ち主」と記されていることから、直接出版業を営んでいたわけではないらしい。そしてもう一人の相版元である冨士屋小十郎については、『式亭雑記《しきていざっき》』（式亭三馬著）の文化八年（一八一一）四月五日の記事に

ふきや町ふじ屋小十郎　めりやす長うた本のはんもとなり(24)

とあり、伝本上でも桐座（市村座の控櫓）の正本や多くの後版を単独で出していることが確認できるので、おそらく冨士屋が出版実務を担当していたのであろう。とすれば、版元の交代については、座あるいは芝居町の内部者が版元におさまったとの捉え方ができる。天明四年十一月から桐座の版元が冨士屋小十郎に代わるが、桐座の関係者が版元として名を出さないのは控櫓の格であるためで、市村座に対する遠慮があったと推測する。

　地本問屋仲間行事による自主検閲の再開は、版元にとってむしろ出版環境の整備を意味する。それにもかかわらず、なぜ芝居内部者への版元の交代が起きているのであろうか。ここで、株板化の起きる寛政期にかけて三座の置かれていた状況に目を転じてみたい。木挽町に立地し集客に問題を抱えていた森田座の場合は、当初から座の経営が安定せず、地代訴訟をすでに度々経験してきている。それに対し、堺町の中村座、葺屋町の市村座は、幾度かの類焼を受けてはいるが、宝暦期末から明和期（一七六〇〜七一）に所作事がひとつの絶頂期を迎え、安永期（一七七二〜八〇）に入ってもまだ一応安定した座の存在があった。ところが、天明期（一七八一〜八八）に入ると市村座は経営に破綻を来たしはじめる。その原因ともなる両座の火災の記録を天明から寛政期にたどると、以下のようになる。

　安永十年（一七八一）正月九日、新材木町より出火、両座焼失（十年目）。

天明三年（一七八三）十月二十七日、小伝馬町二丁目より出火。両座類焼（三年目）。

天明六年（一七八六）正月二十二日、湯島天神前より出火。中村座（四年目）桐座類焼。しかもこの年は長雨により秋に大洪水がおきている。

寛政五年（一七九三）十月二十五日、湯島雲州侯奥より出火、両座類焼[25]。

この間、天明二年（一七八二）と四年（一七八四）に市村座では地代訴訟が起きており、天明二年にはかろうじて示談が調う。だが、天明四年の場合には『安永撰要類集』によると、その額は「是迄之地代金千九百四拾両余滞有之迷惑仕候」とあり、吟味の末、市村座は休座を申し付けられている。これについては「葺屋町茶屋共拾人」・「煮売茶屋廿七人」他から、左記のとおり芝居興行存続の嘆願が出ている。

　町内茶屋其外芝居懸之者共諸商人裏之軽キ者共迄家業無御座今日を送リ兼難儀至極仕候（中略）〔桐〕長桐名題ニ而仮芝居為仕一同渡世為致度旨当六月中願出候ニ付追々吟味仕候処大借之羽左衛門儀ニ御座候故迚も芝居出来不仕

そして、これが認められたため、その明地〔空き地〕は五ヶ年の約定で桐座の仮興行の場となるのである。しかし、注目したいのは、その次の以下の文言である。

　是迄類焼之度〻並狂言相休候節共ニ追〻金五百五拾両余町内より合力いたし段々合力致尽候上之儀ニ御座候間何卒長桐名題ニ而葺屋町仮芝居申付候様相願候旨申之候[26]（傍線筆者）

市村座が類焼を受け芝居興行を休む事態になると、芝居町関係者はお金を出し合って援助してきており、その高が五百五十両以上になると記されている。これによって、芝居興行を存続させるために芝居町ぐるみで資金の補填を行ってきていることが知れる。この天明四年の休座については、津村淙庵の見聞随録である『譚海』巻の四にも「古来より羽左衛門借金十六万四千四百両に及といへり」とあり、桐座仮興行についても以下のように言及している。

ふきや町芝居休み困窮に及び、家主某世話にて金子をこしらへ、桐長桐座をはじめたる故、又ふきや町にぎはへり。天明四年七月中より普請はじまり、廿日の内に出来、やぐらをあげ興行に及ぶ。毎日家主立合世話致し、芝居失墜格別に減少し、山師の類一切懸り合に致さゞるゆへ繁昌す(27)（傍線筆者）

すなわち、芝居興行の存続をかけて座の頭取・役者ばかりでなく、家主や芝居茶屋など芝居掛かりの者たちが金策や座の運営に深く関わって状況を打開しようとしていたことが窺われる。そして先に述べたように、この桐座仮興行に際してとられた方策の一つが、芝居町内部者への版元の交代と株板化であったと推測されるのである(28)。さらに推し量れば、こうした動きに隣の芝居町である堺町も無関心でいられるはずはなかったであろう。

家主や座の後見者・芝居茶屋総代が長唄正本の版元に入っているのは、おそらく債権の代表者という立場に拠るのではないだろうか。そして、その背景には長唄正本が観劇用パンフレットから稽古本へと、再版性の高い出版商品に成長してきたことがあり、その出版益を座や芝居茶屋など芝居町内部に取り込む方策がとられたと推測されるのである。夥しい数の後版や再版本が、今日に残っていることは、稽古本に対する当時の需要の多さを示していよう。

寛政五年（一七九三）には、中村座と市村座の両座に地代金の滞りによる地立出入が起きて地所明け渡しと決まり、中村座は十月に都座へ、市村座は十一月に再び桐座へ、それぞれ五ヶ年の約定で興行権が移る。この時に町奉行へ出された中村座の地立願いの伺書には、当時中村座には地代金の滞りが佐兵衛方に三千百六十余両、吉五郎方に六百四十六両余、ほかに大借金を抱えているとあり、中村座も同様の逼迫した状況にあったことがわかる。

しかしそうした経営努力の甲斐もなく、名題役者の取り合いによる給金のつり上げ、数度の類焼による普請代、資金不足からくる内部紛争は不当たり続きへとつながって、ついに自力での立て直しは叶わず、寛政六年（一七九四）十月には「三芝居狂言座取締方議定証文」の提出により、役者の給金の上限が引き下げられ、座組は三座申し合わせの上で決めることとなり、互いに役者を高給金で囲い込まないよう助勤させるなど、様々な再建策が取り決められるのである。

七　天保期の芝居町移転後

寛政九年（一七九七年）、都座から中村座に興行権が戻ってからは、第一部の表6（213頁）に見るように、長唄正本の版元も沢村屋利兵衛に定まっており、変化物の流行や豊後系浄瑠璃との掛合によって再び所作事が流行するが、享和・文化・文政期（一八〇一〜二九）とそれ以降も版行上の目立った変化は起きていない（都合上、表6への掲載は文化年間までとしている）。ただ、水野忠邦の天保の改革による引き締め政策に関連した、次の二つの事柄を挙げておきたい。

天保十二年（一八四一）十月七日に中村座より出火し、堺町・葺屋町の芝居町が焼失し、十二月には市中風俗改めの趣により、堺町・葺屋町両座と操芝居、そのほかこれに携わる町家が浅草聖天町に（後に猿若町に変更）移転を命じられる。これと対応して、伝本の上でも、天保十三年（一八四二）十月上演の『花童《はなにわらべ》露草刈《つゆのくさかり》』から沢村屋利兵衛の住所が「さるわか町壱丁目」になっている。しかし、嘉永二年（一八四九）九月上演の「（めりやす）尾花《おばな》の露《つゆ》」からは住所が再び「さかい町」に戻る。

また、天保十二年十二月には、天保の改革の一環として株仲間解散令が発せられる。だが、株仲間廃止の結果が好ましくなかったため、幕府は嘉永四年（一八五一）に問屋組合の再興を図っている。『諸問屋名前帳』(29)（国立国会図書館蔵）には、それ以降の本組と仮組の問屋名と住所などが記載されているが、その「地本双紙問屋」仮組のところには、

中村座の版元として、

沢村屋利兵衛（猿若町一丁目家主）

村山源兵衛（安政二年〈一八五五〉八月加入、室町二丁目家主）

市村座の版元として、

山本重五郎（文久元年〈一八六一〉六月加入、猿若町二丁目惣左衛門地借）

森田座・河原崎座の版元として、

小川屋半助（嘉永六年〈一八五三〉十二月加入、御所町茂八店）

の名が挙がっており、嘉永四年問屋組合の再興後に新規加入していることがわかる。これにより、本組の仲間規定に加わったと見られる。

なお、本組には224頁収載の「後版表」の版元のうち、山本屋平吉、伊賀屋勘右衛門、蔦屋重三郎の名が記載されている。

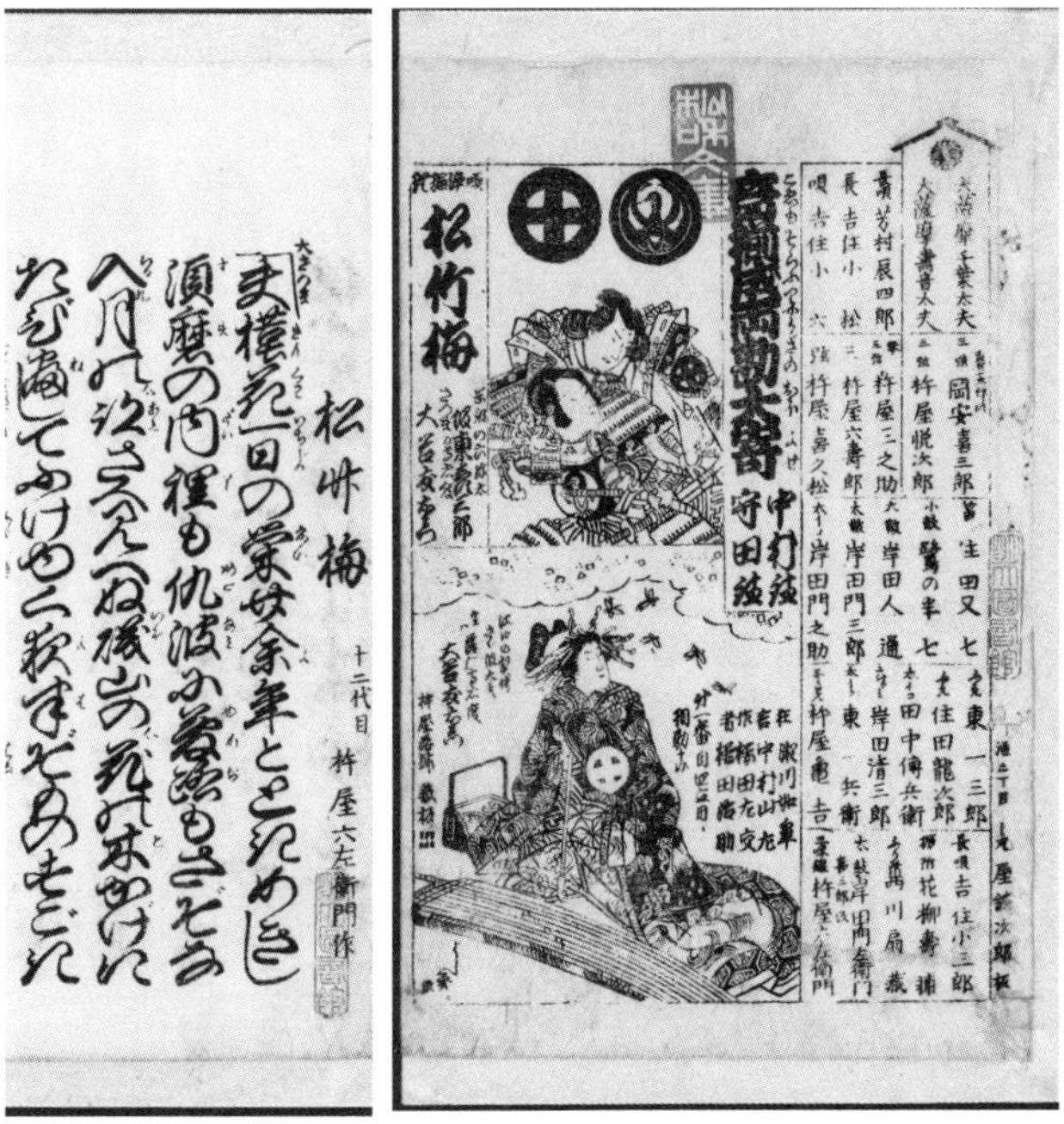

丸屋鉄次郎版　杵屋治郷蔵版「（唄浄瑠璃）松竹梅」
表紙（右）と本文初丁表、始めの四行部分（左）
明治大学図書館所蔵〔3—1—18〕

猿若町に移転してからは集客に問題を抱え、三座は幕末から経営不振に陥り弱体化していく。長唄正本も、沢村屋利兵衛版は丸屋鉄次郎に求版されて出ることが多くなる。

しかしそれと同時期に、「杵屋蔵板」・「芳村蔵板」といった長唄演奏者の蔵版本が現われ始める。例として、下段に「（唄浄瑠璃）松竹《しょうちく》梅《ばい》」正本の表紙と本文を掲げる。

これは、明治元年（一八六八）九月に中村座・守田座の合併興行「音揃両勘大寄《こえもそろうりょうざのおおよせ》」の第一番目四立目に上演された作品で、外題上部には「唄浄瑠璃」と曲種名が付記されているが、大薩摩との掛合によ

る長唄曲である。表紙右下の枠外に「通二丁目　丸屋鉄次郎板」とあるが、左側の外題下に「杵屋治郷　蔵板」と記載されている。本文の内題下に「十二代目杵屋六左衛門作」とあるため、「治郷」は三味線方の巻軸《かんじく》として正本の連名に記載される十二代目六左衛門の俳名と推測できる。長唄の作詞・作曲者が蔵版し、丸屋鉄次郎を支配人として版行されていると見られる。これは、仲間外素人が版木を所有する方法である。

　このほか、三味線方の二代目杵屋勝三郎が蔵版者となり長唄正本を版行する例も存在する。

「大和い《やまとがな》手向五字《たむけのいつもじ》」文政六年（一八二三）三月森田座上演

　「杵屋勝三郎蔵板」

『吾住森野辺乱菊《わがすむもりのべのらんぎく》』文久元年（一八六一）九月市村座上演

　奥書「文久元辛酉年喜久月狂言」

　「杵勝板」

『深山桜及兼樹振《みやまのはなとどかぬえだぶり》』明治二十一年再版本

　「二代目杵屋勝三郎蔵」、丸屋鉄次郎を支配人とする。

『柱建子手柏《はしらだてこのてがしわ》』字表紙本、明治六年再版本

　「杵屋蔵版」

「紫《むらさき》」（安政五年〈一八五八〉）、「しのび車《くるま》」（安政五年）、「箱根《はこね》の富士《ふじ》笠《がさ》」（安政六年刊記）、「春の友」（元治元年〈一八六四〉刊記）などにも「杵屋板」とあるため、勝三郎の蔵版本と見なして良いであろう。

　また、『歳旦《さいたん》 梅乃榮《うめのさかえ》』は新年の祝儀曲として作られた曲であるが、奥書に「明治三庚午年正月　伊勢町岡安□蔵板」とあり、これは蔵版者が唄方であると見られる。歳旦物であるから、歌舞伎上演作品ではない。

「元禄花見《げんろくはなみ》おどり」は明治十一年新富座の開場式に初演された長唄曲で、作詞は竹柴瓢助。「銀座芳村板行」と巻末にあるので、これも蔵版者が唄方の可能性がある。

「楠公《なんこう》」の奥書にも「明治三十五寅年三月吉日　植木店　杵屋版」とあり、ここにすべてを掲出しないが、各派で唄方や三味線方が蔵版者となり、長唄の薄物を版行し始めていることがわかるであろう。

　明治二十年十二月には版権条例に伴い、脚本楽譜条例も制定され、脚本・楽譜も版権保護の対象となる。著作権法の整備に向けた出版令を先取りする動きが、長唄の唄方・三味線方の蔵版によってすでに始まっているのである。

　このように長唄演奏者の手に版権が渡ると、長唄正本が有していた稽古本の面がさらに助長され、記譜法が発達していく。三味線の音曲は勘所《かんどころ》を押さえることによって得られる音高をひとつのたよりとして習得するものである。だが、その勘所を記譜して用いる方法が、伝統的な教授の上で主流になることはなかったのである。長唄各派の演奏者は、明治期の洋楽の導入によって知った洋楽の楽譜に触発され、各流派では自派の持ち曲に対し、記譜の試行錯誤を重ねるようになる。杵屋六左衛門派においても、長唄を五線譜化した楽譜が版行されている。そして、勘所を用いた伝統的な教授方法と洋楽の記譜法を融合させる近代化の過程を経て、今日、長唄の譜本は、研精会譜（相対音高譜）と、杵家会の赤譜（勘所譜）に大別され普及している。

　今日の稽古を目的とする長唄譜は、直接的には幕末期に座が衰退することによって現れた長唄演奏者による蔵版本に端を発していると言ってよい。しかし、その前に、寛政初期に起きた長唄正本の株板化、すなわち、版権の確立によって、出版の体制が整い、これが記譜という特殊な付加価値の付いた稽古本の展開を用意することになった事実を見過ごしてはならない。

　長唄正本の株板化し、演奏者による蔵版本が出現した背景には、長唄の稽古本の購買層が広がり、実技を伴って質的により深く長唄を、ひいては三味線の音曲を享受しようとする層が定着していることを表している。掛合物《かけあいもの》などは、長唄や常磐津などの繊細な違いを聞き分けられることが一つの前提となって成立する演目である。これは、長唄をめぐって、ひとつの音楽文化が成熟した受容の段階に入っていることを示している。寛政期に起きた長唄正本の株板化は、その礎になっていると言えよう。

まとめ

　中村座上演の長唄正本についてその版行上の変化をたどり、寛政期に起きる株板化の問題を中心に検討を加えてきた。

　江戸の出版業界では、京都・大坂の出店に始まった経緯もあり、重版・類版の規制が緩い特有の商慣習が形成されてきた。そのような中で、江戸歌舞伎は、草紙（地本）の世界に江戸根生いの文化的価値を創り出す一つの源となってきたのである。ゆえに、歌舞伎がその時代の空気を先取りし観衆の支持を得るほどに、それは江戸の草紙（地本）の充実へとつながっていったに違いない。

　長唄正本は享保期に版行が始まり、その後も体裁を変えることなく明治期まで版行され続けている。長唄正本は、それ自体が舌禍事件や奢侈取締の対象になることはなかった。けれども、そこには地本界のその時々の趨勢が反映されているように思われる。重版・類版のあり様、出版者の版権確立の過程等々は検討してきたとおりである。

　歌舞伎は役者至上主義のエンターテインメントを追求するあまり、天明期から深刻な経営難に陥る。そのとき、芝居町内部での経営に対する合理化の動きと、地本問屋仲間の再興という地本界の趨勢とが相まって、長唄正本の株板化は起きたと考えられよう。

【注】

（1）長唄正本における板株化の視点は、佐藤悟「地本論」（『読本研究新集』第一集、翰林書房、一九九八年）においてすでに指摘されている。

（2）江戸時代において書物は、儒書・仏書・神書・医書・漢籍・古典・歌書などの堅い内容の「物之本」と、娯楽的庶民的内容の「草紙類」は分けられていた。物の本は物の本屋（江戸では書物問屋）が扱い、仲間を結成した。これに対し草紙類は草紙問屋・絵草紙問屋が扱った。

（3）この条の記述に関しては、蒔田稲城『京阪書籍商史』（出版タイムス社、一九二八年）、稲岡勝「蔵版、偽版、版権―著作権前史の研究」（『東京都立中央図書館研究紀要』第二十二号、一九九二年）、朝倉治彦・大和博幸解説（『享保以降江戸出版書目（新訂版）』臨川書店、一九九三年）、藤實久美子「武鑑の出版と書物師出雲寺」（『江戸文学　江戸の出版Ⅱ』第十六号、ぺりかん社、一九九六年）、『日本古典書誌学辞典』本屋仲間の項（岩波書店、一九九九年）などを参考とした。

（4）江戸出来の草紙類、絵本・草双紙・江戸浄瑠璃本・芝居音曲本・

浮世絵等は地本と呼ばれ、これらは江戸の地本問屋が出版・販売に携わった。

(5)　江戸の地本問屋が版行する義太夫大字五行・六行の段抜床本（抜本）が、大坂方の所持する義太夫丸本株の重版・類版にあたり差し障るとして、天保三年（一八三二）九月に、大坂の書物問屋紙屋与右衛門と糸屋七五郎から大坂本屋仲間年行事の手紙を添えて、江戸の書物問屋行事須原屋源助に申し出があった。三河屋喜兵衛・蔦屋重三郎ら江戸の抜本に携わってきた地本問屋五人は、この申し出を不服とし示談に応じず、先手を打って、天保三年十月二十九日に須原屋源助を相手取り町奉行所へ出訴した。一方、紙屋与兵衛ら大坂の書物問屋とこれに与する江戸の書物問屋三組行事側も、十二月に三河屋喜兵衛・蔦屋重三郎らを相手取り寺社奉行に出訴したため、天保四年二月九日に町奉行所へ引き渡しとなって争われた。江戸の抜本版元側・江戸書物問屋行事側・大坂丸本株所持者（大坂書物問屋）側の各訴訟記録からなる。右の記述に関しては、鈴木俊幸「江戸板義太夫本訴訟始末（上）」（『中央大学文学部紀要』第八三号、一九九九年）を参考とした。

(6)　山根為雄解題校注「義太夫本公訴一件」（『日本庶民文化史料集成』第七巻　人形浄瑠璃、三一書房、一九八三年）。

(7)　三升屋二三治「作者年中行事」参之巻（『日本庶民文化史料集成』第六巻　歌舞伎、三一書房、一九七九年）。

(8)　『日本庶民文化史料集成』第六巻　歌舞伎（三一書房、一九七九年）。

(9)　『長唄原本集成』巻一～十四（長唄原本集成刊行会、一九三六年～一九三九年）。

(10)　「相生獅子」を本論文の図版に選んだ理由は、座の専属版元の形成と、それにともなう偽版の出現、多数の後版の存在など、表1の版行の構図を説明するための伝本が揃っているからである。だが、「相生獅子」の上演は明和六年だけではない。

中村座　享保十九年一月　十八公今様《じゅうはちこういまよう》曽我《そが》　第三番目　いがや版

中村座　明和六年二月　曽我模様愛護若松　第二番目　村山源兵衛版

市村座　安永八年四月　蝶千鳥若栄《ちょうちどりわかやぎ》曽我《そが》　第二番目大詰　和泉屋権四郎版

市村座　寛政元年三月　恋便《こいのよすが》仮名書《かながき》曽我《そが》　第二番目　市村茂兵衛・山本重五郎・冨士屋小十郎相版

と、四種の「相生獅子」の長唄正本が伝存している。それぞれ大名題や演奏者は異なるが、本文は寛政元年（一七八九）の正本に増補部分が加わるものの、ほかの正本はほぼ同じである。瀬川菊之丞が家の芸として相生獅子を、代替わりで演じることが眼目となって版行されたものである。明和六年以降の三種の正本が再版の扱いになっていないことに、長唄正本の劇場出版物としての特殊性があらわれている。また、明和六年上演のものだけに、異版が多く存在するのである。本稿では明和六年上演の村山版と、「曽我模様愛護の若松」の大名題をもつ異版の関係をとりあげていく。

(11)　『御触書寛保集成』三十五（二〇二〇）（岩波書店、一九六〇年）の享保七寅年（一七二二）十一月「新板書物取締之事」五か条の第四に

一、何書物ニよらす此以後新板之物、作者幷板元之実名、奥書ニ為致可申候事、

とあることによる。ただし、まだ地本を対象とした触れではない。

(12)　河東節は江戸浄瑠璃であるが、その祖江戸太夫河東（十寸見河東）は長唄に先行して享保初期から歌舞伎に出勤している。小松屋が正本版元である。しかし、いがや・奥村屋・井筒屋・近江屋なども　河東節の音曲本を手がけており、その中には小松屋の本文を版下に流用した版がすでに伝存する。小松屋では正本の表紙に、「河東直伝之正本ハ／小松やよりほかに無之候所ニ／此ころ

るいはん相ミへ申候／河東／正めいの／本にハ此如の判形ヲ致／令板行者也能ゝ御吟／味被御求可被下候」と載せて偽版の存在を明言し、対抗措置として太夫の印章（判形）を入れ差別化を図っている。

〔編注〕著者が本学位論文に先立ち発表した河東節研究に関する論考の一編を本書巻末付編二として収録した。御参照いただきたい。

長唄正本においては、このような偽版の存在を示す文言は見つからない。宝暦六年（一七五六）三月市村座上演のせりふ正本の奥書に「浄るり／せりふ／長うた／市村座はんもと／右之外狂言なだいづけ。やぐら下。一まいすりのゑ外ゟ一切出シ不申候」とあるのが唯一の例である。この違いは、浄瑠璃太夫が座元や家元であることに対し、長唄の演奏者は座に属して、長唄正本は芝居座元の権限が反映した出版物となっていることによると考えられる。歌舞伎の座元側では宣伝の益をとって、偽版の存在にはこの時期鷹揚であったと推測される。

(13)　前掲注(6)、「義太夫本公訴一件」。

(14)　松本隆信「画入読本外題作者画工書肆名目集」(『国文学論叢第一輯　西鶴　研究と資料』至文堂、一九五七年)。

(15)　長唄正本は際物であったため、所作事が当たった場合には、直ちに村山は初刷りを板下にとり、同じ彫師の手になる板木を別に作って部数を増やす方法をとったと考えられる。というのは、同版に見えながら、墨刷り部分の木目の異なる版が存在するからである。また、翌興行へロングランを続けた場合には、再印もあったであろう。

(16)　原本が大阪府立大学の椿亭文庫にあり、その奥書に「于時天明七未三月廿三日／正名板元　大坂道頓堀　敦賀屋吉右衛門／同江都堺町　沢村庄五郎」とあることを確認している。

(17)　『新燕石十種』第五巻（中央公論社、一九八一年）。

(18)　『歌舞伎選書6　東都劇場沿革誌料』上（国立劇場芸能調査室、一九八三年）。

(19)　『日本庶民文化史料集成』第六巻　歌舞伎（三一書房、一九七九年）。

(20)　市村座の長唄正本「(所作)男舞《おとこまい》楓《もみじの》顔色《かおいろ》」(『白旗《ぎん》世界《せかい》樹仝《きごとの》鏡《かおみせ》』「第一番目三立目」天保九年十一月上演）の奥書に「ふきや町　山本重五郎蔵板」とある。また、森田座の長唄正本「(めりやす)時雨《しぐれ》の紅葉《もみじ》』の奥書に「安政三丙辰年顔見世狂言／はんもと小川半助蔵板」とある。いずれも早稲田大学演劇博物館安田文庫旧蔵本である。

(21)　後版表に掲げた各版については、伝本の数が非常に多いため、所蔵場所と架蔵番号を本論文には載せていない。

(22)　前掲注(1)。拙稿「江戸版長唄正本にみる版行形態の変化―享保～寛政期にいたる市村座の場合―」(『東海大学国際文化学部紀要』第二号、二〇一〇年）の表1による。

(23)　三代目沢村宗十郎は、天明～寛政期（一七八一～一八〇〇）に中村座に属しており、寛政六年（一七九四）十月に都座仮興行となる際には座頭をつとめている。

(24)　『続燕石十種』一（廣谷国書刊行会、一九二七年)。

(25)　「江戸三座焼失一覧表」(西山松之助編『江戸町人の研究』第五巻、第三章「江戸三座と遊郭の炎上」所収、吉川弘文館、一九七八年)。『東都劇場沿革誌料』(前掲注18）寛政五年の項による。

(26)　『安永撰要類集』二十八　三芝居之部（国立国会図書館）。

(27)　津村淙庵著「譚海」巻の四（『日本庶民生活史料集成』第八巻　三一書房、一九八五年）。

(28)　さらに補足すれば、森田座においては宝暦十四年（一七六四）から勘定方をつとめる金井半兵衛が長唄正本の版元に入り、上村吉右衛門（江見屋・錦絵の見当の考案版元）と相版を組むかたちをとる。しかしまだ再版は手がけておらず、再版を行うようになるのは寛政三年（一七九一）に河原崎座へ興行権が移り、版元が小川半助へ交代してからになる。

(29)　国立国会図書館編『旧幕引継書目録　諸問屋名前帳』（湖北社、一九七八年）。

終　章

本論文各部のまとめと総括

ここでもう一度、本研究で論じてきた内容について、振り返ってみたいと思う。

薄物の形態をとる長唄本は、『長唄原本集成』（木村捨三他編、長唄原本集成刊行会、一九三六〜三七年）や『歌舞伎図説』（守随憲治編、万葉閣、一九三一年）などにおいて、すでに主要な版が複製され、また図版掲載されてきている。だが、各所蔵機関で筆者が実際に伝本の調査を進めて見ると、長唄の薄物はもっといろいろな版元が版行しており、各作品で異版も非常に多く存在することがわかった。しかし、従来の複製書や研究書ではそうした異版の存在に触れることは殆どなく、長唄の薄物の全容を調査した上での正本研究は行われていなかったと言える。

夥しい異版の中に、初版本を選び出すには、どれが初演時正本なのか、その根拠を明らかにする必要があった。ゆえに、長唄の薄物では正本と異版群がどのような仕組みで版行されているのか、この問題にまず取り組んだのである。

第一部では、長唄の薄物の伝本調査により得られた書誌データを、江戸の三座、すなわち中村座・市村座・森田座（それぞれ控櫓を含む）に分けてまとめている。初版本については、『賀久屋寿々免』や三升屋二三治の著書の中に三座の専属版元を挙げ、扱う劇場出版物（番付やせりふ正本・音曲正本など）を示した項があることから、これを伝本と照らし合わせて検証した。それらの演劇書の中では、中村座は村山源兵衛から沢村屋利兵衛に、市村座は和泉屋権四郎から福地茂兵衛・山本重五郎へ、森田座では金井半兵衛から小川半助へと、長唄正本の版元が代わっていくことが記されており、これは伝本の状況とほぼ一致するために、伝本によって版元の交代の時期も特定することができた。膨大な伝本の中から座の専属版元による版を求め、それらを上演年順に並べて表にあらわした結果、そこから読み取れたのである。表は本書巻末に一括して載せている。

表は、長唄の薄物を版元別に（無刊記版を含む）整理したものである。専属版元の正本を上段に掲げ、その下に専属以外の版元（版元名の無い版を含む）を配置する。しかし、紙幅の都合上、すべての版元を載せることはできなかった。そのために、本論文の表では版権の確立過程を捉えることに目的を限定して掲出内容を選ぶという行き方をとることにした。

また、専属の版元による正本のほかに、異版の中からは本屋儀兵衛版と無刊記版を選び表に掲出している。その理由は、本屋儀兵衛版と無刊記版には上記の正本に酷似する版が存在し、それと特に近い関係にあると見なされるからである。この二つの版を糸口とし正本との関係を捉えることによって、他の異版の位置付けも明らかになると考えたからである。

その結果、得られた版行上の特徴として、重複する点もあるが次のことが挙げられる。

（1）新作の長唄正本は、当初は役者絵や番付を扱う三～四軒ほどの版元から出されていたが、中村座と森田座では宝暦十二年（一七六二）頃、市村座ではより早く享保十九年（一七三四）頃から、座と専属関係を結ぶ版元が形成され、上演時の版行を独占するようになる。この専属版元は、正本の奥書に「中村座板元」「市村座板元」「森田座板元」として表記されている。

（2）座の専属版元が形成され、上演時に正本を版行する権利を持つようになると、その正本を版下に用い被せ彫りして作成したと見られる版も多く出回っている。そうした版は本屋儀兵衛版か無刊記版に限られるのだが、本屋儀兵衛は正本の版元と相版を組んでおらず、無刊記版も版元名を載せていないのであるから、それらは無断版行物であると考えられよう。それらは、正本が出た直後に作られ、観劇時の需要に便乗して売られたと推測される。

（3）座の専属版元は重版が継続的に出回ることにより、大きな損失を受けているはずなのであるが、重版の版行を差し止める手段がないと見えて本屋儀兵衛版と無刊記版は安永中期（一七七五頃）まで継続して出ている。

長唄正本は整版（木版）の技法で作られており、丁数も三～五丁程度であるため、これを版下に用いて彫れば複製本は安易に作り出せるのである。その際に、元版の版元名部分や奥書は当然削除される。だが、長唄正本は座側から提供される上演情報や絵や詞章など、様々な要素で構成されているため、それらの内容が本屋儀兵衛版・無刊記版ではどのように扱われているのか調べて見た。すると、音曲正本にとって重要な要素である胡麻点や節付けが本屋儀兵衛と無刊記版において削除される例はほとんど見られず、絵師名や筆耕者の印は除かれる傾向があった。長唄の薄物は音曲本でありながら、音曲担当者の権限があまり反映されない出版物であることを示している。これは、長唄の唄方や三味線方が座に属するからであろう。

長唄正本に強く反映しているのは、やはり座元の権限である。これは座名の表記に最も顕著に現れていると言えよう。本屋儀兵衛版や無刊記版には、座名を削除したり、あるいは「座」の文字を除いて「中村」「市村」「森田」と表記する例が多く見つかる。これは、おそらく無断版行に際して、公許の興行権者である座元に対し憚りがあったためと推測される。正本の版面が流用されることで、専属版元の権利は侵害されているのだが、座元への遠慮というかたちで正本と不正出版物の間に差別化が図られている。また正本版元の側も「中村座板元」「市村座板元」

「森田座板元」と奥書に入れることで、内容の正当性を主張している。版権のまだ確立していない時代の芝居本の出版事情を表す例となろう。

（4）中村座の長唄正本では、安永六年（一七七七）の顔見世興行から座の専属版元が本屋儀兵衛と相版を組むようになる。ようやく重版に対する対策がとられるようになったと見られる。市村座の版元和泉屋権四郎は相版を行ってはいない。森田座の場合は、金井半兵衛が宝暦十四年（一七六四）から版元になり、伊勢屋や江見屋と相版を組んで長唄正本を版行するが、安永七年頃には相版先を本屋儀兵衛に変えている。おそらく、これらの相版先は重版対策というより出版業務を引き受ける支配人と推測する。森田座では、他座より早い段階に長唄正本の版行の権利（株）を取得して座の内部者を版元にしている点に、先駆的な面がある。ただ、金井半兵衛は再版本を出してはいない。

（5）その後、天明期（一七八一～八八）から寛政期（一七八九～一八〇〇）の三座の正本においては、専属版元の交代が確認できる。中村座では天明七年（一七八七）の正本から沢村庄五郎（沢村屋利兵衛）が専属版元になり、市村座では天明四年の正本から冨士屋小十郎が、河原崎座では寛政三年（一七九一）の正本から小川半助が専属版元になる。これらの版元は、三升屋二三治が「三座芝居板元」として挙げる版元に一致する。

これに伴い三座の長唄正本は、専属版元が初演時正本だけではなく、再版・再々版本をも出すかたちに版行態勢が変わる。

版元交代前の長唄正本における専属版元の版行の権利は、基本的に新作の上演時に限られていたと推測される。というのは、専属版元による再版本が残っていないからである。誤刻を訂正した覆刻版が例外的に見つかる程度である。当たった曲を上演時に覆刻して増し刷りすることは、当然あったと考えられる。だが、原版を後にまで所有して、需要を測りながら再版を行う意識はまだなかったと考えられる。それが行われるのは、市村座が最も早く天明期、中村座と森田座は寛政期になってからと見られる。

第一部では書誌データから必要事項を抜き出し、表にあらわすことによって、このように版行上の特徴を捉えたが、これに加えて、表で分類した各伝本の所蔵先を〔所蔵一覧〕に挙げて目録にしていることも第一章の成果となっている。

第二部では、江戸歌舞伎における長唄の成立論を長唄正本に拠って試みている。その際には、第一部の成果、すなわち、長唄の薄物の伝本を網羅的に調査し、それらに資料的吟味を加えて選定した初版本を基にする。この長唄正本を中心的資料に据え、役者評判記や番付類・絵入狂言本・歌謡集などの周辺資料をも用いて、長唄所作事の形成を音曲の面から捉えようとした。

江戸歌舞伎における長唄の成立に関する従来の通説は、『近世邦楽年表』に記載される顔見世番付の記録に基づいて作られてきた。その通説とは、おおよそ次のようなものである。番付上の「江戸長うた」の初見は、宝永元年（一七〇四）江戸山村座の顔見世番付とされる。その頃は、江戸版の番付に記載される唄方の肩書きには「京長うた」「大坂長うた」が混在して、上方下りの唄方も出演していたが、享保十二年（一七二七）以降は、「江戸長うた」で占められるようになる。したがって、長唄の唄方が江戸出身者で占められるこの年を以て江戸長唄の確立と見なす、というのである。一見、明快に長唄の成立を説明しているようであるが、顔見世番付の記載はいったいどの程度実態を現しているのだろうか。

顔見世番付は顔見世興行の座組を表すものと考えられてはいるが、長唄正本は新作の長唄所作事が出る毎に版行されたものである。その表紙には「長唄　松嶋庄五郎」のように肩書きと演奏者氏名も記載されてあり、役者絵や詞章は所作の内容を伝えている。したがって、長唄正本の方がより実態を反映する資料と考えられる。

高野辰之は『日本歌謡史』において、顔見世番付の肩書きの地名部分を少し異なるニュアンスで捉えている。高野は「京小うた」「大坂長うた」などは京や大坂での当たり作品を、唄方共々江戸歌舞伎で用いていることを指すと捉えている。とすると、それが「江戸長唄」の肩書きで占められるということは、江戸の歌舞伎は自前で所作事の唄をまかなえるようになったと言うのであろうか。

そこで筆者は顔見世番付の肩書きに拠って作られている従来の長唄の成立論を、長唄正本によって内容の面を考慮しながら照らし合わせてみた。

現在のところ、長唄正本の最古は享保十六年（一七三一）上演の『傾城無間の鐘』と『無間の鐘新道成寺（傾城道成寺とも言う）』であり、その表紙には「長唄　坂田兵四郎」と記載されている。これらの正本を始め寛延期までの初期の長唄正本について唄方を調べてみると、そのほとんどが坂田兵四郎か、あるいは、坂田兵四郎と松嶋庄五郎の競演で占められていた。特に三座の長唄正本は坂田兵四郎に始まっていることから見ても、長唄は坂田兵四郎によって創始されたと言っても過言ではない状態にある。長唄正本の表紙にはその所作事（舞踊）を演じる役者名と、その舞台の様子を描いた絵が載せられており、所作事の正本である面も備えているが、初期の長唄正本には特に音曲本の意識がより強く反映されているように思われる。というのは、初期の正本の奥書には「右は坂田兵四郎直伝を以令板行候」という文言が入っているからである。こうした奥書は浄瑠璃正本に備わるもので、太夫の詞章や節付けを正当に伝える本であることを保証する極め書と呼ばれる。初期の長唄正本は浄瑠璃正本の様式にならった奥書を入れることで、坂田兵四郎の唄方としての存在を強く打ち出している。

先に掲げた「無間の鐘」と「無間の鐘新道成寺」は、初代瀬川菊之丞が享保十五年（一七三〇）の顔見世興行から江戸に下り、翌年二月に演じた作品である。坂田兵四郎も菊之丞と共に享保十五年に江戸中村座へ下ったと推測される。だが、この「無間の鐘」は、初演が享保十三年（一七二八）の市山助五郎座で、この時すでに菊之丞が所作を演じて当たりを取っている。これを享保十六年正月に江戸で再演したところ、大ヒットし五月までロングラン興行をしているのである。したがって江戸で坂田兵四郎が歌った長唄「無間の鐘」は、すでに菊之丞の所作に付いていたもの、あるいはこれを多少改作したものであったと推測されるのである。

坂田兵四郎は、上方の演劇書の中には小歌方として記載される例が多く、またこの時期の京の顔見世番付は小歌方が大勢を占めていることをも考え合わせると、京では小歌方であったと判断できる。ゆえに、江戸で上演された「無間の鐘」も実質的には上方の小歌か、あるいは、上方の小歌色の強いものであったと推測される。

よって、寛延期（一七四八〜五〇）までの上演作品について長唄正本から、所作事の演目と役者を調べたところ、長唄正本として江戸で版行されている作品は、そのほとんどが上方下りの役者の当たり芸の再演であり、唄方は坂田兵四郎が勤めているのである。上方から移入された当たり芸の所作事には、すでに上方の小歌が付いていたと考えられ、これを江戸で上演する際にはやや手を加えたりして、長唄正本として版行した可能性が考えられる。これは、先の通説が言う、「享保十二年以降の顔見世番付では長唄方は「江戸」の肩書きを持つ江戸出身者で占められるようになり、これをもって江戸長唄の確立とみなす」という内容と実態的にかなり違っていると言える。長唄正本から見ると、この時期の江戸の長唄所作事はまだ上方芸の移植段階にあったと考えられる。顔見世番付で享保十二年から長唄の唄方が「江戸」と冠する表記に統一されることには、むしろ長唄所作事を江戸歌舞伎の重要な場に仕立てていこうとする座の方針が読み取れるのである。

元禄歌舞伎の時代において、江戸は荒事を好む気風があり、薩摩外記浄瑠璃や土佐節浄瑠璃が好まれる傾向にあった。しかし、享保期に入ると、江戸にも上方の和事を受け入れる土壌が育ちつつあった。そして、上方の和事芸は主に若女方の芸によって江戸に持ち込まれていたのである。上方版絵入狂言本に載る音曲詞章を調べて見ると、特に傾城事や怨霊事などに上方の小歌が付いていたことがわかる。

上方から唄方が多く江戸に下ってきていたことは、顔見世番付が示している通りである。だが、中村座が所作事の達人である瀬川菊之丞と小歌方を呼び、長唄正本を版行する企画を実現できたのは坂田兵四郎であったからだと考えられる。坂田兵四郎は、江戸の歌舞伎界と観客に上方の小歌、延いては和事芸を受け入れさせ、根付かせるだけの十分な力量と背景を持ち合わせていた。それは、上方元禄歌舞伎の名優坂田藤十郎の甥としてその威光を備え、義子として和事芸を継承してきた人物であったからである。

中村座は江戸の観客の和事に対する嗜好を察知しており、坂田兵四郎を呼んで、享保初期にはすでに版式の定まっていたせりふ正本・浄瑠璃正本と同じ体裁で長唄正本を版行することにした。これは、人気役者のせりふ、浄瑠璃太夫の出語りとともに、坂田兵四郎という唄方のスターの存在によって、これらが江戸歌舞伎の見せ場となったことを表している。そして、それ以降、長唄正本は明治期に至るまで版行され続けるのであるが、これは江戸歌舞伎において長唄所作事が重要な演目となって定着したことを示している。坂田兵四郎は江戸における長唄所作事の繁栄の起点に位置する人物と筆者は考え、よってこの時期を長唄の成立期と捉えるのである。

さらに、筆者は長唄正本を版行するアイデアもまた、上方の小歌と共に上方から入ってきたのではないかと考える。上方版の絵入狂言本に記載される音曲詞章を抜き出し表にまとめて見たところ、小歌・歌の詞章を版行する伝統は江戸ではなく上方にあることが明らかになった。

しかし、小歌には見過ごすことのできない二面性があった。小歌は顔見世番付では「小歌方」と記載され唄方の役割であるのに、絵入狂言本・役者評判記・歌謡集などにおいて小歌は役者の芸として登場してくることが圧倒的に多いのである。これは、歌舞伎において小歌が主流の時代にあっては、役者と唄方の役割がまだ未分化の状態にあったことを示している。

江戸に小歌が移植され、享保後期に長唄正本として版行され出すと、小歌の役者が歌う側面はどのようになったであろうか。

長唄正本が江戸で版行され始める享保十六年（一七三一）以降、江戸では長唄正本と並行して、「役者の歌う正本」も数は少ないが版行されていることが薄物の中に確認できた。それらを「役者の歌う正本」名付けて伝本のリストを作成し（第二部表3〈278頁〉）、長唄正本との記載内容の比較を行った。すると、「役者の歌う正本」には長唄の表記が見られず、よって、長唄正本が江戸で版行される頃には長唄は唄方の専門芸になり、役者と唄方は分化が促されたとの結論を導き出した。

役者と唄方の役割の分離は、双方の芸に技術的な深まりをもたらし、所作事の作品は次第に複雑となり長大化していった。そして、変化物のような、複数の役柄の踊り分けのおもしろさに、長唄、常磐津・富本・清元節浄瑠璃などの音曲ジャンルの対比の妙を加えた作品も生まれ、さらに、より音曲面の対比を全面に出す掛合物のような作品も企画されるようになっていく。これには稽古本目的の薄物が広まり、三味線による音曲の伝習が進み、長唄や常磐津など各ジャンルの繊細な違いを聞き分け享受する層の存在が前提となる。

坂田兵四郎の江戸下りは、江戸歌舞伎において長唄所作事が形成される上での一つの起点となっており、また、後には長唄のみならず所作事全体の繁栄をもたらしたと筆者は位置付ける。

このように長唄正本を用いることにより、長唄の形成についていくつかの私見を加えられた。また、小歌の上演時正本についても調査を行って、天理図書館所蔵の一枚摺を上方版小歌正本として提示したことも第二部の成果としたい。

第三部では、第一部の書誌的データから得られた三座の長唄の薄物の版行上の特徴を出版研究へと展開させた。

先行研究には、近年では、吉野雪子「長唄正本とその板元の動向についての一考察」（一九八九年）や「長唄正本とその版元」（二〇〇五年）がある。これらの研究成果を踏まえて、筆者も独自に伝本の調査を行ってきた。筆者の場合は長唄の薄物を江戸の草紙（地本）の一品目と捉える立場から、版権の確立過程を説明しようとする点に違いがある。

先にも述べてきたが、長唄正本の特徴の一つは、異版の多いことである。この異版の存在によって、当時の偽版の実態や版権のあり方を具体的に捉えることができるのである。長唄正本の伝本は、享保十六年（一七三一）の上演作品を最古として、明治期まで継続して版行されていることに資料的強みがあり、このような資料群は他の地本ジャンルには存在しない。特に中村座の長唄正本においては、寛政期以降の版に刊年と「蔵板」「再版」などの記載が備わっており、他の二座よりも版権の確立する過程を顕著に捉えることができる。したがって、第三章では中村座を事例に取って、その版権の確立する過程について考察した。

中村座の場合でその過程を示すと、以下のようになる。中村座の長唄正本は当初、三箇所程度の版元から出ているが、宝暦十二年（一七六二）頃から座の専属版元として村山源兵衛がその版行を独占するようになる。一方、これと並行して偽版（本屋儀兵衛版と無刊記版を指す）も版行されたりするのだが、村山は安永六年（一七七七）十一月からこの偽版の版元と相版を組むようになる。さらに、天明七年（一七八七）からは座の専属版元が沢村屋利兵衛に代わり、寛政元年（一七八九）の作品から「沢村蔵板」と刻して、上演時の初版だけではなく、再版をも出すかたちに版行形態が変化する。そして、沢村屋以外の版元が版行を手がける場合には、沢村屋との相版のかたちが取られ、沢村屋の原版所有に対する権利は守られていると見なされ、株板化したと認められる。

同様の書誌的データに基づき、桐座（市村座の控櫓）では天明四年（一七八四）の作品から、河原崎座（森田座の控櫓）では寛政四年（一七九二）の作品から、長唄正本の株板化が認められた。

近世における版権を表すことばに、「株板（板株）」がある。この「株板」とは、板木（自前で作った場合、譲り請けた場合、摩滅・焼失などによって現存しない場合もある）に付随する、その板木を用いて独占的に出版・販売を行う権利と捉えてよいであろう。そして、株板の独占的権利を保証するために、仲間の結成とその公認が必要であったと考えられる。

『義太夫本公訴一件』は、江戸の地本問屋が版行する義太夫抜本が、大坂方の丸本株所持者から重版にあたるとして訴えられた件を記録したものである。江戸の義太夫抜本の版元は、長唄についても稽古本目的の版（本論文の第三部では後版と呼んでいるもの）を版行している場合が多い。また、『義太夫本公訴一件』には歌舞伎の音曲本の版行上の慣例についても触れているため、それらの記述を参考にした。それによると、義太夫抜本に限らず、長唄本や常磐津・富本・清元・新内本などの芝居の音曲本は、寛政二年（一七九〇）に導入された地本問屋仲間の行事の新本改めの対象にはなっていなかったようである。その理由として、それらは稽古本目的で版行され、読み物とは用途が異なっていること、使用者が限られること、本文の内容が芝居の歌であることなどが挙げられている。また、これに関しては、音曲正本は、芝居で上演される内容であり、すでに一度上演許可を得ているため、開版手続きが省略されたと見なす見解もある。

寛政二年（一七九〇）から地本にも原版の所有者を定め、新本の開版にあたってその内容を吟味し、元株所有者の重版・類版に抵触しないか、行司の改めが行なわれるようになったことで、音曲正本の版元の間にも、原版を所有して重版を排除する意識は十分高まっていたと考えられる。

長唄正本において株板化が起きた要因には、先に述べた寛政二年の地本に対する出版取締令の影響が考えられるのだが、その一方、市村座では、天明四年（一七八四）という早い段階で、控櫓の桐座へ興行権が移譲されるときに、株板化が起きている。したがって、こうした版行形態の変化は座側の主導によって起きているとも考えられるのである。特に市村座においては桐座に興行権が移る時に、版元の交代と株板化の現象が起きていることから、『東都劇場沿革誌料』『歌舞伎法令集成　正・続』『歌舞伎年表』『戯場年表』などに当時の市村座と桐座の事情をひろってみた。

市村座では、天明元年（一七八一）から資金不足による興行不振が続いている。名題役者の給金の高騰と、度重なる類焼を受けて普請代がかさみ、市村座の借財はこの頃には莫大に膨れあがっていたという。給金の未払いから主立った役者が退座し、上方から呼び寄せた役者も下ってこなかったりして、役者と帳元、金主間に対立が起き、内部紛争事件にまで発展し興行が安定しない。天明二年（一七八二）には地代の滞りから、地主により訴訟を起こされ、一旦地所の明け渡しを言い渡されるが、仲介者の骨折りによって示談が調い、取り下げられている。このときに葺屋町の芝居茶屋では、芝居興行を続けるために、地代金百両を肩代わりしていることが記録されている。しかし、市村座は天明三年にも類焼を受け、この折りにも葺屋町の芝居関係者が五百五十両余を用立て、芝居の続行に合力したと書かれている。翌天明四年には再び地代訴訟を起こされ、このときには市村座の借財は『譚海』に十六万四千四百両に及ぶと記載されてある。座元の市村羽左衛門は町奉行から吟味を受け、返済の目途が当分立たないと判断され立ち退きを命じられる。ここに至り、市村座は長い伝統の中で、始めて櫓を下ろす事態が起きるのである。『安永撰要類集』によれば、葺屋町の町内茶屋、芝居関係の者達、諸商人、裏方の仕事に就く者達から、芝居が続かないと死活問題となるため、桐座で仮興行する嘆願書が出されている。そして、五カ年の約定で、控櫓の桐座に興行権の移譲が認められ、顔見世興行から桐座の仮興行となる。桐座の開場にあたっては、家主の世話で金子を調達し、毎日家主が立ち会って積極的に経営に関与し、山師の類を一切排除し、芝居町全体で再び経営破綻が起きないように堅実な方策を立てている様子が窺える。この折りに、劇場出版物についても新たな態勢が作られた可能性があり、その一つが長唄正本の株板化であったと考えられる。

寛政五年（一七九三）には中村座と市村座の両座に地代金の滞りによる地立出入《じだてでいり》が起きて、地所明け渡しと決まり、中村座は十月に都座へ、市村座は十一月に再び桐座へ、それぞれ五カ年の約定で興行権が移る。この時、中村座には地代金の滞りが四千両近くあったという。したがって逼迫した経営状態は市村座に限ったことではなく、中村座も同様の状態に陥っていたことが窺える。

音曲正本は、上演予告、あるいは観劇用パンフレットの目的で版行されていたと見られるが、上演後にも稽古本としての需要が生まれ、長唄所作事の隆盛とともに再版性の強い出版商品に成長していったと考えられる。おそらく座でその出版益を取り込むために、寛政初年と先後して三座共に版元の交代と版行形態の変化が起きているのではないだろうか。版元もそれまでの絵草紙屋系統の者から、中村座では堺町の家主の一人が絵草紙株を取得して長唄正本の版元になっており、市村座では座の後見を務める親族と芝居茶屋総代の役にある者が版元に入っていることはこれを裏付けている。芝居茶屋が版元になるのは、債権者の代表の意味合いがあったのではないかと推測する。今日に残された夥しい数の稽古本の存在は、長唄の薄物に対する需要の多さを物語っている。

このように、第三部では、中村座上演の長唄正本についてその版行上の変化を辿り、寛政期に起きている株板化の問題を中心に据えて検討を加えた。江戸の三座は天明期から深刻な経営難に陥る。そのとき、芝居町内部でとられた経営に対する合理化の方針と、地本問屋仲間の再興という重版に対する取締強化策に転じた地本界の動きが相まって、長唄正本に株板化は起きているとの結論を導き出した。

そして、天保十二年（一八四一）十月に芝居町が焼失したことと、十二月には市中風俗改めの趣により、堺町・葺屋町両座と操芝居、そのほかこれに携わる町家が浅草聖天町（後に猿若町に変更）へ移転を命じられる。猿若町への移転は、芝居町の集客に深刻な問題をもたらし、座は急速に衰退していく。すると、「杵屋蔵板」「芳村蔵板」と記した、長唄の唄方や三味線方を蔵版者とする長唄正本が出現してくるのである。それらの中には、歌舞伎上演を目的としない作品も出てくるのである。

明治二十年（一八八七）十二月には版権条例の公布に伴い、脚本楽譜条例も制定され、脚本・楽譜も版権保護の対象となる。著作権法の整備に向けた出版令を先取りする動きが、長唄の唄方や三味線方の蔵版本によってすでに始まっている。

このように長唄演奏者の手に版権が渡ると、長唄正本が有していた稽古本の側面がさらに助長され、やがて新たな記譜法を生み出す方向に展開していく。

長唄の伝習は、三味線の勘所《かんどころ》が一つの拠りどころとなって行われてきたのであるが、この勘所を記譜して活用する方法が記憶による伝統的教授の中で積極的に用いられる事はなかったと言える。ところが、明治期に洋楽が導入され洋楽譜が広まると、長唄各派でも記譜法を工夫して自派の曲を譜本化しようとする意識が生まれ、その結果さまざまな記譜の試行錯誤が為される。長唄曲を五線譜で表す譜本や、三味線の勘所をピアノやオルガンの鍵盤やヴァイオリンのポジションと比較する解説も載せられ、複数の流派が新たな記譜法を考案して譜本を出している。このような近代化の過程を経て、今日、長唄の譜本は研精譜（相対音高譜）と、杵家会の赤譜（勘所譜）に大別して普及している。

こうした長唄の譜本の道筋は、直接的には幕末期に座が衰退することによって唄方・三味線方が蔵版本を出せるようになったことに端を発していると言えよう。しかし、より俯瞰的に見れば、寛政初期に長唄正本が株板化した、すなわち版権が確立したことによって稽古本の出版体制が整い、記譜法の追求が可能となって、付加価値のある記譜を伴った譜本の展開がもたらされたことを見過ごすべきではない。

長唄正本の株板化は、稽古本の購買層の広がりを背景として起きており、次に続く記譜法の発達を用意した。これは長唄をめぐってひとつの音楽文化が成熟した受容の段階に入っていることを示している。

長唄正本は、狂言全体の原作の姿を捉える上で、歌舞伎台帳を補う重要な資料となる。しかしその一方で、筆者は従来の複製書や研究書であまり取り上げられることのなかった異版群にも視点を置くことにより、地本における音曲正本の版権の確立過程と捉え、これが今日の譜本に繋がる礎になるものとして位置付けた点に第三部の成果がある。

今後の展望

江戸において享保期は所作事（舞踊）の再創造が行われ、歌舞伎の所作事に用いられる音曲が豊かに展開していく始まりの時期と位置づけられる。『古今役者論語《ここんやくしゃろんご》魁《さきがけ》』（近江斎薪翁著、明和九年（一七七二）

正月刊）は、江戸の俳優論を展開した書として知られているが、その中に、初代瀬川菊之丞の残したことばがある。

豊後・一中・半太夫・河東の所作は、狂言をする心にてふりを付がよし。

ここにある「豊後」とは、上方の一中節の系統を引き、江戸で発達した豊後系浄瑠璃（常磐津節・富本節・清元節）を指す。また、半太夫・河東節は生粋の江戸浄瑠璃である。菊之丞は享保十五年（一七三〇）に江戸中村座へ下り、「無間の鐘」の所作を長唄の地（伴奏）で演じ、これがて大ヒットして五月までのロングラン興行になった。ゆえに、長唄を用いた所作事についても熟知していたはずである。所作事の達人と称される瀬川菊之丞が残したこのことばは、浄瑠璃を地とする所作事と、長唄所作事は演じ方が違うということを言外に伝えているように思われる。

歌舞伎の小歌は風流系の組歌形式の小歌を元とするが、若衆歌舞伎や野郎歌舞伎の時代には狂言系の小謡が流入し、歌方は座敷芝居や遊里にも出演したため、地歌や遊里の流行歌との交渉も当然考えられる。また、能の謡や説経・祭文・古浄瑠璃からは劇的展開を獲得するなど、常に開かれたかたちで様々な芸能を摂取してきた。そのような多面的な要素を有する段階にあった小歌から、長唄が形成されてきたと筆者は考える。そして、長唄もまた常に能や狂言、浄瑠璃を摂取しながらも、長唄所作事としての独自性を築いてきたと言える。これは冨士田吉治の経歴にも如実に表れていよう。

若女方であった佐野川千蔵は、都和中を親方とする色子であったので、浄瑠璃や三味線を仕込まれ、歌う（語る）芸を得意としていたようである。千蔵の琴歌や豊後節などの浄瑠璃は、役者の歌う正本として数点伝存している。この佐野川千蔵が二代目都和中を継ぎ、その後宝暦期には長唄方に転身して冨士田吉治となり、「唄浄瑠璃」を創始して長唄所作事の全盛期を担うことになるのである。

長唄は幕末から明治初年にかけては大薩摩節を吸収合併している。このように長唄は浄瑠璃を取り込み、唄浄瑠璃のような領域を創り出しながらも、唄としてのスタンスは失わず、むしろ掛合物のような演目においては浄瑠璃各派との違いを明確に表しているのは不思議なことである。

江戸歌舞伎における所作事の展開を、音曲の面から捉えようとする場合には、長唄所作事だけではなく浄瑠璃所作事にも目を向け、狂言全体のなかで所作事の役割を捉えていくことが必要であろう。本研究で取り組んだ江戸長唄の形成は、所作事の音曲の歴史に取り組む上での端緒となるテーマであった。

あとがき

長い間取り組んできた音曲正本の書誌調査も、ここで一つのかたちとなるに及んで、様々な思いがわき上がってくる。初めて長唄正本を目にしたのは、修士課程の学生の時であった。杵屋勘五郎（現、寒玉）先生のお宅へ長唄のお稽古に伺っていた頃、ある日先生から光栄にも「正本を持ち寄る研究会がありますから、書記として行きませんか」と声をかけていただいた。書記の渡辺尚子さんが都合により止められるので、私を誘って下さったのである。正本のことについて何も知らないまま、参加させていただいた。（『季刊邦楽と舞踊』掲載の「長唄正本研究」15～63は筆者が書記をつとめさせていただいている。）その研究会で、勘五郎先生や稀音家義丸先生が、とても熱心に正本を見ておられたことを今でも記憶している。長唄正本は、江戸時代からこんな風に長唄に携わる人々によって大切に扱われ、伝えられてきたのだとその時思った。

森鷗外や永井荷風も長唄正本の蒐集家であったと聞く。長唄正本は、簡素な体裁の小冊子であるが、単に長唄の詞章や役名・役者名、演奏者といった情報を載せているだけでなく、何か新作の蓋が開く時の活気そのものを伝えているように感じられ、それで次々、見られる限りの伝本にあたってみようと思うようになった。

伝本の整理に取りかかった頃は、異版の多さと、同版・異版の識別の難しさに閉口し、何度も挫折しかかった。それでも、時を置いて何度か見直しているうちに、少しずつ整理の方向も見えてきたのである。それをまとめる機会がここに得られて嬉しく思う。

薄物の伝本は、長唄だけではなく歌舞伎の音曲全般について調査してきた。また、版式が同じであるせりふ正本も対象に含めている。調査に際しては、諸先生方から御高配を賜り、また、各所蔵機関での閲覧の際には係の方々に多くの労を執っていただいた。心より感謝を申し上げたい。

最後に、これまでの道のりを振り返って、長唄正本へ最初に導いて下さった杵屋寒玉先生、長い間親身に面倒をみて下さり御指導を賜りました原道生先生、総合研究大学院大学への進学を勧めて下さった鳥越文蔵先生、赤間亮先生、そして国際日本文化研究専攻の博士課程に指導教官として受け入れて下さった笠谷和比古先生、副指導教官の荒木浩先生とリュッターマン先生、蒲生郷昭先生をはじめ正本研究会の先生方、配川美加さんに心より御礼を申し上げます。

付編

江戸歌舞伎における長唄の形成
—芸態の変化を捉えて—

江戸歌舞伎では、享保期（一七一六〜三五）に入ると長唄という音曲が女方舞踊の地（伴奏）としてその地位を確立する。そして、「相《あい》生獅子《おいじし》」、「京鹿子娘道成寺《きょうがのこむすめどうじょうじ》」など数々の名曲が生まれ、長唄所作事は宝暦・安永期（一七五一〜八〇）には隆盛を極め、江戸歌舞伎の主要な演目となるのである。

従来の研究においては、長唄の成立は顔見世番付（江戸版）から説明されてきた。顔見世番付では役者の名前の上に「江戸立役」「京若女方」「大坂若女方」「江戸若衆方」などのように地名と役柄が記され、文字の大きさによってその役者の位付けが表される。これと同様に座付きの唄方の名前にも「京小うた」「大坂小うた」「京長うた」「江戸長うた」などの肩書きが記されている。この唄方に付された肩書きが、享保十二年（一七二七）以降は「江戸長うた」で占められるようになり、これをもって江戸長唄の成立とみなしているのである。

だが、顔見世番付とは本来、興行に向けて宣伝の効果を狙って作成されるものである。その記載内容は座員の出身や異動の記録と言うより、座の戦略的意図を反映したものとなろう。したがって、なぜ享保十二年から「江戸長うた」に統一表記されるようになったのか、むしろこれを問う必要がある。

筆者は長唄正本の伝本調査に携わってきたので、本稿では長唄正本に拠って長唄の形成事情を探り、加えて、長唄が登場する前の時代にあっては唄方の中心であった小歌との関係、および長唄の形成が江戸の歌舞伎に果たした役割について考察していく。

一　長唄正本から捉えた長唄の形成

長唄の歴史的展開を研究テーマとするに当たり、筆者は江戸期に版行された、薄物の形態をとる長唄本の伝本調査を網羅的に行ない、そこから上演時に座の専属版元から出ている初版本（正本と筆者は呼ぶ）を選び出す作業を行なっている。初版本が原作の意図を最も反映した資料となるからである。

そして、それらの中から初期に上演された長唄正本を巻末の「第二部　表」の表1〈長唄正本の初期の伝本（寛延期以前）〉（269頁）にあらわしてみた。この表1には上演作品を江戸の中村座、市村座、森田座・河原崎座に分けて、享保十六年（一七三一）の最古の伝本から寛延期（一七四八〜五〇）までのものを上演順に並べている。[1]そして、表1の縦軸の上から四列目下半部に、長唄正本に記載されている演奏者連名のうちの唄方の部分を抜き出している（ここでは唄方の動向を調べることが主眼であるため、三味線方や囃子方については記載していない）。

この四列目の唄方の部分を左に見ていくと、三座を通じて立唄《たてうた》（唄方の筆頭者）は坂田兵四郎、松島庄五郎[2]、次いで吉住小三郎[3]が勤めていることがわかるであろう。初期の長唄正本は坂田兵四郎、松島庄五郎、あるいはこの二人の競演を眼目として版行されていると言える。表1で坂田兵四郎を太字で示すと、享保十六年（一七三一）か、遅くともその翌年の顔見世興行から市村座に移動しており、これを見ると長唄正本は坂田兵四郎の存在によって創始されたのではないか、とも推測し得るのだ。もちろん、長唄正本がいつ刊行され始めたのか、この答えは必ずしも伝本に反映されているとは限らない。今日見ることが出来る正本の伝存状態には偏りが生じている可能性もあるからである。このことを踏まえつつ、伝本から得たデータを一つの目安にして、坂田兵四郎を長唄正本のキーマンとして提示してみたい。

長唄正本は二〜三丁程度の本文に長唄の詞章を載せた小冊子である。共紙表紙には上演情報や舞台面の役者絵が載り、上演の告知を兼ねて芝居茶屋から頒布された。この長唄正本を手に取る人の関心は、歌い手にあるばかりではなく、むしろ踊り手の花形役者にある。しかし、初期の長唄正本には唄本としての意識がより強く反映しているようである。表1の縦列の六列目「正本の奥書」の欄を見ると、いくつかの版に「右ハ坂田兵四郎（松島庄五郎）直伝を以令板行候」、またはこれに類した文言が入る。こうした奥書は浄瑠璃正本の様式に倣ったもので、太夫自身の本文や節付けであることを保証する極《きわ》め書きと呼ばれる。太夫の詞章や節付けを正当に伝えていることが、音曲本の重要な要素であった。よって、この極め書きを備えていることは、長唄正本が音曲を主目的に作られたことを示していよう。

初期の長唄正本の表紙を飾った歌い手とは、どのような人達であったのだろうか。坂田兵四郎と松島庄五郎の出自については、町田佳声・植田隆之助編『現代邦楽名鑑・長唄編』（邦楽と舞踊社出版部、一九六六年）において、『新撰古今役者大全』と『飛鳥川』から関係する部分がすでに引かれてあるが、その当該箇所をここに書き出して見よう。

坂田兵四郎については、『新撰古今役者大全』巻之三の「坂田藤十郎」の項に、次のように記されている。

故藤十郎いもとむこ（妹婿）ひいらぎや兵四郎といふあり。その子ハ藤十郎甥ゆへ苗字をゆづり置れたるを以、その子成人して坂田兵四郎とて小歌の名人なりしが、去年巳ノ六月身まかり、清信宗樹信士と号す[4]（傍点、筆者）。

さらに、同書の巻之六においても、「坂田ノ系《つり》」（坂田藤十郎の系図）のところに以下のように書かれている。

○坂田藤十郎――――坂田兵四郎[5]
　実ハ柊木や兵四郎子
　藤十郎甥にて子分
　小歌、江戸にて死ス

（傍点、筆者）

興味を引くのは坂田兵四郎が、元禄歌舞伎の上方和事の名優坂田藤十郎の甥と記されていることである。しかも、坂田藤十郎の「子分」と記載されているので、藤十郎の義子となり、内弟子生活を送っていたと推測される。

同書の巻之一「拍子方〔囃子方〕」の部分においても、兵四郎について次のように記している。

小歌は、はやしかたの部に入ル。拍子方〔囃子方〕にハ今とても京の忠二郎・江戸の兵四郎をはじめ上手あれバ、(6)

（傍点及び〔 〕内、筆者）

すなわち、坂田兵四郎は京から江戸に下ったのであるが、江戸で名人の誉れを取ったので「江戸の兵四郎」と記されているようだ。坂田兵四郎が江戸に下るまでの足跡を辿りたいが、伝存する上方の番付では、享保十四年（一七二九）の役割番付以外にその名を見つけることができず、また、役者評判記には唄方の記述はほとんど載って来ないのである。

一方、『飛鳥川』には次のように書かれている。

長歌といふはやる、松島庄五郎坂田兵四郎と云上手有り(7)

坂田兵四郎が京都八文字屋版の『新撰古今役者大全』では小歌の名人、小歌方と記載されている。これに対し、表1に掲げた江戸版の長唄正本においては長唄の唄方の肩書きで記載され、『飛鳥川』は後代の資料ではあるが、その著者で幕府の右筆を勤めた柴村盛方も兵四郎を長唄の上手と評していることに注意したい。長唄正本という江戸の劇場出版物が創始される際には、名優坂田藤十郎の甥として、京では小歌方であった坂田兵四郎が江戸に呼ばれ長唄の唄方を勤めていること、つまり江戸歌舞伎における長唄の形成には上方の小歌方の関与があることを指摘したい。

因みに補足すると、坂田藤十郎は実子の坂田兵七郎(8)をも弟子としていた。宝永四年（一七〇七）二の替狂言『江州石山寺誓《ごうしゅういしやまでらちかい》の湖《みずうみ》』で、病後の藤十郎は自身の得意芸「やつし事」の象徴である紙子を大和山甚左衛門へ譲り、宝永六年（一七〇九）に没する。その後、上方では元禄歌舞伎が終わりを迎え、人形浄瑠璃芝居の全盛時代に替わる。藤十郎亡き後の上方の歌舞伎界に、兵四郎は閉塞感を感じていたのかもしれない。藤十郎の死後二十年余を経て、兵四郎は停滞する上方歌舞伎界から江戸の中村座に呼ばれる。そして、藤十郎の芸脈を継ぐ兵四郎は、江戸で上方和事系の唄方として新しい活路を見出すことになるのである。

二　坂田兵四郎と長唄正本

資料上での坂田兵四郎の初出は、享保十四年（一七二九）七月京・佐野川万菊座の盆興行『けいせい一双首《いっそうのくび》』の役割番付となる。その役割番付の三列目の最後の行に、「大切ニミやこ大おとり仕候」と記されてあり、四列目の冒頭部分には次のような連名がある。

しぐみおどりもくろく
中村京十郎
音頭　杉本三千三〔若衆形上〕　吉田小八
萩野松代〔万菊座色子〕　坂田兵四郎

右の括弧内の役柄は、役者評判記『役者《やくしゃ》二《に》和桜《わざくら》』〈享保十四年〈一七二九〉三月刊〉により筆者が補った。下の三人が唄方であろう。この番付は、土田衞『考証元禄歌舞伎』中の「「都風流大踊《みやこふうりゅうおおおどり》」考」に掲載され、同書に拠れば「都風流大踊」は享保から明和（一七一六～七一）を全盛期とし、盆興行に限って一日の大切《おおぎり》に演じられた踊りであり、上方歌舞伎界の重要な年中行事であったと言う。江戸に下る前年、京で兵四郎は番付に、小歌方の記載はないものの、名を出して活動していたことがわかる。

そして、享保十五年（一七三〇）の顔見世興行から瀬川菊之丞(9)が江戸中村座に初下りし、これに坂田兵四郎も同行したと推測される。翌十六年（一七三一）の初春狂言「傾情福引名護屋《けいせいふくびきなごや》」で瀬川菊之丞は傾城葛城を勤め、二月から加わった所作事「無間の鐘《むげんのかね》」「無間の鐘新道成寺《しんどうじょうじ》」で大当たりをとる。この年の評判記『二の替芸品定《にのかわりげいしなさだめ》』（享保十六年三月刊）では菊之丞は「若女方／上上吉」となっており、

当二月朔日より同じ狂言の次に、手水鉢を無間の鐘になぞらへてのしこなし大々当り。江戸中の大評判。

と書かれている。『役者春子満《はるこま》』（享保十七年〈一七三二〉正月刊）には「五月晦日迄、大当り」とあるからこの興行は五月まで続いたもようである。

この大ヒットした所作事の音曲正本の表紙が写真版で今日に伝わり、そこに坂田兵四郎が長唄の唄方として記載されているのである。前記の表1では、【中村座】の最初の二冊『傾城無間鐘　哥の出端《では》』と『無間鐘　新道成寺所作』がその正本に当たる。この「傾城無間の鐘」の長唄正本を次に図1―1として掲げる。

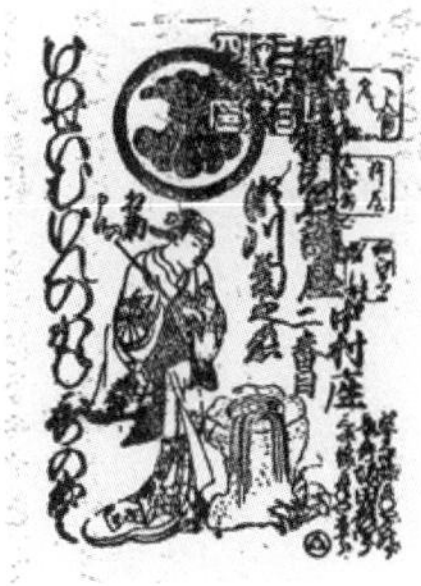

図1―1
「けいせい無間の鐘
哥の出端」表紙
古典保存会編
『江戸時代音楽通解』所収
〔付―1―1〕

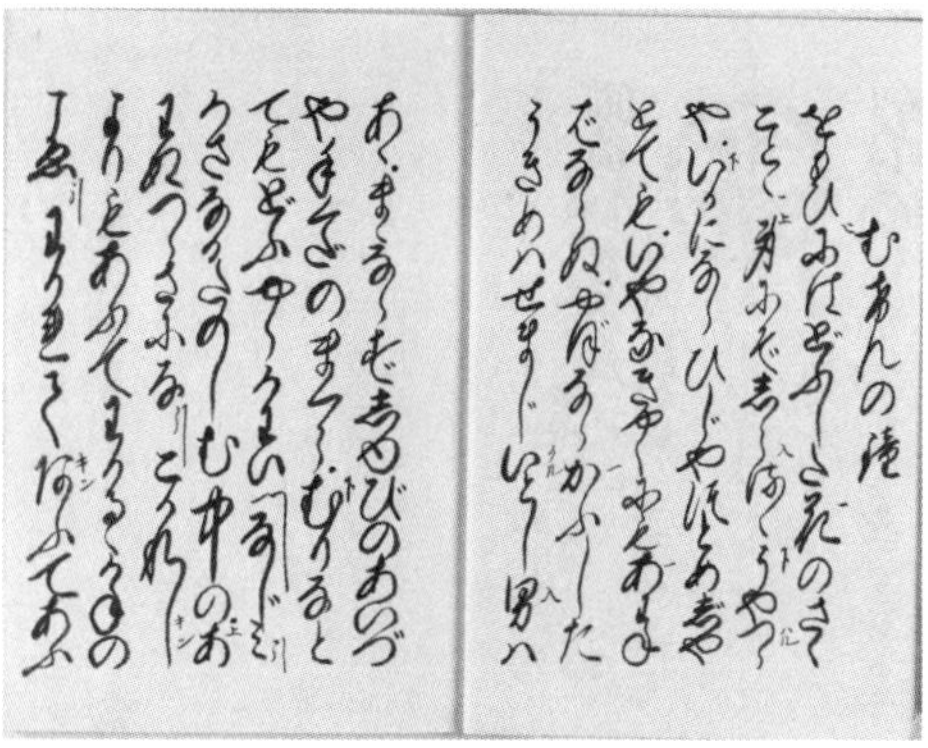

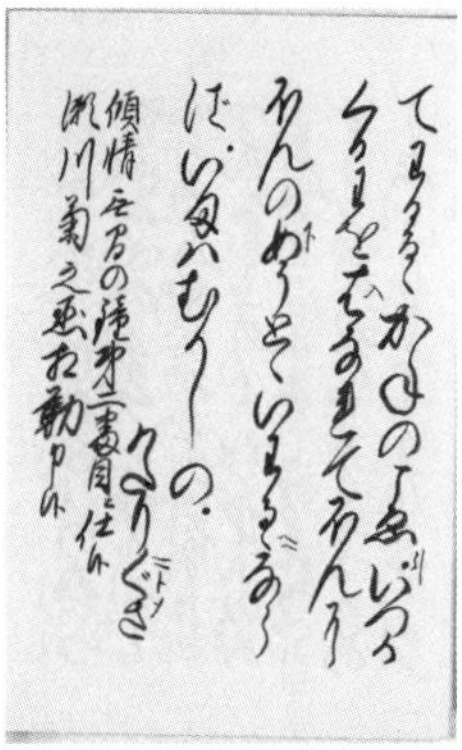

図1―2「けいせい無間の鐘（哥の出端）」詞章　早稲田大学演劇博物館所蔵〔付―1―2〕

むけんの鐘

をもひにはどふした花のさく
ことゝ．身にぞしらるゝうやつら
や．いかにならひじやつとめじや
とても．いやなきやくにもあわね
ばならぬ．やぼならかふした
うきめハせまじいとし男ハ
あゝ．まゝならずしゆびのあいづ
や手くだのまくら．むりなこと
てもどふやらかわい〳〵なじミ
かさなるたのしむ中の．あ
わぬつらさにな　こかれし
よりもあふてわかるゝかねの
こゑ　わかれてあふてあふ
てわかるゝ　かねのこゑ．いつか
くるわをはなれて　ほんに
ほんのめうとゝいわるゝなら
ば．いまハむかしの．かたりぐさ
傾情無間の鐘第二番目ニ仕候
瀬川菊之丞相勤申候

この表紙部分（図1―1）は『江戸時代音楽通解』(10)に掲載された図版である。版元は三鱗《みつうろこ》の商標により鱗形屋《うろこがたや》と知れる。表紙の外題「けいせいむけんのかね」の下に「哥の出は」とあることから、菊之丞の登場に用いられた長唄と見られる。表紙の右下部分に演奏者連名が次の拡大図ようにある。

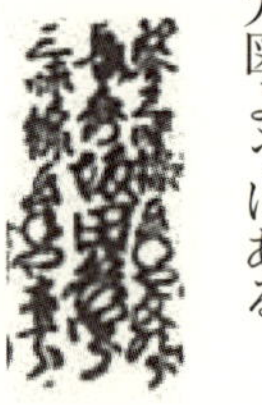

琴三味線　きねや文次郎
長哥　坂田兵四郎
三味線　きねや太十郎

この長唄正本の同版本を透写した本が、早稲田大学演劇博物館安田文庫旧蔵本の中に伝わっており、これにより前頁下段に翻字した通りの詞章（図1―2）を知ることができる。

この作品に続き、菊之丞は『傾情福引名護屋』の第三番目において、江戸における道成寺所作の嚆矢とされる「無間の鐘新道成寺」を演じている。これには長唄正本が中嶋屋版と伊賀屋版の二種伝存する。各本の表紙と本文の初丁の半丁分を次頁に図2―1―2として掲げる。注意したいのは、中嶋屋版と伊賀屋版には坂田兵四郎の肩書き部分に異同が見つかることである。図2―1の中嶋屋版では演奏者が「小うた　坂田兵四郎」とあるのに対し、図2―2の伊賀屋版では「長うた　坂田兵四郎」となっている。

またこの二冊は本文の版面もよく似ている。だが、伊賀屋版の表紙の外題には中嶋屋版の末尾にあった「しよさ」の部分がなく、本文にも十行目下から二文字目「我」（中嶋屋版）→「われ」（伊賀屋版）などのように、意図的に用字を変えている箇所が見つかることから、伊賀屋版は表紙は中嶋屋版を参考にして版下を作成し、本文は中嶋屋版を版下に流用し被せ彫りしていると推測される。つまり、中嶋屋版が最初に出て、これを元に伊賀屋版が作成されていると考えられるのである。

鱗形屋は江戸大手の地本問屋であり、伊賀屋は役者絵細版や河東節などの薄物の音曲本を扱う版元である。一方、中嶋屋というのは江戸歌舞伎の絵入狂言本や番付を古くから専門に出版し、座との提携が認められる版元である。伊賀屋は中嶋屋版を元版に使っていることを考え合わせると、中嶋屋が「小うた」と正本に記したのは単なる誤記とも受け取れない。中嶋屋は、江戸に下った坂田兵四郎を小歌方と捉えていた可能性があるだろう。長唄「無間の鐘新道成寺」は上方の小歌と受け取れるものであったのだろうか。さらに推測すると、小歌の「無間の鐘新道成寺」は京で先に上演されていた可能性も考えられる。しかし、役者評判記の中に、瀬川菊之丞が江戸下り前に京で「無間の鐘新道成寺」を演じた記録は見つからない。

三　「けいせい無間の鐘」の上演

そこで「無間の鐘新道成寺」と同時期に上演された、図1―1に掲げた「けいせい無間の鐘」に目を向けると、『役者全書三』に次のように記されている。

○無間鐘
一、遠江国、小夜の中山に有し事跡を狂言に取組。始ハ元録《ママ》二巳年、大坂荒木与次兵衛座にて、若女形谷嶋主水、「けいせいさよの中山」といへる狂言に、けいせいうらはにて、むけんの鐘

「むけんの鐘新だうせうじ（しよさ）」表紙（右）と初丁裏（左）

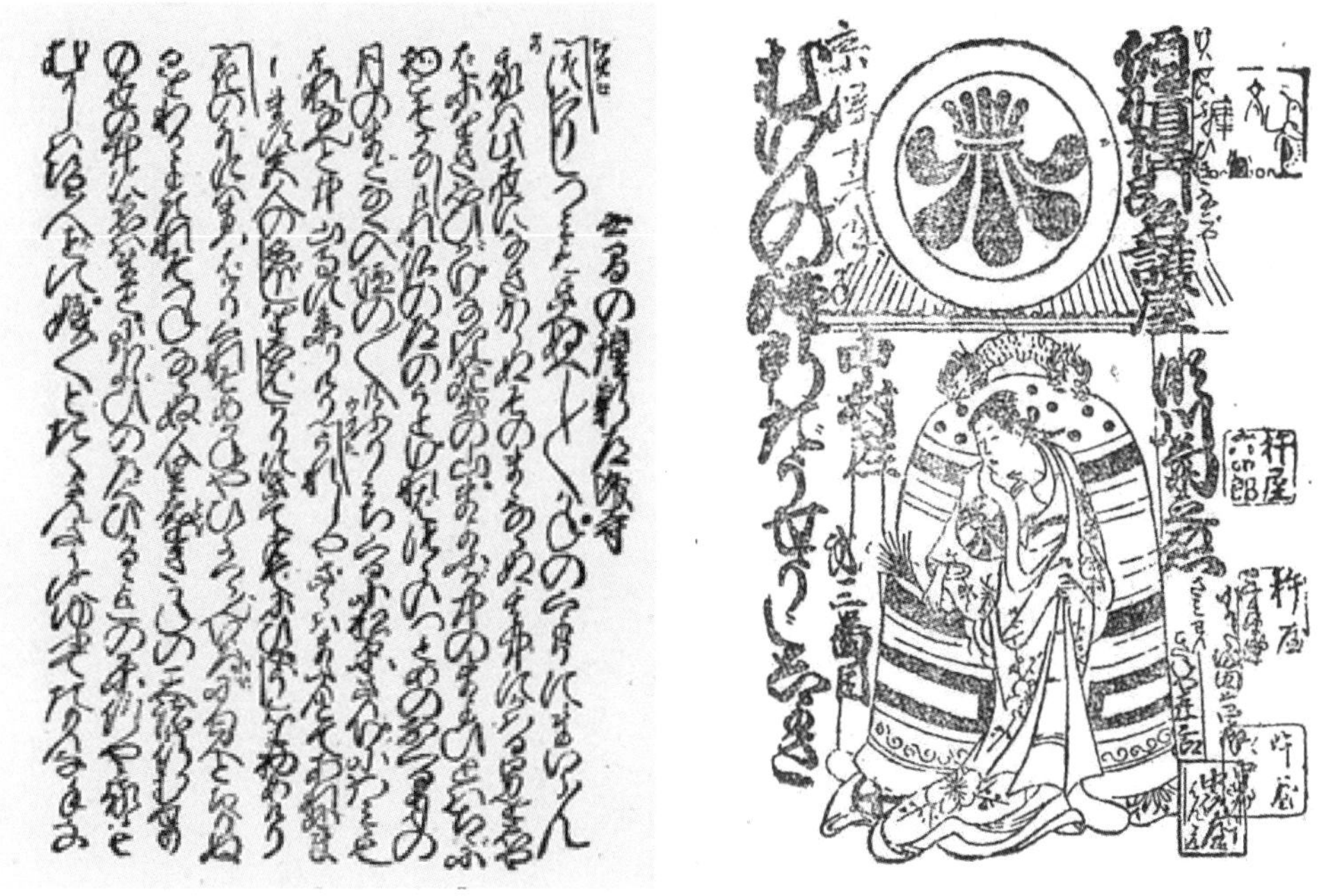

図 2—1　堺町中嶋屋版
古典保存会編『江戸時代音楽通解』所収〔付—1—3〕

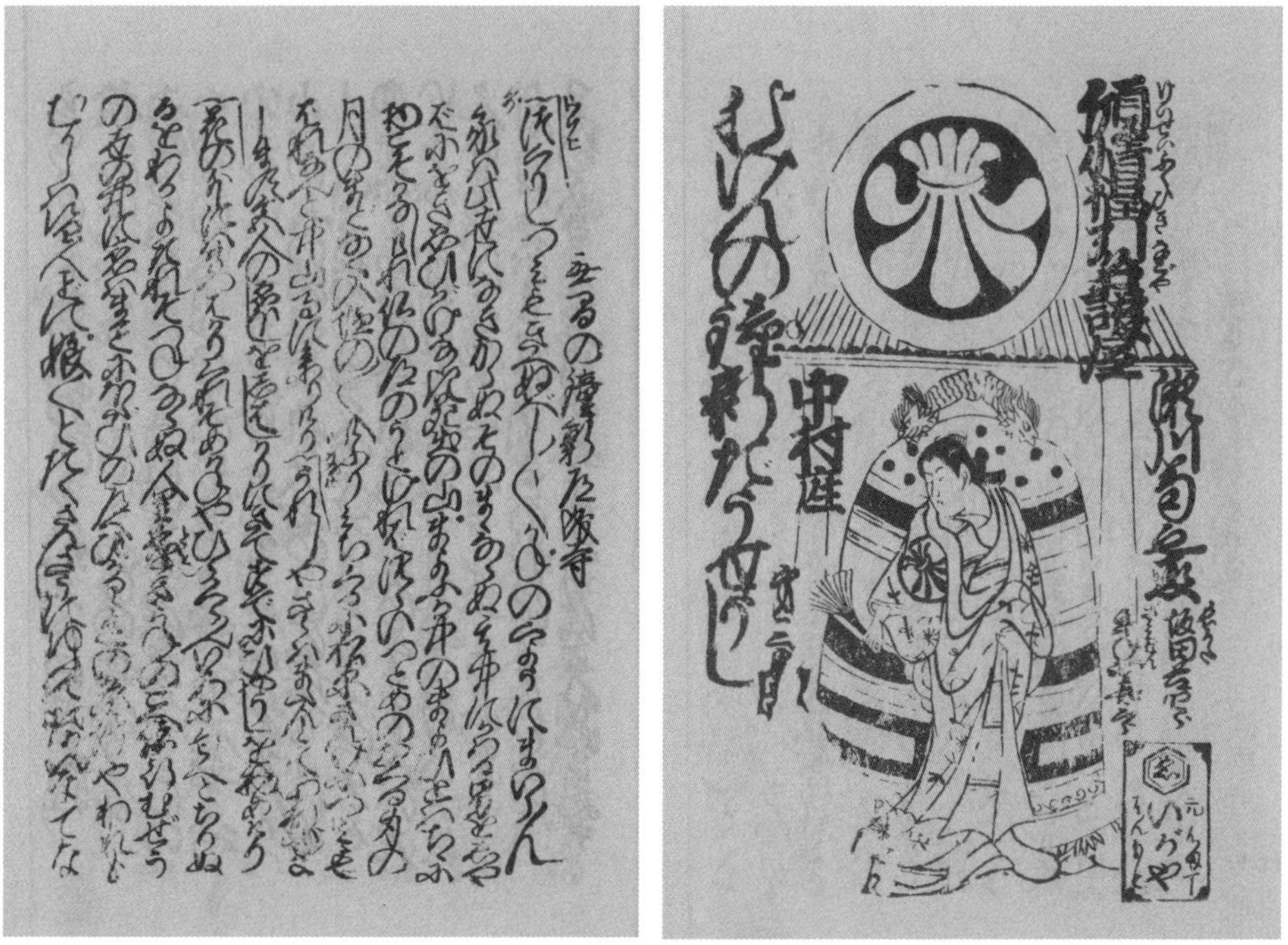

図 2—2　元浜町伊賀屋版
早稲田大学演劇博物館所蔵〔付—1—4〕

をつく所作事が始也。其後、元祖芳沢あやめ此狂言を当て、京早雲座にて鐘をつくハあやめ、所作ハ水木辰之助。是即元録（ママ）十四年の事也。

一、今専とする無間の根元ハ享保十三年春、京市山助五郎座にて古瀬川菊之丞、庄屋六右衛門娘おすまといふ役にて勤しハ、手水鉢を鐘になぞらへて打しが始也。同十五戌年江戸中村座へ初下りにて、翌年春○「傾城福引名古屋（ママ）」といふ狂言に、けいせいかづらきにてつとめ、古今たぐいなき大当り。[11]

すなわち、瀬川菊之丞が演じた「無間の鐘」の所作は江戸中村座が初演ではなかったのである。役者評判記等により江戸中村座上演の「傾城無間の鐘」に至るまでの記録を辿ると、以下のようになる。[12]

① 元禄二年（一六八九）大坂、荒木与次兵衛座『けいせいさよの中山』における谷嶋主水の傾城うらば

「無間鐘」の歌舞伎化の初め。詳細は不明。

② 元禄十三年（一七〇〇）大坂、音羽次郎三郎座二の替り狂言「けいせいむけんの鐘」

『役者万年暦』大坂の巻（元禄十三年三月刊）に「子役　加茂川品の（中略）此度かぶろたつやと成て．かごにのり．太夫のためむけんのかねを．かごのぼうでつき．あとでかなしまる丶ていあいらし．」とある。

『許多脚色帖一（寛永～寛延）』に「二の替りけいせいむけんの鐘三番続」の役割番付が載り、「子役　加茂川品野　八郎左衛門がむすめ」とあり、子役が無間の鐘を叩く設定であるようだ。

③ 元禄十五年（一七〇二）京、ゑびす屋松太郎名代、大和屋藤吉座本二の替り狂言『けいせい在原寺《ありわらでら》』

絵入狂言本『けいせい在原寺』が天理大学附属天理図書館に伝存。役者評判記『役者二挺三味線』（元禄十五年三月刊）京之巻「若女方之部／上上吉　芳沢あやめ」に関係記事が載る。

狂言の第二番目に「無間鐘」が演じられているので、次にその部分の概略を記し、対応する挿絵部分を図3に掲げる。

政右衛門女房おむめ（芳沢あやめ）が夫の留守に家にいると、轡《くつわ》屋の大坂屋喜左衛門が妹娘おてうを駕籠に乗せてやって来る。おてうを禿奉公に出したが、患ってばかりいるのでおてうを戻す代わりに払った二貫目の銀を返せと言うのである。おむめは銀はすでに方々への用立てに使っており、手元にないと返答すると、姉娘のおつまを代わりに連れて行くと言う。おつまは前妻の娘であるから遣るわけにはゆかないとおむめは拒むが、今月中に銀を用意すれば娘は返すと言われ、おつまは廓へ連れ去られることになる。跡を見送るおむめは、銀がないゆえに娘を廓へ遣った無念さに、「ゑ丶かねが欲しい〳〵．誠にさよの中山には無間の鐘が有．是をつけば思ふま丶にかねがわくと聞．たとへ来世は無間へ落ちる共、つきたいな．五十里六十里の道なれば．走っても行かれず．げに女の一念には．罪障の山をも越え　生死の海も渡る．など一念行かで有べき．此茶釜こそ無間の鐘よ　富貴になしてたび給へ．銀欲しや〳〵」と．蓋を持ち叩き立れば．釜の内より火炎燃へ出れば．肝を消し見とれいる．」という場面が展開されるのである。

こうして茶釜を無間鐘に見立て叩くのであるが、おむめは傾城

ではなく政右衛門の妻であり、男のために銀を用立てるのではなく、娘を廓から取り戻すために銀の必要に迫られるのである。

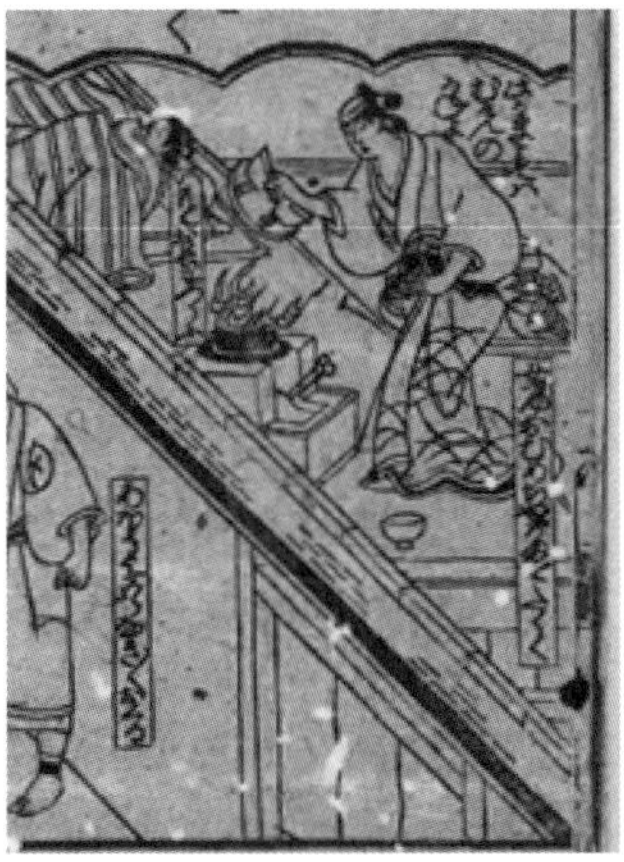
図３　絵入狂言本
『けいせい在原寺』の挿絵
天理大学附属天理図書館所蔵
〔付―1―5〕

④　享保十三年（一七二八）に京、都万太夫名代、市山助五郎座本二の替狂言『けいせい満蔵鑑《まくらかがみ》』

絵入狂言本『けいせい満蔵鑑』が国立国会図書館に伝存するが、残念なことに「無間の鐘」の詞章は載せられていない。絵入狂言本によって、「無間の鐘」の所作部分の梗概を以下にまとめ、挿絵の部分を図４―１・２として掲げる。

庄屋六右衛門娘おすま（瀬川菊之丞）は、元は傾城金山と名乗り傾城奉公をして、大岸宮内の子息嘉次郎と深い仲になっていた。その時分の客である明石国主左右衛門の家老田中しづまに今も言い寄られており、また嘉次郎の許嫁のかつ姫の嘉次郎への恋煩いを知るに及んで悩む。そんな折、嘉次郎は津右衛門と弟金兵衛に「かたり者」呼ばわりされ怒って金兵衛の眉間を切りつけ大怪我を負わせてしまう。嘉次郎は津右衛門に金百両を要求されて連れ出される。一人残った金山は、嘉次郎のために百両を用立てる術もなく、思いあまって、手水鉢の手ぬぐい掛けを持ち、無間の鐘と願念して、手水鉢を打つ。すると、鐘の音がして、上より小判がバラ〳〵と落ちる。それらを拾い、財布に入れると、そこに津右衛門が来て金を渡す。しかし、その金は親六右衛門が侍の森才兵衛より盗んで、二階より落とした金であった。これが知れるところとなり、六右衛門は娘おすまに槍を持たせ腹へ突き込ませ死ぬ。金山も森才兵衛に切られ死ぬ。

金山むけんのかねを
願念して　　菊之丞
てうず鉢打　　大あたり
上〻小判
ばら〳〵とおつる

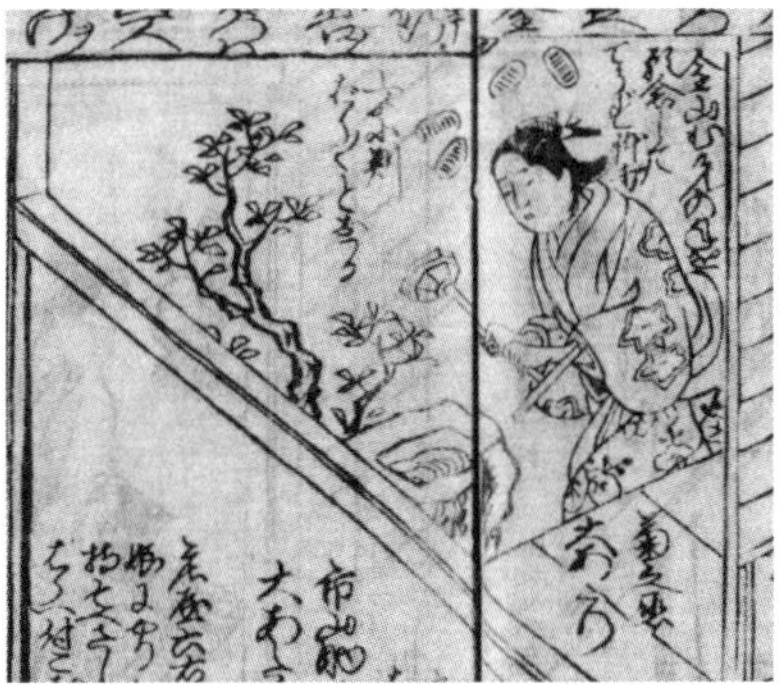
図４―１　『けいせい満蔵鑑』４丁ウ・５丁オ
国立国会図書館所蔵〔付―1―6〕

『役者色紙子』（享保十三年〈一七二八〉三月刊）京之巻「若女形之部／上上吉瀬川菊之丞」部分には菊之丞の「無間の鐘」の所作に対する評が次のようにある。

わけて此度のあたりは、むけんのかねのだんひとり狂言の所はあつはれお上手が見へました。（中略）此君のお役は、大でき〳〵

「ひとり狂言の所」とあることから、無間の鐘の所作は菊之丞の独擅場であったようだ。菊之丞の演じる傾城金山は愛する男のために百両を用立てる必要に迫られ、手水鉢を無間の鐘と念じて叩くことになる。だが、それは親が盗んだお金であったため、それが元で親子とも侍に切られる悲劇となるのである。次に役者評判記『役者色紙子』に掲載される挿絵を掲げる。

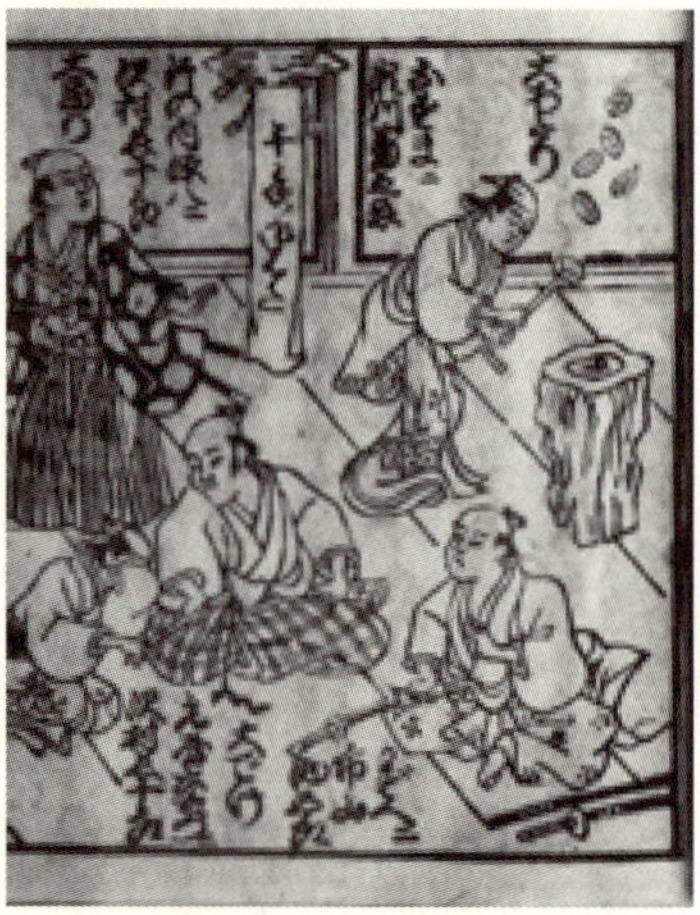

大あたり
おすまに
瀬川菊之丞

図4—2「役者色紙子」
明治大学図書館所蔵〔付—1—7〕

図4『けいせい満蔵鑑』の二つの挿絵を、図1—1の長唄正本「けいせい無間の鐘（哥の出端）」の表紙絵と比べると、「けいせい満蔵鑑」の挿絵（図4—1）は手水鉢を叩き、今まさに小判が降ってくるところを描いている。だが、長唄正本の方は無間の鐘になぞらえた手水鉢を叩こうか思案している場面である。一方、図4—2評判記『役者色紙子』の挿絵は向きが逆で、菊之丞が上衣の片肌を脱いでいる。狂言本の「けいせい満蔵鑑」では手水鉢の手ぬぐい掛けを手にしているのだが、長唄正本で菊之丞が手に持つ道具は特定できない。

⑤　享保十六年（一七三一）二月、図1—1に掲げた長唄正本「けいせい無間の鐘（哥の出端）」（本文は透写）によれば、江戸中村座上演の『傾情福引名護屋』第二番目に瀬川菊之丞が「無間の鐘」の所作を勤めている。絵入狂言本・台帳は伝存しない。したがって、役者評判記『二の替芸品定』（享保十六年三月刊）江戸之巻を参照して見ることにすると、瀬川菊之丞は「若女形之部／上上吉」で、傾城太夫かづらきを演じている。不破名護屋の世界で不破伴左衛門に市川団十郎、名護屋山三郎に沢村宗十郎、梅津掃部には中村七三郎の豪華な配役である。第二番目に兄忠節が謀反人の詮議を受けるらしいが、どのようないきさつでお金に困って手水鉢を無間の鐘になぞらえ叩くのか不明である。

当二月朔日より同じ狂言の次に．四年以前京市山助五郎座の二の替にせられた．手水鉢を無間の鐘になぞらへてのしこなし大々当り．江戸中の大評判

と記されている。そもそも、京市山助五郎座の二の替りに上演された「無間の鐘」ひとり狂言の所作と記されて、独立性が高い所作事であったと考えられるから、これをほぼそのまま江戸の狂言にはめ込んだのではないだろうか。

すると、図1に掲げた長唄正本「けいせい無間の鐘　哥の出端」は、享保十三年における京市山座の当たり作品④を江戸中村座で再演したのであるから、市山座で上演された「無間の鐘」の所作に付いていた曲と考えて良いのであろうか。

「無間の鐘」は元禄期にその系譜を辿れるわけであるが、作者については『歌舞妓事始』巻之五「古人小歌作者」の部分に次のような記載がある。

花の香　　坂田兵四郎作

井筒　坂田兵四郎／山本喜市　両人作
むけんのかね　山本喜市／若村藤四良　両人作

「無間の鐘」の作者の一人に山本喜市の名が挙がっており、もともとこの作品は上方の小歌の古い系譜をもつ作品であったことがわかる。山本喜市は坂田兵四郎と「井筒」の小歌も合作している。同書には、

歌舞妓三味線流儀／山本喜市　上手
山本喜市といふもの妙手にして、〔岸野〕次郎三におとらぬ三弦也。(13)

とある。また、『寛保元年辛酉ノ歳　歌舞妓本座ト辻打芝居公事』(14)と題する文書がある。これは寛保元年（一七四一）七月に塩屋九郎右衛門名代・中村十蔵座本が盆興行前に休座し、これに代わり声色師鶴屋京七座が進出しようとしたため、中村十蔵を始めとして、佐野川花菊・中村冨十郎等当時の大芝居の座本から興行を阻止する訴訟が起きた一件を大芝居側で書き留めたものである。ここに名代松本名左衛門・中村冨十郎座本芝居の代表者連名が記されており、その中に「囃子頭山本喜市」と記されてある。座付きの囃子頭は作詞・作曲を職掌としていたから、小歌の名作を残していたことも頷ける。因みに、この連名の太夫名の中には「瀬川菊之丞（初世）」の名も見えている。山本喜市の「無間の鐘」が前記①～④のどれに相当するのか明らかにできないが、山本喜市は菊之丞に曲を提供し、坂田兵四郎と組むことが可能な人物であったと言えるであろう。

先に江戸中村座上演の長唄「けいせい無間の鐘」の詞章を図1―2として掲げているが、かづらきのいとしい男がある身の傾城勤めのつらい心情を表し、やがて無間の鐘を叩き悲劇的な死へ向かうことを暗示するような内容である。手水鉢を打ち金がばらばらと落ちて来る場面に詞章が具体的に対応しているわけではなく、他の狂言にはめ込むことも可能な内容の詞章となっている。また、③で無間の鐘を叩く芳沢あやめは傾城の役ではなく、娘のためにお金を用立てる設定となっている。④の京市山座上演作品では菊之丞が傾城金山を勤め、男のためにお金を用立てることから、⑤の長唄「無間の鐘」と設定が近いと言える。ここにも上方の小歌と江戸長唄の密接な関係を指摘することができるであろう。

四　上方歌舞伎における女方の傾城事と小歌

享保十六年二月に江戸中村座の『傾情福引名護屋』で瀬川菊之丞の上演した当り所作「無間の鐘」の長唄が、京市山助五郎座二の替狂言『けいせい満蔵鑑』で瀬川菊之丞が演じた「無間の鐘」に付されていた小歌であったことは、役柄の設定から見ても可能性は高いと思われる。京市山座の「無間の鐘」の小歌正本が伝存し、これにより長唄正本と本文を対校できると解決する問題であるが、その小歌正本は管見に及んでいない。

しかしこの度、享保十三年の「無間の鐘」ときわめて近い時期に版行された、小歌正本と判断し得る上方の一枚刷り「二の替り小哥恋ばなし」を発見した。次頁上段にこの一枚刷り「二の替り小哥恋ばなし」の図版を掲げ、その下に翻字を載せた。

天理大学附属天理図書館が所蔵する『芝居番付集』（架蔵番号一七五四）の中に、折本の芝居番付集一帖があり、寛文から明和期に京で上演さ

図5　「恋ばなし」　天理大学附属天理図書館所蔵〔付―1―8〕

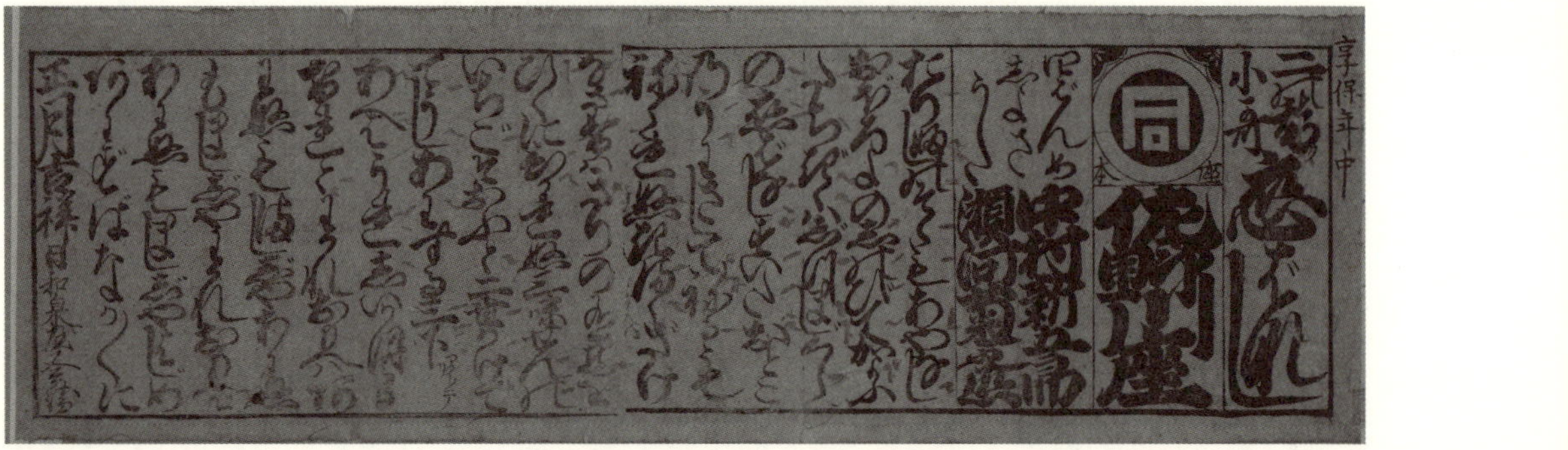

［翻刻］（読み易くするため適宜一字明きを設けた）

二の替り小哥恋ばなし
（紋）本座　佐野川座
四ばんめ　中村新五郎
しょさ　瀬河菊之丞
う　た
おりふしの　そらもあやなし
おぼろよの　しのびてかよふ
たちぎゝハ　じつまじくら
の　恋ばなしすいたおとこ
のうわさして　ねるも
ねられぬきまゝざけ
なさけハぎりの有恋を
ひくにひかれぬ三味せんの
いちごそおふと　二世かけて
てうしあわする三下リアイノテ
あへはうれしいかほミる
けれと　わかれおもへハあ
わぬもましじや　あわぬ
もましじやわかれおもへば
あわぬもましじや　はじめ
あわずばなかく＼に
正月吉祥日和泉屋又兵衛

れた歌舞伎の極番付や役割番付八十四枚が折り本仕立てで貼り込まれている。「二の替り小哥恋ばなし」の一枚摺もその中に存在し、内容は小歌の詞章である。縦十五・六糎×横五十・七糎と横長で、京の極番付や役割番付と同じ版型をとる。また、座本の紋や名の入る体裁も番付と同じであり、何より和泉屋又兵衛という番付版元から出ているため、この一枚摺は見立て番付と言うよりも、上演に際して版行された劇場出版物であると筆者は判断する。

上方の音曲本には半紙判の一枚摺をよく見かける。その共紙表紙には役者名も時には記載されているが、座名や二の替りなどの上演情報を満足には備えておらず、上演時の版行物と判断し難いものがほとんどである。この一枚刷り「二の替り小哥恋ばなし」は上演時に座と提携する版元から出ている点で、小歌の正本と見なされるのである。

ただ、このような番付と同様の体裁をとる歌謡の一枚摺はきわめて珍しく、現時点では他に『元禄歌舞伎小唄尽』に所収される正徳六年（一七一六）二月、榊山四郎太郎座上演の「（三のかハり）上の太子道行」(15)のみで、『歌舞伎図説』や『上方板歌舞伎関係一枚摺考』「上方板歌舞伎関係一枚摺一覧」においても取り上げられてはいないようである。芝居番付や見立て番付の範疇にも入らず、取り除けられてきたのではないだろうか(16)。

なお、原本で確認したところ、詞章の十行目末の「三下リアイノテ」の部分は刻入であるが、本文の右側に付されている胡麻点と「下」は墨筆の書き入れであった。したがって、稽古に用いられていた可能性がある。

この「二の替り小哥恋ばなし」は、中村新五郎と瀬川菊之丞が佐野川万菊座に同座していることから、享保十四年（一七二九）正月京・佐野川万菊座上演の『けいせい誘見山《いさみやま》』の第四番目に演じた所作事の小歌である。前年の享保十三年三月に瀬川菊之丞は京・市山助五郎座の『けいせい満蔵鑑』で「無間の鐘」を演じており、翌年の享保十五年の十一月からは江戸に下るのであるから、前出の「無間の鐘」の京④—江戸⑤上演のまさに間の時期に版行されていることになり、その意味でも貴重な資料となる。

『役者二和桜』（享保十四年三月刊）京之巻によれば、瀬川菊之丞は『けいせい誘見山』で傾城大淀に扮しているが、「二の替り小哥恋ばなし」の瀬川菊之丞の所作に関する記事はない。むしろ、京・市山助五郎座『けいせい満蔵鑑』の「無間の鐘」の方が『役者色紙子』に「わけて此度のあたりは．むけんのかねのだんひとり狂言の所．あつはれお上手が見へました（傍点筆者）」と評が載り、菊之丞のひとり狂言の当たり所作であったのだから、「無間の鐘」の小歌正本が版行されていた可能性は十分ある。

『けいせい誘見山』の絵入狂言本は伝存せず、『役者二和桜』京之巻から「二の替り小哥恋ばなし」に対応する部分を抜き出すと、以下のようになる。

> 扨菊次殿を三五郎殿にあはし．其身はくびくゝらんとしたり．さまぐ〳〵の思入大でき〳〵．新五郎殿にころさるゝ時．くるしき思入にて．段々のいひほどき．出来ました．

瀬川菊次郎扮する岩戸姫は、聟の若殿神路山二見之助（嵐三五郎）が傾城大淀に馴染み屋敷へ戻らないことを苦にしている。傾城大淀は岩戸姫の心中を察し身を引く覚悟を決める。そんな折、家老渡会助十郎（中村新五郎）は二見之助に会いに来た岩戸姫を殺して金を奪うが、それは入れ替わった実の娘の大淀であった。傾城事の口舌から一転して悲劇となり愁嘆場を迎えるのである。

上方の和事のうち女方による傾城事は、濡事→悋気事・口舌→犠牲的死→愁嘆場→怨霊事、という展開をとることが多いのだが、「二の替り小哥恋ばなし」の部分もこれに準ずる内容とみてよいであろう。

「二の替り小哥恋ばなし」を155頁の図1—2に掲げた長唄正本「けいせい無間の鐘」の詞章と比べると、むろん無間の鐘の所作はないが、傾城の口舌を表している点で共通する。傾城の身のやるせなさ、やがて殺される悲劇が哀れをさそい、しんみりとした表現となっている。まさに長唄「けいせい無間の鐘」と重なる。役者評判記に瀬川菊之丞の芸風を辿ると、りりしい女武道は得意とせず、本当の女のようないとしらしさ、愛らしさを持ち、弱者ゆえに翻弄される傾城の哀れさを演じて観客の心をつかむ役者であったらしい。

> 本うぶの若女形を申スは此君．外にお上手も．御巧者の衆もござれど．或時は顔に紅ぬりして．あら事をし．又は角前髪《すみまへがみ》にて．立役はだしの武道事して．当らるゝ方多し．是は大当なされてからが．女形のお役の本道とは申されませぬ．此君は始終よは〳〵と．さながらの女の風にて．段々上手のほまれを取リ給へば．根本根元若女形の随一．
>
> （『役者登志男』京之巻（享保十四年〈一七二九〉四月刊））
>
> 今都にて日の出の君．何をなされても．ぼじや〳〵とやはらかに．さながら女中風．けいせいになられては．一躰花やかに．風流なる仕出し．神ぞたまらぬ〳〵．
>
> （『役者二和桜』京之巻）

「無間の鐘」や「恋ばなし」の所作事は、こうした菊之丞の持ち味を最大限生かすように作られたものであるから両作品には共通性があり、菊之丞の傾城事の作品となる。

京の番付版元和泉屋又兵衛が小歌正本「二の替り小哥恋ばなし」を享保十四年の京・佐野川座の上演時に版行していたことは、その時点で「恋ばなし」の本文の確定程度が既に高いことを示している。これを「無間の鐘」に置き換えてみると、もし前年の京・市山座の「無間の鐘」に小歌正本が版行されていたとすれば、江戸で上演された長唄「けいせい無間の鐘」では京の小歌の本文（詞章）を容易に崩して用いることは行われなかったと推測されるのである。

さらに付け加えると、江戸で長唄正本を版行する企画も、上方の小歌の一枚刷りから着想を得ている可能性があるだろう。江戸歌舞伎ではせりふ正本や浄瑠璃正本の版行は古く、享保期の始めには三～五丁の本文と、共紙表紙に名題や役者名・役者絵を配する体裁が既に定まっていた。よって、この規格に揃えて、基本的には上方の小歌を長唄として、版行していったと考えられる。

五　小歌における役者と唄方の未分化性

第一章でも触れた表1（269頁）では縦軸の上から四列目に「役名・役者名」の欄には当り芸を持って江戸下りした役者を点線枠で囲んで示している。これによれば、若女方には坂田兵四郎が唄方を勤めていることが多く、長唄は若女方の所作に用いられていると指摘できる。「無間の鐘」に限らず初期の江戸の長唄には上方の小歌色が濃厚であることが認められよう。しかし、江戸の長唄に小歌の流入を認める上では、無視できない側面がある。それは、小歌をうたうのは、座付きの唄方だけではなかったという点である。

小歌は番付を見る限りでは唄方の肩書きであり唄方の役であるのだが、役者評判記には役者の小歌を歌う芸を評する記事が頻繁に出てくる。

村山久米之助　面躰よし。小哥は。座中ならぶものなし（中略）
かれうびんがのこゑに．よく似たると。
（『野郎虫』万治三年〈一六六〇〉四月刊）

とあるように、若衆の器量と小歌の芸の善し悪しを並べて評する例が、古い評判記には多く見られ、小歌はむしろ役者の芸として注目されているのである。事実、絵入狂言本や歌謡集においても、小歌は花形役者とともに出てくる。役者が歌いながら所作を演じている例を役者評判記に求めると、たとえば、若衆の小歌を誉める例が以下のようにある。

市村四郎次　小ひやうにはあれども小哥よく自身では（出端）
をうとふてのふりだしは多門此かたの珍物なれば
おもしろい
（『野郎立役舞台大鏡』大坂之巻（貞享四年〈一六八七〉）

多門庄左衛門と市村四郎次のように歌いながら六法を振る芸は、多くはなかったらしい。また、京の若女方では、

玉川半太夫　小哥よし御むまれつきにさうおうして　かはゆら
しき哥いろ
（『役者大鑑』元禄五年〈一六九二〉二月刊）

ぬれ事なげぶし　みないとしらしさしいでたる

（『雨夜三盃機嫌』元禄六年〈一六九三〉正月刊）

とあるように、小歌は、若衆が小歌を歌いながら六法を振ったり、傾城が投げ節を歌いながら登場し、傾城事を演じる際にも歌いながら様々の所作をするなど、役者の芸の一つであった[17]。これは、役者と唄方の役割がまだ未分化の状態にあったためと考えられ、役者が歌いながら演じる所作はさほど技巧的ではなかったと推測される。

これに対し、座付きの小歌方の芸が絵入狂言本や役者評判記に表立って記されることは「若山五郎兵衛」などの数例に限られ、役者に比べ極めて少ないと言える。これは上方・江戸を問わずに言えることなのである。なぜであろうか。

小歌方の立場を考える上で興味深い資料がある。『許多脚色帖』一（早稲田大学演劇博物館蔵）に貼り込まれている「役者給金附」の一葉で、『子ノ年〔貞享元年〈一六八四〉〕あらき与次兵衛座／役者きうぶんづけ太夫本ふところ／日記』である。これには、若女方を筆頭に道外・子役、小歌から囃子、端役から楽屋番に至るまでそれぞれの給金が記されている。その上段の若女方の七番目に、次のような記載がある。

吉川多門／九拾両　歌ニ／廿両〆百十両[18]

吉川多門は若女方の役柄に九十両、そのほかに歌に対して二十両の加算が付いているのである。多門は『古今四場居色競百人一首』（元禄六年〈一六九三〉正月刊）に「小哥口せき諸げいのをもしろさゐもいわれず」と書かれてあるから、小歌に優れていたようである。その一方で、小歌方の給金は、

小唄　永谷長右衛門（三十両）　同四人（五十両）

とあるので、多門の加算額には小歌方の永谷長右衛門に次ぐ値が付いているのである。もっとも、この資料は給金附といっても見立番付[19]であるから座の実際の給金を記している訳ではない。それでも、役柄を勤めることと歌うことが、給金体系で一応分けて評価されていることを示している。また、給金の上で唄方の地位が座の中であまり高くないことも窺われ、歌のうまい子は唄方よりもむしろ役者になっていく傾向があったと推測される。ゆえに、小歌方で役者に比肩するスターは生まれ難い構造があったのではないだろうか。

そのような伝統の中で、歌舞伎の唄方から浄瑠璃太夫にも匹敵するようなスターを登場させる、という新たな企画の元に、坂田兵四郎を擁して中村座が興行にのぞみ大成功を収めたことは、座付きの唄方にとって大きな転換点となったであろう。中村座ではこれを長唄と称して展開させた。そして、これが、その後の所作事を活気付ける要因のひとつになっているのである。

しかし、これには瀬川菊之丞は、松崎仁氏がその論考「元禄歌舞伎における歌謡[20]」で分類するところの「歌の成らぬ役者」であったらしいことが幸いしている。菊之丞は「無間の鐘」を歌いながら所作をしていたのだろうか。図1―2に掲げた長唄正本の詞章は透写であるが、「菊之丞〳〵」の指定はない。役者評判記には菊之丞の歌を評する記載が見られなく、享保十六年に江戸下りした際の顔見世興行において菊之丞の評に次のようにある。

何やらひくいてうしできこへない．風俗はよいがすこしませがきの菊さま．春替りの狂言見ねば至極とはきはめられぬサ　こゐのひくう〔低う〕かれ〔枯〕たは．道中にてはやり風をひかれたと

（『役者若見取』江戸之巻（享保十六年〈一七三一〉正月刊）

また『役者福若志』江戸之巻（享保二十一年〈一七三六〉正月）にも「口跡ににごり有て．時によつては分〻の聞へかねることが有」と書かれており、歌や口跡を得意とした役者ではなかったことがわかる。ゆえに、中村座は坂田兵四郎を呼んだのであろう。だが、このことが、江戸の長唄所作事に歌と所作の分離をもたらすことになるのである。

中村座が所作事の達人である菊之丞と、上方の小歌方を呼び、正本と共に売り出す企画を組めたのは、坂田兵四郎であったからだと考えられる。坂田兵四郎は、江戸の歌舞伎界と観客に上方の小歌を受け入れさせ、根付かせるだけの十分な力量と、背景をも持ち合わせていた。というのも、上方の元禄歌舞伎の名優、坂田藤十郎の威光を備えた人物であったからである。

瀬川菊之丞が演じた傾城葛城の所作と、坂田兵四郎の歌う「けいせい無間鐘　哥の出端」「無間鐘新道成寺（所作）」は、上方の傾城事の趣をよく表現していたのであろう。兵四郎は和事の真髄を義父坂田藤十郎から体得していた。それゆえに大ヒットした。坂田兵四郎だからこそ、長唄正本は創始され、継続的版行に至ったと思われる。それは、長唄所作事が江戸歌舞伎の主要演目として定着した証ともなる。花形役者の名ぜりふ、浄瑠璃太夫の出語り、それらと同格の唄方が確保されることにより、同一規格のもとに歌舞伎の薄物正本という商品も出揃うのである。

六　役者の歌う正本

では、坂田兵四郎という歌い手が江戸歌舞伎に登場し、松嶋庄五郎、吉住小三郎という唄方のスターも現れて長唄正本が版行されていくと、小歌の持っていた役者が歌うという側面はどのようになっていったであろうか。

結論的に言うと、役者の歌う江戸版の正本もまた版行されている。274頁の表2〈上方版・絵入狂言本における小歌・浄瑠璃の詞章〉には管見に及んだ、役者が、あるいは、役者と唄方が歌う（語る）詞章を載せた正本を掲げている。役者が歌う（語る）場合には、弾き語りをして楽器演奏を伴う場合もある。

なお、278頁の表3〈役者の歌・演奏会による音曲正本〉の中村座の表で最初に掲げた伝本は珍しい正本で、長唄正本の創始期より古く、宝永五年（一七〇八）の版行と推定されるものだが、「八百屋お七歌祭文」と題する古今節で、歌うのは若女方の霧浪音之助であり、所作の中心はこの時若女方上上吉の嵐喜代三郎である。『役者友吟味《やくしゃともぎんみ》』（宝永四年〈一七〇七〉三月刊）大坂之部によれば、嵐座は宝永三年の顔見世興行に「女大臣職人鏡」を打ち、その切狂言の「お七歌祭文」で喜代三郎が八百屋お七を演じて当たりを取っている。喜代三郎は、翌年、宝永四年の顔見世興行から江戸中村座に下り、宝永五年（一七〇八）の正月狂言「傾城嵐曽我」において、江戸における八百屋お七の初演を勤める。

一方、霧浪音之助は宝永四年（一七〇七）の『役者友吟味』京之巻では若衆方中で、都万太夫座の抱えである。そして、『役者稽古三味線』（宝永五年閏正月刊）江戸之巻によると宝永五年閏正月に江戸中村座に若女方中として下り、喜代三郎のワキ役を勤めて歌ったのがこの正本であろう。音之助の歌う古今節とは、「三国一流小歌の名人」と呼ばれ小歌を得意とした上方の道化方の古今新左衛門に因む称である。

補足すると、古今新左衛門の歌は『はやり哥古今集』に編まれ、元禄十二年（一六九九）に大坂正本屋九左衛門から版行されている。『口三味線返答役者舌鼓』（元禄十二年六月刊）にはこの書について次のように言及している。

> 新左殿の小哥の始終ハふし付万事みさいに〔微細〕に書しるし．はやり哥古今集と名付．先月より一冊の上本に致．うりひろげますげな．是をお買いなさる、と古今ぶしの様子がしれます．
>
> （傍点筆者）

『はやり哥古今集』には、歌説経・江戸小歌浄瑠璃・歌念仏や永閑《えいかん》節《ぶし》浄瑠璃・口説などの曲が所収されている。だが、右の評判記の記載にある通り、それらは小歌と見なされていたようである。したがって、「八百屋お七歌祭文」正本も、図6〔付―1―9〕にあるように、古今節による歌祭文と表紙に記載されるが、役者の歌う上方の小歌が江戸で上演され、薄物が版行されたと見られる。ただ、土佐屋が番付や絵入狂言本を扱う版元としてその名を聞かないので、初演時正本ではない可能性もある。なお、『傾城嵐曽我』は絵入狂言本の並本が京都大学文学部国語学・国文学研究室に伝わるが、本文に小歌の指定はなかった。

同じく表3の二曲目、享保十六年（一七三一）三月上演の「踊口説重言尽／日待揃橋尽」以下に列挙した役者の歌う正本は、長唄正本と同時期に版行されているものである。また、表の最下段の「役者評判記」の欄には、歌い手の役者に関する情報を役者評判記から引いて記

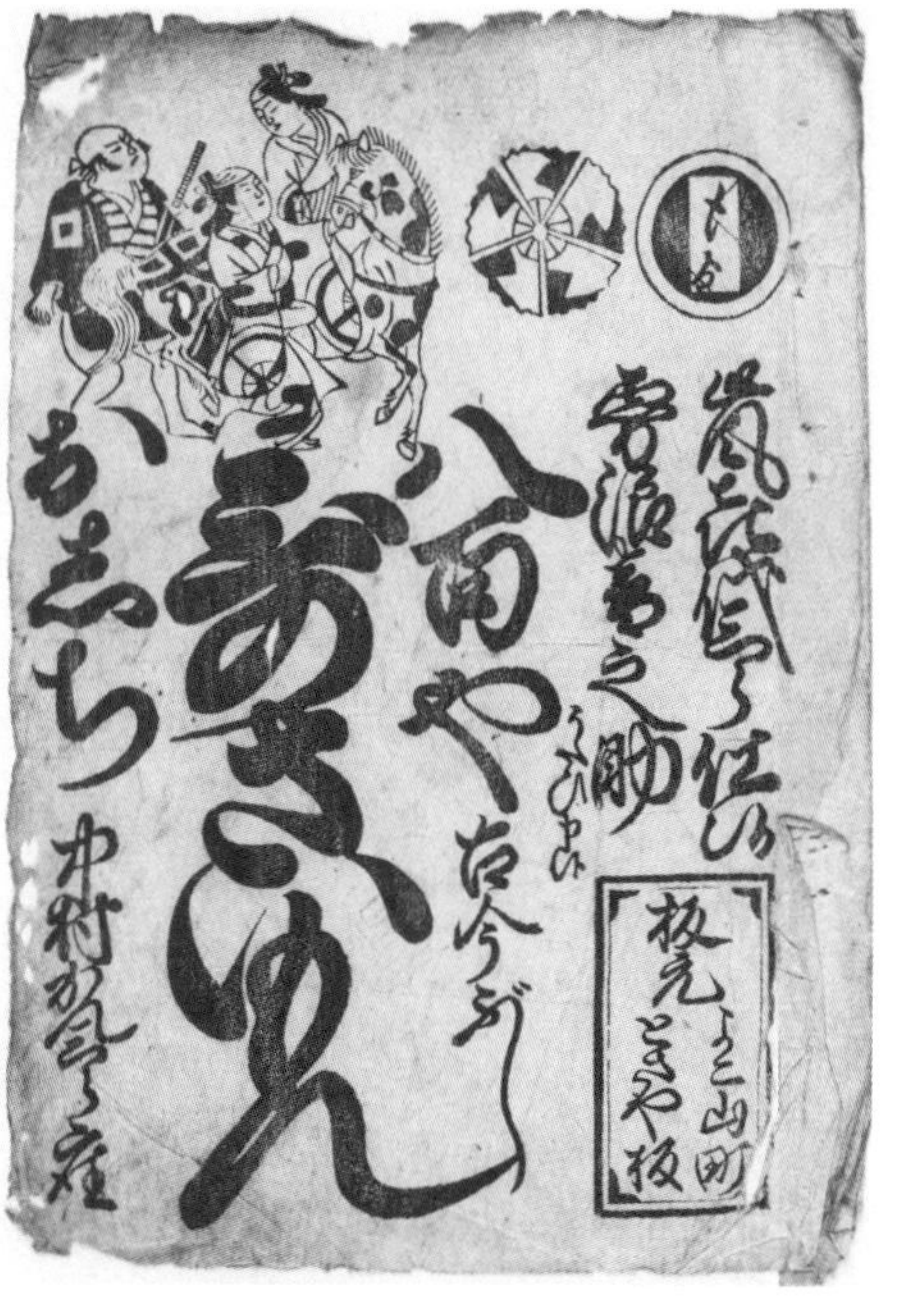

図6　土佐屋版
「八百屋お七哥祭文」表紙
明治大学図書館所蔵〔付―1―9〕

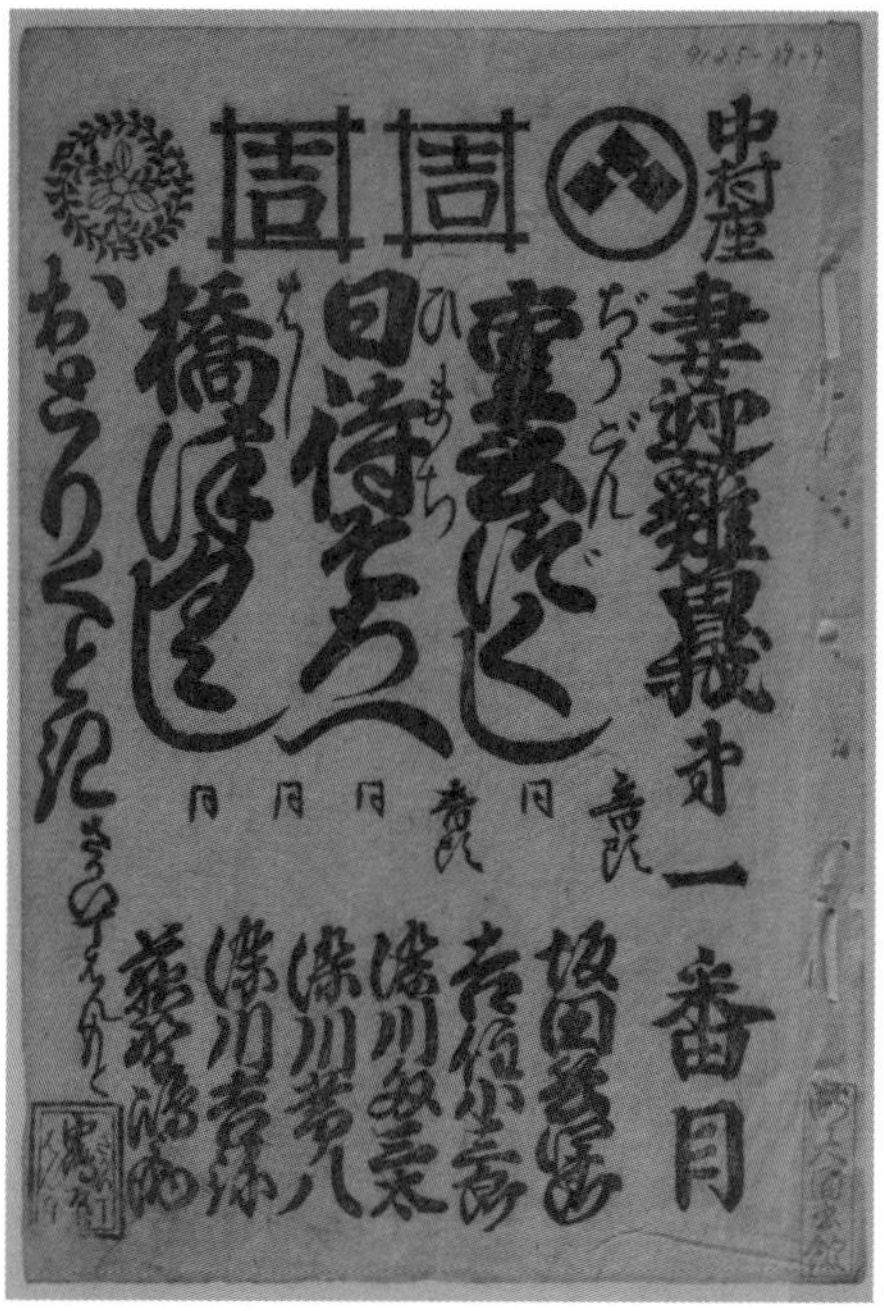

図7「踊口説重言尽／日待揃橋尽」表紙
明治大学図書館蔵〔付―1―10〕

載している。嵐音八、松嶋茂平次といった道化方、尾上菊五郎、沢村小伝次、嵐玉柏、坂田市太郎などの若女方や色子がいる中では、寛延四年（一七五一）七月上演の「乗掛妹背小室節《のりかけいもせのこむろぶし》」以下に出勤の佐野川千蔵の存在が目を引く。後の冨士田吉治であるからだ。

しかし、それよりもここで特記すべきことは、これらの役者の歌う正本の表記において、役者は長唄を歌っていないことにある。坂田兵四郎を起点として、長唄は唄方の独占芸になっていると言えよう。小歌が主流であった時代から、長うたは事例は少ないものの存在はしていた。しかし、定説が唱えるところの享保十二年以降の江戸版顔見世番付において唄方の肩書きが江戸長唄で占有されること、そして長唄正本の版行が始まる背景には、長唄を唄方の専門芸として形成させ、所作事の新機軸に据えて江戸で展開させようとする座の積極的な方針を読み取ることができる。

佐野川千蔵は享保二十年（一七三五）市村座の色子に始まり、元文四年（一七三九）正月刊の『役者大極舞《やくしゃだいこくまい》』では若衆方上、寛保二年（一七四二）正月刊の『役者柱伊達《やくしゃはしらだて》』では若女方に転じて上上、寛延四年正月刊の『役者枕言葉《やくしゃまくらことば》』の上上吉を最高位とする。『役者懐相《やくしゃふところあい》性《しょう》』（宝暦四年〈一七五四〉正月刊）江戸之巻に、

　此子の祖は都太夫和中とて　一中ぶしのめいじん也

とあり、都和中が親方で一中節と三味線を仕込まれていたと見られる。佐野川千蔵は浄瑠璃の弾き語りを得意としていたが、後に長唄の唄方に転向して冨士田吉治と名乗り、宝暦から明和期にかけて、長唄所作事の全盛期を担う人物となるのである。(21) これに対し、表2（274頁）では役者の歌う正本は伝本も少なく、宝暦期中頃には版行されなくなる様子が見て取れる。ゆえに、佐野川千蔵が唄方に転向するという象徴的な出来事をもって、役者の歌の芸は歌舞伎において主たる役割を終え、役者と唄方の役割は完全に分化したと捉えられよう。

まとめ　―江戸歌舞伎における長唄形成の意義

以上、初期の江戸長唄における上方の小歌の摂取の問題を、瀬川菊之丞の「無間の鐘」を中心に検討してきた。

歌舞伎はややこ踊りの出身であるお国の女歌舞伎踊りを創始とする。だが、役者の歌い舞う芸は、若衆歌舞伎や野郎歌舞伎の時代に狂言師の参入によって持ち込まれたと言われている。しかし、能狂言と異なるのは、歌舞伎では野郎歌舞伎の時代に女方の役柄が生まれ、傾城買いの風俗を映した演目の酒宴の場に「太夫様一曲の舞所望」となって女方の舞の所作が組み込まれることにある。これが上方の島原狂言（明暦万治〈一六五五～一六六〇〉頃）となり、元禄歌舞伎の若女方の傾城事に繋がる。江戸歌舞伎で発達した長唄を地（伴奏）とする所作事は若女方の姿や動きの美しさを見せる芸として始まり、上方から移植した女方の傾城事の所作と小歌に拠るところが大きい。だが、江戸歌舞伎においては唄方と役者の役割を分離させ、長唄所作事を新たな演目として展開させていった。

江戸でどうしてそのような分化が起きたのだろうか、その要因を考えると、やはり人形浄瑠璃の影響が考えられる。江戸の元禄歌舞伎においては初代市川団十郎が荒事を創始し、薩摩掾外記や豊島小源太夫が出語りして古浄瑠璃や説経を用いた浄瑠璃所作事が形成されていた。

役者評判記『役者万年暦』江戸之部（元禄十三年〈一七〇〇〉三月）には春狂言『景政《かげまさ》雷《いかずち》問答《もんどう》』の評に次のよう書かれてある。

立役　市川団十郎　四番目に（中略）順礼哥に事をよせ．上るりに合て両人のしよさ事．よくうつりて面白シ（傍点筆者。以下同じ）

ここに両人とある他の一人は若女方の荻野沢之丞である。浄瑠璃で道行を演じたらしい。『役者略請状』（元禄十四年〈一七〇一〉三月刊）には春狂言『けいせい王昭君』の評として、

子役　市川九蔵　山上八王に成．夢の内にふじへ参り．せきこうより三略をさづからるゝ所．さつまが上るりに身ぶりをうつさるゝてい大出来．

とあり、『役者二挺三味線』江戸之巻（元禄十五年〈一七〇二〉三月刊）にも

若衆形之部　上上吉　子役市川九蔵　名にしおふお江戸一番の役者．団十郎殿の御子息程有て．諸芸きようにして．しかも御親父に其まゝなり　所作拍子事よく．上るりにあはせての身ぶり．上手のつかふ人形も中〳〵およぶ事でなし．（中略）扨去顔見せには丹波の助太郎となられ．団四郎殿とすまふの所作．上るりにあはせよくこなされました．

さらに『役者略請状』江戸之巻には顔見世狂言の評として、

立役之部　上上吉　中村伝九郎　いのはやたと成．高くらの宮ときわのまへをふびんがり給ふを．上るりに合いさめらるゝ所よし．（中略）扨上るりに合さま〳〵のしよさおもしろし．

とあるように、江戸歌舞伎においては浄瑠璃太夫の語る詞章に当て振りをする芸態が既に形成されていたのである。

ところが、元禄十七年に初代団十郎が市村座に出演中、生島半六に刺され横死する事件が起き、その後の江戸歌舞伎は上方歌舞伎の摂取のみへと傾いていく。だが、宝永六年には和事芸の本元である坂田藤十郎が亡くなり、上方の元禄歌舞伎自体が衰退に向かうのである。さらに、江戸の和事師中村七三郎も宝永五年に亡くなり、生島新五郎も正徳四年の江島生島事件で流刑に処され、元禄歌舞伎の立役を中心に築かれた遺産は方向性を失う。

そのような中においても、江戸では若女方を上方から移入してきた経緯があり、享保十五年に江戸中村座では傾城事を得意とする瀬川菊之丞と、名優坂田藤十郎の甥である坂田兵四郎（小歌方）を呼ぶ企画を立て、翌年二月に「傾城無間の鐘」の所作事が大当たりをとる。これが単なる上方の女方による傾城事の所作と上方の小歌の移植にはとどまらず、江戸で唄方と役者の役割を分化させたことが今日の歌舞伎所作事に繋がる芸態の変化をもたらしたと考えられる。

江戸歌舞伎の所作事の地に、長唄という唄方の独占芸が形成されると、音曲を演奏する役と所作を演じる役の分化が促され、双方に技術的な深まりをもたらしたと推測される。その結果、作品もいろいろな趣向を凝らし複雑になっていった。花形役者の踊り手と共に、唄方のスターが次々に登場し、変化物のような役柄の踊り分けのおもしろさに、長唄と、豊後系浄瑠璃と総称される常磐津節・富本節・清元節などのそれぞれの音曲の対比の妙を加えた作品も生まれるのである。さらには、掛合物の如く、音曲を前面に出した作品も企画されるようになる。

このように考えると、坂田兵四郎の江戸下りは、後の江戸歌舞伎に

おける所作事の繁栄を方向付ける重要な一つの起点になっていると言えよう。

　本稿では、一枚刷りとしてこれまでその存在をわずかに知られていた資料『二の替り小哥恋ばなし』を小歌正本と位置付け、上方の小歌が初期の江戸長唄に移植されていることの傍証に用いた。また、役者の歌う正本は、従来佐野川千蔵の音曲正本が冨士田吉治の若女方時代の資料として紹介される範囲にあったが、筆者は役者の歌う正本の博捜に努め、これを表2にまとめ、長唄正本と比較することによって、小歌と長唄の分岐を導き出している。これらも成果として挙げておく。

【注】

（1）『新撰古今役者大全』（寛延三年〈一七五〇〉刊、京・八文字屋八左衛門版）に坂田兵四郎は「去年巳ノ六月身まかり」と出てくることから、寛延二年（一七四九）に没したと推測される。したがって、表1では、対象として取り上げる上演作品の範囲を寛延末年（一七五一年）までとしている。

（2）松島庄五郎については、柴村盛方の随筆『飛鳥川』（文化七年〈一八一〇〉、八十九歳の自序）に次のように書かれている。

　長歌といふはやる、松島庄五郎坂田兵四郎と云上手有り、庄五郎は四谷せんざい〔前栽〕場の呼込役とぞ（イて）声すぐれてよき故、人の勧めにて唄うたひになる　（『新燕石十種　第一』広谷国書刊行会、一九二七年、〔　〕内筆者補）

『飛鳥川』は後代の資料であるためこの記述にそのまま信を置くことはできないが、松島庄五郎は江戸青物市場の呼び込みから唄方に入ったと書かれている。美声で唄がうまかったのであろう。江戸の者であろうか、芝居内部の育ちではなかったように窺える。東京音楽学校編『近世邦楽年表　江戸長唄附大薩摩浄瑠璃の部』（六合館、一九一四年）によれば、松島庄五郎は享保十一年（一七二六）市村座の顔見世番付が初出となる。なお、享保十一年の市村座、同十二年と十三年の中村座の顔見世番付のいずれにも、「長唄」の肩書きで「松島庄五郎」の名があるが、小歌方としての経歴は見つからない。坂田兵四郎との出自は対照的で、それだけに個性の異なる二人のスター歌手の競演は、観客を引きつけたであろうと想像する。

（3）吉住小三郎についても、『三味線始祖杵屋家系図』（東京芸術大学蔵本に拠る）に「生国泉州堺住吉社家ナリ　故ニ住吉ヲ返シテ吉住ト号ス」と書かれており、江戸に下った唄方であるようだ。表1の唄方部分を見ると、享保十六年（一七三一）以降も主要な唄方はまだ上方出身者に依存していたことがわかる。

（4）『日本庶民文化史料集成』第六巻　歌舞伎（三一書房、一九七九年）。

（5）前掲書注（4）。

（6）前掲書注（4）。

（7）前掲書注（2）。

（8）藤十郎の次男、『役者三世相』（宝永二年〈一七〇五〉四月刊）では「巻軸　若衆　坂田兵七郎」となり、京布袋屋の名代で座元を務めている。なお本稿における役者評判記からの引用は、『歌舞伎評判記集成』第一期（岩波書店）に拠る。

（9）役者評判記『役者若見取』（享保十六年〈一七三一〉正月刊）江戸之巻に、「瀬川菊之丞　是まで上手の女形の．下り衆多き中に．此君の顔見世のはづみやう。あやめ殿下り以来おぼへぬ」とある。

（10）町田博三・渥美清太郎他編（古曲保存会、一九二〇年）。

（11）前掲書注（4）。

（12）「無間鐘」の歌舞伎化については佐藤知乃氏が「元祖瀬川菊之丞と享保劇壇」（『近世中期歌舞伎の諸相（研究叢書四三六）』和泉

書院、二〇一三年）の中で上演作品を整理している。

(13) 前掲書注（4）。

(14) 前掲書注（4）。

(15) 『元禄歌舞伎小唄尽』も上方の歌舞伎番付を画帖仕立てに装幀した折本である。これに所収される「(三のかハり) 上の太子道行」も横長の番付の体裁をとる歌謡詞章であり、版元も和泉屋又兵衛である。冒頭の「〽あの山みさい。この山見さい」の部分は若衆歌舞伎の踊り歌『業平をどり十六番』の一番目に出てくる詞章であるから、小歌正本と見てよいであろう。これについては、上記の天理図書館の折本に対応する役割番付があり、『役者晴小袖』（正徳六年四月刊）により、正徳六年（享保元年）二月上演の都万太夫座名代、榊山四郎太郎座本の三の替狂言「上太子南無仏舎利」に演じられた若女形・色子による道行の所作事とわかる。

(16) 佐藤知乃氏の「元祖瀬川菊之丞出勤年譜」（『近世中期歌舞伎の諸相』第五章）享保十四年（一七二九）の項に「『誘見山』四番目に中村新五郎と菊之丞による所作小歌「恋はなし」（一枚摺〈天理〉）」と載っているが、小歌正本として言及されてはいない。

(17) 役者の歌う芸については、先行研究に次の論考がある。
松崎仁「元禄歌舞伎における歌謡」（歌舞伎学会編『歌舞伎　研究と批評』一、リブロポート、一九八八年）・「歌舞伎役者と歌謡―宝永・正徳・享保期（その一・その二）―」（同前、三・四、一九八九年）。これらの論考は後に『舞台の光と影　近世演劇新攷』（森話社、二〇〇四年）に再録。

武井協三「野郎歌舞伎時代の小歌芸」（『近世文芸』第三号、早稲田大学文学部暉峻研究室、一九七二年）、後に『若衆歌舞伎・野郎歌舞伎の研究』（八木書店、二〇〇〇年）に再録。

(18) 『日本庶民文化史料集成』第十四巻（三一書房、一九八八年）所載の「許多脚色帖」一の四十五図。

(19) 荻田清『上方板歌舞伎関係一枚摺考』（清文堂出版、一九九九年）によれば、この『太夫本ふところ日記』は広義の見立番付、狭義には見立物類の分類に入るとしている。

(20) 歌舞伎学会編『歌舞伎　研究と批評』1（一九八八年）、後に『舞台の光と影　近世演劇新攷』（森話社、二〇〇四年）に再録。

(21) 竹内道敬「冨士田吉治研究」（『近世邦楽考』、南窓社、一九九八年）に詳しい。

河東節正本の版行に関する一考察
―江戸歌舞伎における初期の音曲正本と位置付けて―

長唄は、江戸歌舞伎の所作事の地に用いられる音曲の一種であり、各座に属する囃子方によって演奏されてきた。出版物としての長唄正本は、長唄・めりやすが主体であるが、実際には囃子方が所作事の場に奏した音曲（琴唄・大薩摩・説経等を含む）の詞章を載せたものの総称であり、長唄正本とせりふ正本は出版物としての括りをひとつにする時期も認められる。長唄正本の詞章は短く、半紙判でおおむね三〜五丁、長くても十丁程度に収まる薄い冊子である。だが、江戸歌舞伎の興行に伴って享保から明治期に至り連綿と刊行されてきた長唄正本は、地本における主要な商品のひとつであったとみなされよう。

多数の版元が長唄正本の刊行を手がけているが、初版（初演時出版）については、寛保から宝暦期にかけて座元と特定の版元が専属関係を形成する様子が、現存本中によみとれる。(1) 長唄・常磐津・富本・清元といった歌舞伎音曲に限らず、古浄瑠璃や義太夫節などの劇場上演曲は座元としての太夫や家元と特定の版元との間に専属関係を形成して正本として刊行されてきている。長唄正本の場合においても、初演時正本（初版）は座と専属関係にある版元から刊行されるようだが、その版元がその版木を所有して再印あるいは覆刻再版する形跡は、専属版元が入れ替わる寛政期まではないようである。初版の版元以外の複数の版元から、異版が多数出ており、しかもそれらの異版の有り様が複雑であることに出版上の特徴が認められる。それらの異版は、初版の記載内容のみならず版面を、さまざまのレベルで踏襲して刊行されているのである。長唄正本では多くの場合刊年の記載がなく、共表紙に記されている大名題・役者名・演奏者連名は初演時のものであるのに、表紙絵には初版と異なる時代様式が認められたり、絵師名に時代的齟齬が見つかる例もあり、文献上の扱いに難しい面を有している。

長唄正本の書誌調査を進め、各々の異版の版面を細かく見比べて行くうちに、長唄正本の版行状況が少しずつ捉えられるようになってきた。(2) 長唄正本の初版と、多様な異版との版面上の関係を捉えるために、初版を元版とみなして、複数存在する異版の版面を次のA・Bのグループに分けてみて行く方法をとった。Aは、初版とされる正本と版面がよく似た版であり、初版を元版（原版）として作られたと推測される版である。それに対し、Bは初版と記載内容はほぼ同じであるが、版下を初版（元版）の意匠とは変えて、作り直している版である。Aのグループはさらに次のように細分類する。

A初版（元版）と版面が類似する版

1　元版をそのまま版下に用いて被せ彫りしている

2　全体として元版をそのまま版下に用いて被せ彫りしているが、用字などを意図的に改変している箇所がある。

3　元版を参考にして、版下を新たに作り直している。その場合、元版に似せて版下を作成するといっても、類似の度合いは、初版を透き写しして版下を作成したとみられる酷似するものから、意匠上の関連性が認められる程度のものまで幅がある。

B別版―初版（元版）とは版面の意匠を変えて作り直している版

その上、こうした状況が本文だけではなく、共表紙の版面についてもみられるのである。Aの1・2は元版をそのまま版下に用いた被せ彫りであり、Aの3とBは版下を改めて作り直している点に手法の違いがある。長唄正本の場合は版面の状況がかなり複雑であるから、Aの3とBとの間には客観的な区分を設けにくいところに難点があるが、本稿で採り上げる河東節正本においてはこの分類がほぼ有効となるから、この分類方法にしたがって異版の考察を進めて行くことにする。

改版のあり方がA・Bのいずれであろうとも、同じ内容のものが、初版と異なる版元から出される場合は、それが初版の版元に無断で出版されたものであるのかどうかが重要な点となろう。もっとも、そうした行為が版元において経費の回収を妨げる不当行為とうけとめられていたとしても、それを取り締まる法規制が整っていない状態では違法行為とはならない。しかし、先に掲げた分類のAにおいて、座元と版元との専属関係を示す奥書部分を削除するばかりか、本文中の用字を部分的に変えたり、胡麻点や節付名部分を除いたり、表紙記載の座名から「座」の文字を除いたりしてある版が多数見つかると、そこには何らかの憚りや差し障りがあったかと推測され、ある種の商い慣習が版元間に成立していたとも考えられるのである。長唄正本では、Aは無刊記版と本屋儀兵衛版にみられ、それらは初版と時間的に接近して、追随刊行されたと思われる。Bの場合は、長唄正本の版元が多岐に亙るといっても限定的なものであることから、『京阪書籍商史』中に述べられている浄瑠璃丸本のように、出版権の分権に広く応じた結果とも考えられる。[3]その一方、江戸の興行による江戸版義太夫抜本では「座元より種本請取出板致申候。其砌より仲間内類板数多有之候得共、差障不申候」[4]と記されてもあり、長唄正本の場合は不明である。

地本問屋が扱ったとみられる歌舞伎音曲正本の刊行は、出版令等の直接対象とならなくとも、基本的に江戸における出版統制令や、寛政期の地本問屋仲間による自主検閲体制の確立等と何らかに連動していると捉える必要があるであろう。江戸では享保七年に本屋仲間が幕府から公認されて自主検閲が義務付けられ、一方、地本問屋仲間も結成されたが、[5]地本問屋仲間では仲間行事が置かれず、本屋仲間のように重版・類版に対する仲間内での自主検閲組織はまだ機能していなかったようである。寛政の改革以降、寛政二年十月の出版取締令条目の発令により、地本問屋仲間が再興され、行事をたてて草双紙・一枚絵についても行事改めが実行されることになった。本屋仲間結成の背景には、新版改めに加えて、重版・類版が横行し紛争が絶えないなかで、自衛策として仲間を作り行事をたて調停を委ねることで、仲間内の権益を保護するという重大な目的があったという。[6]

長唄正本の刊行過程は、次のように大まかに捉えてよいのではないだろうか。座元と特定版元による専属関係の形成とそれに伴う偽版の発生、そして、その後の寛政の改革における地本に対する取締の強化、天保の改革による問屋仲間の解散等が、長唄正本の版権のあり方に変化をもたらしていると考えられる。享保から天明に至る時期の長唄正本の異版の複雑な版面状況には、重版まがいの類版の横行を防ぎ得ていない混沌とした時代の地本のひとつの実態が現れていると考えられる。[7]重版類版に対する仲間申し合わせや行事による調停制度が確立していない寛政期前にあっては、地本の重版類版の刊行は違法行為とはならなくとも、版元側にとってみれば利益を著しく損なわれることから、不当な出版行為と認識されていたであろう。事実、江戸版義太夫正本や土佐節などの江戸版古浄瑠璃正本の奥書から「類版」の存在を明示する文言が見つかっている。ところが、長唄正本には異版が多いにもかかわらず、初版本自体から類版に言及した文言が見つからないため、他の版元による異版をどのように位置づけてよいかわかりにくい。[8]長唄正本に初版の版元からの再版がみられなく、特にBの異版が各種出ていることは、おそらく、長唄正本が音曲の担い手である囃子方ではなく、芝居座元と版元の関係から出ていることに関係するのではないだろうか。長唄正本の初版を刊行する専属版元が同時に扱う番付などは、一過報道的な劇場出版物である。

河東節正本においては、享保七年正月上演正本『神楽獅子《かぐらじし》上』（下冊の刊年は享保七年春）の表紙に「類版」に言及する文章が載せられている。河東節は早くに操り座を離れ、歌舞伎出勤するようになった江戸浄瑠璃である。正本刊行は享保初期からとみられ、長唄正本に先立つ歌舞伎音曲正本といえる。太夫河東と版元小松屋の専属関係が明確に形成されており、長唄正本同様に先にA・Bに分類したような異版が小松屋以外の版元から出ていることから、長唄正本の版行形態を考える上での比較対象として適している。

また、河東節の祖江戸太夫河東（十寸見河東）は操芝居の座元としてではなく、享保二年の半太夫からの独立時から歌舞伎出勤を活動の場とした太夫である。ゆえに太夫と版元との関係から出る音曲正本の本来の版行形態に、芝居の座元と専属関係を持ち始めた版元が進出して来る様子が捉えられることも興味深い。長唄正本の出版史を課題とするにあたり、ひとつの端緒として、以上の理由により本稿では長唄正本に先立つ歌舞伎音曲正本である、河東節を採り上げたいと思う。なお、河東節正本の先行研究には、竹内道敬『河東節二百五十年』（一九六七年十一月、河東節二百五十年刊行会）、吉野雪子「江戸音曲正本出版のメカニズム」・「江戸浄瑠璃、河東節とその正本」（『音楽研究所年報』一九九〇年三月、二〇〇一年三月、国立音楽大学）がある。

本稿で扱う河東節正本は、初代から六代目河東までの正本を範囲とし、初代の門人である可丈・江戸藤十郎・江戸太夫双笠の正本をも含む。調査範囲は、上野学園日本音楽史研究所（上）、大阪大学忍頂寺文庫（忍）、国立音楽大学附属図書館寄託竹内文庫（竹）、国立国会図書館（国会）、静嘉堂文庫（静）、大東急記念文庫（急）、天理大学附属天理図書館（天）、東京芸術大学附属図書館（芸）、東京国立博物館（博）、東京大学附属図書館霞亭文庫（霞）、東京大学文学部国語研究室（国語）、都立中央図書館・東京誌料（誌）、同・加賀文庫（加）、松浦史料博物館（松）、早稲田大学坪内博士記念演劇博物館（演）である。以下に所蔵機関を示す場合には（ ）内の略称を用いる。なお、ケンブリッジ大学・パリ国立図書館各蔵の河東節正本については未見である。そのほか、『歌舞伎図説』、『日本歌謡集成十二』、『歌謡音曲集』(9)に掲載される図版を用いた。正本の比較検討には共表紙を伴った完本を優先的に用い、後に版元の手により表紙を取り除いて本文のみ取り合わされたと推測される合本の本文は、刊年の記載がある場合を除いて補助的な資料とした。

一　正本版元としての小松屋

半太夫浄瑠璃の抜き物や歌舞伎の出端・道行、歳旦物、追善曲といった河東の短編の語り物の正本は、『声曲類纂』(10)にも「いともわびしき摺本にして、甚質素なる物なり。表紙に何れも直伝章指とあり」と書かれている。伝存本をみると、共表紙で全五・六丁の半紙本の体裁をとっており、その共表紙には曲名と歌舞伎名題、太夫の連名・河東の紋・座名および版元名などが記入され、役者の舞台絵が入ることもある。現存する河東節正本の版元を以下に列挙すると、

浅草観音御地内　伊勢屋吉十郎
さかい町　いせや次兵衛
芝神明前　井筒屋
大伝馬三丁目　丸に三つ鱗の商標（鱗形屋孫兵衛か）
長谷川町　近江屋九兵衛
通塩町　奥村屋
芝神明前　ゑ（江）見屋
湯島天神女坂下　小松屋
湯島天神女坂下　相模屋
末広屋　江戸半太夫正本所改正
芝神明前　舛屋
新大坂町　三川屋
西村
本郷三丁目　よろづや

このほか、長唄正本をも刊行している版元として

もとはま町　いがや
橘町四・二丁目　和泉屋権四郎
さかい町　中嶋屋
高砂町新道　村山源兵衛
江戸橋四日市　本屋儀兵衛（右版元と相版）

の如くとなる。

大伝馬町三丁目、丸に三つ鱗の商標は鱗形屋孫兵衛または、三左衛門とみられる江戸の大手地本問屋である。奥村屋は、一説に源八は絵師奥村政信であり、赤瓢箪の商標と役者絵で有名な版元で、『油屋《あぶらや》お染久松哥祭文《そめひさまつうたざいもん》』（『時花唄《はやりうた》』所収）の表紙には「紅絵問屋／絵草紙卸」とある。このほかの版元について、『改訂増補近世書林板元総覧』を参照しつつ、若月保治著『古浄瑠璃の研究』第二巻（桜井書店、一九四四年）、『近世子供の絵本集　江戸編』（岩波書店、一九八五年）、『新編稀書複製会叢書』第一七～二一巻『歌舞伎・狂言本』・第二四巻『時花唄』（臨川書店、一九八八・一九八九年）、『歌舞伎図説』などから刊行物をひろってみる。江見屋は板木の見当を工夫した版元として知られ、赤本青本では『公平《きんぴら》 寿《ことぶき》 八百余年《はっぴゃくよねん》の札《ふだ》』・『新《しん》なぞつくし』の刊行があ

り、『歌舞伎図説』118図には細漆絵（享保十一年）が載る。近江屋九兵衛は、赤本や清春らの版画を出す版元である。西村は西村伝兵衛であろうか。伊勢屋吉十郎は、河東節の教則本とも呼べる『十寸見要集《ますみようしゅう》』（宝暦・明和期以降刊行）の版元で、長唄の詞章集をも刊行しており本文の繊細で流れるような書体に特徴があるほか、『歌舞伎図説』305図にはせりふ尽《づくし》（宝暦期刊）がある。井筒屋には薩摩外記正本「泰平住吉《たいへいすみよし》踊《おどり》」（『日本歌謡集成』十一巻所収）、赤本『文福茶釜《ぶんぶくちゃがま》』・つむら半九郎節「踊《おど》りくどきへん尽《づくし》」の刊行がある。小松屋は、薩摩外記正本『出世《しゅっせ》太平記《たいへいき》』（正徳四年刊）があり、『歌舞伎図説』415図に細漆絵（延享元年）が載る。そのほか、享保五年三月刊の半太夫節詞章集『鳰鳥大林集《におどりたいりんしゅう》』（上野学園蔵）がある。相模屋は竹本喜世太夫正本『八百屋お七 付《つけたり》 後《ご》日《にち》』（享保三年頃刊）、同『八百屋お七江戸紫《えどむらさき》』（享保四年刊）があり、赤本では『猫鼠大友真鳥《ねこねずみおおとものまとり》』・『ぼんさま山《やま》みちやぶれた衣《ころも》』（正徳・享保頃刊）が見つかる。末広屋は寛政五年に半太夫正本集（本文のみの合本）を出しており（天理・国会蔵）、章指改正を行う半太夫正本所である。三川屋には、一中正本「夕霞浅間嶽《ゆうがすみあさまがたけ》」（享保十九年上演）がある。

いがや、中嶋屋、泉屋（和泉屋）権四郎・村山源兵衛は江戸歌舞伎の劇場出版物をも扱う版元である。いがやは、竹本喜世太夫正本『八百屋お七恋緋桜《こいのひざくら》』（享保二年刊江戸版古浄瑠璃正本）、吉原はやりさわぎうた「なんのこちゃぶし」、赤本『万《まん》ざい』、江戸半太夫正本『おしのおもひば』・『廓《くるわ》の錦《にしき》』（寛保元年上演）、宮古路・常磐津正本等がある。江戸太夫双笠正本「よしはら袖《そで》ぎてう」（享保十年八月頃刊）には「ゑさうし地本問屋／亀甲にゑの商標／元浜町いがや板」とある。堺町中嶋屋伊左衛門は芝居番付の版元であるが、江戸版古浄瑠璃正本『信《しん》州《しゅう》川中島合戦《かわなかじまかっせん》』（享保十一年刊）、『吉原《よしわら》はやり小哥惣《こうたそう》まくり』、江戸半太夫正本『傾情道中双六《けいせいどうちゅうすごろく》』、黒本『鼠花見《ねずみのはなみ》』を出している。泉屋（和泉屋）権四郎は、「享保のはじめ紅彩色の絵を売りはじめ、いろいろ工夫して漆絵が大いにはやる」と『増補浮世絵類考』にあり、歌舞伎評判記『役者評判一の富』（享保十三年二月刊）、河東節曲集『鳰鳥万《におどりまん》葉集《ようしゅう》』（享保八年刊）・『鳰鳥好撰集《におどりこうせんしゅう》』（享保年間）の刊行があり、長唄正本では市村座の専属版元となる。

また、武藤純子氏による『初期浮世絵と歌舞伎』[11]中の「絵師別役者絵一覧」には伊勢屋吉十郎・井筒屋・末広屋・よろづや以外の名が挙がっている。地本を扱う版元が河東節正本の刊行を手がけているようである。

これらの版元の中で小松屋は、他の版元に比べて河東節正本の現存点数が最も多く、また、河東の正本版元であることを標榜する文言が多くの正本に記されていることから、河東との専属関係を築いた版元と見られる。

小松屋の河東節正本は、大まかにみて二種類の体裁に分けられる。共表紙の右側に枠で囲んで演奏者連名と版元名を記載するタイプのものと、そのような連名枠を持たないものである。後者のタイプの正本は、半太夫から河東が引き継いだ語り物や半太夫から独立する前後の語り物[12]（「式例和曽我《しきれいやわらぎそが》」、「松《まつ》の後《のち》」、「咲分《さきわけ》あいの山《やま》」）であり、表紙に太夫河東の名または河東の紋が入っても、「半太夫ふし」と併記されるものが多い。こうした半太夫色の残る正本では、小松屋も「河東直伝正本所」を主張せず（管見に及んだなかでは三点のみであった）、また、太夫河東の印章が刻入されることはない。

『江戸節根元記』によれば、享保二年に半太夫から独立して、初めて河東が節付した浄瑠璃「松《まつ》の内《うち》」は、その春狂言の芝居にて大当たりしたとある。「松の内」の小松屋初版は未見である。その翌年の享保三年三月に市村座で上演された浄瑠璃「松の後」正本の表紙を図1として左に掲げる（竹・博蔵）。これは小松屋版であるが、「半太夫節」とある一方で河東の紋が入っている。同年同座上演の「あいの山」小松屋版正本においても、やはり半太夫節と河東の紋が並存し、奥書には「右者太夫直伝之しやうさし」と版元名・住所が入る。小松屋は河東の専属版元を標榜しておらず、河東の印章も用いてはいない。享保五年三月の刊記を有する『鳰鳥大林集』（上野学園蔵）は、奥書に「浄瑠璃太夫河東」と載せているが、内容は半太夫の語り物集とみなせるものである。共表紙を除いた正本の本文を合綴にした形態をとるが、各曲の本文の奥書にも、また、巻末の奥付においても小松屋が「河東正本所」と記すことは行っていない。

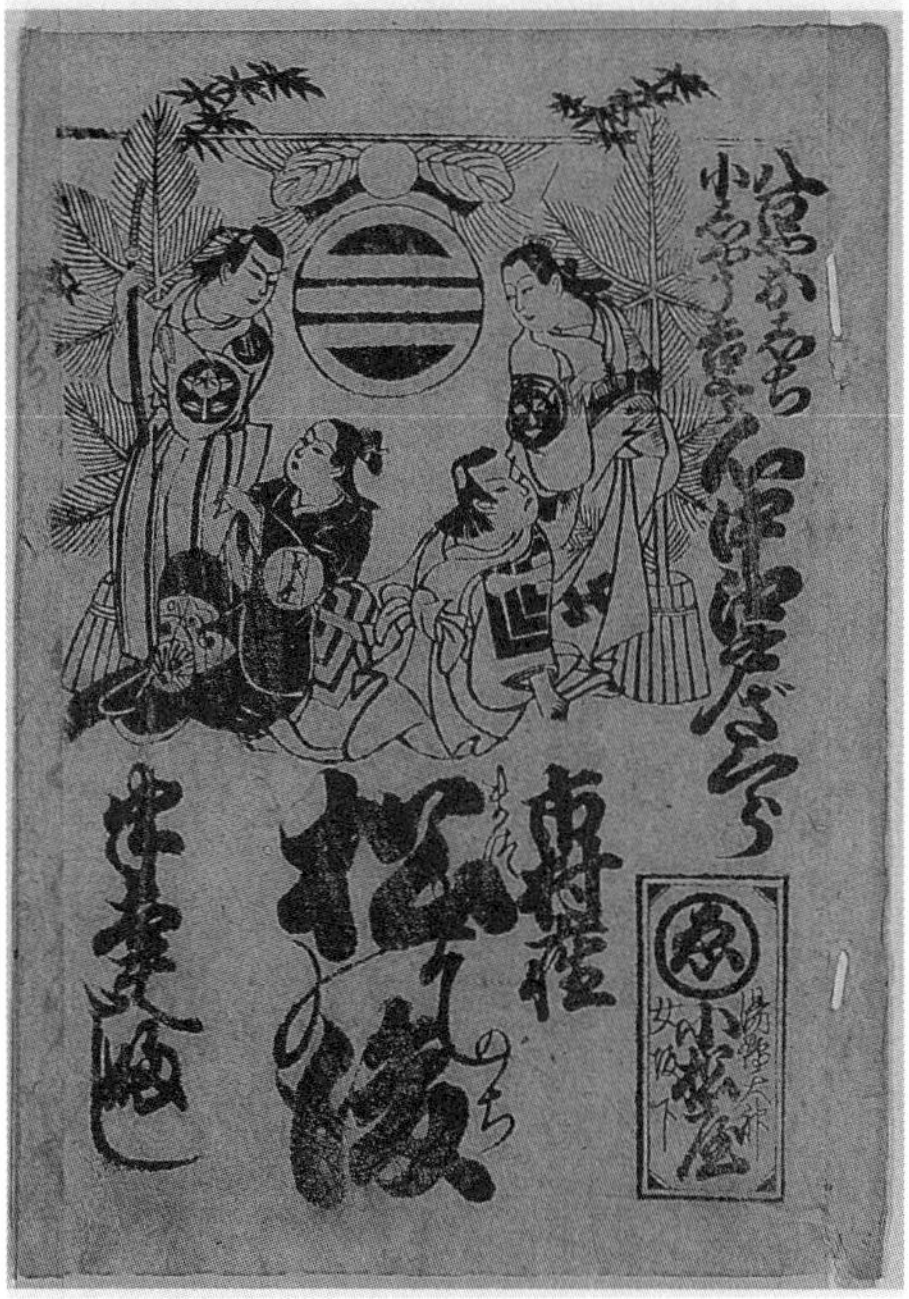

図１　小松屋版「松の後」表紙
国立音楽大学附属図書館所蔵〔付—2—1〕

　正本は享保三年から伝存が途切れ、享保七年刊の正本から小松屋版正本の体裁が変わり、河東の節付による語り物が中心に刊行されて行くとみられる。表紙には外題のほか、右側の枠内に、太夫河東と他の演奏者が連名で記入され、その下の枠内に版元名の入ることが定型となって、以降はこの表紙タイプで刊行され、長唄・豊後系浄瑠璃などの歌舞伎音曲正本にも受け継がれる。

　この定型表紙は、合理的な版面の造り方を採っている。共表紙は、縦に分かれた二つの版木の組み合わせから成っているのである。表紙の左側部分の版木には外題・大名題・座名、時に絵が記入され、一方、右側部分の版木には太夫・三味線方の連名とその下に版元名がそれぞれ枠内におさめられる。この右側の版木が、様々な外題の版木部分と組み合わされ、幾度も使われているのである。そのため、表紙の外題を含む左側部分に比べて、太夫連名と版元からなる右側部分に版面の摩滅が著しい表紙がみられる。

　正本上に記載される太夫河東が何代目であるかは、ワキの連名や三味線相方から判断する必要があるが、正本上の演奏者連名は、上演ごとの出勤者を記載したものというよりは、各代の河東とワキの太夫・三味線相方を幾通りかにパターン化して載せたものである。

　共表紙の右側部分を構成する連名と版元名の版木は、小松屋版でおよそ十六のパターンが確認でき（図3のａ・ｂと188頁掲載の表2の②〜⑱。但し⑨⑫⑯を除く）、その中でも流用頻度の高いものはａ・ｂ⑧⑩であった。

　なお、小松屋再版におけるこれらの表紙と本文の関係については、奥書を削除せずに初代河東正本の本文を再印、または、覆刻して、二代目河東以降の連名にした表紙ととりあわせている。長唄正本の専属版元が初版を出すのみでこうした再版をしていないことは特徴的である。

正本の表紙が定型化して以後、版元欄には、「ゑさうし問屋／河東直伝所」、「地本ゑざうし問屋／河東正本所」と記載されて、奥書にも「河東（一流）直伝之正本」の版元として小松屋を明記する文章が多くみられる。また、太夫の印章を伴うようになる。太夫直伝の証しとして、版元が太夫の印章を直伝云々の奥付に載せることは浄瑠璃正本によくみられることであるが、奥付を持たないため表紙や奥書に載せている。小松屋が太夫河東と専属関係をつくり、浄瑠璃正本の様式を残しつつ、歌舞伎上演した音曲正本を刊行している。

次の図2に掲げる表紙a・bを比較して欲しい。

図2a「すみだ川舟の内」上冊の表紙。小松屋版（博・霞）。

b「すみだ川船のうち」上冊の表紙。相模屋版。（天）

河東の印章がaの小松屋版では刻入されているのに対し、相模屋版には見られなくなっている。正本に刊年を欠くが、享保八年刊の『鳰鳥万葉集』に所収されている曲である。

小松屋の専属版元としての地位が確立し、河東の印章を連名枠に備えた体裁をとって継続刊行に至っていると一応みなして、次節からこの体裁の正本を中心に考察を進めていくこととする。

二　小松屋版と類版

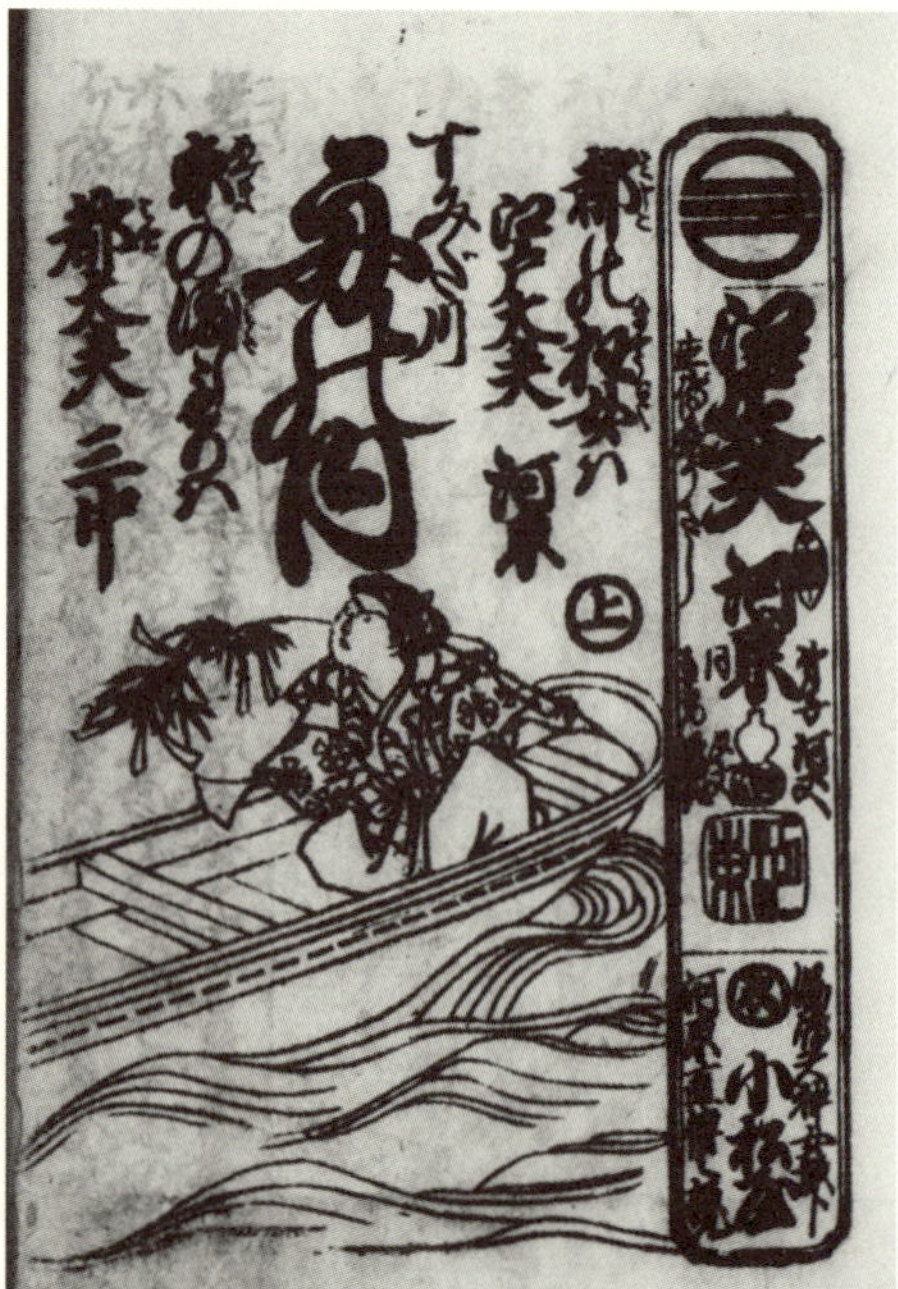

図 2a　小松屋版「すみだ川舟の内」上冊の表紙
東京国立博物館所蔵〔付―2―2a〕
Image：TNM Image Archives

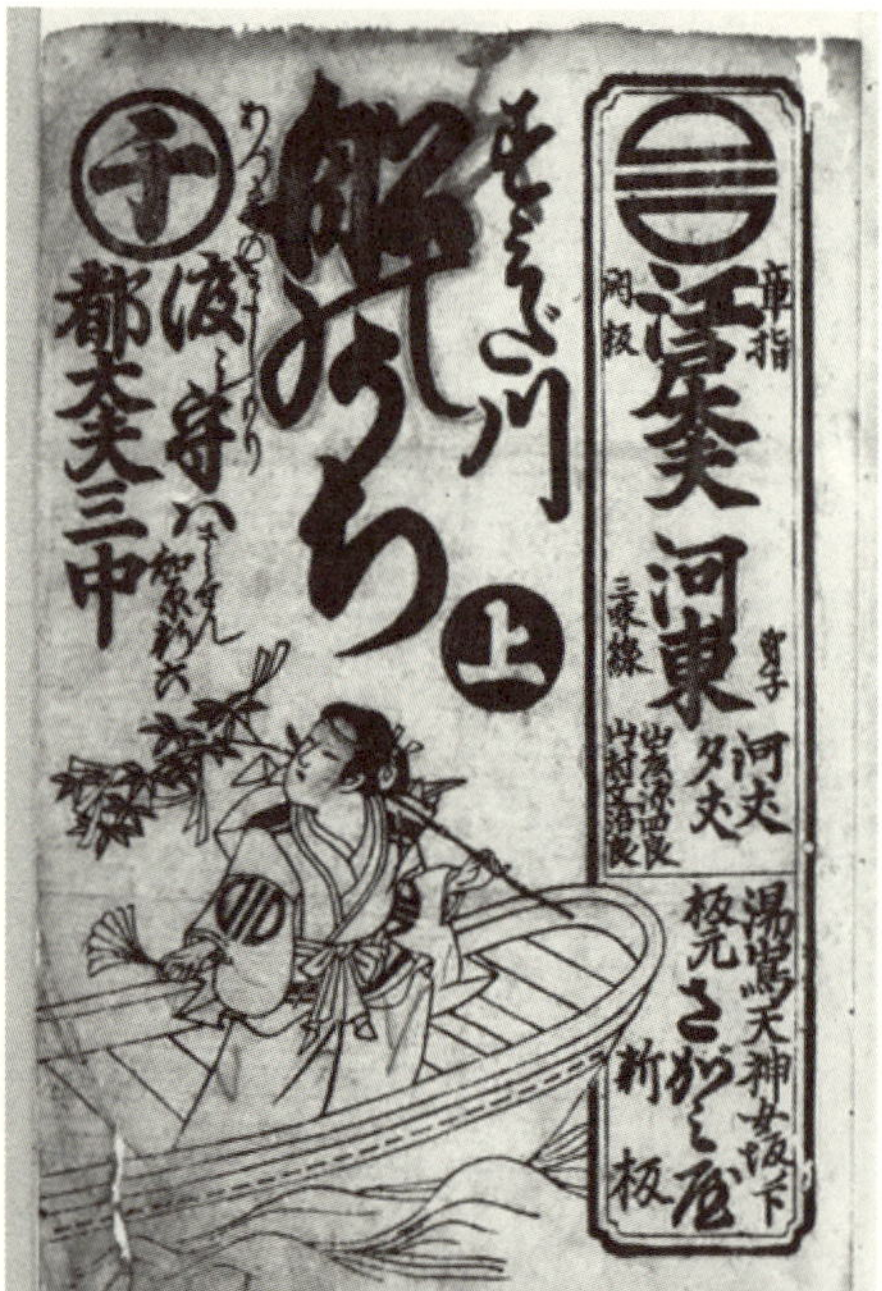

図 2b　相模屋版「すみだ川船のうち」上冊の表紙
天理大学附属天理図書館所蔵〔付―2―2b〕

連名枠を伴う表紙をとる小松屋版正本で、現存する中で最も古いものは享保七年春の刊記を有する「式三献神楽獅子《しきさんごんかぐらじし》」・「忍びの段」上下二冊本である。下段の図3a・bは「式三献神楽獅子」（竹・芸）上冊の表紙である。表紙の右側の太夫連名枠と版元枠部分が一体の版木で、その左側に別の外題部分の版木を組み合わせるかたちで、享保七年以降の正本の表紙に多く流用されている。以下、この図3aの右側部分をパターン①とする。このパターン①には類版に関する言及があり、太夫河東の印章を刻入するようになったいきさつが明らかにされている。

a　河東直伝之正本ハ／小松やよりほかに無之候所ニ／此ころるいはん相ミヘ申候／河東／正めいの／本にハ如此の判形ヲ致／令板行者也能々御吟／味被成御求可被下候

類版に対抗するため、太夫の印章（判形）をいれることとで正銘版元版としての差別化をはかり、読者への購入の目印とする旨が記されている。パターン①には類版の文言の書き方がaとやや異なるものも存在する。並べて掲出した図3bがそれである。ただし、その実例は、「式三献神楽獅子」上下二冊（芸・演）・「狂女《きょうじょ》くさまくら」（天）のみにみられるものであり、文章の内容はaとほぼ同じであるが、文字が摩滅していて判読し難く、冒頭が二行書きで、弟子や三味線の連名部分の書き方も異なっている。実際には、aの組み合わせを持つ表紙が多く現存する。

　ワキの太夫や三味線相方が「弟子河丈／同夕丈／三味せん　山彦源四郎」とあるから太夫河東は初代を指す。類版の存在により、専売権が侵害されている状況がよみとれる。こうした類版の存在について触

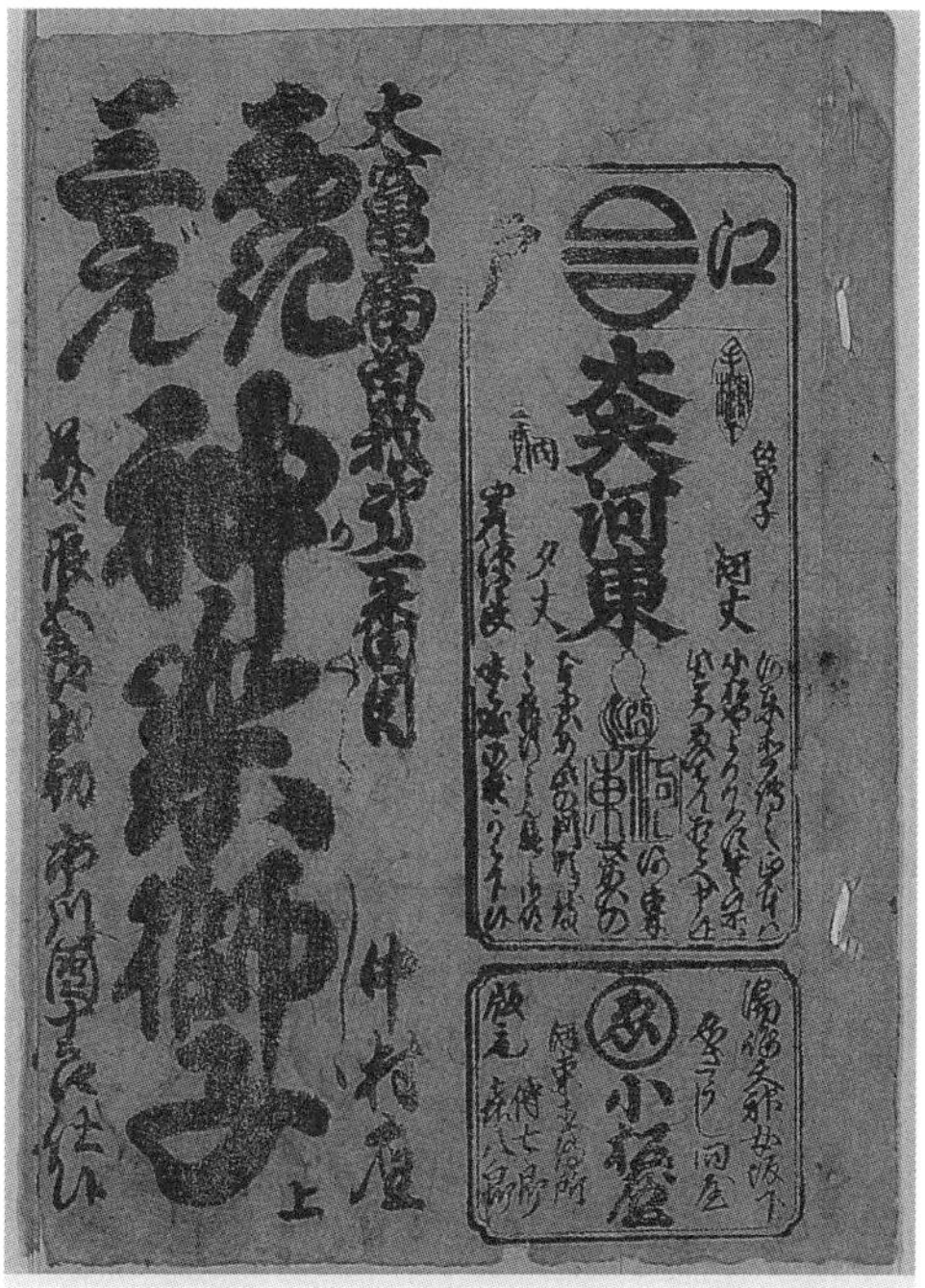

図3a　小松屋版「式三献神楽獅子」上冊の表紙
国立音楽大学附属図書館所蔵〔付—2—3a〕

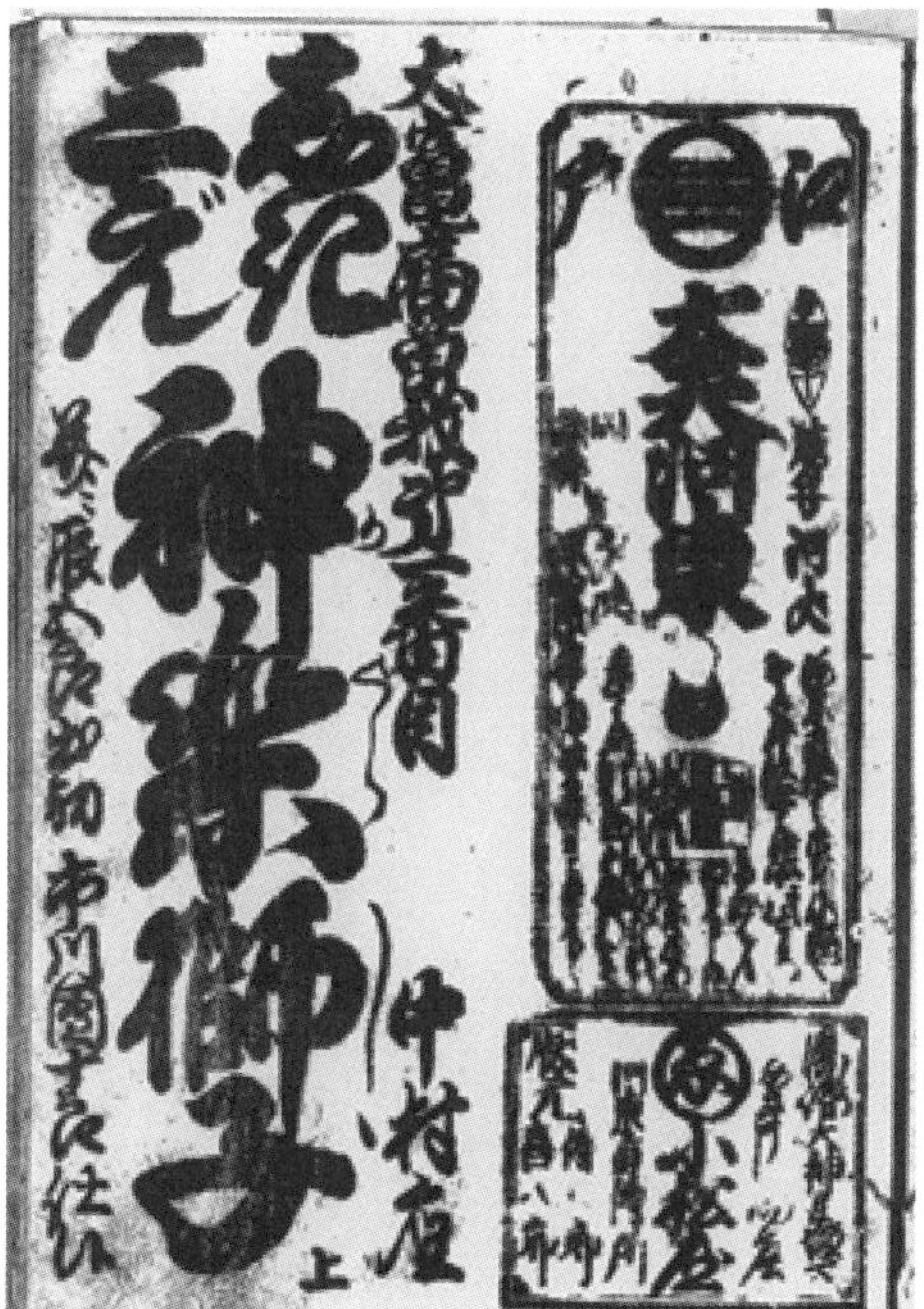

図3b　小松屋版「式三献神楽獅子」上冊の表紙
東京芸術大学附属図書館所蔵〔付—2—3b〕

れている正本は他流の江戸浄瑠璃にも見出すことができる。

竹本喜世太夫正本『八百屋お七付後日』（相模屋版・享保三年頃刊）の表紙見返しには、次のようにある。

「世上に予が正本の類板を致まぎらわしき書付有之といへ共直伝の章指は、ゆしま天神女坂の下さがみや与兵衛に相伝仕秘密章句口伝のひやうし細に遂吟味開板仕候緞外より何様の書付致類板有之共予が印形左のごとく他に無之者也仍而直伝正本如件／竹本喜世太夫（印）」　（若月保治著『古浄瑠璃の研究』第三巻853頁）。

宮古路豊後掾七行けいこ本にみられる奥付にも、

「世にあざむく類板多有といへとも其写なるゆへに節章の誤り甚し仍而太夫直伝の正本ハ（印）如此印判於し令開板者也能々御吟味被成御求御らん被遊可被下候／宮古路豊後掾（印）直伝／江戸板元　元はま町いかや勘衛門」

とあり、相模屋・伊賀屋とも河東節薄物本を出しているのだが、自分が専属関係にある太夫の正本では類版の存在を指摘している。類版に対し太夫の印章をもって、詞章・節付の出自の正統性を示すことは共通したやり方のようである。小松屋が言う「類版」とは、具体的にどのようなものであるのか、現存する正本中に検討してみよう。太夫印を表紙に掲げることで効力はあったのだろうか。

パターン①が表紙に流用されている正本を次に掲げる。なお、各正本について、刊年の記載があるときはそれを載せ、刊年のない場合は表紙の大名題から上演年をとり(13)、両方の記載が無い場合には、当該曲の所収されている上限の河東節詞章集の刊年を目安として書名の下に掲げた。また『江戸節根元記』（『根』）・『十寸見声曲編年集』(14)・『河東節二百五十年』をも参照した。

表紙にパターン①が入った小松屋版正本一覧

初代河東節付浄瑠璃

（しき三ごん）神楽獅子　享保7・1（上演）中（芸・竹）

突出《つきだし》の紋日《もんび》帯曳男　結《おびひきおとこむすび》　享保8・1（上演）中（芸・博）

（閨《ねや》のはん女《じょ》）あふぎ八景《はっけい》　享保9・1（上演）中（誌・芸）

（児桜《ちござくら》）竹馬《たけむま》の鞭《むち》　享保10・7以前『根』（芸）

狂　女《きょうじょ》あら所《じょ》たい　享保10・1（上演）中（竹・芸）

上演年代不明であるが初代河東正本とみなされるもの

風流《ふうりゅう》きぬた　享保4年『仁本鳥』所収・半（博）

（清見《きよみ》）八《はっ》けい　右同（竹・博）

ふみ枕《まくら》　享保8年刊の『鳰万葉集』所収（博）

里《さと》かぐら　右同（竹）

〔せみ丸《まる》の道行《みちゆ》き〕　右同・半（博）

（吉原《よしわら》）雪間《ゆきま》　右同・半（芸）

袖《そで》かがみ　右同（博）

七種《ななくさ》　右同・半（博）

（てんわう）しのびの段《だん》　右同・半（博）

（狂女《きょうじょ》）草枕《くさまくら》　元祖河東節付『根』（天・博）

百夜猫《ももよねこ》　右同（博）

〔「半」とあるのは半太夫節付浄瑠璃〕

二代目河東節付浄瑠璃

ひとせかは　享保10（初代河東一回忌追善）（竹）
花《はな》かたみ　享保12（初代河東三回忌追善）（芸）
絵蓬莱《えほうらい》　享保14・秋（刊記）（博）
十寸鏡《ますかがみ》　享保15・10（刊記）（博）
浮瀬《うかむせ》　享保16・7（初代河東七回忌追善）（博）
夕涼大觴《ゆうすずみおおさかずき》　享保16・9（刊記）（博）
きのへね　享保16・11（刊記）（博）
たからふね　享保16・1（刊記）（博）
ゑほうみやげ　享保18・1（刊記）（博）

三代目河東節付浄瑠璃

（平要）いの字扇《じおうぎ》　享保19・1（刊記）（博）
（道行）形見車《かたみぐるま》　享保19・7（刊記）（博）
葉類乃婦美《はるのふみ》　享保21・1（刊記）（博）
（追善）夢《ゆめ》の秋《あき》　元文2・7（刊記）（博）

上演年代不明曲

白楽天《はくらくてん》　（博）
四季《しき》のほうらい　（博）
井沢川《いさわがわ》　（博）
反古染《ほうぐぞめ》　（博）

初代河東の連名であるにもかかわらず、二代目・三代目河東が節付した作品の表紙にまでパターン①が組み合わせて用いられていることがわかる。「いの字扇」は、三代目河東襲名曲であり、刊年が「享保十九年寅七月五日」と明らかに初代河東の没後であるにもかかわらず、初代河東の連名と類版の文言が入った板木部分を表紙に用いている。この類版を退ける文言は、初代河東の連名に加えられていて、二代目以降の河東や門弟太夫の連名枠内には記入されていない（表2参照）。

　次に、調査した河東節正本全体の中から、同一曲について小松屋版と小松屋以外の版が伝存している事例を取り出して、その本文を比較してみる。182頁掲載の表1は、小松屋版と他版の本文について版面の関係を表したものである。表中のA1・A2・A3や別版（B）の表示は、本稿冒頭に掲げた版面の識別方法によっている。

　A1・A2・A3および、別版（B）の各例について、全丁をここに掲げて比較することは不可能であるから、代表例を採りあげてみる。まず、A1は本文が元版（小松屋）の被せ彫りであるとみられるものである。183頁掲載の図4は表1の「閨の班女扇八景」（享保九年一月上演）について、a小松屋版芸大本とbいがや版竹内文庫本の、表紙と本文初丁表・終丁裏を掲げたものである。いがや版の本文は、小松屋版と一見して同版にみえるが、よくみると書体は共通するが、彫りの細部が違い、彫り手が小松屋版と異なると推測される。しかし、文字遣い、行送り等はまったく同じであり、光に透かしてみると、ほぼ重なる。終丁裏において、いがや版では、小松屋の刊記が除かれている。そして、小松屋版の奥書にある河東の印章三種（一行目）と「判形」の二字（二行目）を、いがや版では除いてそれぞれに「なくあやまり」「ふし付」と入れているのが不自然である。表1における他のA1の

表1　小松屋版と他版の本文関係

上演年	座	外題	小松屋	いがや	奥村屋	鱗形屋孫	井筒屋	江見屋	西村	相模屋	舛屋	万屋	近江屋	村山・本屋
		放下僧道行	印無博			別版上								
		式例和曽我	印無博	別版芸										
		提燈紋尽くし	印無博				A2誌#							
		助六後日心中道行き	印無博上					別版博						
		きぬた	印類博										A1演#	
享保2・2	市	松の内	印無図＊											
		松の内	印再版博		別版上		別版演							
享保2・5		貝尽くし	印無博		A3上				＊					
享保7・1	中	式三献神楽獅子　上冊	印類芸竹	A1芸										
	中	忍びの段　下冊	印類図再印博竹	A1芸#										
享保8・1	中	水上蝶の羽番	印博	別版芸	別版上					別版演	別版芸			
享保8以前		舟の内　上冊	印博	A1誌#						別版天				
享保8以前		禿万歳	印芸博		A2芸									
享保9・1	中	閨の班女扇八景	印類芸再版誌博	A1竹芸#	別版上									
享保10以前	森	二つ星鵲のかし小袖	印博	A1芸#										
享保10・4	中	狂女あら所帯	印類竹芸博									別版天		
享保11・3	中	灸すえ巌の畳夜着	印竹	A1芸#	A1上#									
	中	紋尽くし翅のかご蒲団	印竹	A1芸#										
享保13・1	中	酒中花	印博	A1芸#										
元文5・2	中	梅枕口説の鶏	芸博＋	別版芸										
元文5・2	中	梳櫛男黒髪	印天博＋	別版芸										
寛保2・1	中	乱髪夜編笠	印天博	A3芸										
寛延2・3	中	助六廓家さくら	印博	別版芸										別版松(注)
寛延4・2	中	恋桜返魂香	印博	別版芸										

＊　図版で表紙のみ掲載されているもの　　＋　刊年あり

#　本文を覆刻する際に、小松屋版にある奥書または刊記を除いている

類　小松屋版で類版を排除する文言が表紙の連名枠内にある

A1　小松屋版の本文をそのまま版下にして被彫りしている

A2　A1と同じだが、用字を一部意図的に変えている

A3　小松屋版の本文に似せて版下を作り直している

別版　小松屋版と関連が薄く、意匠や書体を新たに変えて版下を作っている

(注)　村山源兵衛・本屋儀兵衛相版、安永8年3月上演の大名題がある

印　小松屋版で河東の三種の印章が表紙に刻入されている

印無　〃　刻入されていない

(河東の印章は、表1においては小松屋以外の版に載せられていない)

上　上野学園日本音楽資料室蔵　　誌　都立中央図書館東京誌料蔵

芸　東京芸術大学附属図書館蔵　　上　上野学園日本音楽資料室蔵

天　天理図書館蔵　　演　早稲田大学演劇博物館蔵

竹　国立音楽大学竹内道敬文庫蔵　　博　東京国立博物館蔵

松　松浦史料博物館

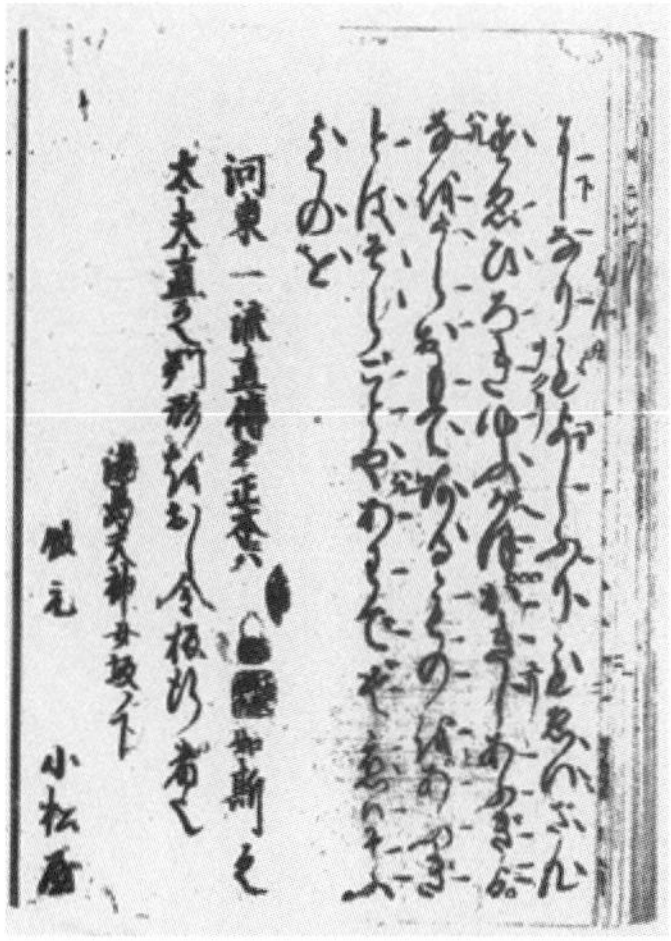

図 4a　小松屋版「閨の班女扇八景」
本文終丁裏
東京芸術大学附属図書館所蔵
〔付―2―4a〕

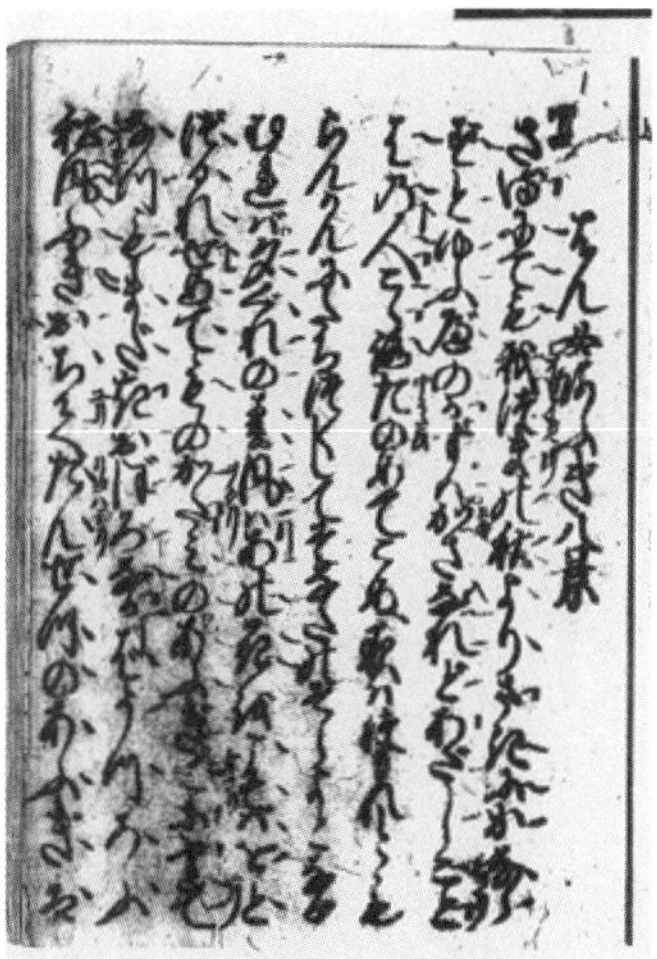

図 4a　小松屋版「閨の班女扇八景」
本文初丁表
東京芸術大学附属図書館所蔵
〔付―2―4a〕

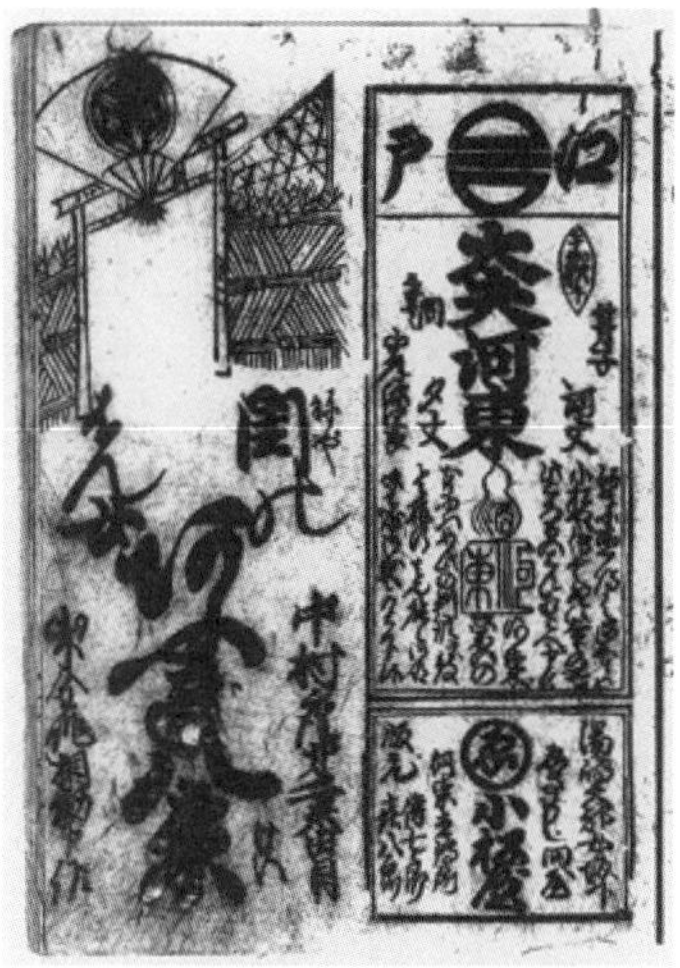

図 4a　小松屋版「閨の班女扇八景」
表紙
東京芸術大学附属図書館所蔵
〔付―2―4a〕

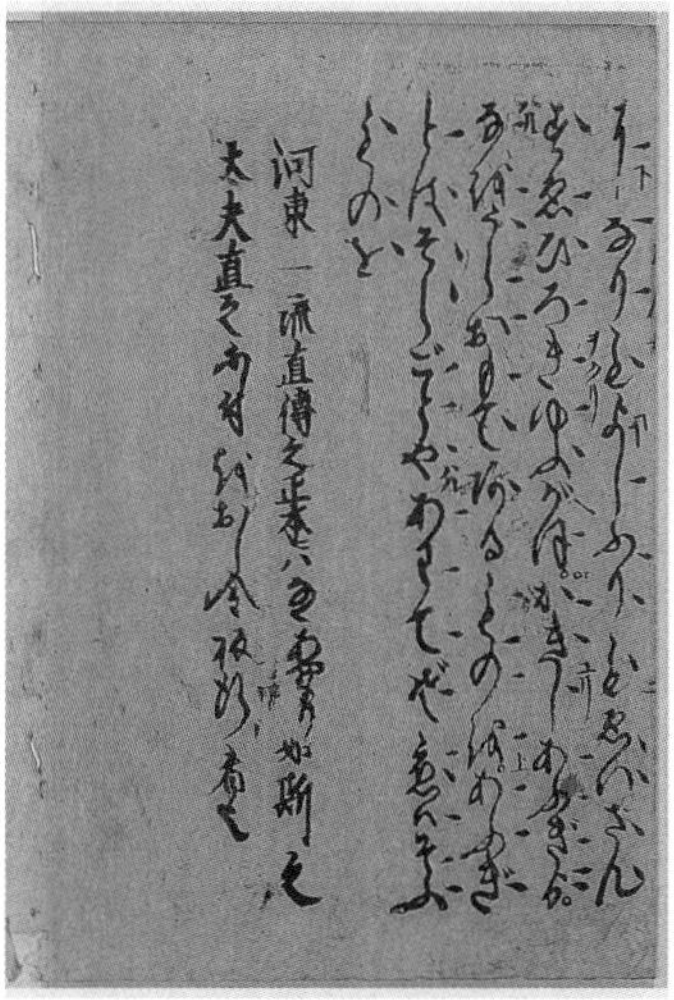

図 4b　いがや版「閨の班女扇八景」
本文終丁裏
国立音楽大学附属図書館所蔵
〔付―2―4b〕

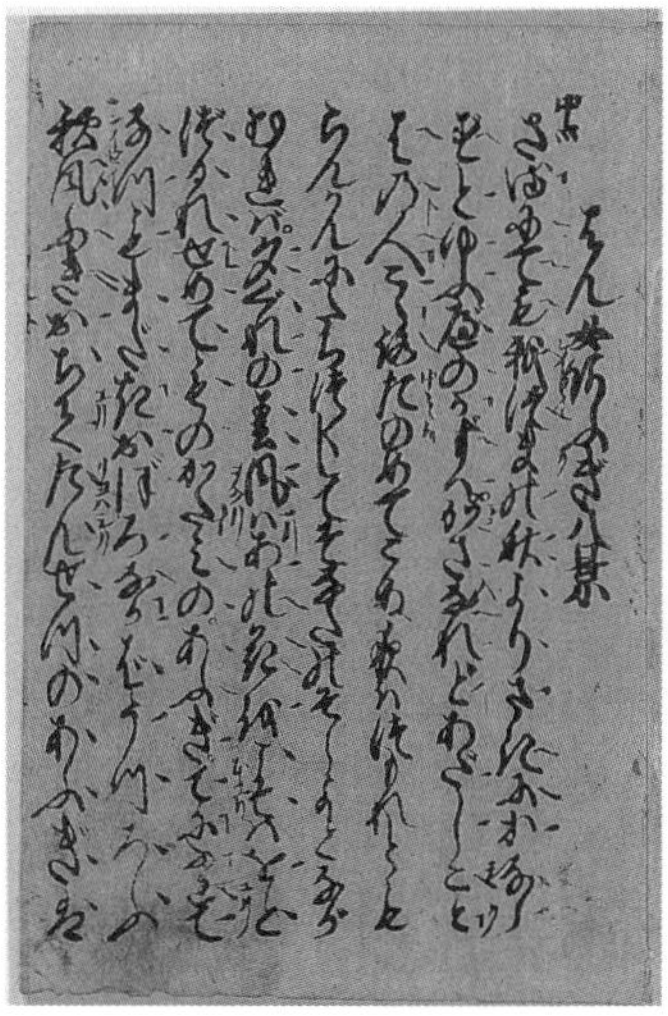

図 4b　いがや版「閨の班女扇八景」
本文初丁表
国立音楽大学附属図書館所蔵
〔付―2―4b〕

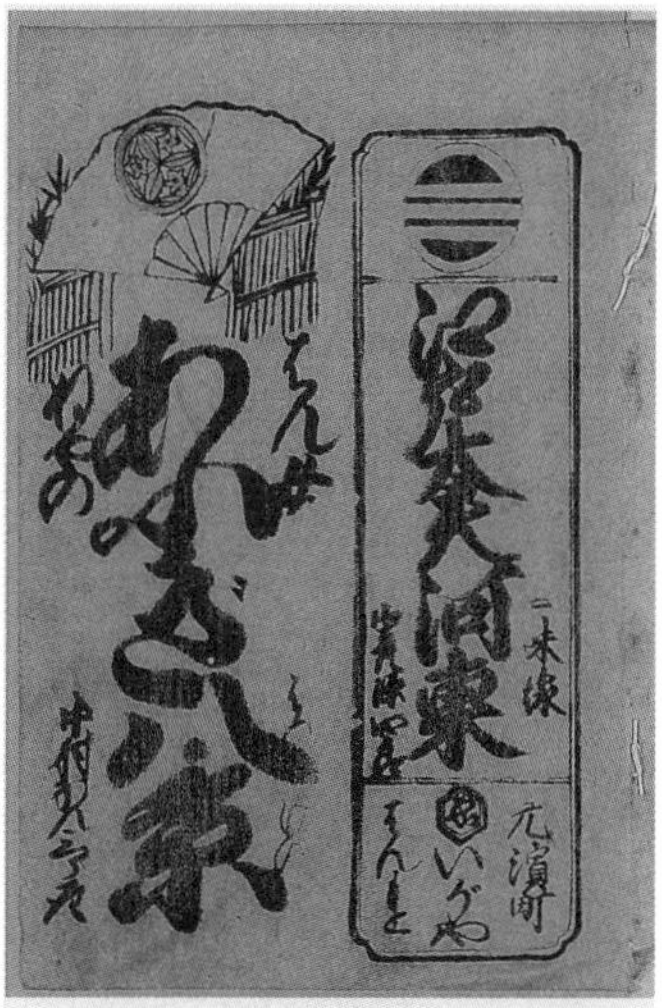

図 4b　いがや版「閨の班女扇八景」
表紙
国立音楽大学附属図書館所蔵
〔付―2―4b〕

場合についても、すべての版で小松屋の刊記が除かれている。近江屋版『きぬた』では除いた上で、「長谷川町近江屋九兵衛版」と入れている。

なお表1の記載の仕方について右の「閨の班女扇八景」を例に説明すると、河東の三種の印章と類版排除の文言がある小松屋初版本が東京芸術大学図書館にあり、また、表紙に二代目河東の連名がある小松屋再版（本文覆刻）本が都立中央図書館東京誌料と東京国立博物館にあること。いがや版竹内文庫本は、同版本が芸大にあり、それらは小松屋版に対して本文の版面の関係がA1である。そのほか、上野学園に奥村屋版が別版としてあることを示している。

A2は、小松屋版の本文を版下に使うが、部分的に意図的改変を加えているものである。その例は表1で次の二例である。以下に各本の表紙と該当する行を示す。

185頁上段の図5「提燈紋尽《ちょうちんもんづ》くし」bの井筒屋版は表紙・本文ともaの小松屋版を版下にして被せ彫りしているらしいが、本文初丁オの終行「三浦《うら》とて。今《いま》はやりでの若女郎《ろう》」部分に「三うらとていまはやりでのわか女郎」と意図的な表記上の改変を加えている。また、小松屋版の刊記（本文末）を除いている。

同頁下段の図6「禿万歳《かぶろまんざい》」bの奥村版はaの小松屋版の本文を版下にした被せ彫りであろうが、内題下の「竹婦人述」がなく、初丁オの本文五行目冒頭「くも」を「雲」と漢字に変えている。なお、表1に載せていない小松屋版演博本・国会本は表紙欠であるが、本文末に「河東一流正本所」と小松屋の版元名・住所の刊記がある（芸大本、国立博物館本にはその刊記が無い）。

A3は小松屋版を直接版下にするのではなく、似せて版下を作り直している例である。186頁上段の図7「乱髪《みだれがみ》夜《よるの》編笠《あみがさ》」a小松屋版の本文とbいがや版の本文の関係は、A2とA3の中間といった具合である。用字を各所で変えているが、行送り、文字の流れ具合などよく似ている。だが、いがや版は、小松屋版をそのまま版下にしているというよりは、よく似せて版下を作り直しているようであるから、A3に分類した。

次にB別版の例を図8として同頁下段に掲げる。「(閨の班女) あふぎ八景」奥村版上野学園本は、前掲図4aの小松屋版と書体・文字遣い・行数とも異なり、版面自体に小松屋版との類似性はない[15]。

百五十余曲正本が伝存している中にあって、表1で比較した小松屋版と他版元による版の共に存する例が二十三というのは事例として少ないが、歌舞伎上演作品に関する版が残っているようである。そのまま結論付けるには多少無理があるけれども、一応次のことを指摘しておく。

河東節正本の刊行において同種の地本を扱う版元間では、原版の本文をそのまま版下にして被せ彫りする手法が、版元名を明記した上で比較的抵抗なく行われていたとみられる。こうした手法による類似版においては、刊記は除かれ、さらに、小松屋が河東の正本所である証に用いた三種の印章が不自然に奥書から除かれたり、A2にみるような本文の文字遣いの意図的改変が部分的に為されていることから推測すると、許諾関係にあるというより小松屋が表紙連名部分に刻み加え世間に訴えているところの「類版」の一部に相当すると考えてよいのではないだろうか。河東節正本は概ね三から五丁程度の小冊子で造り

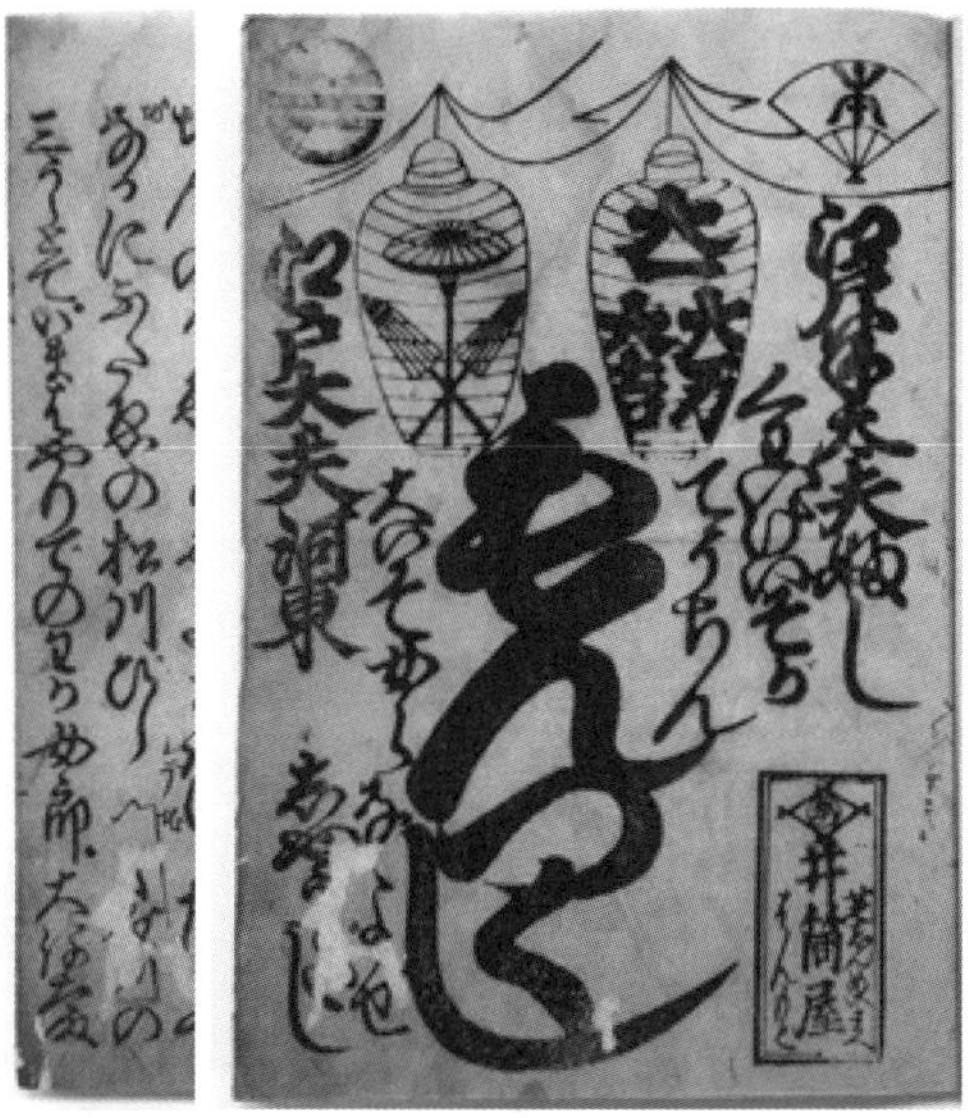

図 5b　井筒屋版「提燈紋尽くし」
初丁表の終り 2 行（左）　表紙（右）
都立中央図書館所蔵〔付―2―5b〕

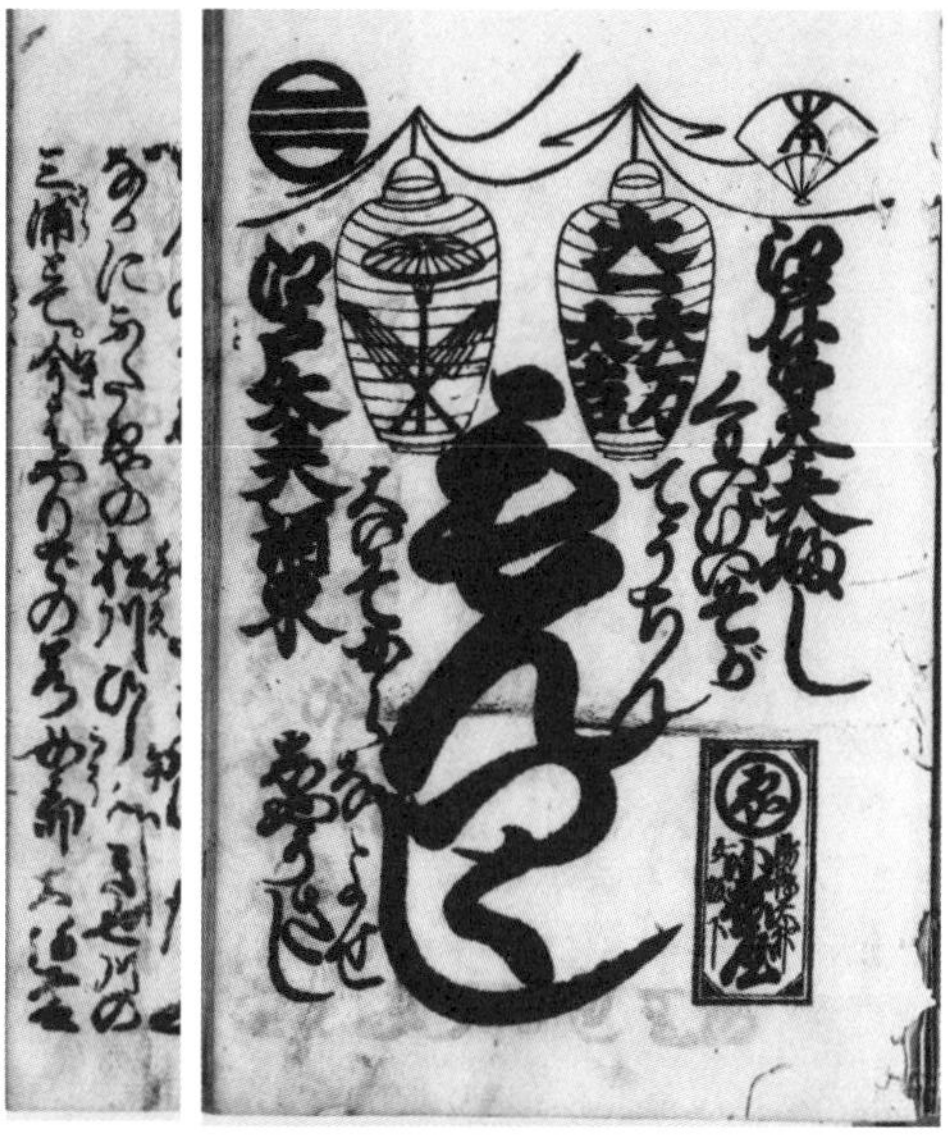

図 5a　小松屋版「提燈紋尽くし」
初丁表の終り 2 行（左）　表紙（右）
東京国立博物館所蔵〔付―2―5a〕
Image：TNM Image Archives

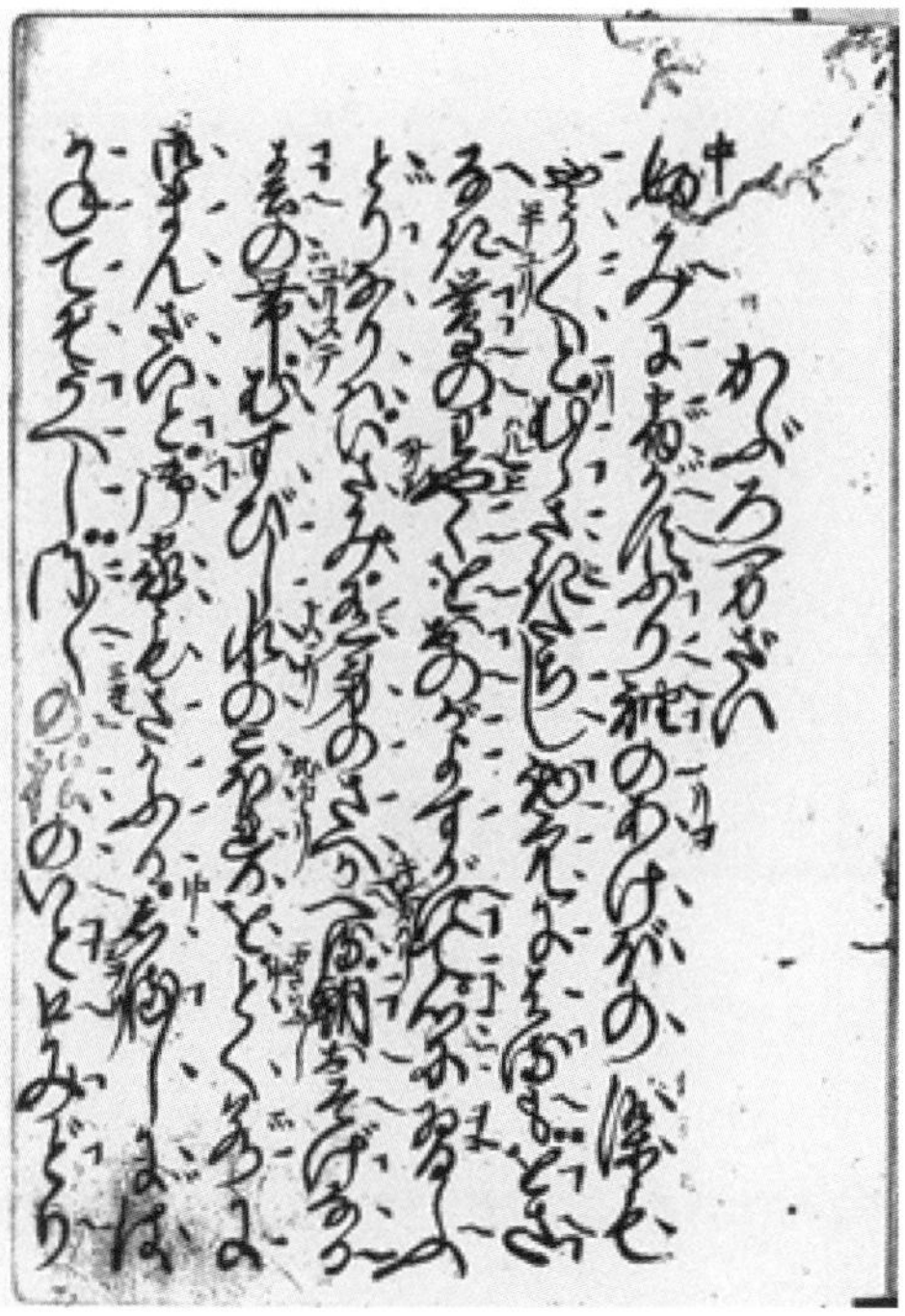

図 6b　奥村版「禿万歳」本文初丁表
東京芸術大学附属図書館蔵〔付―2―6b〕

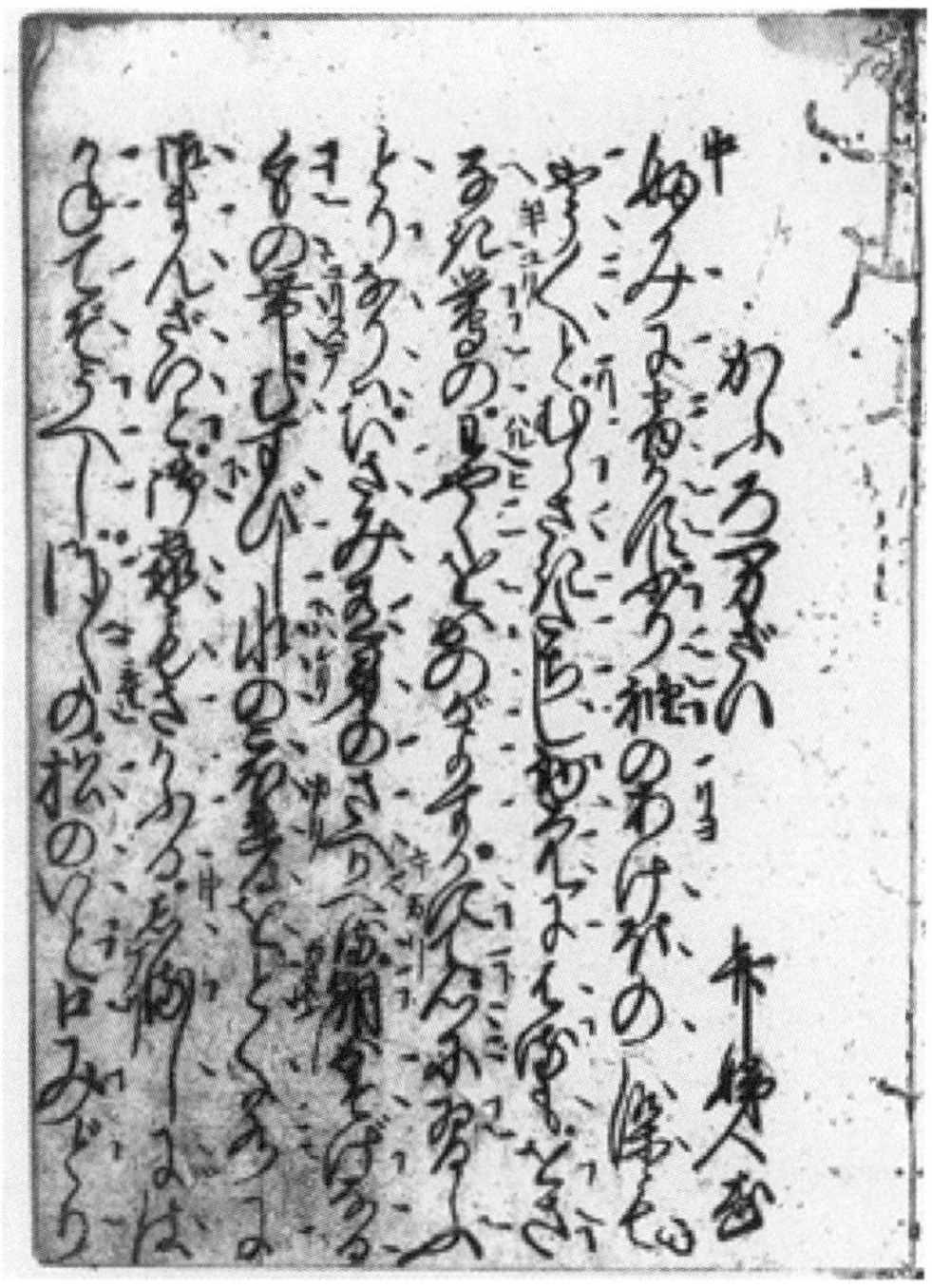

図 6a　小松屋版「禿万歳」本文初丁表
東京芸術大学附属図書館蔵〔付―2―6a〕

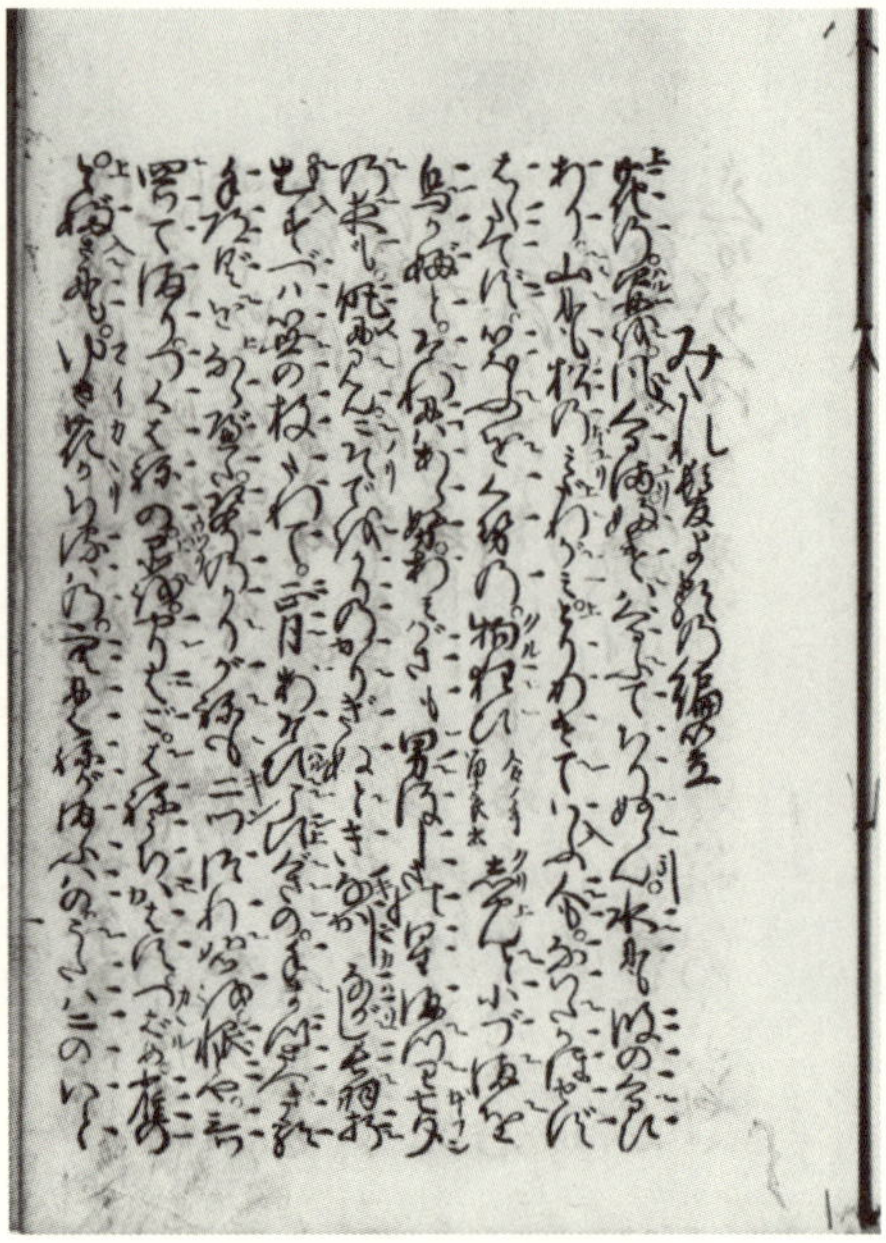

図 7a　小松屋版「乱髪夜編笠」初丁表
東京国立博物館所蔵〔付―2―7a〕
Image：TNM Image Archives

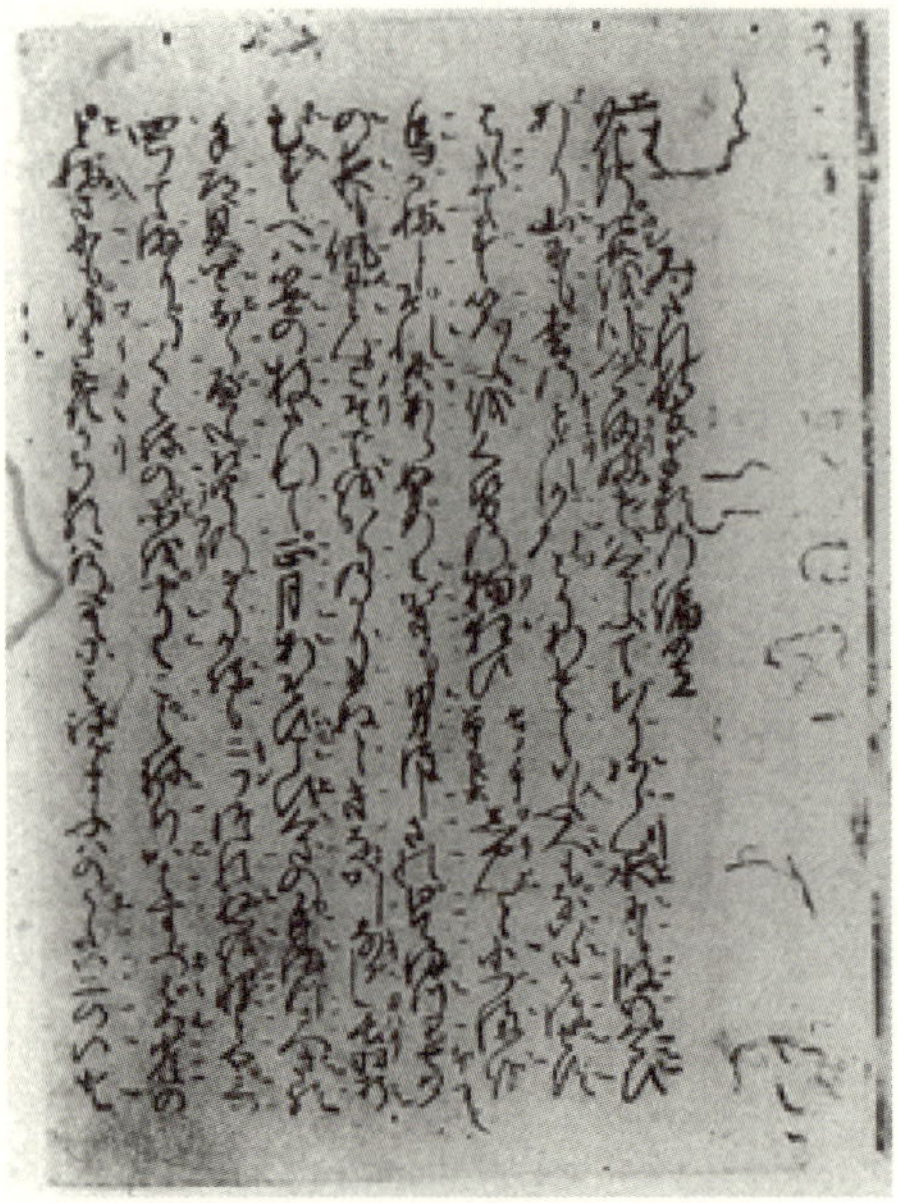

図 7b　いがや版「乱髪夜編笠」初丁表
東京芸術大学附属図書館所蔵〔付―2―7b〕

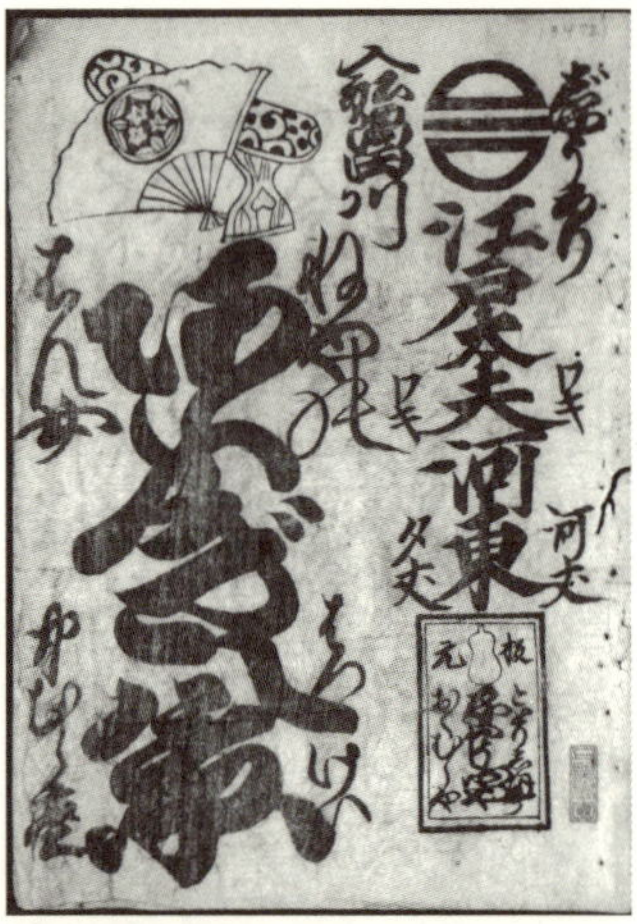

図 8　奥村屋版「あふぎ八景」
表紙
上野学園大学日本音楽史研究所所蔵
〔付―2―8〕

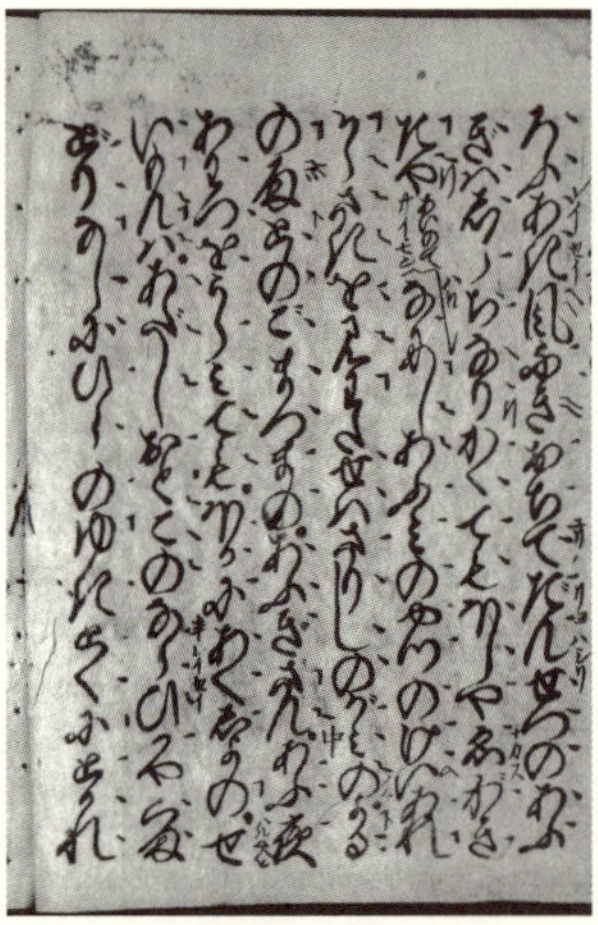

図 8　奥村屋版「あふぎ八景」
初丁表
上野学園大学日本音楽史研究所所蔵
〔付―2―8〕

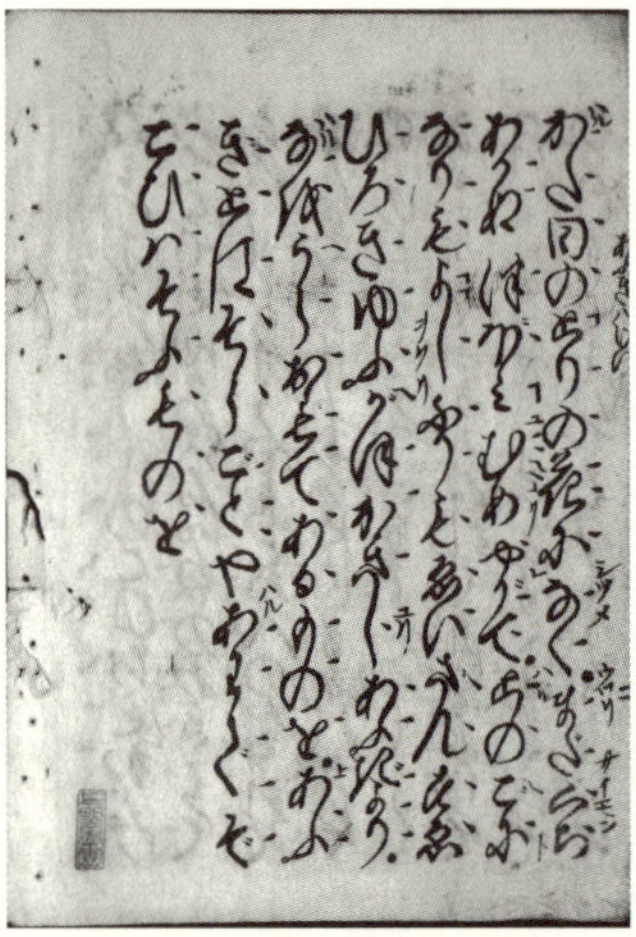

図 8　奥村屋版「あふぎ八景」
終丁裏
上野学園大学日本音楽史研究所所蔵
〔付―2―8〕

易く、売れ筋正本を興行時に追随出版しようとする版元にとって、被せ彫りは安易な手段であったことは想像に難くない(16)。

しかし、Bもまた、内容的には本来重版であるのだから、小松屋の正本にいう類版に入る可能性もあるが不明である。宝永五年刊の土佐少掾橘正勝正本『源氏六条通《げんじろくじょうがよい》』（都立中央図書館加賀文庫蔵）の序文には、

「（前略）書は万代の鏡一字の違百万の誤を畏れ千度校合し百度琢磨して清濁を撰ふも道を思ふが故也。然に此頃類板の塵芥街《ちまた》に満或は筆跡紙数を減少し値乃軽きを以てあやぶめんとす。（中略）依之愚が板行の正本には今改（印）如斯出之歟　小伝馬町三丁目

木下甚右衛門（印）」

とあるから、ここでは版下を作り直した場合も類版とみなしていたようである。だが、浄瑠璃各派の正本上に記される「類版」が指し示す内容は、版元間で広く共通の認識に至っているわけではないだろうから、それぞれケースにより異なるであろう。

地本問屋間で小松屋の本文を元版として覆刻することが、版元名を明記した上で行われていることは、そうした本造りがさほど違法視されていなかったからであろう。A2にみるような小手先の改変によって、重版を遁れ得たのであろうか。こうした事実上の重版を排除できないでいるのは、地本問屋仲間内の自主検閲が機能していない時期にあって、版元では独占的利益の侵害がなされても、損害の申し立てを行事に対して行ない相合版にするなどの措置がとれないからであろう。

表1に見る限り、類似版をいがやが多く手がけていることは興味深い。いがやは、長唄正本を元文期に版行しているが、歌舞伎出勤している河東節正本の刊行にも熱心であった様子が窺える。また、長唄正本に先立ってこうした本造りを行なっていることは、長唄正本において特に宝暦期に多く出ている無刊記の同様の手法による類版との関連性も考えられよう。

しかし、表1において小松屋と小松屋以外の版元から出た河東節正本には、本文の版面に覆刻という近似の関係があっても、両者には明らかな区別が存在するようだ。小松屋以外の版元には、河東の三種印章は表紙・奥書にも刻入されていないのである。図4bにおいて、奥書から印章を除いていることから、地本問屋間で本文は元版からさほど抵抗なく覆刻し得ても、印章の使用には憚りがあり、そこには印章の勝手な使用を制限する何らかの申し合わせか、あるいは太夫の権威というものが商慣習としてあったと思われる。

三　河東代々の小松屋版正本と印章

正本の版行において、太夫の印章が小松屋に限定して使われているらしいことから、代々の河東太夫と印章並びに版元の関係をより詳しく調べてみよう。

河東の印章の初出は、享保四年三月刊の『鳰鳥』である。この書は河東節というよりも半太夫節の詞章集であり、初代半太夫の序文の後に子の半次郎・初代河東・蘭州の各印章が載せられている(17)。版元は「書林　載文堂（西村市郎右衛門・京の出店）」と「群音堂」の相版となっているが、群音堂がいずれの堂号であるのか不明である。

河東の印章は、酒乱漢をもじった「手欄干」、瓢箪に酒の字、河東の角印の三種が揃いで刻入されている。小松屋版の河東節正本では、

表２　正本表紙の右部分（河東連名枠・版元名称からなる）の板木パターン〈小松屋版〉

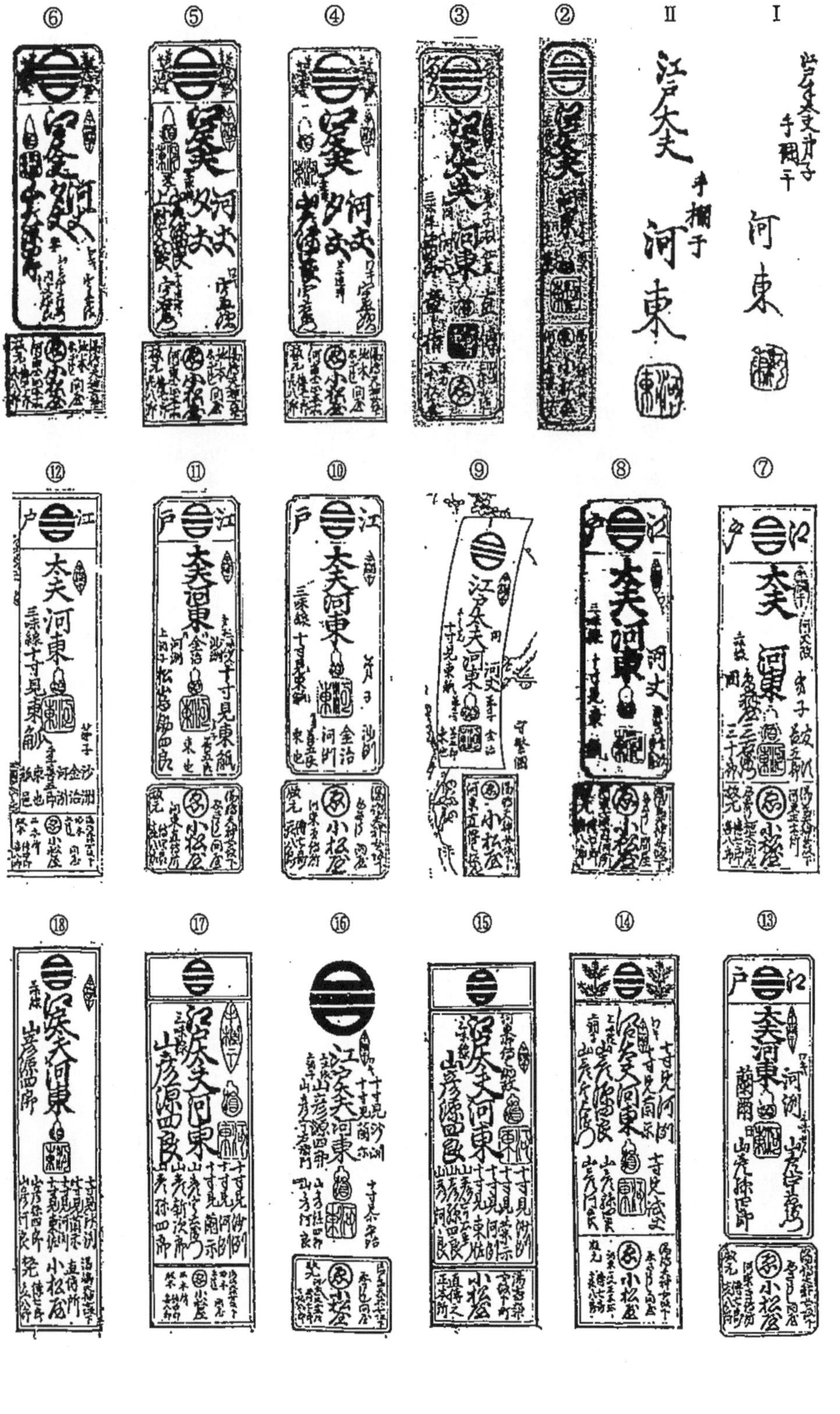

表２　正本表紙の右部分（河東連名枠・版元名称からなる）の板木パターン〈小松屋版〉

㋒　Ⅲ　㋑　㋐

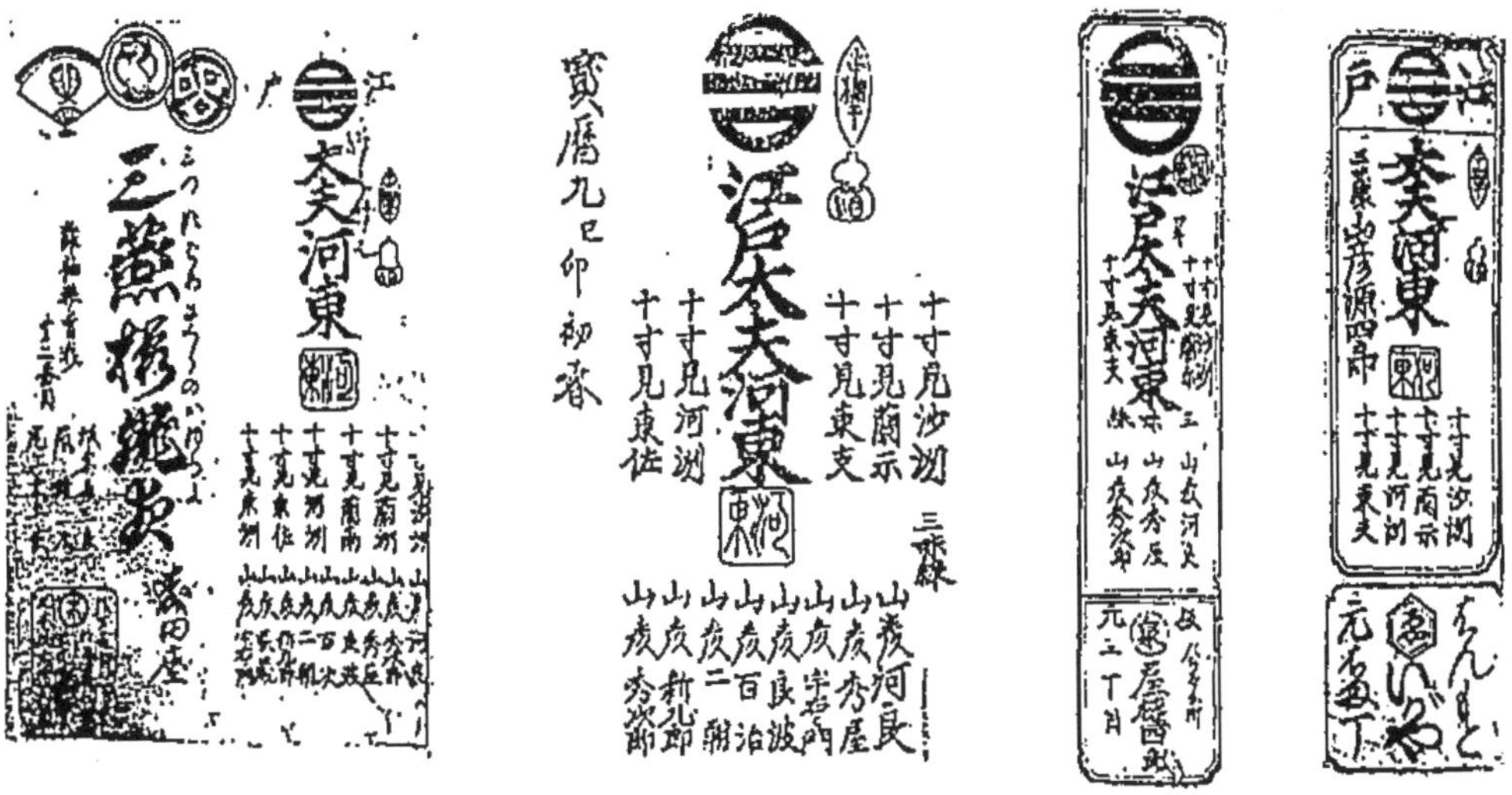

〈小松屋版〉
Ⅰ鳴鳥　（国会・霞・上・演・博）享保4・3刊
Ⅱ夜半楽　（芸・博）享保10・4刊
（以下は上から順に、何代目河東・版木パターン番号・表紙外題・（所蔵）・刊記・上演年を記す）
初②角田川舟の内・上（博霞演）享保7・8年頃
同・下（天演）。
③有馬筆（天）
④紋尽翅の籠蒲団（竹芸博天）享保11・3
傾情水調子・浮瀬（類天・東觚有）
⑤灸据巌の畳夜着（竹図天）享保11・3
⑥酒中花（博）享保13・1
⑦絵蓬莱　享保14・秋、手欄干（天）
⑧月見（上）享保15・8刊。
春駒（芸）享保16・1刊
二星鵲のかし小袖（博）享保10カ。
有馬筆、清貫の道行、丑時参り鉄輪、小袖模様曾我兄弟形見おくり、当世小紋尽、信太妻道行、十郎祐成相撲物語、柱暦、放下僧初段温泉揃、小鍛冶名剣の巻、恋慕三輪山、花筐、一瀬川、袖かがみ、うてなの前道行、里神楽（以上博）
⑨屋形神楽（博）享保19・2刊
三⑩初筆赫家姫（博）元文2・1刊。今様四季（博）子11月刊。手欄干、江の島、十郎髪梳、霧の前、吉原八景、巴山吹、鳴神道行、水調子、竹馬の鞭、松の内、待宵、初春稲荷参、神楽獅子、袖鏡、狂所あら所帯、闇班女扇八景、月見、春駒（以上博）。禿万歳、灸据巌畳夜着（芸博音）。忍びの段（竹）。追善夢の秋（芸）
⑪濡浴衣地主桜（博）元文2・3上演。
富士二重霞（博・藤十郎再印本）
⑫袖香炉（博）
⑬梳櫛男黒髪（博天）元文5・2刊。
梅枕口説鶏（芸博）元文5・2刊
⑭乱髪夜編笠（博）寛保3・1上演、連名は四世。
禿染みとりの羽子板、袖香炉松夜雨・覆（博）
四⑮千年の枝（芸博）延享2・8刊、四代目襲名曲。常盤声（博）延享3・7刊
⑯わすれ草（芸博）
⑰夜の錦（芸博）
⑱助六廓家桜（博）寛延2・3上演。
恋桜返魂香（博芸音）寛延4・2刊。
其霞五町曙・覆（博）宝暦2・1上演。
追善はつ番の月（博）。

〈小松屋版以外〉（表1に載るものは除く）
［いがや］
㋐富士筑波卯月里・上下（芸）宝暦6・4上演
［和泉屋権四郎］
㋑助六所縁江戸桜・上下（芸音）宝暦11・3上演。
巣籠花有里・上下（芸）宝暦12・1上演
（丹前里神楽・本所松坂町版は印なし・天）
［伊勢屋吉十郎］
Ⅲ十寸見要集・伊勢屋吉十郎版（上）宝暦九年春刊
㋒伊勢屋吉十郎正本（連名各種あり、以下区別せず）
助六廓花道（演）安永5・2上演。
助六花街二葉艸（加）寛政3・4上演三燕桜朧夜・伊勢屋版（芸）。松の内（天）、助六廓家桜（演）、三番叟、乱髪夜編笠、所縁江戸桜、濡扇、夜の錦（国語）。

本文最後の奥書に「河東一流直伝之正本ニハ（印三種）如此之太夫直之判形をおし令板行者也　湯嶋天神女坂下　板元　小松屋版」と印章が入っても、表紙と取り合わされる本文自体が初版の再印・覆刻再版であることが多いため、二代目以降の河東と印章との関係は、表紙の右枠内に載せられる連名とその脇の定位置に刻入される印章で捉えるべきである。連名枠内の「太夫河東」の右側に一種と、下に二種あるのが印章の定位置で、それらは表紙右側の版木パターン部分に載る。よって、現存正本に使われている板木パターンを区別して表2に整理してみた。三つの印章は、現存する正本では享保七年刊の「神楽獅子」に最も古く使用されている。このパターン①については前節で述べてあるから表2には載せていない。また、表2の⑨⑫⑯は、外題部分と一体の版木に彫られており、版木パターンには該当しないものである。

『十寸見声曲編年集』には初代の没年が享保十年七月とあるが、二代目の襲名はその直後ではなく少し期間があったと記されている。その間は弟子の河丈・夕丈が連名で歌舞伎出勤していたことが、正本上においても④⑤⑥に確認できる。紋には松が両脇に添えられているが、三種の印章は初代河東のものである。二代目の襲名は「絵蓬莱」（天）表紙に「河丈改太夫河東」（⑦参照）とあり、同本の刊記によって享保十四年頃と見られる。④⑤⑥はいずれもいがや版が出ており、本文は小松屋版の覆刻である（表1参照）。その後、河丈は二代目河東を襲名し、夕丈は初代河東の本名を継いで二代目藤十郎となる。二代目河東には三味線相方に東古（瓢）がつき、藤十郎には初代山彦源四郎が三味線相方についたと、『江戸節根元記』に書かれてある。

⑦から⑨は二代目時代の正本に使われたと見られる版木パターンである。

⑩から⑭は刊記によって一応三代目河東正本の版木パターンと判断したが、連名自体は三代目と共通している。

⑮から⑱は四代目河東の時代のものとみられ、⑮は四代目河東の名披露目曲『千年《ちとせ》の枝《えだ》』の正本からとった版木パターンである。『常盤《ときわの》声《こえ》』の版木パターンは、⑮の版木から「河東倅伝之助改」部分を削除して手欄干印を入れ木したものとみられる。初代河東以来の三種の印章は用いられているが、やや感じが変わってきている。

このように、若干の字形の違いが出てきても三種の印章は小松屋版において継承されてきている。ところが、この四代目河東から、小松屋が印章を独占的に使用してきた状況に変化が起きているのである。表2の㋐から㋒は小松屋以外の版元が正本上に河東の印章を刻入している例である。㋐はいがや版であり、類版や河東門弟太夫の正本の版行にかかわってきているが、㋐の正本では初代河東以来小松屋が用いてきた三種の印章に近い印章を刻入している。㋑の和泉屋権四郎は長唄正本では市村座専属となる版元であるが、この正本では丸印を入れている。なお、天明二年上演の「丹前里神楽《たんぜんさとかぐら》」（天）は同版元であるが、印章は載せられていない。㋒は伊勢屋吉十郎版である。Ⅲは河東節の教則本ともいえる書『十寸見要集』からとったものである。小松屋版の三種の印章と同様のものが刻入されている。伊勢屋は共表紙を一枚板で作る形で正本を刊行しているが四代目以降の連名のものであり、表紙に三種の印章が刻入されているものといないものがある。

宝暦期に小松屋版、いがや版、和泉屋権四郎版、伊勢屋吉十郎版に印章の並立使用がおきている。安永三年春森田座上演の大名題『着衣《きそは》始初買《じめはつがい》曽我《そが》』が入る小松屋版河東節正本が松浦史料博物館に現存し、その表紙に小松屋使用の三種の印章があることから、小松屋の衰退が原因ではなさそうである。印章は伊勢屋吉十郎に継承されたのか(18)、宝暦期以降、伊勢屋は正本を刊行し、『十寸見要集』の刊行もまた明治期に至っている。和泉屋権四郎は寛延・宝暦期上演のせりふ・長唄正本の奥書に「市村座板元」と載せていることから、この時期に座元と専属関係を確立させたとみられ、早くから太夫と専属関係を作っていた小松屋と上演時正本をめぐって拮抗していたのではないだろうか。和泉屋権四郎が上演正本に太夫の印章を入れて、浄瑠璃正本の慣習を残して刊行していることは特徴的である。座に囃子方として属する長唄正本にはみられないことである。また、河東節正本の版行が和泉屋権四郎に移行しなかったのは、河東節が助六物に出演する以外は、お座敷浄瑠璃となっていったからであろう。

四　河東の門弟太夫と正本版元

初代河東の没後、ワキを勤めていた門弟の双笠・河丈（二代目河東）・夕丈（二代目藤十郎）・古笠が江戸太夫を名乗って、独立した正本を刊行している。それらの正本には河東の印章ではなく各太夫独自の印章が載せられている(19)。十寸見河東以外の河東節太夫正本について、各太夫と版元の関係、正本上の印章の有無、さらには類版についてまとめたのが次頁掲載の表3である。

『十寸見声曲編年集』中の「江戸浄瑠璃系図」と『江戸節根元記』により表3に掲げた太夫について略記する。江戸太夫双笠は初代半太夫に学び、初代河東の独立から、同門でもある河東の門弟となったらしい。「元祖河東死後江戸太夫と成りて、芝居を勤む」と『十寸見声曲編年集』にある。

初代河丈は、享保十四年秋に二代目河東を襲名（正本「絵蓬莱」による）。享保十九年二月没。河丈の名跡は四代続いているようである。

夕丈は河丈と同じく初代河東の門弟であるが、河丈が二代目河東の名跡を継ぐと、夕丈は初代河東の本名を継いで二代目藤十郎となる。このとき、二代目河東の相方三絃弾きは東觚となり、夕丈には山彦源四郎が付くことになったという。

なお、表3には載せていないが、江戸太夫古笠正本「相宿《あいやどり》情玉《なさけのたま》つばき」（寛保1・1、河原崎座上演）の表紙が『日本歌謡集成』巻十一の156頁に載る。古笠は双笠の門弟、もとはま町いがや版であり、太夫印は刻入されていない。

双笠正本を小松屋は手がけておらず、末広屋・伊勢屋・和泉屋権四郎・いがやがそれぞれ異なる印章を正本に載せている。末広屋は半太夫の正本所である。番付やせりふ・長唄正本などの江戸の劇場出版物を扱う版元の中嶋屋・和泉屋権四郎・いがやが双笠の正本を版行している。和泉屋権四郎版の奥書から、版元が替わると印形を改めたことが窺える。元文四年にはいがやと和泉屋権四郎がそれぞれに異なる印章を載せて版行している。また、河東太夫の正本において、いがやは類版を出しているらしいが、双笠との間には正本版元の関係を築いている様子がみてとれる。また、印章が一貫しておらず版元により改められていくことも特徴的である。双笠の印章は、版元との関係で設定されたものとみられる。

表3　十寸見河東以外の河東節太夫と正本上の印章

太夫名	印章（表紙・奥書）	書名（所蔵）	版元名	奥書・その他	上演年・座
双笠		春の空（天）	末広屋忠五郎	（半太夫正本）	市
双笠	なし	愛別離苦三鉄輪（天）	堺町　中嶋屋		市
双笠	なし	しめの内（天）	堺町　中嶋屋伊左衛門		享保15・1市
双笠	なし	虎が石投（天）	堺町　中嶋屋伊左衛門		
双笠	なし	恋慕の闇黒小袖（芸）	堺町　中嶋屋	（左のいせや版と別版）	享保15・7市
双笠		恋慕の闇黒小袖（天）	堺町　いせ屋次兵衛	江戸太夫双笠改正／此度直伝章指／如此判形押令板行者他（連名枠内）	享保15・7市
双笠	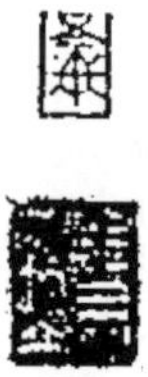	恋の題かさねすずり（芸）	横山町一丁目新道　和泉屋権四郎	（双笠・藤十郎連名正本）此度より両太夫／印形相改直伝／之正本をもつて／令開板者也（連名枠内）。此度両太夫印形相改直伝／之正本をもって／令開板者也　はんもと　いつみ屋権四郎（奥書）	元文4以前（和泉屋権四郎の住所により推定）
双笠	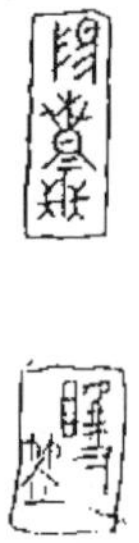	おんど山（天・表紙欠）	右同	右此正本ハ両太夫直伝ヲ以令板行者也　よこ山町壱丁目しん道　はんもと　いづみやごん四郎（奥書）	
双笠	なし	傾域水馴棹煎餅紋尽（図）	橘町四丁目横丁　和泉屋権四郎		元文4・2市
双笠	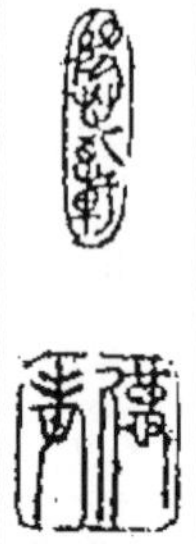	紋尽傾域水馴棹	元浜町　いがや	『十寸見編年集』に表紙のみ書写	元文4・2市
双笠		杜若縁丹前（芸演）	右同	双笠一流直伝之正本（印二種）如此之太夫／直之判形を、し令板者也はんもと　いがや（奥書）	元文4・3市
双笠		有馬山湯女巻筆（芸図）	右同		元文4・2市
双笠	なし	吉原袖ぎてう（霞）	元浜町　いがや／絵草紙／地本問屋		市
双笠	なし	新鉄輪／蟬丸女模様（博）	新大坂町　三川屋		市
河丈	なし	濡扇子（博）	湯島天神女坂下　小松屋	江戸太夫河丈直伝之正本小松屋板元（奥書）	
河丈	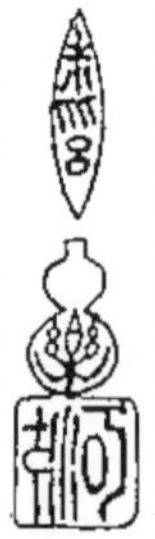	髪梳ゑもん作（芸）	元浜町　いがや／河丈直伝板元	河丈一流直伝之正本者太夫此（印三種）以華押／令板行者也　もとはま丁　伊賀屋板元（奥書）	寛保2・2河

藤十郎	なし	爪櫛柳の紙雛（芸）	湯島天神女坂下 小松屋伝四郎／善次郎 地本絵草紙問屋正本所		享保16・2市
藤十郎		爪櫛柳の紙雛（芸）	湯島天神女坂下　小松屋／絵草紙地本問屋	右同外題再印本	
藤十郎	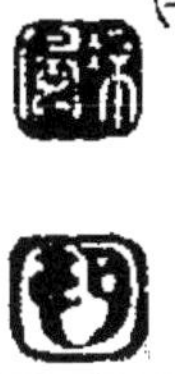	三重雛波笠（竹）	湯島天神女坂下　小松屋／絵草紙地本問屋	故人一流直伝之正本（印三種）如斯／太夫之以印形令板行者也　湯島天神女坂下　坂元小松屋（奥書）	享保16・2市
藤十郎	（享保10年刊『夜半楽』夕丈 小松屋版（博）） 	三重雛波笠（博）	右同	本分同外題本の覆刻再販（奥書も）	
藤十郎		富士筑波二重霞（芸）	右同	奥書右同	享保18・1刊市
藤十郎		尺八初音の宝船（博天）	右同	奥書右同	享保20・1刊市
藤十郎		恋やみ（博）	右同	奥書右同	
藤十郎	なし	ひよみの鳥（博）	右同	江戸太夫藤十郎　直之正本（奥書）	
藤十郎	なし	富士筑波二重霞（芸）	元浜町　いがや	右者江戸太夫藤十郎写本を以令／版行畢ぬ（奥書）、（小松屋版と別版）	享保18・1市
藤十郎	なし	品定間垣の錦（芸）	元浜町　いがや	奥書右同　末に「はんもと　元はま町　伊賀屋」と入る版あり	元文2・2市
藤十郎		恋の題かさねすずり（芸）	横山町一丁目新道 和泉屋権四郎	双笠・藤十郎連名正本 連名枠内文言・奥書は前出	元文4以前
藤十郎	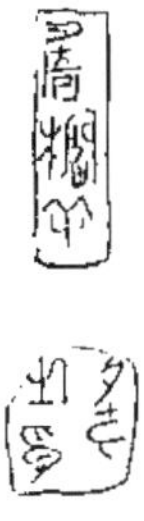	おんど山（天）	右同	双笠・藤十郎連名正本、奥書は前出	
夕丈	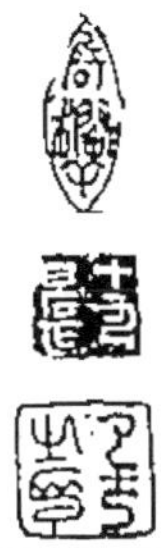	結之神（芸）	橘町四丁目 和泉屋権四郎	太夫直伝之正本ニハ如此の印行（形）をおし出シ申候（連名枠）　右此正本ハ江戸太夫夕丈直伝ヲ以令開板者也 たちばな町四丁目よこ丁版元名（奥書）	元文4以降（版元住所により推定）

河丈正本「髪梳《かみすき》ゑもん作《つくり》」は、表紙の大名題が寛保二年二月河原崎座上演のものであるが、この年は二代目河東（初代河丈）の没後八年目にあたる。年代的には金治こと二代目河丈正本となるが、連名にワキ金治の名があり疑問が残る。いがやが、可丈と専属関係を結び、「華押」という語を用いて印章を正本に刻入している。いがや版の河丈の角印は、享保十年刊の小松屋版『夜半楽《やはんらく》』に載るものと同じである。

二代目藤十郎（前名夕丈）正本では、享保期には小松屋が専属版元であるようだが、奥書で藤十郎が故人となってからも専売関係が続いていることを主張している。いがやの類版刊行を意識してのことであろうか、いがや版には太夫の印章がない。

元文期には市村座の専属版元となる和泉屋権四郎が藤十郎正本をも出しているが、小松屋と異なる印章を載せている。夕丈正本「結之《むすぶの》神《かみ》」には、藤十郎が前名夕丈を名乗った年代と、和泉屋権四郎が移転した年代とに食い違いが見つかる。和泉屋権四郎の住所移転と年代の関係を他資料から以下に記すと、

享保十三年二月刊の歌舞伎評判記『役者評判　一の富』(20)には、

浅草見附前同朋町　板元問屋　和泉屋権四郎

享保十八年二月刊の歌舞伎評判記『役者ぢぐち車』(21)では

横山丁〔一〕丁目新道　和泉屋権四郎　板元卸

元文四年正月上演　せりふ尽し『いろはたんか』(22)

橘町四丁目横丁　板元　和泉屋権四郎

となる。夕丈が二代目藤十郎となるのは二代目河東の襲名に伴い享保十四年頃と推定されるから、正本の表紙と奥書に載る和泉屋権四郎の住所「橘町四丁目」とは年代が一致しないが、入れ木の形跡はない。なお、『日本歌謡集成』十一巻には「享保十六年カ」とある。

藤十郎が小松屋版正本で用いている印章は、河東節歌詞集『夜半楽』に載る前名夕丈のものとは異なっている。藤十郎襲名後に印を変えたのであろうか。また、和泉屋権四郎が正本に用いている印章は数種あるようである。表紙の連名枠内に「太夫直伝／之正本ニハ／如此の印／形をおし／出シ申候」とあり、奥書には「右此正本ハ江戸太夫夕丈直伝ヲ以令開版者也　たちばな町四丁目よこ丁　いつみやごん四郎版」とあるから、和泉屋権四郎は正本版元となっている。版元が替わると、太夫の印章も改めたことが奥書に記されている（双笠の同曲の奥書欄参照）。

十寸見河東以外の河東節太夫等は、必ずしも小松屋から正本を刊行しているわけではなく、番付・せりふ・長唄・歌舞伎音曲正本を刊行している複数の版元から各自で出しているようだ。十寸見河東は操り芝居の座元ではなく、歌舞伎出勤を活動の場としたから、一門の太夫に対し流派の統括者として、正本の出版を管理しなかったのであろうか。また、元文期には市村座と専属関係を作った和泉屋が正本版元に入っている。元文期から宝暦期に座元と専属関係を築いた版元が定着し、その後歌舞伎上演正本の版行に優位にたつようになっていることが、一門の太夫の正本刊行に表れているとみられる。河東に比べ、一門の太夫には版元との専属性が薄く、版元が替わるごとに改印されている。だが、太夫印という浄瑠璃正本の様式を正本上に留めている。

むすび

河東節は太夫河東と小松屋の専属関係によって正本が刊行されており、小松屋は歌舞伎上演作品のみならず、お座敷浄瑠璃の刊行をも共表紙本の体裁で行い、河東太夫の語り物を伝えてきた版元である。一方、長唄は座との専属関係を形成した版元から歌舞伎上演作品として正本刊行されてきた。どちらも初版に対し、専属版元以外の版元からA・Bに分類した異版が出ている状況は同じである。だが、河東節においては、正本上に「類版」に言及した文章が載せられてあるのは、独占出版権の侵害による損害ばかりではなく、太夫河東との結びつきから語りを正統に伝える意識が版元側に感じとれなくもない。河東節に少し遅れて刊行された長唄正本ではAが年代的にも下って宝暦期頃から、無刊記版[23]・本屋儀兵衛版[24]で出ており、偽版を予想させる。また、いがやが河東節正本において先駆的にAを版行していることは、無刊記の長唄の類版本にひとつの示唆を与えている。

類版が現れる背景として、江戸においては、享保七年十一月に出版条令が出され、書物問屋仲間においては、行事改めが義務付けられ、新版書の内容審査および、重版類版の改が行われるようになった。一方、地本問屋において仲間結成はあったとみられ、同様の審査権が提案されたものの、行事が置かれず実質的に機能していない状態にあった。寛政二年十一月に地本問屋仲間の再興と行事改が実施されるまで、地本問屋間では偽版が横行していたとみられる。しかし、『大坂本屋仲間記録』に記されている寛延三年に江戸南組がおこした類版訴訟に関する記録では、条令以後も重版まがいの類版までも地店の方式と称して板株がありながら通っていた状況があったらしい。実際に書物問屋仲間三組で重版類版禁止の申し合わせが行われたのはその訴訟が決着した後、寛延四年十月以降のことであるようだ。まして、審査の対象とならない地本の一出版物である河東節正本において、小松屋は、正本刊行の権利侵害を行事改めに持ち込むこともできず、自衛策として、自ら正本上に権利の主張を行っている。その際、太夫の印章による差別化は、小松屋以外の版元が太夫印を使用した形跡が現段階の調査範囲ではみられないことから、守られている様子が窺える。太夫印の権威は、真版の証と通じていたのであろうが、相版に収められるなどの弁済手段はとられなく、経済的損失は受けたと見られる。

だが、そうした小松屋による河東太夫の印章の独占的使用も次第に崩れて行く。いがや・中嶋屋・和泉屋といった番付・せりふ・長唄正本などの劇場出版物を手がける版元が売れ筋曲には類版を出したり、門弟太夫の独立した活動に正本版元として関わるなど、河東節正本の刊行に積極的な様子が見て取れ、芝居座元との専属関係を形成した版元が河東太夫の印章を独自に使用する例が上演正本上に現れることとなる。寛延から宝暦期初にかけて和泉屋権四郎は市村座版元所として確立したとみられるから、元文期頃から和泉屋が小松屋との関係が稀薄な門弟太夫正本の版行に、類版ではなく正本版元として参入してきたとみられる。

浄瑠璃正本は本来、節付演者であり芝居座元でもある太夫と版元の関係において、節・章句の直伝性が正本の根拠となって刊行されているものである。長唄正本にはみられない太夫の印章という浄瑠璃正本の様式を歌舞伎上演正本に持ち込んでいる。しかし、浄瑠璃正本と長唄正本の質的違いは奥書の表記に現れてくる。浄瑠璃正本を手がける版元と、座元との関係により劇場出版物を扱う版元では、出版権のあ

り方が違うようである。長唄正本の奥書でも初期のものには、

「やつし西行《さいぎょう》富士《ふじ》見《み》五郎《ごろう》」市村座、享保十九年三月上演、横山町壱丁目新道和泉屋権四郎版（芸・透写本）の奥書には、「右此本ハ松しま庄五郎／さかた兵四郎直伝之以板行仕候者也」とある。

「鳥羽《とば》の恋塚《こいづか》」中村座、元文四年五月上演、元浜町いがや版（『長唄原本集成』巻一所収）の奥書には、「右は坂田兵四郎直伝を以令板行候はんもといがや」とある。

「孤《みなしご》東《あずまの》柳《やなぎ》」市村座、元文五年四月上演、橘町四丁目和泉屋権四郎版（同書所収）の奥書は、「右此本は松嶋庄五郎直伝之正本也　はんもとたちばな町四丁目よこ丁　いづみやごん四郎」とある。

このように、元文頃までは歌舞伎上演時の出版物であっても、奥書に長唄の唄方の直伝性を示して、音曲正本としての性格を浄瑠璃正本と同様に保持している。ところがその後は、「思ひの緋桜」市村座、寛保二年正月上演、和泉屋権四郎版（同書所収）の奥書には「右此正本は坂田兵四郎松嶋庄五郎直伝ヲ以板行仕候／市村座はんもと　たちはな町に丁め　いつみやこん四郎」と、座元との専属関係を示す文言を入れるようになり、さらに宝暦期なると、「（めりやす）花《はな》の香《か》」市村座、宝暦七年正月上演、和泉屋権四郎版（同書巻四所収）の奥書になると、「浄るり／せりふ／長うた／ほめことば　市村座板元たちばな町弐丁目　いづみやごん四郎」のように、座元との専属版元関係のみを奥書に記して、音曲正本として直伝性の拠り立つべき唄方の存在は奥書から消え、音曲正本の様式が変化してきている。これは歌舞伎上演に際して長唄正本が、長唄を節付・演奏するものとの関係よりも、囃子方が所属する座元と版元との関係性が強い中で、出版権が設定されていることを示している。少し年代が下り、安永期に刊行された常磐津の初演時正本とみられる共表紙上に

中村座板元　村山源兵衛／正本板元　いがや勘右衛門

とあり、同じく安永期の富本初演時正本とみられる共表紙に

中村座板元　村山源兵衛／正本板元　蔦屋重三郎

とそれぞれ連記されている例が数点見つかっている（松浦史料博物館蔵本）。これらの豊後系浄瑠璃は、初版後は青表紙本の体裁で家元と専属関係にある版元から正本が出されるものである。したがって、上演時初版の出版権のあり方を確立した形で端的に表わしているといえよう。

長唄正本の版行形態は寛政期頃から変化しているとみられ、Aに分類する版が出なくなっており、また、「沢村蔵板」と刻入されることなどから、株板化《かぶはんか》していく可能性が考えられるが、それについては別稿で扱うこととする。

【注】

（1）このような専属関係は、三升屋二三治の以下の劇書中に言及されており、それらの記述によっても裏付けられる。『賀久屋寿々免』「三芝居版元」（『日本庶民文化史料集成』第六巻、648頁、三一書房、一九七九年）。『紙屑籠』「三座番附の板元」（『続燕石十種』第三巻。73頁、中央公論社、一九八〇年）。

（2）拙稿「長唄正本における諸本整理上の問題点（その一）」（『北海道東海大学紀要・人文社会科学系』一五号、二〇〇二年三月）。

（3）祐田善雄「近松浄瑠璃七行本の研究」（『浄瑠璃史論考』、中央公論社、一九七五年）213頁に「板株を持たぬ者が出版する際には、元株主に交渉して株代趣意金を支払わねばならなかった。これを

分権といった。」とある。また、蒔田稲城『大坂書籍商史』（出版タイムス社、一九二八年）51頁には大坂の浄瑠璃本について、延享五年仲間申合において本屋仁兵衛等四人が正本屋九右衛門と正本屋九左衛門から出版株の分権を得ていたことについて記している。だが、これらは大阪における浄瑠璃本丸本に関する記述である。

（4）「義太夫本公訴一件」（『日本庶民文化史料集成』第七巻、92頁、三一書房、一九八三年）。

（5）『享保撰要類集』（新規物幷書物之部六）中の享保六年八月中山出雲守、大岡越前守に宛てた禁令案に「草双紙屋　絵草紙屋　右問屋共え世話役申付、自今新規之板行物仕候節は右之問屋共方え参写本見せ」と仲間行事による新版の開版審査を提案しているのだが、実際には『撰要類集』、寛政二年十一月の条に「壱枚絵草紙問屋共は是迄行事無之付」とあるから問屋仲間はすでに存在していたとみられるが行事は置かれず自主検閲機構は機能していなかったとみられる。

（6）寛延三年に江戸書物問屋間で類版をめぐっておきた出入りに関する記述（『大坂本屋仲間記録』第十巻1～25頁）によると、重版・類版に対する書物問屋仲間内の申し合わせが決まったのは係争決着後十月以降とみられ、結成時からは遅いようである。

（7）このことに関しては、「義太夫本公訴一件」（前掲書）83頁に掲載される天保三年十一月十九日西宮屋新六が奉行所に差上げた書面中に記されている次の部分が参考となる。

江戸表ニ而は地本問屋行事共迄も前々より改は致来不申候。尤義太夫本ニ不限、長唄本其他常盤津・富本・清元・新内節等ニ至るまで仲間行事之改は仕来リ不申候。此義は芝居に而狂言ニ興行致し、且は太夫共門弟其外江稽古本ニ相用ひ候事故、前々より新規ニ出来之分ニ而も其時々改は無之候。（中略）。

（傍点筆者）

一　近来追々被　仰渡有之、両仲間取締宜敷成行、譬仲間之者ニ而も猥ニ板行彫刻は不為致候。前々は同渡世も少く猥ニ板行致来、（中略）三ヶ津は不及申、其外ニ而も多分類板有之、且江戸表は書物・地本両仲間之内ニも沢山ニ類板持来、夫々摺立渡世致来候。

（8）現段階では、享保十九年春上演の長唄正本「やつし西行《さいぎょう》富士見《ふじみ》五郎《ごろう》」（芸大蔵・透写本）の奥書に「此ころせけんより。きやうけんにもいたし不申候まきらわしきせりふ／あまた相見へ申候間此うへは何によらずまへゝより御ぞんじのはん元／よく〳〵御あらためなされ御もとめくだされへく候　いづみやごん四郎板」とあるのが見つかっている。

（9）『歌舞伎図説』（中文館書店、一九四四年）。『日本歌謡集成』巻十一（東京堂出版、一九八〇年）。『歌謡音曲集』（日本名著全集刊行会、一九二九年）。

（10）斎藤月岑編、弘化四年十二月、須原屋茂兵衛・須原屋伊八刊。翻刻は岩波文庫（藤田徳太郎校訂、一九四一年）。

（11）武藤純子『初期浮世絵と歌舞伎』（笠間書院、二〇〇五年）。

（12）『江戸節根元由来記』（文化元年五月成、愚性庵可柳著。『燕石十種』第四巻、中央公論社、一九七六年）、霞亭文庫に写本あり。）中の「半太夫操座興行之節流物」・「浄瑠理番附」の記載により判断した。このタイプの正本は河東・河常などの連名を持つが、上演正本であるのか不明である。

（13）上演年は『正本による近世邦楽年表（稿）』（『国立音楽大学音楽研究所年報』第十一集別冊、一九九五年）、『歌舞伎年表』（岩波書店）、『歌舞伎評判記集成』（岩波書店）を参考にした。

（14）芳室蕙洲著。国会図書館・演博・上野学園日本音楽史研究所・天理図書館に写本あり。翻刻『未刊随筆百種』第十巻に所収（中央公論社、一九七七年）。

（15）この他に小松屋版に対応する伊勢屋吉十郎版正本が別版のかたちで数点存在するが、伊勢屋吉十郎は『十寸見要集』の版元であるから表1に掲出していない。

（16）『京阪書籍商史』「大坂書籍商史」55頁に浄瑠璃本の「かぶせ彫」偽版について述べてある。また、時代が下るが、「義太夫本公訴一件」（前出書）87頁上段、天保四年正月二十六日に二代目蔦屋重三郎の倅祐助が寺社奉行に差し上げた返答書中に「一体重板与申儀は、外持主之摺本を以板下ニ仕、彫刻致候を重板与唱申候。重三郎方ニ而売候稽古本之儀は、板下別ニ相認彫刻仕候得は、全重板与申義は更ニ無之、（以下略）」とある。蔦屋重三郎は、富本正本を版行する版元であることから、覆刻の手法により重版・類版の区別が版元側で認識されていたことを示すこの記述はきわめて興味深い。また、冒頭に掲げた版の識別方法を裏付けるものとなると思う。

（17）『改定増補　近世書林板元総覧』による。『鳰鳥』の巻末にある「梓行井上氏」は、竹内道敬氏によると初世十寸見蘭州をさすという。

（18）吉野雪子は三代目河東没後、名跡をめぐって甥伝之助と山の手金治の間で訴訟がおき、伝之助が四代目河東を継ぎ宝暦九年頃専属版元を伊勢屋吉十郎に移したと推測している。吉野雪子「江戸浄瑠璃、河東節とその正本―『十寸見要集』の成立をめぐって」（『音楽研究所年報』8、『国立音楽大学研究紀要』三六、二〇〇一年三月）。管見によれば、伊勢屋吉十郎版の本文は小松屋版の本文と別版である。小松屋の版木が移譲された形跡はない。

（19）『声曲類纂』には「河東節系図」のあとに初代河東、双笠、河丈、二代藤十郎夕丈、蘭州の印章が載せてある。「稽古本印章」としている。

（20）『歌舞伎評判記集成』第九巻（岩波書店、一九七六年）。

（21）『歌舞伎評判記集成』第十巻（岩波書店、一九七六年）。

（22）『歌舞伎図説』（中文館書店、一九四四年）掲載図版番号288－A

（23）享保七年十一月の出版物に関する触書のなかに、「何書物によらづ此以後新板之物、作者并板元之実名、奥書ニ為致可申候事」とあるのは、書物を対象としたものか。

（24）江戸橋四日市、本屋儀兵衛は『外題作者画工書肆名目集』によれば、文化年間に南鍋町に移転し、「貸本屋世利本渡世の者ニ而手広にいたし候者」としてその名が挙がっている。宝暦期から貸本屋であったかについては不明である。

〔付記〕資料の閲覧と掲載をお許しいただきました各所蔵機関に深謝申し上げます。

第一部　表

中村座・都座

〈初版と異版の本文の関係表（中村座・都座）〉

表1　中村座〈享保16年2月～安永6年3月〉

上演年月	曲名（外題）	版元1（元版）内題下述者／筆耕／胡譜	版元2	本屋儀兵衛版	無刊記版Ⅰ種	無刊記版Ⅱ種	無刊記版Ⅲ種	無刊記版Ⅳ種
享保16・2	**傾城無間鐘**	鱗形屋商標・透写 奥書「～菊之丞相勤申候」 胡譜有	元浜丁いがや、同版かA1 内題と奥書無、胡譜有					
享保16・2	無間鐘新道成寺	堺町中嶋屋 譜有	元浜丁いがや 譜有					
享保17・1	うしろめん	堺丁中嶌屋（本文無）						
享保19・1	**相生獅子**	いがや 沾翁書 胡譜有	明和6・2の村山版A3					
元文4・4	鳥羽の恋塚	元浜丁いがや、奥書「右ハ坂田兵四郎直伝を以令板行候」 「鼓うた」有						
元文6・2	**高野道行歌祭文**		橘丁四丁目和泉屋権四郎 胡譜有					
元文6・2	一奏勢熊坂	元浜丁いがや・透写 奥書「大薩摩主膳太夫直伝之以正本令板行也」※① 譜有						
寛保1・8	兵四阿屋造	元浜丁いがや・透写 譜有						
寛保4・2	百千鳥娘道成寺	元浜丁いがや・透写 胡譜有						
延享3・11	初見雪氷衣	元浜丁いがや 譜有						
延享4・11	山中対面の道行	元浜丁いがや 「上るり」有						
延享5・1	掛合こと哥	［綴目］いがや 胡譜有						
延享5・1	**小妻重山吹海道**	元浜丁いがや 胡譜有						
寛延1・11	（室咲）京人形	元浜丁いがや 下冊に胡譜有						
寛延2・1	無間鐘	［綴目］いがや 胡譜有						
寛延2・3	**一奏現在道成寺**	元浜丁いがや 胡譜有						
宝暦3・1	今様熊坂の段	いがや 譜有						
宝暦3・2	**京鹿子娘道成寺**	元浜丁いがや	元浜丁いがや本文無	正銘版元、別版Ⅱ種と同版	別版	同版本儀版		
宝暦3・2	花の縁	元浜丁いがや・後修本有			後修本とA2	別版	別版	
宝暦3・7	一奏乙女姿羽衣所作	元浜丁いがや						
宝暦4・2	分身鉄五郎	元浜丁いがや 「上るり」有						
宝暦4・2	夜鶴花巣籠	［綴目］いがや 譜有						
宝暦4・2	江戸鹿子男道成寺	元浜丁いがや 「鼓唄・二上り」有		別版	すべてと別版			

宝暦4・2	**英執着獅子**（上冊）（下冊）	元浜丁いがや 元浜丁いがや		A1※② A1	別版 別版	Ⅰ種と覆刻関係 A1	別版（上下二冊）	A1（上一冊）
宝暦4・11	冬牡丹揚羽面影	元浜丁いがや　「上るり」有						
宝暦5・1	万歳貝尽掛合せりふ	元浜丁いがや　胡有						
宝暦6・2	やりおどり長哥	元浜丁いがや　「合」有						
宝暦6・11	早咲枕丹前	元浜丁いがや						
宝暦8・11	**寿相生羽衣**		**橘町二丁目和泉屋権四郎**		上一冊のみ版元2とA2	上下冊版元2とA2 Ⅰ種の上冊と異版	下一冊のみ版元2のA1	上下一冊別版
宝暦9・1	**舞扇子姥桜**	高砂町村山源兵衛						
宝暦10・5	舞鶴初丹前	元大坂町村山源兵衛						
宝暦11・3	勝色桜丹前	いづみ町村山源兵衛						
宝暦11・3	**髪梳名とり草**		**橘町二丁目和泉屋権四郎**					
宝暦12・3	**芳野草**	**いづみ町横通り村山源兵衛、（奥）「中村座はんもとむら山源兵衛」**		別版	本儀版の覆刻			
宝暦12・3	道行旅初桜	村山源兵衛（図版表紙掲載）			関係不明	ⅠのA3	Ⅰと別版	
宝暦12・7	男郎花	村山源兵衛						
宝暦12・11	紅葉売				関係不明			
宝暦12・11	一奏夕告鳥	村山源兵衛・透写						
宝暦12・11	勝舞台名寄行列	村山源兵衛・透写						
宝暦13・2	姥桜江島面	村山源兵衛・透写						
宝暦13・5	旅寝の小蝶	村山源兵衛・透写						
宝暦13・5	峰雲皐墨染	村山源兵衛　作者金井三笑　胡譜有						
宝暦13・5	夏柳烏玉川	村山源兵衛　作者金井三笑　胡譜有						
宝暦13・11	末広冬牡丹			関係不明				
宝暦14・2	艸摺引			関係不明	本儀版と別版			
宝暦14・2	爪音幸紋尽	村山源兵衛				A2	別版	すべてと別版
宝暦14・4	ねこのつま	村山源兵衛 （奥）「中村座はん元 高砂町村山源兵衛」						
明和1・8	（めりやす）袖の露	村山源兵衛						
明和1・11	御所風俗鞾丹	高砂町村山源兵衛　カン有						
明和1・11	縁結祝葛葉	村山源兵衛		A2				
明和2・1	（めりやす）親子草	高砂町村山源兵衛　譜有		別版				
明和2・11	**姿の鏡関寺小町**	村山源兵衛　胡譜有		A1　胡譜有	A3　胡譜有			
明和2・11	冬至梅たが袖丹前	村山源兵衛　胡譜有						
明和2・11	花寄系図咄	村山源兵衛　胡譜有						

上演年月	曲名（外題）	版元1（元版）内題下述者／筆耕／胡譜	版元2	本屋儀兵衛版	無刊記版Ⅰ種	無刊記版Ⅱ種	無刊記版Ⅲ種	無刊記版Ⅳ種
明和2・11	ふたつ文字	村山源兵衛　胡譜有			A2　胡譜有	別版　胡譜有	すべてと別版　胡譜有	すべてと別版　胡譜有
明和3・7	馴染相の山	村山源兵衛　胡譜有			A1　胡譜有			
明和3・11	松吹袖汐路	村山源兵衛・透写　譜有						
明和3・11	梅紅葉二人物狂	村山源兵衛　胡譜有						
明和4・1	**琴の段　朧月**	村山源兵衛　鈍通与三兵衛述　胡譜有			A2　述者無　胡譜有	別版　述者無　胡　譜有	Ⅱ種の覆刻　譜有	
明和4・1	**春調娘七種**	村山源兵衛、（奥）「中むら座はんもと　高砂町村山源兵衛」　胡譜有			A1　奥書無　胡譜有	別版　胡譜有	すべてと別版　胡譜有	
明和4・1	春雨	村山源兵衛　胡譜有			A1　胡譜有			
明和4・1	袖柳名所塚	村山源兵衛　胡譜有						
明和4・8	秋巣籠	村山源兵衛　楓江述　胡譜有			A2　述者無　胡譜有			
明和4・8	**衣かつぎ思破車**	村山源兵衛　楓江述　胡譜有		A2　述者無　胡譜有	同版後印　述者有　版元欄削除　胡譜有	本儀版の被彫　胡譜有		
明和4・11	**早咲賤女乱拍子**	村山源兵衛　鈍通与三兵衛／冨士田楓江述　胡譜有			A1　述者無　胡譜有	別版　述者無　胡譜有	すべてと別版　譜有	
明和4・11	楓袖相生曲	村山源兵衛　胡譜有						
明和4・11	おどり念仏				不明　胡譜有			
明和4・11	鉢扣色入船	村山源兵衛※③　胡譜有						
明和5・1	**ちござくら**	村山源兵衛　楓江述　胡譜有			A1　述者有　胡譜有			
明和5・4	葉桜閨の團	村山源兵衛・透写　胡譜有						
明和5・9	渡初鵲丹前	村山源兵衛　胡譜有						
明和5・9	おとぎ紅葉早物語	村山源兵衛　譜有						
明和5・9	**畳算**	村山源兵衛　楓江述　胡譜有			A1　述者有　胡譜有	A2　述者有　胡譜有	別版　述者有　胡譜有	すべてと別版　述者有　胡譜有 無刊記版Ⅴ種　Ⅳの被せ彫　述者無　譜有 無刊記版Ⅵ種　すべてと別版　述者無　胡譜有
明和5・11	梅楓娘丹前	村山源兵衛　胡譜有						
明和5・11	深見草咲分丹前	高砂町横通り村山源兵衛　胡譜有						

明和5・11	初時雨	村山源兵衛 胡譜有※④			A1 胡譜有			
明和5・11	相生菊相撲	村山源兵衛 作者増山金八 譜有						
明和6・1	心駒勢草摺	高砂町横通り村山源兵衛 胡少有						
明和6・2	一奏廓羽衣	高砂町横通り村山源兵衛 胡譜有						
明和6・2	道行女夫傘	高砂町横通り村山源兵衛 胡譜有		A1 胡譜有				
明和6・2	**相生獅子**	高砂町横通り村山源兵衛※⑤ 胡譜有			A2 胡譜有	別版 胡譜有	IIのA1 譜「上」のみ	すべてと別版 胡譜省略有
明和6・5	追善江戸桜其俤	村山源兵衛 増山金八述 胡譜有						
明和6・5	**弾絇准系図**	村山源兵衛 上冊の本文に改刻のある同修本有 増山金八述 胡譜有			同修本と同版 胡譜有			
明和6・7	雲の峰	高砂町横通り村山源兵衛 (奥)中むら座板元村山源兵衛 胡・「入」有			別版 胡・「入」有			
明和6・7	(めりやす)萩の風	高砂町横通り村山源兵衛 胡譜有						
明和6・7	(めりやす)待夜	高砂町横通り村山源兵衛 胡譜有						
明和6・11	(めりやす)かみ心	高砂町横通り村山源兵衛 胡譜有			A1 胡譜有			
明和6・11	楓葉恋狩衣	高砂町横通り村山源兵衛 (奥)中村座板元村山源兵衛 胡譜有						
明和7・1	釣狐春乱菊	高砂町横通り村山源兵衛 鼎峨印 胡譜有		A1 胡譜有 鼎峨印無	別版 胡無譜有	すべてと別版 胡譜有		
明和7・1	春宝東人形	高砂町横通り村山源兵衛 鼎峨印 胡譜有						
明和7・3	こころの五文字	高砂町横通り村山源兵衛 胡譜有	〈瓢箪形内に「文」〉A1 胡譜有					
明和7・3	山桜姿鐘入	高砂町横通り村山源兵衛 胡譜有						
明和7・8	**(めりやす)星明**	高砂町横通り村山源兵衛 天滴述 鼎峨印 胡譜有		A2 述者無 印無 胡譜有	A2 述者無 印無 胡無譜有			
明和7・11	**狂乱　須磨友千鳥**	高砂町横通り村山源兵衛 天滴述 鼎峨印 胡譜有			A1 述者有 印無 胡譜有			
明和7・11	粧古郷帰花	高砂町横通り村山源兵衛 天滴述 鼎峨印 胡譜有		A2 述者無 印無 胡譜有				
明和7・11	水仙対丹前	高砂町横通り村山源兵衛 天滴述 鼎峨印 胡譜有						
明和7・11	(めりやす)うき枕	高砂町横通り村山源兵衛 天滴述 鼎峨印 胡譜有			A2 述者無 印無 胡譜有			
明和8・1	花姿放下僧	高砂町横通り村山源兵衛 (奥)「中村座板元　むら山正」 天滴述 胡譜有						

上演年月	曲名（外題）	版元1（元版）内題下述者／筆耕／胡譜	版元2	本屋儀兵衛版	無刊記版Ⅰ種	無刊記版Ⅱ種	無刊記版Ⅲ種	無刊記版Ⅳ種
明和8・3	髪梳十寸鏡	高砂町村山源兵衛　天滴述　鼎峨印　胡譜有			A2　述者無　印無　胡譜有			
明和8・3	（めりやす）仇ざくら	高砂町村山源兵衛　天滴述　鼎峨印　胡譜有			A2　述者無　印無　胡譜有			
明和8・7	妹背星紅葉丹前	高砂町横通り村山源兵衛　（奥）「中むら座板元　村山源兵衛正」　胡譜有						
明和8・11	花角力里盃	新いつみ丁中ほど村山源兵衛　天滴述　胡譜有						
明和8・11	冬牡丹園生獅子	いつみ丁中ほど村山源兵衛　喜立述　鼎峨印　胡譜有						
明和8・11	**紅白勢丹前**	〔　〕中ほど村山源兵衛・（奥）「中むら座板元　新いつみ町村山源兵衛」　天滴述　胡譜有			A1　述者無　胡譜有　奥書無	図版表紙掲載　関係不明		
明和8・11	雪花喩系図	いつみ丁中ほど村山源兵衛・透写　（奥）「中村座正銘板元むら山正」　譜有						
明和8・11	（めりやす）鳥の音	いつみ丁中ほど村山源兵衛　（奥）「むら山正」　天滴述　胡譜有						
明和9・1	曙鎌倉名所	新いつみ丁中ほど村山源兵衛　天滴述　胡譜有						
明和9・1	**梅笑粧くさずり**	しんいつみ丁村山源兵衛正　（奥）「中村座板元正銘　村山」　胡譜有			A1　胡譜有　奥書無　内題角書無			
明和9・1	春遊駅路駒	新いつみ丁中ほど村山源兵衛　胡譜有						
明和9・1	**（狂乱初霞）雲井の里言葉**	新いつみ町村山源兵衛・（奥）中村座板元正銘新いつみ町むら山」　天滴述　胡譜有			A1　述者無　胡譜有　奥書無	別版　胡譜省略有		
明和9・1	（めりやす）若くさ	新いつみ丁中ほど村山源兵衛　天滴述「上ケ」有			A1　述者無　「上ケ」有			
明和9・1	（めりやす）わが涙	新いつみ丁中ほど村山源兵衛　胡譜少有						
明和9・8	初歌舞妓女花槍				不明　胡譜少有			
明和9・8	（めりやす）笹引				不明　胡有			
明和9・11	雪の一夜室乱梅							
明和9・11	（めりやす）白たえ				不明　胡譜有	Ⅰと別版　胡譜有		
安永2・1	めりやす　かきつばた				不明　胡譜有			

安永2・8	三扇雲井月	南側村山源兵衛 下冊（奥）「中村座正銘版元村山源兵衛」						
安永2・11	陸花艶	高砂町南側村山源兵衛 胡譜有						
安永2・11	（めりやす）錦木	高砂町南側村山源兵衛 天滴述 胡有「カン」有						
安永3・1	（風流万歳）五衣の品	高砂町南側村山源兵衛 （奥）「中村座正銘版元村山源兵衛」 「三絃大小・哥」有						
安永3・8	（めりやす）神頼	高砂町南側村山源兵衛正 機流述						
安永3・9	（めりやす）思ひ寝	高砂町南側村山源兵衛 （奥）「中村座正銘版元村山源兵衛板」 胡有			A1 胡有			
安永3・11	（めりやす）庭の落葉	高砂町南新道村山源兵衛・透写 （奥）「中村座板元　村山」 胡有						
安永4・2	御所望釣狐	高砂町南新道村山源兵衛正・透写						
安永4・2	（めりやす）花散鐘	透写本（表紙に版元名無し） （奥）「中村座正銘版元村山源兵衛」						
安永4・2	（めりやす）葉桜	高砂町南新道村山源兵衛 喜立述						
安永4・11	翁草恋種蒔				不明	Iと別版		
安永5・4	置霜恋乱菊	高砂町南新道村山源兵衛 鼎峨印						
安永5・11	（めりやす）ねぬよ				本文欠			
安永6・1	（めりやす）すくな文字				不明			
安永6・3	鐘掛花振袖				不明 「手ヲドリ」有	Iと別版　譜無	IIと同版 2～3丁は覆刻	

表2　中村座〈安永6年11月～天明2年7月〉

上演年月	曲名（外題）	版元1	述者／筆耕／胡麻点／文字譜	版元2
安永6・11	（めりやす）時雨月	板元　高砂町南新道村山源兵衛／ 売所　江戸橋四日市本屋儀兵衛		
安永6・11	（めりやす）雪見酒	板元　高砂町南新道村山源兵衛／ 売所　江戸橋四日市本屋儀兵衛	胡譜有	
●安永7・2	（めりやす）朧月	板元　高砂町村山源兵衛／ 売所　江戸橋四日市本屋儀兵衛	明和4年上演の版同版後印 述者無 胡譜有	板元　高砂町南新道村山源兵衛／ 江戸橋四日市本屋儀兵衛 同版後印
安永7・2	咲分梅笑顔	板元　〔綴じ目〕村山源兵衛／ 売所　江戸橋四日市本屋儀兵衛		
安永7・2	**（めりやす）男文字**	板元　高砂町村山源兵衛／ 売所　四日市本屋儀兵衛	胡有	
安永7・7	**其紅葉懺悔物語**	板　高砂町村山源兵衛／ 元　江戸橋四日市本屋儀兵衛	透写 譜有	
安永7・11	信夫石恋御所染	高砂町南新道村山源兵衛／はんもと／江戸橋四日市本屋儀兵衛	「ヲトリ」有	
安永7・11	**（めりやす）花夕部**	板　高砂町南新道村山源兵衛／ 元　江戸橋四日市本屋儀兵衛　正		
安永7・11	琴歌　雪の夜	高砂町南新道村山源兵衛／はんもと／江戸ばし四日市本屋儀兵衛	左交述	
安永8・1	風流女万歳	板　高砂町村山源兵衛／ 元　江戸橋四日市本屋儀兵衛	鼎峨丸印 「ヲトリ」有	
安永8・1	**初夢姿富士**	高砂町村山源兵衛／板元　／江戸橋四日市本屋儀兵衛 （奥）「中村座正本板元」	「上るり・哥」有	
安永8・5	花菖蒲対の手綱	板　高砂町村山源兵衛／ 元　江戸橋四日市本屋儀兵衛		
安永8・8	秋の花角力	板　高砂町村山源兵衛／ 元　江戸橋四日市本屋儀兵衛	譜有	
安永8・8	**華筵千種の丹前**	高砂町村山源兵衛／正本板元／江戸橋四日市本屋儀兵衛		
安永8・9	**二ツ紋ときに相の山**	板　高砂町村山源兵衛 元　江戸橋四日市本屋儀兵衛　正	胡譜有	
安永8・11	氷面鏡梅俤	高砂町村山源兵衛／はんもと／江戸橋四日市本屋儀兵衛		
安永8・11	恋の乱れ苧	高砂町南新道村山源兵衛／はんもと／江戸橋四日市本屋儀兵衛		
安永9・1	潔江戸絵蓙	〔綴目〕村山源兵衛／はんもと／江戸橋四日市本屋儀兵衛	「ヲトリ」有	
安永9・3	曳各鐘鼎屓	高砂町南新道村山源兵衛／はんもと／江戸橋四日市本屋儀兵衛		
安永9・7	三拍子秋野色々	高砂町南新道村山源兵衛／はんもと／江戸橋四日市本屋儀兵衛	「ヲトリ・チラシ」有	

安永9・7	映紅葉奴僕	高砂町南新道村山源兵衛／はんもと／江戸橋四日市本屋儀兵衛	譜有	
安永9・8	髪梳き　秋の暮	高砂町南新道村山源兵衛／はんもと／江戸橋四日市本屋儀兵衛		
安永9・11	引連樹春駒	高砂町南新道村山源兵衛／はんもと／江戸橋四日市本屋儀兵衛		
安永9・11	（めりやす）磯千鳥	高砂町南新道村山源兵衛／はんもと／江戸橋四日市本屋儀兵衛		
安永9・11	（めりやす）関の戸	高砂町南新道村山源兵衛／はんもと／江戸橋四日市本屋儀兵衛		
天明1・3	道行花の雪吹	板〔　裁断　〕村山源兵衛　元　四日市本屋儀兵衛　正		
天明1・4	（めりやす）仇枕	高砂町村山源兵衛／板元／四日市本屋儀兵衛		
天明1・9	色見草四の染分	板　たかさご町村山源兵衛　元　四日市本屋儀兵衛		
天明1・11	紅白姿色鏡	高砂丁村山源兵衛／はんもと／四日市本屋儀兵衛		
天明1・11	我背子恋の相槌	高砂丁村山源兵衛／はんもと／江戸橋四日市本屋儀兵衛	左交述　譜有	
天明1・11	丹前　花姿視	高砂丁村山源兵衛／はんもと／江戸橋四日市本屋儀兵衛		
天明1・11	屏風の関	板　高砂丁村山源兵衛　元　本屋儀兵衛	左交述	
天明2・1	（めりやす）雨の柳	板　たかさご丁村山源兵衛　元　江戸はし四日市本屋儀兵衛	透写	
天明2・1	花遊小鳥囀	高さこ町村山源兵衛／はんもと／江戸ばし四日市本屋儀兵衛	「ヲトリ」有	
天明2・1	琴哥　かり寝	板　たかさご町村山源兵衛　元　江戸ばし四日市本屋儀兵衛	三朝述	
天明2・3	釣狐花設罠	高さこ町村山源兵衛／はんもと／江戸ばし四日市本屋儀兵衛	譜有	
天明2・7	今様月汐汲	高さご町村山源兵衛／はんもと／江戸ばし四日市本屋儀兵衛		
天明2・7	道行昔のうつし絵	板　たかさご丁村山源兵衛　元　江戸ばし四日市本屋儀兵衛		

表3　中村座〈天明2年11月～天明4年3月〉

上演年月	曲名	版元（元版）	述者／筆耕／胡・譜	本屋源兵衛版	無刊記版Ⅰ種
天明2・11	琴柱のかり	板　高砂町村山源兵へ 元　長谷〔川〕町松本や万吉	「こと哥」有		
天明2・11	（めりやす）なみ枕	板　高砂町村山源兵衛 元　長谷川町松本や万吉			
天明2・11	（めりやす）雪花月	板　高砂町村山源兵衛 元　長谷川町松本や万吉		別版	
天明2・11	花楓粧丹前	はんもと／高砂町村山源兵衛／長谷川町松本や万吉	「ヲトシ」有		
天明3・1	花緑千歳寿	板元／高砂丁村山源兵衛／長谷川丁松本屋万吉			
天明3・1	初花色の染手綱	板元／高砂丁村山源兵衛／長谷川丁松本屋万吉			
天明3・2	恋の枷糸	板元／高砂丁村山源兵衛／長谷川丁松本屋万吉	左交述		
天明3・2	乱咲扇子蝶	板元／高砂丁村山源兵衛／長谷川丁松本屋万吉			
天明3・4	再咲花娘道成寺	板元／高砂丁村山源兵衛／長谷川丁松本屋万吉			
天明3・8	（めりやす）秋の夜	板　高砂丁村山源兵衛 元　長谷川丁松本屋万吉			
天明4・1	道行　児桜恋淵瀬	はんもと／高砂町村山源兵／松本屋万吉	譜有		
天明4・1	咲競梅丹前	はんもと／高砂町村山源兵／松本屋万吉	透本		
天明4・3	（めりやす）色増袖	板　和泉丁村山源兵衛 元　長谷川丁松本屋万吉			
天明4・3	馴初船の内				哥」有
天明4・3	朝日の舞鶴				透写本

表4　中村座〈天明6年11月～寛政3年5月〉

上演年月	曲名	版元（元版）	筆耕／胡・譜	本屋儀兵衛版	無刊記版	沢村屋利兵衛版Ⅰ種	沢村屋利兵衛版Ⅱ種	沢村屋利兵衛版Ⅲ種	沢村屋利兵衛版Ⅳ種
天明6・11	**狂乱岸姫松**	板　よし町村山源兵衛 元　さかい町沢村庄五郎	本						
天明7・2	重荷の塩柴	板　高さご丁村山源兵衛 正銘 元　さかい町沢村庄五郎							
天明7・11	色見草古巣玉籬	さかい丁沢村庄五郎							
寛政1・4	（めりやす）雨の後	板元　沢村庄五郎	左交述						
寛政1・7	**八朔梅月の霜月**	板　せともの町村山源兵衛 元　さかい町沢村庄五郎			版元欄内削 同版後印	別版　奥「寛政元酉年七月吉日　再板　沢村蔵板」	Iの同版後印 Iと同奥書	※⑥	
寛政1・11	松鶴嫩丹前	はんもと　さかい町沢村庄							
寛政1・11	（めりやす）東歌	板　せともの丁村山源兵衛 元　さかい丁沢村庄五郎 （奥書）「はんもと沢村屋」	左交述						
寛政2・1	初約束手管草摺	はんもと　さかい町沢村庄五郎							
寛政2・1	太夫株常磐万歳	はんもと　沢村庄五郎さかい丁							
寛政2・3	（めりやす）雛草	板　せともの丁村山源兵衛 元　さかい丁沢村庄五郎							
寛政2・7	放下僧月の弓取	板元　さかい町沢村庄五郎							
寛政2・11	釣狐菊寒咲	板　沢村庄五郎 元　村山源兵衛							
寛政2・11	春駒勇笑顔	板元　さかい丁沢村庄五郎							
寛政3・1	（めりやす）**うわ帯**	板　さかい丁沢村屋利兵衛 元　せともの丁村山源兵衛							
寛政3・1	**対面花春駒**	板　さかい丁沢村屋利兵衛 元　せともの丁村山源兵衛				同版 版元名欄のうちの「せともの丁村山源兵衛」削除	別版　奥「寛政三亥　正月吉日　沢村蔵板	すべてと別版　奥「原板寛政三亥年正月吉日／再板文政九戌年九月吉日沢村蔵板」※⑦	原板沢村屋利兵衛 求板丸屋鉄次郎
寛政3・5	**五月菊名大津絵**	板　〔空欄〕 元　さかい丁沢村利兵衛・ （奥書）「寛政三亥年五月吉日沢村蔵板」				版元欄に「さかい丁沢村屋利兵衛」中央書　同版			

表5　都座〈寛政6年2月~寛政9年9月〉

上演年月	曲名	版元（元版）	筆耕／胡・譜	沢村屋利兵衛版Ⅰ種	沢村屋利兵衛版Ⅱ種	沢村屋利兵衛版Ⅲ種
寛政6・2	（めりやす）月の鏡	さかい町中嶋屋伊左衛門／沢村屋利兵衛／はんもと	作者松井由輔述（表紙）譜無			
寛政6・5	（めりやす）やどり車	さかい町中嶋屋伊左衛門／沢村屋利兵衛／はんもと	狂言作者松井由輔述（表紙）合			
寛政6・7	（琴唄）雲井の雁	さかい町中嶋屋伊左衛門／沢村屋利兵衛／はんもと	合			
寛政6・7	（めりやす）下紐	さかい町中嶋屋伊左衛門／沢村屋利兵衛／はんもと	合			
寛政6・7	（床さかづき）相の山	さかい町中嶋屋伊左衛門／沢村屋利兵衛／はんもと	譜無			
寛政6・11	（めりやす）糸車	板元　きり屋／沢村屋／中嶋屋	五瓶述 三下り、合			
寛政7・1	（新うた）五大力	板元　桐屋伝左衛門／中嶋屋伊左衛門／沢村屋利兵衛	並木五瓶述 譜無	別版　大字 述者有　三下り、合	別版　大字 述者有　譜無	Ⅱ種の覆刻 述者無　譜無
寛政7・2	三瀬川吾妻人形	板元　桐屋伝左衛門／沢村屋利兵衛／中嶋屋伊左衛門	合			
寛政7・11	色手綱誓の駒引	板元　とみさわ町桐屋伝左衛門／売所　さかい町中嶋屋伊左衛門	合			
寛政7・11	折箙竹梅幸	板元　とみさわ町桐屋伝左衛門／売所　さかい町中嶋屋伊左衛門	ツツミ哥 合			
寛政7・11	（めりやす）心の蝶	板元　とみさわ町桐屋伝左衛門／売所　さかい町中嶋屋伊左衛門	譜無			
寛政8・1	（めりやす）心の木枕	（表紙欠）				神田／森田屋金蔵／平永町　三下り、合
寛政9・3	（めりやす）爪紅粉	板元　桐屋伝左衛門／売所　さかい町沢村屋利兵衛	ゑんふ述 二上り・合			
寛政9・8	姿花秋七種	板元　桐屋伝左衛門／売所　さかい町沢村屋利兵衛	二上り 三下り ツ、ミ	沢村屋利兵衛 さかい丁　手習子 抜摺り本		
寛政9・9	（めりやす）あだし髪	板元　桐屋伝左衛門／売所　さかい町沢村屋利兵衛	杵屋和吉述 二上り・合			
寛政9・9	忍夫摺形見狩衣	板元　桐屋伝左衛門／売所　さかい町沢村屋利兵衛	ウタイ三下り・合			

表6※8　中村座〈寛政9年11月〜文化15年1月〉

上演年月	曲名	版元（元版）	筆耕／胡・譜	沢村屋利兵衛版Ⅰ種	沢村屋利兵衛版Ⅱ種	沢村屋利兵衛版Ⅲ種	沢村屋利兵衛版Ⅳ種
寛政9・11	（仙台ぶし）吾妻唄	板元　さかい町沢村利兵衛／ せともの丁村山源兵衛		表紙「再板」　別版 大字　二上り、合			
寛政9・11	（めりやす）心の雪	板元　沢村利兵衛／村山源兵衛	左交述				
寛政10・3	（めりやす）墨の梅	はんもと／沢村屋利兵衛／さかい丁					
寛政10・3	（唄浄瑠璃） 邯鄲四季の花道	板元　さかい丁沢村屋利兵衛／ 村山源兵衛	亀玉述	同版　述者有 表紙「村山源兵衛」削除	Ⅰ種の覆刻 再板」　述者有		
寛政10・11	花車紅葉錦	はんもと／沢村屋利兵衛／さかい丁					
寛政11・2	（めりやす）花の関の戸	はんもと／沢村屋利兵衛／さかい丁					
寛政11・11	（めりやす）室のゑがほ			板　沢村屋利兵衛 元　森田屋金蔵 三下り　大名題無			
寛政11・11	**牛飼室梅花**	はんもと／沢村屋利兵衛／さかい町	杵屋正次郎作	板　さかい丁沢村屋利 兵衛 元　平永町　森田屋金 蔵 別版　内題下作者名無	板　よし町角山本平吉 元　芝神明前和泉や市 兵衛 Ⅰと同版　版元名部分 入木		
寛政12・1	帯拽花農小林	はんもと／沢村屋利兵衛／さかい町		同版後印、表紙別版	板元　さかい丁沢村利 兵衛／平永町森田屋金 蔵　別版		
寛政12・3	（めりやす）心の筆	はんもと／沢村屋利兵衛／さかい					
寛政12・5	江戸花五枚錦絵	板元　さかい町／沢村屋利兵衛		板元　さかい丁沢村利 兵衛／平永丁森田屋金 蔵　花娘　抜刷			
寛政12・11	（めりやす）蔦紅葉	はん元／沢村屋利兵衛／さかい町	五瓶述				
享和1・11	花袂碁立梅	はん元／沢村屋利兵衛／さかい町					
享和3・5	三重霞嬉敷顔鳥			板元　さかい町沢村屋 利兵衛 （奥）「享和三亥正月吉 日沢村蔵板」 表紙「再板」　左交述	覆刻 （奥）「享和三亥五月吉 日　沢村蔵板」		
享和3・2	ぬれ翅				神田平永町森田屋金蔵 写本		
享和3・4	（琴唄）秋空	板元　さかい町／沢村屋利兵衛／蔵板					
享和3・8	新八重梅	正銘／はん元／沢村屋利兵衛板／ さかい町					
文化1・2	（めりやす）うてな	さかい丁／沢村屋利兵衛／はんもと					
文化2・3	法花四季台	はんもと／沢村屋利兵衛／さかい丁 （下冊奥）「文化二乙丑年三月三日蔵版」 上下二冊		本文覆刻（含刊記） 表紙別版　上下二冊本	表紙別版 本文Ⅰの後印 一冊本	表紙別版「再板」 本文Ⅰの覆刻 ◎※8	原版沢村利兵衛 求版丸屋鉄次郎 本文別版 慶應三年丁卯九月再板

上演年月	曲名	版元（元版）	筆耕／胡・譜	沢村屋利兵衛版Ⅰ種	沢村屋利兵衛版Ⅱ種	沢村屋利兵衛版Ⅲ種	沢村屋利兵衛版Ⅳ種
文化2・4	（めりやす）妻戸の風	はんもと／沢村屋利兵衛／さかい町 （奥）「文化二丑四月十日蔵版」	◎				
文化2・11	若緑姿相生	板元／さかい町／沢村屋利兵衛／北がわ					
文化3・2	七字の花在姿絵	板元／さかい町／沢村屋利兵衛／北がわ （下冊奥）「文化三寅二月吉日　沢村蔵版」		本文覆刻（含刊記） 表紙別版	Ⅰの覆刻（含刊記）	別版 ◎ （奥）原版　文化三寅二月吉日 再版　文政四巳年五月吉日 沢村蔵版	板元丸屋鉄次郎 別版
文化3・4	（めりやす）袖の海	板元／さかい町／沢村利兵衛／北がわ （奥）「文化三寅の四月十四日　沢村蔵版」					
文化4・5	（子日）男舞曲相生	さかい町沢村屋利兵衛板 （奥）「文化四丁卯年五月吉日　沢村蔵板」	ウタイ 三下り	別版 （奥）「原板文化四丁卯年五月吉日／再板文政十三庚寅年三月良辰　澤村蔵板」			
文化4・5	（重陽）色砧籬花娵	さかい町沢村屋利兵衛板 （奥）「文化四丁卯年五月吉日　沢村蔵板」					
文化5・1	**宝君寿万歳**	さかい丁／澤村屋利兵衛／はん元 （奥）「文化五辰正月二日　堺町沢村蔵板」	二上り				
文化5・2	梅庭意贔屓	板元　わかい丁／沢村屋利兵衛 （奥）「文化五辰年二月吉日　澤村蔵板」					
文化5・4	道行鳥辺山	板元　さかい丁／沢村屋利兵衛／北かハ					
文化5・7	（めりやす）月雪花操車	板元　さかい丁／沢村屋利兵衛 （奥）「文化五年辰七月十七日　澤村蔵板」					
文化5・8	浜松風恋歌	板元　さかい町／沢村屋利兵衛／北がわ （奥）「文化五辰八月十日　澤村蔵板」		別版◎ 刊記「文政九戌年九月吉日再刻　澤村蔵板」	Ⅱの覆刻	別版　原板沢村利兵衛 求板丸屋鉄次郎	
文化5・11	天津矢声恋神業	はんもと／沢村屋利兵衛／さかい町 （奥）「文化五戊年霜月朔日　沢村蔵板」					
文化6・4	邯鄲薗菊蝶	沢村屋利兵衛／さかい町 （奥）「文化六巳年四月吉日　沢村蔵板」		別版 通二丁目　丸屋鉄次郎 ／はんもと			
文化6・9	（めりやす）ゆかりの月	板元　さかい丁／沢村屋利兵衛		本文後印 表紙別版	覆刻 通二丁目丸屋鉄次郎		
文化7・3	（めりやす）八重やまぶき	はんもと／沢村屋利兵衛／さかい町 （奥）「文化七午年三月吉日　沢村蔵板」					
文化7・5	（めりやす）木の下やみ	はんもと／沢村屋利兵衛／さかい丁 （奥）「文化七午年五月吉日　沢村蔵板」					
文化7・7	（伊勢音頭）恋目の双六	板元　さかい丁／沢村屋利兵衛 （奥）「文化七午年七月十五日　澤村蔵板」					

文化7・8	小原女 廓の禿	正銘　堺町／沢村屋利兵衛／はんもと （奥）「文化七午年八月十七日澤村蔵板」 上冊 正銘板元／さかい丁／沢村屋利兵衛／北がわ （奥）「文化七午年八月十七日　澤村蔵板」 下冊	別版 上一冊	別版 表紙Ⅰの覆刻「文久二戌七月再板　澤村蔵板」 上下一冊本	Ⅱの覆刻 原板沢村屋利兵衛 求板丸屋鉄次郎 上下一冊本	
文化7・11	追払梅明春	正銘　堺町／澤村屋利兵衛／板元 （奥）文化七庚午十一月朔日　沢村屋蔵板				
文化7・11	（琴唄）花色香	正銘　さかい丁／沢村屋利兵衛／はんもと （奥）「文化七庚午霜朔日　沢村蔵版」				
文化8・3	遅桜手尓葉七字	正銘　さかい丁／澤村屋利兵衛／はんもと （奥）「文化八未年三月吉日　澤村蔵版」 上下二冊	別版　一冊本 （奥）「原板文化八未年三月吉日／再板文政四年巳四月吉日　澤村蔵板」	字表紙本 本文Ⅰの覆刻	沢村屋利兵衛／大黒屋金之介相版 別版〔上下〕二冊 「大黒屋金之助」を削去した版あり	沢村屋利兵衛／丸屋鉄次郎相版 Ⅲの覆刻 ほかに丸屋求版本あり
文化9・9	（めりやす）青葉	正銘　さかい丁　沢村屋利兵衛／板元				
文化8・11	岩井月緑の松本	正銘　さかい丁　沢村屋利兵衛／はんもと （奥）「文化八未年霜月朔日　澤村蔵版」				
文化8・11	（めりやす）浪枕	正銘　さかい丁／沢村屋利兵衛／はんもと （奥）「文化八年霜月朔日　澤村蔵版」				
文化9・1	千代の春緑末広	正銘　堺町／沢村屋利兵衛／板元 （奥）「文化九申年正月十五日　澤村蔵板」				
文化9・7	万歳君堺町	正銘　堺町／沢村屋利兵衛／板元 （奥）「文化九年申七月十五日　澤村蔵板」				
文化9・9	再春菘種蒔	正銘　堺町／沢村屋利兵衛／板元 （奥）「文化九申年九月九日　沢村蔵板」 ※⑨	本文覆刻　字表紙	本文別版　字表紙	版元部分墨丁 Ⅱの覆刻 「丸鉄板」と入る同版有	通三丁目丸屋鉄次郎板 「明治十七年再版」
文化9・9	紅葉袖名残錦絵	正銘　堺町／沢村屋利兵衛／板元 （奥）「文化九申年九月九日　沢村蔵板」 同版の字表紙本あり				
文化10・2	（めりやす）命毛	正銘　堺町／沢村屋利兵衛／板元 （奥）「文化十酉年二月十二日　沢村蔵板」				
文化10・3	四季詠寄三大字	正銘　堺町／沢村屋利兵衛／板元 （奥）「文化十酉年三月七日　沢村蔵板」 上下二冊	別版（A3）上下一冊 （奥）「文化十酉年三月吉日　沢村蔵板」	本文Ⅰの覆刻 （奥）「文化十酉年三月吉日發板／文政十三寅歳四月吉日　再板　澤村蔵板」◎	本紋別版　大字	沢村屋利兵衛／丸屋鉄次郎相版 本文同版Ⅲ
文化10・9	御名残尾花留袖	正銘　堺町／沢村屋利兵衛／板元 （奥）「文化十癸酉年秋九月　沢村蔵板」				
文化11・3	寄三津再十二支	正銘　堺町／沢村屋利兵衛／板元 （奥）「文化十一戌年三月　澤村蔵板」				
文化12・1	梅籬霞帯曳	正銘　さかい丁／沢村屋利兵衛／はんもと （奥）「文化十二亥年一月吉日　沢村蔵板」				

上演年月	曲名	版元（元版）	筆耕／胡・譜	沢村屋利兵衛版Ⅰ種	沢村屋利兵衛版Ⅱ種	沢村屋利兵衛版Ⅲ種	沢村屋利兵衛版Ⅳ種
文化12・3	其九絵彩四季桜	正銘　さかい丁／沢村屋利兵衛／はんもと（奥）「文化十二戌年三月吉日　沢村蔵板」					
文化12・11	今様嫩花道	正銘　さかい丁／沢村屋利兵衛／はんもと（奥）「文化十二亥年霜月朔日　沢村蔵板」					
文化13・5	（琴唄）朝顔	正銘　さかい丁／沢村屋利兵衛／はんもと（奥）「文化十三子年五月吉日　沢村蔵板」					
文化13・9	御名残七小町容彩四季	正銘　堺町／沢村屋利兵衛／板元（奥）「文化十三子年九月吉日　沢村蔵板」					
文化15・1	道中丸色廓	正銘　堺町／沢村屋利兵衛／板元　終丁欠					

〔注〕

本表は、長唄の薄物の伝本を版元別に整理し、これを上演順に並べたものである。

上演年は表紙の大名題から取り、その際は『歌舞伎年表』・「正本による近世邦楽年表（稿）―享保から慶応まで」（『国立音楽大学音楽研究所年報』第11集別冊、一九九五年）、立命館大学アートリサーチセンター公開データベースの中から「歌舞伎・浄瑠璃等興行年表」・「根岸正海氏（寄託）江戸音曲正本一覧」を参照した。

また、正本に刊年の記載がある場合はそれに拠った。

表1～3は、正本（上演時初版）と本屋儀兵衛版・無刊記版だけを扱い、正本を元版とした場合の本文の流用関係をあらわしている。

本屋儀兵衛版と無刊記版Ⅰ～Ⅵの欄に記載した「A1（A2・A3・別版）」は正本（版元1・2）との本文の関係を示す。

本屋儀兵衛版と無刊記版の本文の関係について記すときは、「本儀版と同版」や「Ⅰ種（無刊記Ⅰ種）と同版」のようにあらわした。

この表で対象とする長唄の薄物は、表紙に「長唄」と記載のある正本のほかに、「長唄」と記載がなくとも長唄の唄方・三味線方の名が記されているものも含めた。

ただし、字表紙本は含めなかった。

述者は本文の内題下にある署名からとり、表紙からはとっていない。また、筆耕の署名・刻入印についても本文から（本文末にみられる）とっている。

詞章に胡麻点がある場合は全体的・部分的を問わず「胡有」と表に載せている。文字譜（節付け名）は、文字譜とみなしにくい「オトリ」・「哥」・「ツミ哥」などについても一応「譜有」として記載しているが、本文の冒頭の「二上り」「三下り」と中間の「合」のみの場合は文字譜無しとみなして表には載せなかった。

板元は、正本で特に必要と思われる場合、原本通りの表記を写すようにした。

※①『高野道行哥祭文』『一奏勢熊坂』は「菜花曙曽我　第三番目」・「中村座」と表紙にあるが、版元が異なる。

※②上下二冊本である。他に、下冊の表紙を除いて上下一冊にした覆刻版があり（竹　7-1163・明　1023）、その表紙に「上下」と入る版（黒木）がある。

※③下冊の表紙を除き、上下冊の本文を合わせて一冊にした同版本あり。上冊の表紙から「上」を削去して表紙にしたつくり。

※④版元2として「〈瓢箪形内に文〉の商標の版有、本文は「別版　胡・譜有」。

※⑤享保19年1月上演のいがや版の本文を参考にして版下を作っている（いがや版のA3）。

※⑥このほか、沢村屋利兵衛版の異版が3種と、沢村屋利兵衛と森田屋金蔵相版の版が4種存在するが、刊年・蔵版に関する奥書はない。
※⑦このほかに、沢村屋利兵衛版で奥書のない異版がある。
※⑧◎は版種が複数あることを示す。その際には本文を基準とした。
※⑨天保4・9再演時の正本（沢村屋版）あり。

表7〈版元1と本屋儀兵衛・無刊記版の表紙の関係及び大名題・座名の記載の比較（中村座・都座）〉

中村座〈享保16年2月～天明5年3月〉

上演年月	曲名	版元1	板元2	本屋儀兵衛版	無刊記版Ⅰ種	無刊記版Ⅱ種	無刊記版Ⅲ種	無刊記版Ⅳ種
享保16・2	傾城無間鐘	鱗形屋・透写 傾情福引名護屋　二番目 中村座	いがや 同版修かA 2※① 同上 中むら座					
享保17・1	うしろめん		中嶌屋 初暦商曽我 第二番目 座名なし					
宝暦3・1	京鹿子娘道成寺	いがや上下二冊 男伊達初買曽我　第三番目 中村座	版元1と上 下冊別版 同上 中むら座・中 村座	上冊の絵と A2カ 同上 中村座	上冊絵A2 下冊絵A1 上冊なし・下冊同上 無	いがや上冊と A2・3 元版1と同 中村座		
宝暦3・1	花の縁	いがや 男伊達初買曽我　第三番目 中むら座			表紙A2 同上 中むら	表紙A1 同上 座名と版元名を削除	表紙A3 同上 中村	
宝暦4・2	江戸鹿子男道成寺	いがや上下二冊・透写 百千鳥艶郷曽我　第二番目 中村座		表紙別版 名題有 番目無 中村	表紙本屋儀兵衛版と同版 名題有・番目無 中村			
宝暦4・2	英執着獅子	いがや上一冊 百千鳥艶郷曽我　第三番目 中村座		表紙上冊と A1※② 同上 中村	表紙上冊とA3 同上 中村座	表紙Ⅰと覆刻関係 同上 中村座	表紙ⅠとA2・3※③ 同上 中村座	表紙上冊とA2 名題無・番目無 中村
		いがや下一冊 百千鳥艶郷曽我　第三番目 中村座		表紙下冊と A1 同上 中村	表紙下冊とA3 同上 中村座	表紙下冊とA3 無・無 中村		
宝暦8・11	寿相生羽衣		和泉屋権四 郎 上下二冊 木毎花相生 鉢樹　第一 番目 中村座		絵版元2上冊と A2 同上 無	絵版元2上下冊とA2 同上 無	表紙版元2下冊とA2 同上 無	別版　上下一冊 名題有・番目無 無
宝暦12・3	芳野草	村山版 曽我贔屓日本櫻　第二番目 中むら座		絵がA2 名題無 番目無 中村	本儀版の覆刻 名題無・番目無 中村			

宝暦12・3	道行旅初桜	村山版 曽我贔屓日本櫻　第二番目 中村座			上下二冊表紙A2 曽我贔屓二本櫻第二番目 中むら	表紙IとA3 同上 中村座	絵IとA2 名題無・番目無 中村	
宝暦12・11	紅葉売				不明※④ 名題無・番目無 無			
宝暦13・11	末広冬牡丹	村山版 大丈夫高館實記第一番目 中むら座		表紙A2 大丈夫高館 實記第一番 目 中むら				
宝暦14・2	艸摺引			不明 人来鳥春告 曽我番目無 中むら	絵本儀版と覆刻関係 名題無・番目無 中むら			
宝暦14・2	爪音幸紋尽	村山版 人来鳥春告曽我　第二番目 中むら座			表紙A2 同上 中むら座	表紙Iの覆刻 同上 中むら座	表紙別版 名題無・番目無 中むら	
明和1・11	縁結祝葛葉	村山版 贇相馬内裡　第二番目 中村座		表紙A2 名題有 番目有 中村	絵A2 無 中むら			
明和2・1	（めりやす）親子草	村山版 天津風念力曽我　第二番目 中むら座		表紙A2 同上 無				
明和2・11	**姿の鏡関寺小町**	村山版 袖神楽謌雨乞小町　第一番目 中村座		表紙A1 同上 中村	表紙A2（本儀版の覆刻） 無（出だしの文句） 中村			
明和2・11	ふたつ文字	村山版 神楽謌雨乞小町　第二番目 中村座			表紙A2とA3 名題有・番目無 中むら	表紙Iの同版後印 名題有・番目無 中むら	絵と外題A2 名題有・番目無 無	別版 名題有・番目無 無
明和3・7	馴染相の山	村山版 八百屋お七恋江戸染　第二番目 中村座			表紙A2 同上 中むら			
明和4・1	琴の段　朧月	村山版 初商大見世曽我　第一番目 中村座			表紙A2 同上 中村座	絵A2 同上 中村	表紙Ⅱ種と同版カ 名題有・番目無 中村	
明和4・1	春調娘七種	村山版 初商大見世曽我　第一番目 中村座			表紙A3 同上 中むら	表紙別版 無（出だしの文句） 中村座	別版・絵ⅡとA2 名題有・番目有 中村座	
明和4・1	春雨	村山版 初商大見世曽我　第二番目 中村座			表紙A1 同上 中むら			

上演年月	曲名	版元1	板元2	本屋儀兵衛版	無刊記版Ⅰ種	無刊記版Ⅱ種	無刊記版Ⅲ種	無刊記版Ⅳ種
明和4・8	秋巣籠	村山版 其名月色人　第二番目 中村座			表紙A2 同上 中むら			
明和4・8	衣かつぎ思破車	村山版 其名月色人　第二番目 中村座		表紙A2 名題有 番目有 中村	表紙同版後印 名題有・番目有 中村座	本儀版のA2 無・無 中村		
明和4・11	**早咲賤女乱拍子**	村山版・鳥居清経画 太平記賤女振袖　第一番目 中村座			表紙A2画師名無 名題有・番目無 無	絵A2画師名無 名題有・番目無 中村	表紙別板 名題有・番目無 無	
明和4・11	おどり念仏				不明・清経画 太平記賤女振袖第一番目 中村座			
明和5・1	ちごさくら	村山版 筆始曽我章　第二番目 中村座			表紙A2 同上 中むら			
明和5・9	**畳算**	村山版 天竺徳兵衛古郷取梶　第二番目 中村座			表紙A1 同上 中村座	表紙A2 同上 中村座	表紙Ⅱと同版 同上 中村座	表紙A3 同上 無 無刊記版Ⅴ種 表紙ⅣのA2 名題有・番目無 無 無刊記版Ⅵ種 絵A2 無・無 中むら座
明和5・11	初時雨	村山版 今於盛末廣源氏　第一番目 中村座	商標∧文・別版 同上 中村座		表紙A2 同上 中村座			
明和6・2	道行女夫傘	村山版 曽我襧愛護若松　第二番目 中村座		表紙A2 同上 中村				
明和6・2	相生獅子	村山版 曽我襧愛護若松　第三番目 中村座			表紙A2 同上 中むら	絵A1 無・無 中むら	絵A2・覆刻Ⅱ 無・無 中むら	表紙A3 同上 無
明和6・5	弾昫准系図	村山版上下二冊 曽我襧愛護若松　第三番目 中村座			表紙同版後印			
明和6・7	雲の峰	村山版 念力槃葉鏡　第一番目 中村座			絵A1 無・無 中村座			

明和6・11	（めりやす）かみ心	村山版 常花栄鉢樹　第一番目 中村座			表紙Ａ1 同上 中村座			
明和7・1	釣狐春乱菊	村山版 鏡池俤曽我　第一番目 中むら座		表紙Ａ2 同上 中むら座	表紙Ａ3 同上 中むら座	絵Ａ2 名題有・番目無 中むら		
明和7・3	こころの五文字	村山版 鏡池俤曽我　第二番目 中村座	表紙同版 同上 中むら座					
明和7・8	（めりやす）星明	村山版 敵討忠孝鑑　第三番目 中村座		表紙Ａ2 無・無 中村	表紙Ａ2・儀と異版 無・無 中村			
明和7・11	狂乱　須磨友千鳥	村山版 夜鳥木材陽的　第一番目 中村座			表紙Ａ2 同上 中村			
明和7・11	粧古郷帰花	村山版 鵺森一陽的　第一番目 中村座		表紙Ａ2 同上 中村				
明和7・11	（めりやす）うき枕	村山版 鵺森一陽的　第二番目 中村座			表紙Ａ3 名題有・番目無 中むら			
明和8・3	髪梳十寸鏡	村山版 堺町曽我年代記　第二番目 中村座			表紙Ａ2 名題有・番目無 中村			
明和8・3	（めりやす）仇ざくら	村山版 堺町曽我年代記　第二番目 中村座			表紙Ａ2 名題有・番目無 中村			
明和8・11	紅白勢丹前	村山版 倭花小野五文字　第一番目 五立目 中村座			表紙Ａ1 名題有・番目無 中村			
明和6〜安永2頃	七襄秋羽衣				不明 名題無・番目無 中村			
明和9・1	梅笑粧くさずり	村山版 春曽我明晴艸紙　第一番目 中村座			表紙Ａ1 名題有・番目無 中むら・中村※⑤			
明和9・1	（狂乱初霞） 雲井の里言葉	村山版 春曽我明晴艸紙　第一番目 中村座			表紙Ａ2 同上 中むら	表紙別版 名題有・番目無 中むら		
明和9・1	（めりやす）若くさ	村山版 春曽我明晴艸紙　第一番目 四立目 中村座			表紙Ａ1 名題有・番目無 中村			

上演年月	曲名	版元1	板元2	本屋儀兵衛版	無刊記版Ⅰ種	無刊記版Ⅱ種	無刊記版Ⅲ種	無刊記版Ⅳ種
明和9・8	初歌舞妓女花槍				不明 花御所根元舞台第一番目 中村座			
明和9・8	（めりやす）笹引				不明 花御所根元舞台第一番目 中村座			
明和9・11	雪の一夜室乱梅				不明 大鎧海老胴篠塚　番目無 中むら座			
明和9・11	（めりやす）白たえ				不明 大鎧海老胴篠塚　番目無 中村座	Ⅰ種のA2 名題有・番目無 中村座		
安永2・1	道行初の鶯				不明 和田酒盛栄花鑑　番目無 中むら座			
安永2・1	（めりやす）かきつばた				不明 和田酒盛栄花鑑　番目無 中むら座			
安永3・9	（めりやす）思ひ寝	村山版 御誂染曽我雛形　第二番目 中村座			表紙A2 無・無 中村座			
安永4・11	翁草恋種蒔				不明 名題無・番目無 中村	不明Ⅰと別版 名題無・番目無 中むら座		
安永3～5頃	壽萬歳				不明 名題無・番目無 中村座			
安永5・11	（めりやす）ねぬよ				不明 咲此花顔閲・番目無 中村			
安永6・1	（めりやす）すくな文字				不明 稚児硯青柳曽我・番目無 座名無			
安永6・3	鏡掛花振袖				不明 稚児硯青柳曽我第二番目 中村座	表紙（連名以外）ⅠのA1 名題有・番目無 中村座	表紙ⅠのA3 無・無 中むら	
天明2・11	（めりやす）雪花月	村山／松本や 五代源氏貢振袖　第一番目 中村座		表紙別版 名題有 番目無 中村				

天明3・8	（めりやす）秋の夜	村山／松本屋 勝角力団扇上羽 中村座						
天明4・3	馴初船の内				不明 曽我娘長者・番目無 中村			
天明4・3	朝日の舞鶴				不明 曽我娘長者・第一番目 四立目・中村座			

〔注〕

表7は版元1と本屋儀兵衛版・無刊記版Ⅰ～Ⅵ種の表紙あるいは絵部分の関係について記したものである。表1と対応させているが、表7では版元1のみ伝存する曲は省略している。本屋儀兵衛版と無刊記版各種の一行目に「表紙A1（A2・A3・別版）」とあるのは、版元1を元版とした場合の、表紙の関係を表す。版元1が伝存しない場合は本屋儀兵衛版・無刊記版との関係は「不明」と記載される。また、本屋儀兵衛版と無刊記版間の関係について特に記載する場合は「本儀版のA2」、「Ⅰ（無刊記版Ⅰ種）と同版」のように版種を明らかにしてある。

各曲について、それぞれの版種の列の二行目には大名題と場立てを、三行目には座名を正本の記載どおりに書き出している。表中で特に記されない場合は一冊本である。

※①いがや版の表紙では、「瀬川菊」に続く文字が「次郎」となっており、はめ込んだ感じがする。このいがや版では、外題下に「瀬川菊之丞ついぜん」とあり、演奏者連名も異なることから、狂言名題が鱗形屋版と同じであっても再演時の正本とみられる。

鱗形屋版がいわゆる「版木写し」の透写本であるため推測となるが、いがや版の表紙は、鱗形屋版の表紙を版下として部分的に入れ替えたA2か、または、版木を入木した同版修とみられる。

※②本屋儀兵衛版には他に下冊の表紙を除いて上下一冊にした版があり、その表紙は上冊の同版後印である（竹内文庫3060）。さらに、竹3060と同版本で表紙に「上下」と入る版がある（黒木文庫1703）。

※③上下一冊本であり、上冊に下冊の表紙を除いて本文を続けている。

※④表紙に「上下」と入る同版本あり（芸N9・演特イ11-1212-7C）。

※⑤芸大本E24の表紙には「中村」と「中むら」と両方入っているが、芸大本N11の表紙では「中村」が版木から削去され「中むら」とだけ入る。両書は表紙・本文ともに同版である。

後版表〈中村座・都座〉〈寛延2年3月〜天明5年3月〉

「字」は字表紙本

上演年月	曲名	冨士屋小十郎 ふきや町 かしき通り／南側	伊賀屋勘右衛門 （住所変）	和泉屋市兵衛 芝明神前	山本平吉 よし町 川岸角	森田屋金蔵 神田平永町	沢村屋利兵衛 さかい町	丸屋鉄次郎	蔦屋重三郎 小伝馬町 三丁目	大黒屋 金之介	清水治平衛 本芝三丁目	濱松屋幸助 通油町 北側	多田屋利兵衛 堀江町四丁目 日本橋通三丁目
寛延2・3	**一奏現在道成寺**	元浜町伊賀屋勘右衛門原板 ふきや町冨士屋小十郎再板											
宝暦3・2	**京鹿子娘道成寺**	◎	◎	○山本相版	○森田屋と相反	◎	◎再板　利兵衛正 文政13年改板澤村蔵板 天保11年澤村蔵板	◎沢村相版「文久4年再々刻」					○
宝暦4・2	英執着獅子	◎	◎		○森田屋と相反	○	◎ ○大黒屋金之介相板	○沢村相版		沢村相版		○	○
宝暦6・11	早咲枕丹前	◎南側Ⅰ種大名題有	○		○森田屋と相反	○ ○岩戸屋相版	○岩戸屋久兵衛相版						○
宝暦12・3	道行旅初桜					○							
宝暦14・2	爪音幸紋尽						○「再板」大名題無						
宝暦14・4	ねこのつま					○	○						○
明和2・11	**姿の鏡関寺小町**	○	○ ○冨士屋相板			◎ ○岩戸屋相版	◎				○		○
明和4・1	琴の段　朧月	○字稽古本					○「申年八月再板」						○字稽古
明和4・1	春調娘七種	◎	◎		○森田屋と相反	◎	◎「文久三年八月改板」	○原板沢村求板丸屋					
明和4・8	秋巣籠	○	○	○山本相版			◎「再板」						
明和4・8	衣かづき思破車	○	○			○	○	○原板沢村求板丸屋					○
明和6・2	**相生獅子**	◎	◎冨士屋相版 ◎単独		○森田屋と相反	◎	◎「再板」		○		○	○	○
明和7・1	釣狐春乱菊	○ ○字				○	◎「再板」						
明和9・1	雲井の里言葉					○							
明和9・11	（めりやす）白たえ	○				○	○						
安永4・11	翁草繼種蒔（種蒔三番叟）	◎ かし通り大名題無	○富士屋相版 ○単独			◎大名題無	◎沢村単独 大名題無「再板」 ○岩戸屋久兵衛相板	○原板沢村求板丸屋				○	
天明1・11	**我背子恋の合槌（蜘蛛拍子舞）**	○	○富士屋相版 ◎福地茂兵衛／山本重五郎／富士屋と相版				○字稽古本	○福地茂／山本／伊賀屋と相板					
天明2・3	釣狐花設罠	○			○森田屋と相反	○							
天明3・8	（めりやす）秋の夜					○大名題無							
天明4・3	馴初舩の内	○				○							
天明4・11	（めりやす）黒髪	◎	○			◎	○「再板」「沢村屋利兵衛板正」	○					
天明5・3	八挺鉦	○											

市村座・桐座

表Ⅰ〈版元表記と本文の関係及び作者・筆耕署名（市村座・桐座）〉

市村座〈享保18年正月～寛政12年6月〉

上演年月	曲名	版元1（元版）	内題下署名・筆耕・胡麻点・文字譜	版元2	本屋儀兵衛版	無刊記版Ⅰ種	無刊記版Ⅱ種	無刊記版Ⅲ種	無刊記版Ⅳ種
享保18・1	色里踊口説あれみさしゃんせ節	元浜丁いがや	胡譜無						
享保18・7	大踊こんこりき節	元浜丁いがや	胡譜無						
享保19・3	やつし西行富士見五郎	横山町壱丁目新道　泉権（奥）此ころせけんより～※1／松嶋庄五郎／坂田兵四郎直伝之以板行仕候者也	胡譜有						
享保19・3	江戸桜五人男掛合文七節	横山町壱丁目新道　泉権（奥）長うた坂田兵四郎／松嶋庄五郎直伝の正本也／市村座新きやうげんはんもと（右同）	胡少譜有						
元文4・11	小山田太郎物狂せりふ	元浜丁いがや	胡無譜有						
元文5・4	狐東柳	橘町四丁目横町泉権／はんもとおろし（奥）右此本ハ松嶋庄五郎直伝之正本也	胡無譜有						
元文5・6	文月弓矢誉	橘町四丁目　泉権	胡無譜有						
元文5・11	（大坂土産）丹前鑓踊	橘町四丁目　泉権	胡無　ヲンド哥						
寛保2・1	姿花五色桜	橘町四丁目　泉権・透写	胡譜無						
寛保2・1	思ひの緋桜	橘町四丁目　泉権・透写（奥）右此正本ハ坂田兵四郎松嶋庄五郎直伝の以令板行者也	胡譜少有	橘町二丁目泉権A3（奥）右此本ハ（同上二名）直伝ヲ以板行仕候／市村座はんもと（同）胡譜少有		別版　同板富士屋板※2	すべてと別版	すべてと別版	
寛保2・11	今様こんくわい信田妻	橘町四丁目　泉権・透写	胡無譜有						
寛保4・1	高尾さんげの段	橘町　泉権	胡無　ツツミ哥						
延享2・1	釣狐鎧乱曲	橘町四丁目　泉権・透写	胡無　ツツミ哥　ウタ						
延享2・7	東雲いもせの八声	橘町二ママ（四）丁目　泉権・透写※3	胡無譜有						
延享2・11	（掛合）鼓哥	橘町四丁目　泉権・透写	胡無キン						
延享4・4	元服花菖蒲	橘町二丁目　泉権	胡少譜有						
延享4・11	紫宵宿夜霜	橘町二丁目　泉権	胡少譜有						

延享5・1	鶴の丸日の出男	橘町二丁目　泉権	胡無譜有						
延享5・1	(土手八町)当世羽織	橘町泉権	胡無譜有						
延享5・4	**菜の花小蝶の袂**	橘町二丁目　泉権 (下冊奥) 市村座はんもと (右同)	胡無 上ケ ツツミ哥						
寛延1・8	子宝木の葉の絹	橘町二丁目　泉権	胡無上						
寛延1・8	坂田金時道行	橘町泉権	胡無譜有						
寛延1・11	放下僧小切子所作の段	橘町二丁目　泉権	胡無譜有						
寛延1・11	室の闇魁丹前	橘町二丁目　泉権 (下冊奥) 市村座はんもと (右同)	胡無譜有						
寛延2・1	浦山吹東人形	橘町二丁目　泉権	胡無・ツツミ哥・上ケ						
寛延4・1	朧月面影花	橘町二丁目　泉権	胡少・ツツミ哥・哥						
寛延4・3	**鳴神上人北山桜**	橘町二丁目　泉権	勤筆沾翁 胡無譜有						
宝暦3・1	花笠娘丹前	橘町二丁目　泉権 (下冊奥) 市村座板元所 (右同)	胡1ヵ所 引・合他						
宝暦3・6	無間の鐘	橘町二丁目　泉権	胡無・上・合						
宝暦4・1	振分髪獅子乱曲	橘町二丁目　泉権 (下冊奥) 市村座はんもと (右同)	胡無譜有						
宝暦4・8	(新春駒)秋野月毛の駒	橘町二丁目　泉権 (下冊奥)市村座はんもと (右同)	胡譜有			別版　胡譜有			
宝暦4・11	風流妹背の柱建	橘町　泉権	胡無・うたひ・哥						
宝暦4・11	高砂丹前	橘町　泉権 (下冊奥) 市村座はんもと (右同)	胡譜無						
宝暦5・1	**髪梳妹背鏡**	橘町二丁目　泉権	胡少譜有		江戸橋四日市／大坂屋義兵衛・別版 胡少譜有	大坂屋と同板 胡少譜有	大坂屋と同板 胡少譜有	大坂屋の覆刻 胡少譜有 同版富士屋板※4	別版 胡少譜有
宝暦5・1	(四季詠)牡丹邯鄲里	橘町二丁目　泉権 (冬冊奥) 浄るりせりふ板元　市村座 板元 (右同)	胡譜有						
宝暦5・7	浪枕桔梗物狂	橘町二丁目　泉権	胡無譜有						
宝暦5・8	門出京人形	橘町二丁目　泉権	胡無譜有	橘町二丁目泉権 版元1の覆刻		別版			
宝暦5・8	蟬丸都尾花	橘町二丁目　泉権 (奥) 市村座板元 (右同)	胡無・地方・合						

上演年月	曲名	版元1（元版）	内題下署名・筆耕・胡麻点・文字譜	版元2	本屋儀兵衛版	無刊記版I種	無刊記版II種	無刊記版III種	無刊記版IV種
宝暦5・11	雛形源丹前	橘町二丁目　泉権 （下冊奥）市村座板元（右同）	胡譜無						
宝暦5・11	今様四季三番三 （上冊）	橘町二丁目　泉権	胡無・合			A1　胡無・合	Iの覆刻 胡無・合	別版 胡無・合	
宝暦6・3	両州隅田川名所尽	橘町二丁目　泉権	胡無・合	橘町二丁目泉権 版元1の覆刻 胡無・合		1のA2 胡無・合	1のA1 胡無・合	1のA3 胡無・合のみ	別版 胡無・合 同版富士屋版※5
宝暦6・3	花曇忠義金	橘町二丁目　泉権・透写 （下冊奥）浄るり／長哥／せりふ市村 座板元根元（右同）	胡無譜有						
宝暦6・7	呼小鳥印の柳	橘町二丁目　泉権板（図版）							
宝暦6・7	名取川	橘町二丁目　泉権・透写 （奥）市村座はんもと（右同）	胡譜無						
宝暦6・11	百千鳥娘道成寺	橘町二丁目　泉権	胡有譜有			A1　胡譜有	A1 胡無譜有	A3～別版 胡譜有	A1 胡譜有 無刊記版V種 すべてと別版 同版富士屋版※6
宝暦6・11	弓力手くなゑ丹前	橘町二丁目　泉権 （下冊奥）市むら座はんもと（右同）	胡譜無						
宝暦7・2	鳥指浮流朝比奈	橘町二丁目　泉権 （中・下冊奥）浄るり／せりふ／長哥 市村座板元（右同）	胡少譜有						
宝暦7・2	（めりやす） 花の香	橘町二丁目　泉権 （奥）浄るり／せりふ／長うた／ほめことば 市村座板元（同板元・住所）	胡無譜有						
宝暦7・7	（からくり橘弁慶） 月の出汐	橘町　泉権 （下冊奥）市村座　せりふ／上るり／ほめ詞 やぐら下／なだいづけ（同版元住所）	胡無譜有						
宝暦7・7	忍笠堤の関路	橘町二丁目　泉権（図版）							
宝暦8・1	粧六花	橘町二丁目　泉権 （下冊奥）市村座板元根元（右同）	胡譜有						
宝暦8・1	［上冊］ 花に酔姿の友 ［下冊］ 昼夜太夫のせりふ	橘町二丁目　泉権・透写 （下冊奥）市村座はんもと（右同）	胡譜有						

宝暦8・3	雛祭神路桃 [上冊] 官女・春駒踊・杜若 [中冊]　鑓踊・傾城 [下冊]山賤・布さらし	橘町二丁目　泉権 (下冊奥)　市村座板元（右同）	胡譜有 胡譜有 胡譜有		A1 胡譜有	A2　胡譜有	別版　傾城本文		
宝暦8・3	野路母子草	橘町二丁目　泉権 (奥)　市むら座板元（右同）	胡譜有						
宝暦8・3	紫の曙大踊り	泉権・透写	胡譜無						
宝暦8・9	**乱菊枕慈童**	橘町二丁目　泉権 (下冊奥)　市村座はんもと（右同）	胡譜有			(上)A1胡譜有 (下)A2胡譜有 奥書無	(上)A1胡譜有 (下)A2胡無譜有 奥書無	(上下)　別版 胡譜有	(上下)ⅢのA3～ 別版　胡無譜有 **無刊記版V種** すべてと別版 胡無譜少
宝暦8・11	乱調尾上鐘	橘町二丁目　泉権 (奥)　市村座はんもと（右同）	胡譜有						
宝暦8・11	面影青砥滝津瀬	橘町二丁目　泉権 (下冊奥)　市村座はんもと（右同）	胡無・ 浄るり						
宝暦8・11	（めりやす） 小夜あらし	橘町二丁目　泉権 (奥)　市むら座はんもと（右同）	胡譜有	同上版元 1の同版後印		A1　胡譜有 奥「市むら座」 のみ残す	A1　胡譜有 奥「市むら座」 のみ残す	A1　Ⅱと同版 後印　胡譜有 奥書無	別版 胡無譜少 同版富士屋版※7 **無刊記版V種** すべてと別版 胡譜有
宝暦9・1	無間鐘	橘町二丁目　泉権・透写	胡少譜有						
宝暦9・1	花子	橘町二丁目　泉権・透写 (奥)　市村座はんもと（右同）	胡無 鼓哥						
宝暦9・1	曲輪歌仕形万歳	橘町二丁目　泉権・下一冊	胡無 合・哥						
宝暦9・3	恋空蟬	橘町二丁目　泉権 (奥)　市村座はんもと（右同）	胡譜有			A1　胡無譜有 奥書無			
宝暦9・3	姿の華	橘町二丁目　泉権 (奥)　市村座はんもと（右同）	胡譜無						
宝暦9・5	（菖蒲／杜若） 根元草摺引	橘町二丁目　泉権・下一冊 (奥)　市村座はんもと（右同）	胡無・合	橘町二丁目　泉権 1の覆刻・奥書同		A1　胡無・合 奥書「市村座」残	A1　胡無・合 奥書無	別版 胡無・合	すべてと別版 胡無・合
宝暦9・5	分身鉄五郎	橘町二丁目　泉権	胡無 上るり						
宝暦9・5	髪梳夜撫子	橘町二丁目　泉権・透写 (奥)　市むら座はん元（右同）	胡譜有						
宝暦9・7	女舞紅葉賀	橘町二丁目　泉権・透写・終丁欠	胡譜有						
宝暦10・1	幼愛四季の万歳	橘町二丁目　泉権・上一冊	胡譜有						

上演年月	曲名	版元1（元版）	内題下署名・筆耕・胡麻点・文字譜	版元2	本屋儀兵衛版	無刊記版I種	無刊記版II種	無刊記版III種	無刊記版IV種
宝暦10・6	鐘入解脱衣	橘町二丁目　泉権							
宝暦10・6	鎌倉風真田笠紐	橘町二丁目　泉権・下一冊 （奥）市村座はん元（右同）	胡無 上るり						
宝暦10・6	（めりやす）仮枕	橘町二丁目　泉権 （奥）市村座はん元（右同）	丈阿 胡譜有		A2 胡譜有 奥書無 丈阿無				
宝暦10・6	夜半の乱髪	橘町二丁目　泉権 （奥）市むら座はんもと（右同）	胡部分的 譜有						
宝暦10・11	色見草	橘町二丁目　泉権 （奥）市村座はんもと（右同）	丈阿 胡譜有						
宝暦10・11	剣烏帽子照葉盃	橘町二丁目　泉権 （奥）市村座はんもと（右同）	丈阿 胡譜有			A1　胡譜有 丈阿無・奥書無	A1　同版I 胡譜有 丈阿無・奥書無	A1　同版I 胡譜有 丈阿無・奥書無	A1 胡無譜有 丈阿無・奥書無 **無刊記版V種** 別版　胡無譜有 **無刊記版VI種** Vと別版 胡無譜有
宝暦11・1	（めりやす） 雉子の雨	橘町二丁目　泉権 （奥）市村座はんもと（右同）	丈阿 胡譜有	橘町二丁目　泉権 奥書有・丈阿無 胡無譜有・別版		1のA2 胡無譜有 奥書無・丈阿無	別版　胡譜有	IIと別版 胡譜有	
宝暦11・3	紋日艪拍子	橘町二丁目　泉権 （奥）市むら座はんもと（右同）	作者金井三笑／ 桜田治助 丈阿 胡無・哥						
宝暦11・8	姿乱菊	橘町二丁目　泉権・表紙掲載							
宝暦11・11	鴦の色羽粧ひ丹前	橘町二丁目　泉権	胡無・合・哥						
宝暦11・11	双紋雪の俤	橘町二丁目　泉権 （奥）市村座はんもと（右同）	胡少譜有						
宝暦12・1	浦千鳥見女汐汲	橘町二丁目　泉権 （奥）市むら座板元（右同）	胡譜有						
宝暦12・1	籬の垣衣草	橘町二丁目　泉権 （奥）市むら座正板所（右同）	胡譜有						
宝暦12・1	（髪梳）夜玉櫛	橘町二丁目　泉権 （奥）市村座〔綴じ目〕（右同）	胡譜有						

宝暦12・4	柳雛諸鳥囀 ［上冊］布袋	橘町二丁目　泉権	胡譜有		㋐A1 胡譜有 ㋑別版 胡譜含下	A1 胡譜有含下	A3 胡譜有 ㋑㋒は含下冊本文		
	［下冊］唐子	橘町二丁目　泉権 (奥)市村座正板元（右同）	胡譜有		A1 胡譜有 奥書「市村」残す	A3　胡譜有			
	華笠踊	橘町二丁目　泉権 (奥)市むら座正板元（右同）	胡譜有		A1 胡譜有 奥書無				
	草摺	橘町二丁目　泉権 (奥)市村座正はんもと（右同）	胡譜有		A2 胡譜有 奥書「市村」残す				
	［上冊］鷺娘 ［下冊］内題なし	橘町二丁目　泉権 正板元　橘町二丁目　泉権 (奥)市村座正はん元（右同）	胡譜有 胡譜有	同上・覆刻 ルビ落　奥書同上		A2　胡譜有 A2　胡譜有 奥書無	別版　胡譜有※8	別版　胡譜有	Ⅲと別版 胡譜有
	［上冊］後面	正板所　橘町二丁目　泉権 (奥)市村座正板元（右同）			別版 Ⅲと覆刻 関係	A1　胡譜有 奥書無	A1　胡譜有 奥書無	別版　胡譜有	
	［下冊］傾城	正板元　橘町二丁目　泉権	胡譜有			A2　胡譜有			
宝暦12・7	（めりやす本調子）松虫	橘町二丁目　泉権	胡譜有						
宝暦12・11	糸縷賤緒巻	橘町二丁目　泉権	胡譜有						
宝暦12・11	雛形娘丹前	正板所　橘町二丁目　泉権	胡譜有						
宝暦13・2	初咲法楽舞	橘町二丁目　泉権	胡譜有		㋐別版 胡譜有 ㋑別版中字 胡譜有	A2　胡譜有	A3〜別版 胡譜有	別版 胡無譜少	本儀版㋐の覆刻 ルビ落　胡譜有 **無刊記版Ⅴ種** 別版 胡無・合・詞※9
宝暦13・2	紅梅夜濃鶴	橘町二丁目　泉権	胡譜有			A2　胡譜有			
宝暦13・2	卯花相の山	橘町二丁目　泉権	胡譜有						
宝暦13・7	所縁の茶杓	橘町二丁目　泉権・透写 (奥)市村座正板所（右同）	胡譜有						
宝暦13・7	（めりやす）秋七種	橘町二丁目　泉権 (奥)市むら座正板処（右同）	胡譜有		A2胡譜有 奥書無	別版　胡無譜有	A3　胡無譜有		
宝暦13・11	狂乱情姿絵	橘町二丁目　泉権 (奥)市村座はんもと（右同）	鼎峨印 胡譜有						
宝暦13・11	紅葉傘住吉丹前	橘町二丁目　泉権 (奥)市村座はんもと（右同）	鼎峨印 胡譜有						
宝暦13・11	玉櫛笥寝鐘	橘町二丁目　泉権	胡譜有						

上演年月	曲名	版元1（元版）	内題下署名・筆耕・胡麻点・文字譜	版元2	本屋儀兵衛版	無刊記版Ⅰ種	無刊記版Ⅱ種	無刊記版Ⅲ種	無刊記版Ⅳ種
宝暦13・11	（拍子舞）恋文字道中双六	橘町二丁目　泉権	胡少譜有						
宝暦14・1	無間鐘　昔草	橘町二丁目　泉権	胡譜有						
宝暦14・3	女伊達姿花	橘町二丁目　泉権 （奥）市村座はんもと（右同）	胡譜有		A1 胡譜有 ルビ落 奥書無	別版 胡譜有※10			
宝暦14・4	狂乱手管のすががき	橘町二丁目　泉権 （奥）市村座はんもと（右同）	胡譜有						
宝暦14・5	乗掛情の夏木立				売所　江戸 橋四日市 本儀　別版 胡譜有	（A） 胡譜有	（A）非同版Ⅰ 胡譜有	本儀版と同版 胡譜有	本儀版覆刻関係 胡譜有　内題異
明和1・8	有明鶏	橘町二丁目　泉権 （奥）市むら座板元（右同）	胡譜有						
明和1・8	川柳二つの竹	橘町二丁目　泉権・透写	胡譜有						
明和1・11	冬至梅雪の空灶	橘町二丁目　泉権・透写 （奥）市むら座板元（右同）	胡譜有						
明和1・11	鞭桜宇佐幣	橘町二丁目　泉権　上下二冊	金井三笑述 胡譜有	橘町二丁目　泉権 同版1〔上〕一冊					
明和1・11	**花錦嫩丹前**	橘町二丁目　泉権 （下冊奥）はんもと（右同）	胡譜有		A1胡譜有 奥「はんもと」残	A1　胡譜有 奥書無	別版　胡無譜有	別版　胡譜有	別版　胡譜有
明和1・11	浜衢幾世月	橘町二丁目　泉権 （奥）市むら座板元（右同）	胡譜有						
明和1・11	冬小菊御乳女童	橘町二丁目　泉権・透写	胡譜有						
明和1・11	雪咲心の花	橘町二丁目　泉権	胡譜有			A2　胡譜有			
明和1・11	雪傘積恋歌	橘町二丁目　泉権	胡譜有						
明和2・1	**夜鶴綱手草**	橘町二丁目　泉権 （奥）市村座板元（右同）	金井三笑述 胡譜有			A2　胡譜有 述者有・奥書無	A2・Ⅰの覆刻 胡無譜有 述者有・奥書無	別版 胡無譜有	すべてと別版 胡無・二上り、合 同版冨士屋※11
明和2・1	思ひ川	橘町二丁目　泉権	胡譜有			A1　胡譜有	別版　胡譜有		
明和2・2	里花浮空灶	橘町二丁目　泉権	金井三笑述 胡譜有						
明和2・2	十寸鏡	橘町二丁目　泉権	金井三笑述 胡譜有						
明和2・5	花扇裾野神瑞籬	橘町二丁目　泉権 （奥）市村座板元（右同）	胡譜有						

明和2・7	(少将道行)百夜車	橘町二丁目　泉権				A1　胡譜有	別版　胡譜有		
明和2・7	朝顔	橘町二丁目　泉権	胡譜有						
明和3・2	糸遊花紋盡	橘町二丁目　泉権	胡譜有						
明和3・7	神唄大おどり	橘町二丁目　泉権	胡譜有						
明和3・7	乱萩恋山路	橘町二丁目　泉権	金井三笑述 胡譜有						
明和3・8	(髪梳)　霧の籬	橘町二丁目　泉権	胡譜有						
明和3・11	恋の出雲路	橘町二丁目　泉権　上一冊	胡譜有		下一冊 胡譜有				
明和3・11	我こころ	橘町二丁目　泉権	胡譜有			A1　胡譜有	A1　胡譜有 Iの被彫	A3　胡譜有 書体違	別版　IA3 胡譜有 **無刊記版V種** A3　誤刻有 胡譜有
明和4・1	金色栄万歳	橘町二丁目　泉権	胡譜有		A2 胡譜有				
明和4・1	乱咲梅映香	橘町二丁目　泉権	胡譜有						
明和4・1	左右花兵交	橘町二丁目　泉権	大薩摩右扇太夫 作者壕越二三治 胡無譜無						
明和4・1	琴の音	橘町二丁目　泉権	胡譜有			A1　胡譜有	A3　胡譜有 商標有		
明和4・1	春の曙	橘町二丁目　泉権	胡譜有						
明和4・4	(初日)童子戯面被	橘町二丁目　泉権	胡譜有		別版 胡譜有	A2　胡譜有	同版Iカ 胡譜有	Iの被彫 胡無・譜有	
明和4・4	(後日)稚子勇鑓踊	橘町二丁目　泉権	胡譜有						
明和4・4	末の春	橘町二丁目　泉権　(図版)	胡譜有						
明和4・7	左文字	橘町二丁目　泉権	胡譜有						
明和4・7	染糸	橘町二丁目　泉権	胡譜有			A1　胡譜有			
明和4・11	**塩衣須磨俤**	橘町二丁目　泉権	胡譜有			A1　胡譜有	A1　胡譜有	別版　胡譜有	別版　胡無譜有
明和4・11	**六出花吾妻丹前**	橘町二丁目　泉権	胡譜有			A1　胡譜有	A1・同版I 胡譜有	別版　胡譜有	
明和4・11	**初恋心竹馬**	橘町二丁目　泉権	胡譜有			A2　胡譜有	A2　胡譜有	A2　胡無譜有	A2　胡無譜有 **無刊記版V種** 別版　胡譜有
明和4・11	**振袖京早咲**	橘町二丁目　泉権	胡2ヵ所 譜有						

上演年月	曲名	版元1（元版）	内題下署名・筆耕・胡麻点・文字譜	版元2	本屋儀兵衛版	無刊記版Ⅰ種	無刊記版Ⅱ種	無刊記版Ⅲ種	無刊記版Ⅳ種
明和4・11	**魁都童**	橘町二丁目　泉権	胡譜有						
明和5・2	**揚屋入曲輪誰袖**	橘町二丁目　泉権	胡少譜有						
明和5・2	色競梅玉垣	橘町二丁目　泉権	胡少譜有						
明和5・2	東拵賤妻木	橘町二丁目　泉権	胡譜有						
明和5・2	（めりやす）花夕栄	橘町二丁目　泉権有	金井三笑述 胡譜						
明和5・2	廓桜	橘町二丁目　泉権	胡譜有			A1　胡譜有			
明和5・3	初旅名取艸	橘町二丁目　泉権	胡譜有						
明和5・8	舞扇千艸装	橘町二丁目　泉権	胡譜有						
明和5・8	二世の縁	橘町二丁目　泉権	胡譜有			A2　胡譜有	別版　胡譜有		
明和5・8	花楓穂出恋	橘町二丁目　泉権	胡譜有						
明和5・11	寒椿名所花	（橘町二丁目　泉権（綴じ目））	胡譜有			別版　胡譜有			
明和5・11	（道行）置霜尾花袖	橘町二丁目　泉権	胡譜有			A2　胡譜有	別版　胡譜有		
明和5・11	大鳥毛嫩緑	（橘町）二丁目　泉権	胡譜有						
明和5・11	**冬牡丹五色丹前**	橘町二丁目　泉権	胡譜有			A2　胡譜有	Ⅰの被彫 胡無譜有	別版　胡譜有	別版　胡無譜有 **【無刊記版Ⅴ種】** 別版　胡無譜有 ※12
明和5・11	（拍子舞） **教草吉原雀**（上冊）	橘町二丁目　泉権	作者桜田治助 冨士田楓江述 胡譜有			不明　胡譜有 内題下不明	A2　胡譜有 内題下無	A2　胡譜有 内題下無 Ⅱと非同版	A2　胡無譜有 **【無刊記版Ⅴ種】** 別版　胡譜有 **【無刊記版Ⅵ種】** 別版　胡無譜有 **【無刊記版Ⅶ種】** Ⅵ被せ彫 胡無譜有
	（下冊）		胡譜有			不明　胡譜有	A2　胡譜有	A2　胡譜有 Ⅱと同版カ	**【無刊記版Ⅴ種】** 別版　胡譜 **【無刊記版Ⅵ種】** 上下一冊 **【無刊記版Ⅶ種】** 上下一冊
明和5・11	ぬくめ鳥	橘町二丁目　泉権	楓江述 胡譜有						

明和6・1	(丹前)箞つつみ男丹前	〔橘町〕二丁目　泉権	胡譜有						
明和6・1	狂乱若木桜	橘町二丁目　泉権	胡譜有						
明和6・1	由縁花	橘町二丁目　泉権	楓江述 胡譜有						
明和6・3	(髪梳)春の袖	橘町二丁目　泉権	楓江述 胡譜有						
明和6・3	(お菊／幸助)道行由縁の初桜	橘町二丁目　泉権	作者桜田治助 冨士田楓江直伝 胡譜有						
明和6・3	旅柳二面鏡	橘町二丁目　泉権	胡譜有						
明和6・5	江戸花陽曽我祭大踊	橘町二丁目　泉権・透写	胡無譜有						
明和6・7	八千代釣竿	橘町二丁目　泉権	冨士田楓江直伝 胡譜有						
明和6・7	**鞠小弓稚遊**	橘町二丁目　泉権	胡譜有			A1　胡譜有	A1　同版Ⅰ 胡譜有	別版　胡譜有	**泉権／本儀相版** Ⅲと別版 胡無譜少
明和6・7	嫐染分紅葉	橘町二丁目　泉権	冨士田楓江直伝 胡譜有			別版胡譜有			
明和6・11	色鹿子紅葉狩衣	橘町二丁目　泉権	胡譜有		A2胡譜有				
明和6・11	**隈取安宅松**	橘町二丁目　泉権	与風亭述 冨士田楓江直伝 胡譜有			A1　胡譜有 与風亭述無 「冨士田楓江直伝」有	A1　胡少譜有 内題下なし	別版　胡譜有	
明和6・11	彩色群高松	橘町二丁目　泉権	与風亭述 冨士田楓江直伝 胡譜有						
明和6・11	初深雪都花	橘町二丁目　泉権	胡譜有						
明和7・1	末待誓言葉	橘町二丁目　泉権	鼎峨印 胡譜有						
明和7・1	春色鳥追姿	橘町二丁目　泉権	胡譜有						
明和7・1	吾妻振花の関札	橘町二丁目　泉権	胡譜有						
明和7・1	御代松子日初恋	橘町二丁目　泉権	胡譜有		A1 胡譜有	別版　胡譜有	版元空欄・別版Ⅰ 胡無・合 同版冨士屋※13		
明和7・1	**廓盃**	橘町二丁目　泉権	楓江述 胡譜有			A1　胡譜有 「楓江述」有	別版・胡譜有 「楓江述」有		
明和7・1	梅か香	橘町二丁目　泉権	楓江述 胡譜有						

上演年月	曲名	版元1（元版）	内題下署名・筆耕・胡麻点・文字譜	版元2	本屋儀兵衛版	無刊記版Ⅰ種	無刊記版Ⅱ種	無刊記版Ⅲ種	無刊記版Ⅳ種
明和7・1	**其容形七枚起請** 住吉踊／お福女	橘町二丁目　泉権 (五冊之内壱)　一冊	作者与風亭 富士田楓江述 胡譜有						
	椀久	(五冊之内弐)　一冊	作者与風亭 富士田楓江述 胡譜有		別版 胡少譜有				
	芦の葉達磨	(五冊之内三)　一冊	作者与風亭 富士田楓江述 胡譜有						
	虚無僧／文七清川	(五冊之内四)　上一冊 (五冊之内四)　下一冊	作者与風亭 富士田楓江述 胡譜有		A1 胡譜有 内題下無 A1 胡譜有 上下一冊				
明和7・1	**かほよ鳥**	橘町二丁目　泉権	与風亭述 富士田楓江章指 胡譜有		A1 胡譜有 内題下有	A1 胡譜有 内題下有			
明和7・5	潤色放下僧	橘町二丁目　泉権	風亭述 胡譜有						
明和7・6	**髣髴四社幣**	橘町二丁目　泉権	胡譜有						
明和7・7	(風流)香具売／花火売	橘町二丁目　泉権	胡譜有			A2 胡譜有			
明和7・7	今様はなかたみ	橘町二丁目　泉権／正本はんもと	胡譜有			A1 胡無譜有			
明和7・8	**関東小六後雛形**	橘町二丁目　泉権	与風亭述 胡譜有		A2 胡譜有 内題下有	別版 胡譜有 内題下有			
明和7・11	梅顔寿丹前	橘町二丁目　泉権	胡譜有		A1 胡譜有	別版・胡譜有			
明和7・11	**翁草霜舞女**	橘町二丁目　泉権	鼎峨印 胡譜有			A1 胡譜有 鼎峨印無	別版　胡譜有		
明和8・2	相生初若菜	橘町二丁目　泉権	胡譜有			A2　胡譜有			
明和8・2	主誰十重襠	橘町二丁目　泉権	胡譜有						
明和8・8	千代見艸栄丹前	橘町二丁目　泉権	胡譜有						
明和8・8	拾貝真砂鸚	橘町二丁目　泉権	胡譜有						
明和8・8	三保松常世通路	橘町二丁目　泉権	胡譜有						
明和8・8	昔昔楓信楽	橘町二丁目　泉権	胡譜有						
明和8・11	咲分箙	橘町二丁目　泉権	胡譜有	A1　胡譜有					

明和8・11	雄舞縁寒菊	橘町二丁目　泉権	胡譜有						
明和8・11	放下僧千代綾竹	橘町二丁目　泉権	胡譜有						
明和9・1	懸想文賤の七種	橘町二丁目　泉権	胡譜有						
明和9・2	縁種蒔	〔綴じ目〕二丁目　泉権	胡譜有						
明和9・2	初恋富士太鼓	橘町二丁目　泉権	胡譜有						
安永1・11	月都誓塩竈	正銘はんもと　泉権	胡譜有						
安永1・11	恋のかけ針	正銘はんもと　泉権	胡譜有						
安永1・11	初霜信田笠	正銘はんもと　泉権	胡譜有						
安永1・11	真紅乱糸	正銘はんもと　泉権	胡譜有			A2　胡譜有			
安永2・3	鶏合稚角力	〔綴じ目〕一丁目　泉権	鼎峨印 胡譜有						
安永2・3	松朝日鳥指	本所松坂町一丁目　泉権	鼎峨印 胡譜少有						
安永2・3	**初昔文の仲立**	本所松坂町一丁目　泉権	鼎峨印 胡譜有			A2　胡譜有 鼎峨印無			
安永2・3	掛合江戸名所尽	本所松坂町一丁目　泉権 (下冊奥)はん元和泉屋権四郎正	鼎峨印 胡譜有						
安永2・3	鎌倉風咲分丹前	〔綴じ目〕一丁目　泉権	鼎峨印 胡譜有			A2　胡譜有 鼎峨印無			
安永2・3	蝶鳥千年蘼	本所松坂町一丁目　泉権	鼎峨印 胡譜有			A1　胡譜有 鼎峨印無	別版　胡譜有		
安永2・3	女夫水	本所松坂町一丁目　泉権	鼎峨印 胡譜有			A3　胡譜有 鼎峨印無			
安永2・3	姿の乱咲	本所松坂町一丁目　泉権	鼎峨印 胡譜有			A1　胡譜有 鼎峨印無			
安永2・8	平戸名所談	〔綴じ目〕一丁目　泉権	鼎峨印 胡譜有						
安永2・8	仇浪鴛思羽	〔綴じ目〕一丁目　泉権	鼎峨印 胡譜有						
安永2・8	月黛芹摘姿	〔綴じ目〕一丁目　泉権	鼎峨印 胡譜有						
安永2・8	道行法の芦分舟	本所松坂町一丁目　泉権	鼎峨印 胡譜有						
安永2・8	(めりやす)月の弓	本所松坂町一丁目　泉権	鼎峨印 胡譜有			A1　胡譜有 鼎峨印無			
安永3・1	狂女山路梅	〔綴じ目〕一丁目　泉権 (奥)泉屋ごん四郎正	胡譜有						
安永3・1	**(めりやす)夜半の鐘**	本所松坂町一丁目　泉権	鼎峨印 胡譜有		A3 胡無譜有				

上演年月	曲名	版元1（元版）	内題下署名・筆耕・胡麻点・文字譜	版元2	本屋儀兵衛版	無刊記版Ⅰ種	無刊記版Ⅱ種	無刊記版Ⅲ種	無刊記版Ⅳ種
安永3・1	三幅対連理巣籠	本所松坂町一丁目　泉権	鼎峨印 胡譜有			A1　胡無譜少 鼎峨印無	別版　胡無譜有		
安永3・1	**梅丹前模様**	本所松坂町一丁目　泉権 （奥）いつミや権四郎正	胡譜有						
安永3・1	（琴哥）花散里	本所松坂町一丁目　泉権	鼎峨印 胡譜有		A3 胡譜有				
安永3・3	**花信風折帽子**	本所松坂町一丁目　泉権	鼎峨印 胡譜有			A1　胡麻点第1丁のみ有譜有 鼎峨印有			
安永3・4	其面影二人椀久	（綴じ目）一丁目　泉権	胡譜有			A1　胡無譜有	別版　胡譜有	Ⅱの覆刻 胡無譜有	
安永3・8	**月額秋花鎗**	本所松坂町一丁目　泉権	鼎峨印 胡譜有						
安永3・11	**風流錦誰袖**	（綴じ目）一丁目　泉権	胡譜有						
安永3・11	**初霜楓姿絵**	本所松坂町一丁目　泉権	胡譜有						
安永3・11	空今桜吹雪	本所松坂町一丁目　泉権	鼎峨印 胡譜有						
安永3・11	**（めりやす）夕時雨**	本所松坂町一丁目　泉権	胡譜有			A1　胡譜有			
安永4・2	**温泉山路鶯**	本所松坂町一丁目　泉権	鼎峨印 胡譜有			A1　胡譜有 鼎峨印無			
安永4・2	**（めりやす）鳥もがな**	本所松坂町一丁目　泉権	胡譜有						
安永4・3	むかし艸	本所松坂町一丁目　泉権	胡譜有						
安永4・3	**家桜朧双陰**	（綴じ目）一丁目　泉権	鼎峨印 胡譜有						
安永4・9	**誰袖賤花売**	（綴じ目）一丁目　泉権	胡譜有						
安永4・11	亀万代島台丹前	本所松坂町一丁目　泉権 （奥）和泉屋権四郎正	鼎峨印 胡無譜有						
安永4・11	**濡衣波玉橋**	本所松坂町一丁目　泉権	西川鈍通述 鼎峨印 胡譜有			A1 胡省略多・譜有 述者無・鼎峨印無			
安永4・12	（めりやす）むつのはな					胡譜有			
安永5・1	**俤須磨狩衣**	本所松坂町一丁目　泉権	胡無・合						
安永5・1	**（めりやす）帰る雁**	本所松坂町一丁目　泉権	笠縫専助述 胡無・合						
安永5・1	（めりやす） 袖梅廓灸すゑ	本所松坂町一丁目　泉権	鼎峨印 胡無・合						

安永5・1	(琴唄) 琴とはば	本所松坂町一丁目　泉権正	作者笠縫専助述 鼎峨印 胡無・二上り、哥			A1 胡無 二上り・哥 内題下作者無 鼎峨印無			
安永5・1	(めりやす)良と顔	本所松坂町一丁目　泉権	笠縫専助述 胡無・合						
安永5・9	露時雨					透写　胡無・合			
安永5・11	氷鏡花野守	本所松坂町一丁目　泉権	胡無・合						
安永5・11	鉢扣紅葉袖	本所松坂町一丁目　泉権	鼎峨印 胡無 ツツミ哥・合						
安永5・11	丹前錦薗生					胡無・合			
安永5・11	(めりやす)きせ綿	本所松坂町一丁目　泉権・複製・透写	鼎峨印 胡無 三下り・合			別版　胡無 三下り・合			
安永6・1	心の花					透写　胡無 二上り			
安永6・1	蝶花若草摺	本所松坂町一丁目　泉権	胡無・合						
安永6・1	(めりやす)言の葉	本所松坂町一丁目　泉権　透写	胡譜有						
安永6・3	霞立雲舞振	本所松坂町一丁目　泉権　欠本	胡譜有			別版　胡無譜有			
安永6・4	道行恋弦掛	本所松坂町一丁目　泉権	胡譜有						
安永6・11	名寄幼角力	本所松坂町一丁目　泉権	鼎峨印 胡譜有胡						
安永6・11	勝色衣簸英	本所松坂町一丁目　泉権	中村新七述 胡譜有						
安永6・11	今様雪花車	本所松坂町一丁目　泉権	鼎峨印 胡譜有						
安永6・11	(琴唄) 闌の笛	本所松坂町一丁目　泉権	胡譜有						
安永6・11	(めりやす)雪の梅	本所松坂町一丁目　泉権	胡譜有						
安永7・2	大津絵姿花	本所松坂町一丁目　泉権	胡無・上、合						
安永7・2	(道行)力竹箱根鶯	本所松坂町一丁目　泉権	中重述 鼎峨印 胡譜有			A3　胡無譜有 述者無 鼎峨印無			
安永7・2	双面濡春雨	本所松坂町一丁目　泉権	胡譜有			別版　胡譜有			
安永7・3	(女竹／男竹)分身五郎	本所松坂町一丁目　泉権	中重述 胡無譜無						
安永7・3	さし茂艸	本所松坂町一丁目　泉権	中重述 鼎峨印 胡譜有						

上演年月	曲名	版元1（元版）	内題下署名・筆耕・胡麻点・文字譜	版元2	本屋儀兵衛版	無刊記版Ⅰ種	無刊記版Ⅱ種	無刊記版Ⅲ種	無刊記版Ⅳ種
安永7・4	女狐縁花笠	本所松坂町一丁目　泉権	鼎峨印 胡無 ツツミ哥						
安永7・4	花似振袖車	本所松坂町一丁目　泉権	鼎峨印 胡無 ツツミ哥						
安永7・5	**家橘花男道成寺**	本所松坂町一丁目　泉権	胡無譜有						
安永7・7	（道行）片輪車	本所松坂町一丁目　泉権	胡譜有						
安永7・9	繰返七容鏡	本所松坂町一丁目　泉権	胡無譜有						
安永7・11	**花橘栄丹前**	本所松坂町一丁目　泉権	胡無 二上り、三下り						
安永7・11	**都娘菊の寿**	本所松坂町一丁目　泉権	胡無 三下り						
安永8・4	**相生獅子**	本所松坂町一丁目　泉権 いがや版・村山源兵衛版と別版	胡少譜有						
安永8・8	（めりやす）女郎花	本所松坂町一丁目　泉権 （奥）正本所（右同）	鼎峨印 胡無譜有						
安永8・11	（めりやす）雪の夜	本所松坂町一丁目　泉権	胡無譜有						
安永9・1	色模様蝶に菊寿	本所松坂町一丁目　泉権	胡無譜無						
安永9・2	春雨柳濡髪	本所松坂町一丁目　泉権	胡無・合						
安永9・9	**山姥四季英**	本所松坂町一丁目　泉権	杵屋林鶯述 胡無 ツツミ哥、合			別版　述者無 胡無 ツツミ哥・合			
安永9・11	霜の花恋の手管	本所松坂町一丁目　泉権　透写	胡無・合						
安永9・11	陸奥千賀の塩汲	本所松坂町一丁目　泉権　透写	胡無・合						
安永9・11	松六花雛鶴丹前	本所松坂町一丁目　泉権　透写 （奥）（右住所）いづミや権四郎正	筆耕印有 胡無・合						
安永9・11	橋霜月長刀	本所松坂町一丁目　泉権　透写	胡無・合						
安永9・11	**菊紅葉色中同士**	本所松坂町一丁目　泉権	笠縫専助述 胡無 三下り、合						**泉権／本儀相版** 同版か覆刻 胡無・合三下り 内題下無
天明1・4	舞扇君が薗	本所松坂町一丁目　泉権	胡無譜無						
天明1・4	**教草吉原雀**	泉権 明和5年上演時泉権版の覆刻	胡無譜有						

上演年月	曲名（外題）	版元1（元版）	内題下署名／筆耕／胡麻点・文字譜	冨士屋再版Ⅰ種	冨士屋再版Ⅱ種	冨士屋再版Ⅲ種	冨士屋再版Ⅳ種	冨士屋再版Ⅴ種
天明1・4	参らせ候恋の哥口	本所松坂町一丁目　泉権	胡無 三下り					
天明2・2	春霞袖梅枝	本所松坂町一丁目　泉権　透写	胡無譜無					
天明2・4	田植唄	本所松坂町一丁目　泉権	胡無・合					
天明2・4	吾妻歌四季の薗	本所松坂町一丁目　泉権　一部透写	胡無・合					
天明2・9	楓幣色随意	本所松坂町一丁目　泉権　透写	胡無・合					
天明2・9	(めりやす)村さめ	本所松坂町一丁目　泉権　透写	胡無 本調子					
天明2・11	(めりやす)白たえ	本所松坂町一丁目　泉権 (奥)正本所（右同）	齊馬霊述 胡無 三下り、合方					
天明2・11	袖引都移画	本所松坂町一丁目　泉権	胡無 三下り					
天明3・3	(めりやす)霞の華	本所松坂町一丁目　泉権　透写 (奥)正板元（右同）	胡無・合					
天明3・6	乗来恋入海	本所松坂町一丁目　泉権　透写	胡無・合					

桐座

上演年月	曲名（外題）	版元1（元版）	内題下署名／筆耕／胡麻点・文字譜	冨士屋再版Ⅰ種	冨士屋再版Ⅱ種	冨士屋再版Ⅲ種	冨士屋再版Ⅳ種	冨士屋再版Ⅴ種
天明4・11	狂乱雲井袖	葺屋町かし通り　冨士屋小十郎	胡無・ツツミ哥、二上り	葺屋町南側住所	相版大伝馬町二丁目伊賀屋	相版神田鍋町伊賀屋	相版伊賀屋	相版平永町森田屋金蔵
天明5・1	四季の万歳	葺屋町かし通り　冨士屋小十郎	胡無・哥、合					
天明5・2	春昔由縁英	葺屋町かし通り　冨士屋小十郎	林鶩述　胡無・次第					
天明5・11	女夫松高砂丹前	葺屋町かし通り　冨士屋小十郎	胡無・哥、ウタイ	葺屋町南側住所	相版大伝馬町二丁目伊賀屋	相版神田鍋町伊賀屋	相版伊賀屋	相版住所墨丁伊賀屋 **冨士屋再版Ⅵ種** 相版神田通伊賀屋 **冨士屋再版Ⅶ種** 相版神田鍋町西横丁伊賀屋 **冨士屋再版Ⅷ種** 相版新泉町北側伊賀屋
天明6・8	(めりやす)今朝秋	葺屋町かし通り　冨士屋小十郎	胡無・三下り、合					
天明6・11	(今様)神楽月恵方万歳	葺屋町かし通り　冨士屋小十郎	胡無・合方、三下り、合					

上演年月	曲名（外題）	版元1（元版）	内題下署名／筆耕／胡麻点・文字譜	冨士屋再版Ⅰ種	冨士屋再版Ⅱ種	冨士屋再版Ⅲ種	冨士屋再版Ⅳ種	冨士屋再版Ⅴ種
天明6・11	（琴唄）空音	葺屋町かし通り　冨士屋小十郎	胡無・二上り					
天明6・11	（拍子舞）写絵雲井弓	葺屋町かし通り　冨士屋小十郎	胡無・合	葺屋町南側住所	葺屋町南側	相版神田鍋町 伊賀屋		
天明7・1	菊寿の艸摺	葺屋町かし通り　冨士屋小十郎	胡無・三下り、合	葺屋町南側住所				
天明7・3	七襲東雛形	葺屋町かし通り　冨士屋小十郎	増補林鶯述 胡無・二上り、三下り、合	相版平永町 森田屋金蔵				
天明7・11	紅葉寄雪盞	葺屋町かし通り　冨士屋小十郎	透写 胡無・三下り、ウタイ、哥					
天明7・11	（めりやす）文反古	葺屋町かし通り　冨士屋小十郎	胡無・三下り、合					
天明8・1	准心の引綱	葺屋町かし通り　冨士屋小十郎	胡無・本調子・二上り、合					
天明8・1	（めりやす）忍恋艸	葺屋町かし通り　冨士屋小十郎	胡無・二上り					
天明8・4	（追善）藤しのだ吾妻紫	葺屋町かし通り　冨士屋小十郎	胡無・前弾き・二上り					
天明8・8	（琴唄）紅葉のゑん	葺屋町かし通り　冨士屋小十郎	胡無・二上り、合					

市村座

上演年月	曲名（外題）	版元1（元版）	内題下署名・筆耕・胡麻点・文字譜	再版Ⅰ種	再版Ⅱ種	再版Ⅲ種
天明8・11	（拍子舞）五条橋往来の噂	市村茂兵衛／葺屋町　山本重五郎／冨士屋小十郎	透写 胡無・哥、合			
天明8・11	寿万歳	市村茂兵衛／葺屋町　山本重五郎／冨士屋小十郎	胡無・二上り、三下り、合方			
天明9・1	（めりやす）袖の海	市村茂兵衛／葺屋町　山本重五郎／冨士屋小十郎	胡無・譜無	相版平永町 森田屋金蔵／葺屋町 ふじや小十郎 別版		
寛政1・3	相生獅子	市村茂兵衛／葺屋町　山本重五郎／冨士屋小十郎	胡無・カン、合			
寛政1・8	山鶏月姿視	市村茂兵衛／葺屋町　山本重五郎／冨士屋小十郎	胡無・ツツミ哥、三下り、合			
寛政1・11	神楽月梅見丹前	市村茂兵衛／葺屋町　山本重五郎	透写 胡無・合			
寛政2・3	吾嬬鳥娘道成寺	市村茂兵衛／葺屋町　山本重五郎	胡無・合			
寛政2・11	（歌浄瑠璃）浜廂松掛糸	市村茂兵衛／葺屋町　冨士屋小十郎／山本重五郎	透写 扇頂述 胡無・本調子、合方、合			
寛政3・8	艶容狂言袴	市村茂兵衛／葺屋町　冨士屋小十郎／山本重五郎	胡無・ツツミ哥、合			

寛政3・11	梅冬至春駒	市村茂兵衛／葺屋町 冨士屋小十郎／山本重五郎	胡無・三下り、合			
寛政4・8	（めりやす）忍夫艸	市村茂兵衛／葺屋町 冨士屋小十郎／山本重五郎	杵屋弥十郎述 胡無・三下り、合、合方			
寛政4・8	七瀬川最中桂女	市村茂兵衛／葺屋町 冨士屋小十郎／山本重五郎	胡無・三下り			

桐座

上演年月	曲名（外題）	版元1（元版）	内題下署名／筆耕／胡麻点・文字譜	再版Ⅰ種	再版Ⅱ種	再版Ⅲ種
寛政6・11	（琴唄）小夜ごろも	葺屋町 冨士屋小十郎／山本重五郎	胡無・二上り、合方、合			
寛政7・11	（めりやす）松の雪	葺屋町 冨士屋小十郎／山本重五郎	五瓶述 胡無・三下り、合			
寛政8・1	（めりやす）梅の香	葺屋町 冨士屋小十郎／山本重五郎	胡無・本調子、合			
寛政8・7	（琴唄） 閨の友	葺屋町 冨士屋小十郎／山本重五郎	松井由輔述 胡無・二上り、合			
寛政8・7	（めりやす）東金	葺屋町 冨士屋小十郎／山本重五郎	並木五瓶述 胡無・三下り、合			
寛政8・7	（めりやす）投嶋田	葺屋町 冨士屋小十郎／山本重五郎	並木五瓶述 胡無・本調子、合			
寛政8・11	月の顔	葺屋町 冨士屋小十郎／山本重五郎	胡無・本調子、合方、合			
寛政8・11	（めりやす）田毎月	葺屋町 冨士屋小十郎／山本重五郎	胡無・三下り、合			
寛政9・1	（めりやす） いるさの月	葺屋町 冨士屋小十郎／山本重五郎	五瓶述 胡無・二上り、合、合方			
寛政9・1	**（めりやす）五大力**	葺屋町 冨士屋小十郎／山本重五郎	五瓶述 胡無・三下り、合	同上版元	同上版元	同上版元
寛政9・11	（めりやす） 峯の松風	葺屋町 冨士屋小十郎／山本重五郎	五瓶述 胡無・三下り、合			
寛政10・1	（めりやす）結び文	葺屋町 冨士屋小十郎／山本重五郎	五瓶述 胡無・三下り、合			
寛政10・3	（めりやす）四つの袖	葺屋町 冨士屋小十郎／山本重五郎	胡無・三下り、合			
寛政10・3	（めりやす） ゆかりの月	葺屋町 冨士屋小十郎／山本重五郎	胡無・本調子、合			

市村座

上演年月	曲名（外題）	版元1（元版）	内題下署名／筆耕／胡麻点・文字譜	再版Ⅰ種	再版Ⅱ種	再版Ⅲ種
寛政10・11	鄙曲好中車	市村茂兵衛／葺屋町　冨士屋小十郎／山本重五郎	胡無・三下り、合、一上り			
寛政11・4	（めりやす）時鳥	市村茂兵衛／葺屋町　冨士屋小十郎／山本重五郎	胡無・二上り、合			
寛政11・7	（めりやす）恋の橋	市村茂兵衛／葺屋町　冨士屋小十郎／山本重五郎	胡無・三下り、合方			
寛政11・9	（めりやす）実くらべ	市村茂兵衛／葺屋町　冨士屋小十郎／山本重五郎	胡無・本調子、合、合方			
寛政11・11	色真猿月夜神楽	市村茂兵衛／葺屋町　冨士屋小十郎／山本重五郎	胡無・合			
寛政11・11	菊苗栄万歳	市村茂兵衛／葺屋町　冨士屋小十郎／山本重五郎	胡無・合			
寛政11・11	（狂乱）雪吹の雛形	市村茂兵衛／葺屋町　冨士屋小十郎／山本重五郎	胡無・ツヅミ哥、合	同上版元	相版大伝馬町二丁目　伊賀屋	
寛政11・11	（めりやす）鴛名残	市村茂兵衛／葺屋町　冨士屋小十郎／山本重五郎	近松門喬述 胡無・三下り、合			
寛政12・6	（めりやす）五大力	市村茂兵衛／葺屋町　冨士屋小十郎／山本重五郎	胡無・三下り、合			

〔注〕

※1　奥書「▲此ころせけんゟきやうけんニもいたし不申候。まきらわしきせりふ／あまた相見へ申候間。このうへ何ニよらづ。まへ〳〵ゟ。御ぞんじのはん元／よく〳〵御あらためなされ御もとめくだされへく候／いずみや権四郎板／▲右此本ハ（松しま庄五郎／さかた兵四郎直伝之以板行仕候者之」

※2　本文が葺屋町かし通り冨士屋小十郎版字表紙本『めりやす／新むけん』（松和文庫蔵）と同版。

※3　誤写カ、四丁目が正しい。同じ大名題「寿曽我　第二番目」の入る宮古路正本『曽根崎妹背の森』と「寿曽我　第四番目」と入る宮古路正本『哥枕隠屏風』では橘町四丁目となっている。

※4　本文が葺屋町かし通り　冨士屋小十郎版字表紙本（竹内文庫 07-880・松和文庫）と同版の関係にある。

※5　本文が葺屋町かし通り　冨士屋小十郎版絵表紙本（竹内文庫 07-1688・1689）と同版の関係にある。

※6　本文が葺屋町かし通り　冨士屋小十郎版絵表紙本（松和文庫・早演特イ 11-1212-83E）と同版関係にある。

※7　葺屋町南側　冨士屋小十郎版（竹内文庫 07-568）のA3である。

※8　上一冊本と、上冊表紙に「上下」と入り下冊の表紙を除いて本文を続ける上下一冊本あり。

※9　元版が葺屋町南側　冨士屋小十郎版（竹内文庫07-1066・早演特イ11-1212-871・特イ13-312-26）とみられる。
※10　本文が、木挽町四丁目　大坂屋喜右衛門版字表紙本（東大国文学研究室蔵）と同版とみられる。
※11　本文が葺屋町南側　冨士屋小十郎版絵表紙本（竹内文庫07-1646）と同版で先印である。
※12　葺屋町かし通り　冨士屋小十郎版（上野学園蔵・竹内文庫07-1335・1336）の本文が覆刻関係における元版とみられる。
※13　葺屋町南側　冨士屋小十郎版（竹内文庫07-3182・3183）の本文が覆刻関係における元版とみられる。

表Ⅱ　〈絵表紙に見られる版元表記等の異同（市村座・桐座）〉

市村座〈寛保2年正月～安永9年11月〉

上演年月	曲名（外題）	版元1（元版）・絵師名 大名題 座名	版元2	本屋儀兵衛版	無刊記版Ⅰ種	無刊記版Ⅱ種	無刊記版Ⅲ種	無刊記版Ⅳ種
寛保2・1	思いの緋桜	泉権版・透写（絵なし） 富士見里栄曽我・第二番目 市村座	泉権版・文字A3 同上・番目無 市村座		2の絵A2・文字A3 同上・番目無 座名無	Ⅰと同版 同上・番目無 座名無	表紙2のA3 大名題無・番目無 市村座	
宝暦4・8	（新春駒） 秋野月毛の駒	泉権版 由良千軒蟾兎湊・第二番目 市村座			上冊絵A2・外題・紋A1 同上・番目無 市村座			
宝暦5・1	髪梳妹背鏡	泉権版 子宝愛護曽我・第二番目 市村座		大阪屋儀兵衛絵A2 同上・番目無 市村座	大坂屋と同版 同上・番目無 市村座	大坂屋と同版 同上・番目無 市村座	大坂屋と同版カ 同上・番目無 市村座	表紙A2 大名題無・番目有 座名無
宝暦5・8	門出京人形	泉権版 夕霧阿波鳴渡 市村座	泉版1の覆刻 同上 市村座		上冊絵A1　下冊絵A2 蟬丸都尾花　第四番目夕 霧阿波鳴渡　市むら			
宝暦5・11	今様四季三番三	泉権版 樸樕峠吉例相撲・第一番目 市村座			絵A3・他は連名以外A1 同上・同上 市村座	表紙Ⅰと覆刻関係 同上・同上 市村	絵A3 大名題無・番目無 市村	
宝暦6・3	両州隅田川名所尽	泉権版・連名上部「哥哥」誤刻 梅若菜二葉曽我・第一番目 市村座	1の改刻「長哥」 同上・同上 市村座		表紙1のA2（紋を除き） 同上・同上 市村座	表紙1のA2 大名題無・番目無 （上冊）無（下冊）市むら	Ⅰの下冊絵A2 大名題無・番目無 市村座	表紙別版※1 大名題無・番目無 市村座
宝暦6・11	百千鳥娘道成寺	泉権版 復花金王桜・第一番目 市村座			表紙A1 同上・同上 （上冊）市村座（下冊）市村	表紙A2 同上・番目無 市村	絵A2・Ⅰの覆刻 大名題無・番目無 市村座	表紙A2 大名題無・番目無 市村 **無刊記版Ⅴ種** 表紙別版※2 大名題無・番目無 市村座
宝暦8・3	雛祭神路桃 〔上冊〕 官女・春駒踊・杜若	泉権版 恋染隅田川・第一番目 市村座		表紙A1 同上・同上 市村				
	〔中冊〕 鑓踊・傾城	泉権版 恋染隅田川・第一番目 市村座			表紙A2 同上・同上 市村	表紙同版Ⅰ 同上・同上 市村		

宝暦8・9	乱菊枕慈童	泉権版 星合源氏軍・第三番目 市村座			表紙A2 同上・同上 市村座	表紙A2 大名題無・番目無 市村	絵A2 同上・同上 市むら	表紙ⅢのA3 同上・同上 市むら **無刊記版Ⅴ種** 表紙A3 同上・番目無 市村座
宝暦8・11	（めりやす） 小夜あらし	泉権版 顔鏡桟敷嵩・第二番目 市村座	泉権版1のA3 同上・同上 市村座		表紙1のA2 同上・同上 座名無	表紙1のA2 同上・同上 市村座	Ⅱの被彫 同上・同上 市村座	表紙A3※3 同上・同上 市村座 **無刊記版Ⅴ種** 表紙別版 同上・同上 市村座
宝暦9・3	恋空蝉	泉権版 二十山蓬莱曽我・第二番目 市村座			表紙A2 同上・番目無 市村			
宝暦9・5	（菖蒲／杜若） 根元草摺引	泉権版・下一冊 二十山蓬莱曽我・第二番目 市村座	泉権版・同版1 同上・同上 市村座		表紙A2 同上・同上 市村座	絵と外題A2 大名題無・番目無 市むら	表紙A2 大名題有・番目有 座名無	Ⅲと覆刻関係 大名題有・番目有 座名無
宝暦10・6	鐘入解脱衣				関係不明 曾我萬年柱・第一番目 市村座	関係不明・Ⅰと非同版 同上・番目無 座名無		
宝暦10・6	（めりやす）仮枕	泉権版 曾我萬年柱・第二番目 市村座		表紙A1 同上・同上 市村				
宝暦10・11	剣烏帽子照葉盃	泉権版 梅紅葉伊達大閈・第二番目 市村座			表紙A1 同上・同上 市村	表紙A1 同上・同上 座名無	表紙A2 同上・同上 市村	表紙A2 大名題無・番目無 市むら **無刊記版Ⅴ種** 表紙A2 大名題有・番目無 座名無 **無刊記版Ⅵ種** 同版Ⅴ 有・無 座名無
宝暦11・1	（めりやす） 雛子の雨	泉権版 江戸紫根源曾我・第一番目大詰 市村座	泉権版・同版1		表紙A2 同上・同上 座名無	絵A2 同上・番目無 市村座	別版 同上・番目有 破損部分不明	

上演年月	曲名（外題）	版元1（元版）・絵師名 大名題 座名	版元2	本屋儀兵衛版	無刊記版Ⅰ種	無刊記版Ⅱ種	無刊記版Ⅲ種	無刊記版Ⅳ種
宝暦12・4	柳雛諸鳥囀 〔上冊〕布袋	泉権版 残雪槑曽我・第二番目大詰 市村座		表紙A2※4 同上・番目無 市村	表紙A2 大名題無・番目無 市村	絵A1※5 同上・同上 市村座		
	〔下冊〕唐子	泉権版 残雪槑曽我・第二番目大詰 市むら座		表紙A2 同上・番目無 市むら	絵A2・本儀版の被彫 同上・番目無 市村座			
	華笠踊	泉権版 残雪槑曽我・第二番目大詰 市むら座		表紙A1 同上・同上 市むら				
	草摺	泉権版 残雪槑曽我・第二番目大詰 市村座		表紙A1 同上・同上 市村				
	〔上冊〕鷺娘	泉権版 残雪槑曽我・第二番目大詰 市むら座			絵A1 同上・同上 座名無	絵A1・表紙Ⅰ被彫 同上・同上 座名無	絵A2・表紙Ⅰ A3　同上・同上 座名無	絵A1 大名題無・番目無 座名無
	〔下冊〕内題なし	泉権版・誤刻「うしろめん」有 残雪槑曽我・第二番目大詰 市村座	泉権版・覆刻Ⅰ 誤刻訂正除去		絵A2 同上・番目無 座名無			
	〔上冊〕後面	泉権版 残雪槑曽我・第二番目大詰 市村座		Ⅲと覆刻関係 大名題無・番目無 市村座	表紙A2 同上・同上 市村	表紙A2 大名題無・番目無 市村	絵A1文字A3 大名題無・番目無 市村座　題うしろ面	
	〔下冊〕傾城	泉権版 残雪槑曽我・第二番目大詰 市村座			表紙A2 同上・同上 市むら			
宝暦13・2	初咲法楽舞	泉権版 封文栄曽我・第一番目 市村座		絵ⅢのA1※6 同上・同上 市むら	表紙A1 同上・同上 市村座	絵A1 大名題無・番目無 市村	表紙A3 大名題有・番目有 市むら	表紙本儀㋐の被彫 同上・同上 市むら
								無刊記版Ⅴ種 別版※7 同上・同上 市村座
宝暦13・2	紅梅夜濃鶴	泉権版 封文栄曽我・第二番目 市村座			表紙A2 同上・同上 座名無			
宝暦13・7	（めりやす）秋七種	泉権版 星合言葉東山栄・番目無 市村座		表紙A2 同上・番目無 市村	表紙A2・本儀同版修 同上・番目無 市村	絵A2・絵向き鏡合 同上・番目無 市むら座		

宝暦14・3	女伊達姿花	泉権版 江戸染曽我雛形・第二番目 市むら座		表紙Ａ２ 同上・同上 市むら	本儀版と同版 同上・同上 市むら			
宝暦14・5	乗掛情の夏木立			非同版Ⅰ 恋女房染分手綱 座名無	同上・第八段目道行 市むら	ⅠのＡ２ 大名題無・段目無 市むら	本儀版の被彫 大名題有・段目無 座名無	Ⅰの被彫 大名題有・段目有 市むら
明和１・11	鞭桜宇佐幣	泉権版 若木花須磨初雪・第一番目 市村座	泉権版　別版 同上・同上 市むら座					
明和１・11	花錦嫩丹前	泉権版 若木花須磨初雪・第一番目 市村座		表紙Ａ１ 同上・同上 市村	表紙Ａ２・本儀版Ａ２ 大名題無・番目無 市村	上冊絵Ａ１ 大名題無・番目無 市村	Ⅱの被彫り 大名題無・番目無 市村	Ⅳの同版後印 大名題無・番目無 市村
明和１・11	雪咲心の花	泉権版 若木花須磨初雪・第二番目 市村座			表紙Ａ１ 同上・同上 市むら			
明和２・１	夜鶴綱手車	泉権版 色上戸三組曽我・第一番目四立目 市村座　作者金井三笑			表紙Ａ２ 同上・同上 市むら　作者金井三笑	表紙Ａ２ 大名題無・番目無 市むら　作者無	絵Ａ１ 大名題無・番目無 市村座	絵Ａ３ 大名題有・第一番目 市村座※８
明和２・１	思ひ川	泉権版 色上戸三組曽我・第一番目六立目 市村座			表紙Ａ２ 同上・同上 市むら	表紙Ａ２ 同上・同上 座名無		
明和２・７	（少将道行）百夜車	泉権版 女夫星逢夜小町・第一番目 市村座			表紙Ａ１ 同上・同上 市村座	絵Ａ１ 大名題無・番目無 市村座		
明和３・11	恋の出雲路	泉権版　上一冊 東山殿劇朔・第一番目四立目 市村座		下一冊比較不能 同上・同上 市村座				
明和３・11	我こころ	泉権版 東山殿劇朔・第二番目大詰 市村座			絵Ａ３・文字Ａ２ 同上・同上 市むら	絵Ａ３・絵Ⅰの被彫 同上・同上 座名無	Ａ３～別版 同上・番目無 市村	絵Ａ１・文字Ａ２ 同上・二番目大詰 座名無 **無刊記版Ⅴ種** 別版 同上・同上 市むら
明和４・１	金色栄萬歳	泉権版 曽我和曽我・第一番二立目 市村座		表紙Ａ２ 同上・同上 市むら				
明和４・１	琴の音	泉権版 曽我和曽我・第一番目六立目 市村座			表紙Ａ２ 同上・同上 市むら	表紙Ａ３ 同上・同上 市むら座		

上演年月	曲名（外題）	版元1（元版）・絵師名 大名題 座名	版元2	本屋儀兵衛版	無刊記版Ⅰ種	無刊記版Ⅱ種	無刊記版Ⅲ種	無刊記版Ⅳ種
明和4・4	（初日） 童子戯面被	泉権版 太平記忠臣講釈続／世大坂ニ對女夫 市村座		絵A1　題面被り 無／無 座名無	表紙A1 有／有 市むら	表紙A2・IA2 無／無 市むら	Ⅱの被彫 無／無 市むら	
明和4・7	染糸	泉権版 義経千本桜・第二番目序 市村座			表紙A2 同上・同上 市むら			
明和4・11	**塩衣須磨俤**	泉権版・鳥居清経画 鵜重藤咲分勇者・四番続第一番目二立目 市村座			表紙A2絵師名無 同上・同上 座名無	表紙A2・IA2 大名題無・番目無 座名無　絵師名無	同版I後印 有・有 絵師名無	絵A2絵師名無 大名題無・番目無 市村
明和4・11	**六出花吾妻丹前**	泉権版・鳥居清経画 鵜重藤咲分勇者・四番続第一番目三立目 市村座			表紙A2絵師名無 同上・同上 市むら	上冊表紙A1 大名題無・番目無 破有座名・絵師名不明	絵A1絵師名無 大名題有・番目有 上冊無・下冊市むら	
明和4・11	**初恋心竹馬**	泉権版・鳥居清経画 鵜重藤咲分勇者・四番続第一番目四立目 市村座			表紙A1絵師名無 同上・同上 市村座	表紙A2絵師名無 同上・同上 市村	絵A2絵師名無 大名題無・番目無 市むら	絵A2・覆刻関係Ⅲ 大名題無・番目無 市むら絵師名無
								無刊記版Ⅴ種 別版 有・有 市村座
明和5・2	廓桜	泉権版 酒宴曽我鸚鵡返・四番続第二番目 市村座			表紙A1 同上・同上 市村座			
明和5・8	二世の縁	泉権版 伊勢暦大同一年・四番続第一番目四立目 市村座			絵A2 同上・同上 市村座	絵A2 同上・同上 座名無		
明和5・11	寒椿名所花	泉権版 男山弓勢競・第一番目三立目 市村座			絵A2 同上・第一番目 座名無			
明和5・11	（道行） 置霜尾花袖	泉権版 男山弓勢競・第一番目三立目 市村座			表紙A2 同上・第一番目 市村座	表紙A3 大名題無・番立目無 市村座		
明和5・11	冬牡丹五色丹前	泉権版 男山弓勢競・第一番目五立目 市村座			表紙A2 同上・同上 市村座	表紙A2・IA2 大名題無・番立目無 市村座	表紙A2・I被彫 大名題有・番立目有 座名無	別版 同上・番立目無 座名無
								無刊記版Ⅴ種 別版※9 同上・有 市村座

明和5・11	（拍子舞）教草吉原雀（上冊）	泉権版 男山弓勢競・四番続第二番目 市村座			表紙A1カ 不明 市むら	表紙A2 大名題有・続番目無 市むら	表紙A2 大名題無・続番目無 座名無	A2・Ⅲの被彫カ 大名題無・続番目無 座名無 **無刊記版Ⅴ種** 絵A2 無・無 市村座 **無刊記版Ⅵ種** 別版　華画 大名題有・番目有 市村座※10 **無刊記版Ⅶ種** Ⅵの被彫カ 大名題・番目有 市村座絵師名無
明和5・11	（拍子舞）教草吉原雀（下冊）	泉権版 男山弓勢競・四番続第二番目 市村座			未確認	表紙A2 同上・第二番目 市むら	表紙A2 大名題無・続番目無 座名無	**無刊記版Ⅴ種** 絵A2 有・有 市村座
明和6・7	鞠小弓稚遊	泉権版 一富清和年代記・第一番目三立目 市村座			表紙A2 同上・同上 座名無	絵A1・ⅠA2 大名題無・番立目無 座名無	表紙A2・覆刻関係Ⅰ 大名題有・番立目有 座名無	**泉権／本儀相版** 絵A1 大名題無・番立目無 市村座
明和6・7	嫐染分紅葉	泉権版 一富清和年代記・四番続第二番目 市村座			表紙A2 同上・同上 座名無			
明和6・11	色鹿子紅葉狩衣	泉権版 雪梅顔見勢・四番続第一番目三立目 市村座		表紙A2 同上・同上 市村				
明和6・11	隈取安宅	泉権版 雪梅顔見勢・四番続第一番目四立目 市村座			表紙A1 同上・同上 市村	上冊表紙A2 同上・続番立目無 市村座	上冊絵A1　上下一冊 大名題無・続番立目無 市むら	
明和7・1	御代松子日初恋	泉権版 冨士雪会稽曾我・四番続第一番目四立目 市村座		表紙A1 同上・同上 市村	絵A2 大名題無・続番立目無 市むら座	別版 大名題有・同上 市村座		
明和7・1	廓盃	泉権版 冨士雪会稽曾我・四番続第二番目序幕 市村座			表紙A1 同上・同上 市村座	別版 同上第二番目序幕 市村座		
明和7・1	其容形七枚起請（五巻六冊）のうち、椀久（一冊）	泉権版 冨士雪会稽曾我・四番続第二番目 市村座		別版 大名題無・続番目無 市村座				

上演年月	曲名（外題）	版元1（元版）・絵師名 大名題 座名	版元2	本屋儀兵衛版	無刊記版Ⅰ種	無刊記版Ⅱ種	無刊記版Ⅲ種	無刊記版Ⅳ種
	虚無僧／文七 （上下一冊）	泉権版 冨士雪会稽曾我・四番続第二番目 市村座		上冊表紙A2 同上・同上 市村　上下一冊				
明和7・1	かほよ鳥	泉権版 冨士雪会稽曾我・四番続第二番目中幕 市村座		表紙A1 同上・同上 市村	表紙A2 同上・第二番目中幕 座名無			
明和7・7	（風流） 香具売／花火売	泉権版 粧相馬紋日・四番続第一番目二立目 市村座			表紙A2 名題無・続番立目無 表紙破損により不明			
明和7・7	今様はなかたみ	泉権版 粧相馬紋日・四番続第一番目四立目 市村座			表紙A2 同上・続番立目無 市村			
明和7・8	関東小六後雛形	泉権版 粧相馬紋日・四番続第二番目大詰 市村座		表紙A2 同上・同上 市村	絵A2・絵本儀のA1 同上・同上 市村			
明和7・11	梅顔寿丹前	泉権版 女男菊伊豆着綿・四番続第一番目四立目 市村座		表紙A2 同上・続番立目無 座名無	絵A2・絵本儀のA1 大名題無・続番立目無 市むら			
明和7・11	**翁草霜舞女**	泉権版 女男菊伊豆着綿・四番続第一番目五立目 市村座			表紙A2 同上・同上 市村	絵A1 同上・第一番目五立目 市村		
明和8・2	相生初若菜	泉権版 和田酒宴納三組・四番続第一番目三立目 市村座			表紙A2 同上・同上 市むら			
明和8・11	咲分簱	泉権版 梅世嗣鉢木・四番続第一番目二立目 市村座		表紙A2 大名題無・続番立目無 市村				
安永1・11	真紅乱糸	泉権版 江戸容儀曳綱坂・四番続第一番目四立目 市村座			表紙A2 大名題無・続番立目有 市むら座			
安永2・3	**初昔文の仲立**	泉権版（本所松坂町一丁目） 江戸春名所曽我・四番続第一番目四立目 市村座			表紙A2 大名題無・続番立目無 市村			
安永2・3	鎌倉風咲分丹前	泉権版 江戸春名所曽我・四番続第一番目五立目 市村座			絵A1 同上・第一番目五立目 市村座			
安永2・3	蝶鳥千年靡	泉権版 江戸春名所曽我・四番続第一番目五立目 市村座			表紙A2 同上・続番立目無 市むら	表紙A2 同上・続番立目無 市村座		

安永2・3	姿の乱咲	泉権版 江戸春名所曽我・四番続第二番目中幕 市村座			表紙A2 同上・続番立目無 市村			
安永2・8	(めりやす) 月の弓	泉権版 四天王寺幟供養・四番続第二番目 市村座			表紙A2 同上・続番目無 市村座			
安永3・1	(めりやす) 夜半の鐘	泉権版　鳥居清英画 結鹿伊達染曽我・四番続第一番目三立目 市村座		表紙A3絵師名無 同上・同上 市村座				
安永3・1	三幅対連理巣籠	泉権版 結鹿伊達染曽我・四番続第一番目三立目 市村座			表紙A3 大名題無・続番立目無 市むら座	絵A1 大名題無・続番立目無 市むら		
安永3・1	(琴哥)花散里	泉権版 結鹿伊達染曽我・四番続第一番目五立目 市村座		表紙A3 同上・同上 市村座				
安永3・3	**花信風折帽子**	泉権版　上下二冊 結鹿伊達染曽我・四番続第二番目 市村座			上冊表紙A2 大名題無・続番目無 市村　上下一冊			
安永3・4	其面影二人椀久	泉権版　上下二冊 無(八代目市村羽左衛門十三回忌追善所作) 市村座			上冊表紙A2 無 市村　上下一冊	上冊絵A1 無 市むら　上下一冊	上冊絵A1・Ⅱ被彫 無 市むら　上下一冊	
安永3・11	(めりやす) 夕時雨	泉権版　清経画 児桜十三鐘・第二番目 市村座			表紙A2絵師名無 大名題無・番目無 市村座			
安永4・2	**温泉山路鶯**	泉権版　清経画 栄曽我神樂太鼓・第一番目三立目 市村座			表紙A2絵師名無 大名題無・番立目無 市むら			
安永4・11	**濡衣波玉橋**	泉権版　清経画 親舩太平記・第二番目 市村座			表紙大部分破損に つき不明			
安永4・12	(めりやす) むつのはな				関係不明 親舩太平記・第二番目 市村座			
安永5・1	**(琴唄)琴とはば**	泉権版　清英画　杵屋作十郎直伝 冠言葉曽我由縁・第一番目五立目 市村座			絵A2絵師名無・直伝者無 同上・番立目無 市むら座			
安永5・9	露時雨				関係不明透写本 楓錦亀山通・番目無 市村座			

上演年月	曲名（外題）	版元1（元版）・絵師名 大名題 座名	版元2	本屋儀兵衛版	無刊記版Ⅰ種	無刊記版Ⅱ種	無刊記版Ⅲ種	無刊記版Ⅳ種
安永5・11	丹前錦薗生				関係不明 大名題無・番目無 市村			
安永5・11	（めりやす） きせ錦	泉権版 清経画 透写・複製存 姿花雪黒主・第二番目 市村座			表紙A1絵師名無 同上・同上 市村座	表紙A1絵師名無 同上・番目無 市村		
安永6・1	心の花				関係不明 大名題無・番目無 市村			
安永6・3	霞立雲舞振	泉権版　清経画 常磐春羽曽我・第二番目 市村座			表紙A2絵師名無 同上・番目無 市村			
安永6・11	（めりやす） 雪の梅	泉権版　清経画 児華表飛入阿柴・第二番目 市村座			表紙A2　清経画 同上・番目無 市むら			
安永7・2	（道行） 力竹箱根鶯	泉権版　清経画 穠木雑高尾曽我・第一番目三立目 市村座			表紙A1絵師名無 大名題無・番立目無 市村座			
安永7・2		泉権版　清経画 穠木雑高尾曽我・第一番目四立目 市村座			表紙A3絵師名無 大名題無・番立目無 市村座			
安永9・9	山姥四季英	泉権版 聡浄瑠璃坂・中之巻切狂言 市村座			表紙A2 大名題無・無 市村			
安永9・11	菊紅葉色中同士	泉権版 群高松雪旛・第二番目 市村座						泉権／本儀相版 透写本絵無・文字Aカ 同上・同上 市村座

〔注〕

※1　表紙が葺屋町かし通り　冨士屋小十郎版絵表紙本（竹内文庫07-1688・1689）の同版先印になる。版元欄は空欄。

※2　表紙が葺屋町かし通り　冨士屋小十郎版絵表紙本（松和文庫蔵・早演特イ11-1212-83F）の同版先印となる。

※3　葺屋町南側　冨士屋小十郎版絵表紙本（竹内文庫07-568）と覆刻関係にある。

※4　2種の本屋儀兵衛版がある。㋐上下二冊本、㋑上下一冊本であるが、㋑の表紙は㋐の上冊と同版で本文は別版である（下冊の表紙を除いてある）。

※５　表紙が同版の㋐上一冊本、㋑㋒上下一冊本（２種）がある。㋐は表紙に「上」と入る。㋑は表紙に「上」がない。㋒は表紙に「上下」と入る。
※６　本屋儀兵衛版に㋐㋑２種あり。両方ともに無刊記版Ⅲ種の絵Ａ１である。（本文は泉屋版とそれぞれ別版）。
※７　葺屋町南側　冨士屋小十郎版絵表紙本（竹内文庫 07-1066・早演特イ 11-1212-871・早演特イ 13-312-26）が覆刻関係の元版とみられる。
※８　版元欄に「葺屋町南側　冨士屋小十郎」と入る絵表紙本（竹内文庫 07-1646）が覆刻関係の元版とみられる。
※９　葺屋町かし通り　冨士屋小十郎版絵表紙本（上野学園蔵・竹内文庫 07-1335・1336）が覆刻関係の元版とみられる。
※10　無刊記Ⅵ種とⅦ種は上下一冊本。

森田座・河原崎座

表一〈正本に対する本屋儀兵衛版と無刊記版の本文の関係（森田座・河原崎座）〉〈元文4年正月～享和3年11月〉

河原崎座

上演年月	曲名（外題）	版元1（元版）	内題下作者署名／筆耕 胡麻点・文字譜	版元2	江戸橋四日市 本屋儀兵衛	無刊記版Ⅰ種	無刊記版Ⅱ種	無刊記版Ⅲ種
元文4・1	無間の鐘石の帯	元浜町いがや（表紙掲載）						

森田座

上演年月	曲名（外題）	版元1（元版）	内題下作者署名／筆耕 胡麻点・文字譜	版元2	江戸橋四日市 本屋儀兵衛	無刊記版Ⅰ種	無刊記版Ⅱ種	無刊記版Ⅲ種
寛延4・春	菜花小蝶袂	いがや	占翁書　胡無譜有					
宝暦9・3	滝桜男雛形	いがや　長唄富本掛合	胡譜有					
宝暦11・2	（男無間）曙桜	橘町二丁目　泉権（表紙掲載）						
宝暦12・1	（めりやす）妹背玉櫛笥	橘町二丁目　泉権（奥）森田村座はんもと（右同）	胡譜有					
宝暦12・2	寿勢草摺曳	橘町二丁目　泉権　透写（奥）森田村座はんもと（右同）						
宝暦12・2	（江戸鹿子）桜鐘入	橘町二丁目　泉権　透写（下冊奥）森田村座版元（右同）	胡譜有					
宝暦12・11	松尓妹背現高砂	橘町二丁目　泉権（表紙掲載）						
宝暦13・11	寒梅箙乱咲				字表紙本 本文Ⅰと別版	本儀版と別版 胡譜有	ⅠのA3 胡無譜有	
宝暦14・2	鐘桜黄昏姿	金井半兵衛／伊勢屋吉十郎　透写	胡譜有					
明和2・11	染分鞍馬嵩	金井半兵衛／売所木挽町 四丁目大坂屋喜右衛門　透写	胡譜有					
明和4・11	（掛合）紅葉の錦	板元金井半兵衛／伊勢屋吉十郎　透写	作者　桜田治助　胡譜有					
明和4・11	丹前雪見月	板元金井半兵衛／伊勢屋吉十郎	胡譜有					
明和7・1	馴初思の矢の根	板元木挽町三丁目金井新兵衛	作者　瀧井秀助　胡無譜有					
明和7・11	素袍の褄取					胡無譜有		
明和7・11	面影葵上	板元木挽町三丁目金井新兵衛・透写	胡無・合					
明和8・1	花希紅絵蝶	はん元木引丁　金井　透写	胡無・上るり					
明和8・9	菊八重七人化粧			堺町横通 人形町 磯田屋 鼎峨印 胡無譜有	上中冊磯田屋のA1 筆耕印無 胡無譜有			
明和8・11	帰花顔見世丹前				胡無・合のみ			

明和9・1	髪梳梅物語	板元金井半兵衛／売所芝神明前上村吉右衛門　透写	作者　壕越菜陽　胡譜有					
明和9・7	色見艸	板元金井半兵衛／売所上村吉右衛門	胡無・合のみ		別版　胡無・合のみ	本儀版のA1　胡無・合		
明和9・7	舞扇名取月				胡無・合	本儀版のA1　胡無・合	別版　胡無・合	
明和9・8	高尾銀河祭				胡無・合、下、ヲトリ			
安永1・11	雪花縁狩衣	はんもと金井半兵衛／うり所上村吉右衛門	鼎峨印　胡無・合		A1　鼎峨印無　胡無・合	A3　胡無・合		
安永1・11	羅浮梅恋円	板元金井半兵衛／売所上村吉右衛門	鼎峨印　胡無・合、つゝミ哥、二上り					
安永1・11	（めりやす）うとりの雪	板元木挽町金井半兵衛／売所芝神明前上村吉右衛門	菜陽述　胡無・アイノテ		別版　胡無・合ノ手のみ			
安永2・1	初恋姫小松	板元木挽町金井半兵衛／売所芝神明前上村吉右衛門	鼎峨印　胡譜無					
安永2・1	めりやす　ひとつみぞ	板元木挽町五丁目金井半兵衛／売所芝神明前上村吉右衛門	胡無・譜？		A1カ　胡無・合			
安永2・1	（めりやす）春の雨	板元木挽町五丁目金井半兵衛／売所芝神明前上村吉右衛門	増山金八述　鼎峨印　胡譜無					
安永2・閏3	英風流石橋	板元金井半兵衛／売所上村吉右衛門	胡譜無2					
安永2・8	掲知月汐衣					胡無・合		
安永2・8	（めりやす）月のまへ					胡無・三下り、合方		
安永2・11	乱菊稚釣狐	板元木挽町五丁メ金井半兵衛／売所芝神明前横丁上村吉右衛門（奥）森田座正銘売所芝神明前江見屋正	胡無・合					
安永2・11	色見艸相生丹前	板元木挽町五丁目金井半兵衛／売所芝神明前前横丁上村吉右衛門（奥）森田座正本所　江見屋正	鼎峨印　胡無・ツツミ哥、哥カカリ					
安永3・1	影清曨鎌倉	はん元金井半兵衛／売所芝神明前上村吉右衛門（奥）森田座正	狂言作者　笠縫専助　鼎峨印　胡無・上るり					
安永3・8	（めりやす）露記	板元金井半兵衛　売所芝神明前上村吉右衛門　正	菜陽述　鼎峨印　胡無・合方					
安永3・11	（めりやす）ゑんさだめ	板もと木挽町五丁目金井半兵衛／売所芝神明前上村吉右衛門	鼎峨印　胡無・三下り					
安永3・11	梅楓御法扇	正　金井半兵衛／売所芝神明前上村吉右衛門	鼎峨印　胡無・哥					

上演年月	曲名（外題）	版元1（元版）	内題下作者署名／筆耕 胡麻点・文字譜	版元2	江戸橋四日市 本屋儀兵衛	無刊記版Ⅰ種	無刊記版Ⅱ種	無刊記版Ⅲ種
安永3・11	八千代丹前	板元木挽町五丁目金井半兵衛／売所芝神明前上村吉右衛門	鼎峨印 胡無・合、ヲトリ					
安永4・1	妻恋春乱菊	板元木挽町五丁目金井半兵衛／売所芝神明前上村吉右衛門	鼎峨印 胡無・ツヅミ哥、哥カカリ					
安永4・1	（めりやす）わか艸	板元 木挽町五丁メ金井半兵衛 芝神明前上村吉右衛門	鼎峨印 胡無・三下り、合					
安永4・8	袖模様四季色歌	板元 金井半兵衛 芝神明前上村吉右衛門	胡無・合			第2冊別版、第3冊別版 胡無・合		
安永4・11	茶花香室早咲	板元 金井半兵衛 芝神明前上村吉右衛門	鼎峨印 胡無・合					
安永4・11	破車簾追風	板元 金井半兵衛 芝神明前上村吉右衛門	鼎峨印 胡無・ツヽミ哥、哥カカリ 合					
安永4・11	浪花和賤女	板元 金井半兵衛 芝神明前上村吉右衛門	胡無譜有					
安永4・11	一奏菊の粧	板元 金井半兵衛 芝神明前上村吉右衛門（表紙存）	鼎峨印					
安永5・1	名大磯細見風流	板元 金井半兵衛 芝神明前上村吉右衛門　正 （奥）森田座長唄正銘板元金井半兵衛	胡無・ヲトリ、チラシ					
安永5・1	神託千早の振袖	板元 金井半兵衛 芝神明前上村吉右衛門　正	胡無・ツツミ哥、哥カカリ、合					
安永5・1	（めりやす）柳の糸ゆふ	板元 金井半兵衛 上村吉右衛門　正	胡無・合					
安永5・7	色見草月盞	板元 金井半兵衛 芝神明前上村吉右衛門 （奥）森田座正本板元売所芝神明前上村吉右衛門	胡無・合、ヲトリ 正本清書印「鼎峨印」					
安永5・11	鐘恨姿の花	板元 金井半兵衛 芝神明前上村吉右衛門	胡無・ウタイ、哥、ヲトリ、チラシ					
安永5・11	ねやのさしぐし	板元 金井半兵衛 芝神明前上村吉右衛門	天滴述 胡無・二上り、合					
安永5・11	花の雪羽片模様	板元 金井半兵衛 芝神明前上村吉右衛門	鼎峨印 胡無・ヲトリ			A1彫り組 鼎峨印無 胡無・ヲトリ		
安永6・1	御酒宴左扇	板元 金井半兵衛 芝神明前上村吉右衛門	中村重助述／天滴章 鼎峨印 胡譜有					

安永6・1	琴歌 廻逢世	板元 金井半兵衛 芝神明前上村吉右衛門	胡譜有			A1彫り組 胡無・譜有	A2 胡有譜有	
安永6・4	（めりやす）峯の松	板元 金井半兵衛 芝神明前上村吉右衛門（表紙存）						
安永6・7	（めりやす）心のあわせ砥	板元 金井半兵衛 芝神明前上村吉右衛門	笠米富述 鼎峨印 胡譜有					
安永6・7	ふたつもん ときに 相の山	板元 金井半兵衛 芝神明前上村吉右衛門	天滴述 鼎峨印 胡譜有					
安永6・11	（めりやす）夢のしらせ	板元 金井半兵衛 芝神明前上村吉右衛門	菜陽述 鼎峨印 胡譜有					
安永7・3	糸ざくら	金井半兵衛 板元 江戸橋四日市本屋儀兵衛 正	胡譜有					
安永7・7	待夜枝折傘	板元 木挽町五丁目金井半兵衛 同四〔丁〕目千本藤七	天滴述 鼎峨印 胡譜有					
安永7・11	梅紅葉賤小原木	板元 木挽町五丁め金井半兵衛 江戸橋四日市本屋儀兵衛	胡無・譜有					
安永7・11	（めりやす）心づくし	金井半兵衛 板元 正 江戸橋四日市本屋儀兵衛	胡有・三下り、合、合方					
安永8・1	松の吟	木挽町五丁目金井半兵衛 板元 江戸橋四日市本屋儀兵衛	胡無・合、鼓弓、琴歌					
安永8・3	（めりやす）短夜	木挽町五丁目金井半兵衛 板元 江戸橋四日市本屋儀兵衛	天滴述 胡無譜有					
安永9・11	雛雪午王袂	木挽町五丁め金井半兵衛 はんもと 江戸橋四日市本屋儀兵衛	胡少有譜有					
天明1・11	室に香鳥毛生先	木挽丁金井半兵衛 板元 四日市本屋儀兵衛	胡無・合					
天明2・3	京偶昔絵容	板元 木挽町五丁目金井半兵衛 江戸ばし四日市本屋義兵衛	胡無譜有					

河原崎座

上演年月	曲名（外題）	版元1（元版）	内題下作者署名／筆耕 胡麻点・文字譜	再版1	再版2	再版3	再版4	再版5
寛政3・11	初舞台花の丹前	板元 はせ川町小川半助	杵屋正治郎 胡無・合					

上演年月	曲名（外題）	版元1（元版）	内題下作者署名／筆耕 胡麻点・文字譜	再版1	再版2	再版3	再版4	再版5	再版6	再版7
寛政4・3	千早振袖の梅香	板元　はせ川町小川半助	胡譜無							
寛政4・3	杜若七重の染衣	板元　はせ川町小川半助	杵屋正治郎作 胡無・二上り、合他							
寛政4・11	梅紅葉童弓	はせ川町小川半助	杵屋正次郎述 胡無・三下り、合							
寛政4・11	花車岩井扇	長谷川町小川半助はんもと	杵屋正次郎述 胡無・三下り、ツ、ミ 哥他	田所町 小川半助 別版	同上 再1被彫	同上 再版2被彫	同上 別版大字	同上 同版再4	同上 再4被彫	同上 再4被彫3
寛政4・11	（めりやす）室の梅	はせ川丁小川半助はんもと	胡無譜無							
寛政5・5	馴染相の山	はせ川丁小川半助はんもと	胡無・本てうし							
寛政5・8	月顔最中名取種	はんもと小川半助はせ川丁	胡無・うた	別版 胡無・うた	別版　胡無	別版　胡無				
寛政5・9	江戸紫娘道成寺	小川半助はんもと（透写本）	増補杵屋正次郎 胡無・イノリ、チラシ、合							
寛政5・11	万吉歳徳若	はんもと小川半助はせ川丁	杵屋正次郎述　胡無譜無							
寛政6・8	（めりやす）露の色	板元小川半助はせ川丁	胡無譜無							
寛政6・11	折能恋掛烏帽子	はんもと小川半助はせ川町	胡無・合、大小、ひゃうし							
寛政6・閏11	（めりやす）木毎のいろいろ	はんもと小川半助はせ川丁　透写	胡無・合							
寛政7・2	（めりやす）わかれの雪	はせ川丁小川半助はんもと　透写	胡無・合、カン							
寛政7・11	（琴哥）水の糸	板元はせ川町小川半助	胡無・合							
寛政9・8	神楽歌艶夕四手	はんもと小川半助はせ川丁	胡無・合							

森田座

上演年月	曲名（外題）	版元1（元版）	内題下作者署名／筆耕 胡麻点・文字譜	再版1	再版2	再版3	再版4	再版5
寛政10・7	玉兎難波産	はんもと小川半助はせ川町	胡無・合、ツ、ミ哥他					
寛政10・9	万歳然三河屋	はんもと小川半助はせ川町	ゑんふ述 胡無譜有					
寛政10・11	青海波花簪	はせ川丁小川半助はんもと	胡無・三下り、合					
寛政11・3	草摺花写絵	はせ川丁小川半助はんもと	胡無・三下り、合					

河原崎座

上演年月	曲名（外題）	版元1（元版）	内題下作者署名／筆耕 胡麻点・文字譜	再版1	再版2	再版3	再版4	再版5
寛政12・11	里神楽帽子初花	はんもと小川半助はせ川町	胡無・ツ、ミ哥、合					
寛政12・11	めりやす琴哥　ゑにしの橋立	はんもと小川半助はせ川丁　透写	胡無・二上り、合					
寛政12・11	三代扇手毎梅	はんもと小川半助はせ川丁	胡無・合	「はせ川丁」を削去した同版本				
享和1・3	面影相の山	はんもと小川半助はせ川丁	胡無・合					
享和1・5	田舎染梅鶯	はんもと小川半助はせ川丁	胡無・二上り、三下り、合					
享和1・5	（琴唄）新曲六玉川	はんもと小川半助はせ川丁	三朝述　胡無・合					
享和3・11	汲や汲め、月出潮	はんもと小川半助田所町	一世一代古人　杵屋正次郎述　胡無・三下り、ツ、ミ哥					
享和3・11	琴うた　渕と瀬	はんもと小川半助田所丁	胡無譜無					

〔注〕

※1　寛延4年は再演。初演は、寛延元年春の市村座「紋尽名古屋曽我　第三番目」に演じられた後ろ面信田の所作である。いずれも山本岩之丞がつとめている。

※2　本文は、宝暦四年三月中村座上演の『相生獅子』元はま町いがや版の本文を被彫りしたものである。

※3　再版7は本文末に「弘化三年ノ八月再板」と刊年がある。このほか、再版8（同版元）がある。また、沢村屋利兵衛版、森田屋金蔵版もあり。

表二〈正本に対する本屋儀兵衛版・無刊記版の表紙の関係及び大名題・座名の記載の比較（森田座・河原崎座）〉〈宝暦13年11月～安永6年正月〉

上演年月	曲名（外題）	版元1（元版）	版元2	本屋儀兵衛版	無刊記版Ⅰ種	無刊記版Ⅱ種
宝暦13・11	寒梅箙乱咲			字表紙本	関係不明 梅水仙伊豆入舩　第一番目 森田座	大名題無・番目無 森田座
明和8・9	菊八重七人化粧		磯田屋 鑑面草七野東帯第二番目大詰 森田座	磯田屋版のA2 同上・同上 森田		
明和8・11	帰花顔見世丹前			関係不明 葺換月吉原　番目無 森田		
明和9・7	（めりやす）色見艸	金井半／売所上村相版 けいせい紅葉襠　番目無 森田座　鳥居清秀画		文字A1・絵別 同上・番目無 森田	本儀のA2 同上・番目無 森田	
明和9・7	舞扇名取月			関係不明 けいせい紅葉襠 森田	本儀のA2 同上・第二番目 森田	A2 大名題無・第二番目 森田
明和9・8	高尾銀河祭			関係不明 大名題無・番目無 森田		
安永1・11	雪花縁狩衣	金井半／うり所上村相版 伊豆暦劇睃　第一番目 森田座　鳥居清秀画		表紙A2 同上・番目無 森田　絵師名無	表紙A2 同上・番目無 森田座　絵師名無	
安永1・11	めりやす かとりの雪	金井半／売所上村相版 伊豆暦劇睃　第二番目 森田座　鳥居清秀画		絵A2 同上・同上 森田　絵師名無		
安永2・1	めりやす ひとつみぞ	金井半／売所上村相版 大名題無・番目無 森田座　鳥居清秀画		表紙A2～A3 大名題無・番目無 森田　絵師名無		
安永2・8	桙知月汐衣				関係不明 大名題無・第一番目 森田	
安永2・8	めりやす 月のまへ				関係不明 宮柱厳舞台　第一番目 座名無	
安永4・8	袖模様四季色歌	金井半／上村相版 けいせい月の都 森田座			絵A2 同上・番目無 森田座	

安永5・11	花の雪羽片模様	金井半／上村相版 ・知太平記　第二番目 森田座　清経画			表紙A2 同上・番目無 森田座　絵師名無	
安永6・1	琴歌　廻逢世	金井／上村相版 江戸綉小袖曽我　第二番目 森田座　清経画			表紙A2 大名題無・番目無 森田　絵師名無	表紙A2 大名題無・番目無 森田座　絵師名無

第二部　表

表1　長唄正本の初期伝本（寛延期以前）

【中村座】

上演年月	外題	狂言名題／番目	役名・役者名	唄方	顔見世番付	正本の奥書	評判記の記載	備考
享保16・2	傾城無間鐘 哥の出端 （図版） （透写本）	傾情福引名護屋 二番目	瀬川菊之丞	長哥　坂田兵四郎			当二月朔日より同じ狂言の次，に四年以前京市山助五郎座の二の替にせられた，手水鉢を無間の鐘になぞらへてのしこなし大々当り．『二の替芸品定』	
享保16・2	無間鐘 新道成寺所作	傾情福引名護屋 第三番目	瀬川菊之丞	（中嶋屋版） 小うた　坂田兵四郎 （伊賀屋版・異同有り） 長うた　坂田兵四郎				
享保16・3	踊口説重言尽 日待揃橋尽	妻迎雛曽我 第一番目	音頭 染川多三太 染川常八 染川吉弥 荻野嶋之助	音頭　坂田兵四郎 同　吉住小三郎			〔音頭の4人は中村座色子〕	役者と共演
享保17・1	後面 （図版）	初暦商曽我 第二番目	佐渡島長五郎 相勤申候	長うた　松嶋庄五郎		表紙のみ掲載につき不明	立役上上吉　佐渡島長五郎 〔顔見世〕お江戸初下り．此度は所作当りにて．『役者春子満』	
享保19・1	相生獅子	朶今様曽我 第三番目 夕霞浅間嶽	瀬川菊之丞 乱曲の所作 相勤申候	長哥　吉住小三郎			去春のとぎれの小まん，夕霧の狂言がよかったとて．『役者初子読』 七年以前には名残狂言に，くずの葉とならんして，乱曲の所作で当さんした『役者柱伊達』寛保二	
元文3・11	置天筵口舌時雨 （図版）	梅館因幡松 第二番目	沢村宗十郎 中村七三郎 辰岡久菊	長うた　坂田兵四郎	江戸長うたつゝみ哥 （日大蔵）	表紙のみ掲載につき不明	行平が所へ，出入の塩うり六兵衛宗十郎殿ヲ見て，むかしのおつとなれば肝つぶし，次に三人女郎床くせつの仕内．去とはよふござんす『役者大極舞』	
元文4・4	鳥羽の恋塚	奥州秀衡旭陣幕 第二番目	辰岡久菊 沢村宗十郎 中村七三郎 山本京蔵（表紙絵で三味線弾く）	長哥　坂田兵四郎 （三味線杵屋喜三郎）		右ハ坂田兵四郎直伝を以令板行候	若女形上上吉　辰岡久菊 極上上吉　沢村宗十郎 上上吉　中村七三郎 若女形上上十 『役者大極舞』	
元文4・7	大津絵踊口説	初昔都言葉 第一番目	沢村宗十郎 中村七三郎 荻野伊三郎	長うた　坂田兵四郎 同　松川正治郎				
元文6・2	高野道行歌祭文	菜花曙曽我 第三番目	瀧中秀松 下り佐野川市松	哥　吉住小三郎 哥　早川新二郎			中村座色子 『役者懐中暦』 若衆巻軸上上吉　二月十五日中村へ 『役者二追玉』	

上演年月	外題	狂言名題／番目	役名・役者名	唄方	顔見世番付	正本の奥書	評判記の記載	備考
寛保4・2	百千鳥娘道成寺	サザレイシ 末広曽我 第二番目	瀬川菊之丞 相勤申候 〔文覚〕 〔弁慶〕	長哥 吉住小三郎 早川新二郎 松嶋源三郎 松川藤四郎	江戸うたるり上 江戸長歌 同 哥 江戸長うたカ （演博蔵）		極上上吉 『役者夫美孫』	
延享5・1	**小妻重山吹海道**	錺鰕鎧曽我 第二番目	瀬川菊之丞 **嵐玉柏** 嵐音八 掛合所作相勤申候	長哥 〔吉住小三郎カ〕 中山小十郎 吉住五郎治カ 吉住重郎治	江戸哥上るり 江戸小うた （演博蔵）			役者と掛合 本文中に「玉柏小うたひにて」「音八投節」「狂言／庄五郎」とは松島庄五郎カ 後半に鑓踊の詞章有
寛延1・11	（上冊）室咲き京人形 鑓踊所作 （下冊）道行所作の段	女文字平家物語 第二番目	京四条舞子おむく **中村粂太郎**	〔綴じ目〕 〔吉住小三郎カ〕 中村門治郎 中山小十郎 吉住五郎治	江戸長哥 京 長うた 江戸小哥 江戸小哥カ （国会蔵）		上上吉中村粂太郎 『役者花双六』	本文中に「鑓踊り所作」「猩々の所作」 表紙絵花笠踊
寛延2・1	**無間鐘**	男文字曽我物語 第一番目	市川海老蔵	長哥 吉住小三郎 吉住五郎治			手水鉢をむけんの鐘になぞらへ。ア、金がほしい。此前中村勘三郎芝居で。瀬川菊之丞といふ女形。夫のためにむけんのかねのかはりに手水鉢を打。一心つうじ金を得たり。われもそれにならひ。手水鉢を打んとの仕内。『役者花双六』	
寛延2・3	一奏現在道成寺	男文字曽我物語 第三番目	中村粂太郎 所作事相勤申候	長哥 吉住小三郎 同 中村門治郎 同 中山小十郎他 同 吉住五郎治 同 吉住重次郎				
寛延2・11	参考 顔見世番付				江戸長哥 早川新次郎 江戸長哥 吉住小三郎 江戸小哥 中村門次郎 江戸小哥 吉住五郎次 （演博蔵）			

【市村座】

上演年月	外題	狂言名題／番目	役名・役者名	唄方	顔見世番付	正本の奥書	評判記の記載	備考
享保18・1	（色里踊口説）あれみさしやんせ節	栄分身曽我 二番目	（総踊り）	（紋）**坂田兵四郎** うたひ申候				
享保18・7	（大踊）こんここりき節	相栄山鳴神不動 二番目	（総踊り）	（紋）**坂田兵四郎** うたひ申候				

享保19・3	やつし西行 冨士見五郎	七種生若曽我 第一番目	大磯虎 **瀬川菊次郎** 掛合長哥 松嶋庄五郎 **坂田兵四郎**		右此本ハ松島庄五郎／坂田兵四郎直伝之以板行仕候者也		
享保19・3	江戸桜五人男 掛合文七節	磐扇隅田川 第二番目	雷庄五郎　市川團十郎 雁金文七　市村竹之丞 案の平兵衛　坂東彦三郎 布袋市右衛門　大谷広次 極印千右衛門　坂田半五郎 長うた　**坂田兵四郎** 長うた　松嶋庄五郎		（紋）左同 （紋）左同 直伝の正本也 市村座新狂言 板元 和泉屋権四郎		兵四郎・庄五郎の掛合
享保20・1						松嶋庄五郎殿，坂田兵四郎殿，両人かけ合の長哥にて，椀久所作の所へはおり大小にて，片身は男の身ぶり，片身は女にて，男女の仕分ケ 『役者初子読』（瀬川菊之丞の項）	
元文4・7	曽我踊口説／狩場大踊	初髻通曽我 第四番目 重解脱の蓮場	音頭 松嶋藤十郎 中山小八郎				歌舞伎図説354 表紙のみ掲載
元文4・11	小山田太郎物狂せりふ	瑞樹太平記 第二番目大詰	市村宇左衛門 所作相勤申候 長哥／鼓哥 **坂田兵四郎** 松嶋庄五郎	番付になし 江戸長歌 （演博蔵）		巻頭上上吉　市村宇左衛門 『役者恵宝参』	
元文5・4	（梅若丸道行の段） 孤東柳	姿視隅田川 第三番目	人買善右衛門 中嶋三甫右衛門 梅若丸　大和川花世 哥説経　松嶋庄五郎 （内題）は説経		右此本ハ松嶋庄五郎直伝之正本也		
元文5・6	文月弓矢誉	阿弥陀池妹背鏡 第三番目	葛城綱太麿 市村満蔵　鼓哥の 所作相勤申候 長哥 **坂田兵四郎** 松嶋庄五郎				
元文5・11	（大坂土産） 丹前鑓踊	吉例今川状 第一番目	今川　市村宇左衛門 才蔵　**市山伝五郎** 掛合せりふ入長哥 **坂田兵四郎** 松嶋庄五郎			立役上上吉　市山伝五郎 此人京都祇園町の人（中略）当顔見せおざゝのまへの家老，さゝの才蔵と成，主人げんはくを打しは，今川と心得，ぞうり取となり鑓踊の所作大出来． 『役者懐中暦』	
寛保2・1	姿花五色桜	冨士見里栄曽我 第一番目	（上冊） 市村宇左衛門 瀬川菊之丞 相勤申候 長唄 **坂田兵四郎** 松嶋庄五郎			太夫元 惣巻軸上上吉　市村羽左衛門	透写本・表紙存
	五人男の出端 文七節掛合せりふ		（中冊） 市村宇左衛門 大和川房五郎 岩井そめ松 佐野川千蔵 坂田伊三夽 哥 **坂田兵四郎** 松嶋庄五郎			市村座色子　大和川房五郎 市村座色子　岩井染松 若女形上上　佐野川千蔵 『役者和歌水』	透写本

寛保2・1	思いの緋桜 （新鏡無間）	冨士見里栄曽我 第二番目	（傾城高岡） 瀬川菊之丞	長哥 **坂田兵四郎** 松嶋庄五郎		右此正本ハ坂田兵四郎／松嶋庄五郎直伝ヲ以板行仕候 市村座板元	（去春はお家の石橋をなされ，いつもと申ながら，きび獅子に牡丹の大当り 『役者和歌水』）	透写本
寛保2・11	今様叱かい 信田妻	振袖信田妻 第二番目	葛の葉（大坂下り） **尾上菊五郎** 所作事相勤申候	長哥 **坂田兵四郎** 松嶋庄五郎 松嶋藤十郎	江戸長うた鼓哥 江戸長うた鼓哥 江戸長うた （演博蔵）		若女方上上吉　尾上菊五郎 阿部の童子を取かへさん為来りしと物語の内，夜光の玉の霊徳にて姿を顕し，信田の所作大出来々 『役者和歌水』	透写本
寛保4・1	高尾さんげの段	七種生若曽我 第三番目	高尾面影 市村満蔵 罷出所作事相勤申候	長哥 **坂田兵四郎** 松嶋庄五郎 松嶋藤十郎			若太夫　上上吉　市村満蔵 『役者子住算』	
延享2・1	釣狐鎧乱曲	初暦寿曽我 第三番目	曽我五郎 市村亀蔵 小林朝日奈 市村宇左衛門	長哥 **坂田兵四郎** 松嶋庄五郎	江戸長うた鼓哥 江戸長うた鼓哥 （霞・演・日大蔵）		上上吉　市村亀蔵 『役者三叶和』延享三	透写本 本文冒頭に「鼓哥」
延享2・7	東雲妹背の八声	初暦寿曽我後日 里通冨士見西行 第二番目	淀屋長五郎 市村亀蔵 せりふ入り 八潮前 尾上菊五郎	長哥 **坂田兵四郎** 松嶋庄五郎 同　藤十郎	江戸長うた鼓哥 江戸長うた鼓哥 江戸長うた （同上蔵）			透写本
延享2・11	掛合鼓哥	婦楠靚粧鑑 第一番目	勾当内侍 尾上菊五郎 松浦五郎 **萩野伊三郎**	長哥 **坂田兵四郎** 松嶋庄五郎	長唄鼓唄 長唄鼓唄 （邦楽年表）		立役上上吉　萩野伊三郎 一の宮の御息所にれんぼしはるばると御跡をしたひ来る仕内カ 『役者三叶和』	透写本
延享5・1	菜の花小蝶の袂	紋尽名護屋曽我 第三番目	（上冊） 山本岩之丞　十四才 にて所作事相勤申候	長哥 松嶋庄五郎 山下重右衛門	長唄鼓唄 長唄		子役　山本岩之丞	
			（下冊） 後ろ面信田所作 生島又蔵 中村八十吉	松嶋藤十郎 松嶋庄次郎	同 長唄 （邦楽年表）		敵役上　生島又蔵 『延享五年三都評判記』	
寛延1・8	子宝木の葉の絹	三大そめ鼎問答 第三番目	金時 市村亀蔵 山姥 市村宇左衛門 呼小鳥 山本岩之丞 三人あい所作	長哥 松嶋庄五郎 山下重右衛門 松嶋藤十郎 外囃子不残 罷出申候	同上 （邦楽年表）			

上演年月	外題	狂言名題／番目	役名・役者名	唄方	顔見世番付	正本の奥書	評判記の記載	備考
寛延1・11	放下僧／小切子所作の段 （上冊）	放下僧弓勢鉢木 第二番目	関東小六 市村亀蔵 所作事ひとり芸 相勤申候	（上冊） 鼓哥 松嶋庄五郎 松嶋藤十郎 松嶋庄次郎	江戸鼓哥長歌 江戸長うた 江戸長うた			
	室の闇魁丹前	同上	小六 市村亀蔵 早咲 嵐冨之助 両人所作事相勤 申候	（下冊） 長哥 同〔綴じ目〕 同 庄次郎 同 庄三郎 同 重五郎	江戸長うた 江戸長うた 江戸長うた （霞・日大蔵）		思ひがけなくおまんに惚れられ，早咲姫のしつとにこまり，此所にて丹前所作事 若女形上上吉　嵐冨之助 すさまじきしつとの心おこり，おまんを取殺さんとの段にて，丹前の所作 『役者大雛形』	
寛延2・1	浦山吹東人形	幌衣熊谷桜 第二番目	佐野川市松 市村亀蔵 両人所作事相勤申候	長哥 〔松嶋庄五郎〕 松嶋藤十郎 松嶋庄次郎 松嶋庄三郎 松嶋十五郎	同上		若衆形上上吉　佐野川市松 京育ち 『役者花双六』	本文冒頭に「鼓歌／庄五郎」
寛延4・1	朧月面影花	初花隅田川 第一番目	市村亀蔵 鼓哥の所作 相勤申候	長哥 松嶋庄五郎 同 藤十郎 同 庄次郎 同 庄三郎	長唄鼓唄 長唄 同 同			本文に「鼓哥」「哥」

【森田座・河原崎座】

上演年月	外題	狂言名題／番目	役名・役者名	唄方	顔見世番付	正本の奥書	評判記の記載	備考
元文4・11 河	無間の鐘石の帯	傾城蝦夷錦 第二番目	**坂東豊三郎** 相勤申候	長哥　吉住小三郎	なし （日大蔵）			
寛延4・春 森	菜花小蝶袂	祐経扇系図 第三番目	山本岩之丞 後ろ芸所作 相勤申候	長哥 松川藤十郎 吉住市十郎 坂田善三郎 松嶋五郎三	なしカ 江戸長歌 江戸長歌 江戸長歌カ （日大蔵）			再演

表2　上方版・絵入狂言本における小歌・浄瑠璃の詞章

上演年月	座	体裁	外題	曲名	詞章の記載箇所	演技者	歌い手	版元	役者評判記の記載
元禄3・4カ5	京・都万太夫	並本	金岡筆	〔人形まはし上るりかたる〕〔説経の冒頭句「あらいたはしや～」〕	第二〔中巻〕の本文中約55字×3行余	安兵衛 山下半左衛門		八文字屋	立役上上吉
元禄10 二ノ替	京・都万太夫	上本 上中下巻一冊	けいせい七堂伽藍（近松作）	木鑓り色里名よせ	上巻のうちの一丁（歌謡の独立丁）約26字×24行	宇治橋 花菊 其外の女郎衆	あやの介 村上竹之丞 扇を開き声をあげ。音頭を石つきのつなを持給へば取～」	八文字屋カ	村上竹之丞　京若衆方上　折、小哥をうたはる、『三国役者舞台鏡』
				傾城踊り歌	下巻末の一丁カ（欠本）（歌謡の独立丁）〔『新板祇園踊口説』国会本に再録〕約7字×24行カ	小姓衆 女郎衆 遣手 廓踊り（切場の総踊り）			
元禄10 三ノ替カ	京・早雲 座元 山下半左衛門	上本 上下二冊（霞亭本）	面向不背玉（白石彦兵衛作）	「幸左衛門道行舞」冒頭「謡」の指定	下冊中巻の本文中の約10行分	鎌足 竹島幸左衛門		八文字屋	〔拍子ききにて拍子舞上手也『三国役者舞台鏡』〕
元禄11・1	京・早雲 座元 山下半左衛門	上本	けいせい浅間嶽	「小哥二上り」の指定	上巻本文中の約6行	傾城奥州 岩井左源太	岩井左源太カ		第一小哥よし。小哥よき故。『役者談合衝』 狂言本の本文に他にも指定あり 上巻「江戸ろうさい」25字 上巻「小うた」約1行 上巻「小うた」（怨霊事）1行余 中巻「なげぶし」約半行 下巻「哥」27字
元禄11 二ノ替	京・都万太夫 座元 坂田藤十郎	上本 下一冊 中・下巻	傾城江戸桜（近松作）	「小うた」の指定 切ノ鑓踊りの哥	中巻の本文中2行半「廓通いの小哥ぶし～」 詞章は中巻の挿絵丁の上段12字×13行 指定は下巻の切にある「鑓踊に出立～」	高尾　水木辰之助（若衆姿） 善三　金子吉左衛門（奴姿） 傾城高尾　水木辰之助 傾城吉田　霧浪千寿 おとめ兄弟 善三　同上		八文字屋	
元禄12・1	京・都万太夫 座元 坂田藤十郎	並本	けいせい仏の原（近松作）	傾城奥州嫉妬の歌	表紙見返しの役人替名の上段約24字×18行	奥州 岩井左源太	左源太	山本九兵衛	当年も傾城奥州と仰がれ給ひ.（中略）ことさら一ふしの小哥をきいはいかな荒戎もころりとなつて三味線小哥義太夫節の名人とかや『役者口三味線』
		上本 上一冊 上巻		小うた「しげき思ひは秋ぎりの～」	上巻本文中3行余	奥州 岩井左源太	左源太の弾歌いカ	筆写本（早大蔵）	
				小うた二上り小ふし「いつのもまにかは秋風の～」	上巻本文中7行半 胡麻点・節付有り	奥州 岩井左源太	左源太		

元禄12・春	京・布袋屋 座元 山下半左衛門	並本	傾城花筏	哥浄瑠璃	表紙見返しの役人替名上段13字×16行	煙草屋長作　葉山岡右衛門	八文字屋	あづま出には器量良く（中略）三味線弾かせ、土佐節を語らせては、（中略）見物の気を取らる、（中略）此度花筏に煙草屋長作と成、きてうが子の様子を語らる、、節博士、さりとは聞き事『役者口三味線』『新大成糸の調』では半太夫節
				〔流行歌〕伊勢の串田の真ん中ほどで	第一番目本文中の1行分余	唄方カ		
元禄12・11	坂・亀屋 座元 山下半左衛門	並本	京ひながた	大小節　踊りの小哥	初丁表の役人替名下段17字×17行	三番目の切　総踊り	八文字屋	
元禄13・1	京・早雲 座元 大和屋甚兵衛	並本カ	けいせい善のつな	井筒のうた	役人替名の上段約20字×17行 胡麻点部分的にあり	傾城三五 芳沢あやめ	不明 許多脚色帖一所載	ね耳に水くさい　いとまの状とは、はらたちやねたましやと恨の一念井筒にあらはれ『役者万年暦』
元禄14・二ノ替	京・夷屋松太夫 座元 山下半左衛門	並本	けいせいなら見やげ	切〔末広がり〕うた	表紙見返しの上段約11字×16行	三番目の切 素踊りカ	正本屋九兵衛	
元禄14・10	京・早雲 座元 大和屋甚兵衛	並本	今様能狂言	「小うた」の指定	第三花子の本中に4箇所続いて有り	花子　水木辰之介	八文字屋	〔原作狂言「花子」の小謡〕
元禄15・1	京・都万太夫 座元 古今新左衛門	上本	けいせい壬生大念仏（近松作）	「小哥」の指定	上巻の本文中の6行	妾おみよの怨霊事 嵐喜世三郎	八文字屋	後にぬいの丞にころされ、一念たらいの中より出ての所作事大きによし
				「小哥」の指定	中巻の本文中の約2行	高遠民弥 坂田藤十郎　紙子姿の出		此度四番目に素紙子にてあげやへ来らる、さま、姿はおちぶて見ゆれ共、さすがむかしの大臣そなはりてよし
				「古今ふし」「ふし」の指定	下巻の本中の約5行〔説経に近い詞章〕	渡し守徳右衛門 古今新左衛門		此人の小哥三ケ津に又類なし『役者二挺三味線』 百姓船頭下男、又はあげ屋の亭主、此類のやつし得物也。（中略）一流かはつた古今節『役者一挺鼓』
元禄15	京・都万太夫 古今新左衛門	並本	女郎来迎柱（近松作）	切　古今節小哥	見返しの役人替名の上段約20字×14行	三番目の切 門番太郎右衛門　古今新左衛門 「跡より小哥うたひ来り」	八文字屋	中之上々　古今新左衛門 小哥は三ケ津に有まじ、一流かはった古今節、聞人感にたへ侍る『役者一挺鼓』
元禄16・4	京・都万太夫	並本	河原心中	心中小うた　三勝節	表紙見返しの役人替名の下段約55字×18行 キン・上など文字譜付き	おなつ　山本哥門 平野屋清十郎　中村四郎五郎	正本屋喜右衛門	

元禄16・5カ	京・早雲 座元 大和屋藤吉	並本	唐崎八景屏風（近松作）	唐崎心中道行／蔦山小哥	表紙見返しの広告の上段21字×16行	蔦山四郎兵衛	八文字屋	
				八景の小哥　蔦山節	初丁表の役人替名の上段23字×16行	蔦山四郎兵衛		
元禄17・二ノ替	京・都万太夫 座元 都万太夫	並本	けいせい白山禅定	上之内　怨霊の哥	本文初丁表の役人替名上段約25字×18行	くに二郎おくまさ姫 鈴木辰三郎	正本屋九兵衛	中ノ上々　鈴木辰三郎 一のかはり白山の狂言のまさ姫大によく、『役者舞扇子』
宝永3・1	京・都万太夫	並本	鳥辺山心中 傾城安養世界 切狂言	道行	表紙見返しの役人替名下段40字×12行	源五兵衛 小野川宇源次 おまん　瀧井半之助	八文字屋	
宝永4・2ノ替	京・早雲 山下亀之丞	上本 せりふ残らず小哥入	江州石山寺誓湖	出端の小哥	上冊の本文中3行	傾城高橋 山下亀之丞　亀之丞	八文字屋	当二の替石山に、名も高橋と云傾城、道中なしにすらすらと出給ふよさ、小哥少しながらよし『役者友吟味』（備考：坂田藤十郎の紙子譲り初花姫　坂田兵七郎）
				亀之丞小うた	上冊の本文中1.5行	同上「高橋声張上げ」 百太郎　大和山甚左衛門の三味線　亀之丞		
				怨霊のうた 胡麻点・節付	上冊の本文中5行	下亀之丞の怨霊事		
				水浴びせの小哥	下冊の本文中3行弱	揚屋の男女・禿共「皆一様に出立て風流踊り拍子を揃え」		
宝永5・2ノ替	京・亀屋 座元 榊山小四郎	上本 せりふ残らず小哥入	傾城暁の鐘	気違いの哥「こうた耳は聞く役目は見る〜」	上冊の本文中4行余	口城之介 榊山小四郎	八文字屋	
				小うた「親は子ゆえに〜」	下冊中巻の本文中の約1行分	唄方カ		
正徳3・二ノ替	京・布袋屋 座元 榊山四郎太郎	並本	傾城柏の大黒天	「小哥」の指定	上巻の本文中6行	傾城陸奥 水木染之介 怨霊事	八文字屋	上上　水木染之介 ふろにて十介平十郎殿にころされ、死霊あらはれての所作、芸こなれましたれ共、けいせい風はおぼこにみへ、風俗しやんとせずしてうつりかねる『役者座振舞』
正徳3・1	京・亀屋 座元 花井小山三	並本	福引巳午大竈	顔見せおどり哥 十二のゑどづくし	表紙見返しの役人替名の上段約16字×17行		八文字屋	
正徳5・1	京・都万太夫 座元 萩野長太夫	並本 題簽に小哥入	傾城千尋海（佐渡島三郎左衛門作）	怨霊の小うた	初丁表の役人替名の上段17字×17行	傾城遠州 萩野長太夫　長太夫カ	江嶋屋	『役者色景図』（正徳4・2刊）に「揚屋の二階で半太夫を引語り」とあるので、歌う可能性有り
正徳5・盆	京・亀屋 座元 榊山四郎太郎	並本	けいせい十三鐘	よミうりかぞゑうた	表紙見返しの役人替名の上段約28字×16行	弥市　榊山勘介 市丸たゞ六 村山平十郎　弥市哥うたふ たゝ六しやミせん引 小哥大あたり	江島屋	

正徳5・11	京・早雲座元 大和山甚左衛門	並本	千代重菊新盃	顔見世踊哥 風呂尽し	初丁表の役人替名の上段15字×16行		八文字屋	「筒井哥之介／当顔見世花売り若松と成て一節の小哥。聞事でござつた」とあるのは該当しない 『役者我身宝』
正徳5・11	京・布袋屋座元 大和屋甚兵衛	並本	万宝千年松（安達三郎左衛門作）	顔見世踊哥 扇尽し	初丁表の役人替名の上段15字×15行 下巻の12行目に相当カ	腰元歌う（挿絵）	中嶋又兵衛	
正徳6・二ノ替	京・都万太夫座元 榊山四郎太郎	並本	傾城金竜山	哥祭文都鳥 胡麻点・節付	本文初丁表の半丁下巻の8行目に「此所祭文初口にあり」と指定	太鼓四五九郎 榊山勘介 勘介祭文 梅永幸介 村山平十郎 平十郎三味線 梅永重郎介 榊山小四郎カ 小四郎尺八カ	正本屋九兵衛	道外方上 榊山勘介／狂言作者 近年祭文当り上物 立役上上 村山平十郎／浄瑠璃三味線当リ上上 『芝居晴小袖』
正徳6・二ノ替	京・早雲座元 大和山甚左衛門	並本	傾城錦産衣	怨霊紅葉笠	本文初丁表の役人替名の上段約18字×16行	傾城道のく 山村哥の介 上巻切りの怨霊事	江島屋	若女方 上『役者我身宝』
正徳6・二ノ替	京・布袋屋座元 大和屋甚兵衛	上本 上一冊	傾城雄床山	小哥「暮れし廓の装いや～」 小哥「春の夢覚めて跡なきあだ花の～」	上巻の本文中の約5行分 上巻の本文中約3行半	廓場の導入歌 大井川吉次郎 大和屋甚兵衛 小姓たみ弥 冨沢長太夫 剃髪の場面		若衆方中の上上 富沢長太夫 『芝居晴小袖』

※この表は、正徳期までの上方版絵入狂言本を対象として、作成した。
ただし、次の作品については、音曲詞章があっても表に載せなかった。
元禄4年・秋　京・都万太夫座　並本『娘親の敵討ち』（及び、その版木を流用した元禄8年上演の並本『水木辰之助餞振舞』）歌謡詞章が短く省略されているため。
宝永3年度　京・　並本『天満屋心中』　浄瑠璃本の流用した狂言本
宝永5年度　京・都万太夫座　並本『難波重井筒』　義太夫節正本を抄出した狂言本
宝永6年　京・布袋屋座　並本『厳島姫滝』　都太夫一中正本を抄出した狂言本
正徳4年初興行カ　京・早雲座　並本『大和歌五穀色紙』　宇治薩摩正本「五穀色紙」の一部を流用した狂言本

表3　役者の歌・演奏による音曲正本

【中村座】

上演年月	外題	狂言名題／番目	役名・役者名・演奏者	本文中の指定・奥書	版元・所蔵	役者評判記
宝永5・閏1	八百屋お七哥祭文	傾城嵐曽我〔第三番目カ〕	〔大磯虎〕嵐喜代三郎仕候 〔新造千弥〕霧浪音之助うたひ申候 古今節		土佐屋 抱谷 狂言本有り	花女方中　霧浪音之介 『役者稽古三味線』
享保16・3	踊口説重言尽 日待揃橋尽	妻迎雛曽我　第一番目	音頭 坂田兵四郎 吉住小三郎 音頭 染川多三太 染川常八 染川吉弥 荻野嶋之助		中嶋屋 抱谷	4人は中村座色子
元文4・1	髪梳きの段 哥浄瑠璃	鎌倉風新玉曽我　第一番目	虎　坂田市太郎 曽我十郎　中村七三郎 （内題下）髪梳き坂田市太郎語り申候	（奥書）右ハ坂田市太郎語り申候正本をうつし令板行候	伊賀屋 長原集1	若女形上上士　坂田市太郎 『役者大極舞』
延享4・5	沢村小伝次哥 嵐音八浄瑠璃	菅原伝授手習鑑　第三番目	よし兵衛　中村七三郎 豊後節　嵐玉柏語り申候 三下りうた　沢村小伝次うたい申候 胡弓　芳沢あやめ	（奥書）右ハ嵐玉柏節付け沢村小伝次章指	伊賀屋 パリ	若女形上上士　嵐玉柏 若女形上上吉　沢村小伝次 『役者三輪杉』
延享5・1	掛合琴哥	鋂鰕鎧曽我　第一番目	工藤左衛門　市川宗三郎 大磯虎　嵐冨之介 曽我五郎　尾上菊五郎 少将　沢村小伝次 三味線　杵屋作十郎	本文には「小伝次・冨之介・菊五郎の掛合・連節」冨之介は琴弾歌い	伊賀屋 パリ	若女形上上吉　嵐冨之介 若女形上上吉　尾上菊五郎 若女形上上吉　沢村小伝次 「此人小歌上手にて」 『〔延享五年三都評判記〕』
延享5・1	小妻重山吹海道	鋂鰕鎧曽我　第二番目	瀬川菊之丞 嵐玉柏 嵐音八 掛合所作相勤申候 役者と唄方の共演 長哥〔綴じ目〕 松島庄五郎〔綴じ目〕 中山小十郎　杵屋作十郎 〔綴じ目〕〔綴じ目〕 吉住重郎治　杵屋四郎三 囃子連名有り	本文に「玉柏小うたひにて」「音八投節」「説経」「囃子うたひ」	伊賀屋 パリ	若女形上上士　嵐玉柏 道外上上吉　嵐音八 『延享五年三都評判記』
寛延4・7	乗掛妹背小室節	恋女房染分手綱　第八段目	浄瑠璃（紋）佐野川千蔵 ワキ　佐野川小松 三味線　佐野川乙次郎 大和川常八 小まん　中村粂太郎 与作　中村七三郎	内題下「佐野川楓江直作」	伊賀屋 芸大透写	若女形上上士　佐野川千蔵 小松・乙次郎・常八は中村座色子 『役者翁叟鏡』
宝暦3・1	（蝶衙）出遣い十二段	男伊達初買曽我　第一番目	浄瑠璃（紋）佐野川千蔵直伝 三味線　野崎松菊 三味線　吉沢梅松 中村冨十郎相勤申候		伊賀屋 図説316 〔一中正本	若女形上上十　佐野川千蔵 「弾語りを聞と気がとけどけと成初雪」『役者秘事枕』 袖崎松菊・梅松は中村座色子 十二段の上るり聞事聞事『役者色番匠』

宝暦4・7	(梅川忠兵衛) 草枕夢路相合駕	根元阿国歌舞妓 第二番目	(桐紋)浄瑠璃　佐野川千蔵直伝 ワキ　菊川大介 ワキ　袖崎駒太郎 三味線　佐野川金五郎 三味線　嵐金五郎 梅川　吾妻藤蔵 亀屋忠兵衛　市川升蔵	(奥書)右者佐野川 千蔵 直伝	伊賀屋 都立中央 竹内	若女形上上十　佐野川千蔵 色子　袖崎駒太郎 『役者懐相性』 『役者大峰入』

【市村座】

上演年月	外　題	狂言名題／番目	役　名・役者名・演奏者	本文中の指定・奥書	版元・所蔵	役者評判記
享保15・5	相の山 哥祭文	大和国非人仇討	佐野川万菊 竹中金作 野崎喜代松 大和川松之助(以上二人は色子) 4人の掛合(三味線・胡弓の弾き語り)		中嶋屋 都立中央	若女形上上吉　佐野川万菊 市村座女形　竹中金作 市村座色子カ　野崎喜代松 市村座色子　大和川松之助 『役者若見取』
元文4・7	踊口説或夜密夫	初髻通曽我　第四番目 累解脱蓮葉　第二番目	佐野川千蔵 嵐菊五郎 嵐菊太郎		中嶋屋 歌舞伎図説 353図 表紙のみ	
元文4・9	知略の琴哥	初髻通曽我 菊重栄景清　四番目大詰	佐野川千蔵　琴弾き語り相勤申候 瀧中哥川　三味線相勤申候	(奥書)右の哥さの川 千蔵直伝の正本	中嶋屋 長原集1	佐野川千蔵　中村座色子 『役者年徳棚』元文3・1 若女形上上士　瀧中哥川 『役者恵宝参』元文5・1
寛保1・春	難波の春駒	ワカミドリ鐘入曽我 第一番目	二上り／祭文／哥浄瑠璃 曽我の老母　沢村宗十郎 三浦の片貝　瀧中哥川 曽我の五郎　津打文三郎 浄瑠璃三味線　化粧坂少将　沢村重之井 〃　大磯屋お千　佐野川千蔵 三味線　傾城道奥　菊川千松 同　山吹　松島蔵松 浄瑠璃うた　小柴の掃部　松島茂平次	(上巻の内題下) 掛合歌祭文 (下巻の内題下) 浄瑠璃掛合せりふ	泉屋権 パリ	道外上上吉　松嶋茂平次 『役者二追玉』
寛保2・1	姿花五色桜 五人男雁金 文七節	冨士見里栄曽我 第一番目	(中冊) 市村宇左衛門 大和川房五郎 岩井染松 佐野川千蔵 坂田伊三松		泉屋権 芸大 透写本	江戸惣巻軸　上上吉 市村座色子 若女形上上 若女形上
	雁金文七清川		(下冊) 浄瑠璃　松嶋茂平次語り申候 山崎与次兵衛 市村宇左衛門 藤屋吾妻 瀬川菊之丞			道外上上吉　松嶋茂平次 『役者柱伊達』

上演年月	外題	狂言名題／番目	役名・役者名・演奏者	本文中の指定・奥書	版元・所蔵	役者評判記
寛保3・1	東雲冨士腰帯 出語り 道行の段	春曙塀曽我　第四番目	宮古路豊後節 浄瑠璃　佐野川千蔵 同　佐野川京七 三味線　嵐玉柏 同　佐野川千助 瀬川菊之丞 尾上菊五郎　所作相勤申候	（内題下） 佐野川千蔵節付	泉屋権 芸大透写本	若女形上上 市村座色子 『役者和歌水』
延享1・7	浄瑠璃坂 幼敵討ち 道化頼光山入り	開闢今川状　第三番目	嵐音八相勤申候 三味線　尾上菊五郎		泉屋権 パリ	道外上上吉　嵐音八 若女形上上吉　尾上菊五郎 『役者子住算』
寛延3・2	たが袖相の山	通神衢曽我　第二番目	浄瑠璃出語り　(紋)佐野川千蔵 (紋)芳沢蔵之助（色子） 三味線　瀧中音松（色子） 同　菊川千寿 八百屋お七　中村喜代三郎せりふ入り 小姓　尾上菊五郎		泉屋権 図説315 表紙のみ	若女形上上　佐野川千蔵 市村座色子　芳沢蔵之助 同　瀧中音松 『役者新詠合』
寛延3・秋	禿哥	貢物入船名護屋　第二番目	禿　松代　小佐川幾世 禿　山路　芳沢蔵之助 連れ節ニ相勤候 傾城松山　中村喜代三郎 椀屋久兵衛　市村亀蔵		泉屋権 都立中央 パリ	幾代・蔵之助　市村座色子 『役者新詠合』
寛延4・2	（色町流行歌） おでこでこでん節	初花隅田川 女侠東雛形　第四番目	おでこ伝助 坂東三八　罷出二上りうた相勤候		泉屋権 パリ 都立中央	敵役上上士　坂東三八 『役者翁叟鏡』
宝暦5・11	江戸名物蕎麦尽	樸楸峠吉例相撲　第二番目	音頭哥　白妙　佐野川千蔵　相勤申候 小鼓　宇野長七 大鼓　大田市佐衛門 蕎麦切売仙石屋伊兵衛　市村亀蔵 女房お松　佐野川市松　掛合せりふ	本文中に 「是ら千蔵踊り口説 き」	泉屋権 東洋文庫	若女形上ト　佐野川千蔵 「一中節の声のよさは～中にも三味線弾が たり、久々聞ました」 『役者懸想文』
宝暦7・2	新板道中双六	染手綱初午曽我	(紋)　佐野川千蔵直伝 掛合浄瑠璃せりふ入り ぢねんじよのおさん　瀬川菊之丞 小藤太女房梅がえ　佐野川千蔵 八幡三郎　嵐音八		泉屋権 都立中央	若女形上ト　佐野川千蔵 「道中双六の道行．浄瑠璃の一ふし久々で 聞ましたが．いつ聞いてもうまい声てん とたまらぬ楓江丈」 『役者笑上戸』
宝暦7・3 カ	（哥浄瑠璃） 相の山小笹の車	傾情鬼界嶋原　第一番目	哥　水木八三郎 哥　東吉太郎 三味線　嵐小伊三 鄽　浮世代之介 市村亀蔵 三味線　袖崎嶋之介		泉屋権 演博 透写本	子役 子役 市村座色子　嵐小伊三 （若女形上『役者笑上戸』） 上上吉若太夫　市村亀蔵 市村座色子　袖崎嶋之介 『役者真壺銹』

不明【中村座】

上演年月	外題	狂言名題／番目	役名・役者名・演奏者	本文中の指定・奥書	版元・所蔵	役者評判記
寛保1・3	童獅子桜競	菜花曙曽我 第三番目	佐野川市松 染川若五郎 中村市五郎 嵐冨之助 （演奏者連名が無い）		伊賀屋 パリ	

謝辞

この度は、笠谷和比古先生にご尽力いただき、原道生先生にご監修をお願い申し上げ、八木書店古書出版部から娘漆﨑まりの論文を遺著として上梓することができました。誠に感謝の気持ちでいっぱいです。

娘まりは二〇一五年の春頃、鳥越文蔵先生のご推挙をいただき、八木書店から博士論文を元にした研究書を刊行できることになったと喜んでおりました。そして熱心に推敲を重ねておりましたが、二〇一六年の春に膵臓癌が見つかり、闘病生活を余儀なくされました。病床でも必ず快復して著書を上梓すると望みを断念することはありませんでした。しかし、二〇一七年の六月に他界いたしました。

亡くなったあと、国際日本文化研究センターで長くご指導いただいた笠谷先生と、若い頃からご厚誼に与って博士論文の副査についていただいた原道生先生から遺著刊行のお薦めをいただき、幸い八木書店も原先生が監修者として、刊行の面倒を見ていただけるならば、ということになり、このような立派な本に仕上げていただきました。

私ども家族のものは、娘の研究について具体的なことは殆ど解らず、先生方と八木書店にお任せしておりましたが、編集に際しては、多くの方にご協力を頂いたと伺っております。

配川美加様には校閲をお願い致した他、吉野雪子様を始め長唄研究会で一緒に研鑽を積まれた方々から陰に陽にご協力を頂いたと伺っております。ありがとうございました。博士号取得後も、研究員として勤めさせていただいた国際日本文化センターの荒木浩先生をはじめとした皆様にもいろいろお世話になりました、この場をお借りして厚く御礼申し上げます。

娘まりが他界して、この六月に三年を迎えます。その節目に、多くの方々のご尽力で遺著が完成致しましたことは、娘が生きてきた証しが紛れもない形となったことに他なりません。これからの長唄研究の基本文献の一冊として、長くお役に立って頂ければ幸いと存じます。

二〇一九年五月吉日

母　漆﨑和香奈
兄　漆﨑洋一

所蔵一覧　長唄の薄物

凡例

○中村座・都座の表1、市村座・桐座の表Ⅰ、森田座・河原崎座の表一に記した長唄の薄物の掲載順に従ってその所蔵を略記した。

○初版と異版の種別については、以下【初版と異版の関係】のように略記し、その諸本の所蔵については、以下【所蔵】のように略記した。

○枠内に一例を挙げ、略称を使用しない場合の記載を示し参考とした。

【初版と異版の関係】

元：版元
元1：版元1
元2：版元2
初：初版
Ⅰ～Ⅶ：無刊記版　Ⅰ～Ⅶ種
再Ⅰ～再Ⅷ：再版Ⅰ～Ⅷ種
儀：本屋儀兵衛版
泉／儀：和泉屋権四郎、本屋儀兵衛相版
富／森：冨士屋小十郎・森田屋金蔵相版
沢村Ⅰ～Ⅳ：沢村利兵衛再版Ⅰ～Ⅳ種
丸鉄：丸屋鉄次郎版

【所　蔵】

演：早稲田大学演劇博物館
演安：早稲田大学演劇博物館安田文庫旧蔵本
　共通番号「特イ 11-1212-」を略す
辻：早稲田大学演劇博物館辻町文庫
花：上田市立上田図書館花月文庫
上：上野学園大学日本音楽史研究所
竹：国立音楽大学附属図書館竹内道敬文庫
芸：東京芸術大学附属図書館
博：東京国立博物館
黒：東京大学教養学部黒木文庫
国：東京大学国文学研究室
霞：東京大学総合図書館霞亭文庫
加：東京都立中央図書館加賀文庫
　加1～「浄瑠璃せりふ」全10冊（数字は冊数）
蜂：東京都立中央図書館蜂屋文庫
東：東洋文庫
吉：日吉小三八氏蔵本
パ：BnF　フランス国立図書館
松：松浦史料博物館
抱：明治大学図書館抱谷文庫
明：明治大学図書館松和文庫

書籍に掲載された図版
原：『長唄原本集成』（長唄原本集成刊行会、1936～38）所収
近：石井国之著『日本近世日本舞踊史』（帝都演芸通信社、1937）所収
江：『江戸時代音楽通解』（古曲保存会、1920）所収
川：川上邦基編『江戸長唄』（珍書刊行会、1916）所収
図：守随憲治・秋葉芳美 共編『歌舞伎図説』（万葉閣、1931）所収

（例）**花の縁**〔元1〕加、〔元2〕芸 N24/2、〔Ⅰ〕松、〔Ⅱ〕竹 2388、〔Ⅲ〕芸 N9

花の縁
版元1：東京都立中央図書館加賀文庫所蔵
版元2：東京芸術大学附属図書館所蔵
　請求／所蔵番号 N24/2
無刊記版Ⅰ：松浦史料博物館所蔵
無刊記版Ⅱ：国立音楽大学附属図書館竹内道敬文庫所蔵　請求／所蔵番号 2388
無刊記版Ⅲ：東京芸術大学附属図書館所蔵
　請求／所蔵番号 N9

〔所蔵一覧〕中村座・都座の長唄の薄物

傾城無間鐘　元１：特イ11-1212-1B　元２：竹07-2387（再演）
無間鐘新道成寺　元１：江、元２：演特イ11-1212-1C
うしろめん　元２：原本集成１
相生獅子　元１：演特イ 11-1212-1D
鳥羽の恋塚　元１：原１
高野道行歌祭文　元２：パ
一奏勢熊坂　元１：演特ト13-308
兵四阿屋造　元１：演特ト13-310
百千鳥娘道成寺　元１：特イ11-1212-1G
初見雪氷衣　元１：パ
山中対面の道行　元１：パ
掛合こと哥　元１：パ
小妻重山吹海道　元１：パ
（室咲）京人形　元１：パ
無間鐘　元１：パ
一奏現在道成寺　元１：パ
今様熊坂の段　元１：加
京鹿子娘道成寺　元１：加・パ、元２：図360、儀：竹7-400、Ⅰ：演特イ11-1212-2Cと78A・演和ト13-127他、Ⅱ：松・竹7-401・芸N11・演和ト13-419-24・演特イ11-1212-78B・辻他
花の縁　元１：加、元２：芸N24/2、Ⅰ：松、Ⅱ：竹2388、Ⅲ：芸N9
一奏乙女姿羽衣所作　元１：パ
分身鉄五郎　元１：パ
夜鶴花巣籠　元１：パ
江戸鹿子男道成寺　元１：パ、儀：演特イ11-1212-79B、Ⅰ：演特イ11-1212-79C
英執着獅子　元１（上下２冊）：演特イ11-1212-3A・加・パ、儀（上下２冊）：松・竹7-1161と1162・演特イ11-1212-79D・演和ト13-423-24他・（上下１冊）明1023・竹7-1163（破）・黒、
Ⅰ：上（上冊）・花（下冊）、
Ⅱ：演和ト13-98（上冊）・上（下冊）、
Ⅲ：明1022・演特ト13-443-9（上下一冊）、
Ⅳ：抱（上冊）
冬牡丹揚羽面影　元１：パ
万歳貝尽掛合せりふ　元１：加
やりおどり長哥　元１：パ
早咲枕丹前　元１：演特イ11-1212-4B
寿相生羽衣　元２：演特イ11-12125B・辻・花上、Ⅰ：芸N9上冊・演和ト13-419-58、Ⅱ：演特イ11-1212-85DとE・演和ト13-70・演特ト13-443-29と30他、Ⅲ：演和ト13-419-59下、Ⅳ：竹7-534
舞扇子姥桜　元１：演特ト13-448-19（透写）
舞鶴初丹前　元１：演特イ11-1212-5G（透写）他
勝色桜丹前　元１：明1051
髪梳名とり草　元２：竹7-2611
芳野草　元１：芸N24/2・竹7-2392、
儀：演特イ11-1212-6Cと86F、
Ⅰ：演和ト13-67
道行旅初桜　元１：川（表紙のみ掲載）、Ⅰ：竹7-1432と1433・明1052・演特ト13-443-37他、Ⅱ：竹7-3178と2027、Ⅲ：演特ト13-443-38
男郎花　元１：芸N 24/2
紅葉売　Ⅰ：演和ト13-105・芸N９・演特イ11-1212-7C
一奏夕告鳥　元１：演和ト13-448-30
勝舞台名寄行列　元１：演和ト13-448-31（透写）
姥桜江島面　元１：演和特ト13-448-33（透写）
旅寝の小蝶　元１：演和ト13-448-34（透写）
峰雲臯墨染　元１：パ
夏柳烏玉川　元１：パ
末広冬牡丹　儀：演特イ11-12112-7G
艸摺引　儀：演特イ11-1212-8Aと88A、Ⅰ：演特ト13-443-49
爪音幸紋尽　元１：明1069・演和ト13-421-25、Ⅰ：芸N9とE24、演特イ11-1212-8B・松・演特ト13-443-48他、Ⅱ：霞、Ⅲ：辻
ねこのつま　元１：竹7-2394・芸N24/2
（めりやす）袖の露　元１：芸N24/2
御所風俗輦丹　元１：演特イ11-1212-8G
縁結祝葛葉　元１：芸N24/2・松、儀：演和ト13-84
（めりやす）親子草　元１：芸N24/2・竹7-2397、儀：演特イ11-1212-8K・演特ト13-443-51他
姿の鏡関寺小町　元１：明、儀：芸N12・演特イ11-12112-9Hと90G・演和ト13-88、Ⅰ：芸N9・明・

演特イ 11-1212-90H・竹 7-2837
冬至梅たが袖丹前　元 1：演特イ 11-1212-9J
花寄系図咄　元 1：花・明
ふたつ文字　元 1：芸 N24/2・竹 7-2399・演和ト 13-423-52、Ⅰ：演特イ 11-1212-9I・演和ト 13-53・明、Ⅱ：演和ト 13-423-54・竹 7-1323、Ⅲ：竹 7-1319・演和ト 13-85・松・芸 N9、Ⅳ：竹 7-2040
馴染相の山　元 1：演特イ 11-1212-9N・東大・竹 7-2400・・芸 N24/2・演特ト 13-448-5、Ⅰ：松
松吹袖汐路　元 1：芸 E（透写）
梅紅葉二人物狂　元 1：演特イ 11-1212-10C
琴の段朧月　元 1：芸 N24/2・明・竹 7-2402・演和ト 13-418-49、Ⅰ：竹 7-251 と 2403・演和ト 13-418-50、Ⅱ：演特イ 11-1212-10J と特ト 13-443-61、Ⅲ：竹 7-2576
春調娘七種　元 1：上・明・演特イ 11-1212-10I と 91I、Ⅰ：演特イ 11-1212-91J と特ト 13-443-58 と和ト 13-94、Ⅱ：芸 N9・演特ト 13-443-60・竹 7-2136、Ⅲ：竹 7-3079
春雨　元 1：演特イ 11-1212-11A・芸 N24/2、Ⅰ：演特イ 11-1212-92C
袖柳名所塚　元 1：演特イ 11-1212-11B、明
秋巣籠　元 1：芸 N24/2・演特イ 11-1212-11I、Ⅰ：花・演和ト 13-107
衣かつぎ思破車　元 1：演特イ 11-1212-11J と 93C、儀：演特イ 11-1212-93E、Ⅰ：演特イ 11-1212-93D、Ⅱ：上
早咲賤女乱拍子　元 1：抱、Ⅰ：明・演特ト 13-443-65・演和ト 13-423-30、Ⅱ：演特イ 11-1212-11M と 93K、Ⅲ：演特イ 11-12112-93L
楓袖相生曲　元 1：花
おどり念仏　Ⅰ：明・演特ト 13-417-7
鉢扣色入船　元 1：演特イ 11-1212-11K と 93I（上下二冊）・93H（上下一冊本）
ちごさくら　元 1：芸 N24/2・竹 7-2405・明・演特イ 11-1212-12D と特ト 13-417-11、Ⅰ：演特イ 11-1212-94H と I
葉桜閨の団　元 1：芸 E（透写）
渡初鵲丹前　元 1：演特イ 11-1212-12F・98DE
おとぎ紅葉早物語　元 1：演特イ 11-1212-12G
畳算　元 1：芸 24/2、Ⅰ：松・竹 7-2407、Ⅱ：明、Ⅲ：演特イ 11-1212-12H と 98F、Ⅳ：演和ト 13-421-7、Ⅴ：竹 7-2901・抱、Ⅵ：芸 N9・N11
梅楓娘丹前　元 1：演特イ 11-1212-12 K・95K
深見草咲分丹前　元 1：明
初時雨　元 1：芸 N24/2、Ⅰ：松
相生菊相撲　元 1：パ
心駒勢草摺　元 1：演特イ 11-1212-13C
一奏廓羽衣　元 1：演特イ 11-1212-13E
道行女夫傘　元 1：演特イ 11-1212-13D・芸 N24/2、儀：演特イ 11-1212-96G
相生獅子　元 1：花・演特ト 13-429-10・竹 7-2135・東大、Ⅰ：松・明・竹 7-2460・演特ト 13-443-3・4、Ⅱ：演特イ 11-1212-97E・霞・芸 N9・竹 7-2461・演和ト 13-434-7D、Ⅲ：上・明、Ⅳ：演特イ 11-1212-13F
追善江戸桜其俤　元 1：演特イ 11-1212-13H・花
弾絢准系図　元 1：花・演特ト 13-417-9（同修本ｶ）、Ⅰ：演特イ 11-1212-13G ト 97A・演特ト 13-429-6 他
雲の峰　元 1：花・芸 N24/2・明、Ⅰ：芸 N3
（めりやす）萩の風　元 1：芸 N24/2・花・演特イ 11-1212-14B と 98B
（めりやす）待夜　元 1：芸 N24/2
（めりやす）かみ心　元 1：演特イ 11-1212-14F と 98H、Ⅰ：演和ト 13-387
楓葉恋狩衣　元 1：演特イ 11-1212-14G
釣狐春乱菊　元 1：演特イ 11-1212-14L と 99F・99G、儀：花・演特ト 13-443-75、Ⅰ：明、Ⅱ：演特ト 13-443-74
春宝東人形　元 1：演特イ 11-1212-15A と 99E
こころの五文字　元 1：演特イ 11-1212-15B と 99J、元 2：竹 7-2046
山桜姿鐘入　元 1：演特イ 11-1212-15C、
（めりやす）星明　元 1：演特イ 11-1212-16A、儀：演特イ 11-1212-100D、Ⅰ：芸 N24/1
狂乱須磨友千鳥　元 1：演特イ 11-1212-16C・演特ト 13-417-10、Ⅰ：演特イ 11-1212-100H
粧古郷帰花　元 1：演特イ 11-1212-16E、儀：明
水仙対丹前　元 1：演特イ 11-1212-16D
（めりやす）うき枕　元 1：演特イ 11-1212-16F、Ⅰ：松
花姿放下僧　元 1：花・博
髪梳十寸鏡　元 1：演特イ 11-1212-17C と 100J・演

特ト13-319・花・博・芸E24、Ⅰ：竹7-319と7-2409
（めりやす）仇ざくら　元1：演特イ1-1212-17B・花・博、Ⅰ：芸E24
妹背星紅葉丹前　元1：博
花角力里盃　元1：博・演特イ11-1212-17I
冬牡丹園生獅子　元1：演特イ11-1212-17Hと101A・博
紅白勢丹前　元1：博、Ⅰ：演特イ11-1212-17G・芸N11、Ⅱ：近
雪花喩系図　元1：芸E（透写）
（めりやす）鳥の音　元1：演特イ11-1212-17J・博
七襄秋羽衣　Ⅰ：竹7-2978（表になし）
曙鎌倉名所　元1：博・
梅笑粧くさずり　元1：博、Ⅰ：演特ト13-443-77・芸E24・芸N11
春遊駅路駒　元1：博
（狂乱初霞）　雲井の里言葉　元1：博、Ⅰ：芸E24・演和ト13-427、
Ⅱ：演特イ11-1212-18A
（めりやす）若くさ　元1：博、Ⅰ：芸ェ24・明
（めりやす）わが涙　元版1：博
初歌舞妓女花槍　Ⅰ：芸E24
（めりやす）笹引　Ⅰ：芸E24
雪の一夜室乱梅　Ⅰ：演和ト13-425-14
（めりやす）白たえ　Ⅰ：芸E24・花・明、Ⅱ：演和ト13-124
（めりやす）かきつばた　Ⅰ：演和ト13-106
道行初の鶯　Ⅰ：竹7-1436（表紙のみ存、表になし）
三扇雲井月　元1：辻
陸花桅　元1：芸N11・抱・演特ト13-443-83
（めりやす）錦木　元1：芸N11・明・抱・花・松・演特イ11-1212-18J・辻
（風流万歳）　五衣の品　元1：芸N11
（めりやす）神頼　元1：明
（めりやす）思ひ寝　元1：抱、Ⅰ：明
（めりやす）庭の落葉　元1：芸E（透写）
御所望釣狐　元1：芸E（透写）
（めりやす）花散鐘　元1：演特ト13-448-90（透写）
（めりやす）葉桜　元1：演特イ11-1212-19F
翁草恋種蒔　Ⅰ：演和ト13-444-2F・演特ト13-443-84、Ⅱ：竹7-169と170
置霜恋乱菊　元1：花
寿万歳　Ⅰ：演特イ11-1212-20L（表になし）
（めりやす）ねぬよ　Ⅰ：演特ト13-413（本文欠）
（めりやす）すくな文字　Ⅰ：竹7-2413
鐘掛花振袖　Ⅰ：芸N9、Ⅱ：竹7-2607、Ⅲ：竹7-314
（めりやす）時雨月　元1：演特ト13-413・竹7-2414
（めりやす）雪見酒　元1：竹7-2415
（めりやす）朧月　元1：松・黒、元2：芸N9・演特ト13-443-87
咲分梅笑顔　元1：松
（めりやす）男文字　元1：芸N24/1
其紅葉懺悔物語　元1：芸E
信夫石恋御所染　元1：明・松
（めりやす）花夕部　元1：明・松
琴歌　雪の夜　元1：松835-S11-10・12
風流女万歳　元1：　竹7-2417
初夢姿富士　元1：松
花菖蒲対の手綱　元1：竹7-2418
秋の花角力　元1：松
華筵千種の丹前　元1：竹7-2419
二ツ紋ときに相の山　元1：7-2420
氷面鏡梅俤　元1：竹7-2421
恋の乱れ苧　元1：松・竹7-2422・演和ト13-413B（表紙のみ存）
潔江戸絵靡　元1：松
曳各鐘贔屓　元1：霞
三拍子秋野色々　元1：竹7-2424
映紅葉奴僕　元1：竹7-2423
髪梳き　秋の暮　元1：竹7-2425・7-29
引連樹春駒　元Ⅰ：芸E（透写）
（めりやす）磯千鳥　元1：竹7-2426
（めりやす）関の戸　元1：竹7-2427
道行花の雪吹　元1：明
（めりやす）仇枕　元1：竹7-48
色見草四の染分　元1：明
紅白姿色鏡　元1：松
我背子恋の合槌　元1：松
丹前　花姿視　元1：明・演特イ11-1212-22B
屏風の関　元1：松
（めりやす）雨の柳　元1：演特イ11-1212-22E
花遊小鳥囀　元1：明
琴哥　かり寝　元1：明・霞
釣狐花設罠　元1：明・芸N9

今様月汐汲　元１：明 1194
道行昔のうつし絵　元１：演特イ 11-1212-　22H・明カ
琴柱のかり　元１：松
（めりやす）なみ枕　元１：松
（めりやす）雪月花　元１：松、儀：演特イ 11-1212-22I
花楓粧丹前　元１：演特イ 11-1212-22J・松・明
花緑千歳寿　元１：明
初花色の染手綱　元１：明
恋の枷糸　元１：演特イ 11-12112-22L・竹 7-2428
乱咲扇子蝶　元１：明
再咲花娘道成寺　元１：演特イ 11-1212-22M
（めりやす）秋の夜　元１：演特イ 11-1212-22Q・演和ト-13-418-6
道行児桜恋淵瀬　元１：芸Ｅ（透写）
咲競梅丹前　元１：芸Ｅ（透写）
（めりやす）色増袖　元１：松
馴初船の内　Ⅰ：演特イ 11-1212-23B・竹 7-2979
朝日の舞鶴　Ⅰ：芸Ｅ
狂乱岸姫松　元１：芸Ｅ
重荷の塩柴　元１：芸Ｅ
色見草古巣玉籬　元１：演和ト 13-281
（めりやす）雨の後　元１：演特イ 11-1212-25A
八朔梅月の霜月　元１：演特イ 11-1212-25C・演特イ 11-1212-107A・演和ト 13-423-4・明 2001、無刊記版：竹 7-3021、沢村Ⅰ：明 2002、沢村Ⅱ：芸 N28・演特イ 11-1212-107BCD
松鶴嫩丹前　元Ⅰ：演特イ 11-1212-25D
（めりやす）東歌　元１：演特イ 11-1212-25E
初約束手管草摺　元１：演特イ 11-1212-25F
太夫株常磐万歳　元１：演特イ 11-1212-25G
（めりやす）雛草　元１：演特イ 11-1212-25H
放下僧月の弓取　元１：演特イ 11-1212-25J
釣狐菊寒咲　元１：演特イ 11-1212-25K
春駒勇笑顔　元１：演特イ 11-1212-26A
（めりやす）うわ帯　元１：演特イ 11-1212-26B
対面花春駒　元１：演特イ 11-1212-26C・竹 7-2882、沢村Ⅰ：演特ト 13-443-92、沢村Ⅱ：竹 7-2884、沢村Ⅲ：芸 N26、沢村Ⅳ：竹 7-2883（奥書無）
五月菊名大津絵　元１：演特イ 11-1212-26D・演特イ 11-1212-108A（奥書無）、沢村Ⅰ：演特ト 13-429-17・明・竹 7-564
（めりやす）月の鏡　元：竹 7-902
（めりやす）やどり車　元：明・竹 7-2430
（琴唄）雲井の雁　元：松
（めりやす）下紐　元：松
床さかづき相の山　元：松
（めりやす）糸車　元：竹 7-2431
（新うた）五大力　元：松・竹 7-2432、沢村Ⅰ：竹 7-521･2732･演特イ 11-1212-27E･109EF、沢村Ⅱ：竹 7-522･芸 16、沢村Ⅲ：竹 7-523･524･明
三瀬川吾妻人形　元：演特イ 11-1212-27F
色手綱誓の駒引　元：演特イ 11-1212-27G
折箙竹梅幸　元：明
（めりやす）心の蝶　元：竹 7-507･2433
（めりやす）心の木枕　元：芸Ｎ３、後版：竹 7-2726（森田屋版）
（めりやす）爪紅粉　元：竹 7-2437
姿花秋七種　元：明・演和ト 13-285、沢村Ⅰ：芸 N22･竹 7-2848･2849･演特イ 11-1212-28A と 109H（抜き本）
（めりやす）あだし髪　元：竹 7-2438
忍夫摺形見狩衣　元：明
仙台ぶし吾妻唄　元：竹 7-50、沢村Ⅰ：竹 7-51･演特イ 11-1212-28C･演和ト 13-194･演和ト 13-444-3E･明
（めりやす）心の雪　元：竹 7-2439
（めりやす）墨の梅　元：演特イ 11-1212-28E・竹 7-2441
（唄浄瑠璃）邯鄲四季の花道　元：明、沢村Ⅰ：芸Ｎ３、沢村Ⅱ：竹 7-331
花車紅葉錦　元：近（表紙のみ掲載）
（めりやす）花の関の戸　元：竹 7-2442
（めりやす）室のゑがほ　沢村Ⅰ（森田屋相版）：演特イ 11-1212-29F
牛飼室梅花　元：演特イ 11-1212-110B、沢村Ⅰ（森田相版）：演特イ 11-1212-29E・竹 7-92、後版：竹 7-93
帯曳花農小林　元：演特イ 11-1212-29K・明・竹 7-249･250･2063･2573、沢村Ⅰ：竹 7-248･2574、沢村Ⅱ（森田相版）：演特イ 11-1212-110DE
（めりやす）心の筆　元：演特イ 11-1212-30B と 110F
江戸花五枚錦絵　元：演特ト 13-429-18・明、沢村Ⅰ（森田屋相版）：演特イ 11-1212-30F（抜き本）

（めりやす）蔦紅葉　元：演特イ 11-1212-30I
花袂碁立梅　元：演特イ 11-1212-31H
三重霞嬉敷顔鳥　沢村Ⅰ：明・竹 7-1422･1423･3175・演特イ 11-1212-110J･演特ト 13-443-96･演特ト 13-429-20、沢村Ⅱ：竹 7-1424･3174・演特イ 11-1212-32F、沢村Ⅱ´（字表紙）：竹 7-3176
ぬれ翅　後版：演特イ 11-1212-142（森田屋版透写本）
（琴唄）秋空　元：演特イ 11-1212-32H
新八重梅　元：演特イ 11-1212-32I
（めりやす）うてな　元：演特イ 11-1212-33C
法花四季台　元：竹 17-1043･1044、沢村Ⅰ：竹 7-1045 ～ 1048･2998･2999・芸Ｎ３・明、
沢村Ⅱ：竹 7-3000･3001、
沢村Ⅱ´（字表紙）：竹 7-3002、
沢村Ⅲ：明・竹 7-1049、
沢村Ⅲ´：竹 7-1050（表紙覆刻）、
沢村Ⅳ（丸鉄求版）：竹 7-1051
（めりやす）妻戸の凮　元：明
若緑姿相生　元：演特イ 11-1212-33G・明（表紙の振付者なし）
七字の花在姿絵　元：明 2056・竹 7-622･624･626･1774･1776・演特イ 11-1212-34A と 111G、
沢村Ⅰ：明 2055・演特イ 11-1212-112A、
沢村Ⅱ：演特イ 11-1212-112AB・竹 7-620、
沢村Ⅲ：竹 7-628 と 629 と 1779・演特イ 11-1212-112CD、
沢村Ⅲ´：竹 7-631･1778（字表紙）、
沢村Ⅳ：竹 7-632
（めりやす）袖の海　元：明・竹 7-758
（子日）男舞曲相生　元：演特イ 11-1212-34C･演和ト 13-178・明、沢村Ⅰ：竹 7-246
（重陽）色砧籬花娵　元：演特イ 11-1212-34DE と 113E
宝君寿万歳　元：演特イ 11-1212-34G・明
梅庭意贔屓　元：黒・演特イ 11-1212-34I（透写本）
道行鳥辺山　元：竹 7-3180･3181・演特イ 11-1212-35A･演和ト 13-286 カ
（めりやす）月雪花操車　元：竹 7-3469
浜松風恋歌　元：明・芸 N22・竹 7-1185･1186 3072･3073・演特イ 11-1212-113I、
沢村Ⅰ：演特イ 11-1212-113J114A・竹 7-1187 1188･3074、沢村Ⅱ：竹 7-1190･3076、
沢村Ⅱ´：芸 N17（表紙覆刻）、
沢村Ⅲ：竹 7-1191、
沢村Ⅳ：竹 7-1192･1193･3077
天津矢声恋神業　元：明
邯鄲薗菊蝶　元：演特イ 11-1212-36A 演和ト 13-419-21・竹 7-332･334･3339、
丸鉄：竹 7-335
（めりやす）ゆかりの月　元：竹 7-1630･2446・明 2069・芸 N1、
沢村Ⅰ：明 2070・演特イ 11-1212-36C、
丸鉄：竹 7-3258
（めりやす）八重やまぶき　元：黒・竹 7-1562
（めりやす）木の下やみ　元：黒
（伊勢音頭）恋目の双六　元：演和ト 13-296
小原女（上冊）廓の禿（下冊）　元（上下２冊）：演特イ 11-1212-36G･114K・115CD（下冊）・竹 7-288 ～ 296・明、元´：（下冊字表紙）芸 N19・演特イ 11-1212-115E･竹 7-301･1763・1764･2138･2595（下冊字表紙）･2597、
沢村Ⅰ：芸 N17 と 19・明・演特イ 11-1212-115A･特イ 13-312-89・竹 7-297 ～ 299･2595･2596、沢村Ⅰ´：竹 7-3332（上冊字表紙）、
沢村Ⅱ：竹 7-3333、沢村Ⅲ：芸 N27・演特イ 11-1212-115B
追払梅明春　元：演特イ 11-1212-36H
（琴唄）花色香　元：竹 7-1156･1825（表紙欠）
遅桜手尓葉七字　元：（上冊）竹 7-231･229･1746･2562・明、（下冊）竹 7-230･2563・明、
沢村Ⅰ：（上下１冊）芸 N4・竹 7-233 と 234 と 1747 と 1748 と 2099 と 2564 と 2565・明 2110・演特イ 11-1212-37A と 115G、
沢村Ⅰ´：芸 N17 と 25・明 2109（改刻箇所有）、
沢村Ⅱ：（字表紙本文Ⅰの覆刻）竹 7-235 と 2566 と 2577
沢村Ⅲ：（大黒屋相版）竹 7-236･238･3323、
沢村Ⅳ：（上１冊丸鉄相版）竹 7-1745･2568･2569･演特イ 11-1212-116A、他有り
（めりやす）青葉　元：黒
岩井月緑の松本　元：演特イ 11-1212-37E と 116G
（めりやす）浪枕　元：特イ 11-1212-37F（表紙破）

千代の春緑末広　元：演特イ 11-1212-37I
万歳君堺町　元：明
再春菘種蒔　元：演特イ 11-1212-38C と 117AB
・竹 7-1387･1389･3149･3150、
沢村Ⅰ：(字表紙) 明・竹 7-1393･1394･3151、
沢村Ⅱ：(字表紙) 芸 N27・演特イ 11-1212-117C・演特イ 13-312-97・竹 7-1390 〜 1392 と 1838 と 3152 と 3153、沢村Ⅲ：(版元部分墨丁) 竹 7-3156・
演特イ 13-312-98、
丸鉄：竹 7-1396
紅葉袖名残錦絵　元：演特イ 11-1212-38D と 117DE・芸Ｎ１と４・明・竹 7-1517 〜 1520･3205 〜 3207、元′：(字表紙) 明・竹 7-1521･1522･3208、(他に天保四年再演版有り)
(めりやす) 命毛　元：演特イ 11-1212-38G・明
四季詠寄三大字　元 (上下２冊)：竹 07-604 〜 607 と 2779 と 2780・演特イ
11-1212-38H･117G･118A、
沢村Ⅰ (上下１冊)：演特イ 11-1212-118BC・
竹 7-608 〜 611･2781･2782、
沢村Ⅱ：明 2091・竹 7-2783、
沢村Ⅱ′：明 2092・演特イ 11-1212-118D・竹 7-613 と 2784 と 22785、
沢村Ⅱ・：(本文Ⅱ同版表紙別版) 演特イ 13-312-102・竹 7-614 と 615 と 2786 と 2787、
沢村Ⅲ：竹 7-2789、
沢村Ⅲ′：演特イ 11-1212-119A・竹 7-2788・
芸 N25・明 2100、
沢村Ⅳ：芸 N25・竹 7-616・演特イ 13-312-101
御名残尾花留袖　元：竹 7-2580
寄三津再十二支　元：明・竹 7-1638 〜 1640･3260・
演特イ 11-1212-40A
梅籬霞帯曳　元：・明・演特イ 11-1212-40D・芸 N11
其九絵彩四季桜　元：竹 785 〜 790・演特イ 11-1212-40E と 119EF、元'：(上冊表紙覆刻) 明・演和ト 13-44 と 45 カ
今様嫩花道　元：演特イ 11-1212-41E・明
(琴唄) 朝顔　元：演特イ 11-1212-41G
御名残七小町容彩四季　元竹 7-977
道中丸色廓　元：特イ 11-1212-42A (欠本)
色里踊口説あれみさしゃんせ節　元 1：原本集成
大踊こんここりき節　元 1：原本集成

〔所蔵一覧〕市村座・桐座の長唄の薄物

やつし西行富士見五郎　元1：演特ト13-417-2
江戸桜五人男掛合文七節　元1：演特ト13-417-1
曽我踊口説　狩場大踊　元1：図354
小山田太郎物狂せりふ　元1：原本集成
孤東柳　元1：原本集成1
文月弓矢誉　元1：東洋文庫
（大坂土産）丹前鑓踊　元1：原本集成1
姿花五色桜　元1：芸W768.4E透写絵無
思いの緋桜　元1：演安1E、元2：芸W768.4E透写、Ⅰ：演安76A、Ⅱ：松浦・早演和ト13-118、Ⅲ：竹07-2044
今様こんくわい信田妻　元1：芸W768.4E透写
高尾さんげの段　元1：パ3261
釣狐鎧乱曲　元1：芸W768.4E透写
東雲いもせの八声　元1：芸W768.4E透写
（掛合）鼓哥　元1：芸W768.4E透写欠本
元服花菖蒲　元1：パ3262
紫宵宿夜霜　元1：パ3262
鶴の丸日の出男　元1：パ3262
（土手八町）当世羽織　元1：パ3262
菜の花小蝶の袂　元1：パ3261
子宝木の葉の絹　元1：パ3261
坂田金時道行　元1：パ3262
放下僧小切子所作の段　元1：パ3261
室の閨魁丹前　元1：パ3261
浦山吹東人形　元1：パ3261
朧月面影花　元1：加2・パ3261
鳴神上人北山桜　元1：霞・パ3262
花笠娘丹前　元1：加3・パ3263
無間の鐘　元1：パ3261・演安2D
振分髪獅子乱曲　元1：加4・パ3261
（新春駒）秋野月毛の駒　元1：加4・パ3261・3263・演安3B、Ⅰ：明
風流妹背の柱建　元1：加4・加4・パ3261
高砂丹前　元1：加4・パ3261
髪梳妹背鏡　元1：加5・演安3E・パ3263、儀：黒、Ⅰ：竹07-2610、Ⅱ：竹07-2034、Ⅲ：演安80F、Ⅳ：松浦
（四季詠）牡丹邯鄲里　元1：加5
浪枕桔梗物狂　元1：加5.演安3F・パ3261
門出京人形　元1：加5・松、元2：加5・パ3261・演安3G、Ⅰ：演安80G・演和ト13-419-9
蟬丸都尾花　元1：加5・パ3261
雛形源丹前　元1：加5・パ3261
今様四季三番三（上冊）　元1：加5・パ3261・東・演安3H、Ⅰ：芸N9・演和ト13-443-14・和ト13-444・辻・竹07-69と70・明、Ⅱ：演安81C、Ⅲ：演特ト13-443-15・和ト13-119・演安81B
両州隅田川名所尽　元1：演安4Aと82A・明・演和ト13-426-6、元版2：東・パ3261、Ⅰ：演安82B・和ト13-122・演和ト13-434-7・竹07-1686と1687・松・芸N9・霞（上1冊）、Ⅱ：明・国、Ⅲ：霞（下1冊）、Ⅳ：演特ト13-443-17
花曇忠義金　元1：演特ト13-448-7透写
呼小鳥印の柳　元1：『近世日本舞踊史』表紙掲載
名取川　元1：演特ト13-448-8透写
百千鳥娘道成寺　元1：明・演安4C・和ト13-424-36、Ⅰ：芸N12・抱・松・黒1706・1711・竹07-1523・1524・1525・1526他・パリ3263・演安82Hと83ABCD、Ⅱ：明・霞・竹07-3210、Ⅲ：芸N9・演和ト13-126、Ⅳ：演和ト13-424-37、Ⅴ：演和ト13-288
弓力手くなゑ丹前　元1：パ3263
鳥指浮流朝比奈　元1：加6
（めりやす）花の香　元1：演安4D・抱・パ3263
（からくり橋弁慶）月の出汐　元1：パ3263
忍笠堤の関路　元1：『江』表紙掲載
粧六花　元1：パ3263
花に酔姿の友　元1：演特ト13-448-13透写上冊
昼夜太夫のせりふ　元1：同上下冊
雛祭神路桃
［上冊］官女・春駒踊・杜若　元1：パ3263・演安4H、儀：演特ト13-443-20・辻
［中冊］鑓踊・傾城　元1：演安4H・明・パ3263、Ⅰ：竹07-1295・演安84H・和ト13-434-6F、Ⅱ：竹07-3120
［下冊］山賤・布さらし　元1：演安4H・パ3263表紙欠
野路母子草　元1：演安4I・特ト13-448-14透写

紫の曙大踊り　元1：演特ト 13-448-15 透写絵無
乱菊枕慈童　元1：演安 5A・和ト 13-426-1 と 2・竹 07-3271、Ⅰ：竹 07-1657・1658・3271・3273 他・花・芸 N9・明・演安 84JK・演特ト 13-443-26・辻・蜂、Ⅱ：明・竹 07-1663 ト 3272・上・芸 N12、Ⅲ：演安 84L と 85A・演和ト 13-125・芸 N11、Ⅳ：竹 07-1657、Ⅴ：竹 07-1665・2124・和ト 13-426-3・特ト 13-476-19
乱調尾上鐘　元1：パ 3263・演特ト 13-448-17 透写
面影青砥滝津瀬　元1：パ 3263・『江』
（めりやす）小夜あらし　元1：演和ト 13-420-4・芸 N24/2 表紙欠、元2：演和ト 13-420-5、Ⅰ：竹 07-566・演和ト 13-114・和ト 13-413-8 表紙存・松、Ⅱ：芸 N9、Ⅲ：竹 07-567・抱、Ⅳ：明、Ⅴ：抱・竹 07-2041
無間鐘　元1：演特ト 13-448-20 透写
花子　元1：演特ト 13-448-21 透写
曲輪歌仕形万歳　元1：パ 3263
恋空蟬　元1：演特ト 13-417-8、Ⅰ：演和ト 13-419-50・和ト 13-434-6A
姿の華　元1：演安 5E
（菖蒲／杜若）根元草摺引　元1：パ 3263、元2：演和ト 13-282・辻、Ⅰ：竹 07-539・540・2742・芸 N9・演安 5D・85GH・演和ト 13-83・松・抱、Ⅱ：竹 07-2050、Ⅲ：演特ト 13-443-32、Ⅳ：上・芸 N11
分身鉄五郎　元1：『芸古代鸚鵡石掛合本』に所収
髪梳夜撫子　元1：演特ト 13-448-22 透写
女舞紅葉賀　演特ト 13-311 透写（欠本）
幼愛四季の万歳　元1：パ 3263
鐘入解脱衣　元1：加 8
鎌倉風真田笠紐　Ⅰ：明、Ⅱ：芸 N3・演和ト 13-121・特ト 13-429-4
（めりやす）仮枕　元1：竹 07-2390、儀：演和ト 13-95
夜半の乱髪　元1：パ 3263
色見草　元1：パ 3263
剣烏帽子照葉盃　元1：パ 3263・抱、Ⅰ：竹 07-479・2710・明・芸 N9 と N11・演安 51 と 85K・演特ト 13-443-34・演特ト 13-443-34・演和ト 13-444-21・演和ト 13-419-45、Ⅱ：花、Ⅲ：霞、Ⅳ：竹 07-2032、Ⅴ：演安 86A、Ⅵ：明・演和ト 13-419-46
（めりやす）雉子の雨　元1：竹 07-2391、元2：演安 5J、Ⅰ：演和ト 13-419-31 と 32、Ⅱ：演和ト 13-87、Ⅲ：竹 07-2037
紋日鶴拍子　元1：加 8・芸「古代鸚鵡石掛合」上冊
姿乱菊　元1：『川』表紙掲載
鴦の色羽粧ひ丹前　元1：パ 3263
双紋雪の俤　元1：パ 3263
浦千鳥見女汐汲　元1：芸 N24/2・パ 3263
籬の垣衣草　元1：パ 3263・演安 6E
（髪椅）夜玉櫛　元1：パ 3263
柳雛諸鳥囀
［上冊］布袋　元1：演安 87C・パ 3263、儀ア：演安 6G・竹 07-1618 と 3231・演和ト 13-77、儀イ：明、Ⅰ：竹 07-2023・明、Ⅱ：上・明・演安 87D・竹 07-3248
［下冊］唐子　元1：演安 87C・パ 3263、儀ア竹 07-1619 と 3231・演安 6Gf・和ト 13-77、Ⅰ：上
華笠踊　元1：演安 6Gd・パ 3263、儀：竹 07-1617 と 3229
草摺　元1：演安 6Gg・パ 3263、儀：竹 07-3232
［上冊］鷺娘　元1：花 333・パ 3263、Ⅰ：演安 86I と J、Ⅱ：演安 6Ga・花 333・竹 07-3233（表紙に「上下」と入る）、Ⅲ：上、Ⅳ：竹 07-3230・明・芸 N9
［下冊］内題なし　元1：パ 3263、元2：花・抱・演安 6Ge、Ⅰ：花・松・演安 87B
［上冊］後面　元1：パ 3263・上・芸 N111、儀：竹 07-1609・辻、Ⅰ：演安 6Gb・演特ト 13-443-43・竹 07-1608、Ⅱ：霞・明、Ⅲ：明
［下冊］傾城　元1：パ 3263、Ⅰ：竹 07-1616
（めりやす本調子）松虫　元1：演安 7A・パ 3263
破
糸縷賤緒巻　元1：パ 3263
雛形娘丹前　元1：パ 3263・演安 7B
初咲法楽舞　元1：パ 3263、儀ア：花、儀イ花・演安 87H、Ⅰ：演安 7D・演特ト 13-443-45、Ⅱ：竹 07-1062・芸 N9 と N11・演和ト 13-423-3・松、Ⅲ：明・竹 07-1060・1061・3009・演和ト 13-109、Ⅳ：演安 87G・竹 07-2039、Ⅴ：竹 07-3010
紅梅夜濃鶴　元1：パ 3263・演安 7E・演和ト 13-419-52、Ⅰ：演特ト 13-443-46

卯花相の山　元1：パ3263・芸N24/2本文存
所縁の茶杓　元1：演特ト13-448-37透写
（めりやす）秋七種　元1：演和ト13-418-3・芸N24/2　本文存、儀：芸N11・演和ト13-418-4・演安7F、Ⅰ：演和ト13-64、Ⅱ：演特ト13-443-47
狂乱情姿絵　元1：パ3263
紅葉傘住吉丹前　元1：パ3263・演安7I下冊
玉櫛笥寝鐘　元1：パ3263・演安'7H表紙存
（拍子舞）恋文字道中双六　元1：パ3263
（無間鐘）昔草　元1：演安SE
女伊達姿花　元1：演安8Dと85B・パ3263表紙破　儀：明・竹07-2047、Ⅰ：明、
狂乱手管のすががき　元1：パ3263
乗掛情の夏木立　儀：抱、Ⅰ：演安88Cと8F・演和ト13-422-15、Ⅱ：竹07-2045、Ⅲ：芸N3・演特ト13-429-12・演特イ13-312-28、Ⅳ：演安88DとE、明
有明鶏　元1：芸N24/2
川柳二つの竹　元1：演特ト13-448-44透写
冬至梅雪の空炷　元1：演特ト13-448-47透写
鞕桜宇佐幣　元1：明上下2冊・演安8H下1冊、元2：演安8H上l冊欠本
花錦嫩丹前　元1：演安89A、儀：演安89B・芸N12　Ⅰ：上・竹07-2052、Ⅱ：明・演特ト13-429-7、Ⅲ：演特ト13-443-50、Ⅳ：竹07-1148
浜衛幾世月　元1：明破・演特ト13-448-46透写
冬小菊御乳女童　元1：演特ト13-448-45透写
雪咲心の花　元1：芸N24/2・演安8Iと89E、Ⅰ：演安89F・和ト13-434-6D・竹07-2395破
雪傘積恋歌　元1：演安8J
夜鶴綱手車　元1：芸N24/2・明・演安9A破と89G汚・演特ト13-417-17ト18・パ3263、Ⅰ：上・演安89H・明、Ⅱ：霞、Ⅲ：竹07-1645・演和ト13-110、Ⅳ：竹07-3266
思ひ川　元1：演安9Bと89L・パ3263、Ⅰ：演安89M、Ⅱ：演和ト13-13・演和ト13-418-52
里花浮空炷　元1：演安9D・パ3263
十寸鏡　元1：パ3263・芸N24/2・明・演安9Cと90A
花扇裾野神瑞籬　元1：演安9E
（少将道行）百夜車　元1：演安9F・パ3263、Ⅰ：演安90B、Ⅱ：演安90C
朝顔　元1：演安9Gと90F
糸遊花紋尽　元1：演安9M・演特ト13-101
神唄大おとり　元1：演安l0A
乱萩恋山路　元1：演安l0B
（髪梳）霧の籬　元1：国
恋の出雲路　元1：演安l0Da上1冊、儀：演安10Db下l冊
我こころ　元1：花・芸N24/2破、Ⅰ：演安l0Eと91E・演和ト13-426-9と10、Ⅱ：霞、Ⅲ：芸N9・抱、Ⅳ：芸N11・竹07-2401・演和ト13-443-56・演和ト-13-68・和ト13-434-6F・明、Ⅴ：竹07-3288
金色栄万歳　元1：演安11C、儀：芸Nl2
乱咲梅映香　元1：演安11Dと92E
左右花兵交　元1：演安11E上1冊
琴の音　元1：明、Ⅰ：演安92F、Ⅱ演安11F
春の曙　元1：芸N24/2
（初日）童子戯面被　元1：明・辻、儀：竹07-1483　Ⅰ：演安11G・演特ト13-443-62、Ⅱ：竹07-2033、Ⅲ：上
（後日）稚子勇鑓踊　元1：演安11H・明破
末の春　元1：『日本歌謡集成』9巻口絵に所収
左文字　元1：パ3263・芸N24/2本文存
染糸　元1：パ3263・芸N24/2本文存、Ⅰ：松・竹07-2404
塩衣須磨俤　元1：パ3263、Ⅰ：松・花333・花333　竹07-2767、Ⅱ：演安12A・霞・竹07-2049、Ⅲ：演安94A表紙破、Ⅳ：芸N9
六出花吾妻丹前　元1：パ3263・竹07-1461・1462　Ⅰ：芸N11、Ⅱ：竹07-2053表紙破、Ⅲ：芸N9上下1冊・演和ト13-123上下2冊
初恋心竹馬　元1：パ3263・花335・抱・演安12B、Ⅰ：演安94D・演和ト13-423-2・演特ト13-443-67、Ⅱ：国・芸N9・演和ト13-82、Ⅲ：霞・演安94F、Ⅳ：竹07-2035、Ⅴ：演安94E
振袖京早咲　元1：パ3263
魁都童　元1：パ3263・明破
揚屋入曲輪誰袖　元1：パ3263
色競梅玉垣　元1：パ3263
東拵賤妻木　元1：パ3263、儀：漆崎
（めりやす）花夕栄　元1：パ3263
廓桜　元1：パ3263・芸N24/2本文存、Ⅰ：演安12Eと94J汚れ有、

初旅名取艸　元1：パ3263
舞扇千艸装　元1：パ3263・竹07-1356本文存
二世の縁　元1：パ3263・明・国（表紙破）・芸N24/2、Ⅰ：演安12Iと94K、Ⅱ：演安94L・演和ト13-91
花楓穂出恋　元1：パ3263
寒椿名所花　音パ3263、Ⅰ：演安12L
（道行）置霜尾花袖　元1：パ3263・辻、Ⅰ：演特ト13-443-69・松、Ⅱ：竹07-194・演安12N
大鳥毛嫩緑　元1：パ3263
冬牡丹五色丹前　元1：パ3263・演安95EGと95F・演和ト13-423-57・抱、Ⅰ：演安95H・竹07-1333と1334・黒・花333・抱、Ⅱ：竹07-2028と3132、Ⅲ：芸N9・演和ト13-423-58、Ⅳ：演和ト13-423-59、Ⅴ：竹07-3133
（拍子舞）教草吉原雀　元1：（上下2冊）演安13Aと95I・辻・パ3263、Ⅰ：（上下2冊）辻カ、Ⅱ：（上冊）演安95J・演特ト13-443-71、（下冊）芸Nl7・演特ト13-443-71、Ⅲ：（上下2冊）竹07-2025、Ⅳ：（上冊）上、Ⅴ：（上下2冊）演和ト13-117、Ⅵ：（上下1冊）竹07-2544、Ⅶ：（上下1冊）竹07-3318. [ⅠとⅡは確認必要]
ぬくめ鳥　元1：芸N24/2・演安13B汚れ
（丹前）筥つつみ男丹前　元1：パ3263
狂乱若木桜　元1：パ3263（2冊有り）・演安13I
由縁花　元1：パ3263・芸N24/2・演安13Jと97B
（髪梳）春の袖　元1：パ3263・演安13Lと97D・芸N24/2
（お菊／幸助）道行由縁の初桜　元1：パ3263・パ3263
旅柳二面鏡　元1：パ3263・演安14Aと98A下1冊
江戸花陽曽我祭大踊　元1：芸W768.52/E透写
八千代釣竿　元1：パ3263・演安14C
鞠子弓稚遊　元1：パ3263、Ⅰ：演安14D、Ⅱ：抱、Ⅲ：抱、泉／儀：演安98C・演特ト13-429-9カ
嫐染分紅葉　元1：パ326　演安14E、Ⅰ：芸768.52/E24
色鹿子紅葉狩衣　元1：パ3263・花335、儀：演安14H
隈取安宅松　元1：パ3263・上、Ⅰ：演安14Jと981、Ⅱ：竹07-2051、Ⅲ：明・演和ト13-280
彩色群高松　元1：パ3263・演安14I
初深雪都花　元1：パ3263・演安14Hと99D・花335
末待誓言葉　元1：パ3263・演安15Dと99K・花335
春色鳥追姿　元1：パ3263・演安15E・花335
吾妻振花の関札　元1：パ3263・演安15G・花335
御代松子日初恋　元1：パ3263・演安15F・花335、儀：松・辻、Ⅰ：明：芸768.52/E、Ⅱ：竹07-3184
廓盃　元1：パ3263・演安99L・花335・抱、Ⅰ：明・演安99M・和ト13-120、Ⅱ：演安15H・抱・演和ト13-413-6F表紙存
梅か香　元1：パ3263表紙破・花335
其容形七枚起請
住吉踊／お福女　元1：パ3263・演安15J・花335
椀久　元1：パ3263・演安15J・花335、儀：演安100B
芦の葉達磨　元1：パ3263・演安15J・花335
虚無僧／文七　元1：（上下2冊）パ3263・演安15J・花335、儀：（下1冊）芸N9・演特13-429-11・竹07-2876（表紙に「上下」なし）
かほよ鳥　元1：パ3263・花335、儀：演安151・竹07-2408、Ⅰ：霞
潤色放下僧　元1：パ3263・花335
掔鬖四社幣　元1：パ3263・花335
（風流）香具売／花火売　元1：パ3263、Ⅰ：抱（表紙破）
今様はなかたみ　元1：パ3263、Ⅰ：竹07-2036
関東小六後雛形　元1：パ3263、儀：演安16B・抱、Ⅰ：演安l00E・竹07-2620
梅顔寿丹前　元1：パ3263、儀：演安16H、Ⅰ：本安100I
翁草霜舞女　元1：パ3263・花335・辻、Ⅰ：辻・竹07-2539、Ⅱ：演安16G
相生初若菜　元1：パ3263（2冊有り）・花335、Ⅰ：演安17Dとl00K
主誰十重襠　元1：パ3263（2冊有り）・花335
千代見艸栄丹前　元1：パ3263
拾貝真砂鬮　元1：パ3263
三保松常世通路　元1：パ3263
昔昔楓信楽　元1：パ3263
咲分箙　元1：パ3263、儀：演安17K汚れ
雄舞縁寒菊　元1：パ3263

放下僧千代綾竹　元 1：パ 3263
懸想文賤の七種　元 1：パ 3263
縁種蒔　元 1：パ 3263
初恋富士太鼓　元 1：パ 3263・松・演特ト 13-80
月都誓塩竃　元 1：パ 3263
恋のかけ針　元 1：パ 3263
初霜信田笠　元 1：パ 3263・演和ト 13-81
真紅乱糸　元 1：パ 3263・花 333、Ⅰ：演特ト 13-443-81
鶏合稚角力　元 1：パ 3263
松朝日鳥指　元 1：パ 3263
初昔文の仲立　元 1：パ 3263・演特ト 13-417-14・松・抱・辻、Ⅰ：芸 N11・花 333
掛合江戸名所尽　元 1：パ 3263
鎌倉風咲分丹前　元 1：パ 3263、Ⅰ：上
蝶鳥千年靡　元 1：パ 3263・抱・花 333、Ⅰ：松・竹 07-884、Ⅱ：演安 18G 欠本・演和ト 13-444-2H
女夫水　元 1：パ 3263・花 333・辻・明表紙欠、Ⅰ：演和ト 13-424-29 表紙欠
姿の乱咲　元 1：パ 3263・花 333、Ⅰ：演安 18H
平戸名所談　元 1：パ 3263
仇浪鴛思羽　元 1：パ 3263
月黛芹摘姿　元 1：パ 3263
道行法の芦分舟　元 1：抱・パ 3263 表紙破
（めりやす）月の弓　元 1：パ 3263・辻・抱、Ⅰ：竹 07-2410
狂女山路梅　元 1：パ 3263
（めりやす）夜半の鐘　元 1：パ 3263・抱・明・辻、儀：演安 18K
三幅対連理巣籠　元 1：抱・パ 3263、Ⅰ：竹 07-584、Ⅱ：演安 19A
梅丹前模様　元 1：パ 3263
（琴哥）花散里　元 1：パ 3263・抱・演安 18L、儀：明・演安 102D
花信風折帽子　元 1：パ 3263・芸 N11 下 1 冊、Ⅰ：竹 07-1112
其面影二人椀久　元 1：パ 3263、Ⅰ：上、Ⅱ：演安 19B・竹 07-2868 欠本、Ⅲ：芸 N3・演安 102E・竹 07-2867
月額秋花鎗　元 1：パ 3263
風流錦誰袖　元 1：パ 3263
初霜楓姿絵　元 1：パ 3263・芸 N11
空今桜吹雪　元 1：パ 3263・演安 19C・演特ト 13-39A・演和ト -13-420-48・竹 07-2411・抱
（めりやす）夕時雨　元 1：明・演特ト 13-417-16・パ 3263・竹 07-3257、Ⅰ：演和ト 13-96・抱
温泉山路鶯　元 1：パ 3263・芸 N11・竹 07-260、Ⅰ：演安 19G 表紙破
（めりやす）鳥もがな　元 1：パ 3263
むかし艸　元 1：パ 3263
家桜朧双陰　元 1：パ 3263
誰袖賤花売　元 1：パ 3263
亀万代島台丹前　元 1：演安 20A 上下 2 冊・パ 3263 下 1 冊
濡衣波玉橋　元 1：パ 3263・抱・竹 07-1014、Ⅰ：花 333 表紙破
（めりやす）むつのはな　Ⅰ：明
俤須磨狩衣　元 1：パ 3263
（めりやす）帰る雁　元 1：パ 3263
（めりやす）廓灸すゑ　元 1：パ 3263
（琴唄）琴とはば　元 1：パ 3263、Ⅰ：演和ト 13-76
（めりやす）・と顔　元 1：パ 3263・竹 07-280 本文存
露時雨　Ⅰ：芸 W768.52/E 透写
氷鏡花野守　元 1：パ 3263
鉢扣紅葉袖　元 1：パ 3263
丹前錦薗生　Ⅰ：演安 20J
（めりやす）きせ綿　元 1：演和ト 13-52、Ⅰ：竹 07-2412、Ⅱ：演和ト 13-413-4 表紙存
心の花　Ⅰ：演特ト 13-448-108 透写
蝶花若草摺　元 1：演安 20M・竹 07-883 と 2955
（めりやす）言の葉　元 1：芸 W768.52/E 透写
霞立雲舞振　元 1：国、Ⅰ：演安 200
道行恋弦掛　元 1：明
名寄幼角力　元 1：演安 21A
勝色衣箙英　元 1：抱（本文錯簡有り）・演特ト -13-321-A 表子存
今様雪花車　元 1：演安 21B・演和ト 13-418-13 破
（琴歌）闔の笛　元 1：演和ト 13-421-26
（めりやす）雪の梅　元 1：演和ト 13-413-I 表紙存・芸 W768.52/E 透写、Ⅰ：演安 20Q 表紙存
大津絵姿花　元 1：松
（道行）力竹箱根鶯　元 1：松、Ⅰ：明
双面濡春雨　元 1：松・明、Ⅰ：演和ト 13-74
（女竹／男竹）分身五郎　元 1：演安 21F

さし茂艸　元 1：松
女狐縁花笠　元 1：松
花似振袖傘　元 1：松
家橘花男道成寺　元 1：演安 21G・松（上 1 冊）
（道行）片輪車　元 1：芸 N24/1・明
繰返七容鏡　元 1：演安 21I-abc3 冊
花橘栄丹前　元 1：明
都娘菊の寿　元 1：明
相生獅子　元 1：松・演安 21J
（めりやす）女郎花　元 1：演特ト 13-93
（めりやす）雪の夜　元 1：演安 21K と 103H
色模様蝶に菊寿　元 1：松・明
春雨柳濡髪　元 1：松・明
山姥四季英　元 1：明、Ⅰ：竹 07-1570
霜の花恋の手管　元 1：芸 W768.52/E 透写
陸奥千賀の塩汲　元 1：芸 W768.52/E 透写
松六花雛鶴丹前　元 1：演安 21M（表紙存）・芸 W768.52/E 透写
橋霜月長刀　元 1：芸 W768.52/E 透写
菊紅葉色中同士　元 1：明、泉／儀：演特ト 13-448-107 透写
舞扇君が薗　元 1：明
教草吉原雀　元 1：明
参らせ候恋の哥口　元 1：演特ト 13-112
春霞袖梅枝　元 1：芸 W768.52/E 透写
田植唄　元 1：演安 22F
吾妻歌四季の菌　元 1：演安 22G（本文 2 丁より写）
楓幣色随意　元 1：芸 W768.52/E 透写
（めりやす）村さめ　元 1：芸 W768.52/E 透写
（めりやす）白たえ　元 1：松・抱
袖引都移画　元 1：明
（めりやす）霞の華　元 1：芸 W768.52/E 透写
乗来恋入海　元 1：芸 W768.52/E 透写
狂乱雲井袖　元 1：明・演安 23D、再Ⅰ：演和ト 13-419-35、再Ⅱ：芸 N4・14・26・演和ト 13-23-AG・演和ト 13-437-4G・竹 07-423・2675・明、再Ⅲ：竹 07-427・2677、再Ⅳ：竹 07-426 と 2678、再Ⅴ：演和ト 13-179
四季の万歳　元 1：演安 23E
春昔由縁英　元 1：明完本・竹 07-3090 完本・演安 23F（上 1 冊）と 104H（中 1 冊）
女夫松高砂丹前　元 1：竹 07-3187・演和ト 13-424-25 と 26・辻、再Ⅰ：竹 07-1471・1472・3188・演安 23H、再Ⅱ：明・竹 07-1474・3190・演和ト 13-23、再Ⅲ：演安 105B・竹 07-1477・3192、再Ⅳ：竹 07-3194・演特イ 13-312-66 と 67、再Ⅴ：芸 N27・竹 07-1479・演安 105A・演特イ 13-312-67、Ⅵ：明・竹 07-1478・3193、Ⅶ：竹 07-1475 と 3191・演和ト 13-49-E と演和ト 13-424-28、Ⅷ：竹 07-1473 と 3189・芸 N22・演和ト 13-424-27
（めりやす）今朝秋　元 1：松
（今様）神楽月恵方万歳　元 1：明
（琴唄）空音　元 1：演安 24C
（拍子舞）写絵雲井弓　元 1：竹 07-106・107・2502・明・演安 240 欠本と 106B・演特ト 13-429-14・花 335、再Ⅰ：竹 07-108、再Ⅱ：竹 07-109・110・111・演安 106C・明、再Ⅲ：明・竹 07-112・113
菊寿の艸摺　元 1：竹 07-362・2633・演安 24E・明 再 1：竹 07-2634
七襲東雛形　元 1：竹 07-2973・演安 24F 欠本・演特ト 13-429-13、富／森：竹 07-2600・明
紅葉寄雪盞　元 1：芸 W768.52/E 透写
（めりやす）文反古　元 1：演安 241・竹 07-1332 表紙欠　奥書有
准心の引綱　元 1：演安 24J・竹 07-2972
（めりやす）忍恋艸　元 1：演安 24K
（追善）藤しのだ吾妻紫　元 1:演和ト 13-423-51（上 1 冊）・演和ト -13-278 と和ト 13-423-51（中下 1 冊）
（琴唄）紅葉のゑん　元 1：竹 07-1515・3204・演安 24L
（拍子舞）五条橋往来の噂　元 1：芸 W768.52/E 透写
寿万歳　元 1：演安 24M
（めりやす）袖の海　元 1：演安 25B 表紙存・竹 07-757、富士屋／森田屋相版：明
相生獅子　元 1：演和ト 13-289
山鶏月姿視　元 1：演和ト 13-291
神楽月梅見丹前　元 1：芸 W768.52/E 透写
吾嬬鳥娘道成寺　元 1：演安 25I
（歌浄瑠璃）浜廂松掛糸　元 1：芸 W768.52/E 透写
艶容狂言袴　元 1：演和ト 13-290
梅冬至春駒　元 1：演和ト 13-220
（めりやす）忍夫艸　元 1：竹 07-2429・演特ト 13-429-62

七瀬川最中桂女　元1：演和ト13-422-2
（琴唄）小夜ごろも　元1：竹07-571
（めりやす）松の雪　元1：竹07-1419・明
（めりやす）梅の香　元1：演安271
（琴唄）閨の友　元1：演和ト13-422-12
（めりやす）東金　元1：演安27J
（めりやす）投嶋田　元1：竹07-2434
月の顔　元1：明
（めりやす）田毎月　元1：明
（めりやす）いるさの月　元1：明
（めりやす）五大力　元1：演安27K・竹07-525、再Ⅰ：竹07-526・2729、再Ⅱ：芸N3・竹07-527、再Ⅲ：明
（めりやす）峯の松風　元1：演安28D
（めりやす）結び文　元1：演安28F・竹07-1457
（めりやす）四つの袖　元1：竹07-1643・2440・明・演安28H
（めりやす）ゆかりの月　元1：演安28G
鄙曲好中車　元1：演安28J
（めりやす）時鳥　元1：演安29B
（めりやす）恋の橋　元1：演安29C
（めりやす）実くらべ　元1：演安29D
色真猿月夜神楽　元1：演安29H
菊苗栄万歳　元1：演安29G
（狂乱）雪吹の雛形　元1：演安110C、再Ⅰ：明・演安29I・竹07-2681、再Ⅱ：明
（めりやす）鴛名残　元1：演安29J
（めりやす）五大力　元1：竹07-2731

〔所蔵一覧〕森田座・河原崎座の長唄の薄物

無間の鐘石の帯　元１：江（表紙掲載）
菜花小蝶袂　元１：パ
瀧桜男雛形　元１：加
（男無間）曙桜　元１：川（表紙掲載）
（めりやす）妹背玉櫛笥　元１：抱
寿勢草摺曳　元１：演特ト13-448-27（透写）
（江戸鹿子）桜鐘入　元１：演安 6F・特ト13-448-28
松尓妹背現高砂　元１：川（表紙掲載）
寒梅箙乱咲　Ⅰ：石（表紙掲載）、Ⅱ演安 7J・和ト13-71
鐘尓桜黄昏姿　元１：演特ト13-448-42（透写）
染分鞍馬嵩　元１：特ト13-448-51
（掛合）紅葉の錦　元１：芸 W768.52/E（透写）
丹前雪見月　元１：花 335
馴初思の矢の根　元１：上 335
素袍の褄取　Ⅰ：明
面影葵上　元１：芸 W768.52/E（透写）
花希紅絵蝶　元１：演特ト13-448-69（透写）
菊八重七人化粧　元２：国３冊、儀：演安 17F
帰花顔見世丹前　儀：演安特ト13-443-74・小
擧鬡梅物語　元１：芸 W768.52/E
色見艸　元１：演特ト13-417-3・特ト13-443-78（表紙欠）、
儀：小、Ⅰ：国
舞扇名取月　儀：黒・小、Ⅰ：演安：18B、Ⅱ：明・小　・　演特ト13-443-79
高尾銀河祭　儀：明上下２冊
雪花縁狩衣　元１：芸 N11・演安 18D・小、儀：竹7-1635、Ⅰ：小
羅浮梅恋圓　元１：演和ト13-417（上下２冊）
（めりやす）うとりの雪　元１:演和ト13-419-11、儀:竹 7-136　・小
初恋姫小松　元１：演特ト13-417-13
（めりやす）　ひとつみぞ　元１：辻、儀：芸 N11・竹 7-1238　・演和ト13-423-41・黒
（めりやす）　春の雨　元１：演特ト13-417-5
英風流石橋　元１：演和ト13-423-26・小（上下２冊）
挹知月汐衣　Ⅰ：演安 18I
（めりやす）　月のまへ　Ⅰ：芸 N11・国
乱菊稚釣狐　元１：芸 N11・小・花 335（表紙欠）
色見艸相生丹前　元１：芸 N11・小
影清曨鎌倉　元１：芸 N11
（めりやす）　露配　元１：竹 7-942
（めりやす）　ゑんさだめ　元１：演特ト13-417-6・小
梅楓御法扇　元１：演特ト13-417-4・小（上下２冊）、花（上１冊）
八千代丹前　元１：小
妻恋春乱菊　元１：演特ト13-417-12
（めりやす）わか艸　元１：演特ト13-417-20・国
袖模様四季色歌　元１：（二）演安 19Ha・（三）芸N17・小、Ⅰ：（一・二・四）芸 N17・（一・三）演安 19Hbc、（一）明・
（一～四）竹 7-759 ～ 762・（一～三）小
茶花香室早咲　元１：芸 N11・小
破車簾追風　元１：演安 20B・演特ト13-39・小
浪花和賤女　元１：小
一奏菊の粧　元１：小（表紙存・破）
名大磯細見風流　元１：芸 N11
神託千早の振袖　元１：小
（めりやす）柳の糸ゆふ　元１：芸 N24/1
色見草月盞　元１：小
鐘恨姿の花　元１：小
ねやのさしぐし　元１：小
花の雪羽片模様　元１：小、Ⅰ：竹 7-1160
御酒宴左扇　元１：竹 7-509・小
（琴歌）廻逢世　元１：明・小、Ⅰ：小、Ⅱ：芸N24/1
（めりやす）峯の松　元１：演安 21D（表紙存）
（めりやす）　心のあわせ砥　元１：明
（ふたつもんときに）相の山　元１：小
（めりやす）　夢のしらせ：明
糸ざくら　元１：小
待夜枝折傘　元１：明
梅紅葉賤小原木　元１：明
（めりやす）心づくし　元１：小
松の吟　元１：明・小
（めりやす）短夜　元１：芸 N24/1・演和ト13-92
雛雪午王袂　元１：演安 21N
室に香鳥毛生先　元１：松・演和ト13-427-6B

京偶昔絵姿　元１：芸 W768.52/E・川
初舞台花の丹前　元１：演安 26E
千早振袖の梅香　初：演安 26F・明・竹 7-2917
杜若七重の染衣　初：小（上下２冊）・竹 7-2110（上１冊）
梅紅葉童弓　初：演安 26J・108F・芸 768.52/E24
花車岩井扇　初：演安 26I・竹 7-1122･3041・明・芸 768.52/N3、再１：芸 N26・演安 108B・明・小・竹 7-3043 ～ 3046、再２：竹 7-1123 ～ 1125･3042、再３：竹 7-1126･1127、再４：竹 7-1129･3047･3048・演和ト 13-75、再５：竹 7-1128・芸 N22、再６：竹 7-1130・　演安 108D･ 和ト 13-437-2K ｶ、再７：竹 7-1131･1132･3049・　演安 108E･ 和ト 13-23-BO ｶ・芸 N26
（めりやす）室の梅　初：演安 26K
馴染相の山　初：演安 26L
月顔最中名取種　初：竹 893 ～ 895･2926 ～ 2929･明･芸 W768.52/N3･N26・演和ト 13-421-17･ 安 108H・特ト 13-429-16・竹 7-2925、再１：竹 897 ～ 899･演安 109CD　・特イ 13-312-78･ 和ト 13-421-18 と 19、再２：竹 896･2933･　2944・明・演和ト 13-437-3F･ 和ト 13-49-H･ 和ト 13-421-20 と 21　・和ト 13-239、小、再３：竹 7-900･901･2930 ～ 2932・明・　芸 N15 と 17・演特イ 13-312-77･ 和ト 13-421-22
江戸紫娘道成寺　初：演安 27B
万吉歳徳若　演安 27C（第２丁欠）・竹 7-1656（表紙欠）
（めりやす）露の色　初：松・竹 7-1866（表紙欠）
折能恋掛烏帽子　初：演安 27D・明
（めりやす）木毎のいろいろ　初：演特ト 13-448-114（透写）
（めりやす）わかれの雪　初：演特ト 13-448-116（透写・絵無）
（琴哥）水の糸　初：演安 27H
神楽歌艳夕四手　初：竹 7-0287（初丁破）・芸 N768.52/E（透写）
玉兎難波産　初：明・演安 28I･ 特ト 13-429-15・小
万歳然三河屋　初：演和ト 13-231・明・竹 7-1421・小
青海波花簪　初：演安 28K
草摺花写絵　初：演安 29A
里神楽帽子初花　初：明
（めりやす琴哥）ゑにしの橋立　初：演安 30L
三代扇手毎梅　初：演安 30M･ 和ト 13-195･ 和ト 13-434-10AB・　明・小、再印：小
面影相の山　初：演安 31D 田舍染梅鶯　初：演安 31E･ 和ト 13-418-10
（琴唄）新曲六玉川　初：演安 31F
汲や汲めゝ月出潮　初：演安 32L･ 特ト 13-429-19
琴うた淵と瀬　初：演安 32L･ 特イ -11-1212-32M

【著者】
漆﨑まり（うるしざき　まり）

1958年生まれ。武蔵野音楽大学ピアノ科卒。東京芸術大学楽理科卒。同大学院博士課程修了後、同大学助手、東海大学非常勤講師を経て、国際日本文化研究センター研究部機関研究員。2017年6月没。

【監修者】
原　道生（はら　みちお）

明治大学名誉教授。日本近世文学。
〔主な著作〕『近松門左衛門（新潮日本アルバム）』（新潮社、1991）・『近松集（鑑賞・日本の古典）』（尚学図書、1982）・『近松浄瑠璃集上・下（新日本古典文学大系）』（岩波書店、1993、1995、共著）・『近松浄瑠璃の作劇法』（八木書店、2013。角川源義賞）

江《え》戸《ど》歌《か》舞《ぶ》伎《き》長《なが》唄《うた》成《せい》立《りつ》史《し》

2019年6月5日　初版第一刷発行　　定価（本体15,000円＋税）

著者　漆　﨑　まり

発行所　株式会社　八木書店　古書出版部
代表　八　木　乾　二
〒101-0052 東京都千代田区神田小川町3-8
電話03-3291-2969（編集）-6300（FAX）

発売元　株式会社　八　木　書　店
〒101-0052 東京都千代田区神田小川町3-8
電話03-3291-2961（営業）-6300（FAX）
https://catalogue.books-yagi.co.jp/
E-mail pub@books-yagi.co.jp

印刷　精　興　社
製本　牧　製　本

ISBN978-4-8406-9767-5